Principles of Criminal Law
on Financial Crime

金融犯罪刑法学原理

第二版

刘宪权◎著

上海人民出版社

自　序

　　资金的融通,是为金融。金融的本质是人与人之间跨时间、跨空间人际价值的交换,其伴随着现代法治制度的发展而发展。金融能够引导资源配置、支持实体产业、调节经济运行、分散未知风险、提高社会福利,其在现代社会生活中的价值是不言而喻的。在当前经济学家们普遍认为中国已开始由产业资本时代进入金融资本时代的大背景下,金融毋庸置疑地将成为现代国家治理中最为关键的部分。金融犯罪的研究与治理工作当然概莫能外。

　　所谓金融犯罪,是指发生在金融业务活动领域中的,违反金融管理法律法规,危害国家有关货币、银行、信贷、票据、外汇、保险、证券期货等金融管理制度,破坏金融管理秩序,情节严重,依照刑法应受刑罚处罚的行为。目前我国的金融犯罪形势依然严峻,表现为金融犯罪的数量在逐年增加。例如,2019年上海市检察机关受理金融犯罪审查逮捕案件1772件3065人,金融犯罪审查起诉案件2063件4228人;金融犯罪涉案金额也越来越大,如2018年"三三系集资诈骗案"涉案金额高达530余亿元,受害人数多达48万余人,是当时中国规模最大、涉案金额最高、受害人最多的金融犯罪案件;金融机构工作人员作案和内外勾结共同作案的现象突出;单位犯罪和跨国、跨地区作案增多;金融犯罪手段趋向于专业化、智能化,新类型犯罪不断出现;等等。并且,与以往人们更多关注伦理犯罪所不同的是,如今金融犯罪案件的社会关注度显著提升,"e租宝案""马乐案""邦家案""三三系集资诈骗案"等著名金融犯罪案件均成为媒体竞相报道的焦点。鉴于金融犯罪正处于严峻态势与广泛关注之下,2020年最高人民检察院工作报告将"从严惩治金融犯罪"作为下一步的工作安排。

　　笔者很早便涉足金融犯罪领域的研究,至今已二十二载有余。1998年出版《金融风险防范与犯罪惩治》,这是1997年《刑法》实施以来我国的第一部金融犯罪专著,2005年出版《金融犯罪理论专题研究》与《证券期货犯罪理论与实务》,2008年出版《金融犯罪刑法理论与实践》(2017年修订更名为《金融犯罪刑法学原理》),此四部专著是笔者在该领域的主要研究成果,并有幸借此频频斩获多项殊荣,如第二届全国法学教材与科研成果奖三等奖、第三届全国法学教材与科研成果奖二等奖、上海市第十届哲学社会科学优秀成果著作类三等奖,等等。本人开设的课程《金融犯罪研究》被评为 2012 年度上海高校市级精品课程。此外,笔者还曾相继主持 2002 年度国家社科基金项目"证券犯罪研究"(项目号02BFX022)、2005 年度国家社科基金项目"金融犯罪研究"(项目号05BFX040)、2011 年度国家社科基金项目"涉信用卡犯罪研究"(项目号11BFX107)、2012 年度国家法治与法学理论研究部级科研一般项目"集资类案件中的刑民交错现象及其归宿"(项目号 12SFB2020)、2014 年度国家社科基金重大项目"涉信息网络违法犯罪法律规制研究"(项目号 14ZDB147)以及 2016 年度中国法学会重点课题"互联网金融犯罪的法律规制"。尤其在对后两个课题的研究过程中,互联网金融犯罪开始进入笔者的研究视野。笔者陆续在《中国法学》《法学家》《法学》《法商研究》《政治与法律》《环球法律评论》等期刊上发表有关金融犯罪(尤其是互联网金融犯罪)的系列文章,如《内幕交易违法所得司法判断规则研究》《互联网金融刑法规制的"两面性"》《互联网金融时代证券犯罪的刑法规制》《互联网金融股权众筹行为刑法规制论》《网络犯罪的刑法应对新理念》《互联网金融平台的刑事风险及责任边界》《伪造信用卡犯罪中的伪造行为内涵与对象研究》《利用未公开信息交易共同犯罪的认定》《我国金融犯罪刑事立法的逻辑与规律》等。撰写专著、论文与主持课题这两项工作并行不悖,使得笔者多年来始终对金融犯罪领域保持着应有的关注。

应当看到,我国的金融犯罪刑事立法相对而言是较为频繁的,迄今为止几乎平均每隔几年便会对金融刑法作出补充和修正。如全国人大常委会陆续于1999 年 12 月 25 日、2001 年 8 月 31 日、2001 年 12 月 29 日、2002 年 12 月 28 日、2005 年 2 月 28 日、2006 年 6 月 29 日、2009 年 2 月 28 日、2011 年 2 月 25 日以及2015 年 8 月 29 日、2017 年 11 月 4 日通过了十个刑法修正案,其中除了《刑法修正案(二)》与《刑法修正案(四)》不涉及金融犯罪外,其余七个刑法修正案都规定了与金融犯罪有关的内容。在本书第二版修订出版之际,全国人大常委会第二十次会议对《刑法修正案(十一)(草案)》进行了审议与公布,其中对金融犯罪也作出了相关修改。《刑法修正案》修改了擅自设立金融机构罪的罪状,将内幕交易、泄露内幕信息罪、编造并传播证券交易虚假信息罪、诱骗投资者买卖证券罪、操纵证券市场罪的对象由证券扩大到期货;《刑法修正案(三)》将洗钱罪的犯罪对象在"毒品犯罪、黑社会性质组织犯罪、走私犯罪的违法所得及其产生的收益"基础上增加"恐怖活动犯罪所得及其产生的收益";《刑法修正案(五)》增设妨害信用卡管理罪,增加信用卡诈骗罪的行为方式"使用以虚假的身份证明骗领的信用卡的";《刑法修正案(六)》增设骗取贷款、票据承兑、金融票证罪,背信运用受托财产罪,违法运用资金罪,分别取消操纵证券、期货市场罪与吸收客户资金不入帐罪中"获取不正当利益或者转嫁风险"、"以牟利为目的"的要件等;《刑法修正案(七)》增加内幕交易、泄露内幕信息罪的行为方式,增设利用未公开信息交易罪;《刑法修正案(八)》增设虚开发票罪,废除票据诈骗罪、金融凭证诈骗罪、信用证诈骗罪的死刑等;《刑法修正案(九)》废除伪造货币罪、集资诈骗罪的死刑;《刑法修正案(十一)(草案)》对骗取贷款、票据承兑、金融票证罪,非法吸收公众存款罪,集资诈骗罪进行了修改。可以合理预期的是,随着时代的发展以及金融在国家经济生活中的地位渐趋重要,将会不断有新的刑法修正案出台以回应刑事处罚与国家治理的需要。

在金融犯罪刑事立法频繁变动以及互联网金融如火如荼发展的大背景下,笔者深感几年前修订出版的《金融犯罪刑法学原理》有必要再次作出修订。本次修订的内容主要包括以下几个方面:第一,依据最新的行政立法、刑事立法及其立法解释、司法解释对该书原有内容进行删改或补充;第二,增加刑法理论界的最新研究成果与司法实务界出现的最新案例;第三,纠正笔者之前思虑不周、自觉偏颇的观点;第四,更新统计数据;第五,纠正原书中的表述瑕疵。

修订工作繁杂而琐碎,但所幸得益于我的博士生和硕士生等的精心协助。他们利用课余闲暇为我收集最新资料、数据并反复校对稿件,在此特向他们表达谢意。

刘宪权

谨识于华政东风楼

2020 年 7 月

目 录
CONTENTS

▌第一章▐
金融犯罪的概念及分类依据

随着我国社会主义市场经济体制的建立和不断完善,金融在国家经济和社会发展以及人们经济生活中所起的作用越来越明显和突出。可以说,没有金融,就没有一国经济和社会的发展;没有金融,就没有现代意义上人们的经济生活。在现代社会中,我们可以毫不夸张地说,经济须臾离不开金融,金融活动是经济活动的中心。

1997年东南亚金融危机的创伤尚在愈合之际,由美国次贷危机引发的2008年金融危机已瞬间席卷全球。2008年金融危机波及范围更广,负面影响更为深远。2012年,互联网金融模式由国外传导至中国大地,出乎意料地得到迅速发展,出现了前所未有的金融业态,也滋生了一些始料未及的新问题,互联网金融领域的刑事案件呈井喷式发展。正因如此,金融安全引起了各国的高度重视和关注。如何维护金融安全成为目前许多国家的第一要务。金融犯罪滋生和蔓延是破坏金融管理秩序的相当重要的因素。预防金融犯罪、防范金融风险对于国家经济建设和社会发展有重大的意义。

第一节　金融犯罪的定义

所谓金融,按字面意思解释,是指货币的转移和资金的融通。从经济学角度分析,金融是货币流通和信用活动以及与之相关的经济活动的总称,它理应属于现代经济学中生产、分配、交换、消费四大领域中的分配范畴。理论上一般认为,金融的内容包括货币的发行与回笼,存款的吸收与付出,贷款的发放与回收,金银外汇的买卖,有价证券的发行、认购与转让,保险,信托,国内、国际的货币结算等等。作为商品货币关系发展的产物,金融从其产生到发展,可以说每一个过程均对社会的经济发展起着极其重要的促进作用。特别是在现代社会中,金融活动已经渗透到社会经济生活的各个领域和方方面面,并成为"现代经济的核心",①进而在很大层面上起着影响社会政治稳定的作用。

尽管金融在现代经济中已经占据核心地位,影响着社会生活的方方面面,但是我们也应该清醒地认识到,不同的金融秩序会给社会带来不同的效应,即良好的金融秩序必然会对社会经济乃至政治的发展产生巨大的推动力,而金融秩序的混乱则必然会阻碍社会经济的发展并使金融风险加大。国际金融领域一系列风险不断显现和发生,严重威胁着各国和各地区乃至世界的金融安全与发展。例如,2008年席卷全球的金融危机,使得美国曾经叱咤风云的华尔街五大投资银行或倒闭或被并购,一批商业银行破产;保险业巨头AIG、巨型商业银行CITIBANK以及房利美和房地美,只因美国联邦政府巨额财政救助才免遭灭顶之灾;三大汽车业巨头深陷泥潭,失业率攀升,厂商和消费者信心陡降。有学者还据此将1973年的石油危机,1987年、2001年的股市崩盘,1980年的美国经济衰退,1994年的债市崩盘,2008年的次级债危机这些时间节点联系在一起,提出了全球金融危机"七年一循环"的理论,并大胆预测这个轮回如今又将重新开启。②笔者认为,产生这些金融风波的原因固然有很多,其中存在严重的金融犯罪却是一个不争的事实。这些现象给我们提出了一些紧迫的课题:在经济和金融全球一体化的背景下,我们应该如何加强对金融秩序的管理? 在现代社会中,刑法是否应该介入金融领域并加强对金融犯罪的打击?

金融犯罪是伴随金融市场的建立和发展而出现的一类新型犯罪。就刑法理论而言,金融犯罪并不是一个独立的罪名,而是包含在经济犯罪之中的一类犯罪的总称。由于这类犯罪涉及金融领域,且所有的犯罪行为所指向的社会关系均为国家的金融管理制度和管理秩序,因而理论上将其统称为"金融犯罪"。

时下,刑法理论界对于金融犯罪的定义各有不同,既有广义的,也有狭义的;既有列举式,也有概括式;既有行为说,也有结果说,真可谓众说纷纭,莫衷一是。笔者认为,正确定义金融犯罪应遵循以下两个原则:

一是要符合下定义的一般要求。在理论上认为,给一个法律概念下定义必须做到:其一,准确性。即对概念的定义首先要求做到准确,这是下定义的最基本条件。离开了准确性,概念的正确性就无从谈起。其二,合法性。即法律概念不能随意而定,必须从法律的具体规定出发。法律规定发生变化,具体概念也必须发生变化。其三,概括性。即概念要体现具体特征,但又不能是具体特征的罗列和堆积,否则会显得琐碎和繁杂。其四,周延性。这是从概念的外延上说的。

---

① 《邓小平文选》(第3卷),人民出版社1993年版,第366页。
② 《全球金融危机"七年一循环" 又到时间了》,http://finance.ifeng.com/a/20150824/13928488_0.shtml,2016年12月18日访问。

概念应该将所有可能的情形都包括在内，而不能把某些特定情形遗漏。其四，一致性。即概念自身内部要素之间必须保持一致，不能出现矛盾。

二是要符合金融犯罪自身的特点。金融犯罪侵害的客体主要是国家金融管理制度和金融管理秩序，因而从刑法理论上分析，所有的金融犯罪均属于法定犯，即金融犯罪行为均违反了行政法规中的禁止性规范，在其社会危害性达到一定程度时，刑法强调要加以惩罚。正是由于金融犯罪的这一特点，我们在给金融犯罪下定义时，必须紧密结合金融犯罪所侵害的主要客体，否则会将所有发生在金融领域中的犯罪都视为金融犯罪。

根据上述正确定义金融犯罪的原则要求，金融犯罪概念中理应包含以下要素：发生在金融领域，违反金融管理法规，破坏金融管理秩序，依照刑法应受刑罚处罚等。这在理论上已经成为共识。由此而言，笔者认为，金融犯罪是指发生在金融业务活动领域中的，违反金融管理法律法规，危害国家有关货币、银行、信贷、票据、外汇、保险、证券期货等金融管理制度，破坏金融管理秩序，情节严重，依照刑法应受刑罚处罚的行为。

金融犯罪与刑法上诸如盗窃罪、诈骗罪、抢夺罪和抢劫罪等传统财产犯罪在某些方面具有许多相似之处。如在犯罪的主观方面，金融犯罪中的金融诈骗犯罪行为人在主观上均具有非法占有的目的，而传统财产犯罪行为人在主观上也具有这一犯罪目的。同时，金融犯罪与传统财产犯罪又存在本质区别：

首先，金融犯罪与传统财产犯罪在侵犯的主要客体上存在区别。尽管大多数金融犯罪也可能对公私财产所有权造成损害，但是从犯罪的分类依据及归类的标准角度进行分析不难发现，金融犯罪侵害的客体主要是国家的金融管理制度和金融管理秩序。即无论是在货币、贷款、金融票证、有价证券、金融业务专营等领域，还是在证券、保险、外汇等领域，金融犯罪所指向的均是国家的金融管理制度和金融管理秩序。与此不同的是，传统财产犯罪主要侵犯的客体是公私财产所有权。即行为人的行为所指向的是他人的合法财产权利，并非金融管理制度和金融管理秩序。行为侵害的主要客体不同，显然是刑法中金融犯罪与传统财产犯罪的最主要区别之一。

其次，金融犯罪与传统财产犯罪在侵害的对象上存在区别。许多金融犯罪的对象是不特定的，如擅自设立金融机构罪，就不可能有特定的受害对象；而传统财产犯罪的对象一般是特定的，如盗窃、诈骗某人的财物，抢劫某家银行，其受害对象显然是特定的某人或某家银行。

最后，金融犯罪与传统财产犯罪在发生的范围上存在区别。金融犯罪一般只能发生在金融活动中（如货币、信贷、集资、证券期货交易、保险、外汇等金融活动中），即金融犯罪是行为人在参与非法金融活动过程中实施的，行为构成犯罪的前提条件一般是违反金融法规。正是由于这一点，我们才说，金融犯罪是法定犯。传统财产犯罪则不具备这些特征，这些犯罪无须在金融活动过程中进行，也不以违反金融法规为前提条件，只需存在直接侵占（或者毁坏）公私财产的犯罪行为即可。正是由于这一点，刑法理论才将传统的财产犯罪归入刑事犯或称"自然犯"的范畴之内。例如，刑法中规定的集资诈骗罪、贷款诈骗罪、票据诈骗罪等与传统财产罪中的诈骗罪，虽同为诈骗罪，但却有本质的区别：前者只能发生在集资、信贷、票据等金融领域的活动过程中，而后者则可能发生在任何领域的活动过程中。

第二节   金融犯罪的范围

金融犯罪主要规定在我国现行《刑法》分则第三章"破坏社会主义市场经济秩序罪"第四节"破坏金融管理秩序罪"和第五节"金融诈骗罪"中。在《刑法》颁布生效后，1998 年 12 月 29 日全国人大常委会通过的《关于惩治骗购外汇、逃汇和非法买卖外汇犯罪的决定》以及此后的《刑法修正案（六）》《刑法修正案（七）》中，也规定了一些涉及金融犯罪的新罪名。就此而言，到目前为止，金融犯罪涉及的具体罪名共有 38 个，即伪造货币罪，出售、购买、运输假币罪，金融工作人员购买假币、以假币换取货币罪，持有、使用假币罪，变造货币罪，擅自设立金融机构罪，伪造、变造、转让金融机构经营许可证、批准文件罪，高利转贷罪，骗取贷款、票据承兑、金融票证罪，非法吸收公众存款罪，伪造、变造金融票证罪，妨害信用卡管理罪，窃取、收买、非法提供信用卡信息罪，伪造、变造国家有价证券罪，伪造、变造股票、公司、企业债券罪，擅自发行股票、公司、企业债券罪，内幕交易、泄露内幕信息罪，利用未公开信息交易罪，编造并传播证券、期货交易虚假信息罪，诱骗投资者买卖证券、期货合约罪，操纵证券、期货市场罪，背信运用受托财产罪，违法运用资金罪，违法发放贷款罪，吸收客户资金不入账罪，违规出具金融票证罪，对违法票据承兑、付款、保证罪，逃汇罪，骗购外汇罪，洗钱罪，集资诈骗罪，贷款诈骗罪，票据诈骗罪，金融凭证诈骗罪，信用证诈骗罪，信用卡诈骗罪，有价证券诈骗罪，保险诈骗罪。

在明确了金融犯罪的定义和范围后，笔者认为，有两个与金融犯罪定义及范围有密切关系的问题值得探讨：一是发生在金融领域中的贪污、贿赂罪是否属于金融犯罪；二是《刑法》第 183 条的立法意图是什么，即为什么只对保险公司的工作人员犯职务侵占罪或贪污罪予以规定，而对其他金融工作人员犯职务侵占罪或贪污罪则不作规定。

一、金融领域中贪污、贿赂犯罪的归属

金融领域中的贪污、贿赂犯罪，主要是指金融工作人员在金融活动中利用职务上的便利实施的侵占、贪污、受贿和挪用资金、公款等犯罪。对于金融领域中的贪污、贿赂犯罪是否属于金融犯罪，理论界主要有"肯定说"和"否定说"两种截然相反的观点。

"肯定说"认为，金融领域中的贪污、贿赂犯罪应该属于金融犯罪。其理由是：

首先，符合金融犯罪的定义。因为金融领域中的贪污、贿赂犯罪也是发生在金融业务活动中的，违反金融管理法规，破坏金融管理秩序，情节严重，依照刑法应受刑罚处罚的行为。

其次，有法律规定的依据。我国《刑法》第 183、184、185 条对金融贪污、贿赂犯罪作出了明确规定，金融工作人员实施的侵占、贪污、受贿和挪用资金、公款等犯罪应该看作金融犯罪。

再次，这类犯罪与其他金融工作人员利用职务的犯罪特征相同。两者都表现为利用职务之便，违反金融业务操作规定，直接破坏了金融管理秩序，既是渎职犯罪，又是金融犯罪。行为人所渎之职是金融职务之职，这与违法发放贷款罪中银行工作人员违反规定向关系人发放贷款的行为特征、行为性质是完全相同的。如果说前者不属于金融犯罪，那么将后者作为金融犯罪进行规定就无法解释了。

最后，理论研究和司法实务的需要。在司法实践中，金融行业是侵占、贪污、挪用、受贿犯罪的多发区。金融犯罪的极大破坏性亦突出体现在金融机构内部人员的上述几种职务犯罪中。如果不把上述几种犯罪作为金融犯罪，那么对金融犯罪的诸多问题的研究将会失去说服力。事实上，许多学者和实际部门工作者所提出的旨在遏制、预防金融犯罪的对策，主要是针对金融机构内部人员利用职务所犯的侵占、贪污、挪用和受贿等罪提出来的。把上述几种犯罪纳入金融犯罪，与其他金融犯罪一起作为重点研究的课题，有助于突出金融犯罪的整体特点，多角度透视金融犯罪的应用，提出富有说服力的预防对策，也有助于更深刻认识金融犯罪的危害，在打击金融犯罪的实践斗争中不至于心慈手软。①

"否定说"认为，将金融领域中的贪污、贿赂犯罪作为金融犯罪，很容易混淆金融犯罪与发生在金融活动中以营利、牟取私利为目的的渎职犯罪，金融机构工作人员的侵占、贪污、挪用、受贿犯罪，以及盗窃、抢劫金融机构财物等犯罪行为

---

① 参见孙际中主编：《新刑法与金融犯罪》，西苑出版社 1999 年版，第 36 页。

的界限。①实际上，除诈骗银行外，盗窃银行、抢劫银行这两类犯罪均属于传统的财产犯罪，而不是现代意义上的经济犯罪，更不是金融犯罪。②

笔者认为，"肯定说"与"否定说"的争议关键在于研究的视角不同。"肯定说"侧重于广义的角度，"否定说"则侧重于狭义的角度。从刑法理论及现行《刑法》规定分析，从狭义角度研究这一问题，即认为金融领域中的贪污、贿赂犯罪不属于金融犯罪的观点似乎更为合理。

首先，把金融领域中的贪污、贿赂犯罪与盗窃、抢劫银行犯罪相提并论，混淆了两者之间根本的区别。因为金融领域中的贪污、贿赂犯罪虽然也可能是针对银行实施的，即在对象上与盗窃、抢劫银行犯罪一致，但是前者发生在从事金融业务活动过程中，并破坏了金融管理秩序；后者则与金融业务活动毫无关系，也不破坏金融管理秩序。在此，笔者尤其要强调的是，不能因为盗窃、抢劫银行犯罪行为使银行的财产遭受损失，就认为是破坏了金融管理秩序，从而把金融领域中的贪污、贿赂犯罪与盗窃、抢劫银行犯罪予以等同对待。这些观点显然是将犯罪对象与犯罪客体混淆了，即以犯罪对象的相同性代替了犯罪客体的相异性。

其次，我国刑法理论在论述金融犯罪时通常都是从狭义上说的，无论是在论述金融犯罪总体的分类和构成要件还是个罪的概念和特征时，都未将金融领域中的贪污、贿赂犯罪作为金融犯罪看待。究其原因，无非是金融领域中的贪污、贿赂犯罪虽然也破坏了金融管理秩序，但是同时也侵犯了公司、企业人员和国家工作人员职务行为的廉洁性，而且后者理应理解为主要客体。根据我国刑法理论，犯罪的性质理应由行为所侵害的主要客体决定。由此看来，金融领域中的贪污、贿赂犯罪应该属于普通职务犯罪（指《刑法》第271条规定的职务侵占罪、第163条规定的非国家工作人员受贿罪和第272条规定的挪用资金罪等）或国家工作人员贪污贿赂犯罪（指《刑法》第382条规定的贪污罪、第385条规定的受贿罪和第384条规定的挪用公款罪等）。对此，"肯定说"显然没有注意到。

至于持"肯定说"观点者以金融工作人员违法发放贷款犯罪与金融领域中的贪污、贿赂犯罪都属于金融业务中的渎职犯罪，前者属于金融犯罪，而后者不属于金融犯罪不合理为理由，从而得出金融领域中的贪污、贿赂犯罪也应属于金融犯罪的结论，笔者不能赞同。依笔者之见，这两种情况还是有一定区别的。虽然金融工作人员违法发放贷款犯罪侵犯的是复杂客体，但是刑法已明确将其规定在金融犯罪之中，这足以表明刑法将金融工作人员违法发放贷款这种犯罪的主

---

① 参见林亚刚：《金融犯罪的概念与构成中若干问题研究》，载《珞珈法学论坛》（第1卷），武汉大学出版社2000年版。

② 参见陈正云主编：《金融犯罪透视》，中国法制出版社1995年版，第32页。

要客体视为金融管理秩序。对某一个侵害复杂客体的犯罪,究竟以哪一个客体为主要客体,这完全取决于立法者的立法意图。例如,刑法中的抢劫罪,既侵害了财产权利,又侵害了人身权利,到底何者为主要客体,完全依立法者侧重于财产权利保护还是人身权利保护的立法意图而定。现行《刑法》将抢劫罪归在侵犯财产罪中,这就说明抢劫罪所侵害的主要客体应是财产权利。刑法将金融领域中的贪污、贿赂犯罪与金融工作人员违法发放贷款犯罪作了分类规定,充分表明了两者侵害的主要客体的相异性。

这里需要说明的是,我国《刑法》第 183、184、185 条对金融领域中的贪污、贿赂、挪用犯罪确实作了特别规定。但是,仔细研读这些规定不难发现,其实这些条文仅仅只是一种提示性规定,而并非归类性规定。在这些条文中,立法者不仅提示人们在认定金融领域中的贪污、贿赂犯罪时特别要注意划清此罪与彼罪的界限,而且还明确指明了具体法条的适用,即分别适用《刑法》第 271、272、163 条以及第 382、384、385 条的规定。由此可见,我们不能因为我国《刑法》中存在第 183、184、185 条的规定,而简单地将金融领域中的贪污、贿赂、挪用犯罪侵害的主要客体理解为金融管理秩序,更不能就此认为刑法将金融领域中的贪污、贿赂犯罪归入了金融犯罪。

二、《刑法》第 183 条的立法意图分析

这个问题的内容实际上是:《刑法》第 183 条为什么只对保险公司的工作人员犯贪污罪或职务侵占罪作特别规定,而对其他金融工作人员犯职务侵占罪或贪污罪不作规定?

正如前述,现行《刑法》第 183、184、185 条对金融领域中的职务侵占罪,贪污罪,公司、企业人员受贿罪,受贿罪,挪用资金罪和挪用公款罪作了专门规定。但是,第 184 条和第 185 条所规定的主体均为银行或者其他金融机构工作人员,而第 183 条所规定的主体则是保险公司的工作人员,即对金融系统发案最多的金融工作人员犯职务侵占罪或贪污罪,刑法条文只涉及保险公司的工作人员,对其他金融工作人员犯职务侵占罪或贪污罪则只字未提。为此,有的学者认为,从立法科学上说,这是欠妥当的。因为金融工作人员所犯的职务侵占罪或贪污罪,与保险公司人员犯该两罪具有同样的性质、同样的危害,那么其定罪量刑问题应采取同样的立法方式解决。同时,金融工作人员利用职务之便犯贪污罪或职务侵占罪,与金融工作人员利用职务之便犯受贿罪,公司、企业人员受贿罪,以及挪用公款、挪用资金罪也具有同样的性质、同样的危害,同属职务上的犯罪。既然对他们所犯的受贿、挪用类犯罪在金融犯罪中作出规定,那么就没有理由对他们所犯的贪污罪或职务侵占罪不作一致性的规定。因此,仅对金融工作人员受贿、

挪用类犯罪作出规定,而对金融工作人员贪污罪或职务侵占罪不作同样的规定,显得顾此失彼,使条文与条文之间不相协调。[1]

笔者认为,上述观点指出了现行《刑法》的立法缺陷,对于完善刑事立法规定的理论研究无疑是有启发的。但是,我们也应该清楚地看到,《刑法》之所以在规定职务侵占罪(或贪污罪)时只涉及保险公司人员而没有提及其他金融工作人员,其立法原意恐怕还在于要起到提示作用,即提示人们在适用《刑法》时应注意区分职务侵占罪(或贪污罪)与保险诈骗罪的界限。因为《刑法》第 183 条所规定的职务侵占罪(或贪污罪)与保险诈骗罪具有许多相似之处,很容易混淆。例如,保险诈骗罪是行为人采用欺诈的手段骗取保险金的行为,而《刑法》第 183 条所规定的职务侵占罪(或贪污罪)也是行为人故意编造未曾发生的保险事故进行虚假理赔,骗取保险金的行为。另外,行为人在实施保险诈骗罪以及《刑法》第 183 条所规定的职务侵占罪(或贪污罪)时,主观上均具有非法占有保险金的目的。从犯罪构成上分析,保险诈骗罪与《刑法》第 183 条所规定的职务侵占罪(或贪污罪)的主要区别仅仅在于犯罪主体不同以及行为人是否利用职务上的便利。因此,在保险公司的工作人员利用职务上的便利,故意编造未曾发生的保险事故进行虚假理赔,骗取保险金归自己所有的情况下,司法实践中很容易出现究竟是以保险诈骗罪还是职务侵占罪(或贪污罪)认定上的混淆。在这一点上,其他金融工作人员犯贪污罪或职务侵占罪可能不会产生认定上的困难。就此而言,《刑法》第 183 条专门就保险公司工作人员的职务侵占罪(或贪污罪)作出规定,在某种程度上恐怕主要还是从有助于司法工作人员正确认定骗取保险金行为的性质角度加以考虑的。

第三节 金融犯罪的分类

正如前述,我国现行《刑法》有关金融犯罪是分别规定在分则第三章"破坏社会主义市场经济秩序罪"第四节"破坏金融管理秩序罪"和第五节"金融诈骗罪"中的。由于刑法对同一类的犯罪进行了不同的归类,且归类的标准又与传统的标准不一致,从而导致了刑法理论界对刑法有关金融犯罪归类合理性问题争议的产生;更由于在现代社会中,金融领域所涉及的面相当广泛,金融犯罪作为一类新型犯罪,现有《刑法》规定的内容也必然会比较丰富和全面,因此从理论研究角度对刑法所规定的各种具体犯罪再进行分类,应该是很有必要的。

---

[1] 参见孙际中主编:《新刑法与金融犯罪》,西苑出版社 1999 年版,第 37 页。

一、金融犯罪刑法分类评析

现行《刑法》规定了四百余种犯罪,同时分则对各种各样的犯罪进行了具体的分类。刑法理论认为,我国《刑法》分则规定的各种犯罪,是以犯罪侵犯的同类客体的不同作为分类依据的,并以犯罪对社会的危害程度作为排列顺序的主要依据。我国《刑法》分则设置的体系,把纷繁复杂的各种各样的犯罪规划成一个井然有序的整体,这对于认识同一类犯罪所侵犯的社会关系,从而认清某一类犯罪的共性以及深入掌握各类犯罪之间的差异,有着相当重要的作用。

我国《刑法》分则根据具体犯罪侵犯的客体不同,把各种各样的犯罪分为十类,即分则的十章犯罪。每一类犯罪侵犯的同类客体反映了这一类犯罪所侵害的社会关系的共性。由于犯罪客体是每一类犯罪的必要要件,其性质和范围是确定的,因此它可以成为犯罪分类的基础。同类客体揭示出同一类犯罪在客体方面的共同本质,并在相当程度上反映出各类犯罪不同的危害程度。依据同类客体,对犯罪作科学的分类,建立严格的、科学的《刑法》分则体系,把多种多样的犯罪从性质和危害程度上互相区别开来,便于我们了解、研究犯罪并掌握各类犯罪的基本特点。根据犯罪的同类客体对犯罪进行分类,有利于把握各类犯罪的性质、特征和社会危害程度,便于司法机关正确定罪量刑。

由于《刑法》分则第三章"破坏社会主义市场经济秩序罪"和第六章"妨害社会管理秩序罪"中所包含的犯罪种类繁多且条文庞杂,因此现行《刑法》在立法时分别采用在章下再分节的方法进行设置,但是第三章各节犯罪的同类客体仍然是社会主义市场经济秩序,第六章各节犯罪的同类客体也仍然是社会管理秩序。当然,分则中该两章下分节设置实际上也是以犯罪行为所侵犯的同类客体的不同作为分类依据的,即在同类客体之外还有一个"次层次"的同类客体,如分则第三章第四节"破坏金融管理秩序罪",其"次层次"的同类客体即为金融管理秩序。可以说,《刑法》是以每一节中的犯罪所侵犯社会关系的相同或相近性为依据进行归类的。

这里需要讨论的是,我国《刑法》分则第三章"破坏社会主义市场经济秩序罪"所设的八节犯罪,并不完全是按照"次层次"的同类客体进行分类的。第五节"金融诈骗罪"与第四节"破坏金融管理秩序罪",其"次层次"的同类客体为金融管理秩序,即理论上一般认为第五节与第四节侵犯的"次层次"的同类客体是相同的,如果按"次层次"的同类客体分类,第五节应该包括在第四节之中。从相关背景角度分析,随着社会主义市场经济体制的建立和完善以及我国金融业的发展,人们日益感到仅仅依靠传统的诈骗罪相关规定很难有效打击金融领域各种形式的诈骗犯罪,有必要在刑法中专门设立涉及金融领域的诈骗罪。于是,我国现行《刑法》顺应刑法理论和司法实践的要求,将包括集资诈骗罪、贷款诈骗罪、票据诈骗罪等在内的八种金融诈骗犯罪从财产罪中的一般诈骗罪中分离出来独立设罪,并单独设立"金融诈骗罪"一节将这八种诈骗罪归入其中。由于金融诈骗罪中所包括的八种具体犯罪行为的手段都具有"虚构事实、隐瞒真相"即诈骗的共同特征,因此第五节"金融诈骗罪"不是按犯罪客体划分的,而是按犯罪手段划分的。更由于传统刑法理论一直认为犯罪的同类客体是《刑法》分则犯罪分类的基本依据,"金融诈骗罪"的设立显然与传统理论相悖。特别是在《刑法》分则第三章第四节已经设立了"破坏金融管理秩序罪"之后,立法者还将金融诈骗罪另外设节,无疑是对传统刑法理论的重大突破,并从根本上颠覆了刑法基本理论的分类标准,引起学者的争论并不奇怪。综观有关金融诈骗罪是否应该在《刑法》中独立设节的争议,理论上主要有以下几种观点。

其一为"否定说",即认为《刑法》将金融诈骗罪独立设节是没有必要的。理论上有学者认为,从体例上说,"金融诈骗罪"一节是以犯罪手段即诈骗为特征而归为一类的犯罪,而其他章节的犯罪都是以侵犯的客体为特征分类的,因而在体例上不够协调。[1]更有学者认为,"金融诈骗罪"一节的设置在刑法理论与刑事司法实践的适应性方面、在刑事立法的价值取向与刑法历史发展趋势的趋同性方面、在刑事立法形式与刑法基本原则的一致性方面等存在商榷的余地。[2]

其二为"肯定说",即认为《刑法》将金融诈骗罪独立设节很有必要。理论上持此观点者的主要理由有以下几点:首先,时下金融诈骗活动猖獗,犯罪数额巨大,危害十分严重,为了突出打击金融诈骗犯罪,维护金融交易秩序的稳定,有必要将金融诈骗犯罪单独设节进行专门规定。其次,在金融犯罪中,金融诈骗犯罪在手段上具有相似之处,即都是采取诈骗的方式进行犯罪,而这一行为方式明显区别于其他金融犯罪,因此有必要对此作专门规定,以有利于司法实践中的认定。再次,将金融诈骗罪独立设节是为了更加明确地区分金融领域的诈骗犯罪与普通诈骗的界限,从而更具体地体现罪刑法定原则所包含的刑法条文明确化的要求。

综合分析上述有关金融诈骗罪独立设节是否合理的理论分歧意见不难发现,在金融诈骗罪独立设节是对传统刑法理论的突破这一点上,理论上并无太大的异议。理论上争议的焦点主要集中在这种突破是否合理且有无必要的问题上。

笔者认为,从立法上分析,我国现行《刑法》将金融犯罪分设为"破坏金融管

---

①　参见陈兴良:《刑法疏议》,中国人民公安大学出版社 1997 年版,第 334 页。

②　参见冯殿美、郭毅:《金融诈骗罪研究》,载赵秉志主编:《新千年刑法新热点问题研究与适用》,中国检察出版社 2001 年版,第 1026 页。

理秩序罪"和"金融诈骗罪"并不妥当。金融诈骗罪独立设节的主要原因无非是：随着社会主义市场经济体制的建立和完善以及我国金融业的发展，人们日益感到仅仅依靠传统的诈骗罪规定很难有效地打击金融领域各种形式的诈骗犯罪。将金融诈骗罪独立设节可以根据专项金融活动中诈骗犯罪的不同分别设置罪名，以区别财产罪中普通诈骗罪和金融诈骗罪的界限，从而为更具体地体现罪责刑相适应原则打下基础。但是，将金融诈骗罪独立设节在诸多方面明显存在不协调的问题。事实上，这一做法既缺乏理论依据，也无实际意义。其理由有四点。

首先，将金融诈骗罪独立设节与现行《刑法》的体例结构不协调。从《刑法》分则体例上分析，我国刑法历来强调犯罪客体是分类的依据，但是"金融诈骗罪"一节明显是以诈骗手段为归类的依据，在很大程度上与《刑法》分则其他章节犯罪的分类依据不一致。有人认为，金融诈骗罪与其他破坏金融管理秩序罪的显著区别在于，它只是采用诈骗的行为方式，而其他破坏金融管理秩序罪则可以有多种方式。依笔者之见，金融诈骗罪中的"诈骗"行为方式实际上属于破坏金融管理秩序罪中"多种"行为方式之一。那么，在具有多种行为方式的破坏金融管理秩序罪中，为何就不能包容"诈骗"这种行为方式？事实上，在《刑法》所规定的犯罪中，行为方式和行为方式之间虽然可能反映社会危害性大小的不同，但是其本身却不可能存在所谓"不平等"的特质。因金融诈骗罪独立设节而产生的与传统刑法归类标准的不一致，显然会导致《刑法》分则在立法体例结构上的前后矛盾或显得不协调，从而多少反映出我国在刑事立法技术上确实存在稚嫩的一面。另外，这种立法体例上的前后矛盾或不协调不仅在客观上造成了刑事立法标准不统一的问题出现，而且结构上的变化通常还会导致人们产生误解，即误认为金融犯罪中侵犯金融管理秩序罪与金融诈骗罪所侵犯的犯罪客体各不相同，甚至还会使人们对我国刑法中犯罪分类的标准产生怀疑。

时下，理论上有人认为，《刑法》将金融诈骗罪独立设节并不有悖于传统刑法按犯罪客体分类的标准，因为金融诈骗在实践中往往发生在金融交易中，即这种行为还可能造成对金融交易秩序的破坏。[①]破坏金融交易的行为必定是构成金融诈骗类犯罪，而对金融管理秩序的犯罪未必都构成对金融交易的破坏，因为有些犯罪并不以进入金融市场为条件。当然，在某种程度上，交易秩序被打乱，往往也会涉及管理秩序的破坏。所以，金融管理秩序可以说也是金融诈骗犯罪的直接客体。但是，这里的管理秩序显然没有破坏金融管理秩序罪中的管理秩序那样被直接地侵犯。破坏金融管理秩序罪所侵害的客体是金融管理秩序，这种

---

① 赵秉志：《论金融诈骗罪的概念和构成特征》，载《国家检察官学院学报》2001年第1期。

秩序体现了国家对金融行业的直接管理,其行为直接违反了有关金融行业的管理规定,而金融诈骗罪所侵害的客体,所涉及的并不是对国家金融行业直接管理的侵害。因为金融诈骗行为的直接受害人是被欺骗的金融机构,犯罪行为直接挑战的是金融机构本身,金融机构在业务运作中往往有一套监管体系,所以如果说这类行为侵害到国家及其有关主管部门制定的相关金融管理制度,这样的侵害也只不过是在逃脱金融监管的同时产生的一种间接性侵害,这点和破坏金融管理秩序罪中直接针对国家金融管理制度的犯罪行为是有区别的。①相对交易秩序而言,管理秩序在整体上只能作为次要客体。犯罪行为的分类是以主要客体作为同类客体进行的。所以,金融诈骗罪单独成为一节是可以理解和接受的,其犯罪客体是具有自身独立品格的同类客体,即金融领域的交易秩序。这一客体区别于金融领域的其他犯罪,也区别于非金融领域以诈骗为手段的财产犯罪。

笔者认为,上述观点可能主要是出于对现行《刑法》将金融诈骗罪独立设节的一种"自圆其说"的考虑,因而从理论上分析多少有点牵强。该观点的突出问题在于偷换了一个概念,即将"秩序"和"管理"割裂开来,从而得出金融交易秩序不同于金融管理秩序的结论。事实上,"秩序"本身是离不开"管理"的,即没有管理也就没有秩序,金融活动中不可能存在没有管理的交易秩序,包括金融交易秩序在内的任何金融秩序都是国家管理和参与之下的有序化。因此,金融交易秩序实际上应该理解为金融交易管理秩序。刑法理论一般认为,金融管理秩序与金融交易管理秩序并不是同一层面的概念,金融管理秩序无论在范围还是在内容上均要大于金融交易管理秩序,两者的关系不是并列关系,而应该是包容关系。当然,从某种角度分析,金融交易管理秩序无疑是金融管理秩序的本质和核心,国家对金融秩序的管理主要是对金融交易秩序的管理。如果行为侵害了金融交易秩序,就必然会同时侵害金融管理秩序。依笔者之见,金融诈骗犯罪行为可能主要侵犯了金融交易管理秩序,因此必然同时侵犯了金融管理秩序。应该承认,刑法对许多破坏金融管理秩序犯罪往往只限于在金融市场准入阶段进行规制,由于这些犯罪行为尚未进入金融交易阶段,客观上也就不存在对金融交易管理秩序的侵犯问题。这也就是我们通常所说的,金融犯罪行为对金融管理秩序的侵犯并不一定会对金融交易管理秩序造成破坏。但是,我们绝对不应以此否定或怀疑"对金融交易管理秩序的侵犯就必然会对金融管理秩序造成破坏"这一命题的正确性。其实,在《刑法》分则"破坏金融管理秩序罪"一节中有不少金融犯罪行为侵犯的也是金融交易管理秩序,如内幕交易、泄露内幕信息罪,利用

---

① 吴玉梅:《中德金融诈骗罪比较研究——以犯罪分类标准和规范保护目的为视角》,载《法学杂志》2006 年第 3 期。

未公开信息交易罪,编造并传播证券、期货虚假信息罪,诱骗投资者买卖证券、期货合约罪,操纵证券、期货市场罪等金融犯罪行为均主要是对金融交易管理秩序的侵犯。由此可见,我国现行《刑法》在立法时并没有将"管理"和"秩序"完全割裂开来,而是已经将金融交易管理秩序归入金融管理秩序之中,只是这一思路并没有得到彻底贯彻。从这一角度分析,现行《刑法》将金融诈骗罪独立设节,很容易使人产生金融诈骗罪因主要侵犯金融交易管理秩序而没有破坏金融管理秩序的错觉,这显然与前述立法思路相违背。当然,这不可能是立法者的立法原意。

其次,将金融诈骗罪独立设节在立法和司法上均无必要。现行《刑法》独立设立"金融诈骗罪"一节主要是为了突出在构建社会主义市场经济过程中,政府重点打击金融诈骗犯罪以保护市场经济秩序的决心和姿态。这是因为,由于法制的不健全,在我国社会转制、经济转型的相关金融活动中出现了诸多金融诈骗案件。这些诈骗涉及数额往往十分巨大,严重破坏了市场经济公平竞争的规则,对许多被诈骗者的合法利益造成了严重损害,甚至导致有些企业大规模亏损或破产的后果出现。在司法实践中,对于这些金融领域的诈骗犯罪,如果仅以财产犯罪中的诈骗罪认定,无论在行为性质上还是在社会危害性上均不能很好地解决问题。在社会生活中,人们也日益感到仅仅依靠传统的诈骗罪规定很难有效地打击金融领域中各种形式的诈骗犯罪,因此有必要在《刑法》中专门设立金融类的诈骗罪。为此,1995 年 6 月 30 日,全国人大常委会通过了《关于惩治破坏金融秩序犯罪的决定》,将集资诈骗罪、贷款诈骗罪、票据诈骗罪、信用证诈骗罪、信用卡诈骗罪和保险诈骗罪等规定为独立的犯罪。现行《刑法》采纳了上述决定的内容,并在上述六种金融诈骗罪的基础上,又增设了金融凭证诈骗罪和有价证券诈骗罪两种犯罪,同时专门将金融诈骗罪作为《刑法》分则第三章"破坏社会主义市场经济秩序罪"第五节所规定的一类罪名。就此而言,《刑法》独立设立"金融诈骗罪"一节还是为了强调打击力度,其立法原意明显是突出对保护国家金融管理秩序的重视;其立法倾向显然是根据金融领域中诈骗犯罪的特点分别设置罪名,以区别财产犯罪中的普通诈骗罪和金融诈骗罪的界限,并偏重于对金融机构资金安全的保护。

从《刑法》独立设立"金融诈骗罪"一节的立法原意与立法倾向分析,金融诈骗罪是从诈骗罪中分离出来的一种特别犯罪,因而必然兼具金融犯罪和财产犯罪的双重属性,即金融诈骗犯罪侵犯的理应为复杂客体:一方面侵犯国家金融管理秩序,另一方面侵犯公私财产所有权。为此,有人担心,如果将金融诈骗罪归入破坏金融管理秩序罪中,将会导致人们对行为评价的侧重点发生转移,即可能导致实践中人们过于看重行为对金融秩序的破坏而忽视了对国家、集体、个人财产所有权的保护。但是,笔者认为,这种担心其实是多余的。刑法将金融诈骗罪从一般诈骗罪中分离出来,这本身就证明了刑法要突出对金融管理秩序的保护,即金融诈骗罪作为金融犯罪的组成部分,其侵犯的主要客体当然应该是金融管理秩序,而这又恰恰与《刑法》分则第三章第四节所规定的侵犯金融管理秩序罪的客体吻合。强调以行为侵犯的主要客体作为分类依据,并非一定或可能忽视对次要客体的保护,这其实是两个层面的东西,不应混同。正如抢劫罪所侵犯的客体既包括人身权利,也包括财产权利,刑法将其归入财产犯罪之中,并不意味着刑法对人身权利的忽视。可见,我们若要强调金融诈骗罪对金融管理秩序的破坏这一特征,将其纳入破坏金融管理秩序罪中,不仅足以达到体现刑法对金融管理秩序突出保护的目的,而且也不会出现忽视对公私财产所有权的保护的情况,同时还不会产生与传统刑法分类依据标准相悖的问题。另外,我们也完全没有必要担心,将金融诈骗罪纳入破坏金融管理秩序罪,会影响到对金融诈骗罪的打击力度。因为遏制金融诈骗犯罪需要从整个金融市场入手,金融诈骗犯罪和其他破坏金融管理秩序的犯罪都存在于金融市场的运作过程之中,它们的产生和发展环环相扣、密不可分,只要遏制住其中一个环节,其他环节就无法进行,相应的犯罪也就无从产生。就此而言,将金融诈骗罪纳入破坏金融管理秩序罪,更有利于实现打击金融诈骗犯罪的目的。

需要指出的是,时下有人提出,既然金融诈骗犯罪既侵犯财产所有权,又侵犯金融管理秩序,为何不将其放入普通诈骗罪中以体现立法的统一性?笔者认为,此论点实际上是主张恢复原《刑法》的规定模式,这涉及金融诈骗罪从一般诈骗罪中脱离出来的必要性和理论依据问题。正如前述,在具体金融犯罪中,由于金融诈骗行为对金融秩序的冲击往往大于具体的财产损害,即如果金融秩序紊乱,金融体系失灵,必将导致整个国民经济的损害,因此如果从行为侵犯的主要客体是《刑法》分则各类犯罪分类的依据这一正确命题角度分析,回答上述问题理应不是一件难事。可见,从金融诈骗罪所侵犯的主要客体分析,我们完全可以将"金融诈骗罪"一节规定的犯罪归入"破坏金融管理秩序罪"一节之中。

再次,将金融诈骗罪独立设节暴露出立法思路的不一致。正如前述,《刑法》分则中的分类均是以犯罪的同类客体不同作为分类依据的,没有也不应该以犯罪手段作为分类的标准。现行《刑法》虽然对此作了突破,但是这种突破显然并不彻底。依笔者之见,如果立法者在对金融诈骗罪独立设节时是按照犯罪手段进行划分的,那么就应该将这种立法思路贯彻到底,即按照有些国家和地区的刑法中将杀人、盗窃或诈骗犯罪独立归为一类犯罪的立法模式,将金融诈骗罪中的八种具体犯罪与合同诈骗罪以及诈骗罪归在一起,如此设置反而显得更为合适。但是,令人遗憾的是,现行《刑法》只是在金融犯罪中将金融诈骗罪分离出来并相对独立于破坏金融管理秩序罪,而将合同诈骗罪和诈骗罪仍然分别按其侵犯的主要客体归入"破坏社会主义市场经济秩序罪"下的"扰乱市场秩序罪"和"侵犯财产罪"中。这种立法方式突出反映了立法者的立法思路不一致的一面。

在理论上,有人认为,金融诈骗罪与破坏金融管理秩序罪的一个显著区别在于:金融诈骗罪是通过诈骗的方式直接占有他人的财产,而其他破坏金融管理秩序罪则并非必然有非法占有他人财物的目的,即使有此目的(如操纵证券、期货交易价格罪,内幕交易罪,诈骗投资者买卖证券、期货合约罪),也都是通过间接的方式达成的。笔者不赞同此观点。正如前述,行为方式不同不能成为金融诈骗罪独立设节的理由,行为目的不同同样不能成为金融诈骗罪分类的依据。只要金融诈骗犯罪侵害的主要客体是金融管理秩序,就说明了金融诈骗犯罪具备破坏金融管理秩序罪的总体特征,将其归入破坏金融管理秩序罪就成为应然。至于金融诈骗罪与其他一些破坏金融管理秩序罪存在"直接占有"和"间接占有"的"占有方式"上的区别,不能成为把金融诈骗罪独立设节的原因。因为即使在破坏金融管理秩序罪中,诸多此罪与彼罪之间实际上也存在类似的区别,而这些区别仅仅只是区分破坏金融管理秩序罪中此罪与彼罪界限的依据,并非独立设节的理由。

最后,将金融诈骗罪独立设节也与当前国际上的刑事立法现状和发展趋势不相吻合。综观当代各国和地区刑法规定不难发现,各国和地区均十分重视对金融犯罪的打击,包括大陆法系和英美法系在内的大多数国家和地区均在刑法典中直接或间接地规定了一些金融诈骗犯罪。其基本形式无非有三种:其一为在刑法中用专门的条文设置一些诸如贷款诈骗罪、信用证诈骗罪等具体的金融诈骗犯罪罪名,以强调金融诈骗罪不同于普通诈骗犯罪;其二为在刑法中只规定诈骗罪罪名,即一些国家和地区并未将具体的金融诈骗犯罪独立设罪,而是在普通诈骗罪中将具体金融诈骗犯罪的相关内容涵盖进去;其三为在各种金融法规的附属刑法规范中分散规定包括具体金融诈骗罪在内的金融犯罪。从这三种形式分析不难发现,世界各国和地区的刑法立法中尚未见到将金融诈骗罪独立归类的情况。笔者认为,尽管受各国法律制度的影响,每个国家均有自己独特的情况存在,各国的立法方式并不要求一定完全相同,但是其他国家和地区有关金融犯罪的刑事立法由于已经积累了一定的经验,完全可以作为我们立法的参考。我国现行《刑法》将金融诈骗罪独立设节,尽管有诸多理由,但是比较世界各国和地区的刑事法律规定,我们绝对不能说这种立法形式可以代表或反映世界各国和地区刑事立法的趋势。

综上所述,金融犯罪中的金融诈骗罪是一类在市场经济条件下产生的新型犯罪,也是诈骗行为在金融领域所产生的新事物。将金融诈骗罪独立设节,无疑是对刑法有关犯罪分类理论的突破。这种突破在理论上和司法实践中尽管可能存在许多合理性和实用性,但是从根本上颠覆了刑法基本理论有关犯罪分类的标准,同时又无法将这一立法思路贯彻到底,因而在理论上受到学者的诘难和抨击是不可避免且容易理解的。从刑事立法理论完整性的角度分析,笔者认为,《刑法》分则各类犯罪分类标准的一致性是立法规范化的一个必然要求。在逻辑上,一个层面上的划分如果分类依据不同,完全有可能产生两种后果,即不是划分重叠,就是划分遗漏,而无论什么后果均明显反映出立法本身的矛盾。就此而言,现行《刑法》将金融诈骗罪独立设节无疑是立法中的一个败笔,既无理论上的合理性,也无实践中的必要性。从立法完善角度分析,我们完全可以将"金融诈骗罪"一节归入"破坏金融管理秩序罪"一节之中。

二、金融犯罪理论分类探讨

正如前述,我国的金融犯罪具体规定在《刑法》分则第三章第四节"破坏金融管理秩序罪"和第五节"金融诈骗罪"中,这实际上可以看作金融犯罪的刑事立法分类。由于该两节所规定的金融犯罪包括很多罪名,且许多罪名又可从不同角度分析其具有相似的地方,因而时下学者们往往会从理论上对金融犯罪作出分类,以便于对金融犯罪进行专门的研究。然而,由于金融领域较为复杂,更由于受到立法等方面的影响,理论界对于金融犯罪所作的理论分类并不完全一致,许多学者根据不同的标准对金融犯罪作出了不同的分类。综合而言,大致有以下几种。

第一,按照犯罪手段的不同,把金融犯罪分为欺诈型,伪造、变造型,渎职型和其他方式型四大类。

第二,按照犯罪主体是否为金融机构及金融机构工作人员,可把金融犯罪分为特殊主体金融犯罪和一般主体金融犯罪。特殊主体金融犯罪包括前述所有渎职型金融犯罪及其他由金融机构工作人员实施的可能与职务活动无关的金融犯罪,如证券交易所、期货交易所、证券公司、期货经纪公司的工作人员,证券业协会、期货业协会或者证券、期货监督管理部门的工作人员实施的与利用职务无关的诱骗投资者买卖证券、期货合约罪。一般主体金融犯罪包括所有达到法定年龄具有刑事责任能力的人均可构成的金融犯罪。

第三,按照金融犯罪的罪过形式,可把金融犯罪分为金融故意犯罪和金融过失犯罪。其中,金融故意犯罪又可分为金融直接故意犯罪和金融间接故意犯罪;金融过失犯罪又可分为金融疏忽大意过失犯罪和金融过于自信过失犯罪。[①]

第四,按照行为侵犯的金融管理秩序的具体内容,可把金融犯罪分为两大类

---

① 　参见胡启忠等:《金融犯罪论》,西南财经大学出版社 2001 年版,第 32 页。

金融犯罪。第一大类是仅仅对于第三章第四节的"破坏金融管理秩序罪"加以分类;第二大类是对包括第三章第四节"破坏金融管理秩序罪"和第五节"金融诈骗罪"在内的所有金融犯罪加以分类。

上述有关金融犯罪理论上的分类标准各有一定道理,但也存在一些问题。笔者认为,在对金融犯罪作理论上的分类时,必须注意以下几个问题。

第一,必须认清理论分类的目的。现行《刑法》以行为所侵犯的客体为标准专门设立了破坏金融管理秩序罪,这种分类显然是为了更好地让人们认清金融犯罪的危害本质,而并不是为了分类而分类。那么,在理论上再对破坏金融管理秩序罪进行分类,同样也应该具有这一目的。例如,《刑法》第170条至第173条的五种罪都是危害货币管理制度方面的犯罪。将上述五种罪归为一类的主要原因在于,这种分类有助于人们了解货币犯罪的本质特征。然而,上述有些理论分类的目的性并不十分明确,从而显得分类标准不够清晰。

第二,必须确定理论分类的原则。一般认为,理论分类主要有以下两项原则。其一,不以条文次序机械分类。笔者认为,理论分类不能机械地按照《刑法》条文规定的次序进行,否则就会失去分类的科学性。《刑法》条文先后次序主要是以行为的社会危害性大小为排列标准的,而理论分类则并非以此为标准。因此,理论分类固然要有法律依据,但也不能将《刑法》条文的规定内容原封不动地搬过来。分析金融犯罪的《刑法》条文不难发现,我国《刑法》第三章第四节的规定并不是完全根据金融管理秩序的具体制度内容排列的。例如,《刑法》条文中有关破坏存贷款管理制度的犯罪,不仅规定在第175条高利转贷罪(包括骗取贷款、票据承兑、金融票证罪)、第176条非法吸收公众存款罪中,而且还规定在第186条违法发放贷款罪、第187条吸收客户资金不入账罪中,这些条文之间并非前后相接。又如,《刑法》第183条至第189条是从特殊主体角度加以集中规定的,它们所具体危害的金融管理制度并不相同,即第186条违法发放贷款罪与第187条吸收客户资金不入账罪侵犯的客体是存贷款管理制度,而第188条违规出具金融票证罪与第189条对违法票据承兑、付款、保证罪侵犯的客体是金融票证的管理制度。其二,应该采用统一标准。笔者认为,在通常情况下,理论分类应该基于统一的标准,否则各类别之间会产生重叠或交叉,有的会显得过于琐碎,有的会混淆各类属犯罪的层次关系。

第三,选择合理的用词。在表述金融犯罪所侵犯的客体时,有的学者采用"破坏……秩序""妨害……管理"的说法。笔者认为,使用"危害……管理制度"的表述较为妥当。首先,"破坏……秩序"是从金融犯罪所侵犯的客体总体而言的。正如前述,所有的金融犯罪均是对国家的金融管理秩序的破坏。但是,就秩序中的某一方面而言,应使用"制度"一词。因为规则作为秩序的实际内容,是秩序的中心环节,往往表现为国家的管理制度。其次,使用"妨害……管理"的说法固然不错,但这里的"管理"主要是指具体的管理制度。因此,宜采用"管理制度"的表述。

综上所述,破坏金融管理秩序罪及所有具体犯罪可作如下归类。

(1) 危害货币管理制度犯罪。这类犯罪主要包括伪造货币罪,出售、购买、运输假币罪,金融工作人员购买假币、以假币换取货币罪,持有、使用假币罪,以及变造货币罪五种罪。

(2) 危害金融机构设立管理制度犯罪。这类犯罪主要包括擅自设立金融机构罪,伪造、变造、转让金融机构经营许可证、批准文件罪两种罪。

(3) 危害金融机构存贷管理制度犯罪。这类犯罪主要包括高利转贷罪,骗取贷款、票据承兑、金融票证罪,非法吸收公众存款罪,违法发放贷款罪,以及吸收客户资金不入账罪五种罪。

(4) 危害金融票证、有价证券管理制度犯罪。这类犯罪主要包括伪造、变造金融票证罪,伪造、变造国家有价证券罪,伪造、变造股票、公司、企业债券罪,擅自发行股票、公司、企业债券罪,妨害信用卡管理罪,窃取、收买、非法提供信用卡信息罪,违法出具金融票证罪,以及对违法票据承兑、付款、保证罪八种罪。

(5) 危害证券、期货市场管理制度的破坏金融管理秩序犯罪。这类犯罪主要包括内幕交易、泄露内幕信息罪,编造并传播证券、期货交易虚假信息罪,诱骗投资者买卖证券、期货合约罪,以及操纵证券、期货市场罪四种罪。

(6) 危害客户、公众资金管理制度犯罪。这类犯罪主要包括背信运用受托财产罪、违法运用资金罪两种罪。

(7) 危害外汇管理制度犯罪。这类犯罪主要包括逃汇罪、骗购外汇罪两种罪。

(8) 危害金融业务经营管理制度犯罪。这类犯罪只有洗钱罪。

由于我国《刑法》将金融诈骗罪独立设节,因而作为刑法上的分类,我们在理论上就不再对其进行分类。

|第二章|
我国金融犯罪的成因及对策

伴随着我国改革开放的不断深化,各种金融活动日益活跃,金融领域不断扩大,新的金融衍生工具不断出现,金融业出现了空前的繁荣。但是,金融业作为经济的核心和杠杆,属于高风险行业,在社会经济运行中起着"放大器"的作用,20世纪以来几乎所有国家的经济安全问题都是首先从金融危机中爆发出来的,并最终对整个社会造成重大影响。正因为金融业的安全与社会各阶层的切身利益息息相关,因而金融安全问题实际上已成为全世界最为关注的公共问题之一。在影响金融安全的诸多因素中,形形色色的金融犯罪所起的负面作用不可忽视。这些年来,可以说没有哪一个国家没有受过金融犯罪的侵扰。在我国,没有哪一个地区不曾发生过这类犯罪。[①]更有必要提及的是,加入WTO之后,我国金融体系稳定性的基础在发生变化,金融运行的独立性更强,政府对其干预进一步淡化,金融机构必须在有关法律框架内依据市场规律运作,今后金融稳定不能再单纯依赖国家信用的支撑和行政措施的强制保护。在这种背景下,各种新型的、国际化的金融犯罪将不可避免地涌现,金融犯罪带来的危害也可能不断加剧。为此,适时地对金融犯罪的特点及其原因进行充分、深入研究,探求标本兼治的良策,以更好地打击日益猖獗的金融犯罪就显得非常有必要。

第一节　我国金融犯罪的现状及趋势

肇始于1997年的金融工作会议每五年召开一次,已经成为惯例,基本上决定着未来五年金融工作的基调和方向,成为指导我国金融工作的重要会议。依据五年一度的节奏和前五次全国金融工作会议召开的日程安排,第六次全国金

---

① 参见江礼华主编:《当前中国金融诈骗犯罪的特点、原因及其对策》,中国法制出版社1999年版,第123页。

融工作会议将于 2022 年举行。自 2013 年中国经济进入新常态后,相应金融领域陆续发生了深刻变化,再加之国际大环境不稳定下金融市场的动荡,均要求现有的金融调控和监管体系尽快做出调整。近年来,我国金融体制改革的各项工作获得了重大进展,国有商业银行重组上市日渐完成,证券市场结构性问题最终得到解决,保险投资领域大幅放开,利率市场化、外汇体制改革亦取得了长足进步。然而,另一方面,金融犯罪案件亦不断发生,不禁令人对金融改革的效果和前景忧心忡忡。上海市检察院发布的《2019 年度上海金融检察白皮书》显示,2019 年上海市检察机关共受理金融犯罪审查逮捕案件 1772 件/3065 人,金融犯罪审查起诉案件 2063 件/4228 人,案件共涉及 7 类 31 个罪名,其中破坏金融管理秩序类犯罪 1489 件/3108 人,金融诈骗类犯罪 460 件/738 人。分析近年来我国金融犯罪的具体情况,我们不难发现以下一些特点和发展趋势。

一、金融犯罪的现状及特点

2018 年,全国检察机关起诉破坏金融管理秩序和金融诈骗犯罪案件 3.2 万余人;[①]根据 2020 年《最高人民检察院工作报告》,2019 年全国检察机关共起诉金融诈骗、破坏金融管理秩序犯罪 40178 人,同比上升 25.3%。总体上说,我国目前的金融安全环境不容乐观。自 2007 年以来,金融犯罪案件的总量持续增长,特别是金融诈骗案件的立案数呈现井喷增长的趋势,打击金融犯罪面临十分严峻的现实。

(一)金融犯罪突出呈现数额大、范围广的特点

20 世纪 80 年代以前,金融犯罪案件的案值一般在几千元、几万元之间,上百万元的都较为少见;而进入 90 年代,案值日趋增大,数十万元的案件较为普遍。当下,金融犯罪案件的案值更为可观,数百万元的案件经常发生,数千万甚至上百亿元的案件也时有发生。2006 年立案的非法吸收公众存款案件共 1999起,涉案总价值达 296 亿元。就上海而言,2003 年至 2007 年,全市法院共审结非法吸收存款案 27 件,涉案金额 103.06 亿元,造成 28.36 亿元无法追回。如被告单位中通证券有限公司及被告人彭某等人非法吸收公众存款一案,被告单位及被告人于 2003 年 9 月至 2004 年 4 月非法吸收公众存款 7.9 亿元,至案发时有6.1 亿元无法归还。2012 年震惊全国的吴英集资诈骗案当中,原浙江本色控股集团有限公司法定代表人吴英以高额利息为诱饵,以投资、借款、资金周转等为名,先后从多名被害人处非法集资,用于偿还债务、支付高额利息、购买房产、汽

---

① 参见《最高检:严惩金融犯罪　打好防范化解重大风险攻坚战》,https://www.spp.gov.cn/spp/zdgz/201902/t20190222_408941.shtml,2020 年 5 月 31 日访问。

车及个人挥霍等,实际集资诈骗人民币 3.8 亿余元。2009 年 4 月,交银施罗德基金投资决策委员会主席、投资总监、交银施罗德蓝筹股基金经理李旭利利用未公开信息进行交易,获利总额 1000 余万元。2013 年,博时基金经理马乐被刑事拘留,涉嫌老鼠仓获利 1800 多万元,股票成交金额高达 10.5 亿元,成为中国资本市场前所未有的第一老鼠仓大案。2015—2018 年王文俊伙同数十家公司("三三"系公司)向境内外 48 万余人非法集资 530 余亿元,至案发,造成 15 万余人的资金 170 亿余元不能归还。此类金融案件虽然已被侦破,但是其所涉及的大量资金和财物已被犯罪嫌疑人挥霍或转移。尤其是集资诈骗、票据诈骗和贷款诈骗等犯罪,在公安机关开始立案侦查时,犯罪分子早已逃匿,赃款已被挥霍、转移,难以追回,使公安机关对犯罪嫌疑人的抓捕、取证和追赃工作陷入被动,国家、投资者和被害人的巨大经济损失已无法挽回,严重影响了金融机构的信誉,也成为诱发金融风险和社会不稳定因素的根源,由此产生的潜在性危害甚至比现实性危害更大。

另外,与 20 世纪 90 年代相比,现今更多的金融犯罪在活动范围、涉及领域、犯罪主体、犯罪手段和方法上已经表现出很高的综合化程度,导致更复杂和更专业的复合型金融犯罪大案要案增多。多重复合型特点表现在以下四个方面:一是金融犯罪案件的活动范围扩大,且很多完全突破了地域限制。无论是富庶的沿海发达地区或中心城市,还是贫困的内陆欠发达地区或偏远乡村,都毫无例外地发生过这样那样的金融违法犯罪案件,且跨省、跨国、涉港澳台或涉外犯罪所占比重增加。二是涉及的犯罪领域几乎囊括了包括银行、证券、保险、信托、财务公司、信用社等在内的所有金融机构以及相关的业务环节,相当多的案件既涉及银行或信用社,又涉及证券、企业、财务公司等多个行业和金融业务环节。三是犯罪主体多元化,既有金融从业人员,也有金融业以外的不法分子;有企业的高层管理人员,也有一般员工;有自然人,也有单位法人,而大案要案的主要参与者基本是企业高层管理人员和财务人员、金融从业人员、社会人员等,形成多重人员组合的团伙性内外勾结犯罪。四是金融犯罪的危害后果突破了有限的财物损失,向深度延伸,由直接的财产侵害过渡到复合型的损害。例如,对金融机构、经济实体、地方经济甚至国家的信誉,包括经济活动中的诚信制度都会造成难以弥补的损害,同时也直接威胁我国经济秩序和社会秩序的稳定,而这些多重的损害往往是难以估量的。

（二）内外勾结作案已经成为金融犯罪最突出的特点

从很多实际发生的金融犯罪案件看,内外勾结是其中一个较为普遍的特点。内外勾结表现为金融机构内部工作人员与外部人员勾结共同作案,即金融机构内部人员和社会上的不法分子共同策划犯罪,里应外合。为了骗取金融机构的巨额资金,社会上的一些不法分子总是想方设法拉拢金融机构工作人员共同实施犯罪或者为其犯罪提供协助,由内部人员提供信息、凭证、印章等作案便利条件。由于金融机构工作人员熟悉金融业务及操作程序,知道如何规避银行规章制度的约束和监管,他们的参与使金融诈骗犯罪更加隐蔽,更容易得逞,社会危害性也更大。以较为多见的金融票据诈骗案为例,银行内部的同案犯主要为犯罪分子偷换客户印鉴,提供资金到账情况等内部消息,用伪造的凭证划出客户资金。在不少存单诈骗案中,银行内部的同案犯为犯罪分子提供存单样张,或提供办公场所供犯罪分子假冒银行工作人员行骗。我国已破获的很多金融案件都有金融机构人员的参与,尤其是影响比较大的案件。例如,2005 年的"北京森豪公寓骗贷案",在中国银行北京分行对北京华运达房地产开发有限公司"森豪公寓"项目发放按揭贷款过程中,房地产开发商勾结银行和律师三方联手编造假申报材料,骗取银行住房按揭贷款 6.4 亿元人民币转入外地其他项目,导致"森豪公寓"停工而成为"烂尾工程"。这是一起典型的"内鬼"与"外贼"勾结骗贷案例。根据行业规则,国内商业银行发放个人住房按揭贷款必须经过三个步骤:第一步,购房者和房地产开发商签订商品房买卖合同,并交付首付款,房地产商向购房者开具发票,表明已交纳首付款;第二步,购房者拿自己的身份证、购房合同、首付款证明和收入证明,到由银行指定的律师事务所审核后,出具法律意见书;第三步,银行审核这些必备材料并认为合格后,方可发放购房者贷款。事实证明,在中行"森豪公寓"案中,每一步都是"内鬼"与"外贼"在作假。首先,华运达公司虚构了并不存在的购房者,制造虚假销售事实,从购房者身份、销售合同到首付款证明和收入证明全是假的。其次,律师事务所出具的法律文件也是假的。最后,银行"内鬼"在审核时,明知是假也照贷不误。经查,在这 6.4 亿元的骗贷过程中,共制造了三百多张假身份证、三百多份假合同、三百多份假法律文书,最终导致金融诈骗得逞。①如此大规模"内鬼"与"外贼"勾结作假骗贷案令人震惊。

另据《法制日报》报道,中国建设银行吉林省分行下属两支行因一起内外勾结的诈骗案损失了 3.2 亿元。此案发生在 1999 年 12 月至 2001 年 4 月间,当时诈骗团伙以长春市铭雨集团的名义,拉拢腐蚀银行工作人员,采取私刻印鉴、印章,制作假合同、假存款证明书,伪造资信材料、担保文件等手段,进行贷款、承兑汇票的诈骗,诈骗总金额达 3.2 亿元。2005 年 2 月 22 日,长春市中级人民法院对发生在建行吉林省分行所辖的朝阳支行、铁路支行的该起金融诈骗案作出了一审判决。涉案的原铁路支行副行长郭强、原朝阳支行营业部主任于文辉等 6

---

　　① 参见《北京"森豪公寓"骗贷 6.45 亿》,http://www.why.com.cn/eastday/node19599/node55326/node55329/userobject1ai985251.html,2007 年 1 月 25 日访问。

名内部涉案人员分别被判处无期徒刑、有期徒刑。①正如有论者所说的,某集资诈骗犯罪分子之所以能利用高息集资、假挂失、涂改活期存折等手段诈骗社会投资公众的储蓄存款,涉案金额达 2 亿元之多,造成实际损失数千万元,关键就在于大量行贿银行工作人员,在银行内部找到了"帮手"。②可以毫不夸张地说,内外勾结作案已经成为金融犯罪最突出的特点。

（三）打着"互联网金融"等新热点名义的金融犯罪增多

在金融改革创新背景下,各类金融创新模式和产品大大促进了金融交易便利,但也有部分不法分子以金融创新为幌,实施违法犯罪。区块链是近年来金融创新中备受关注的亮点,其中的应用场景——虚拟货币在我国监管机关已有比较明确的定性,将虚拟货币发行融资的行为界定为"一种未经批准非法公开融资的行为"。但实践中,不法分子仍然打着金融创新的旗号,通过发行所谓虚拟货币、数字货币等方式非法集资或进行其他金融犯罪。再如人工智能在证券活动中的具体应用——智能投顾也备受关注,案件中已经出现以智能投顾之名实施犯罪的情况。2020 年 5 月 7 日,最高人民检察院第四检察厅厅长郑新俭在做客"纵论'四大检察'新格局 畅叙'十大业务'新愿景"最高检厅长网络访谈时指出,近年来金融犯罪尤其是涉众型金融犯罪呈上升趋势,打着金融创新旗号的违法犯罪不断增多,对金融安全造成严重威胁,人民群众深受其害。从近年来金融犯罪的情况分析,打着"互联网金融"等新热点名义的金融犯罪增多,迷惑性强、危害性也更大。例如,假借 P2P 名义搭建自融平台,通过发布虚假的债权转让项目为自身融资的案件逐年增多。以虚拟货币和区块链名义实施非法集资的行为也开始出现。此类犯罪手法也在不断翻新,隐蔽性、欺诈性特征更加明显。犯罪分子还抓住投资群众对"保本"的底线要求,将非法集资包装成借贷、股权投资、购物、办理年卡等正常等价交易行为,误导投资群众,再以高息、回购、返现、附赠商品等形式承诺高额利息,环环相扣引诱投资人踏入非法集资的陷阱。

二、金融犯罪的发展趋势

（一）金融犯罪形式日趋职业化、组织化和智能化

由于金融运作本身的专业性和多环节性,通常情况下,一个犯罪分子无法完成金融犯罪活动中的全部行为。因此,金融犯罪多是预谋犯罪,犯罪分子具有职业化、组织化的倾向。金融犯罪的主体知识化程度越来越高,一些大案要案的主

---

①　参见周芬棉、甫林:《金融大案背后的犯罪线路图:"内外鬼"勾结诈骗》,载《法制日报》2005 年 3 月 30 日。

②　参见李孟书、文盛堂主编:《金融营运与犯罪警示》,中国检察出版社 1998 年版,第 59 页。

体拥有大学甚至研究生以上的学历。他们通常具备很高的金融专业和计算机专业知识,熟悉金融活动的运作方式及各个环节的特点,甚至研究过相关的管理法律法规和规章制度,且犯罪活动策划周密,内部分工明确,赃款流向隐蔽,规避法律能力强,给案件的侦破与审理工作带来极大的困难。

同时,金融电子化已成为现代金融业的重要标志。加入 WTO 后,我国金融电子化的步伐进一步加快。但是,金融电子化在给金融业带来交易便捷的同时,也带来了更高的风险,金融犯罪的手段越来越现代化。近年来所破获的金融犯罪,无论是犯罪手法还是犯罪过程,都越来越呈现高科技化的特点。金融犯罪领域的表现形式已由传统的手工涂改、制作假存单、假汇票发展到当今的利用计算机网络、信用卡等高新技术进行犯罪。更有甚者,黑客入侵篡改数据、窃取资金,施放病毒破坏程序,伪造电子货币进行欺诈等新型金融犯罪出现,并呈蔓延之势。很多金融犯罪分子均是运用高新技术实施犯罪,金融犯罪所表现出来的复杂程度已远非传统的暴力性犯罪如抢劫、盗窃等财产犯罪可比。正是由于金融犯罪知识含量和科技含量的不断提高,金融犯罪已经成为名副其实的"智能犯罪"或"白领犯罪"。

在许多金融犯罪案件中,犯罪人员具有高学历、高职务,不仅熟悉金融业务知识,懂得利用计算机网络系统等高科技手段,而且对金融机构工作人员和业务人员的心理及管理制度方面的薄弱环节也很有研究,他们针对金融制度和管理上的漏洞制订周密的作案计划,作案人员内外勾结,作案成功率高。同时,这类犯罪分子的反侦查能力较强,在犯罪潜伏期内利用多种手段隐藏、销毁犯罪证据或转移资金,因此案件隐蔽性强、潜伏期长,犯罪手段愈来愈诡秘。这就导致了不少案件由于取证的困难,虽然进入了立案程序,但是最终无法进入刑事审判程序。

(二)涉众型金融犯罪呈不断增长趋势

涉众型金融犯罪持续时间长、涉及面广、危害大、手法多且极具欺骗性,直接损害广大群众的切身利益。涉众型金融犯罪的几种常见形式是:

其一是非法集资型金融犯罪。其具体表现为:未经中国人民银行批准,擅自开办储蓄业务;具有吸收存款业务资格的金融机构,违反国家利率规定,擅自变动储蓄存款利率吸收存款;具有吸收存款业务资格的金融机构,以给付回报、实物等方式变相提高储蓄存款利率吸收存款;具有吸收存款业务资格的金融机构,以发行股金等方式吸收资金,变相吸收存款;以兴办实业为名,承诺回报,非法向社会公众集资;以返租、代管、代养等形式销售商品、收取保证金等,非法向社会公众集资;以国家对生态环境进行保护、发展绿色产业、民间资金造林等方面采取的鼓励政策为幌子,许诺高额回报,进行非法集资;以预售、合作经营、投资入股或加盟等为名,承诺回报,收取订金、股金、加盟费等,非法向社会公众集资;组织"抬会""合会""标会"等活动,非法向社会公众集资。

其二是虚构事实,非法买卖股票类涉众型金融犯罪案件。不法分子以"证券投资咨询公司""产业经纪公司"等为名,推销所谓"即将在境内外证券市场上市的股票";或者以给境内企业提供境外上市服务为名,一些所谓的"外国资本公司或投资公司驻中国办事处"未经批准便向社会代理买卖未上市公司股票。

其三是不法分子利用互联网非法进行境外外汇保证金交易。外汇保证金交易,又称"合约现货外汇交易""按金交易""虚盘交易",是指投资者和银行或专业从事外汇买卖的金融公司,签订委托买卖外汇的合同,缴付一定比率(一般不超过 10%)的交易保证金,便可按一定融资倍数买卖十万、几十万甚至上百万美元的外汇。因此,这种合约形式的买卖只是对某种外汇的某个价格作出书面或口头的承诺,然后等待价格出现上升或下跌时,再进行买卖的结算,从变化的价差中获取利润,当然也承担了亏损的风险。外汇保证金交易在我国受到严格限制,2008 年 6 月,中国银监会发布公告,叫停了我国所有银行的外汇保证金交易。

以上所提及的种种涉众型金融犯罪案件,社会影响极大,如在集资诈骗涉及众多被害人的情况下,被害人往往情绪非常激动。尤其是在大部分犯罪所得已被犯罪分子挥霍时,如何处理好被害人的财产发还就成为一个重大问题。由于我国相关的发还赃款制度和程序未能有效建立,在确保被害人财产得到及时有效的保护方面,尚无现成的经验可循,一旦处理不好,就极易引发新的社会矛盾,影响社会的和谐与稳定。因此,如何处理此类案件已成为我国当前司法实践中面临的新的挑战。

(三)跨省、跨地区金融犯罪日益增多

随着改革开放的不断深入,社会主义市场经济的逐步建立与发展,人、财、物的流动空前频繁,地区与地区之间、省与省之间的经济交往不断增多,联系日益紧密,金融犯罪分子跨省、跨地区作案也日益增多,一些犯罪往往涉及几个甚至十几个省、市,犯罪分子相互勾结,共同作案。有的案犯在流窜作案过程中,使用伪造、变造的身份证件,通过中介公司在当地工商部门骗取营业执照,临时租用中高档写字楼作为办公地点,诱使省外客户携带汇票与其进行交易,然后以验证汇票为名,用事先伪造、变造的假汇票调包,偷换客户的真汇票,提取现金后逃之夭夭。近几年来,此类案件频繁发生。例如,2013 年 10 月底,山东省东营市某工贸有限公司到广饶县公安局经侦大队报案称:2013 年 10 月 15 日,该公司开出的两张金额共 2000 万元的银行承兑汇票通过苏、浙一中介交付给江苏吴江民生银行平安支行贴现,但只收到贴现款 1100 万元,公司被骗包括中介费在内的 900 万元。公安机关经过侦查发现,2013 年 10 月,东营某工贸有限公司开出两张金额共 2000 万元的银行承兑汇票,交付给公司职员杜某办理贴现业务。在苏、浙一团伙中介的介绍下,杜某通过中介公司负责人廖某将票据交付给江苏省吴江区民生银行平安支行贴现,贴现款从吴江某纺织有限公司账户转至江苏某新能源科技有限公司。但由于江苏某新能源科技有限公司法人代表姜某于 2013 年 12 月份因病死亡,致使整个侦查工作陷入了困局。在经过大量艰苦细致的调查取证后,民警终于确定了 900 万元贴息款的去向。2013 年,江苏某新能源科技有限公司因经营不善出现大面积亏损,法人代表姜某生前曾借取好友赵某巨款。2013 年 10 月,姜某生前在获取该承兑汇票之后与其好友兼"债主"赵某合谋"吃票",骗取东营某工贸有限公司贴现款 900 多万元,其中部分款项用于偿还对赵某的欠款。

(四)金融犯罪面临国际化趋势的严峻考验

金融市场的全球化,繁荣了我国的金融业,也加剧了我国金融业的全球化风险。与此同时,在由计划经济转向市场经济的过程中以及加入世贸组织后的几年内,我国在包括经济体制、管理体制和法制建设方面在内的配套制度还没有完全跟上,因而金融市场更容易为犯罪分子所窥视,特别是使境外有一定国际犯罪经验的犯罪主体有机可乘。据称,1979 年至 1995 年,我国从国外引进的一千多亿美元的投资,其中有大部分是犯罪资金回流。2005 年 7 月 12 日中国人民银行公布的第一份反洗钱报告显示,与 2003 年相比,2004 年流入我国内地的个人大额外汇金额增长了近 1/3。业内人士一致认为,这与国内洗钱交易增长有关。根据《2018 年中国反洗钱报告》,2018 年公安部会同人民银行、外汇局等部门继续在全国组织开展"打击利用离岸公司和地下钱庄转移赃款"专项行动,全年共破获重大地下钱庄、洗钱案件 440 余起,抓获犯罪嫌疑人近 900 名,打掉地下钱庄窝点 1150 余个。2015 年案发的"9·8"特大系列地下钱庄专案,涉及俄罗斯、新加坡等国家和地区,以及福建、广东、山东、辽宁、河北、新疆、吉林、黑龙江、河南等 20 余省份的 68 个地下钱庄犯罪团伙、300 余家报关行和 1300 余家公司企业,涉案人员达几百人,社会影响极其恶劣。[1]可见,我国金融犯罪面临着国际化趋势的严峻考验。

近些年来,外籍犯罪分子入境犯罪的重大案件急剧增加,如 2001 年 10 月珠海市破获的 1 号伪造信用卡案,粤港警方"和谐行动"破获的伪造港币案等。同时,随着境外商人投资的增多,在一些地方也形成了以境外黑帮分子为头目的地下黑社会组织,这些境外犯罪集团纷纷涉足金融犯罪。国际上的黑社会组织为

---

[1] 参见《起底"最大地下钱庄案":流水上万亿贪腐诈骗横行》,https://www.chinacourt.org/article/detail/2019/06/id/4039393.shtml,2020 年 5 月 10 日访问。

了获得犯罪集团所需要的资金和掩盖非法收益来源,已开始大量涉及金融诈骗、洗钱等金融犯罪。我国曾有专家预言:"国际性的巨额金融诈骗案及其他诈骗犯罪仍有可能增多。"①近年来的事实印证了以上分析和预言。尽管我国采取了各类措施严加防范,但是国内外诈骗分子采用假信用证、假票据、假国外银行汇款凭证进行诈骗的案件时有发生。例如,2004年1月14日,北京市公安局西城分局抓获了持假"VISA"卡购物的马来西亚籍犯罪嫌疑人颜某,随后又将涉案的另外3名马来西亚籍犯罪嫌疑人抓获归案。2009年,马来西亚籍的张华辉、朱耀太受雇于某国际信用卡诈骗犯罪集团,到我国境内使用伪造的银行卡,盗取上海市7位市民人民币42万余元。上海警方抓获张华辉时,在其暂住的房间内缴获赃款90万余元和伪造的银行卡3000余张。2015年11月破获的"伊世顿操纵期货市场案",为境外人员遥控指挥、境内成立期货公司,运用境外技术团队自行设计研发的软件高频交易,非法获利20多亿元人民币。此外,还将近2亿元非法获利通过"地下钱庄"转移出境。

金融犯罪国际化趋势的另一个表现是国内人员与国外人员相互勾结,骗取我国金融机构的资金。他们大多数在国内实施诈骗,将骗取的巨额资金经过境内外复杂的金融运作后再转移出境。这样,大量的赃款就被转移到国外,使得公安机关的追赃难度加大。犯罪分子也有可能逃到国外,逃避公安机关的侦查。这种内外勾结的案件随着金融业国际化的发展程度加大会越来越多。从近年来司法机关破获的大量金融诈骗案件可以看出,从事这类犯罪活动的,既有自然人也有单位,既有国内人员也有国外不法分子,有的国外人员实际上是取得外国护照的中国人,如被告人陈某加入外籍后仍实际控制国内多家公司,套取银行信贷资金后,再高利转贷给他人,从中非法获利超200万元。②

（五）金融犯罪的危害结果呈现延伸与扩大趋势

当金融犯罪发展到一定水平时,其危害结果不单单是巨大的财务损失,而且将向深度延伸和扩大。③因为巨额的资金损失会加剧金融机构的信用风险,造成其资产质量下降,形成大量坏账,一旦遭遇特殊情况,就可能出现支付困难,产生流动性风险。由于金融风险具有传递性,一家大型金融机构发生危机,很可能会波及其他金融机构。当风险积累到一定程度时,极易引发金融风波,进而扩大为金融全局的风险,甚至可能引起政治危机,危及社会稳定。具体来说,金融犯罪的危害主要表现为以下三个层面。

---

① 俞雷主编:《中国现阶段犯罪问题研究》(总卷),中国人民公安大学出版社1993年版,第355页。

② 参见《外籍男子高利转贷非法获利超200万》,https://www.chinacourt.org/article/detail/2019/07/id/4176810.shtml,2020年5月10日访问。

③ 参见张智芳:《加入WTO后上海市金融犯罪的走势与防范》,载《长江论坛》2004年第5期。

首先,金融犯罪会造成金融机构特别是银行出现不良资产和坏账损失。按照新的贷款分类方法,所谓不良贷款,就是次级贷款、可疑贷款和损失贷款,它们的损失概率分别为 30%—50%、50%—75%、75%—100%。在形成不良资产的所有原因中,金融犯罪是不容忽视的一个重要原因。司法实践的相关统计表明,直接或间接造成金融资产质量下降的具体金融犯罪至少有:金融机构从业人员的贪污犯罪、金融机构或其从业人员的违法发放贷款的犯罪、金融机构从业人员的挪用公款犯罪、金融机构或其从业人员的违法办理金融业务造成金融资产严重流失的犯罪、金融票据诈骗以及贷款诈骗犯罪等等。这些犯罪都在不同程度上构成了危及金融资产质量的重要原因。其中,贪污、挪用公款、受贿等犯罪给金融资产安全和质量效益造成的危害不言而喻。应当特别注意的是,金融机构从业人员的违法发放贷款行为,玩忽职守违法出具金融票证的行为,对违法票据承兑、付款、保证的行为,以及各类票证诈骗、贷款诈骗行为,都极大地威胁到金融资产的安全和有序。例如,上海某银行国际业务部贸易科科长郑建驰在负责发放"打包贷款"过程中,未履行应尽的审查义务,不顾信贷员的反对,违法放贷 9600 余万元,造成损失 8500 余万元。①当然,银行不良资产的形成不能仅仅归咎于金融犯罪。除了金融犯罪以外,还有自然因素、市场因素、政策性因素等。

其次,金融犯罪还对与金融机构相关的非金融行业、企业的资产安全构成危害。金融犯罪的危害后果具有连锁性、放射性、渗透性。金融犯罪是发生在一个国家经济中枢的致害因素,它的危害天然地超出了金融业本身。金融犯罪的这种连锁性是通过以下几种形式实现的:(1)集资诈骗、非法吸收公众存款、擅自设立非法金融机构等非法经营金融业务方面的犯罪,直接造成受骗的机构投资者和投资公众的财产损失。(2)有些票据诈骗、假冒信用证诈骗、伪造单据的信用证诈骗、伪造有价证券,以及金融机构工作人员玩忽职守非法出具金融票证等犯罪,都可能造成银行开户单位、结算户的资金损失或货物损失。(3)违法发行股票、债券、内幕交易、操纵市场、诱骗投资者买卖证券等证券欺诈,都可能使证券市场中各类投资者遭受财产损失。(4)制造保险事故的保险诈骗犯罪,本身就会连带出凶杀、伤害、纵火、投毒等暴力犯罪,使被害人遭受不应有的人身、财产损失。(5)金融机构工作人员利用职务便利挪用客户资金供个人使用的犯罪,既可能将挪用款项用于赌博、贩毒、走私、购买换取假币等其他非法活动,并造成相应危害后果,还可能使客户失去有效运用资金的最佳时机,给其带来经济损失。(6)洗钱作为金融犯罪的一种形式,其扩张性更是显而易见。洗钱不仅为贩毒、恐怖活动、军火走私、有组织犯罪企业提供"燃料",还给发现证实原始犯罪的司

---

① 参见张炜:《金融犯罪触目惊心》,载《中国经济时报》1999 年 4 月 6 日。

法活动制造了巨大障碍。国家每年不得不在打击、防范这些贩毒、走私、恐怖活动方面投入巨额资金。(7)即使是直接以金融机构为犯罪对象的犯罪，也可能殃及非金融机构的资金安全。①例如，贷款诈骗行为不仅是欺骗发放贷款的金融机构，而且必然殃及担保单位。

最后，金融犯罪不仅造成了金融机构和相关经济主体的物质财富上的损失，而且会引发非物质性的危害后果，如市场准入方面的混乱、金融机构之间的无序竞争、金融机构的信誉危机、公众对金融监管机关或币值及汇率稳定的信任危机，甚至导致国家的政治、政权危机。据统计，从 1980 年到 1996 年，共有 133 个国家发生过银行部门的严重危机或问题。1994 年墨西哥爆发的金融危机，迅速影响到巴西和阿根廷等拉美国家。此外，还有 1997 年的东南亚金融危机、2000 年底的土耳其财政金融危机以及 2001 年的阿根廷经济危机。波及全球的 2008 年金融危机，至今仍对全球经济产生负面影响，很多国家至今尚未走出经济低谷。以上所列举的不少金融危机均是由一个或一串金融犯罪所引发的。金融风险被诸如金融犯罪等突发事件引爆后，其随后的传播、放大的过程具有自我驱动、自我增强和自我加速的特性，并将可能造成一系列的严重后果：(1)投资者信心崩溃。这是金融危机的必然结果，同时也是危机进一步升级的基本原因。(2)市场下跌幅度巨大，投资者损失惨重。(3)大量银行、证券经营机构破产倒闭。(4)货币大幅贬值，国民经济严重衰退。(5)失业率上升，国民生活水平下降。(6)社会动荡，游行示威、骚乱乃至武装暴动频频发生。(7)政府下台。(8)出现区域性甚至全球性的经济萧条。

第二节　我国金融犯罪的成因分析

探究金融犯罪的原因的目的，在于揭示引发金融犯罪的各种条件，掌握金融犯罪产生的客观规律，预测金融犯罪的发展变化趋势。

应该说，任何犯罪都有其深刻而复杂的原因，而且任何犯罪原因都是由各个单方面的原因构成的一个结构性体系。我们探究金融犯罪的原因，也应从宏观的角度进行把握和分析。这是因为，随着金融业的高速发展，金融犯罪也日益显现出其复杂性。金融犯罪的诸原因及原因产生的背景并不是一个个孤立的因素，我们应将它们放在一个整体或者系统中进行分析，这样才不至于"东一榔头西一棒"而显得漫无边际，才能更清晰地发现金融犯罪诸因素的演化及整合过程，并界定这些原因对于金融犯罪所起的原因力的大小。那么，金融犯罪的原因

---

① 参见白建军：《金融犯罪的危害、特点与金融机构内控》，载《政法论坛》1998 年第 6 期。

有哪些？有学者在分析经济犯罪时总结如下：近些年关于经济犯罪产生的原因有社会转型或变迁论、社会控制失调论和控制模式僵化论、中西文化冲突论、利益冲突论、市场经济负效应论、综合矛盾冲突论、多层次系统因素说，其中以多层次系统因素说为通说。该学说认为，犯罪原因是一个庞大而复杂的系统，具有纵向的多层次结构和横向的多因素结构。犯罪原因包括几个相互联系、彼此制约的层次系统：一是犯罪产生的社会根源，具体又可分为经济原因、政治原因、文化原因；二是犯罪产生的个体原因，主要是犯罪人原因、被害人原因；三是犯罪产生的具体条件，又可分为法制原因、行政原因等。①笔者认为，这种对犯罪原因采取综合说的观点是较有道理的，对金融犯罪的原因分析也可从这个角度入手。具体说来，金融犯罪既有宏观经济层面的原因、金融管理层面的原因和法律层面的原因，也有个体原因。由于金融犯罪存在犯罪人和受害人两种个体类型，因此探究金融犯罪的个体原因也应从犯罪人因素和被害人因素两个角度进行分析。

一、金融犯罪经济层面的原因

从唯物史观的经济基础决定上层建筑的原理看，社会经济原因是导致犯罪的决定性因素。有的犯罪学家甚至极端地认为，犯罪是穷人的"专利品"，经济因素实际上是犯罪的唯一原因。②当然，这种观点是有失偏颇的，但这也从一个侧面说明了社会经济因素对人们思想和行为起着决定性的影响作用。金融犯罪作为经济犯罪的一种类型，更是深受社会经济因素的影响和制约。金融业在高速发展的同时，也为金融犯罪的肆虐提供了一个更为广阔的平台。我国的市场经济体制还只是初具形式，远远不成熟、不完善，剧烈的经济体制改革由于整体性、同时进步的不可能性和经济发展的渐进性，造成了在不发达的经济形势下经济利益主体原来的心理和分配利益平衡被打破，而新层次上的平衡还未形成，这在很大程度上构成了金融犯罪的深层次原因。

第一，新旧经济体制之间的摩擦、矛盾和监控真空，为金融犯罪提供了机会。在我国新旧经济体制的转换中，计划经济和市场经济处于矛盾的地位，这种矛盾即是以计划规律为核心或以价值规律为核心的矛盾。计划价格与市场价格的落差，不仅给犯罪者带来了巨大的诱惑，而且也为金融犯罪的实施提供了现实的可能。这是因为，从本质上说，市场经济是一种法治经济，市场的取向是民主的取向，它以平等竞争为基本规则。但是，由于计划经济体制的长期存在，并且形成了一种历史的惯性，尽管经济体制改革已使计划经济模式从总体上被打破，但市

---

① 参见高铭暄主编：《新型经济犯罪研究》，中国方正出版社 2000 年版，第 31 页。
② 这是由意大利人菲利普·图雷蒂在其出版的著作《犯罪与社会问题》中提出来的。参见吴宗宪：《西方犯罪学史》，中国人民公安大学出版社 2010 年版，第 266 页。

场经济却不可能立即建立并完善起来，它需要一个孕育与成熟的过程。在这一特定历史条件下，新旧经济体制转换过程中的间隙或脱节，往往会造成经济生活的失控，而新旧经济体制之间的摩擦与碰撞更直接导致经济生活的紊乱。由于新旧经济体制之间的矛盾将在一个相当长的时间内存在，金融犯罪也将存在于整个经济改革过程中。所以，金融犯罪的产生是由旧经济体制向新经济体制过渡的必要代价。在此意义上，金融犯罪不能归咎于市场取向的体制改革，它不是市场经济的必然产物，但尚未真正建立起平等竞争的市场机制与市场秩序为其提供了可乘之机。例如，在信贷管理方面，由于金融政策不稳，有时鼓励放贷，有时又紧缩银根，如此种种不正常的经济现象，加上社会监控不力，使很多违法犯罪分子利用金融体制改革中存在的缺陷积聚起巨大的社会财富。

第二，社会分配不公，贫富差距拉大，国民心态失衡，也促使金融犯罪大量出现。城乡差距日益拉大在我国是不争的事实。1988年，我国城乡人均收入的差距之比为2.2∶1。到1996年，这个差距已经扩大到2.6∶1。1997年，这个比例略有缩小，为2.5∶1。[1]可是，2002年我国城乡居民人均收入差距之比由2001年的2.89∶1扩大到3.31∶1，收入差距进一步拉大。[2]根据国家统计局公布的"全体及分城乡居民收支基本情况"的相关数据，2013—2018年城乡居民可支配收入比虽然每年都有所降低，但是均维持在2.6以上。[3]我国现在仍处于社会主义初级阶段，公民从事劳动生产以后从社会中获得的第一次分配收入相当少，其劳动成果的绝大部分被社会以公积金或公益金的形式予以提留，用于第二次分配。在第二次分配的情况下，已不再是以劳动者的贡献为标准，权力作为"商品"进入市场以后，便成为调节这一分配的重要杠杆。为了获取远远超过第一次分配的第二次分配的利益，从而改善自身的物质生活和精神生活状况，有些人将目光转向生产过程之外，以寻求物质利益的再分配。在这种情况下，社会物质利益的分配因权力的介入而形成倒挂现象，一方面助长了人们对权力的盲目崇拜，另一方面也助长了人们对金钱的畸形景仰，从而导致社会上某些人心态失衡，认为自己的劳动成果为社会所吞噬，社会对自己不公平。在这种心理支配下，他们开始对社会产生抵触情绪，为了弥补自己的损失，寻求社会物质利益的再分配，便采取各种非法的活动对社会进行报复。在国家监控弱化的情况下，金融部门就成为他们首先瞄准的目标。于是，在金融系统内部工作人员的配合下，金融犯罪

---

① 参见汝信等主编：《1998年：中国社会形势分析与预测》，社会科学文献出版社1998年版。
② 参见江夏：《权威分析提出"警示"中国城乡人均收入差距拉大》，http://www.chinanews.com.cn/n/2003-04-09/26/292514.html，2006年12月5日访问。
③ "全体及分城乡居民收支基本情况"，http://data.stats.gov.cn/easyquery.htm?cn=C01，2020年5月10日访问。

愈演愈烈。

二、金融犯罪管理层面的原因

堡垒最容易从内部攻破。如果金融机构自身管理无懈可击,操作规范,犯罪分子是不会轻易"取财"得手的。因此,在金融犯罪中,金融管理层面的原因可能不是决定性的,但是它的存在为金融犯罪的发生提供了条件,并且弱化了对金融犯罪行为的惩罚机制和社会抗制机制。

第一,金融调控不力。从宏观上看,金融调控不力和管理不够科学是金融犯罪产生的一个重要原因。这主要表现为政府行为不规范。政府权力过于膨胀和行政行为不规范的问题尚未获得根本性的解决,导致出现种种不正当的权力干预,使金融机构不仅难以实现有效抵御,而且必然不断滋生出大量账外经营、违法发放贷款等诸如此类的金融犯罪行为。

第二,金融监管不力。这主要表现为政府监管、行业自律、机构内控、社会监督四位一体的现代金融有效监管体系尚未真正形成,金融监管缺乏应有的广度、深度和力度,从而易为不法之徒所利用。[1]

第三,产权约束机制不健全。这使得金融机构的行为缺乏强有力的产权约束,其结果是必然导致大量违规违纪现象的发生。

第四,金融治理结构不完善。金融机构治理结构不完善,很难防止金融机构行为的失范和失控,从而也就很难从根本上有效地遏止金融违法犯罪行为的发生。例如,有章不循,管理松弛。在贷款方面,银行工作人员未能严格实行"三查"(即贷前调查、贷中审查、贷后检查)制度,责任心不强,警惕性不高,认人情不认规章,对受理的单据、证明不认真审核、鉴别,使犯罪分子轻易蒙混过关。

三、金融犯罪法律层面的原因

金融犯罪行为由于其严重的社会危害性,必然导致刑法介入的后果,但是刑法介入的程度、强度都影响着对金融犯罪的惩治。由于我国的法制建设还处于起步时期,诸多金融法规及金融刑事法律制度本身还不成熟,相关刑事司法程序还存在不少弊端,这些法律运行中的环节所具有的缺陷必然会影响到对金融犯罪的惩治。

第一,我国金融防范法律体系还很不完善。自改革开放以来,国家立法部门对金融立法给予了高度重视,金融立法工作也取得了巨大的成就,迄今已有《中国人民银行法》《商业银行法》《票据法》《证券法》《担保法》等法律颁布。这说明,

---

[1] 参见侯富强:《论危害金融犯罪的特点、成因及防治对策》,载《河北法学》2001年第4期。

我国金融市场运行所必需的基本法律框架已基本形成。但是,如果从金融发展的趋势和本质看,我国调控和规范金融市场所必需的金融法律体系还存在明显的缺陷。正如有学者所表述的,该缺陷具体表现为以下五个方面:一是金融法律制度尚不健全,法律空白依然存在,诸如规范信贷管理的信贷法、调整结算法律关系的结算法等等,均未颁行;二是有些金融法规的内容明显具有过渡性和不合理性,并与WTO规则和国际金融贸易惯例相冲突;三是金融法律体系的结构不合理,金融法规的法律效力大打折扣;四是有些金融法律的规定过于原则、抽象,弹性过大,缺乏可操作性;五是金融立法过于分散凌乱,缺乏应有的系统性和透明度。①目前我国金融立法中存在的上述种种问题,都在一定程度上妨碍和制约了金融法治化进程,也不利于对金融违法犯罪行为的有效监管。

第二,我国金融刑事法律同样存在立法滞后的问题。从刑法理论上说,金融犯罪都是法定犯罪,对金融犯罪的认定必须以违反金融法律、法规为前提。相关刑事立法的滞后,使得对金融犯罪的规制始终落后于金融犯罪的发展变化,一些已严重危害国家金融秩序的犯罪,因为无法可依而畅通无阻、嚣张蔓延。从我国目前的刑事立法看,《刑法》分则第三章第四节和第五节虽然规定了破坏金融管理秩序罪和金融诈骗罪,但是比较粗疏,其中存在的问题主要有:(1)《刑法》规定与相关的金融法律、法规之间尚不协调。例如,原《证券法》中规定对短线交易、非法融资融券交易、证券公司承销代理买卖上市公司股票、证券交易虚假陈述信息误导和非法处理客户证券等行为应当依法追究刑事责任,而《刑法》中没有相关专门规定,造成执法人员定罪与量刑上的困难。正因为如此,《证券法》在2006年修正时已将这几个带有附属刑法性质的条文删去。在构成要件方面,2005年修订的我国《证券法》第200条规定诱骗投资者买卖证券、期货合约罪的主体时,增加了"证券登记结算机构、证券服务机构及其从业人员",并删除"证券监督管理机构工作人员",但我国刑法有关诱骗投资者买卖证券、期货合约罪的规定中仍保留这一主体要件。在金融犯罪种类方面。我国《证券法》第十一章"法律责任"中详细规定了各种证券违规行为及相应的犯罪行为,并于第231条同时规定"违反本法规定,构成犯罪的,依法追究刑事责任",然而,我国刑法中并没有与诸如证券公司承销擅自公开发行证券等违规行为相对应的有关金融犯罪的规定。(2)刑法规定过于笼统、简单,不利于司法适用。以金融诈骗罪为例,1997年颁布的《刑法》虽然规定了八种金融诈骗犯罪,但是这些规定存在的一个普遍问题是原则性规定多,导致具体操作困难。罪与非罪、罪与违法之间的界限模糊。法律规定中"情节严重""数额特别巨大"等表述没有具体的司法解释,实

① 参见吴国平:《现代金融犯罪:特点、根源与防治对策》,载《沿海企业与科技》2003年第4期。

践中把握难度很大。1997年后,最高人民法院、最高人民检察院虽然陆续出台了一些司法解释,但是仍然没有很好地解决这些问题。(3)对非法的金融中介行为的打击尚缺乏刑事法律依据。最近几年,我国证券市场上出现了以吕梁(中科创业案)、罗成(亿安科技案)、"东方不败"(东方电子案)为代表的一些大案要案。事实上,"资金贩子"在金融市场非法提供中介服务,收取高额佣金,已经成为诱发金融风险的主要原因之一。

　　第三,刑事法律关于金融犯罪的规定,除实体法操作困难外,程序法也有类似的问题。首先是金融犯罪的管辖问题。越来越多的金融犯罪是跨地区作案,虽然《刑事诉讼法》对案件地区管辖作了规定,但是可操作性不强,实践中不同地区的公安机关经常会因为案件的管辖发生矛盾。常见情况有:(1)根据案件办理难易程度和利益大小"抢案件"或者"推案件";(2)在地方保护主义的影响下,片面强调本地的案件管辖权,阻挠外地公安机关的正常办案;(3)公安部门地区间协作困难。同时,由于金融犯罪案情复杂,不少案件存在案中案、案外案,这造成公、检、法三机关也时常就管辖问题发生争议。其次是金融犯罪的诉讼期间问题。由于金融犯罪案件本身的特殊性,金融犯罪案件的侦查和诉讼所需要的时间一般比其他刑事案件要长。然而,《刑事诉讼法》并没有根据这一事实进行合理调整,增加了司法机关的办案压力和消极情绪。最后需要指出的是,随着我国对外经济交往的扩大,涉外金融犯罪会越来越多,如何加强对这些案件的刑事惩罚,已成为一个亟待解决的问题。

　　第四,金融犯罪司法层面的原因主要表现为司法打击不力。对金融犯罪的打击难度较大,这在中外司法实践中已成为不争的事实。由于经验等方面的原因,这一问题在我国尤为突出。司法打击的困难,是多方面因素导致的,其中主要有:(1)犯罪"黑数"大。金融部门对其内部人员违法犯罪行为多采取"大事化小、小事化了"的态度,要么调一个工作岗位,要么写一个检讨,扣点奖金,交点罚金,尽量内部消化处理。所以,即使有重大犯罪行为发生,司法机关有时并不知晓,无从追究行为人的刑事责任,犯罪分子便侥幸成了"漏网之鱼"。(2)办案阻力大。在办理查处金融犯罪案件过程中,可能由于地方保护主义、腐败和误解等各方面的原因,司法机关面临着各种压力:通风报信、层层设防、说情打招呼,甚至社会黑势力进行恐吓和煽动不明真相的群众聚众闹事等等;接受赃款的单位和个人拒绝交出赃款,为追赃设置种种障碍。(3)办案人员素质不高。金融犯罪往往涉及许多金融学方面的知识,尤其需要查处大批账目,这便要求办案人员不仅具有相应的法律知识,而且还应具备相关的经济知识,尤其是财会、金融知识。目前,我国经济侦查队伍中缺乏熟练掌握金融、财经业务的办案人员。很多经办人员对一些新的金融业务只知其表或一窍不通,抓不住问题的关键和要害,很难对犯罪行为准确定性和对罪犯适当量刑。（4）打击金融犯罪的司法队伍和后勤保障不足。金融犯罪案情往往较为复杂，一般比其他案件需要投入更多的司法力量和财力，而在实践中警力和后勤很难满足办案需求。（5）重打击轻预防。在金融犯罪中，刑法以外的事先预防性行为比事后的刑事制裁更为重要，这在西方国家的理论界和司法界是共识。我国绝大多数刑事司法部门仍停留在"打击是对付犯罪的主要手段"的传统思想上，预防意识淡薄。我国在制定和实施诈骗犯罪的各种制裁制度和措施上，注重打击而疏忽预防。

四、金融犯罪的犯罪人原因

对特定的个人来说，存在犯罪根源不是走上犯罪道路的必然原因。犯罪的个体原因使不同个体在需求和满足之间发生矛盾时进行不同的行为选择，某些个体会因不恰当地看待需求与满足之间的关系而选择错误的行为模式，从而走上犯罪道路。换言之，除了上述经济原因、政治原因、文化原因、法律原因外，犯罪人之所以实施金融犯罪，其个体心理因素也是一个直接诱因。笔者以下就诱发行为人实施金融犯罪的心理原因作一分析。

第一，金融犯罪分子的贪利性。以往的学术研究成果显示，经济犯罪中的罪犯大多具有较常人高的智力，狡猾奸诈，喜好而且敢于从事风险与利润均高的投机事业，外向好动而且具有很高的社会适应性，具有唯利是图的习性以及强烈的双重道德观等人格特征。[1]大多数经济犯罪分子对金钱抱有强烈的欲望，他们对已经拥有大量金钱的富裕人士更是虎视眈眈。在少数先富起来的人中，有些是依靠权力、关系、投机甚至是违法犯罪等越轨手段致富的。他们越轨致富的手段以及背离主文化价值观的行为规范、生活方式等对部分社会成员起到消极的示范作用。[2]一些社会成员对于富裕者阶层所拥有的财富、致富方式、消费方式等，既羡慕，又嫉妒，富裕者阶层成为他们进行利益比较的一个参照物，通过比较产生一种强烈的被剥夺感和不平衡感。他们想迅速致富，可是又缺乏合法的致富手段和机会，于是便效仿越轨者，为追求财富不惜铤而走险。因此，金融犯罪行为人大多对财富有极强的占有欲和支配欲，一般在追求享乐方面也强于一般人而拥有较多的需要和享乐诱惑；对心理协调机制不强的人来说，心理平衡极易遭受破坏。市场经济条件下的"以经济为中心"变成了"以金钱至上为目的"，牟利的动机破坏了其本来就有异于正常人的思维模式，而金融业的欣欣向荣又提供

① 参见魏湘主编：《金融职工心理健康与心理调适学习读本》，中国社会出版社 2010 年版，第206 页。

② 参见解玉敏：《社会变迁中不良亚文化产生的原因及其与犯罪关系的思考》，载《犯罪与改造研究》2000 年第 1 期。

给他们大量的机会。金融犯罪的形式有很多种，几乎均可纳入经济犯罪的范畴，通过实施犯罪获取高额利益。马克思曾说过，罪犯有 300％的利润，就敢犯任何的罪行，甚至冒绞首的危险。在极小的成本投入与巨大利润的反差刺激下，不断膨胀的贪利心理极大地助长了行为人实施金融犯罪的决意。

第二，金融犯罪实施者罪责感较轻，且很多抱有侥幸心理。虽然我国已通过法律、法规规定了各种金融违法犯罪行为的法律责任，但是公民金融防范法律意识总体淡薄，无论是社会公众还是相关行为人，对金融违法犯罪行为的危害性认识还是很有限的。此外，金融犯罪属于法定犯，很多行为无法用一般的伦理道德观进行评价。在这种社会认识的基础上，很多金融犯罪分子在犯罪时无罪责感或罪责感很轻，犯罪后还津津乐道，不以金融违法犯罪为耻。他们在作案时既胆大妄为，又千方百计地规避法律，存有极大的侥幸心理，而侥幸心理往往又会促使他们进行更为严重的犯罪。由于侦查技术、手段落后，犯罪手段智能化，犯罪行为更加隐蔽化，犯罪人常常能逃脱侦查、起诉、审判。这更强化了犯罪人的侥幸心理，使其在逃避惩罚后有一种胜利的快感，最终刺激其继续犯罪。

五、金融犯罪的被害人原因

需要指出的是，虽然在广义上被害人因素包括国家和社会，但是由于篇幅有限，我们在此只作狭义的被害人原因的分析。因此，此处的被害人只包括自然人和单位。与其他类型犯罪的被害人相比，金融犯罪的被害人往往在犯罪的发生中起着更为重要的作用，这尤其表现为绝大部分被害人存在积极主动配合犯罪的行为，对犯罪行为的发生负有一定责任。金融犯罪的被害人因素主要表现为以下一些具体形式。

第一，被害人违规操作严重。有的经济犯罪的发生是被害人为获取非法利益，自身违反国家经济法规，与犯罪人积极配合，最终遭受巨大损失的结果。这类被害人在经济犯罪中占绝大多数，在金融犯罪领域尤其突出。在金融犯罪中，有的单位为获取高额利息而违反国家金融管理规定，非法向他人出借资金，或者非法将资金储存于不符合规定的单位、机构和个人手中，最后是血本无归。有的企业为了达成一笔交易，不惜违反国家外贸代理的规定，最终导致上当受骗。

第二，不少被害人的防范意识淡薄。目前，我国金融犯罪的被害人防范意识淡薄，表现在：一是缺乏严格的监督管理制度。许多金融犯罪是由被害人内部成员单独或者与外部犯罪分子勾结实施的，这些被害单位一般缺乏相关的监督管理制度，或者是监督管理制度形同虚设，为内部"蛀虫"提供了便利的犯罪条件。二是不严格履行金融手续。被害人如果严格遵守相关规定，履行相关手续，许多金融犯罪是可以避免或者减少损失的。银行是金融诈骗犯罪的主要被害单位，其中贷款诈骗是其被害的主要形式。许多被骗银行放贷前审查不严，对开发项目的前景、贷款人的还贷能力、自有资金等内容不严格审核；放贷后对贷款疏于管理，不关心资金的流向、项目的建设等问题，致使血本无归。

第三，缺乏社会经验和防范意识。金融诈骗犯罪中的犯罪分子往往非常狡猾，具有丰富的社会经验，懂得被害人的心理，常常利用花言巧语骗取被害人的信任。如果被害人社会经验不足，就容易落入犯罪分子已经设计好的圈套。例如，2012—2018年被告人曹斌铭先后成立并实际控制"爱晚系"公司，以年化收益率 8％至 36％的高额回报为诱饵，以签订"居家服务合同""艺术品交易合同"等形式，以提供居家养老服务、进行艺术品投资等为由，吸收公众资金人民币 132.07 亿余元，造成 55169 名集资参与人共计人民币 46.98 亿余元本金未归还。①其中，缺乏相应的社会经验、防范意识薄弱系造成被害人巨额损失的重要原因。

第三节　我国金融犯罪的防治对策

在 21 世纪，金融是现代经济的核心，金融体系安全、高效、稳健运行，对经济全局的稳定和发展至关重要。金融不稳定，势必会影响经济和社会的稳定，影响改革和发展的进程。金融犯罪发生在社会主义市场经济体系的核心部位和动脉系统，严重破坏作为市场经济基础的公平、公正、公开准则和信用制度，具有很大的危害性和破坏力。正如上文所说，金融犯罪不仅严重地干扰我国社会主义市场经济的正常运行秩序，损害金融市场的健康发展，破坏国家的金融安全，而且极大地损害着国家、金融机构和广大存款人、投资者的合法权益，使国家、金融机构和广大存款人、投资者的金融资产遭受巨大侵害或损失。为此，全社会尤其是金融机构和执法、司法单位，都必须高度重视对金融犯罪的研究、惩治和防范，而防范和减少金融犯罪的发生是我们当前必须展开的一个重大课题。那么，应该采取怎样的防范对策？正如金融犯罪原因是由各个单方面的原因构成的一个结构性体系一样，金融犯罪的对策也应是一个综合治理工程体系。对于金融犯罪的惩治和防范，也应根据其产生的原因、规律、特点，对症下药，从多方面、多渠道、多手段以及标本兼治的综合性方针出发，才可能产生最佳效果。我们认为，防范金融犯罪的对策主要有：经济对策、行政对策、法律对策。

一、金融犯罪的经济对策

金融犯罪作为经济犯罪的一种类型，深受社会经济因素的影响和制约。可

---

① 《吸收公众资金 132 亿　曹斌铭一审被判无期》，https://www.chinacourt.org/article/detail/2019/11/id/4690249.shtml，2020 年 5 月 10 日访问。

以说,经济原因是金融犯罪的深层次原因。因此,为有效惩治和预防金融犯罪,我们应注重从根源上即经济因素方面进行有效的改进和建设。不断深化经济体制改革,完善收入分配制度,建立和健全市场经济诚信机制,是预防金融犯罪的重要对策。

首先,继续坚持和完善社会主义市场经济体制建设,大力发展经济,加快社会主义物质文明建设。由于金融犯罪具有较为明显的贪利性特征,因此物质文明的进步、人民生活水平的提高至少能减少一定的金融犯罪。同时,经济体制建设的顺利完成将会结束因"双轨制"并存而导致的管理上、法律上的混乱、矛盾局面,建立起与市场经济相适应的管理制度、法律体系,堵塞金融犯罪产生的渠道。此外,物质文明的进步也可以进一步促进精神文明的发展,提高人们的文化、道德水平和法律意识,减少金融犯罪产生的原因。

其次,进一步完善社会分配制度。我国总体上实行各尽所能、按劳分配的制度,但是由于受现行生产力发展水平的制约,社会分配领域只能实行以按劳分配为主的多种分配形式,如资产收入、资金收入以及其他非劳动性的经营性收入,这些都不是劳动性收入。非劳动性收入的存在及这种收入在不同利益主体之间差距的拉大会对不同主体的利益观念产生重大影响,有些关系没有得到妥善处理,并一定程度上导致社会两极分化,易引发包括金融犯罪在内的诸多经济犯罪。因此,我国有必要对现行的社会分配制度进行适当的调整,在允许一部分人先富起来的同时,注意对社会弱势群体、贫困群体的保护,做好社会政策的协调工作,对社会保障的各种措施予以完善,并建立一个更为公平的收入调节制度。

最后,注重建立以诚信为中心的市场经济伦理。所谓经济伦理,是指在社会经济生活中产生并能用以约束和调节人们的经济行为及其相互关系的价值观念、伦理规范和道德精神的总和,它既是调节人们之间经济利益关系的一种行为规范,也是行为主体把握经济社会的一种实践精神。①任何理性规则只有内化为市场主体理性的信念之后,才能最大限度地实现其理性的意义。特别是近些年来,我国出现的一些金融大案大多是用银行的贷款收购上市公司,然后再把上市公司作为抵押贷款。这样一种互为前提的"空手道"行为,从根本上违背了市场经济伦理。以诚信为中心构建市场经济伦理,特别是在市场经济建设中以良好的市场诚信机制培养人们心中的诚信理念,辅之以司法手段,建立起"公平、自愿、诚实信用"交易的市场伦理,对于预防金融犯罪是很有必要的。

二、金融犯罪的行政对策

从我国当前的现实看,为有效防治金融犯罪,我们可以从宏观和微观几个方

---

① 参见罗能生:《经济伦理:现代经济之魂》,载《道德与文明》2000 年第 2 期。

面采取如下行政对策。

首先,从宏观层面说,我们应加快推进当前正在进行的政治体制改革。改革开放以来,我国积极推进政治体制改革,发展人民民主,健全国家法制,改革政府机构,改革领导制度和干部制度,努力建设中国特色的社会主义民主政治,对于促进生产力的解放和发展、推进经济发展和社会全面进步发挥了重要作用。同时,随着经济体制改革的深化、经济文化事业的发展,一些原有的深层次矛盾需要攻坚,一些新产生的矛盾需要解决,要从根本上消除束缚生产力发展的体制性障碍,政治体制改革的任务十分艰巨。没有政治体制改革的顺利进行,我国当前正在进行的经济体制改革也是很难取得成功的。因此,我们必须按照党的十八大精神,深化政治体制改革,扩大社会主义民主,健全社会主义法制,建设社会主义法治国家,完善和发展社会主义政治制度,推进经济体制改革和其他各项改革,促进经济、文化等各项事业的发展。只有如此,才能彻底铲除包括金融犯罪在内的各种经济犯罪产生的权力土壤,最终有效遏制金融犯罪产生的行政原因。

其次,整顿金融市场、规范金融秩序。具体要求如下:(1)禁止乱集资。第一,各级政府和企业必须正确处理好国家与地方、全局与局部、长远与眼前利益的关系,自觉地服从国家宏观调控。第二,尽快制定出台《社会集资管理条例》,将社会集资的对象、范围、额度、投向及其评估、管理、审批程序以法律的形式固定下来,以规范社会集资行为,保护投资者的合法权益。第三,明确管理职责。社会集资作为一种直接信用融资,应由中国人民银行省级分行负责管理。第四,积极探索加大集资资金管理力度、提高集资资金运作效能的新途径和新方式。(2)规范同业拆借市场。我们要全面清理同业拆借机构,清理违章拆借;对非银行金融机构严格遵循以存定贷、自我平衡的原则,严格禁止依靠拆借资金扩大贷款规模;严格禁止金融机构将拆借资金用于下属公司从事房地产开发、炒买股票、囤积有价证券等投机活动。(3)严肃结算纪律。在平时的工作中,金融机构的工作人员要按照“一个单位一个结算账户”的原则彻底清理多头多户现象,全面整顿跨行贷款现象;同时,要加大监督力度,维护收付双方的合法权益,对无理拖付的开户单位严格执行银行信贷制裁,并且认真执行结算纪律,加强现金管理,防止资金“体外循环”。

最后,从微观层面说,我们应明确金融管理制度,严格操作规程。例如,建立金融机构的内部制约、防范机制,通过完善金融组织机构各项规章制度,健全审计、监察、纪检、保卫等专门的内部监督职能部门,加强金融机构领导人员的防范意识,改革用人制度、严把进人关等途径形成。以业务管理职责为例,完善相关的行政监管可以从以下几个方面入手:第一,推行控案领导责任制。金融部门对预防金融案件要落实领导责任,建立日常检查工作登记制度,做到“谁稽查谁签字谁负责",对查防不力而出现问题的,实行"一票否决制",并按照文件和制度规定追究经济的、行政的、法律的责任,使管理职责成为金融诈骗"克星"并真正落到实处。对信贷管理制度、凭证管理制度、结算管理制度、电脑管理制度,要实行专人专抓专管,责、权、利有机结合,奖罚分明,考核兑现。第二,严格业务操作规程。要打破金融业闭关自守的恶习,倡导信息交流,业务合作。收发商业承兑汇票、银行承兑汇票、大额存单、信用证、贷款担保函等,要积极主动与对方银行、信用社联系,稳妥处理各种证件工作,设法查堵围截假冒伪劣票、证、函、据,遏制金融犯罪案件。

三、金融犯罪的法律对策

金融犯罪的频发与我国当前立法、司法存在诸多缺陷是有直接联系的。通过法律预防与惩治金融犯罪在所有防治对策中无疑占有核心地位。与其他防治措施相比,法律对策具有足够的强制力和威慑力,对于预防金融犯罪起着不可替代的重要作用。防范金融犯罪的法律对策也应从立法和司法两个角度入手。

(一)金融犯罪的立法对策

立法是法律预防的首要环节,只有有法可依,才能谈到有法必依、执法必严、违法必究。防治金融犯罪的立法对策包括以下三个方面。

第一,建立起完备的金融法规等非刑事法律保护体系。对金融犯罪进行严厉的刑罚制裁是预防和惩治此类犯罪的最后一道防线,在可以通过经济、行政、民事等法律规范予以防治和处理的时候,国家是不应该动用刑罚的,这也是刑法谦抑性精神的体现。相对于《刑法》而言,《商业银行法》《保险法》《证券法》等经济民商事法律法规更直接地调节各种具体的金融活动,因而对于预防金融犯罪有更直接的意义。改革开放以来,我国的金融立法工作取得了举世公认的成就,规范金融市场运行所必需的基本法律框架已基本形成。但是,由于历史原因,我国金融法律方面还存在着诸多不足之处,诸如某些金融法规与刑法协调性不够、内容过于简单笼统等,这些都不适应金融市场正常运行的需要。因此,要有效防治金融犯罪的发生,首先应重视与金融市场有关的非刑事法律的立法工作,其中首要的是制定完备的金融法规以规范金融机构的运作,如应尽快制定《外资金融机构法》《期货法》《存款保护法》等,[1]使相关金融机构和其他金融活动的参与者严格按照市场经济原则进行交易,逐步建立起一套既适合我国国情又能与国际接轨的金融市场运行体系,尽量减少新旧体制转换过程中法律上的漏洞,堵塞此类犯罪产生的机会。与此同时,我们要完善金融监管法规的制定,对金融机构的

---

① 参见刘晓明:《摆脱不掉的阴影——金融犯罪现状及其法律思考》,载《科学决策》2001年第10期。

行为进行全面而细致的监督与管理。例如,2005 年 3 月 27 日中国银监会发布的《关于加大防范操作风险工作力度的通知》共提出了 13 条意见,分别从规章制度建设、稽核体制建设、基层行合规性监督、订立职责制、行务管理公开等方面对银行的机构管理提出了要求,从轮岗轮调、重要岗位人员行为失范监察制度、举报人员的激励机制等方面对银行的人员管理提出了要求,从对账制度、未达账项管理、印押证管理、账外经营监控、改进科技信息系统等方面对银行的账户管理提出了要求。这些措施如果真能落到实处,无疑会有效抑制金融大案的发生。

第二,完善金融刑事立法。如前文所述,我国金融刑事立法体系还不完善,尚待改进。针对我国金融刑事立法体系中存在的问题,通过刑法修正案及相关的立法和司法解释规定,适时增设新罪名,并对有关金融犯罪的构成要件及定罪量刑的标准作出修正和明确。

（二）金融犯罪的司法对策

"徒法不足以自行",纵然有完备的立法,若不付诸实施,惩罚和预防犯罪的目的也就无法实现。因此,当前我们必须加强和完善司法机关的职能,充分发挥其在惩治和预防金融犯罪方面的作用。

首先,提高司法机关对金融犯罪社会危害性的认识,及时启动金融司法程序,严惩金融违法犯罪行为。现阶段,司法机关对于金融犯罪存在观念上的偏差。很多司法人员对金融犯罪行为的社会危害性认识模糊,对这些犯罪的危害性认知程度不够。在我国的金融司法工作实践中,有法不依、执法不严、违法不究的现象还在一定程度上普遍存在。当前我国以经济建设为中心,努力推进传统的计划经济体制向社会主义市场经济体制转变,刑法的任务应由原来的以政治保护功能为主转向同时也重视为社会主义经济建设服务。因此,司法人员首先要更新刑法观念,不能片面强调对杀人、强奸、抢劫等重大刑事犯罪的打击而忽视对属于经济犯罪的金融犯罪的惩罚。司法机关应高度重视与此类犯罪作斗争,注重运用刑法武器及时惩治金融领域的各种犯罪行为,牢固树立打击包括金融犯罪在内的经济犯罪,为我国的改革开放和经济建设保驾护航的观念。

其次,建立防范和惩治金融犯罪的专业队伍,是预防金融犯罪的重要司法对策。由于金融犯罪的智能性,传统的侦查方法和落后的侦查技能难以胜任现代经济条件下的金融犯罪案件。同时,金融犯罪的网络化、国际化、智能化也要求侦查人员的素质和技术水平相应提升。比如,对网络服务器上留下的痕迹的追踪与收集固定、保全,只有借助一定的高科技手段,依靠精通网络和计算机的专家型侦察员才能实现。针对这样一种现状,我们必须组建一支专门的打击金融犯罪的专业队伍。这支队伍从人员组成上说,要具有高度的责任感和丰富的经验,更重要的是具有渊博的知识和良好的思维品质,具有丰富的计算机、证券、货币、会计等知识,还要能熟练地运用现代化的识别工具检测书证的真伪,能使用光盘刻录仪、掌握网络追踪技术、辨别激光防伪标记和分辨财务报表的真实度。侦查力量的技术化还意味着高科技侦查工具的配备,如抗干扰性能优越的通讯工具、迅捷的交通工具、智能化的物证分析仪器和各种先进的勘查设备。同时,要加强各个执法部门之间的协调工作,在各金融管理机构与司法机构之间建立健全情报通报制度、案件线索移送制度,形成渠道通畅、信息共享、快速高效的工作机制。

最后,还要加强打击金融犯罪的国际合作,以有效地对抗金融犯罪在国际间的蔓延和渗透;加强与国际刑警组织、有关国际法院、国际商会商业犯罪局、外国司法机关的联系和沟通,及时建立快速反应信息通道。在有关金融犯罪案件的处理上,与有关国际组织和司法机关通力合作,及时通报案情、发布协查报告、充分利用网络和外交途径向有关协作方发布缉拿犯罪嫌疑人的请求,及时请求引渡有关罪犯,及时将金融犯罪的审判结果向有关国家和组织进行通报。

面对经济和金融的全球化,在全球各民族和国家经济体中,主要的大国占有重要的地位和影响。在这个过程中,我国应逐步确立自己在 21 世纪全球经济和金融格局中的战略地位与政策,强化对相关问题的研究和准备。[①]然而,改革的过程中往往会伴随着“惊人的犯罪率增长的痛苦折磨”。美国社会学家路易丝·谢利在《犯罪与现代化》一书中说:“由于社会日益城市化,曾经一度是城市居民生活的局部问题变成影响现代化生存的性质和阻碍许多国家未来发展进程的问题,犯罪已成为现代化方面最明显和最重要的代价之一。”[②]那么,在这一新的时期,我们又将会面临什么新挑战?

首先,农村金融改革是下一步金融工作的重中之重,但是目前在农村没有形成一个完整的金融体系,金融机构本身亦缺乏活力,在产权、治理结构、激励机制和监管等方面存在缺陷,结息转贷和高息揽股等短期经营行为很普遍,而监管的不力更强化了这种倾向。与此同时,正规金融服务不能满足农村发展和农户的需求,而非正规金融又受到国家法律和金融法规方面的限制。根据人民银行发布《中国农村金融服务报告(2018)》,尽管 2007—2018 年全部金融机构涉农贷款余额累计增长 534.4%,涉农贷款余额从 2007 年末的 6.1 万亿元增加至 2018 年末的 32.7 万亿元,但是农村金融供需矛盾依然突出。在这种情况下,农户和农村的中小企业只能转向非正规金融。于是,农村就成了非法吸收公众存款、集资诈骗等金融犯罪滋生的温床。此外,我国农村的信用环境较差,赖账的行为普遍存在。不讲信用的现象之所以盛行,与金融机构的一些经营方式对不讲信用的

---

① 参见白钦先:《面向 21 世纪从战略高度审视和处理金融问题》,载《国际金融研究》2000 年第 12 期。

② 〔美〕路易丝·谢利:《犯罪与现代化》,何秉松译,中信出版社 2002 年版,第 200 页。

予以"鼓励"有关(如结息转贷),也与政府干预和不完善的农村司法体系相关联。

其次,三大政策性银行面临着转型。每一次银行的转型都伴随着一系列金融犯罪的产生,而政策性银行的转型可能更为严重。根据国外惯例,设立政策性金融机构要单独立法,据以规范其职能定位、业务领域、经营模式、监管方式等重要问题。同时,为了适应形势的变化和社会需求的变动,一些国家往往数次修订政策性金融机构的专门法律。我国设立三家政策性银行时没有专门立法,各家银行只是依据其章程进行运作。在这些年的运作过程中,章程从未修订,有关规定早已陈旧,远不能适应政策性银行的发展需要。另外,现行监管架构存在着分工不清、职责不明和监管空白或监管过度并存等问题,造成对政策性银行的经营方针、年度经营计划无人过问,特别是对政策性银行的经营绩效无人评价考核,很大程度上放任自流,使得有些矛盾和问题不断累积,不良贷款率高、资本金和风险准备金不足等问题已相当突出,存在着极大的风险隐患。

最后,随着我国的外汇储备突破 30000 亿美元,深化外汇管理体制改革摆上了议事日程。但是,长期影响资本市场健康发展的内外部制约因素并没有根本改变,市场持续稳定运行的基础仍不牢固,推进市场改革发展的任务依然十分艰巨。随着汇率改革的不断深化,在逐步实现人民币与外币自由兑换后,外汇和证券市场上诱发利用金融衍生工具进行诈骗、内幕交易、泄露内幕信息、操纵外汇和证券期货交易价格等金融犯罪活动也将增多。随着经济、金融全球化的深入发展,洗钱犯罪活动也呈现全球化趋势。洗钱会导致资金外流,影响国家的外汇储备。而资金外流通常都伴随着走私、逃税、骗取国家外汇等各种犯罪活动,进而造成国家税收的损失和外汇的流失,影响人民币汇率的稳定,在特定的条件下甚至会危及国家的经济安全。我国当前的金融环境还不够完善,金融秩序还有待规范,这就给了洗钱活动以可乘之机。洗钱活动的存在,无疑给国家经济和金融的稳定带来了很大的隐患。

总之,分析和探讨我国金融犯罪的现状、特点以及新趋势,密切关注金融犯罪的变化趋势,分析其产生的原因并探讨其防治对策,都是为了更好地研究和寻求打击、防范金融犯罪的有效对策,以维护正常的经济金融秩序,减少金融犯罪造成的经济损失,规避金融风险,确保拥有良好的金融环境,为我国新一轮金融改革的稳步前进保驾护航。

▌第三章▐
我国金融犯罪刑事立法轨迹

金融活动是现代社会市场经济活动的核心。在某种意义上可以说,没有金融活动也就没有现代意义上的市场经济活动。而在市场经济条件下的金融活动中,又很难避免发生金融犯罪,因此建立惩治与预防金融犯罪刑事立法体系尤为重要。我国有关金融犯罪的刑事立法虽然起步较早,但是发展却颇有周折。分析我国金融犯罪的刑事立法轨迹,无疑对我们认清在市场经济条件下的金融犯罪刑事立法的现状具有重大意义。

第一节　我国古代有关金融犯罪的立法概况

我国古代既没有现代意义上的金融经济,也没有形成现代意义上的金融业,但是,某些基本的金融活动早已有之,与之相对应的金融犯罪(只不过当时没有这种称呼而已)也已出现。受当时社会经济发展本身制约,我国古代有关金融犯罪的法律主要围绕着惩治货币犯罪加以规定。

据史料记载,我国惩治金融犯罪的法律始于两千多年前的秦代。秦统一六国后,为了巩固自己的政权,不但统一货币,而且严惩有关货币犯罪。秦王朝针对统一发行和通用的货币——铜钱、黄金、布帛等,颁行了专门的调控、管理律——《金布律》,其中规定:"百姓市用钱,美恶杂之,勿敢异。"据此,市肆交易者如敢违抗该律令,破坏秦朝的统一币制,"择行钱布""皆有罪"。与此同时,市肆的基层管理者"列伍长"获此状况"弗告",同样获罪。此外,为了确保统一货币的稳定与权威,秦王朝还通过其刑事法律严惩伪造货币的金融犯罪行为。按照秦律的规定,官府以外的民间不得私自铸币造钱,该私自铸造的钱币更不得入市流通,否则官府将依律治罪。进入汉代后,汉景帝也颁行了《铸钱伪黄金弃市律》,严禁民间私铸钱币;汉武帝时代的律令甚而规定:"盗铸诸金钱,罪皆死。"①西汉实行禁榷制度,国家垄断了有关国计民生的一些重要行为,也以法律形式垄断了铸钱业,盗铸金钱就会被判处死刑或黥刑。②

唐律是我国古代具有代表性的、完备的封建法典,它也对金融犯罪作了一些具体规定。例如,唐律规定:"私铸钱者,流三千里;作具已备,未铸者,徒二年;作具未备,杖一百。若磨错成钱,令薄小,取铜以求利者,徒一年。"此外,唐律还将"收藏现钱数额超限""负债违契不偿"等行为设置为货币型金融犯罪。③为了控制货币的发行量,唐代法律对人们收藏钱的数额还专门加以限制。例如,唐宪宗元和三年(808年),规定最多为五千贯,限满违者,平民处死,有官品人等奏告朝廷贬责。④汉唐时期,抵押、担保、租赁已有相当规模,尤其是借贷关系相当普遍,为了规范人们涉及金融借贷的相关行为,法律专门就借贷关系作了具体规定。例如,《唐元二十五年杂令》里关于借贷契约就有很多规定,明确月息不得超过六分,"积日虽多,不得过一倍"。"取息过律"被认为"为政之弊,莫过于此",这种行为在汉代被列为一种犯罪。⑤可见,相较于秦汉法律,唐律有关金融犯罪的规定在范围上已经有了很大的扩展。

宋朝的法典大体仿效唐朝,对于金融犯罪也有较详细的规定。例如,《宋刑统》列"私铸钱"专条,规定:"诸私铸钱者,流三千里;作具已备,未铸者,徒二年。"宋高宗绍兴六年(1136年)规定,铸熔铜钱和私造铜器者,一两以上皆徒二年,罪重者从严判刑,罚偿钱三百贯;准许他人告发,邻居失察者,亦罚偿钱两百贯。宋朝在钱币流通方面的法律也十分严厉。宋初禁止铜钱流入"蕃界""化外",边关官吏失察,五贯以下处罪,五贯以上死罪,后来改为阑出一贯文即处死。绍兴二十八年(1158年),制定"铜钱出界罪赏",如将铜钱与蕃交易者,徒二年,千里编管。⑥宋朝在我国历史上出现了比较完全意义上的纸币——交子,并正式确立了钞法法制。两宋历代统治者都制定和重申了《伪造交子法》。绍兴三十二年(1162年),《伪造交子法》被印于票面:"犯人处斩,赏钱一千贯。"⑦可见,宋朝法律有关货币类犯罪的规定又有了新的发展。

元朝建立后,决定"遵用汉法",对于金融犯罪同样作了较为详细的规定。例如,《元史·刑法志·诈伪篇》规定:"诸伪造宝钞,首谋起意,并雕板抄纸,收买颜料,书填字号窝藏印造,但同情者皆处死,仍没其家产。两邻知而不首者,杖七十

---

① 转引自屈学武:《金融刑法学研究》,中国检察出版社2004年版,第7页。
②⑤ 参见秦醒民:《金融犯罪的惩治与预防》,中国检察出版社1996年版,第361页。
③ 参见屈学武:《金融刑法学研究》,中国检察出版社2004年版,第7页。
④ 参见胡启忠:《金融刑法适用论》,中国检察出版社2003年版,第10页。
⑥ 参见蒋晓伟:《中国经济法制史》,知识出版社1994年版,第181页。
⑦ 参见蒋晓伟:《中国经济法制史》,知识出版社1994年版,第182页。

七,坊(里)正、主受、社长失觉察,并巡捕军兵,各管四十七,捕盗官及镇官运亨通巡捕军官各三十七,未获贼徒,依强盗立限缉捕。""买使伪钞者,初犯杖一百七,再犯加徒一年,三犯科断流远。诸捕获伪钞者,赏银五锭,给银不给钞。""诸父子同造伪钞者,皆处死。诸父造伪钞,子听给使,不与父同坐;子造伪钞,父不同造,不与子同坐。""诸赦前收藏伪钞,赦后行使者,杖一百七。"①至元二十四年(1287年)发行的至元宝钞,票面印有"伪造钞者处死,首告赏银五锭,仍以犯人家产给之"的规定。②分析这些法律规定不难发现,元朝对于有关货币类犯罪的规定,在犯罪行为方式及种类上有了很大的扩展,即法律中不仅规定了伪造钞币罪,还有买使伪钞币罪,收藏伪钞罪,改钞、补钞罪,以及阻滞钞法罪等多种金融犯罪行为。

　　明朝货币制度发展很快,相应地有关货币犯罪的法律规定也颇为详细。明初不久,采用以纸钞为主,银钱、铜钱、铁钱为辅的"钱钞并用"货币流通制度。由于交易习惯、信用程度以及购买力强弱等关系,时有市肆交易一方拒收纸钞或钱币的现象。③为了维护国家货币制度的信用及其统一,明律中专列了《钱法》和《钞法》。除了一些涉及有关货币制度的民商律规定外,《钱法》和《钞法》还对相关的刑事责任作了规定。例如,《钞法》规定:"凡印造宝钞与洪武大中通宝及历代铜钱相兼行使,其民间买卖诸物及茶盐商税,诸色课程,并听收受,违者杖一百。"《钱法》规定:"凡钱法设立宝源等局,鼓铸洪武通宝铜钱与大中通宝及历代铜钱相兼行使……若阻滞不即行者,杖六十。"此外,《大明律·刑律》中还有专门的伪造宝钞罪规定:"凡伪造宝钞,不分首从及窝主,若知情行使者皆斩,财产并入官。"④明初颁行"洪武通宝钱制",私铸铜钱者绞,匠人同罪,为首者依律问罪,胁从者与知情者枷示一月,家属戍边。如将时用铜钱剪错薄小,取铜以求利者,杖一百。为禁私铸铜钱,明朝严禁私相买卖和收匿废铜,违者处笞刑、杖刑。明孝宗以后,制钱以银为本。为禁私铸,《大明律·户律》规定:"伪造金银者,杖一百,徒三年;为从及知情买使者,各减一等。"明代仅发行过一种纸币——"大明宝钞",票面印明:"大明宝钞与铜钱通行使用,伪造者斩,告捕者赏银二百,仍给犯人财产。"明朝对违律收、用钱钞的行为也要治罪。例如,民间买卖时拒绝接受宝钞,处杖刑一百。收税人员不"用尽辨验,收受伪钞",杖一百。市民使用伪钞,除追纳赔偿外,并处杖刑。又如,拒绝使用钱者,杖六十。太祖末年,出现了重钱轻钞趋势。英宗以后,政府颁布命令:"阴钞者追一万贯,全家戍边。"⑤

---

①④　转引自屈学武:《金融刑法学研究》,中国检察出版社2004年版,第8页。

②　参见胡启忠等:《金融犯罪论》,西南财经大学出版社2001年版,第8页。

③　参见麦天骥:《中国古代的金融犯罪与立法》,载《法学评论》1997年第4期。

⑤　转引自胡启忠:《金融刑法适用论》,中国检察出版社2003年版,第8页。

　　清朝法律中有关金融犯罪的规定,在整体上承继了前代法律的内容。除沿袭明代的主要货币犯罪规定外,清律还规定:私铸钱,为首者和工匠斩,财产没官;伙同者、知情者、买者、使用者、甲长与地方官知情,分别要处斩,告奸者赏钱五十两。其知情者分之利之同居父兄、伯叔与弟,减本犯罪一等,杖一百,流三千里。后又定剪钱边界为绞临候,并限期收缴私钱。①另外,清朝通过《各官失察私铸处分之例》《旗人私销私铸禁例》《私铸铅钱禁例》等"例"规,对涉及私铸、私售、使用伪币等犯罪,逐条逐款地加以规定。为了有效打击高利贷犯罪,清朝还明令,"凡人不许开当铺,不许借银。借粮的只许一年有利,若年多许本粮有利,不许利上加利",违者构成犯罪。清宣统二年(1911年)颁行的《钦定大清刑律》(又称《大清新刑律》)更分别在其《仓库卷》《钱债卷》《诈伪卷》中作了更加详细的金融犯罪规定。如《仓库卷》上篇之中设置了"钱法"专条,规定:"凡钱法设立,宝源宝泉等局鼓铸制钱内外,俱要遵照户部议定数目,一体通行其民间,金银米麦布帛诸物价钱并依时值,听从民便,若阻滞不即行使者处六等罚。"《仓库卷》还分别设置了收粮违限罪、虚出通关朱钞罪、附余钱粮私下补数罪、私借钱粮罪、起解金银足色罪等有关金钱融通的犯罪。其中,起解金银足色罪规定:"凡收受诸色课程,变卖货物,起解金银须要足色,如成色不及分数,提调官吏人匠,各处四等罚,着落均赔还官。"《钱债卷》中专门设置了违禁取利罪,规定:"凡私放钱债及典当财物每月取利,并不得过三分,年月虽多,不过一本一利,违者处四等罚,以余利计赃重者,罪止十等罚。"此外,《诈伪卷》中还专条设置了私铸铜钱罪,规定:"凡私铸铜钱者绞监候。匠人罪同,为从及知情买使者,各减一等,告捕者官给赏银五十两。里长知而不首者,处十等罚。不知者不坐。若将时用铜钱剪错薄小取铜以求利者,处十等罚。若以铜铁、水银伪造金银者徒三年,为从及知情买使者,各减一等,金银成色不足非系假造,不用此律。"除本条规定外,按清律规定,条下设例。本条之下就设有多种专门对诸种不同的私铸钱币情节及罚则加以规定的"例"。其中一条例规定:"凡私铸银圆铜圆、伪造纸币,但经铸成造就,无论银数钱数次数多寡,为首及铸造雕刻之匠人俱拟绞监候,入于秋审情实,为从俱发烟瘴地方安置,受雇之犯,徒三年。私铸伪造未成,畏罪中止者,为首及匠人俱发极边足四千里安置。"②可见,清朝有关货币类犯罪的法律规定不仅相当详细,而且已经具有了一些现代意义上的刑法原理。即法律中不仅有伪造货币罪规定,还有变造货币罪、知情购买假币罪、知情使用假币罪和在金银成色上作弊的货币犯罪及其罚则规定,同时还对伪造货币的首犯、主犯(实行犯——匠人)、从犯甚而

---

①　参见胡启忠等:《金融犯罪论》,西南财经大学出版2001年版,第9页。

②　转引自屈学武:《金融刑法学研究》,中国检察出版社2004年版,第9页。

中止犯的刑事责任作了规定。

综上所述,我国古代有关金融犯罪的刑事立法有以下四个特点。

其一,我国古代金融犯罪以惩治货币犯罪为主。受社会经济发展本身制约,我国古代的法律主要围绕着惩治货币犯罪加以规定。这是因为,从经济学角度分析,货币是金融活动的最基本要素,所谓金融经济就是货币经济,金融活动的背后是货币及其运行。可见,妨碍货币及其经营的犯罪是我国古代金融犯罪的一种主要类型。

其二,我国古代法律对有关金融犯罪的规定采用多种立法形式。分析上述各朝代法律规定可见,我国古代有关金融犯罪的刑事立法形式主要有两种:一是在一些最基本的法律中规定金融犯罪。由于我国古代基本法律刑、民不分,因此许多朝代较为普遍地将金融犯罪规定在基本法律之中,如唐律中就有关于金融犯罪的规定。二是在专门的单行法律中集中规定金融犯罪,如汉景帝时颁布的《铸钱伪黄金弃市律》。这种形式的立法例不多。笔者认为,我国古代有关金融犯罪的刑事立法之所以出现不同的形式,除受到当时整体立法模式的影响外,更重要的可能还是由当时社会经济发展的实际状况以及统治者的意志决定的。古代统治者在很大层面上通过有关金融犯罪的刑事立法,规范人们的金融行为,以维护自己的统治秩序。

其三,我国古代有关金融犯罪的法律规定较为完备和详细。我国古代规定的金融犯罪包括三个方面:货币制造方面的犯罪、货币流通方面的犯罪和货币借贷方面的犯罪。其中,主要是货币制造方面的犯罪,几乎在各个朝代均有较详细的法律规定。例如,大多数朝代的法律中均规定了伪造货币罪,有些朝代的法律中还具体规定了变造货币罪或在金银成色上作弊的货币犯罪等。除此之外,在货币流通方面的规定中,有些朝代的法律还专门针对购买、使用等行为作出规范,如规定知情购买假币罪、知情使用假币罪等罪名及其罚则。另外,关于货币借贷方面犯罪的规定也颇具特色,如唐、宋、元、明等朝代的法律中均规定了借钱违约犯罪和违律取利犯罪等。笔者认为,我国古代有关金融犯罪的法律规定较为完备和详细,这既反映了当时我国的经济发展已经达到了较高水平,也体现了当时我国的刑事立法已经较为完善。

其四,我国古代法律对金融犯罪的处罚较为严厉。分析上述各个朝代的法律规定可以看到,我国古代的刑罚以单纯的惩罚、报复和威吓为原则,因而法律中规定的刑罚均较严厉。更由于许多朝代的统治者已经认识到金融犯罪对统治秩序的危害性,因而法律对于包括违法制造货币等行为在内的金融犯罪一般都规定了死刑。例如,汉武帝时规定,"盗铸诸金钱,罪皆死";北周时,"私铸者绞,从者远配为户";宋孝武帝孝建初年,下令"盗铸者处死";宋朝交子印有"伪造交子,犯人处斩"的规定;元朝宝钞印有"伪造钞者处死"的规定;明朝刑律规定,"凡伪造宝钞,不分首从及窝主,若知情行使者皆斩"。各个朝代对其他金融犯罪的处罚也较重。例如,唐朝收藏现钱数额,限满违犯者,平民处死,有官品人等奏告朝廷贬责。宋初禁止铜钱流入"蕃界""化外",边关官吏失察,五贯以下处罪,五贯以上死罪,后来改为阑出一贯文即处死。[①]笔者认为,尽管当时对金融犯罪的处罚较为严厉是建立在我国古代严刑峻法的基础之上的,但是在某种程度上也反映了当时统治者对金融犯罪的高度重视。

第二节　我国近代有关金融犯罪的立法概况

经济学上通说认为,我国近代金融业是在19世纪末20世纪初形成和发展起来的。其主要标志是在1897年完全由中国人自己创办了第一家新式银行,即中国通商银行,并发行银两、银元两种新式纸币。这不仅说明了我国近代金融业已经形成,而且还表明近代意义上的货币已经在我国出现。当然,中国通商银行只是一家新式的民办银行,而1905年8月正式成立的户部银行则是清政府最早设立的官办银行。这家银行除办理一般银行业务外,还享有国家授予的铸造货币、代理国库、发行货币等特权。户部银行于1908年7月改称"大清银行",清政府同时颁布了我国历史上第一部银行法规——《大清银行则例》。

随着清末的刑事法律开始引进西方刑法制度,我国近代有关金融犯罪刑事立法也有了很大发展和变化,而这一发展和变化的主要标志应该是《大清新刑律》。《大清新刑律》于1905年开始起草,1911年1月25日颁布,议定宣统五年(1913年)实行,未及实行,宣统皇帝就在辛亥革命的次年初宣布退位。《大清新刑律》分为总则、分则两大篇,内容上较过去的封建刑律已有很大进步,形式体例上也较接近于近现代刑法典。它对近代意义上的金融犯罪以"关于伪造通用货币之罪"为类罪名作了专章规定。大清当时施行的律例中所规定的多种相关金融犯罪,经立法者修订后移植于该专章之中,内容包括私铸银元罪、知情购买假币罪、知情使用假币罪等。正是由于《大清新刑律》已初具近代意义上刑法典的体例与格式,更由于它将有关金融犯罪作为"类犯罪"相对系统而完整地专章规制于其分则编之中,因此理论上通说认为,"从某种意义上看,可以说,《大清新刑律》对金融犯罪的专章设置,标志着中国近代刑法已由单纯的金融犯罪设置,向金融刑法的规制迈出了具有萌芽意义的一大步"。[②]虽然《大清新刑律》因清朝统

---

① 参见胡启忠:《金融刑法适用论》,中国检察出版社2003年版,第10页。
② 屈学武:《金融刑法学研究》,中国检察出版社2004年版,第10页。

治的结束而未曾实行,但是它实际成为以后中华民国刑事法律的蓝本。1912 年 3 月 20 日,以《大清新刑律》为蓝本的《暂行新刑律》制定完成,并为以后的军阀政府所沿用,有关金融犯罪的刑事立法也得到了承继。

　　1927 年建立的南京国民政府,在初期仍然沿用《暂行新刑律》;1928 年 3 月正式公布了《中华民国刑法》,同年 6 月又公布了《中华民国刑法施行条例》;在此基础上,1935 年 1 月又公布了经修订、补充后的《中华民国刑法》,同年 4 月还公布了《刑法施行法》。从整体内容上看,《中华民国刑法》是以《暂行新刑律》为蓝本,立法者同时吸取了德、意、日等国的刑事立法经验。这部刑法对于金融犯罪的规定较为详细和全面,将伪造货币罪、伪造有价证券罪以及妨害信用罪等专门规定在第十二章、第十三章和第二十七章之中,从而较为完整地形成了近代意义上金融犯罪的范围和概念。其中,伪造货币罪具体包括 7 种犯罪,即伪造变造通用货币罪(第 195 条),行使伪造变造货币罪(第 196 条),收集或交付伪造变造货币罪(第 196 条),减损通用货币罪(第 197 条),行使减损通用货币罪(第 198 条),收集或交付减损通用货币罪(第 198 条),制造交付收受伪造变造货币之器械原料罪(第 199 条);伪造有价证券罪具体包括 11 种犯罪,即伪造变造有价证券罪(第 201 条),行使伪造变造有价证券罪(第 201 条),收集或交付伪造变造有价证券罪(第 201 条),伪造变造邮票或印花税票罪(第 202 条),行使伪造变造邮票或印花税票罪(第 202 条),收集或交付伪造变造邮票或印花税票罪(第 202 条),涂抹邮票或印花税之注销符号罪(第 202 条),行使涂抹之邮票或印花税票罪(第 202 条),伪造变造交通客票罪(第 203 条),行使伪造变造交通客票罪(第 203 条),制造交付收受伪造变造有价证券之器械原料罪(第 204 条)。其处罚或是有期徒刑与罚金刑并科,或是单处罚金,前者为大多数,后者为少数。[1]

　　除此之外,随着金融业的发展,南京国民政府先后颁布了一系列金融法规,如 1931 年《银行法》、1935 年《中央银行法》等。在规范银行业的同时,南京国民政府也规定了多种违反银行管理行为的刑事责任。例如,1929 年公布了《交易所法》,对证券交易规则和有关的证券犯罪有了明确的规定(如交易所职员受贿罪、伪造公布市价罪、制造或散布虚假币价之文书罪、擅自设立交易所罪等);1935 年公布了《保险业法》,在罚则部分规定了有关保险的犯罪。这些法律是规定金融犯罪的渊源。[2]

　　综上所述,笔者认为,我国近代有关金融犯罪的刑事立法具有以下三个特点。

---

[1]　参见胡启忠:《金融刑法适用论》,中国检察出版社 2003 年版,第 12 页。
[2]　参见薛瑞麟主编:《金融犯罪研究》,中国政法大学出版社 2000 年版,第 23—24 页。

其一,我国近代有关金融犯罪刑事立法受古代影响较深。正如前述,我国古代有关金融犯罪刑事立法活动主要是围绕着货币犯罪展开的。受此影响,我国近代刑事立法中有关金融犯罪的规定也是以规定货币犯罪为主,且往往均将货币犯罪独立设章加以规定。这一方面进一步证明了货币是金融活动的基本要素这一原理,另一方面多少也体现了我国有关金融犯罪刑事立法的传统。

其二,我国近代有关金融犯罪刑事立法模式有了很大的变化。受西方法律制度的影响,我国在近代彻底摈弃了刑民不分、诸法合体的立法模式,刑法典的出现无疑是其重要标志之一。这一立法模式的变化对于金融犯罪刑事立法而言影响很大。特别是随着社会经济的发展,金融业得以形成并有了很大的扩展,相关的金融犯罪刑事立法模式开始出现新的变化。例如,在国民党统治时期,为适应官僚资本主义的发展,金融业有了较大发展,有关金融犯罪的刑事立法采用了由刑法典和金融行政法规共同规定的模式。在相当程度上可以说,我们已经形成了近代意义上金融刑法的概念。

其三,我国近代有关金融犯罪刑事立法的内容更为详细和完整。我国近代有关金融犯罪的刑事立法规定不仅保留了原有的诸如伪造或变造货币罪、知情购买假币罪、知情使用假币罪等传统金融犯罪,而且还规定了以有价证券为对象的犯罪,如伪造变造有价证券罪、行使伪造变造有价证券罪、收集或交付伪造变造有价证券罪、伪造变造邮票或印花税票罪、收集或交付伪造变造邮票或印花税票罪、涂抹邮票或印花税之注销符号罪、行使涂抹之邮票或印花税票罪、伪造变造交通客票罪、行使伪造变造交通客票罪以及制造交付收受伪造变造有价证券之器械原料罪等罪名。这些刑事立法内容的变化,无疑进一步充实和扩展了近代金融犯罪的概念和范围。

第三节　我国革命根据地时期有关金融犯罪的立法概况

1927年蒋介石公开叛变革命以后,中共中央发动了秋收起义、广州起义等百余次起义,建立了中央革命根据地及边区革命根据地,并相继成立了银行机构,如浏东平民银行、闽西工农民主银行等。1931年末,中华苏维埃临时中央政府成立后,决定创立国家银行。次年,中华苏维埃共和国国家银行正式营业。长征结束后,陕甘宁边区银行建立。40年代后半期,随着人民解放战争的胜利,各解放区先后连成一片,逐步合并了原来各解放区的银行,如将原晋察冀边区银行和冀南银行合并于华北银行。1948年12月,华北银行、西北农民银行和北海银行合并,在石家庄成立了中国人民银行。限于当时的客观历史背景,在土地革命到解放战争胜利这段时期里,没有也不可能有统一的银行立法,大多数银行都有自己的章程。同时,这一时期虽然没有现代意义上的金融犯罪概念,但是有关金融犯罪的根据地立法还存在。

有些专家将当时有关金融犯罪刑事立法的形式归为三类:一是单行刑事法规。这是主要形式。例如,1930 年 10 月闽西苏维埃政府颁布的《禁止私人收买金银首饰的布告》、1939 年 6 月《陕甘宁边区政府禁止仇货取缔伪币条例》、1941 年 12 月《陕甘宁边区破坏金融法令惩罚条例》等。其中,《陕甘宁边区破坏金融法令惩罚条例》规定:(1)凡在边区境内买卖,不以边币交换作价者,以破坏金融论罪,其钱货没收。(2)在边区境内故意拒用边币者,按其情节处以 1 个月以上 6 个月以下之劳役,或科以 1000 元以上 1 万元以下之罚金。(3)意图破坏边区金融,进行货币投机事业以牟利者,其货币全部没收,处以 1 年以上 2 年以下有期徒刑,并科以 5000 元以上 10 万元以下之罚金。(4)如持强胁迫兑换法币或以不正当手续借以没收法币及故意提高法币者,一经告发,除依法赔偿被害人损失外,得视其情节,处 3 个月以上 1 年以下有期徒刑。二是附属金融刑事规范。其中,既包括 1945 年 10 月晋察冀边区《关于禁用白洋行使的决定》、1948 年 11 月华北人民政府《成立中国人民银行发行统一货币的法令》等具体规定了各项管理制度及对违犯者的惩罚办法的法规,也包括如 1947 年 4 月《华北区金银业管理暂行办法》这样的规范,其关于刑事问题的规定都只是提示性的,具体内容规定于有关刑法法规中。三是综合性刑事法规。例如,1931 年《赣东北特区苏维埃暂行刑律》第六章为“伪造货币罪”,规定了 3 个条文。1945 年 12 月《苏皖边区惩治叛国罪犯(汉奸)暂行条例》规定:与敌伪勾结,伪造扰币票券,扰乱金融者,处死刑、无期徒刑或 5 年以上有期徒刑。①

笔者认为,我国革命根据地时期有关金融犯罪的刑事立法具有如下三个特征。

其一,有关金融犯罪的刑事立法较为分散。限于当时的客观情况,在革命根据地不可能形成严格意义上的金融业,相关的金融活动也受到很大的限制。因此,对于金融犯罪主要通过带有一定政策性的“布告”“条例”等形式的单行刑事立法加以规定。无论从形式上还是内容上看,这些规定均具有一定程度的“临时性”“政策性”的痕迹。

其二,有关金融犯罪的刑事立法内容较为单一。尽管在革命根据地时期已经建立了一些银行,但是相关的金融活动较为单一。与此相对应的是,有关金融犯罪的刑事立法内容也较为单一,且主要是与根据地建设直接有关的内容。革命根据地时期,法律规定的金融犯罪主要是货币(指边币)犯罪、金银犯罪和扰乱

① 参见胡启忠:《金融刑法适用论》,中国检察出版社 2003 年版,第 13—15 页。

金融犯罪,如伪造货币,行使、收受、贩运伪造的货币,买卖金银首饰,私铸银币,使用、交换敌伪货币,拒用边币、货币投机牟利,伪造扰币票券等罪。

其三,有关金融犯罪的刑事惩罚较为严厉。出于巩固政权的需要,革命根据地时期的法律往往将一些金融犯罪与"叛国罪犯"或"汉奸"等概念联系起来,因此对于金融犯罪的刑事惩罚较为严厉。根据地立法中规定的相关刑罚有有期徒刑、无期徒刑、死刑等身体刑,罚金、没收财产等财产刑,还有褫夺公权等资格刑。

第四节　我国当代有关金融犯罪的立法概况

1949 年 10 月 1 日,中华人民共和国成立。在此之前,人民币于 1948 年 12 月 1 日正式发行。新中国成立初期的刑事法律所担负的重要任务之一是惩治反革命罪,这是由当时的历史条件所决定的。受此影响,金融犯罪并非当时刑事立法的主要内容。在此期间,国家根据需要和可能出现的状况先后制定了一些有关金融犯罪的单行刑事条例和法规。其中,1951 年 3 月《禁止国家货币出入国境办法》规定,禁止国家货币即人民币出入境,并且规定对违反该禁令的予以行政处罚和刑事处罚。特别需要提出的是,当时为保护国家货币,巩固国家金融,政务院制定并于 1951 年 4 月 19 日公布实施了《妨害国家货币治罪暂行条例》。理论上认为,这是新中国成立后的第一部系统规定惩罚金融犯罪的法规,其中具体规定了以反革命为目的伪造、变造国家货币,或贩运、行使伪造、变造的国家货币;意图营利而伪造、变造国家货币,或贩运、行使伪造、变造的国家货币;以反革命为目的或者非以反革命为目的,散布流言或用其他方法破坏国家货币信用;误收伪造、变造货币,在收受后察觉为伪造、变造,明知不报而仍然继续行使等几类犯罪。同时,该条例还规定了相应的刑罚处罚,并明确上述犯罪的预备犯、未遂犯均予以处罚,但视其情节从轻处罚。1955 年和 1957 年发行新人民币时,国务院又分别发布命令,重申了对伪造货币行为必须依照《妨害国家货币治罪暂行条例》惩处。

由于历史的原因,新中国成立后经历了一些政治运动,在这些政治运动的影响下,各种法律、法规几乎被幻化到了虚无境地,有关金融犯罪的刑事立法事实上也处于停顿状态。这种法律虚无主义现象,直到十年动乱之后才得到纠正。新中国的第一部刑法直至 1979 年才得以颁布实施。受当时金融业发展不快、相关金融活动在社会生活中并不十分突出以及金融犯罪在整体刑事犯罪中所占比例也较低等因素的影响,1979 年《刑法》并未将金融犯罪独立设章或节,而只是将相关的罪名放在各相关章节中加以规定。在整个第三章"破坏社会主义市场经济秩序罪"中,涉及金融犯罪的仅有第 122 条伪造和贩运伪造的国家货币罪、

第 123 条伪造有价证券罪两条。在实践中,对于非法倒买倒卖外汇牟利,或者从事高利贷,或者擅自设立金融机构等严重违反金融法规的行为,可以依据 1979 年《刑法》第 117、118 条投机倒把罪论处;对于国有金融机构的工作人员违法发放贷款造成较大损失的,则可以依据 1979 年《刑法》第 187 条玩忽职守罪论处。我国现行《刑法》中所规定的金融诈骗犯罪行为,当时都是以 1979 年《刑法》第 152 条诈骗罪论处的。

在 1979 年《刑法》施行后,全国人大常委会又先后以"补充规定"和"决定"的形式颁布实施了二十余部单行法。其中,1982 年 3 月 8 日第五届全国人大常委会第二十二次会议通过的《关于严惩严重破坏经济的犯罪的决定》第 1 条加重了对"走私、套汇、投机倒把牟取暴利罪"的刑事处罚;1988 年 1 月 21 日第六届全国人大常委会第二十四次会议通过的《关于惩治走私罪的补充规定》第 9 条首次对逃汇罪作了规定;1995 年 2 月 28 日第八届全国人大常委会第十二次会议通过的《关于惩治违反公司法的犯罪的决定》第 7 条则首次对有关擅自发行股票、公司债券罪作了规定。

1995 年 6 月 30 日,第八届全国人大常委会第十四次会议通过并实施了《关于惩治破坏金融秩序犯罪的决定》。该决定不仅取代了 1979 年《刑法》关于伪造和贩运伪造的国家货币罪、伪造有价证券罪、违反金融法规的投机倒把罪和诈骗罪等金融犯罪的规定,还增设了大量具体的金融犯罪及其刑事处罚。这些金融犯罪共计有 19 种,分别是:伪造货币罪,出售、购买、运输伪造的货币罪,金融机构工作人员购买或者发出伪造的货币罪,持有、使用伪造的货币罪,变造货币罪,擅自设立金融机构罪,伪造、变造、转让金融机构经营许可证罪,非法吸收或者变相吸收公众存款罪,集资诈骗罪,违法发放贷款罪,违法向关系人发放贷款罪,贷款诈骗罪,伪造、变造金融票证罪,票据诈骗罪,金融凭证诈骗罪,信用卡诈骗罪,信用证诈骗罪,违法出具信用证或者其他保函、票据、资信证明罪,保险诈骗罪。同时,该决定还扩大了单位犯罪的适用范围,规定单位可以成为大多数金融犯罪的犯罪主体。该决定颁布后,其中有关金融犯罪的规定已完全代替了 1979 年《刑法》原先的规定,成为金融犯罪定罪处罚的依据。同时,这些规定中有许多为立法者所借鉴,被吸纳入 1997 年新《刑法》有关金融犯罪的规定之中。

1997 年新《刑法》颁布时,在分则第三章"破坏社会主义市场经济秩序罪"第四节"破坏金融管理秩序罪"中有 22 个条文,在第五节"金融诈骗罪"中有 9 个条文。根据 1997 年 12 月 9 日最高人民法院《关于执行〈中华人民共和国刑法〉确定罪名的规定》,破坏金融管理秩序罪所包含的罪名有 24 个,其中金融诈骗罪包含了 8 个罪名。

1997 年新《刑法》颁布至今,全国人大常委会先后通过了《关于惩治骗购外汇、逃汇和非法买卖外汇犯罪的决定》和十个刑法修正案。其中，《刑法修正案》《刑法修正案（三）》《刑法修正案（五）》《刑法修正案（六）》《刑法修正案（七）》《刑法修正案（八）》《刑法修正案（九）》以及《关于惩治骗购外汇、逃汇和非法买卖外汇犯罪的决定》对《刑法》中有关金融犯罪的罪名、罪状和法定刑等内容进行了补充和修改。

　　1998 年 12 月 29 日，全国人大常委会颁布了《关于惩治骗购外汇、逃汇和非法买卖外汇犯罪的决定》（以下简称《决定》），有不少学者认为，《决定》是我国现行有效的唯一一部单行刑法，并认为我国的刑事立法兼采刑法典、附属刑法、单行刑法三种模式。笔者认为，此种理解不甚妥当。首先，从《决定》的出台背景看，其出台不单是为了应对当时日益猖獗的骗购外汇、非法买卖外汇等犯罪行为，更重要的原因是为了化解早于 4 个月前最高人民法院发布《关于审理骗购外汇、非法买卖外汇刑事案件具体应用法律若干问题的解释》的尴尬境地。该司法解释于 1998 年 8 月 28 日颁布，而当时却并不存在有关骗购外汇、非法买卖外汇犯罪的刑法规定。这种司法解释先于刑事立法产生的情况在整个刑事立法历程中都是相当罕见的。《决定》正是在此种尴尬境地下仓促出台，以作出"救火式"应对的。因此，《决定》的初衷并非是要独立于刑法典而对某类犯罪作专门规定，其不过是特殊背景下出于补充刑法典的目的而作出的"救火式"应对，本质上与修正案无异。《决定》之后所出台的十个修正案，都冠以"修正案"之名，这恰是立法者经过一段时间的成熟思考与反复权衡后的结果，而《决定》不过是在这之前受单行刑法之立法惯性思维影响的一个仓促的尝试罢了。其次，从《决定》的内容上看，主要还是具体针对刑法中没有规定的具体犯罪（骗购外汇罪）而从立法上加以增补，这与《决定》之后颁布的修正案中增补新罪名的内容也无本质的区别。而且理论上和司法实践中也已经习惯上将其主要内容列于刑法条文之后，作为我国《刑法》第 190 条之一增补为"骗购外汇罪"这一新的罪名。《决定》第 1 条新增加了有关骗购外汇的规定。根据 2002 年 3 月 15 日最高人民法院、最高人民检察院《关于执行〈中华人民共和国刑法〉确定罪名的补充规定》，该条被确定为骗购外汇罪。《关于惩治骗购外汇、逃汇和非法买卖外汇犯罪的决定》第 3 条对《刑法》第 190 条逃汇罪的罪状和法定刑进行了修改，但对该罪的罪名并无影响。总之，笔者认为，《决定》是 1997 年《刑法》颁布生效后我国立法机关对其所作的第一次修正，用"决定"的形式对刑法进行修正既是第一次也可能是最后一次，因为以后可能均将采用修正案的形式对刑法进行立法修正。就此而言，完全可以说，《决定》与修正案在本质上具有一致性，都是对刑法典的补充，仍然属于刑法典的范畴，不能将其看作单行刑法。我国其实不存在真正意义上的单行刑法的立法模式，事实上采用的是刑法典与附属刑法相结合的立法模式。

1999 年 12 月 25 日,第九届全国人大常委会第十三次会议通过了《刑法修正案》,其中第 2 至 7 条对《刑法》中金融犯罪的有关规定进行了修改,主要内容有:增加了对期货交易中的内幕交易、泄露内幕信息,编造并传播期货交易虚假信息,诱骗投资者买卖期货合约和操纵期货交易价格行为追究刑事责任的规定;增加了对擅自设立证券、期货、保险机构和伪造、变造、转让其经营许可证或者批准文件行为追究刑事责任的规定;增加了对证券、期货、保险机构工作人员挪用本单位或者客户资金的行为追究刑事责任的规定。在这些规定中,《刑法修正案》第 3、5、6 条对《刑法》罪状的修改引起了有关罪名的变化,但并未导致金融犯罪罪名数量的增减。根据《关于执行〈中华人民共和国刑法〉确定罪名的补充规定》,《刑法》中原规定的伪造、变造、转让金融机构经营许可证罪,编造并传播证券交易虚假信息罪,诱骗投资者买卖证券罪,以及操纵证券交易价格罪的罪名,被相应地修改为伪造、变造、转让金融机构经营许可证、批准文件罪,编造并传播证券、期货交易虚假信息罪,诱骗投资者买卖证券、期货合约罪,以及操纵证券、期货交易价格罪。

2001 年 12 月 29 日,第九届全国人大常委会第二十五次会议通过了《刑法修正案(三)》。该修正案主要是在“9·11”事件后,国际社会加强了反恐合作,为进一步打击恐怖活动犯罪,履行我国所承担的反恐国际义务,同时也为了适应打击恐怖组织犯罪的刑事政策需要而出台的。该修正案第 7 条将“恐怖活动犯罪”增设为《刑法》第 191 条洗钱罪的上游犯罪,同时加大了打击单位洗钱犯罪的力度,增加了“情节严重的,处五年以上十年以下有期徒刑”的量刑幅度。这一修改并未影响到洗钱罪的罪名。

2005 年 2 月 28 日,第十届全国人大常委会第十四次会议通过了《刑法修正案(五)》。该修正案第 1 条在《刑法》第 177 条后增加一条关于妨害信用卡管理秩序的规定,作为第 177 条之一。该修正案明确规定:“有下列情形之一,妨害信用卡管理的,处三年以下有期徒刑或者拘役,并处或者单处一万元以上十万元以下罚金;数量巨大或者有其他严重情节的,处三年以上十年以下有期徒刑,并处二万元以上二十万元以下罚金:(一)明知是伪造的信用卡而持有、运输的,或者明知是伪造的空白信用卡而持有、运输,数量较大的;(二)非法持有他人信用卡,数量较大的;(三)使用虚假的身份证明骗领信用卡的;(四)出售、购买、为他人提供伪造的信用卡或者以虚假的身份证明骗领的信用卡的。窃取、收买或者非法提供他人信用卡信息资料的,依照前款规定处罚。银行或者其他金融机构的工作人员利用职务上的便利,犯第二款罪的,从重处罚。”另外,该修正案第 2 条对《刑法》第 196 条信用卡诈骗罪的行为模式进行了修改,增加了“使用以虚假的身份证明骗领的信用卡”进行诈骗的情形,但也未导致该罪罪名的变化。

　　2006年6月29日,第十届全国人大常委会第二十二次会议通过了《刑法修正案(六)》。该修正案第10至16条对《刑法》中金融犯罪的有关规定,如《刑法》第182条操纵证券、期货交易价格罪,第186条第1款违法向关系人发放贷款罪、第2款违法发放贷款罪,第187条第1款用账外客户资金非法拆借、发放贷款罪,第188条第1款非法出具金融票证罪,第191条第1款洗钱罪进行了大幅度的补充和修改。该修正案第10、12条分别新增了两条有关金融犯罪的规定:《刑法》第175条之一规定了有关骗用贷款、金融票证的犯罪,即以欺骗手段取得银行或者其他金融机构的贷款、票据承兑、信用证、保函等,给银行或者其他金融机构造成重大损失或者有其他严重情节的,最高可判七年有期徒刑;《刑法》第185条之一规定了有关擅自运用客户资金或者其他委托、信托的财产和违规运用资金的犯罪。该修正案第11条对操纵证券、期货交易价格罪进行了修正,将"操纵证券、期货交易价格"修改为"操纵证券、期货市场",并删除了"获取不正当利益或者转嫁风险"等内容。该修正案第13、14条分别对违法向关系人发放贷款罪、违法发放贷款罪和非法出具金融票证罪进行了修正。至此,认定上述罪名,不再只依该行为造成的损失定罪,只要涉及的资金数额巨大或者有其他严重情节的,就应当追究刑事责任。该修正案第15条对用账外客户资金非法拆借、发放贷款罪进行了修正,放宽了该罪的客观要件。只要是金融机构吸收客户资金不入账,数额巨大或者造成重大损失的,就应当追究刑事责任,不再要求一定是将资金用于非法拆借、发放贷款,造成重大损失。该修正案第16条扩大了《刑法》关于洗钱罪的上游犯罪,增加了贪污贿赂犯罪、破坏金融管理秩序犯罪和金融诈骗犯罪。

　　在《刑法修正案(五)》《刑法修正案(六)》施行后,2007年11月6日,最高人民法院、最高人民检察院颁布了《关于执行〈中华人民共和国刑法〉确定罪名的补充规定(三)》。根据该司法解释的规定,《刑法》第182条罪名被修改为"操纵证券、期货市场罪",第186条罪名被修改为"违法发放贷款罪",第187条罪名被修改为"吸收客户资金不入账罪",第188条罪名被修改为"违规出具金融票证罪"。同时,《刑法修正案(五)》新增的《刑法》第177条之一第1款罪名为"妨害信用卡管理罪"、第2款罪名为"窃取、收买、非法提供信用卡信息罪"。《刑法修正案(六)》新增的《刑法》第175条之一罪名为"骗取贷款、票据承兑、金融票证罪",第185条之一第1款罪名为"背信运用受托财产罪"、第2款罪名为"违法运用资金罪"。

　　2009年2月28日,第十一届全国人大常委会第七次会议通过了《刑法修正案(七)》。该修正案第2条对内幕交易、泄露内幕信息罪作了修改和补充。在《刑法》第180条第1款中增加了明示、暗示他人从事非法证券、期货交易活动的行为方式,并增加一款关于"老鼠仓"的规定作为第 180 条的第 4 款。在《刑法修正案(七)》施行后,2009 年 10 月 14 日,最高人民法院、最高人民检察院颁布了《关于执行〈中华人民共和国刑法〉确定罪名的补充规定(四)》。根据该司法解释的规定,《刑法修正案(七)》新增加的《刑法》第 180 条第 4 款的罪名确定为"利用未公开信息交易罪"。

2011 年 2 月 25 日,第十一届全国人大常委会第十九次会议通过《刑法修正案(八)》,将《刑法》第 199 条修改为:"犯本节第 192 条规定之罪,数额特别巨大并且给国家和人民利益造成特别重大损失的,处无期徒刑或者死刑,并处没收财产。"从而废除了票据诈骗罪、金融凭证诈骗罪、信用证诈骗罪的死刑。

2015 年 8 月 29 日,第十二届全国人大常委会第十六次会议通过了《刑法修正案(九)》。该修正案第 11 条对伪造货币罪的法定刑作出修改:"伪造货币的,处三年以上十年以下有期徒刑,并处罚金;有下列情形之一的,处十年以上有期徒刑或者无期徒刑,并处罚金或者没收财产:(一)伪造货币集团的首要分子;(二)伪造货币数额特别巨大的;(三)有其他特别严重情节的。"另外,修正案第 12 条删除了原 199 条内容,废除了集资诈骗罪的死刑。至此,金融犯罪领域不再有死刑。

2020 年 6 月 28 日,第十三届全国人大常委会第二十次会议对《刑法修正案(十一)(草案)》进行了审议。该修正案草案提高了骗取贷款、票据承兑、金融票证罪的入罪门槛,同时也提高了非法吸收公众存款罪的法定最高刑和集资诈骗罪的法定最低刑。

综上所述,经过全国人大常委会先后通过的七个《刑法修正案》和《关于惩治骗购外汇、逃汇和非法买卖外汇犯罪的决定》对《刑法》中金融犯罪规定的补充和修改,我国现行金融刑事法律包括《刑法》第三章"破坏社会主义市场经济秩序罪"、第四节"破坏金融管理秩序罪"和第五节"金融诈骗罪"两节共计 31 个条文,38 个罪名。其中,第四节中有 22 个条文,30 个罪名,它们分别是:伪造货币罪,出售、购买、运输假币罪,金融工作人员购买假币、以假币换取货币罪,持有、使用假币罪,变造货币罪,擅自设立金融机构罪,伪造、变造、转让金融机构经营许可证、批准文件罪,高利转贷罪,骗取贷款、票据承兑、金融票证罪,非法吸收公众存款罪,伪造、变造金融票证罪,妨害信用卡管理罪,窃取、收买、非法提供信用卡信息罪,伪造、变造国家有价证券罪,伪造、变造股票、公司、企业债券罪,擅自发行股票、公司、企业债券罪,内幕交易、泄露内幕信息罪,利用未公开信息交易罪,编造并传播证券、期货交易虚假信息罪,诱骗投资者买卖证券、期货合约罪,操纵证券、期货市场罪,背信运用受托财产罪,违法运用资金罪,违法发放贷款罪,吸收客户资金不入账罪,违规出具金融票证罪,对违法票据承兑、付款、保证罪,逃汇罪,骗购外汇罪,洗钱罪。第五节中有 9 个条文,8 个罪名,它们分别是:集资诈骗罪,贷款诈骗罪,票据诈骗罪,金融凭证诈骗罪,信用证诈骗罪,信用卡诈骗罪,有价证券诈骗罪,保险诈骗罪。

综上所述,新中国成立后我国有关金融犯罪刑事立法的发展有以下六个特征。

其一,我国金融犯罪刑事立法的发展基本上与整体刑事立法的发展同步。由于历史的原因,我国在相当长的一段时间里没有刑法典,与此相对应,也就不可能有完整意义上的金融犯罪的刑事立法。特别是新中国成立后,我国实行的是计划经济体制,当然也就不可能存在市场经济体制下的金融市场,所以有关金融方面的刑法规范很不健全。尽管如此,金融活动在我国国民经济活动中仍然占有一席之地,货币和某些类型的有价证券在有计划的经济交往活动中不仅存在,而且发挥着不可忽视的作用。当时金融领域的主要任务是保护国家货币的合法性和权威性,维护国家货币的信用和稳定。正因为如此,有关金融犯罪的刑事立法只能主要表现在货币犯罪方面。这是历史原因使然,也是与当时我国的金融发展水平相一致的。特别是在相当长的一段时期里,受我国刑事政策的影响,法律法规按照行为人的主观方面将妨害国家货币的犯罪区分为两种,一种是以反革命为目的的妨害国家货币犯罪,另一种是不以反革命为目的的妨害国家货币的犯罪,并规定了轻重明显不同的处罚标准。当然,当时的法律法规在妨害国家货币犯罪的种类方面设置较多,远超过后来的 1979 年《刑法》,如散布流言破坏国家货币信用的犯罪等。之后虽然制定了 1979 年《刑法》,但是由于受当时经济发展还较落后、社会主义市场经济尚未建立以及金融市场发展缓慢等因素的影响,条文中不可能集中规定金融犯罪。随着社会的发展,金融活动在人们生活中日益增多,各种各样的金融违法犯罪行为也不断出现。为此,全国人大常委会颁布了《关于惩治破坏金融秩序犯罪的决定》,在刑事立法上认同了金融犯罪的概念,并初步划定了金融犯罪的范围。随着我国社会主义市场经济体制的逐步建立、发展以及刑法理论和实践的进一步发展,人们越来越看清金融在市场经济中的主导和核心作用,从而提出了规范金融市场上的各种行为并将其纳入法制轨道的要求。在这种情况下,又恰逢对 1979 年《刑法》进行全面修改,1997 年新《刑法》将金融犯罪独立设专节规定就完全是一种顺理成章的选择了。笔者认为,现行《刑法》中有关金融犯罪的规定既是我国刑法完善的重要表现之一,也是我国市场经济发展的必然要求。

其二,全国人大常委会的决定和修正案对金融犯罪刑事立法的补充和修正反映了我国金融市场的变化。我国改革开放的不断深入,导致社会经济关系发生了深刻的变化。在此条件下,传统法律观和价值观显然已经不能满足社会主义市场经济体制下经济犯罪观和经济犯罪刑罚观的需要,要变革价值观念,才能正确区分哪些是合法的经济行为,应当予以保护;哪些是非法的经济行为,应当依法惩处。刑法学界由此提出了"犯罪构成标准说"和"生产力标准说"两种不同的观点,逐渐形成了与社会主义市场经济体制相适应的市场经济刑法理念,即在坚持刑事法律为犯罪评判具体标准的同时,必须辅之以是否有利于社会生产力发展的生产力标准。具体而言,在新旧经济体制更迭之际,当现行法规定落后于社会经济发展的现实时,刑事立法要适时地进行修改完善以适应发展变化的形势所需,这个过程中可能会产生法律评价与社会评价的矛盾。然而,在刑事立法尚未修正之前,落后的立法必须接受刑事政策的指导和实践的检验,司法机关不能背离政策而被动执法,只有当刑法规定出现严重滞后的时候,才允许采用生产力的标准判断犯罪行为的性质。既不能将生产力标准曲解为单纯的经济标准、金钱标准,也不能绝对化地将生产力标准误解为排他性的唯一标准,只有这样才能从根本上实现由传统计划经济刑法理念到现代市场经济刑法理念的转变。反映了我国金融市场变化和发展的需求。1997年《刑法》施行后,全国人大常委会通过颁布一个决定和十个修正案对《刑法》进行了补充和修正,其中一个决定和七个修正案涉及金融犯罪的刑事立法。这既说明我国有关金融犯罪的刑事立法仍然存在严重的滞后现象,又明显表现了近年来我国金融市场发展的突飞猛进,同时还反映了在我国对外开放过程中,特别是加入世贸组织后,国际社会对我们的要求。全国人大常委会的这些决定和修正案的出台,确实弥补了我国有关金融犯罪原有刑事立法的不足,也满足了惩治金融犯罪司法实践发展的需要,同时在很大程度上顺应了国际公约、条约等对我国的要求,且努力做到了与世界各国和地区有关金融犯罪刑事立法接轨。

其三,我国的金融犯罪刑事立法体现了积极而稳妥的刑法理念。应该看到,在过去相当长的一段时间里,我国立法机关对金融领域的刑法介入还是持一种必要的谨慎和循序渐进的态度的。正是随着市场经济刑法理念的逐步确立,犯罪评判标准才会发生转变,即一些传统意义上被视为犯罪的行为呈现出非犯罪化的趋势,另一些新的犯罪则被纳入刑法的调控范围。前者如投机倒把、买空卖空等犯罪行为,显然已经不适应市场经济体制下的实际情况;后者表现为刑法的触角已由货币、外汇、证券、期货等传统金融领域扩展到信托、基金、信用卡等方面,进而可能进一步延伸到互联网金融等新兴金融领域。可以说,每一次刑法关于金融犯罪的修改均反映了公众对金融市场、金融犯罪认识上的进步。特别是传统金融领域犯罪的外延正呈逐步缩小的趋势,许多新的经济活动或经济关系可能引发的犯罪类型或犯罪行为被纳入刑法的规制范围(如1997年洗钱罪入刑及之后两个刑法修正案扩大上游犯罪的范围等)均充分反映了立法机关持积极而稳妥的市场经济刑法观念。总之,笔者认为,随着我国市场经济向纵深处发展以及经济领域的不断拓展,许多新型金融犯罪活动随之出现,市场经济刑法理念在不断更新,与之相伴的是其指导下的刑事立法实践的不断发展,两者相辅相成,协同发展,显然已成为当下我国金融犯罪刑事立法的特点之一。当然,我国有关金融犯罪的立法在顺序上尚存在颠倒之处。例如,刑法中所规定的金融犯罪理应以有关金融的行政或经济立法存在为前提,否则就很难称得上是法定犯(或称之为"行政犯"),但是在我国许多行政或经济立法颁布之前,刑法已经对相关的金融犯罪作了规定,如有关证券犯罪即是先有刑法条文规定,后再有证券法规定。这就很容易导致在一段时间内认定刑法所规定的金融犯罪时缺乏"违反法规"的要件,而且刑法的规定也必然会影响到行政或经济立法中有关金融犯罪的内容。尽管这种颠倒并没有带来多少危害,但是在理论上存在一定的争议。

其四,金融犯罪罪名愈加细致、罪状渐趋科学。我国现行《刑法》无论在涉及的种类、罪名上,还是在罪状的描述以及法定刑的规定上,均较为全面和具体,可以说已经涉及金融领域的各个方面。第一,涉及的种类和罪名已经涵盖金融领域的各个方面,主要有危害货币管理制度的犯罪,危害金融机构管理制度的犯罪,危害信贷管理制度的犯罪,危害金融票证管理制度的犯罪,危害有价证券管理制度的犯罪,危害证券、期货市场管理制度的犯罪,危害客户、公众资金管理制度的犯罪,危害外汇管理制度的犯罪,以及危害金融业务经营管理制度的犯罪。至于具体的金融犯罪的罪名则更多,这在国外的立法上恐怕也是不多见的,至少比法典化国家规定的罪名要多很多。例如,有关证券、期货犯罪的规定中,世界上大多数国家和地区均只规定内幕交易罪和操纵价格罪等一至二个罪名,而我国现行《刑法》中则规定了四个罪名。笔者认为,之所以会出现这种情况,主要还是因为我国长期以来实行计划经济,近年来实行改革开放,国家由实行计划经济转为实行市场经济,时间还不是很长。因此,政府对金融市场的监管理念较为保守和严格也就成为必然。在这种不同的监管理念下,对待金融犯罪的态度当然也就会与其他国家有所不同,一般表现出相对比较严格的态度。同时,由于在计划经济体制下我国金融业处于相对封闭状态,近几年才刚对有些金融市场实行开放,因此我国只能属于"正在发展中"的市场,无论在规模还是开放程度上均不能与许多国家和地区相比。由于规范本身的不完善以及金融活动范围较小等多方面的原因存在,在我国的金融市场上,人们实行违法犯罪行为相对较为容易且达到目的的可能性较大,对金融市场的危害也较大。也正是因为这一点,我国刑法理论和司法实践对于金融犯罪较为关注。另外,近几年来,我国受经济发展和社会治安的影响,有关犯罪的外延和内涵有所扩大,刑法调整的范围也有较大的延伸。在这种状况下,将一些严重的金融违法行为规定为犯罪,并强调要用刑罚的方法加以严厉惩治,就变得可以理解了。第二,对于罪状规定的立法技术趋于成熟和完善。首先,在金融犯罪的具体规定上,刑法条文大多采用叙明罪状,即对具体犯罪构成的主要要件(特别是对行为特征)作出较为具体的描述,最大限度地明确金融犯罪的罪状内容,便于司法实践准确把握金融犯罪行为的定性。其次,《刑法修正案(六)》与以往立法最显著的区别在于罪行模式由单一的结果犯转向多元的行为犯、结果犯和情节犯相结合的形式,这在该修正案第 13 条对违法发放贷款罪和违法向关系人发放贷款罪的修改、第 15 条对违规出具金融票证罪的修改上亦有体现。可见,罪行模式的转化不仅体现了金融犯罪立法技术的日趋完善,"显示刑法呈现一种扩张状态,有利于社会秩序的维护",而且反映了立法机关向司法机关让渡部分公权力,赋予司法工作人员更多自由裁量权的立场。最后,如前所述,《刑法修正案(六)》删除了原操纵证券、期货市场罪中"获取不正当利益或者转嫁风险"的要件,取消了"吸收客户资金不入账罪"中牟利的限制,实际上取消了对金融犯罪特定目的的要求,即行为人只要实施了相应的犯罪行为,不论其是否出于获利的目的,均可入罪。可见,取消金融犯罪中某些罪状特定目的的规定,减轻了司法工作人员对于某种特定目的的证明责任,也避免出现"因为目的的难以证明而无法处理某些罪过明显但证据无法收集的犯罪案件"。上述金融犯罪在罪状规定上的三个变化,集中体现在《刑法修正案(六)》的修正上。这不仅表明了我国立法机关在罪行结构设置上立法水平不断提高、立法技术日益成熟,而且反映了在立法过程中立法者对于司法实践及效果更多的考量,即从有利于司法证明、裁量和惩治的角度所作出的立法实践和探索。

其五,我国有关金融犯罪的刑法分类是对传统犯罪分类理论的突破。我国现行《刑法》有关金融犯罪是规定在分则第三章第四节"破坏金融管理秩序罪"和第五节"金融诈骗罪"之中的,这种分类方法无疑是对以客体不同作为犯罪分类标准的传统刑法理论的突破。这应该是现行《刑法》有关金融犯罪在立法上的特点之一。即在金融犯罪的刑法规定上,我国采用混合分类法,既以犯罪行为所侵害的客体——"金融管理秩序"为根据,又针对金融诈骗犯罪日趋突出的情况,以诈骗的行为特征为依据,对金融犯罪进行分类和排列,从而将金融犯罪划分为"破坏金融管理秩序罪"和"金融诈骗罪"两种类型。

其六,金融犯罪法定刑兼具重刑的"宽缓化"与轻刑的"趋重化"。在不到 20 年的时间里,全国人大常委会先后颁布《决定》以及七个刑法修正案对金融犯罪进行修正,相对于其他刑事犯罪,1997 年《刑法》施行以后有关金融犯罪的规定是变化最大的,在这些变化中表现较为突出的,当属对金融犯罪法定刑的改变。总体而言,在《刑法修正案(八)》之前的每一次对金融犯罪的修正,涉及刑罚(或法定刑)的一般均强调加重,重刑化成了我国《刑法》修改的立法政策导向。与之形成鲜明对比的是,《刑法修正案(八)》和《刑法修正案(九)》分两次全面废除了金融犯罪领域的死刑规定,将一些金融犯罪的法定最高刑减档为无期徒刑。因此,我国金融犯罪刑事立法从某种程度上体现了严厉打击精神下宽严相济的刑事政策,即重刑的"宽缓化"和轻刑的"趋重化"。"宽缓"指的是刑法在介入金融领域时恪守的谦抑品性,只要采取较轻的刑罚能抑制犯罪就不规定较重的法定刑;"趋重"是宽严相济中"严"的应有之义,主要是指对于严重侵害金融管理秩序的恶性犯罪,在立法上设定较重的法定刑;而宽严相济中的"济"是均衡之意,指的是刑罚结构的协调均衡。我国金融犯罪刑事立法的这一特点正是从重刑的"宽缓化"和轻刑的"趋重化"两个层面展开的。

在相当长的一段时间里,我国《刑法》中金融犯罪是否应设置死刑成为备受争议的问题。如前所述,笔者认为,目前我国金融犯罪领域不再有死刑,这是我国死刑立法改革所迈出的重要的一步。在一类犯罪中完全废除死刑,其意义不可低估。从报应的角度来说,无论贪利性的金融犯罪侵犯的客体有多重要,造成的后果有多严重,都无法与生命权的重要性相提并论;从功利的角度来说,对于金融犯罪的预防与遏制,关键在于完善相关制度,强调刑罚的及时性和不可避免性,而不在于是否应设置死刑这一刑种,死刑对于金融犯罪的威慑效应非常有限。

从我国金融犯罪的刑事立法实践来看,历次我国刑法的修改并没有沿着国际刑法改革的趋势降低金融犯罪的法定刑,事实上确实有悖于轻刑化的发展方向。首先,我国《刑法》对金融犯罪的法定刑设置了相对较高的起刑点,从一般以三年有期徒刑为轻罪、重罪分界点的标准来看,我国金融犯罪法定刑绝大多数为五年以下有期徒刑,少数为三年以上十年以下有期徒刑。可见,我国金融犯罪的法定刑基本属于重刑的范畴。其次,通过增加法定刑幅度加重对金融犯罪的处罚力度,这反映了立法机关较为关注金融犯罪的社会危害性,从而突出打击保持高压态势的金融犯罪的倾向,这也解释了为什么我国刑法的补充和修改较少有轻刑化的情况出现。最后,我国《刑法》中金融犯罪法定刑较为强调有关财产刑的规定。我国刑法在绝大多数金融犯罪的条文中设置有罚金刑的规定,进而刑法修正案对自然人主体取消了罚金刑的倍数限制,并在金融诈骗罪规定"并处没收财产"的基础上,又对单位犯罪主体增设了"并处罚金"的规定。这一减一增的变化反映了立法机关对运用经济手段处罚金融犯罪的关注,体现了不能让实施金融犯罪行为的主体在经济上得到好处的目的,这显然是当前我国刑法有关金融犯罪立法设计的一个主导思想。

▌第四章▐
金融犯罪刑事立法模式及立法完善

时下,理论上和司法实践中对于我国金融犯罪刑事立法模式的选择以及金融犯罪刑事立法完善等问题开展了较为深入的讨论。笔者认为,金融犯罪刑事立法模式的选择与金融犯罪的刑事立法完善涉及金融犯罪相关刑事立法的形式与内容、现状与发展的协调等问题,对此进行深入研究不仅具有理论价值,而且具有实践意义。

第一节　金融犯罪刑事立法模式

所谓金融犯罪的立法模式,是指国家在法律上规定金融犯罪的方式。理论上一般认为,金融犯罪的立法模式所要解决的问题,不是立法者如何在法律中设定金融犯罪的罪状以及如何在法律中设立金融犯罪的法定刑,而是通过什么法律对金融犯罪进行法律规定。就此而言,金融犯罪的立法模式完全属于立法技术问题。但是,科学的立法模式能够正确反映金融犯罪的本质,便于刑法的适用。特别是透过这些立法技术的问题,我们可以分析出立法当时的法律环境、立法背景以及立法者的理念和对金融犯罪的认识程度。金融犯罪作为现代社会经济发展的产物,其表现形式和特质在世界范围内具有一致性。

一、世界各地金融犯罪刑事立法模式比较

从某种意义上说,市场经济造就了真正意义上的金融市场,也不可避免地产生与此相关的金融犯罪。基于本质上相通的金融市场基础,各国和地区在涉及金融犯罪刑事立法的主要方面不但有相似之处,而且有趋同的走向。但是,在相互融通的格局下,由于立法传统、文化背景、经济模式等的差异,各国和地区有关金融犯罪的刑事立法模式也不尽相同。

从对金融犯罪法律规定的形式分析,世界各国和地区有关金融犯罪的立法

模式主要有以下五种。

其一,刑法典规定型。这是指国家用刑法典对有关金融犯罪加以规定,即有关金融犯罪的罪状和法定刑是由刑法条文加以明文规定的。这种模式的好处在于能最大限度地保持刑法规定刑事责任的统一性,不因为某种特别犯罪而使刑法失去这种统一性。但是,由于刑法条文相对较为稳定,且修改又较困难,因而很难适应金融市场上犯罪变化较大的情况。另外,大多数金融犯罪均属于刑法理论上的法定犯,而所有的法定犯均是以违反有关金融的经济或行政法律法规为前提的,即作为法定犯的金融犯罪在有关金融法律法规中均应有相应的规定,否则就很难称得上是法定犯。刑法典规定型具有一定的弊端,目前世界各国和地区采用这种立法模式的几乎没有。

其二,特别刑法规定型。这是指以特别刑法的形式专门规定金融犯罪的罪状和法定刑。由于特别刑法一般是针对某一种或者几种犯罪及其刑事责任而规定的单行刑事法律,因此它具有针对性强、内容集中以及灵活性较大等特点。但是,它脱离刑法典而专门就某一特别问题作出规定,难免会出现一些与现行刑法不一致的地方。因此,目前世界各国和地区单纯采用这一立法模式的并不多,一般均是采用特别刑法与其他法律相结合规定有关金融犯罪的立法模式。例如,美国1984年的《内幕交易制裁法》、1988年的《内幕交易与证券欺诈实施法》等。

其三,附属刑法规定型。这是指在其他非刑事法律中规定有关金融犯罪的罪状和法定刑,即在有关金融的经济、行政法律法规(如银行法、公司法、证券交易法等)中,附带规定金融犯罪的罪状及其法定刑。这种模式的优点在于能充分根据金融市场的特点规定金融犯罪,因而不仅针对性和操作性很强,而且较能协调金融犯罪与金融违法行为的关系并易于修改。但是,由于在刑法典中找不到相对应的条文,司法实践中对行为人的行为定罪量刑的依据不是刑法而是有关金融法律法规,这就从根本上打破了由刑法统一规定刑事责任的模式。在附属刑法规定型中,形式也并非完全一样。例如,英国和美国对于某些金融领域犯罪的刑事立法模式就属于附属刑法规定型。但是,英国因为强调自律性组织"自我管理",所以政府机构对金融市场与投资的直接干预较少,其金融犯罪的立法规定散见于不同的法律文件中;美国则因为较强调政府对金融市场的集中管理,所以有关金融犯罪的立法比较集中在一些由联邦制定的金融法律法规中,如证券法、证券交易法以及2010年多德弗兰克华尔街改革与消费者保护法案等。荷兰也采用这一立法模式,它对金融犯罪一开始是用刑法典加以规范的,而现在则主要由一些附属刑法进行规范。即现在荷兰虽然也强调要对金融违法犯罪进行惩治,但是在法律规定的模式上则采用行政法规规定的模式,在刑事法律规定中不设专门的条文加以规定。

其四,刑法典与附属刑法规定结合型。这是指对金融犯罪的规定除由金融法律法规具体规定外,还由刑法典条文作出相应的规定。这种模式一般是由有关金融法律法规在条文中具体规定金融犯罪的罪状,并指出"构成犯罪的,追究刑事责任"。与之相对应的,则由刑法典作出内容相同的条文规定,同时规定具体明确的法定刑。这种模式的优点在于既考虑到金融市场本身的特点,并以此在金融法律法规中明确规定金融犯罪,同时又保证刑法规定刑事责任的统一性,即在刑法中更具体地对金融犯罪的罪状和法定刑作了重申或明确。例如,我国目前有关金融犯罪的规定就是采用刑法典与附属刑法规定结合的立法模式。

其五,特别刑法与附属刑法规定结合型。这是指对金融犯罪的规定除由金融法律法规具体规定外,还由一些单行刑事法律对其中某些专门的金融犯罪作出规定。这种立法模式是上述第二、三种立法模式的结合。采用这一模式的国家一般都是先有附属刑法的规定,后来为了解决一些特别的问题,才专门制定一些特别刑法规范某些特别的金融犯罪。例如,美国在1933年颁布《证券法》后,又于1934年通过了《证券交易法》,以后又陆续颁布了1984年的《内幕交易制裁法》和1988年的《内幕交易与证券欺诈实施法》等。《证券法》和《证券交易法》中涉及刑事责任的规定属于附属刑法规定,而《内幕交易制裁法》和《内幕交易与证券欺诈实施法》中涉及刑事责任的规定则属于特别刑法。

以上有关金融犯罪的立法模式均具有一定的特点,很难说谁优谁劣。各国和地区采用不同的立法模式主要是受本国和本地区的刑事立法传统、金融市场的实际需要以及刑事法律对金融市场的规范程度等因素影响。另外,许多国家有关金融犯罪的立法模式也并非一成不变,随着金融市场的发展、金融犯罪种类的增加以及人们对金融犯罪认识的提高,有关金融犯罪的立法模式也在变化。大陆法系国家尽管有统一的刑法典,但是刑法典中规定的金融犯罪并不多,一般均附随规定在附属刑法之中。例如,日本在现行《金融商品取引法》《金融期货交易法》《抵押证券管理法》等法律中设专章规定相关金融犯罪及处罚;德国在现行《证券交易法》《有价证券保管法》《交易所法》等法律中也规定了金融犯罪及处罚。当然,许多国家和地区有关金融犯罪的立法模式,不管是刑法典还是单行刑法、附属刑法,其刑法规范都是完整的。即使没有直接规定罪状与刑罚,也指明了应当适用的具体规定有罪状和刑罚的刑事条款,这实际上是间接规定了罪状和刑罚。与大陆法系国家不同的是,英美法系国家虽然对金融犯罪大多不直接规定在刑法典中,但是它们并非采用附属刑法的模式,而主要是采用单行刑法的模式规定金融犯罪。

二、我国金融犯罪的刑事立法模式

对于我国有关金融犯罪的刑事立法属于何种模式,理论上众说纷纭,莫衷一是。具体而言,主要有以下三种观点。

其一为刑法典型。有人认为,我国有关金融犯罪的立法模式是刑法典型。这是因为,我国刑法中对金融犯罪均作了明确的规定,有罪状,有法定刑。[①]从严格意义上说,只有规定了罪状及法定刑的法律规范才称得上是刑法规范。我国刑法中有关金融犯罪的规定有罪状,也有法定刑,这无疑属于严格意义上的刑法规范。但是,在包括银行法、公司法、保险法、票据法和证券法在内的有关涉及金融犯罪的附属刑法条款中,往往只是在规定一般金融违法行为的处罚时,附带笼统地规定"构成犯罪的,依法追究刑事责任",且通常均没有法定刑和罪状的规定。由此,有人认为我国涉及金融犯罪的附属刑事条款不是严格意义上的刑法规范。[②]

其二为刑法典与特别刑法结合型。有人认为,我国1997年《刑法》规定了各种金融犯罪的罪状及其法定刑,属于严格意义上的金融刑法规范。我国单行刑法是由全国人大常委会制定的惩治某一类犯罪的法律,或者是对某些犯罪的罪状或法定刑的修改、补充的规范性文件,其条款或者是完整的刑法条款,或者是对具体某一条文的修改、补充,因此属于刑法规范的组成部分。例如,《关于惩治骗购外汇、逃汇和非法买卖外汇犯罪的决定》具体规定了骗购外汇、逃汇和非法买卖外汇犯罪的罪状与刑罚,因而也属于严格意义上的金融刑法规范。我国的附属金融刑事条款则不同,没有规定法定刑,甚至没有明确的罪状,因而不是严格意义上的金融刑法规范。有人还认为,我国金融刑事立法经过近二十年的立法及司法实践,将金融犯罪主要系统地规定于刑法典中,并辅之以单行刑法,这种以刑法典为主、单行刑法为辅的金融刑事法律体系能较好地发挥预防金融犯罪的作用,因而基本能够适应维护金融管理秩序、打击金融犯罪的需要。[③]

其三为刑法典、特别刑法和附属刑法结合型。有人认为,我国规定金融犯罪的刑事法律体系包括刑法典(包括刑法修正案)、单行刑法和附属金融刑法三个组成部分。我国1997年修订的《刑法》规定了大多数金融犯罪及其处罚,因此刑法典是金融刑法的主要形式。我国规定金融犯罪的单行刑法,目前只有全国人大常委会于1998年12月29日制定的《关于惩治骗购外汇、逃汇和非法买卖外汇犯罪的决定》。我国金融法律或其他法律中也有关于金融犯罪的规定,如《证

---

① 参见祝二军:《证券犯罪刑事立法原理》,中国方正出版社2000年版。
② 参见卢勤忠:《中国金融刑法改革研究》,华东政法学院2004年博士学位论文,第118—119页。
③ 参见胡启忠:《金融刑法适用论》,中国检察出版社2003年版,第24页。

券法》第 231 条规定:"违反本法规定,构成犯罪的,依法追究刑事责任。"有的学者将这种金融犯罪的刑事立法模式称为分散立法模式或者金融刑法立法的分散性,即除了刑法典外,还保留单行的刑事法规和附属刑法关于金融犯罪的规定;同时认为采用分散的立法模式,其合理性在于:目前,我国金融领域内的改革正在深化,金融犯罪的发展态势直接与变革中的金融制度有关,采用分散的立法模式可以根据变革的需要及时地制定法律,不受刑法典的体系内容的限制,而且在金融法律中规定相应的金融犯罪的规范,有利于强化金融法律的威慑力,对其实施是有力的保障。①

笔者对上述观点不能苟同。笔者认为,明确我国有关金融犯罪刑事立法究竟采用何种模式的问题,首先需要讨论以下两个问题。

其一,全国人大常委会的决定和修正案是否属于特别刑法?

1997 年新《刑法》生效实施后,全国人大常委会颁布了《关于惩治骗购外汇、逃汇和非法买卖外汇犯罪的决定》《刑法修正案》《刑法修正案(三)》《刑法修正案(五)》《刑法修正案(六)》《刑法修正案(七)》《刑法修正案(八)》《刑法修正案(九)》等,对金融犯罪作了规定。这些决定和修正案在 1997 年《刑法》规定的金融犯罪的基础上,增加了一些新的金融犯罪罪名,同时还对《刑法》规定的一些金融犯罪(如洗钱罪等)的内容进行了补充。但是,是否可以认为全国人大常委会的决定和修正案是一种独立的立法模式,理论上存在不同的观点。有人认为,决定和修正案均属于特别刑法范畴,因而是一种新的立法模式;也有人认为,决定是一种特别刑法(或称"单行刑法"),而修正案则纯粹是刑法典的组成部分。

笔者认为,决定和修正案是对刑法条文的修改和补充,两者在性质上具有一致性,仍属于刑法典的范畴,不能将其看作特别刑法,因而它们也不应该成为一种独立的立法模式。

首先,全国人大常委会《关于惩治骗购外汇、逃汇和非法买卖外汇犯罪的决定》是 1997 年《刑法》生效后至今唯一存在的决定。从产生的背景分析,该决定其实是立法者在沿用 1997 年修订《刑法》之前对刑法条文进行补充、修正的惯性思维下出现的产物。从刑事立法技术考察,这种采用决定或补充规定的模式对刑法进行补充和修正,既不科学也不妥当,其最大的问题在于,有些决定和补充规定往往会与刑法的规定相冲突,造成司法实践中适用条文的困难;同时,随着决定和补充规定的不断颁布,经过一段时间的积累,又要考虑对刑法作全面的修订,这样显然不利于保持和维护刑法典的稳定性。正因为这些问题的存在,在全国人大常委会《关于惩治骗购外汇、逃汇和非法买卖外汇犯罪的决定》颁布后,用

①　参见刘建:《建构独立的金融刑法学》,载《检察日报》2007 年 3 月 23 日。

决定或者补充规定对刑法条文进行补充、修正的模式即遭到理论界和司法实践部门的普遍反对。经过一段时间的讨论,立法者最后选择了用修正案作为今后对刑法条文进行补充和修正的模式。这样,在事实上就形成已经颁布的全国人大常委会《关于惩治骗购外汇、逃汇和非法买卖外汇犯罪的决定》是 1997 年《刑法》施行后第一个也可能是唯一一个用决定形式对刑法条文进行补充和修正的情况。

其次,决定和修正案均是对刑法条文的补充和修正,在性质和内容上其实并无实质区别。从全国人大常委会已经颁布的一个决定和十个修正案规定的内容看,均涉及对刑法条文的补充和修正的问题,即决定和修正案都是在刑法条文规定的基础上增设罪名或对刑法条文规定的某一犯罪的罪状和法定刑进行修正。既然决定的出现本身具有一定的偶然性,之后的修正案只是从立法技术的要求出发,对决定在形式或名称上进行改正,那么我们在具体分析金融犯罪刑法立法模式时,就没有必要再将决定和修正案人为地分为两种模式。笔者认为,决定和修正案两种不同名称的出现纯属偶然,理论上之所以有区别两者的观点存在,可能还是因为决定所规定的内容相对较为集中,而修正案中所规定的内容相对较分散,由此认为决定和修正案是不同的。事实上,以此作为区分原因的观点确实值得商榷,因为最新颁布的很多修正案的内容也是相对集中的。总之,从理论上分析,对于刑法条文的补充和修正已经统一且意见达到一致的模式再作区分,既不符合立法原意,也脱离了当时的立法背景,实在没有太大的必要。

最后,正是由于决定和修正案均是对刑法条文的补充和修正,因此它们只能属于刑法典的一个部分。即无论是决定还是修正案,也无论是增设条文还是修正条文,所有的补充和修正其实都是对刑法条文的补充和修正。这种补充和修正当然就只能是以刑法原有条文为基础,即在遵循刑法基本原则和根本精神的前提下,弥补刑法原有条文规定的空缺,修正刑法原有条文规定的不足。经补充或者修正后的内容并没有脱离刑法,实际上最终又成为刑法中的内容,即使是新增设的犯罪也不例外。这在最新颁布的修正案中体现得最为清楚,即对于增设的罪名,修正案均在不改变原刑法条文的基础上,用"之一"的方式加以表述。可见,从立法形式和立法原意考察,决定和修正案并非脱离刑法典而独立存在的特别刑法,其内容仅仅是对刑法条文的补充和修正,没有也不应该成为刑事立法的一种独立模式。

其二,附属刑法中是否一定要有罪状和法定刑的规定?

有人认为,只有规定了罪状及法定刑的法律规范才称得上是刑法规范。但是,我国大多数涉及金融犯罪的行政或者经济法律法规没有规定法定刑,甚至没有明确的罪状,只是附带笼统地规定"构成犯罪的,依法追究刑事责任"。因此,我国的附属金融刑事条款不是严格意义上的金融刑法规范。从存在形式上看，我国附属刑法附着于非刑事法律，这与国外相同；而从内容上看，它没有明确的罪状和法定刑，这是与国外附属金融刑法的不同所在。①还有人进一步认为，我国附属刑法中规定的金融犯罪所采取的立法模式被称为"依附型立法"，即没有规定法定刑，不能独立适用，其罪状与法定刑主要规定在刑法典和单行刑法中。其具体表现有二：一是采取照应性规定方式，即在刑法典已作出明确规定的情况下，又在相应的金融法律中再作照应性、重申性规定。如我国《刑法》第 181 条第 1 款规定了"编造并传播证券、期货交易虚假信息罪"，2005 年修改前的原《证券法》第 188 条对之作出重申（现行《证券法》于 2019 年 12 月 28 日最新修订）。二是采取原则性规定方式，即在非刑事法律中只原则性规定某行为"构成犯罪的，依法追究刑事责任"，而在刑法或者单行刑法中却没有相应的处罚规定。如《中国人民银行法》第 48 条规定了强迫贷款罪、强迫担保犯罪，而《刑法》却没有将上述行为规定为独立的犯罪。②

　　笔者认为，这些观点值得商榷。时下欧美许多国家和地区相继提出了"行政刑法"的概念，即将原来由刑法统一规范的部分犯罪行为，特别是属于行政犯范畴的犯罪，归入行政或者经济法律法规之中，由行政或经济法律法规单独规定这些犯罪的罪状甚至法定刑。可见，上述观点从根本上是依据行政刑法的概念所得出的结论，这在有些学者的观点中已经有所体现。但是，欧美出现的行政刑法与我们现在提及的附属刑法其实不是同一个概念，两者最大的区别在于行政刑法是基本脱离刑法典而独立存在的法律规范，而附属刑法则突出体现了其"附属性"，即其规定的内容必然与刑法典条文密切相连，无法脱离刑法典而独立存在。正是由于行政刑法是独立存在的法律规范，因此它理所当然要有罪状和法定刑，以便在司法实践中可以脱离刑法典条文而独立加以适用；也正是由于附属刑法不能脱离刑法典而独立存在，因此有时不规定罪状和法定刑。由此可见，认为附属刑法一定要有罪状和法定刑规定的观点，值得商榷。上述观点显然用不同性质的概念讨论同一个问题，结论当然不可能是正确的。

　　我国刑法典确实对所有的金融犯罪作了具体规定，有罪状，也有法定刑。但是，刑法规定的大多数金融犯罪实际上均必须以违反金融法律法规为前提，这是由法定犯的原理所决定的。就此而言，作为法定犯的大多数金融犯罪，不可能仅有刑法规定而没有金融法律法规的规定相对应，否则也就不称其为法定犯了。事实上，我国的银行法、公司法、保险法、票据法和证券法等法律法规中也同样对

---

① 参见胡启忠：《金融刑法适用论》，中国检察出版社 2003 年版，第 23 页。
② 参见利子平、胡祥福主编：《金融犯罪新论》，群众出版社 2005 年版，第 15 页。

有关金融犯罪作了规定,而且均具体规定了有关金融犯罪的概念和构成要件,并提出"构成犯罪的,依法追究刑事责任",只是没有对有关金融犯罪规定法定刑而已。我们不能因为金融法律法规中没有规定法定刑就认为它们没有规定金融犯罪。事实上,如果金融法律法规中对金融犯罪的罪状和法定刑作了规定,刑法也就没有再作具体规定的必要了。

明确了上述两个问题后,我们再讨论我国有关金融犯罪的刑事立法模式就显得比较清楚了。依笔者之见,我国有关金融犯罪的刑事立法模式有一个发展变化过程,目前实际上采用的是刑法典与附属刑法规定结合的立法模式。

三、金融犯罪刑事立法模式的选择

在 1979 年《刑法》制定前,我国有关金融犯罪的刑事立法模式采用单行刑法和附属刑法结合的模式,如 1951 年 4 月 19 日政务院颁布的《妨害国家货币治罪暂行条例》属于单行刑法模式,而 1950 年 1 月西南军政委员会制定的《西南区金银业管理暂行办法》、1956 年 12 月全国人大常委会通过的《1957 年国家建设公债条例》、1958 年 6 月国务院批准的《关于处理走私等 60 项原则》以及 1964 年外贸部海关管理局制定的《海关查私工作试行规则》中对于金融犯罪的刑事处罚规定则属于附属刑法条款。

1979 年《刑法》的制定使得我国有关金融犯罪的刑事立法模式变成了刑法典、单行刑法与附属刑法结合的模式。1979—1997 年,我国有关金融犯罪的刑事立法模式除 1979 年《刑法》外,单行刑法有全国人大常委会于 1982 年 3 月 8 日通过的《关于严惩严重破坏经济的罪犯的决定》、1988 年 1 月 21 日通过的《关于惩治走私罪的补充规定》、1995 年 2 月 28 日通过的《关于惩治违反公司法的犯罪的决定》,以及 1995 年 6 月 30 日通过的《关于惩治破坏金融秩序犯罪的决定》;附属刑法则包括这期间颁布的《中国人民银行法》《商业银行法》《保险法》《票据法》等经济、行政法律法规中规定的关于金融犯罪的罚则。

1997 年《刑法》在修订时,将所有单行刑法均收入了刑法典之中,但相关行政或者经济法律法规中仍然存在附属刑事条款的规定。从那时起,我国有关金融犯罪的刑事立法模式实际上采用刑法典与附属刑法结合的模式。1997 年《刑法》颁布施行后全国人大常委会颁布的决定和修正案,尽管形式不同,但内容均是对《刑法》所作的补充和修正,因此理应属于刑法典的组成部分。而诸如 1998 年 12 月 29 日全国人大常委会通过的《证券法》(2019 年 12 月 28 日最新修订)、2001 年 4 月 28 日全国人大常委会通过的《信托法》,以及经修改后的《保险法》《中国人民银行法》《商业银行法》等,均存在涉及金融犯罪的附属刑事条款,理应属于附属刑法范畴。

我国有关金融犯罪立法模式的最大优点在于考虑到了刑法典的统一性和协调性,并且这种立法方式显得简明扼要、重点突出。即由刑法具体规定金融犯罪的罪状和法定刑,这是刑法规定刑事责任统一性的要求,而由有关金融法律法规对金融犯罪作出相应的规定则是由法定犯的要求所致。两者结合起来,就是刑法典与附属刑法规定结合的立法模式。

我国有关金融犯罪的这种刑事立法模式在某种程度上主要是强调了有关金融犯罪的刑事立法的稳定性,而对金融市场上犯罪行为的多变性特点以及相应的刑事立法需具有一定的适应性特点考虑较少。正因为如此,时下理论界许多学者对我国的这一立法模式提出了很多批评意见,并主张参照美国等国家有关金融犯罪的刑事立法模式,即采用附属刑法的立法模式具体规定金融犯罪。有人认为,采取刑法典为主的立法模式的优点是刑法集中,便于操作,"缺点是刑法(包括单行刑法)难以保持稳定。随着经济和社会关系的发展及单行刑事法律数量的增多和变动,这种立法模式的优点将日益减弱,而缺点会日趋明显"。①有人甚至认为,"刑法以外的其他(法律)一概不许有罚则条款,这是典型的人治下的法制"。②因此,宜将金融犯罪的罪刑条款直接规定在有关附属刑法中。

对上述观点,笔者不能赞同,理由是:首先,刑法典属于我国刑法的基本体例,而且属于国家的基本法,它本身的性质要求具有一定的稳定性。刑法典的稳定性,是指刑法典所确立的罪刑关系的确定性与恒定性。在某种意义上,稳定性是刑法公正性的一个基本要求。如果刑法朝令夕改,那么必然会使人民无所适从,也就根本没有刑法公正可言。通常而言,刑法典一经颁行,一般都要适用相当长的一段时间,只有在刑法的内容明显落后于社会生活并难以保证刑法的公正性实现等情况下,才能对刑法进行修改、补充或者废止。就金融犯罪而言,有关刑事立法的稳定性和适应性之间的矛盾是始终存在的,而在两者之间进行取舍,当然应该首先考虑稳定性。虽然金融市场变化较快,但是这绝对不应该作为放弃选择刑法典作为规定金融犯罪的基本立法模式的借口或者理由。即有关金融犯罪的刑事立法无论用何种模式均不应该朝令夕改,否则这种不确定性必然会导致刑法规范本身的权威性受到影响,而这当然不利于规范金融市场管理秩序和惩治金融犯罪。就此而言,选择刑法典作为规定金融犯罪的基本立法模式并无不当。其次,事实上,即使采用全部由附属刑法规定金融犯罪的立法模式,也不能从根本上解决适用性的问题。这是因为,附属刑法也应该保持相对的稳定性,我们同样不可能随着金融市场的不断高速发展,对附属刑法中有关金融犯

---

① 储槐植:《刑事一体化与关系刑法论》,北京大学出版社 1997 年版,第 455 页。
② 储槐植:《再说刑事一体化》,载《法学》2004 年第 3 期。

罪的规定进行经常性的修改。最后,法律的稳定性也是相对而言的,我国现行的立法模式对有关金融犯罪的规定并非不能作任何变化。当有关规定不适应金融市场的发展时,我们完全可以通过修正案的方式对刑法中有关金融犯罪作出修正。事实上,我国 1997 年《刑法》生效实施后,全国人大常委会已经先后颁布了《关于惩治骗购外汇、逃汇和非法买卖外汇犯罪的决定》《刑法修正案》《刑法修正案(三)》《刑法修正案(五)》《刑法修正案(六)》《刑法修正案(七)》《刑法修正案(八)》和《刑法修正案(九)》,对有关金融犯罪的刑法规定进行了补充和修正。就此而言,在我国由刑法典统一规定包括金融犯罪在内的各种犯罪的罪状和法定刑应该是比较妥当的。

第二节　金融犯罪刑事立法完善

我国现行法律中有关金融犯罪的规定还是比较全面并具有一定科学性的,特别是在立法上对诸如证券、期货犯罪等大多数金融犯罪采用了刑法典与附属刑法规定结合的模式,基本上能满足我国打击金融犯罪司法实践的需要。但是,我国有关金融犯罪的法律规定中仍存在一些问题,需要我们从理论上加以研究和探讨,并在适当时进行完善。笔者认为,当前金融犯罪的刑法完善主要应从以下几方面入手。

一、金融犯罪定罪量刑标准的完善

不同金融犯罪虽然具有一定共通性,但是由于金融市场涉及领域较多,如既有贷款领域,又有货币领域,还有证券、期货领域等,因而存在差异。特别是有些市场或者领域的金融犯罪虽然在行为特征上有其共同之处,但是在诸如数额认定等其他方面仍有很大的差异。例如,我国现行《刑法》考虑到证券犯罪与期货犯罪在行为特征上具有很多相似性,因而将证券、期货犯罪合并规定在相同的条文中。但是,证券交易不同于期货交易,证券犯罪与期货犯罪对市场造成的危害在数量和范围上有很大的不同。由此,世界各国和地区的相关法律通常均将证券犯罪与期货犯罪分别加以规定,而很少有如我国刑法所采用的将证券犯罪与期货犯罪合并规定的方式。中外在有关证券、期货犯罪的法律规定形式上存在差异的原因主要有:其一,国外及有关地区的证券、期货犯罪的法律规定大多采用附属刑法的立法模式,一般都规定于商品交易法、证券交易法、期货交易法等法律中,而这些法律又往往对证券犯罪行为与期货犯罪行为分别作出规定,不会产生混合规定的情况;而我国则是将证券、期货犯罪主要规定在刑法条文中,虽然证券、期货法律规定中也涉及证券、期货犯罪,但是一般均不具体规定法定刑和罪状,对证券、期货犯罪的定罪和量刑必须以刑法的规定为依据,因此将证券犯罪与期货犯罪混合规定具有一定的条件。其二,国外及有关地区的证券市场和期货市场均比较发达,有关期货犯罪的立法也较为成熟,期货犯罪的种类很多,需要与证券犯罪加以区别;而我国期货市场还处于初步发展阶段,有关期货犯罪的立法起步较晚,期货犯罪的危害以及有别于证券犯罪的特性还未充分暴露出来,因此立法者只是将与证券犯罪性质类似且较为常见的期货犯罪加以规定。就我国有关证券、期货犯罪的刑事立法轨迹而言,从 1979 年《刑法》中没有专门规定证券、期货犯罪,到 1997 年《刑法》中只规定证券犯罪而不规定期货犯罪,又到 1999 年《刑法修正案》为减少刑法条文数量、保持刑法不作大的变动态势,而将期货犯罪简单地归入刑法有关证券犯罪的条文中,并且大多数条文修改仅仅是在有关的“证券”后面简单地加上“期货”一词。这一过程绝对不容易,也完全值得称赞。但是,目前我国有关刑事立法将证券、期货犯罪归在一起的立法方式仍有一些不足之处。例如,在有关证券、期货犯罪中,一般均规定“情节严重”“情节特别严重”“造成严重后果”“情节特别恶劣”等定罪和量刑的要件,而衡量这些要件的标准一般又主要是以犯罪的数额为标准的。但是,由于期货交易能“以小博大”和买空卖空,所以期货犯罪对市场的破坏无论在数量还是范围上均可能大于证券犯罪。另外,刑法中有关证券、期货犯罪的罚金刑的规定也很值得讨论。例如,对于编造并传播证券、期货交易虚假信息罪的,现行《刑法》规定“并处或者单处一万元以上十万元以下罚金”。这一处罚对证券犯罪的威慑力就已经比较有限,相对于动辄数亿、数十亿元的期货犯罪而言,其威慑力则更是微乎其微。如果将证券犯罪的定罪和量刑条件与期货犯罪等同,完全可能出现对证券犯罪的处罚重于对期货犯罪处罚的情况,这就必然会出现罪责刑不相适应的问题。

　　笔者认为,解决这一问题可以有两种方案:一种方案是可以在刑法中将不同领域或市场的金融犯罪分开规定,即用专门的条文分别对不同领域或市场的金融犯罪进行规定,并规定相应的罪状和法定刑;另一种方案是可以通过司法解释对不同领域或市场的金融犯罪中的定罪和量刑情节分别加以规定,即以刑事司法解释的方式分别对不同领域或市场的金融犯罪的立案标准、起刑点和各种具体情节作出不同的规定。就目前情况而言,实行第一种方案可能还不是很成熟,也没有必要。其理由是:首先,1997 年《刑法》颁布施行时间不长,有些内容通过修正案进行修正不久,如 1999 年《刑法修正案》将期货犯罪归入《刑法》有关证券犯罪的条文中,现在进行修改显然不符合刑法稳定性的要求;其次,将不同领域或市场的金融犯罪分开规定必然会增加许多刑法条文,这种做法与当今世界刑法改革精简刑法条文的发展趋势并不相吻合;最后,不同领域或市场的一些金融犯罪虽然有很大的区别,但是在行为方式及主观罪过上(如证券、期货市场上的内幕交易、操纵交易价格等)则基本相同,刑法对行为方式和主观罪过基本相同的犯罪行为没有必要分别加以规定。相比较而言,上述第二种方案在目前情况下是可行的方案。因为时下刑法中所规定的大多数犯罪的定罪和量刑的情节实际包含的内容,特别是有关金融犯罪的犯罪数额标准,均是由司法解释加以明确的。就此而言,司法解释是对刑法的补充。在刑法暂时无法将不同领域或市场的金融犯罪分离的情况下,通过司法解释对不同领域或市场的金融犯罪的定罪、量刑情节作出不同的规定,制定不同的犯罪立案、起刑点等的数额标准,比较符合我国立法和司法的实际需要。至于刑法中有关金融犯罪的罚金刑规定,则可以在积累一定经验的基础上,待时机成熟时用修正案的方式,在刑法的同一条文中对不同领域或市场的金融犯罪分别作出不同的罚金刑规定,以适应不同领域或市场金融犯罪的不同特点。

二、刑法与相关金融法律规定协调性的完善

虽然我国 1979 年《刑法》中也有一些金融犯罪的规定,但是完整、系统的金融犯罪概念则是在 1997 年《刑法》中才出现的。刑法中大多数金融犯罪的规定是以相关的金融法律法规内容为依据的,也有一些金融犯罪由于立法上的不协调,导致先有刑法规定后有相关金融法律规定的状况发生。例如,我国 1997 年《刑法》先规定了证券犯罪,之后颁布的《证券法》也就证券犯罪作了具体规定,由于两者的规定在内容上有些不一致的地方,全国人大常委会又颁布了《刑法修正案》,对《刑法》中有关证券犯罪的规定作了修正。经修正后的《刑法》除了增加期货犯罪内容外,还针对《证券法》中所提出的问题作了一些立法规定。例如,《刑法》第 174 条擅自设立金融机构罪对"金融机构"的规定中未包括证券、期货机构等,而 1998 年《证券法》(1998 年 12 月 29 日第九届全国人大常委会第六次会议通过)第 178、179 条对"非法开设证券交易场所""未经批准并领取业务许可证,擅自设立证券公司经营证券业务的"行为,规定"构成犯罪的,依法追究刑事责任"。修正案对《刑法》第 174 条作了修正,明确规定:"未经国家有关主管部门批准,擅自设立商业银行、证券交易所、期货交易所、证券公司、期货经纪公司、保险公司或者其他金融机构的……"其中最大的变化在于将原条文的"未经中国人民银行批准"改为"未经国家有关主管部门批准",以适应设立证券公司必须经国务院证券监督管理机构审查批准的规定;同时明确将设立证券、期货机构也作为设立金融机构看待,以保持与《证券法》规定的一致。同样的情况还有很多,如为了使伪造、变造、转让金融机构经营许可证、批准文件罪与《证券法》规定保持一致而对《刑法》作了修正。

尽管如此,修订后的《刑法》在有关金融犯罪的规定内容上并没有完全与相关的金融法律规定保持一致。这些不一致主要体现在以下几个方面。

其一,在有些涉及构成要件的问题上还很不协调。例如,关于诱骗投资者买卖证券、期货合约罪的规定,现行《证券法》第 193 条在规定该罪主体时,比《刑法》第 181 条第 2 款规定多了"证券登记结算机构、证券服务机构及其从业人员"等主体内容,同时删去了"证券监督管理机构工作人员"这一主体内容,而在《刑法》规定中则仍然保留着这一主体内容。

其二,有关金融犯罪种类规定上的不协调。刑法有关金融犯罪的规定与相关金融法律中"构成犯罪的,依法追究刑事责任"的规定在种类上并不完全吻合。这方面的不协调,在证券犯罪的规定中特别突出:《证券法》在第十三章"法律责任"中详细规定了各种各样的证券违规行为及相应的犯罪行为,并在第 219 条中规定:"违反本法规定,构成犯罪的,依法追究刑事责任。"但是,在《刑法》中并没有与此一一对应的有关金融犯罪的规定。例如,《证券法》第 183 条规定:"证券公司承销或者销售擅自公开发行或者变相公开发行的证券的,责令停止承销或者销售,没收违法所得,并处以违法所得一倍以上十倍以下的罚款;没有违法所得或者违法所得不足一百万元的,处以一百万元以上一千万元以下的罚款;情节严重的,并处暂停或者撤销相关业务许可。给投资者造成损失的,应当与发行人承担连带赔偿责任。对直接负责的主管人员和其他直接责任人员给予警告,并处以五十万元以上五百万元以下的罚款。"然而,对违反该规定"构成犯罪的,依法追究刑事责任",在《刑法》中难以找到相符的条文予以适用。按非法经营罪适用《刑法》第 225 条的规定,或者按擅自发行股票、公司、企业债券罪的共犯适用《刑法》第 179 条的规定,显然都不十分适合。因为非法经营罪主要是针对物资流通领域的犯罪,并不适用于证券市场;而擅自发行股票、公司、企业债券罪的共犯则要求发行公司或企业与证券公司有共同故意,没有共同故意是不能以共犯论处的。由此可见,《刑法》中并不存在与《证券法》上述条款最相对应的条文。有关期货犯罪的规定中同样存在相同情况。例如,根据《期货交易管理条例》第 67 条的规定,期货公司有下列欺诈客户行为之一的,责令改正,给予警告,没收违法所得,并处违法所得 1 倍以上 5 倍以下的罚款;没有违法所得或者违法所得不满 10 万元的,并处 10 万元以上 50 万元以下的罚款;情节严重的,责令停业整顿或者吊销期货业务许可证:(1)向客户做获利保证或者不按照规定向客户出示风险说明书的;(2)在经纪业务中与客户约定分享利益、共担风险的;(3)不按照规定接受客户委托或者不按照客户委托内容擅自进行期货交易的;(4)隐瞒重要事项或者使用其他不正当手段,诱骗客户发出交易指令的;(5)向客户提供虚假成交回报的;(6)未将客户交易指令下达到期货交易所的;(7)挪用客户保证金的;(8)不按照规定在期货保证金存管银行开立保证金账户,或者违规划转客户保证金的;(9)国务院期货监督管理机构规定的其他欺诈客户的行为。期货公司有前款所列行为之一的,对直接负责的主管人员和其他直接责任人员给予警告,并处1万元以上10万元以下的罚款;情节严重的,暂停或者撤销任职资格、期货从业人员资格。同时,《期货交易管理条例》第79条规定,"违反本条例规定,构成犯罪的,依法追究刑事责任"。而从这一规定看,显然对于上述条文中第一、二、三、五、六等项无法根据刑法追究行为人的刑事责任,因为我国刑法中并没有相应的罪名,而在其他国家和地区的法律中则属于期货欺诈行为;第七、八项规定的挪用、违规划转客户保证金的行为在许多国家和地区的法律中常将其作为单独的犯罪处理。

另外,许多金融法律法规中虽然具体规定了金融犯罪,但是在有关条文中均笼统提到"构成犯罪的,依法追究刑事责任",至于应该根据什么法律、什么条文追究刑事责任则一概不谈,这就很容易使司法实践中在认定犯罪时产生不同的理解。笔者认为,完善有关金融犯罪的法律规定,其中重要的一点就是应该在金融法律法规中对有关金融犯罪的规定增加追究刑事责任的具体刑法条款,同时在刑法条文中作相应的规定,以保持两者之间的协调。

同样,笔者认为,刑法中有关金融犯罪的规定虽然应该具体,但是大可不必对相关具体构成要件作详细描述。因为有关金融犯罪的罪状基本都在金融法律法规中作了规定,根据简明扼要的立法要求,我们完全没有必要在刑法条文中再作重复规定,而只需在刑法条文中指明"违反……法律法规"并简单地描述具体犯罪的行为特征即可。这样,既可以简化刑法条文规定,又可以最大程度地避免金融法律法规与刑法条文规定的不一致,同时也符合有关法定犯罪状规定的一般模式。当然,要做到这一点,除了要对刑法条文作一定调整外,还要对金融法律法规原有对金融犯罪构成要件不具体规定的现状作出一定调整。

笔者认为,我国对于金融犯罪的立法采用附属刑法与刑法典规定相结合的立法模式,其好处自不待言,但是对于有关犯罪的构成要件等原则问题,理应保持一致性。造成上述不一致的情况,可能是金融法律法规与刑法是由不同的立法部门起草的,且不同法规看问题的角度不同等原因所致。虽然在理论上和实践中人们已经达成共识,即定罪量刑的标准只能依照刑法规定,但是金融犯罪毕竟是法定犯,金融法律法规中有关金融犯罪的内容对定罪量刑的影响往往很大,如果与刑法规定不一致,很容易造成司法实践中的不统一。

三、刑法条文与司法解释协调性的完善

自从1997年《刑法》施行后,有关金融犯罪的规定可以说变化最大。迄今为

止出台的刑法修正案有许多均涉及金融犯罪的规定,有些是对原《刑法》条文作出了修正,有些则是在原《刑法》条文后又增加了新的罪名,有些罪名甚至修正了多次,如修正案针对洗钱罪的上游犯罪就作了两次修正。笔者认为,这一情况一方面说明我国的金融业发展迅速,另一方面也体现了我国有关金融犯罪的刑事立法尚处在起步阶段,条文中存在许多不够完善的地方。根据飞速发展的市场需求,刑法适时对金融犯罪的条文进行修正是完全必要的,但是相关修正不能太多也不应过繁,否则就会影响到刑法规定的稳定性。特别是在对刑法有关金融犯罪条文修正时,我们应该注意保持相关的修正规定与原来的刑法条文的协调性。必须承认的是,现有相关金融犯罪修正案的内容实际上存在与原有刑法条文不协调的地方。例如,《刑法》第177条规定了伪造、变造金融票证罪,并将伪造信用卡的行为作为该罪的行为表现之一。《刑法修正案(五)》在该条之后专门增设了一个条文(作为《刑法》第177条之一)规定妨害信用卡管理罪,并将明知是伪造的空白信用卡而持有、运输,数量较大的行为作为该罪的行为表现之一。这就引出了一个问题:伪造空白信用卡的行为是否构成犯罪?从理论和实践上分析,持有、运输空白的信用卡可以构成犯罪,伪造空白信用卡行为不应该不构成犯罪。但是,修正案在规定妨害信用卡管理罪后,并未对伪造、变造金融票证罪中的行为作出修正。这显然形成了条文之间的不协调,完全可能引发司法适用中的不平衡问题。

同样的问题也经常发生在刑法规定与司法解释的不协调上。例如,我国《刑法》分则的罪名均是由司法部门通过司法解释规定的。《刑法》第171、172条专门规定了出售、购买、运输假币罪,金融工作人员购买假币、以假币换取货币罪,以及持有、使用假币罪等,在这些罪名中均有"假币"的提法,同时条文中明确指明出售、购买、运输、持有、使用等行为的对象均是"伪造的货币",并不包括"变造的货币"。但是,根据相关金融法规的规定,金融业务中所指的"假币",既包括伪造的货币,也包括变造的货币。这就导致了人们对刑法中所规定的涉及货币犯罪中的假币的不同理解。尽管在对行为人的行为定罪量刑时应该严格依照刑法条文的具体规定,但是罪名规定与刑法条文内容规定的不一致,确属不协调的反映。

笔者认为,上述的不协调产生的原因主要还在于立法时我们对相关刑法条文规定还不能做到全方位兼顾,在对刑法条文作司法解释时也不能做到充分考虑大多数金融犯罪属于"行政犯"的情况,因而需要参考金融法律法规的内容以及金融业务中对同一事物的不同提法等因素。因此,在今后的刑事立法中应该予以高度重视。

四、金融犯罪法定刑的完善

相对于其他犯罪而言,金融犯罪的法定刑并没有什么很大的不同。在所有的金融犯罪之中,其法定最高刑有无期徒刑以及有期徒刑 15 年、10 年、7 年、5 年五档。值得注意的是,《刑法修正案(八)》取消了票据诈骗罪、金融凭证诈骗罪、信用证诈骗罪 3 个金融犯罪罪名的死刑;《刑法修正案(九)》取消了伪造货币罪和集资诈骗罪的死刑。至此,金融犯罪领域不再有死刑。

刑法有关金融犯罪法定刑的规定固然有其科学性,但是其中还存在某些值得完善的地方,应该引起注意。这些问题主要包括以下三个方面。

其一,刑法与金融法律法规中对有关金融违法、犯罪行为罚金刑与行政罚款数额规定的不协调。受法律出台的时间先后不同以及立法者角度不一致等因素的影响,我国刑法规定的金融犯罪法定刑中的罚金刑与相关金融法律法规规定的罚款不是很协调。例如,《刑法》第 182 条对操纵证券期货市场罪规定处以罚金,而《证券法》第 192 条具体规定了操纵行政违法行为的罚款比例;《刑法》第 181 条第 1 款对编造并传播证券、期货交易虚假信息罪规定处以 1 万元以上 10 万元以下罚金,而《证券法》第 193 条规定,扰乱证券市场的,由证券监督管理机构责令改正,没收违法所得,并处以违法所得 1 倍以上 10 倍以下的罚款;没有违法所得或者违法所得不足 20 万元的,处以 20 万元以上 200 万元以下的罚款。证券、期货犯罪对社会的危害要远远大于证券、期货行政违法行为对社会的危害,从中不难看出我国《刑法》对证券、期货犯罪法定刑中罚金数额的规定与《证券法》中对证券、期货行政违法行为罚款数额的规定之间的不协调。但是,证券、期货犯罪的社会危害性实际上远远大于证券、期货行政违法行为的社会危害性。这种罚金数额与罚款数额倒挂的现象显然与刑法基本理论相违背,也不符合罪责刑相适应的原则。基于此,笔者认为,我们应该对刑法中有关金融犯罪的罚金刑的数额加以调整,这一调整应以相关金融法律法规为基础和依据,适当提高现有罚金刑的数额规定。罚金刑作为惩治金融犯罪的主要刑罚方法在世界许多国家和地区法律中是十分普遍的规定,既可以剥夺金融犯罪人部分或全部财产,作为对其恶行的惩罚,同时可以剥夺其再犯的经济能力,并且可以直接增加国库收入,从根本上遏制贪利的目的,不让单位或者个人从犯罪中获得经济利益。所以,适当提高刑法中有关金融犯罪的罚金刑的数额是完全合理且十分必要的,我们应该充分注意罚金刑在惩治金融犯罪中的特殊作用。况且,罚金刑所具有的可独立或者附加适用的特点,与主刑的适用相比更灵活和方便,优化罚金刑的具体规定,提高罚金刑实际执行的效果,无疑是今后立法和司法机关应当重视的金融犯罪刑事政策导向之一。

其二,刑法对自然人与对单位罚金刑规定的不协调。1997 年《刑法》明确将单位列为犯罪主体之一,在大多数金融犯罪中,规定单位可以成为犯罪主体。但是,刑法均规定对单位金融犯罪判处罚金,并对其直接负责的主管人员和直接责任人员,处 5 年以下有期徒刑或者拘役。其中,对单位判处的罚金,刑法没有明确规定具体的数额或处罚幅度;而对自然人金融犯罪法定刑中的罚金,刑法则均作了比较具体的规定,如"并处或者单处违法所得一倍以上五倍以下罚金""并处或者单处一万元以上十万元以下罚金"等。这种只对自然人犯罪规定具体的罚金数额而对单位犯罪不作规定的情况,显然很难从理论上加以解释,因而两者之间实际上存在不协调的问题。当然,这一不协调并非只存在于金融犯罪中,在其他犯罪中也同样存在。由于这一不协调的存在,实践中就很难掌握标准,特别是对单位判处罚金时,究竟应该是重于还是轻于对自然人判处的罚金刑,难以作出决断。人们的一般理解应该是单位重于自然人,但是具体操作时还是因缺乏法律标准而导致处罚不统一的情况出现。笔者认为,对单位金融犯罪所判处的罚金理应重于对自然人金融犯罪所判处的罚金,这是由单位犯罪的特征和对单位犯罪的处罚形式所决定的。我们完全可以在刑法或者司法解释中对单位金融犯罪的罚金作出比较明确的规定,这一规定应该以刑法对自然人金融犯罪的罚金刑规定为基础,具体规定对单位可处较自然人罚金额几倍的罚金。实际上,有些国家的刑法中已有类似规定,如《法国刑法典》第 131—141 条规定:适用法人的罚金最高额为惩治犯罪之法律规定的对自然人罚金最高定额的 5 倍。对这些规定,我们完全可以借鉴。

其三,金融犯罪法定刑中没有资格刑的设置。从我国现行刑法规定分析,管制、拘役、有期徒刑、无期徒刑和死刑等五个主刑都是涉及剥夺生命和限制或剥夺自由的内容的,而三个附加刑中则主要涉及剥夺经济能力的内容,其中虽然有剥夺权利的规定,但只限于剥夺政治权利而不包括剥夺其他权利,由于政治权利不同于其他从业权利,因此我们无法把剥夺犯罪者从事特定职业和剥夺担任特定职务的权利归入剥夺政治权利之中。就此而言,显然我国关于刑罚的规定对剥夺犯罪者从事特定职业和剥夺担任特定职务的权利持排斥的态度。《刑法修正案(八)》针对判处管制、宣告缓刑的犯罪人规定了禁止令。根据《刑法》第 38 条第 2 款的规定,判处管制,可以根据犯罪情况,同时禁止犯罪分子在执行期间从事特定活动,进入特定区域、场所,接触特定的人。同时,根据《刑法》第 73 条第 2 款的规定,宣告缓刑,可以根据犯罪情况,同时禁止犯罪分子在缓刑考验期限内从事特定活动,进入特定区域、场所,接触特定的人。可见,禁止令尽管具有限制特定人员实施特定金融行为的法律效果,但其适用范围仍然是极为有限的。

值得注意的是,《刑法修正案(九)》在《刑法》第 37 条之后加入了禁业规定,作为《刑法》第 37 条之一："因利用职业便利实施犯罪,或者实施违背职业要求的特定义务的犯罪被判处刑罚的,人民法院可以根据犯罪情况和预防再犯罪的需要,禁止其自刑罚执行完毕之日或者假释之日起从事相关职业,期限为三年至五年。被禁止从事相关职业的人违反人民法院依据前款规定作出的决定的,由公安机关依法给予处罚;情节严重的,依照本法第三百一十三条的规定定罪处罚。其他法律、行政法规对其从事相关职业另有禁止或者限制性规定的,从其规定。"禁业规定是为了通过禁止犯罪分子从事相关职业,从而降低其再犯可能性。禁止处罚期从刑罚执行完毕之日或者假释之日起计算,期限为 3 年至 5 年。从法律性质上看,从业禁止被规定于《刑法》第 37 条之一中,由此,其不属于刑罚制度,而是一种非刑罚处罚措施。

从金融犯罪分析,金融犯罪行为人有很多均是利用自己的职业、职务等便利条件实施的,这种行为明显地违背了金融行业的职业、职务要求,如同对金融犯罪者适用罚金刑可以在经济上剥夺其再犯罪能力一样,对金融犯罪者适用从业禁止的规定可以从根本上消除其再犯罪的条件。由此可见,在我国刑法中全面设立从业禁止的规定,不仅符合司法实践的需要,而且具有正当的法理根据和道义根据。

另外,从理论和实践上分析,在我国有关的金融行政法规中已经广泛地出现了从业禁止的惩罚规定,例如,2015 年中国证监会修订的《证券市场禁入规定》第 5 条规定:违反法律、行政法规或者中国证监会有关规定,情节严重的,可以对有关责任人员采取 3 至 5 年的证券市场禁入措施;行为恶劣、严重扰乱证券市场秩序、严重损害投资者利益或者在重大违法活动中起主要作用等情节较为严重的,可以对有关责任人员采取 5 至 10 年的证券市场禁入措施;有下列情形之一的,可以对有关责任人员采取终身的证券市场禁入措施:(1)严重违反法律、行政法规或者中国证监会有关规定,构成犯罪的;(2)从事保荐、承销、资产管理、融资融券等证券业务及其他证券服务业务,负有法定职责的人员,故意不履行法律、行政法规或者中国证监会规定的义务,并造成特别严重后果的;(3)违反法律、行政法规或者中国证监会有关规定,采取隐瞒、编造重要事实等特别恶劣手段,或者涉案数额特别巨大的;(4)违反法律、行政法规或者中国证监会有关规定,从事欺诈发行、内幕交易、操纵市场等违法行为,严重扰乱证券、期货市场秩序并造成严重社会影响,或者获取违法所得等不当利益数额特别巨大,或者致使投资者利益遭受特别严重损害的;(5)违反法律、行政法规或者中国证监会有关规定,情节严重,应当采取证券市场禁入措施,且存在故意出具虚假重要证据,隐瞒、毁损重要证据等阻碍、抗拒证券监督管理机构及其工作人员依法行使监督检查、调查职权行为的;(6)因违反法律、行政法规或者中国证监会有关规定,5 年内被中国证监会给予除警告之外的行政处罚 3 次以上,或者 5 年内曾经被采取证券市场禁入措施的;(7)组织、策划、领导或者实施重大违反法律、行政法规或者中国证监会有关规定的活动的;(8)其他违反法律、行政法规或者中国证监会有关规定,情节特别严重的。可见,我国对一般的金融违法行为都规定了适用从业禁止的惩罚,而金融犯罪的社会危害性要远远高于一般的金融违法行为,故在《刑法》第37 条中加入禁业规定是合乎逻辑的做法。

事实上对金融行业的犯罪者,如果仅仅处以自由刑或罚金刑,虽能解决一些问题,但不能从根本上剥夺犯罪者再犯金融犯罪的物质条件和能力,而"从业禁止"则完全可以解决这一问题。剥夺从事金融犯罪行为人的从业资格,可以从根本上消除金融犯罪者再犯罪的条件,这对金融犯罪实施者而言,其实等于被废了"武功",任何一个从事金融业务的专业人士都不会看轻它。因此,剥夺金融犯罪者的从业资格,对金融市场而言,具有惩罚和预防犯罪的不可替代的功能。设立《刑法》第 37 条之一有关从业禁止的规定,有助于重点预防某些特殊职业领域内的再次犯罪。

▎第五章▎
共同金融犯罪与单位金融犯罪研究

金融犯罪具有专业性和复杂性的特点,因而在很多情况下行为人较难单独实施,这就决定了共同犯罪是金融犯罪中一种较为常见的犯罪形态。同时,金融市场的开放性的特点决定了金融犯罪中的单位犯罪现象较为突出。笔者认为,研究金融犯罪必须对相关的共同犯罪形态和单位犯罪问题进行讨论,特别是要对共同犯罪与单位犯罪交叉的一些行为从刑法理论上加以深入认识。

第一节　共同金融犯罪问题

我国《刑法》第 25 条规定:"共同犯罪是指二人以上共同故意犯罪。"由于受到法律规定本身的局限性限制,《刑法》不可能将所有的犯罪现象和犯罪形态均用条文加以规定,分则所规定的犯罪是以一人犯一罪且为既遂这种犯罪形态作为设定条文的标准的。但是,社会生活中存在的犯罪现象和犯罪形态不可能完全与刑法规定相吻合,往往会出现一些特殊的情况,如犯罪既可能是单独主体的单一行为,也可能是单独主体的复数行为,同时还可以是复数主体实施的单一行为,也可以是复数主体实施的复数行为。共同犯罪指的就是其中复数主体在同一故意下所实施的单一或者复数行为,而数罪并罚中的数罪则是指集合的复数主体或单独主体所实施的复数行为。之所以将共同犯罪和数罪并罚作为特殊情况看待,就是因为这些情况都是相对于《刑法》分则所规定的单独主体实施单一行为的基本标准而言的。正是由于分则不可能规定所有犯罪形态,所以这些特殊情况一般是由总则加以规定的。刑法理论十分重视对共同犯罪的研究。这主要是因为,犯罪是一种复杂的社会现象,有一人单独实施的犯罪,也有两人以上共同实施的犯罪。与单独犯罪相比,在同等条件下,共同犯罪由于数人共同作案,社会危害性相对较大,且互相包庇、联合对抗侦查和审判,易于达到犯罪目的。在现代社会生活中,许多犯罪完全靠单个人实施已经很难完成,且即使实施了也很难达到犯罪者的最终目的,由此共同犯罪必然表现较为突出。

正如前述,金融犯罪具有行为内容复杂且对犯罪手段技术要求较高等特征,许多犯罪行为必须经过多层面、多环节的配合、合作才能完成。特别是随着我国金融领域的不断发展,在共同故意下实施共同金融犯罪的情况将会越来越普遍。正因为如此,研究共同金融犯罪问题具有特别重要的意义。

一、共同金融犯罪主体

根据《刑法》规定,任何共同犯罪在主体上均必须是"二人以上",这无疑是共同犯罪主体在量上的要求。我国现行《刑法》明确规定了单位可以成为犯罪主体,且其中有关共同犯罪的概念是沿袭原《刑法》中的相关概念,即共同犯罪是指二人以上共同故意犯罪。这样就产生了一个问题:对于共同犯罪概念"二人以上"中的"人"应如何理解?是否包括单位?在较长一段时间内,刑法理论上和司法实践中对此问题争议颇大。

有学者认为,可以对《刑法》中的"人"作扩张解释,使共同犯罪规范的对象不仅包括自然人,还可以包括法人这种特殊的"人"。这样,就使法人共同犯罪的观点在原《刑法》中找到了相应的总则依据。①

也有学者不同意上述观点,他们认为,根据新《刑法》有关共同犯罪的规定,上述观点难以将《刑法》第 25 条第 1 款规定的"二人以上"中的"人"解释为既包括自然人,也包括单位。虽然"人"可以理解为"自然人"和"法人",但是根据《刑法》第 3 条规定的罪刑法定原则,"单位"与"法人"是两个不同的概念,再怎么扩张解释,也难以将单位作为"人"解释。因此,"二人以上"只能解释为是两个以上自然人主体。据此,对于若干个单位伙同实施的犯罪,应当且只能根据各个单位在犯罪中的犯罪情节,分别依照有关规定处罚,而没有必要像对自然人的共同犯罪那样,区分为主犯、从犯、胁从犯与教唆犯进行处罚。②

另外,还有人主张单位犯罪没有共同犯罪形态,因为单位犯罪本身就是共同犯罪的一种形式。他们认为,单位犯罪是为单位利益、根据单位意志实施的犯罪行为,而单位意志表现为单位成员的整体意志,单位的犯罪行为也表现为单位的整体行为。因此,单位犯罪本身就是共同犯罪。③

笔者认为,《刑法》中有关共同犯罪概念中的"人"理应包括自然人和单位。

首先,法律用语的内涵是会发展和变化的。对某一法律用语的解释需要根

---

① 参见娄云生:《法人犯罪》,中国政法大学出版社 1996 年版,第 126 页。
② 参见阮方民:《论单位犯罪的概念与构成》,载高铭暄、赵秉志主编:《刑法论丛》(第 3 卷),法律出版社 1999 年版,第 45 页。
③ 参见龚培华:《刑法理论与司法实务》,上海社会科学院出版社 2002 年版,第 3 页。

据立法的具体发展决定。单位之所以能够成为刑事责任主体,主要是随着市场经济的建立和发展,社会上出现了很多单位为了自身利益、社会利益或个人利益的行为,将单位拟制为刑事责任主体更便于认定和分配刑事责任,也即将单位作为刑事责任主体顺应了社会发展的需求。对于在修订前后的法律中皆规定的同一法律用语,只要刑事立法的背景及其他相关规定发生了变化,应该是允许作不同理解的。虽然现行《刑法》关于共同犯罪的规定与原《刑法》的条文在文字上可谓一字不差,但是在理解上有所不同是完全可能的。由于原《刑法》在犯罪主体问题上是不承认单位犯罪的,因而当时有关共同犯罪的规定中的"人"不包括单位。但是,现行《刑法》在犯罪主体问题上明确承认了单位犯罪,即单位可以成为犯罪主体。既然如此,作为在意志上具有整体性、在行为上具有特定性的组织体,作为法律上拟制的人,单位具有与自然人相对应的行为能力和刑事责任能力。因此,现行《刑法》中有关共同犯罪规定中的"人"完全可以理解为包括单位,即单位既能单独构成犯罪,也能与自然人或其他单位共同实施故意犯罪。就此而言,《刑法》有关犯罪主体范围这一实质内容的变化必然会影响到《刑法》规定的其他许多方面,其中理应包括对共同犯罪概念中"人"的内涵的理解。

其次,对于某些法律用语作扩张解释不仅不违背罪刑法定原则,相反是贯彻了罪刑法定原则的精神。例如,现行《刑法》第 8 条规定:"外国人在中华人民共和国领域外对中华人民共和国国家或者公民犯罪,而按本法规定的最低刑为三年以上有期徒刑的,可以适用本法,但是按照犯罪地的法律不受处罚的除外。"这里的"外国人",显然应该理解为包括外国自然人和外国单位。如果我们将这里的"外国人"仅仅理解为外国自然人,那么对于外国单位实施的有关犯罪就无法处理了。由此可见,在刑法规定的范围内,对于某些法律用语作一定的扩张解释不仅是应该的,而且是不可避免的,有时如果不作扩张解释反而会放纵犯罪,这当然是违背立法原意的。笔者认为,对于罪刑法定原则的贯彻,绝对不是只能简单地从字面上对刑法条文进行理解,并非绝对不能对刑法条文作任何扩张解释。

最后,单位犯罪不同于刑法中的共同犯罪。从某种程度上可以说,共同犯罪中的共同故意和共同行为实际上应该是共同犯罪人各具体犯罪故意和犯罪行为的组合。虽然从形式上看,单位是由一些自然人组合而成的,但是单位是被法律人格化的社会组织,是由一定数量的人和独立或相对独立的财产组成的一个社会有机体。单位与其内部成员之间的关系是整体与部分、系统与要素之间的关系,它们并不属于同一层次,其内部责任人员的人格已经融入单位的人格之中。尽管单位犯罪都是由多个行为人基于一定的主观联络而共同实行的犯罪行为,与共同犯罪行为具有一定的相似性,但是受单位的整体利益及单位犯罪后的利益归属等因素的决定,单位犯罪的意志是经单位组织决策机构成员共同决策后形成的整体意志,而且这种整体意志又是以该单位组织整体的犯罪行为表现出来的。即单位犯罪是一个合法社会组织的整体犯罪,而不是数个犯罪的简单相加。犯罪行为所体现的单位意志是整体意志,各行为人都必须围绕这一意志而实施犯罪行为。

另外,包括犯罪集团在内的共同犯罪主体是非法组成的,其本身不需要任何合法的手续,并且都是基于一定的犯罪目的而组成的,即实施犯罪行为是共同犯罪的宗旨和目标。但是,单位犯罪中的单位是根据法律有关规定,符合单位的成立条件,经有关部门批准,经过一定法律程序组成的合法组织。这一组织不能以实施犯罪为设立宗旨和目标,否则就不成其为单位犯罪中的"单位"。正是由于这一点,我国《刑法》规定共同犯罪只能由故意构成,过失犯罪不能构成共同犯罪,而单位犯罪则既可以由故意也可以由过失构成;单位犯罪必须以分则明文规定为限,且一般只能发生在包括经济犯罪在内的"行政犯"之中,而共同犯罪则可以适用分则除过失犯罪外的一切罪名,即共同犯罪不需要由分则作专门规定,且它既可发生在"行政犯"中,也可以发生在"自然犯"中。

总之,笔者认为,由于现行《刑法》明确规定犯罪主体包括自然人和单位,因此共同犯罪中的"二人以上"理应包括自然人共同犯罪和单位共同犯罪。事实上,在现行《刑法》中已经有了单位共同犯罪的特别规定。例如,《刑法》第350条第2款规定:"明知他人制造毒品而为其提供前款规定的物品的,以制造毒品罪的共犯论处。"同时,该条第3款专门规定:"单位犯前款的,对单位判处罚金,并对其直接负责的主管人员和其他直接责任人员,依照前两款的规定处罚。"显然,刑法明确承认单位可以成为制造毒品罪的共犯。尽管这是一个特别规定,但是至少从一个侧面反映了立法者的立场和观点。现行《刑法》中对大多数金融犯罪均在规定自然人犯罪主体的基础上专门规定了单位可以成为犯罪主体,这一方面足以说明立法者对打击单位金融犯罪的重视程度,另一方面也足以说明许多单位金融犯罪既能以单独犯罪的形态出现,也能以共同犯罪的形态出现。根据《刑法》的有关规定,共同金融犯罪主体结构应有三种形式:其一为自然人共同金融犯罪,即两个以上的自然人所形成的共同金融犯罪;其二为自然人与单位共同金融犯罪;其三为单位共同金融犯罪,即两个以上的单位所形成的共同金融犯罪。

自然人与自然人形成的共同犯罪是最常见的共同犯罪形式,也是共同金融犯罪中最常见的犯罪形式。这种共同金融犯罪的结构形式有两个特点:其一,在人数上,必须是两人以上。其二,各共同金融犯罪的主体必须都已达到刑事责任年龄、具有刑事责任能力。两人以上共同实施金融犯罪,如果其中只有一人具备刑事责任能力,其他人均不具备刑事责任能力,则不构成共同金融犯罪。对其中具备刑事责任能力的行为人,应以单独金融犯罪处理。完全刑事责任能力人与限制刑事责任能力人共同实施金融犯罪,由于刑法中金融犯罪并没包括在限制刑事责任能力人负刑事责任的范围之内,因而也有不能成立共同金融犯罪的情况。对其中具备刑事责任能力的行为人,应以单独金融犯罪处理。三人以上共同实施金融犯罪,如果其中只有一人不具备刑事责任能力,则共同金融犯罪仍然成立,但不具备刑事责任能力的行为人不是共同金融犯罪人。一个有刑事责任能力的人唆使另一个没有刑事责任能力的人一起实施金融犯罪行为,不构成共同金融犯罪。这种情况实际上是有刑事责任能力人把无刑事责任能力人当做实施金融犯罪的工具,应当依照单独金融犯罪处理。这种情况在理论上称为"间接正犯"。[1]间接正犯是单独正犯形态之一种,因利用他人为工具而实现犯罪构成要件,而其利用他人为犯罪工具之支配与自己直接实施具有等价性,故在理论上论以正犯之罪。[2]金融犯罪中的间接正犯,虽然在形式上没有直接实施相关金融犯罪,但是其行为是将他人作为犯罪的工具,而他人又没有刑事责任能力,在此情况下当然应该将其视为单独实施金融犯罪,而不能视为共同金融犯罪。

另外一个值得研究的问题是:在共同金融犯罪中,非特殊主体能否犯刑法规定要求是特殊主体的金融犯罪? 刑法中的犯罪主体有一般主体和特殊主体之分。理论上一般认为,达到法定年龄并具有刑事责任能力的犯罪主体为一般主体。刑法中构成某些犯罪除具备一般主体条件之外,还须具备特定的身份。这个具有特定的身份的犯罪主体,在我国刑法理论中称为"特殊主体",在国外刑法理论中通常称为"身份犯"。这种情况在金融犯罪中同样存在,刑法对部分金融犯罪的行为人主体身份有特殊的要求。例如,内幕交易、泄露内幕信息罪的犯罪主体必须是证券、期货交易内幕信息的知情人员或者非法获取证券、期货交易内幕信息的人员,即理论上所称的"法定内幕人"和"非法定内幕人";诱骗投资者买卖证券、期货合约罪的犯罪主体则必须是证券交易所、期货交易所、证券公司、期货经纪公司的从业人员,以及证券业协会、期货业协会或者证券、期货监督管理部门的工作人员。

由于刑法规定某些犯罪只能由具有特定身份的人才能实施,因此在单独犯罪中不具有特定身份的人不能单独构成该罪,这在刑法理论上早已有了定论。

---

[1]　对于间接正犯在刑法上有无承认之必要,学说上有分歧:按犯罪共同说之观点,共犯具有从属性,被教唆、帮助之人若不负刑事责任,则教唆、帮助行为也不构成犯罪,这显然与刑法之保障社会功能不符,故承认间接正犯有必要;而如果按行为共同说之观点,共犯具有独立性,被教唆、帮助之人不构成犯罪,教唆、帮助之人仍依其加功行为负共犯之责任,无须认为成立间接正犯。因此,认为间接正犯是犯罪共同说推衍而得之观念,以济共犯从属性之穷;如依行为共同说,则无维持之必要。参见韩忠谟:《刑法原理》,台湾大学法学院 1981 年版,第 293 页。

[2]　参见苏俊雄:《刑法总论Ⅱ》,台湾大学出版社 1997 年版,第 416 页。

那么,在共同犯罪中,非特殊主体能否构成要求是特殊主体的罪?这是刑法理论上和实践中有关共同犯罪(包括共同金融犯罪)的一个重要研究课题。刑法理论通说认为,非特殊主体可以构成要求是特殊主体的犯罪的共犯。[①]也有学者从应然角度提出相反的看法,认为无特定身份者不应该成为有特定身份要求的犯罪的共犯。处在不同社会地位的人,只要有法律规则的规定,总是有不同的权利和义务,权利和义务总要向一致的要求尽量靠拢。于是,在刑法上,特殊的主体资格从普通的主体资格中裂变出来,特殊主体所享受的权利,普通主体不能享有;特殊主体所承担的义务,普通主体也不能承担。特殊主体当然可以构成任何一个普通主体可以构成的犯罪,因权利使然,命其承受从重处罚的义务。而普通主体却不能构成只有特殊主体才能构成的犯罪,同样也是义务使然。在以特殊主体为基础的共同犯罪中,如果缺少特殊主体的资格同样可以构成犯罪,那么这种特殊主体的资格条件已变得毫无作用,剩下的只是刑法需要禁止和惩罚某种行为,而不是禁止和惩罚利用某种身份实施这种行为。[②]

笔者赞同上述通说,即认为无特定身份者可构成有特定身份要求的金融犯罪的共犯。

其一,无特定身份者可构成有特定身份要求的金融犯罪的共犯具有一定的法律依据。尽管这种情况在有关金融犯罪的刑法规定中没有专门的规定,但是在刑法其他有关条文中则有反映。例如,我国《刑法》第198条第4款规定:"保险事故的鉴定人、证明人、财产评估人故意提供虚假的证明文件,为他人诈骗提供条件的,以保险诈骗的共犯论处。"可见,保险诈骗罪的主体只有投保人、被保险人和受益人才能构成,保险事故的鉴定人、证明人和财产评估人不符合保险诈骗特殊主体的身份要求。但是,刑法明确规定,只要他们故意提供虚假的证明文件,就可以构成保险诈骗罪的共犯。类似的情况在《刑法》第382条第3款贪污罪的规定中也有体现:"与前两款所列人员勾结,伙同贪污的,以共犯论处。"刑法在贪污罪的规定中明确指出其主体只能是国家工作人员,非国家工作人员不能成为贪污罪的主体。但是,在共同犯罪中,非国家工作人员则可能犯要求是国家工作人员才能构成的贪污罪。另外,这种情况在相关的刑法司法解释中也有明确规定。例如,最高人民法院2000年7月8日颁布的《审理贪污、职务侵占案件如何认定共同犯罪几个问题的解释》规定,不具有国家工作人员身份的行为人与国家工作人员勾结、利用国家工作人员的职务便利,共同侵吞、窃取、骗取或者以其他手段非法占有公共财物的,以贪污罪共犯论处。笔者认为,上述《刑法》及司法解释

---

① 参见杨春洗、杨敦先主编:《中国刑法论》,北京大学出版社2001年版,第97页。
② 参见杨兴培、何萍:《非特殊身份人员能否构成贪污罪的共犯》,载《法学》2001年第12期。

的规定无疑提供了无特定身份者可构成有特定身份要求的金融犯罪的共犯的依据,在处理共同金融犯罪案件时,我们完全可以按照这些规定的精神执行。

其二,无特定身份者构成有特定身份要求的金融犯罪的共犯没有违背权利义务的一致性原则。笔者认为,上述否定说中的主要观点是:无特定身份者既然未曾享受到特定身份者的权利,当然就不该承担相应的义务,即对无特定身份者以有特定身份才能构成的犯罪论处就是让他们承担了额外的义务。这一观点尽管在强调权利义务一致性上有一定的道理,但是它存在的片面性也是相当明显的。最明显的是,这一观点实际上是站在单独犯罪的角度分析共同犯罪,由此得出的结论就难以做到全面、完整。权利义务的一致性是我们的要求,但是这一要求的内容在共同犯罪和单独犯罪中是不完全一样的。就单独犯罪而言,无特定身份者既然不能享受有特定身份者的权利,当然也就不能承担有特定身份者才能承担的义务,即无特定身份者不能构成要求是特定身份才能构成的犯罪。但是,共同犯罪较单独犯罪而言有其特殊性,集中表现为共同犯罪的整体性特征,即虽然共同犯罪是由"二人以上"实施的,但是数个行为人所具有的"共同故意"把他们实施的"共同行为"聚合成一个整体行为。在一个整体行为中,无特定身份者与有特定身份者在共同实施犯罪行为时,可以说已经享受了原来只能由有特定身份者才能享受的利益,或者说他事实上已经享受了权利,让其承担相应的义务也是理所当然的。例如,在非国家工作人员与国家工作人员构成的共同贪污罪中,非国家工作人员与国家工作人员勾结,利用国家工作人员的职务便利,共同侵吞、窃取、骗取或者以其他手段非法占有公共财物,其中非国家工作人员实际上已经享受到了其单独犯罪时所不可能取得的利益(即利用职务便利占有财物的利益)。所以,刑法规定与国家工作人员勾结,伙同贪污的,以共犯论处,是完全符合刑法基本理论的,并不会有上述否定说所讲的违背了权利与义务一致性的情况。

由此可见,在共同金融犯罪中,无特定身份者完全可能构成要求特定身份才能构成的金融犯罪。那么,无特定身份者是否可以成为共同金融犯罪的实行犯?对此,刑法理论上存在肯定说和否定说两种意见。

肯定说认为,在某些情况下,不能排除无身份之人与有身份之人可以构成真正身份犯的共同实行犯。具体说来,有以下三种情况:其一,当真正身份犯的实行行为为复合行为,而无身份之人可以实施其中部分实行行为时;其二,当真正身份犯为职务犯罪,而其职务便利可以为无身份犯与有身份者同时利用时;其三,真正身份犯之罪与一般主体身份之罪在客观行为上存在竞合,无身份之人与有身份之人共同实行犯罪行为。[1]

---

[1]　参见冯英菊:《共同犯罪的定罪与量刑》,人民法院出版社 2002 年版,第 271 页。

否定说则认为,具有特定身份的人与没有特定身份的人之所以不能构成法律要求犯罪主体具有特定身份的犯罪的共同实行犯,就在于没有特定身份的人不可能实施法律要求犯罪主体具有特定身份的犯罪的实行行为。因为身份是犯罪主体的构成要素之一,它决定着犯罪主体的性质。身份总是和犯罪主体的权利与义务相联系的,尤其是法定身份,它是由法律赋予的。如我国刑法中规定的贪污罪、受贿罪,利用职务上的便利是其犯罪行为的一个必不可少的组成部分。因此,是否利用职务上的便利,就成为确定其行为性质的重要标准。①

笔者赞同否定说的观点,即在共同金融犯罪中,无特定身份者不可能成为有特定身份要求的金融犯罪的实行犯。

其理由是:对于刑法规定中的犯罪实行行为,我们应该作完整、全面和实质上的理解。无特定身份者实施部分有特定身份者构成犯罪的行为,并不等于实施了该罪的实行行为。实行行为是由《刑法》分则规定的客观要件中的全部行为,必须包含该种犯罪的罪质行为。理论上一般认为,实行行为包括单一实行行为和复合实行行为。单一实行行为较易确定。就复合实行行为而言,应注意掌握这样几个特点:其一,规范性。即复合实行行为必须符合《刑法》分则条文所规定的行为特征。复合实行行为是构成行为的一种,这决定了它不具有任意性,也不属于单纯学理解释范畴,而是取决于刑法规范所规定的具体犯罪的行为要件的内容。其二,整体性。即复合实行行为所包含的两个以上行为必须作为一个有机整体看待。从自然的角度看,复合实行行为虽然是两个以上的行为,但是它们之间必须相互结合起来理解。其三,实质性。即复合实行行为中所包含的几个行为并非无主次之分,它们都是围绕着一个核心行为而展开的,该核心行为即罪质行为。未实施罪质行为,就不能看做实行行为。以保险诈骗罪为例,保险事故的鉴定人、证明人、财产评估人帮助投保人、被保险人等实施保险诈骗行为,可以构成保险诈骗罪的共犯,但不可能是保险诈骗罪的实行犯。从行为的实质性上说,具体的保险诈骗行为是保险诈骗罪的罪质行为,即在共同犯罪中,保险诈骗罪的实行犯只能是投保人、被保险人或者受益人等具体实施保险诈骗行为者。从实行行为的整体性上说,保险诈骗罪的实行行为是一个完整的行为样态,要求行为人具体实施了骗取保险金的行为。仅仅实施相关的帮助行为,不能片面理解为保险诈骗罪的实行犯。

同样的情况在诱骗投资者买卖证券、期货合约罪中也存在,行为人如果帮助证券交易所、期货交易所、证券公司、期货经纪公司的从业人员或证券业协会、期货业协会或者证券监督管理部门的工作人员实施了诱骗投资者买卖证券、期货

---

① 参见陈兴良:《共同犯罪论》,中国社会科学出版社 1992 年版,第 356—357 页。

合约的行为,也不能构成本罪的实行犯。这是因为,从实行行为的实质性上说,故意提供虚假信息或者伪造、变造、销毁交易记录的行为是本罪的罪质行为,只有这种行为才真正与本罪的身份要求具有实质的联系,而这种行为也只有相关证券、期货机构的工作人员实施才可以真正起到"诱骗投资者买卖证券、期货合约"的作用。所以,诱骗投资者买卖证券、期货合约共同犯罪中的实行犯,必须是能够实施提供虚假信息或者伪造、变造、销毁交易记录的相关证券、期货机构的工作人员。从实行行为的整体性上说,诱骗投资者买卖证券、期货合约罪的实行行为是一个完整的行为样态,不仅要求行为人实施了提供虚假信息或者伪造、变造、销毁交易记录的行为,还必须实施了诱骗投资者买卖证券、期货合约的行为。如果行为人仅仅实施了诱骗投资者买卖证券、期货合约行为,不能理解为诱骗投资者买卖证券、期货合约罪的实行犯。

在无特定身份者与有特定身份者实施的共同金融犯罪中,究竟应以要求特定身份的金融犯罪定性还是以不要求特定身份的金融犯罪定性,这在司法实践中和刑法理论上也颇有争议。例如,无特定身份者与证券交易所、期货交易所、证券公司、期货经纪公司的从业人员或证券业协会、期货业协会或者证券监督管理部门的工作人员勾结诱骗投资者买卖证券、期货合约,是以编造并传播证券、期货交易虚假信息罪定罪,还是以诱骗投资者买卖证券、期货合约罪定罪? 笔者认为,对这一问题必须分情况对待。

其一,如果有特定身份者实施了实行行为,一般情况下应以该特定身份者才能构成的金融犯罪定性。例如,上述无特定身份者与特定身份者勾结实施诱骗投资者买卖证券、期货合约行为的情况,只要是证券交易所、期货交易所、证券公司、期货经纪公司的从业人员或证券业协会、期货业协会或者证券监督管理部门的工作人员故意实施了提供虚假信息或者伪造、变造、销毁交易记录行为的,对于无特定身份者也应以诱骗投资者买卖证券、期货合约罪定罪。这一精神在2000年最高人民法院《关于审理贪污、职务侵占案件如何认定共同犯罪几个问题的解释》第1条中已有体现:"行为人与国家工作人员勾结,利用国家工作人员的职务便利,共同侵吞、窃取、骗取或者以其他手段非法占有公共财物的,以贪污罪共犯论处。"2008年最高人民法院、最高人民检察院《关于办理商业贿赂刑事案件适用法律若干问题的意见》第11条明确规定了以特定身份实行为确定共犯性质——非国家工作人员与国家工作人员通谋,共同收受他人财物,构成共同犯罪的,根据双方利用职务便利的具体情形分别定罪追究刑事责任:(1)利用国家工作人员的职务便利为他人谋取利益的,以受贿罪追究刑事责任。(2)利用非国家工作人员的职务便利为他人谋取利益的,以非国家工作人员受贿罪追究刑事责任。(3)分别利用各自的职务便利为他人谋取利益的,按照主犯的犯罪性质追究刑事责任,不能分清主从犯的,可以受贿罪追究刑事责任。

其二,如果有特定身份者未实施实行行为,则应以无特定身份者的金融犯罪性质定罪。再以上述无特定身份者与有特定身份者勾结实施诱骗投资者买卖证券、期货合约为例,如果证券交易所、期货交易所、证券公司、期货经纪公司的从业人员或证券业协会、期货业协会或者证券监督管理部门的工作人员没有实施提供虚假信息或者伪造、变造、销毁交易记录行为,则对有关行为人只能以编造并传播证券、期货交易虚假信息罪认定。

总之,笔者认为,有特定身份者与无特定身份者构成的共同金融犯罪是否以身份犯性质的金融犯罪定罪,并非只看有无特定身份者参与了有关金融犯罪,关键要看有特定身份者是否实施了实行行为。如果有特定身份者并没有实施实行行为,就不能以有身份犯性质的金融犯罪定罪。

正如前述,我国刑法对于大多数金融犯罪均规定单位可以成为犯罪主体。在这种情况下,单位作为一个完整的主体,与自然人一起构成共同金融犯罪就成为一种可能。例如,某些单位以非法占有为目的,与某些个人共同实施票据诈骗的行为,严重侵犯金融机构的金融管理秩序和财产权利。这种情况即属于自然人与单位实施的共同金融犯罪。在自然人与单位形成的共同金融犯罪中,一般是指一个或者数个单位与该单位以外的一个或者数个自然人相勾结而实行的共同金融犯罪。

另外,单位与单位之间完全可以构成共同金融犯罪。实际上,刑法司法解释中已经出现了类似的规定。例如,最高人民法院 1998 年作出的《关于审理骗购外汇、非法买卖外汇刑事案件具体应用法律若干问题的解释》第 1 条第 2 款明确规定:"非国有公司、企业或者其他单位,与国有公司、企业或者其他国有单位勾结逃汇的,以逃汇罪的共犯处罚。"2001 年 1 月 21 日最高人民法院印发的《全国法院审理金融犯罪案件工作座谈会纪要》明确指出:"两个以上单位以共同故意实施的犯罪,应根据各单位在共同犯罪中的地位、作用大小,确定犯罪单位的主、从犯。"由此可见,对于认定和处理单位与单位形成的共同金融犯罪,已经没有法律适用上的障碍。

需要指出的是,在认定和处理单位与单位构成的共同金融犯罪中,应注意以下情况:有的自然人与其他自然人相互以单位名义共同实施金融犯罪,但犯罪所得归个人所有;还有些自然人以单位名义与其他单位共同实施金融犯罪,并将其中部分犯罪所得归个人所有。笔者认为,这些情况均不能以单位与单位共同金融犯罪认定和处理。这是因为,在自然人犯罪与单位犯罪的区别中,最大的界限无疑是利益的归属问题。如果犯罪所得归个人所有,即使是以单位名义实施的也不能视为单位金融犯罪,由此而形成的共同金融犯罪当然不构成单位与单位共同金融犯罪。另外,有些自然人与其他自然人为进行金融违法犯罪活动而专门设立单位,并以此单位名义共同实施金融犯罪;还有些自然人为进行金融违法犯罪活动而专门设立单位,并以此单位名义与其他单位共同实施金融犯罪。这些情况也不应视为单位与单位共同金融犯罪。这是因为,自然人为进行金融违法犯罪活动而设立的单位所实施的金融犯罪,理应属于自然人实施的金融犯罪,不能作为单位实施的金融犯罪处理。同样,自然人设立单位后,以实施金融犯罪为主要活动的,也不能以单位实施的金融犯罪处理;以此与其他单位进行共同金融犯罪的,也不能视为单位与单位共同金融犯罪。这些内容均已经在相关的刑法司法解释中有了规定,1999 年最高人民法院《关于审理单位犯罪案件具体应用法律有关问题的解释》第 2 条规定:"个人为进行违法犯罪活动而设立的公司、企业、事业单位实施犯罪的,或者公司、企业、事业单位设立后,以实施犯罪为主要活动的,不以单位犯罪论处。"第 3 条规定:"盗用单位名义实施犯罪,违法所得由实施犯罪的个人私分的,依照刑法有关自然人犯罪的规定定罪处罚。"我们在处理单位与单位构成的共同金融犯罪时理应贯彻这些规定的精神。

需要指出的是,在共同金融犯罪中,以犯罪集团形式实施金融犯罪的情况并非罕见。例如,我国沿海地区曾经有一些伪造、变造货币的犯罪分子,他们拥有各种各样伪造、变造货币的设备,组织上形成了产、供、销一条龙的严密体系,具有极大的社会危害性。根据我国《刑法》第 26 条第 2 款规定,所谓犯罪集团,是指三人以上为共同实施犯罪而组成的较为固定的犯罪组织。金融犯罪集团应该具有以下几个条件:其一,犯罪主体必须为三人以上。这是与一般共同金融犯罪的最主要的区别之一。其二,有一定的组织性。所谓组织性,主要是指成员比较固定,并且内部存在着领导与被领导的关系。其中,既有首要分子,也有骨干分子,还有一般成员。犯罪人之间通过一定的成文或不成文的规则维系在一起。组织性是金融犯罪集团最本质的特征之一。其三,具有实施金融犯罪的目的性。即金融犯罪集团通常以实施金融犯罪为集团的主要目的。在很大程度上,犯罪集团的存在就是为了实施金融犯罪行为的。其四,具有一定的稳定性。即各犯罪人实施金融犯罪并不是短期性、一次性或权宜性的,通常具有长期打算,是为了在较长时间里实施金融犯罪而聚合在一起的。在实施一次金融犯罪后,各犯罪成员之间的相互联系和组织形式一般均仍然存在。

二、共同金融犯罪故意

根据我国刑法规定,共同犯罪只能发生在故意犯罪之中,二人以上共同过失不构成共同犯罪。据此,共同金融犯罪也只能是二人以上的共同故意金融犯罪。所谓共同金融犯罪的故意,是指各共同金融犯罪人认识到他们的共同金融犯罪行为和由此行为会引发的危害结果,并希望或者放任这种危害结果发生的心理态度。共同金融犯罪故意的内容包括两个方面:其一为认识因素,其中包括:各共同金融犯罪人认识到自己与他人互相配合共同实施了金融犯罪;各共同金融犯罪人认识到自己的行为性质,并且认识到其他共同金融犯罪行为人的行为性质;各共同金融犯罪人概括地预见到共同危害行为与共同危害结果之间的因果关系,即认识到自己的行为引起的结果以及共同金融犯罪行为会引起的危害结果。其二为意志因素,即共同金融犯罪人希望或者放任自己的行为引起的结果和共同金融犯罪行为会发生的危害结果。从理论上说,共同犯罪人的共同意志具有三种形态:(1)共同的直接故意。即各共同犯罪人对共同犯罪行为会发生危害社会的结果都抱着希望的态度。(2)共同的间接故意。即各共同犯罪人对共同犯罪行为会发生危害社会的结果都抱着放任的态度。(3)一方直接故意与另一方间接故意。即参与共同犯罪活动的一部分人对共同犯罪行为会发生危害社会的结果持希望其发生的态度,而另一部分人则持放任其发生的态度,由此构成共同犯罪。

在研究共同金融犯罪的主观罪过时,关于片面共同金融犯罪的问题值得专门探讨。所谓片面共同金融犯罪,是指一方行为人有意帮助另外一方行为人实施共同金融犯罪,而另外一方行为人并不知道其行为是在他人帮助之下完成的情况。这种情况中帮助他人实施犯罪的一方与被帮助的一方是否构成共同金融犯罪? 这实际上涉及片面共犯是否属于共同犯罪的问题。

对于片面共犯是否属于共同犯罪,刑法理论界有"全面肯定说""全面否定说"和"部分否定说"之争。

"全面肯定说"认为,片面共犯能否成立共同犯罪,关键是如何理解共同犯罪故意的主观联系。有学者认为,《刑法》第25条第1款的规定将共同犯罪的责任形式限定为故意,并且不要求共犯人相互间有意思联络。"共同故意犯罪"的含义应理解为二人以上客观上共同促成犯罪行为及其结果即可成立共同犯罪。[1]还有学者认为,全面共同故意与片面共同故意之间并不是主观联系有无的区别,而只是主观联系方式的区别。或者说,全面共犯和片面共犯在共同犯罪故意的内容上只有量的差别,而没有质的差别。[2]片面教唆犯和片面实行犯是不可能发生的,单方面帮助他人犯罪而他人不知道的情况,在社会中是客观存在的,对此以从犯处理为宜。[3]不将片面帮助犯作为共同犯罪,就无法追究帮助犯的刑事责

---

① 李强:《片面共犯肯定论的语义解释根据》,载《法律科学(西北政法大学学报)》2016年第2期。
② 参见陈兴良:《共同犯罪论》,中国社会科学出版社1992年版,第115—116页。
③ 参见高铭暄、马克昌主编:《刑法学》,北京大学出版社、高等教育出版社2000年版,第171页。

仕,这显然会放纵犯罪分子。①

"全面否定说"认为,"片面共犯"的提法本身就是自相矛盾的,理由是:其一,按照通说,作为一种共同犯罪,各犯罪人都应当不但认识到自己在实施危害行为,而且认识到是在与他人一起实施危害行为。在所谓"片面共同犯罪"的情形中,各犯罪人并非都不但知道自己在实施危害行为,而且知道是在与他人一起实施危害行为,而仅仅是有人知道、有人不知道。可见,在所谓的"片面共同犯罪"的场合,行为人缺乏共同犯罪的认识因素;而认识因素的存在是意志因素存在的前提,认识因素的缺乏又必然导致意志因素的缺乏。其二,在司法实务中,对片面共犯是作为单独犯罪论处的。因此,问题的关键不在于是否承认片面共犯,而在于立法上如何规定片面共犯这种情形。比较可行的解决方法应当是在刑法中直接对片面共犯这类情形作出专门规定。②

"部分否定说"否定片面共同正犯但肯定片面教唆犯和片面帮助犯。理由主要有以下几点:其一,就共同正犯而言,在双方具有共同实行的意思,即具有意思上的联络时,与只有一方具有共同意思相比,更具危险性和冲击性,因此,有必要区别两种情形。如果肯定片面共同正犯,则应依"所有参与者均成为正犯"而对另一方引发的结果承担正犯之责任,这样会过于扩大共同正犯的范围,并加重了片面共犯者的责任;如果否定片面共同正犯的成立,至少可以成立未遂或其他罪名,不会轻易放纵犯罪,同时与"共同""所有"这一文理相协调。其二,可以肯定片面教唆犯和片面帮助犯的成立。首先,从教唆犯的本质上看,是使没有犯罪意图的人产生犯罪意图,就被教唆人而言,只要使原本没有犯罪意图的人,主观上产生犯罪意图就已足够,并不要求意识到教唆者是在教唆自己犯罪。其次,片面帮助的行为是出于帮助的意思,而非出于自己犯罪的意思,即其参与犯罪的原因,仅在于帮助他人犯罪的实现。因此,片面帮助者只要认识到正犯有犯罪的意思与行为,而且由于自己的暗中帮助行为而容易实施或助成其结果的发生,即为已足。③

笔者赞同上述"全面肯定说"的观点,并且认为承认一定范围内的片面共犯为共同金融犯罪不仅与我国刑法中的共同犯罪理论并不对立,而且符合司法实践的需要,并具有一定法律依据。

首先,从刑法理论上分析,共同金融犯罪的故意不同于单个人的金融犯罪故意,它不仅要求各共同金融犯罪人有对自己在实施共同金融犯罪行为的认识,而

① 参见冯英菊:《共同犯罪的定罪与量刑》,人民法院出版社2002年版,第303页。
② 参见阴建峰、周加海主编:《共同犯罪适用中疑难问题研究》,吉林人民出版社2001年版,第124—125页。
③ 参见郑泽善:《片面共犯部分否定说证成》,载《政治与法律》2013年第9期。

且还要求其认识到自己是与他人一起实施共同金融犯罪,缺少后一方面的认识,就不能成立共同故意。只要行为人具有这些认识,就应当认为其主观方面已经符合了理论上对共同犯罪人的要求。至于这种认识是否具有全面性或相互性,则不应该成为硬性要求,即刑法中有关共同犯罪的理论对于共同犯罪人的要求只是从各个单方面的角度提出相关的认识因素和意志因素的要求,而没有对各个共同犯罪人相互之间的认识提出要求。就此而言,我们可以说共同犯罪中的共同故意实际上既包括互相认识的形态(全面共同故意),也包括单方面认识的形态(片面共同故意)。换言之,行为人只要在主观上认识到自己是与他人一起在实施共同金融犯罪,并将自己的故意和行为与他人的故意和行为融合在一起,就其个人而言已经完全符合共同金融犯罪人单方面构成的主客观条件。至于对方(即他人)是否也有同样的认识,实际上是决定对方是否构成共犯的因素。如果对方具有这种认识且也将自己的故意和行为与别人的故意和行为融合在一起,那么对方也构成共犯;反之,对方不构成共犯而应该单独按照相关犯罪论处。由此可见,上述否定片面共犯存在的观点,实际上是以对方的认识为依据。而在片面合意的情况下,无论对方是否存在共同故意,实际上均无法成为决定或影响行为人认识内容的因素。因此,将片面共犯按照共同金融犯罪处理并不违背刑法中共同犯罪的一般原理。既然共同故意的意思联络不要求是双向的,那么对于片面共同金融犯罪存在的范围不应有所限制,即片面共同金融犯罪包括片面实行犯、片面教唆犯和片面帮助犯。事实上,承认片面共同实行犯并不会加重另一方的刑事责任。因为"部分实行全部负责"的共同犯罪刑事责任原则坚持的仍然是个人的责任主义,行为人仅需对与自己的行为有因果关系的结果承担刑事责任。

其次,从司法实践的需要上分析,将片面共犯按共同金融犯罪论处也是实践中处理案件的需要。由于在金融犯罪中片面共犯具有相当大的社会危害性,因此对片面共犯需要追究刑事责任已是共识。但是,片面共犯所实施的行为并不能直接表现为刑法中所规定的共同金融犯罪的行为,这就给司法实践中处理这类案件带来一定的困难。笔者认为,只有按照共同犯罪的理论才能对片面共犯中有意帮助他人实施共同金融犯罪的一方进行处理,除此之外别无他法。即如果对某些片面共犯不以与实行犯相连的共同金融犯罪论处,完全可能失去追究共同金融犯罪中片面共犯刑事责任的基础。这是因为,在这种情况下,只有实行犯的行为才能真正反映共同金融犯罪的行为特征,而帮助者的行为有时不能直接体现共同金融犯罪的行为特征,如果将帮助者的行为与实行犯的行为割裂开来,就其单纯的帮助行为而言是无法按照共同金融犯罪的刑法规定追究其刑事责任的。只有将这种帮助行为与实行行为看做一个整体,并以共同金融犯罪的实行行为作为定性的依据，才能追究帮助者共同犯罪的刑事责任。

再次，从法律依据上分析，将片面共犯作为共同金融犯罪处理是有法律依据的。事实上，有关的内容已经在我国现行《刑法》的规定中有所体现。例如，《刑法》第198条第4款规定："保险事故的鉴定人、证明人、财产评估人故意提供虚假的证明文件，为他人诈骗提供条件的，以保险诈骗的共犯论处。"这里实际上存在实施保险诈骗行为人知道鉴定人、证明人、财产评估人故意为自己提供条件的情况，也存在实施保险诈骗行为人并不知情，但鉴定人、证明人、财产评估人有意为他人诈骗提供条件的情况，因而不能排除存在片面共犯的可能性。另外，1998年12月29日全国人大常委会通过的《关于惩治骗购外汇、逃汇和非法买卖外汇犯罪的决定》第1条第3款的规定表现得更为明显："明知用于骗购外汇而提供人民币资金的，以共犯论处。"这一规定中理应存在骗购外汇者并不知道他人提供人民币资金者是给予他帮助的情形，即存在骗购外汇片面共犯的可能性。对于这种情况，决定明确规定要以共犯论处，这无疑为我们提供了以共同犯罪追究片面共犯刑事责任的法律依据。同样的刑法规定在其他犯罪中也存在，例如，《刑法》第363条第2款规定："明知他人用于出版淫秽书刊而提供书号的，依照前款的规定处罚。"这里实际上存在制作、复制、出版、贩卖、传播淫秽物品者知道书号持有者在给予帮助的情形，也存在不知道的情况，因而也不能排除存在片面共犯的可能性。

与上述刑法规定类似的内容在有关刑法司法解释中也同样存在。例如，1998年12月11日最高人民法院《关于审理非法出版物刑事案件具体应用法律若干问题的解释》第1条规定："明知出版物中载有煽动分裂国家、破坏国家统一或者煽动颠覆国家政权、推翻社会主义制度的内容，而予以出版、印刷、复制、发行、传播的，依照刑法第一百零三条第二款或者第一百零五条第二款的规定，以煽动分裂国家罪或者煽动颠覆国家政权罪定罪处罚。"又如，2004年12月22日施行的最高人民法院、最高人民检察院《关于办理侵犯知识产权刑事案件具体应用法律若干问题的解释》第16条规定："明知他人实施侵犯知识产权犯罪，而为其提供贷款、资金、账号、发票、证明、许可文件的，或者提供生产、经营场所或者运输、储存、代理进出口等便利条件、帮助的，以侵犯知识产权犯罪的共犯论处。"2011年最高人民法院、最高人民检察院、公安部、司法部《关于办理侵犯知识产权刑事案件适用法律若干问题的意见》第15条"关于为他人实施侵犯知识产权犯罪提供原材料、机械设备等行为的定性问题"进一步规定：明知他人实施侵犯知识产权犯罪，而为其提供生产、制造侵权产品的主要原材料、辅助材料、半成品、包装材料、机械设备、标签标识、生产技术、配方等帮助，或者提供互联网接入、服务器托管、网络存储空间、通讯传输通道、代收费、费用结算等服务的，以侵犯知识产权犯罪的共犯论处。司法解释之所以专门作如此规定,原因在于时下相关犯罪在不少地方已经出现了家庭式经营、规模化、组织化的特征,出现了为直接实施有关犯罪的人提供各种便利条件或者帮助的行为。对这类行为如何查处,实践中存在不同的认识。显然,这些司法解释确实对这些行为定罪处罚提出了具体的要求和标准,而相关规定中确实包含了片面共犯问题,对此也应以相关犯罪的共同犯罪论处。由此可见,对于片面共犯作为共同金融犯罪处理是有比较充分的法律依据的。

应该指出的是,尽管笔者主张在金融犯罪中有可能存在片面共犯的特殊共同犯罪形态,但是并非认为这种特殊形态可以存在于所有的共同金融犯罪之中。在我国《刑法》有关金融犯罪的规定中,有的条文(如操纵证券、期货交易价格罪)明确使用"合谋""串通"等词,共犯之间的双向意思联络要求十分明显、具体,在这些共同金融犯罪中就没有片面共犯存在的可能性。这是因为,如果行为人一方有意帮助另外一方实施金融犯罪,而另外一方并不知道自己的金融犯罪行为是在他人的帮助之下完成的,就根本谈不上有"合谋"和"串通"行为的存在,对他们的行为也就不能以共同金融犯罪处理。

三、共同金融犯罪的犯罪行为

按照共同犯罪原理,共同犯罪必须具有共同的犯罪行为。共同犯罪行为是指二人以上在共同犯罪故意的支配下,共同实施的具有内在联系的犯罪行为。这是共同犯罪人应负刑事责任的客观基础。各共同犯罪人在参加共同犯罪时,不论分工、参与的程度如何,他们的行为总是围绕着共同的犯罪,彼此联系、相互配合,为完成同一犯罪而活动,成为一个统一的犯罪活动整体。各共同犯罪人的行为都是共同犯罪行为的有机组成部分。依据犯罪行为的表现形式不同,对共同犯罪行为可以分为共同作为、共同不作为、一方作为和一方不作为三种情况。共同作为是指二人以上以积极的行为共同实施刑法所禁止的危害社会的行为。共同不作为是指二人以上都负有实施某种行为的义务,且能够履行而消极地不履行这种义务,以致发生危害结果。一方作为和一方不作为是指基于共同犯罪故意,由一方作为和另一方不作为,互相配合,以致发生危害结果。依照各共同犯罪人的行为分工标准,可将共同犯罪行为分为组织行为、实行行为、教唆行为和帮助行为。组织行为是指组织犯在犯罪集团中的组织、指挥、策划行为。实行行为是指《刑法》分则规定的具体犯罪构成要件的行为。教唆行为是指引起他人实行犯罪意图的行为。帮助行为是指在共同犯罪中起辅助作用的犯罪行为。①

① 参见陈兴良:《共同犯罪论》,中国社会科学出版社 1992 年版,第 91—102 页。

据此,共同金融犯罪的构成必须具有共同的金融犯罪行为。共同的金融犯罪是指各共同金融犯罪人在共同的故意支配之下,所实施的具有内在联系的同一性质的金融犯罪行为。共同金融犯罪行为不是单独金融犯罪行为的简单相加,而是二人以上的金融犯罪行为在共同金融犯罪故意基础上的有机结合。即各共同金融犯罪人的行为可能有分工的差别,但是每个人的行为是共同金融犯罪的组成部分,在发生危害结果的场合,每个人的行为与共同金融犯罪的结果都有因果关系。共同的金融犯罪行为可以是共同的实行行为,即每个共同犯罪成员都是实行犯;也可以有不同的分工,有的实施实行行为,有的实施帮助行为,有的则可能实施组织行为或教唆行为。在共同实行的金融犯罪中,只要求有各共同犯罪成员共同的金融犯罪行为,且各共同犯罪成员应对相关金融犯罪的结果负责,并不要求所有的共犯成员的行为对共同金融犯罪结果具有完全相同的作用。共同犯罪并不要求共犯参与共同犯罪中的所有行为才能构成,在有分工的共同金融犯罪中(例如,在伪造货币共同犯罪中,有些人负责采购原材料,而有些人则负责具体伪造),虽然各人所实施的是不同的行为,但是就实现共同金融犯罪故意而言,则是不可缺失的一部分,因而他们也构成共同犯罪。

第二节　单位金融犯罪问题

时下,尽管在刑法理论上仍有人对单位成为犯罪主体的问题持否定态度,但是由于客观上我国刑事立法已经对此作了明确的规定(如我国《刑法》第30条明确规定,公司、企业、事业单位、机关、团体实施的危害社会的行为,法律规定为单位犯罪的,应当负刑事责任),因此理论上和实践中的认识已经趋向统一。特别是在我国金融犯罪领域,单位可以成为所有金融犯罪的主体不仅已经有了《刑法》第220条的规定,[①]而且也已经成为人们的共识。

由于金融犯罪绝大多数是法定犯,因此单位成为大多数金融犯罪的主体。据笔者统计,在我国《刑法》规定的金融犯罪38个罪名之中,单位犯罪共有26个,占金融犯罪总数的73%。这26个单位金融犯罪分别是:擅自设立金融机构罪,伪造、变造、转让金融机构经营许可证、批准文件罪,高利转贷罪,骗取贷款、票据承兑、金融票证罪,非法吸收公众存款罪,伪造、变造金融票证罪,伪造、变造国家有价证券罪,伪造、变造股票、公司、企业债券罪,擅自发行股票、公司、企业债券罪,内幕交易、泄露内幕信息罪,编造并传播证券、期货交易虚假信息罪,诱

---

① 《刑法》第220条:"单位犯本节第二百一十三条至第二百一十九条规定之罪的,对单位判处罚金,并对其直接负责的主管人员和其他直接责任人员,依照本节各该条的规定处罚。"

骗投资者买卖证券、期货合约罪,操纵证券、期货市场罪,背信运用受托财产罪,违法发放贷款罪,吸收客户资金不入帐罪,违规出具金融票证罪,对违法票据承兑、付款、保证罪,逃汇罪,骗购外汇罪,洗钱罪,集资诈骗罪,票据诈骗罪,金融凭证诈骗罪,信用证诈骗罪,保险诈骗罪。

其中,纯正的单位金融犯罪有 2 个(背信运用受托财产罪和逃汇罪),占金融犯罪总数的 5%;不纯正的金融单位金融犯罪有 24 个,占金融犯罪总数的 66%。

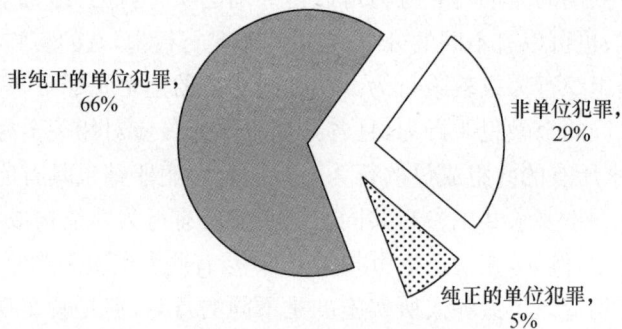

图 5-1 单位金融犯罪统计

需要指出的是,近年来,在具体金融犯罪案件的处理过程中,有关单位金融犯罪的认定和理解仍存在许多疑难问题,对此进行探讨具有很大的理论价值和实践意义。

一、单位金融犯罪的特征

根据现行《刑法》第 30 条的规定,公司、企业、事业单位、机关、团体实施的危害社会的行为,法律规定为单位犯罪的,是单位犯罪。可见,单位金融犯罪的主体包括公司、企业、事业单位、机关、团体。

其中的公司,是指依法定程序设立,以营利为目的的法人组织,包括股份有限公司和有限责任公司。有限责任公司是指全体股东以各自的出资额为限对公司债务负清偿责任的公司。股份有限公司是指由一定人数的股东发起设立的,全部资本划分为股份,股东以所购的股份承担财产责任的公司。当然,这里所说的公司理应既包括本国公司,也包括外国公司和多国公司。公司是最常见的单位犯罪的主体。

其中的企业,是指依法成立并具备一定的组织形式,以营利为目的,独立从事商品生产经营活动和商业服务的经济组织。在相当长的一段时间里,我们将企业划分为全民所有制企业、劳动群众集体所有制企业和私人所有制企业等。在社会主义市场经济条件下,尽管目前有些工商登记中仍然存在这种企业划分,但是无论是公有企业还是私营企业均可以成为单位犯罪的主体。

其中的事业单位，是指依照法律或者行政命令成立，从事各种社会公益活动并拥有独立经费或财产的各种社会组织，具体分为国家事业单位和集体事业单位。我国大多数事业单位具有法人资格，因而一般都可以成为单位犯罪的主体。也有少数依附于某个行政机关或其他组织的事业单位，由于不实行独立预算，因而不具有法人资格。但是，这些非法人的事业单位在一定条件下也能成为单位犯罪的主体，条件就是它能以自己的名义从事社会事业活动，并且有一定的经费和收入，能够享有某种民事权利和承担一定的民事义务，从而实际上已成为非法定的民事主体。在这种情况下，它虽然不能独立承担民事责任，却可以独立实施犯罪并独立承担刑事责任，因而可以成为单位犯罪的主体。

其中的机关，是指中央和地方各级国家权力机关、国家行政机关、国家军事机关、国家审判机关和国家检察机关。从理论上说，执政党的机关也可视为国家机关。国家机关是否能够成为单位犯罪的主体，在理论上历来争议很大。但是，由于刑法条文中已经明确将机关包含在单位犯罪的主体之中，因此从已然性立场分析，国家机关也可以成为单位犯罪的主体。

从以上有关单位犯罪的定义以及金融单位犯罪范围的分析不难发现，单位金融犯罪的基本特征有以下四点。

其一，单位金融犯罪是公司、企业、事业单位、机关、团体犯罪。

单位犯罪是单位本身的犯罪，而不是单位的各个成员的犯罪之集合。单位依赖于其成员而存在，如果没有成员，单位就不可能存在；反之，单位的任何成员，如果脱离了单位，就不具有其在单位中的地位和性质，不再作为单位的成员起作用，只是孤立的个人。单位成员之间按照单位的统一要求和一定秩序，相互联系，相互作用，协调一致，共同形成一个单位整体。

其二，单位金融犯罪必须是以单位名义实施的犯罪。

单位名义表现为犯罪由单位的决策机构按照单位的决策程序决定，由直接责任人员实施。单位犯罪虽然是单位本身犯罪，但是具体犯罪行为需要决定者与实施者。单位犯罪是在单位整体意志支配下实施的，不是单位内部某个成员的意志，也不是各个成员意志的简单相加，而是单位的整体意志。从形式上说，这种整体意志就是单位整体的罪过。单位整体意志形成后，便由直接责任人员具体实施。

其三，单位金融犯罪是为本单位谋取非法利益或者以单位名义为本单位全体成员谋取非法利益。

为单位谋取合法利益的行为，不可能成立任何犯罪；仅仅是为单位少数成员谋取非法利益的行为，也不成立单位犯罪。为本单位谋取非法利益，包括为单位本身谋取非法利益,违法所得由单位本身所有,也包括以各种理由将非法所得分配给单位全体成员享有。

其四,金融犯罪中并非所有的具体犯罪均可以由单位构成。

单位犯罪必须由《刑法》分则明文规定且予以处罚。只有法律明文规定单位可以成为犯罪主体的犯罪,才存在单位犯罪及单位承担刑事责任的情况,并非一切犯罪都可以由单位构成。规定单位犯罪的法律是广义刑法的分则性规范,包括刑法典分则、单行刑法及附属刑法中有关单位犯罪的规定。从我国刑法有关金融犯罪的规定看,并非所有的金融犯罪均可以由单位构成。如贷款诈骗罪、信用卡诈骗罪等,单位均不能成为犯罪主体。

以上为单位金融犯罪的基本特征。但是,在司法实践中,单位金融犯罪和个人犯罪的界限还是很模糊。1999年6月18日,最高人民法院颁布了《关于审理单位犯罪案件具体应用法律有关问题的解释》,规定以下两种情况应认定为个人犯罪:一是个人为进行违法犯罪活动而设立的公司、企业、事业单位实施犯罪的,或者公司、企业、事业单位设立后,以实施犯罪为主要活动的,不以单位犯罪论处;二是盗用单位名义实施犯罪,违法所得由实施犯罪的个人私分的,依照刑法有关自然人犯罪的规定定罪处罚。在认定单位金融犯罪和个人犯罪过程中,必须以这些司法解释的规定为依据。

同时,在认定单位金融犯罪中需要注意的是,根据相关文件,以单位的分支机构或者内设机构、部门的名义实施犯罪,违法所得亦归分支机构或者内设机构、部门所有的,应认定为单位犯罪。不能因为单位的分支机构或者内设机构、部门没有可供执行罚金的财产,就不将其认定为单位犯罪,而按照个人犯罪处理。[1]

二、单位内部成员金融犯罪的司法认定

单位事实上是由一些自然人组合而成的团体组织,单位中的自然人的行为通常具有双重性质:有时具有单位行为属性,即其行为属于单位行为的组成部分;有时则具有自然人行为属性,即其行为仅仅是个人行为。那么,同一单位内部的自然人与自然人共同实施金融犯罪,是按照单位金融犯罪处理抑或按照自然人共同金融犯罪处理? 对此问题,理论上有不同的观点。

有的学者认为,单位内部的自然人可以构成共同犯罪。"法人共同犯罪是指在法人犯罪情况下,由法人组织的自然人构成的共同犯罪。在这种情况下,法人是单独犯罪,而法人组织中的自然人是共同犯罪。""在我国刑法中,应当根据职

---

[1]　参见最高人民法院2001年1月21日颁发的《全国法院审理金融犯罪案件工作座谈会纪要》。

权相关原则来认定法人共同犯罪。根据职权相关原则,可以构成法人共同犯罪
的,应该是以下两种人:一是直接负责的主管人员。在刑法理论上,法人犯罪中
的直接负责的主管人员,通常是指对法人犯罪负有主管责任的人员。这种人员
相当于英美刑法法人共同犯罪中的间接实行者,通常是上级部门负有领导责任
的人员,他们对下属的犯罪行为暗中默许、放任不管,甚至公开支持,因而根据职
权相关原则,应当追究刑事责任。二是其他直接责任人员。在刑法理论上,法人
犯罪中的其他直接责任人员是指在法人犯罪行为中起决定、策划、组织或者主要
实施作用的人员。这种人员相当于英美刑法法人共同犯罪中的直接行为者,通
常是法人组织内部具有决策权的人员。应该指出,对于具体实行法人犯罪行为
的人,是否构成共同犯罪,不可一概而论。根据职权相关原则,只有那些在法人
组织中具有相关职权的人实施具体法人犯罪行为的,才构成犯罪。如果法人决
策机构经过讨论决定实施某一行为,授权法人组织中的某个一般成员去具体实
施,这个法人成员具有执行公务性质,在不知情的情况下当然不构成犯罪;在知
情的情况下一般也不构成犯罪,只有知情而且在具体实施中起了主要作用的人
才构成。"①

　　也有持相同观点者认为,"在单位犯罪中,由于单位有关人员之间形成共同
犯意,其行为也是指向同一目标,所以他们之间能构成共犯犯罪关系"②。"对于
犯罪单位内部的主管人员和其他直接责任人员之间可以成立自然人之间的共同
犯罪,但他们与单位并非是共同犯罪的关系。判定一种行为是否为共同犯罪的
依据就是共同犯罪的成立条件。而在这种情况下,犯罪单位的直接责任人员之
间具有犯意联络,客观上实施了共同的犯罪行为(这种行为包括策划、组织以及
具体实施,虽然他们之间的分工不同,但无碍共同犯罪的成立),因而完全符合自
然人之间共同犯罪的成立条件,而且有助于合理地量刑。我们知道,在单位犯罪
为故意犯罪且直接责任人员为数人时,如果不按共同犯罪来处理,则其中的主
犯、从犯也就无从区分,但他们在单位犯罪中的具体作用也是有所不同的,有的
起主要作用,有的则起次要作用,如果对他们都判处同样的刑罚,显非妥当。"③
"除单位负责人自己一人决定一人实施的单位犯罪外,在其他的单位故意犯罪
中,直接责任人员之间是存在共同犯罪关系的。"④

　　① 陈兴良:《共同犯罪论》,中国社会科学出版社1992年版,第336、338页。
　　② 陈康伯、程亮生:《单位犯罪的刑事责任》,载杨敦先等主编:《新刑法施行疑难问题研究与适用》,中国检察出版社1999年版,第208页。
　　③ 阴建峰、周加海主编:《共同犯罪适用中疑难问题研究》,吉林人民出版社2001年版,第94页。
　　④ 刘志远:《单位犯罪研究述评》,载《刑法问题与争鸣》(第3辑),中国方正出版社1999年版,第32页。

　　还有论者认为,基于刑法理论层面的考量,单位犯罪不是共同犯罪;但是,基于司法实务层面的无奈选择,应当有限度地承认单位犯罪本质上是共同犯罪。从理论上来看,在现行刑法已经将单位犯罪作为一个独立的、拟制的犯罪主体予以明确规定的情况下,单位犯罪内部自然人之间不是一种共同犯罪关系。但问题是,这种观点在处理具体单位犯罪案件时,却无力解决单位犯罪中直接责任人员之间的刑事责任大小问题。在单位犯罪内部直接责任人员之间,应当承认本质上是一种共同犯罪关系,否则会导致理论与实务、立法和司法的紧张与对立。事实上,无论对单位犯罪内部直接责任人员之间是不是共同犯罪持肯定或者否定的观点,其理论归属都应当立足于解决单位内部直接责任人员的刑事责任分担问题。①

　　对于同一单位内部的自然人与自然人共同实施金融犯罪是按照单位金融犯罪处理抑或按照共同金融犯罪处理的问题,关键要看这些内部人员实施的犯罪是否在一个统一单位意志支配之下。单位内部的自然人之间共谋实施与单位无关的金融犯罪,如他们既不是以单位名义进行,违法所得也不归单位所有,这种情况已经完全不存在所谓单位金融犯罪的问题,相关内部人员当然可以构成共同金融犯罪。相反,如果这些内部人员实施的金融犯罪是在单位的统一意志支配下共同进行,且违法所得也归单位所有,就属于单位犯罪,而不能构成共同金融犯罪。上述有关在承认单位犯罪前提下肯定单位内部人员可以构成共同犯罪的观点,显然值得商榷。因为单位内部的主管人员和其他直接责任人员都是在单位统一意志支配下实施犯罪的,他们的行为都只是单位整体行为的组成部分。因此,犯罪的主体只有一个,即单位。虽然在两罚制的情况下,单位内部的主管人员和其他直接责任人员也须承担刑事责任,但是他们作为自然人本身并非犯罪主体。

　　正因为在单位金融犯罪的情况下,单位内部人员共同实施的行为都只是单位行为的组成部分,他们的行为没有独立性,所以单位内部人员所实施的金融犯罪行为就不必区分主犯和从犯。2000年9月28日最高人民法院通过的《关于审理单位犯罪案件对其直接负责的主管人员和其他直接责任人员是否区分主犯、从犯问题的批复》指出:"在审理单位故意犯罪案件时,对其直接负责的主管人员和其他直接责任人员,可不区分主犯、从犯,按照其在单位犯罪中所起的作用判处刑罚。"当然,是否区分主从关系与共同犯罪并无必然联系,因为在单位犯罪中同样也可以区分主从关系。如2001年1月21日最高人民法院颁发的《全

---

　　①　王永强:《单位犯罪与共同犯罪关系辨析——以一起单位集资诈骗案为例》,载《政治与法律》2012年第10期。

国法院审理金融犯罪案件工作座谈会纪要》指出："对单位犯罪中的直接负责的主管人员和其他直接责任人员,应根据其在单位犯罪中的地位、作用和犯罪情节,分别处以相应的刑罚。主管人员与直接责任人员,在个案中不是当然的主、从犯关系,有的案件主管人员与直接责任人员在实施犯罪行为的主从关系不明显的,可不分主、从犯。但在具体案件可以分清主、从犯,且不分清主、从犯,在同一法定刑档次、幅度内量刑无法做到罪刑相适应的,应当分清主、从犯,依法处罚。"笔者认为,最高人民法院的座谈会纪要中的有些提法值得商榷,如规定中明显混淆了"主从关系"和共同犯罪中的"主、从犯"这两种不同提法的内容,因为在共同犯罪中,具有主从关系的共犯成员并非一定可以分为主犯或从犯。但是,最高人民法院在这里明确地指出,对单位犯罪中的直接负责的主管人员和其他直接责任人员是根据其在"单位犯罪中"的地位、作用和犯罪情节决定主从关系,而不是根据其在"共同犯罪中"的地位、作用和犯罪情节决定主从关系。当然,是否可以区分主从关系应根据具体案情而定,对于主从关系明确的单位犯罪案件,对其内部人员仍可以区分主从关系。但是,这种主从关系是指在单位犯罪中起主要作用与起次要作用的关系,而绝对不是共同犯罪中的主犯、从犯关系。

三、单位与内部成员金融犯罪的司法认定

我国刑法对于大部分金融犯罪均规定单位可以成为犯罪主体。在这种情况下,单位作为一个完整的主体,与自然人一起形成共同金融犯罪就成为可能。例如,某些单位与某些个人勾结,以非法占有为目的,共同使用欺骗方法非法集资,数额达几百万元,并各有利益归属,严重扰乱了金融管理秩序并侵犯了公众的财产所有权。这种情况即属于自然人与单位实施的共同集资诈骗犯罪。

单位与自然人形成的共同金融犯罪,一般是指一个或者数个单位与该单位以外的一个或者数个自然人相勾结而实行的共同金融犯罪。在时下的金融犯罪中,单位与其内部成员互相勾结实施犯罪的情况相当普遍。例如,某证券公司的业务人员为获取不正当利益,与本公司领导商定利用公司和自己的资金优势,实施联合或者连续买卖行为,以操纵某一股票的交易价格,获利后由单位和单位中的业务人员双方根据事先的约定按比例分成。对于此案中单位以及单位中的业务人员应如何处理,在理论上和实践中有不同意见。

有人认为,单位成员作为单位犯罪的直接责任人员,其行为具有单位犯罪的特征;同时,单位成员具有为自己牟利的目的,其主观方面及其行为均超出了单位犯罪的要素,具有相对独立性,对此可按单位犯罪的共犯处理。[①]

---

①　参见喻伟、聂立泽:《单位犯罪若干问题研究》,载《浙江社会科学》2000年第4期。

　　有人则持反对观点,认为上述看法,"一方面认为其行为属于单位犯罪的性质,另一方面又认为由于其具有为自己牟利的目的,具有独立性,可按共犯处理,那么究竟如何处理为好? 而且依该观点,为单位牟利的部分属于单位犯罪,为自己牟利的部分则属于自然人的犯罪,这便人为地割裂了单位犯罪直接负责人员行为的整体性。另外,司法实践中,单位主管人员和其他直接责任人员实施单位犯罪的同时,为自己谋取利益的情况是广泛存在的。这也是单位犯罪中的一种常见现象,如果将这种情况都认定为自然人与单位之间的共同犯罪,是不切实际的。这种处理方式违背了刑法上'禁止重复评价'的原则。"①

　　在刑法意义上,单位内部成员是指单位中直接负责的主管人员和其他直接责任人员。其中,直接负责的主管人员是在单位实施的犯罪中起决定、批准、授意、纵容、指挥等作用的人员,一般是单位的主管负责人,包括法定代表人。其他直接责任人员是在单位犯罪中具体实施犯罪并起较大作用的人员,既可以是单位的经营管理人员,也可以是单位的职工,包括聘任、雇用的人员。但是,由于金融犯罪案件往往涉及单位犯罪较多,而且涉及单位中的人员也较广,因此在确定相关刑事责任时,一定要注意控制范围,把单位内部成员严格控制在单位中直接负责的主管人员和其他直接责任人员,否则就有可能扩大打击面。在单位金融犯罪案件中,对于受单位指派或奉命参与实施了一定金融犯罪行为的人员,一般不宜作为直接责任人员追究刑事责任。

　　单位与其内部成员也可能构成共同金融犯罪。其理由是:在一般情况下,单位内部成员尤其是对单位犯罪负直接责任的主管人员不会与本单位构成共犯,因为单位成员与单位是系统要素与系统整体的关系,单位成员为单位利益所实施的犯罪行为理应理解为单位整体犯罪行为的组成部分。即在单位犯罪情况下,单位与其内部成员之间的关系是整体与部分的关系,而不是共同犯罪的关系。尽管如此,并非单位内部的成员在所有情况下均不能与本单位构成共犯。正如前述,单位内部成员的行为虽然有从属于单位整体意志和行为的一面,但是也有独立于单位意志和行为的一面。即单位内部成员的身份具有双重性:他们既是单位中的成员,服从于单位的整体意志和利益,是单位的代表者、决策者,他们的思想、意志、行为属于单位,同时他们也是社会生活中独立于单位的个体,具有自己独立的意志和行为。这种身份的双重性直接决定了他们的行为本身可能存在的双重性特征:既可能是单位行为的组成部分,又可能是个人的行为。在金融犯罪中,有时单位内部的自然人不仅仅是以其单位内部成员的身份,而可能是以独立的个人身份与单位共同实施某种金融犯罪。此时,单位内部人员的身份

---

　　①　阴建峰、周加海主编:《共同犯罪适用中疑难问题研究》,吉林人民出版社 2001 年版,第97页。

和行为的性质往往具有双重性,他既代表单位实施金融犯罪,属于单位行为的一部分,又代表个人实施金融犯罪行为,且与单位一起分取获得的利益,当然属于个人行为。笔者认为,这种情况理应属于单位和其内部人员构成的共同金融犯罪。单位内部人员这种双重身份的特性,足以表明对单位和其内部人员以共同金融犯罪处理并没有违背"禁止重复评价"的原则。对单位内部人员代表单位实施的金融犯罪行为,按单位犯罪追究其刑事责任;而对其代表个人实施的金融犯罪行为,则当然应该按自然人犯罪追究其刑事责任。上述认为这种处理方式违背了刑法上"禁止重复评价"原则的观点,实际上是站在对人评价的角度讨论这一问题的,从而得出了这种情况是对一个人作两次评价的结论。但是,事实上,刑法中的评价对象主要是针对人的行为而并非针对人。正是由于单位中的内部成员所实施的行为中既存在单位行为也存在个人行为,因此对同一人的不同行为分别进行评价不仅不是重复评价,相反这完全符合罪责刑相适应的原则。由此可见,单位与其内部成员构成共同金融犯罪不仅是完全可能的,而且也不违背刑法原则。

当然,在解决了单位与其内部成员可以构成共同金融犯罪的问题后,另一个问题就会随之产生:如何对单位内部成员定罪处罚? 就定罪而言,在大多数金融犯罪的情况下,单位与其内部成员可能构成相同的罪名,如单位与其内部成员共同集资诈骗,犯罪所得由单位与其内部成员分别获得的情况。在这种共同金融犯罪的情况下,由于单位内部成员既为单位集资诈骗,又为自己集资诈骗,而且所有的犯罪行为均是在一个共同故意支配之下实施的,符合构成共同犯罪需要具有的共同故意和共同行为的特征,属于共同犯罪应该没有问题。那么,对于单位内部成员的行为是否需要实行并罚? 笔者认为,这种情况也需要实行并罚。其理由是:在这种情况下,由于利益的归属不同,确实存在不同的行为,即这种共同金融犯罪是由单位金融犯罪行为和个人金融犯罪行为结合而成的。在通常情况下,对于单位与非单位内部成员构成的共同金融犯罪,我们在对单位适用双罚制进行处罚的同时,对于非单位内部成员必须按照其在共同犯罪中所起的作用追究其刑事责任。即在这类金融犯罪案件的处理中,我们既要追究单位的刑事责任,同时还要追究自然人的刑事责任。现在只是自然人犯罪主体与单位中直接负责的主管人员和直接责任人员合二为一了,但是共同金融犯罪行为仍然客观存在。因此,从理论和法律要求看,单位内部成员在与单位共同实施金融犯罪后,实际要承担的是两份刑事责任,即既承担单位犯罪中作为单位直接负责的主管人员和直接责任人员的刑事责任,还要承担与单位构成共同犯罪的自然人的刑事责任。就此而言,笔者认为,对单位内部成员的行为理所当然要实行并罚。刑法中只有数罪才能并罚,于是就出现了在相同罪名情况下如何并罚的问题。

笔者认为,我们可以在具体适用刑法条文时,采用罪名前加"单位"和"自然人"等表述将他们区别开来,并在此基础上对单位内部成员实行数罪并罚。

此外,还值得探讨的另一个问题是,单位与其内部成员共同实施了单位不能成为犯罪主体的金融犯罪,应当如何处罚?例如,单位与其内部人员共同实施贷款诈骗行为,单位与其内部成员分别获取所骗得的贷款。此时,单位如何定罪?共犯人员如何定罪?

先讨论单位如何定罪的问题。对于单位为了本单位利益实施犯罪主体仅限于自然人的犯罪行为应当如何处理的问题,由于"法无明文规定",一直备受争论。最高法通过出台司法解释的方式对问题的解决作出了一定的尝试,但仍然没有消除分歧、统一认识。在这样的背景下,全国人大常委会通过立法解释的方式拟制了一条有法可依的解决路径。2014年4月24日,全国人大常委会颁布了《关于〈中华人民共和国刑法〉第三十条的解释》,该立法解释规定:"公司、企业、事业单位、机关、团体等单位实施刑法规定的危害社会的行为,刑法分则和其他法律未规定追究单位的刑事责任的,对组织、策划、实施该危害社会行为的人依法追究刑事责任。"对该立法解释的正确理解应当把握两点。

第一,单位为了本单位利益实施犯罪主体仅限于自然人的犯罪行为,司法机关应当以自然人犯罪的形式追究相关责任人员的刑事责任。需要指出,此前"两高"也曾针对司法实践中频繁发生的单位盗窃、单位拒不执行判决、裁定和单位贷款诈骗等情况发布了4个司法解释,分别是1996年1月23日最高人民检察院《关于单位盗窃行为如何处理问题的批复》、1998年4月17日最高人民法院《关于审理拒不执行判决、裁定案件具体应用法律若干问题的解释》、2002年8月9日最高人民检察院《关于单位有关人员组织实施盗窃行为如何适用法律问题的批复》,以及2001年1月21日最高人民法院颁布的《全国法院审理金融犯罪案件工作座谈会议纪要》(以下简称《会议纪要》)。笔者认为,前三部司法解释中有关单位犯罪的内容因为与立法解释存在根本冲突而自动失效。立法解释是由全国人大常委会制定的解释,同刑法规范一样具有普遍的约束力,属于刑法立法的范围。全国人大常委会实际上是通过立法解释的方式,将单位为了本单位利益实施犯罪的主体仅限于自然人的犯罪行为以自然人认定的路径合法化。由此,在立法解释出台之后,对于司法实践中出现的单位为了本单位利益实施的盗窃和拒不执行判决、裁定等行为,司法机关应当一律适用立法解释的规定,对组织、策划、实施盗窃和拒不执行判决、裁定的行为人依法追究刑事责任,排除适用《司法解释》的认定规则。

第二,2014年立法解释的出台并不排除《会议纪要》的适用,并且应优先适用《会议纪要》。《会议纪要》指出,单位实施贷款诈骗行为,可按合同诈骗罪处理。这一规定是基于法条竞合的基本理论,将其中符合《刑法》第224条合同诈骗罪构成要件的行为,按照合同诈骗罪的单位犯罪论处。笔者认为,从实质角度而言,《会议纪要》是一种提示性的规定,因为法条竞合是由罪刑法定原则所引申出来的立法现象,其作为处理单位实施贷款诈骗行为的路径已经蕴含在《刑法》条文当中,通过这一已有路径来破解《刑法》适用难题具有合法性。尽管《会议纪要》最终以单位犯罪认定,而《立法解释》最后按照自然人犯罪处理,但二者都是在罪刑法定基本原则的指导下具体展开的,并不冲突。因此,《立法解释》的出台并不排除《会议纪要》的适用,对于单位为本单位利益实施的贷款诈骗行为优先适用《会议纪要》更具合理性。事实上,会议纪要通过以转换罪名的方式追究单位的刑事责任是一种充分利用刑法基本理论能动的、灵活的处理方式,在符合刑法基本原则的前提下,应当得到认可和提倡。

再讨论单位与其内部人员的处罚问题。根据《会议纪要》的规定,单位实施贷款诈骗行为按照合同诈骗罪处理。其内部人员实施的贷款诈骗行为则根据《刑法》以贷款诈骗罪定性。这可以说是对共同犯罪成员按不同犯罪定性的又一特例。事实上,在单位所定罪名与其内部成员所定罪名不一致的情况下,完全可以各按各的罪名定性,并实行数罪并罚,不应该非要定一个相同的罪名。

四、单位与委托代理人金融犯罪的司法认定

在认定自然人与单位共同金融犯罪案件时,有一个问题很值得研究:实践中,由于许多单位进行相关经济活动时往往都是通过委托代理人的方式进行的,因此就产生了单位与其委托代理人之间是否可以构成共同金融犯罪的问题。对此问题,有人认为,单位与其委托代理人不能构成共同金融犯罪,其理由是:单位的委托代理人并不具有独立的法律关系主体资格,他的意志和行为受到单位的影响和制约。他只能以被代理人的名义在代理权限内活动,在此范围内,其行为视为单位行为。因此,单位代理人以被代理人的名义在代理权限内活动,给社会造成危害而构成犯罪的,也同样视为单位给社会造成的危害,从而构成单位犯罪,对代理人以直接责任人员追究刑事责任。①

对此观点,笔者不敢苟同。这是因为,单位委托其代理人进行相关经济活动一般是由于单位的执行机构因各种原因不能执行单位主管人员决策的活动,在单位决策者的批准之下委托单位的代理人进行相关经济活动。在金融犯罪案件中也存在同样的情况,而且单位的决策者事先一般均承诺给委托代理人一定的

---

① 参见刘凌海、封平华:《单位共同犯罪若干问题刍议》,载《郑州大学学报(哲学社会科学版)》1999年第3期。

"报酬",这种报酬通常是以金融犯罪后获利分成的形式出现的。在此情况下,委托代理人接受委托所实施的代理金融犯罪行为在很大程度上是为了个人私利,而不是仅仅或单纯为了单位利益才实施金融犯罪。由于委托双方都是独立的法律关系主体,单位的代理人是作为其中一方独立的法律关系主体,具有独立的刑事责任能力,他以其独立的意志和行为在单位的授权范围内参与犯罪,实施的是金融犯罪代理行为,其代理的法律后果应该由其个人承担。另外,由于单位的代理人肯定不是单位的内部成员(否则也就不会有所谓代理关系存在),因此代理人当然不可能单纯为了单位利益参与实施金融犯罪行为。在这种情况下,也就很难将代理人视为单位犯罪的直接负责的主管人员或其他直接责任人员并要求其承担相应的刑事责任,而应该完全将代理人作为独立于单位之外的自然人并要求其承担刑事责任,即对于单位与其委托代理人所实施的金融犯罪行为应按照共同金融犯罪处理。

五、单位与自然人金融犯罪处罚标准的司法认定

对于单位与自然人形成的共同金融犯罪应该以什么数额作为起刑和量刑的标准,这是一个重要并亟待研究和解决的问题。由于我国刑法在规定自然人成为犯罪主体的基础上,对大部分的金融犯罪均规定单位可以成为犯罪主体,所以在大部分金融犯罪中单位与自然人可以形成共同金融犯罪。应该注意的是,刑法有关单位犯罪主体与自然人犯罪主体的法定刑规定并不完全一样。例如,自然人犯内幕交易、泄露内幕信息罪,情节严重的,处5年以下有期徒刑或者拘役,并处或者单处违法所得1倍以上5倍以下罚金;情节特别严重的,处5年以上10年以下有期徒刑,并处违法所得1倍以上5倍以下罚金。而单位犯内幕交易、泄露内幕信息罪的,对单位判处罚金,并对其直接负责的主管人员和其他直接责任人员,处5年以下有期徒刑或者拘役。从这一规定不难发现,刑法对于自然人和单位犯内幕交易、泄露内幕信息罪规定了完全不同的法定刑,特别是在最高刑的设置上有很大区别。参考其他有关金融犯罪的司法解释,自然人犯罪与单位犯罪的起刑点和量刑标准也有很大差别。在较长一段时间里,按照相关司法解释或追诉标准的规定,单位金融犯罪的起刑点和量刑标准要比自然人犯罪高5倍左右。按照最新的司法解释的规定,两者之间的差距为3倍。这样,就必然会引出一个问题:当单位与自然人构成共同金融犯罪时,对这一共同金融犯罪中的单位和自然人是否要统一按照刑法的规定及司法解释中的一个标准作为起刑点和量刑的标准?如果要有统一标准,那么应该以自然人犯罪抑或以单位犯罪的法定刑以及起刑点和量刑数额为标准?理论上有人认为,如果自然人处于帮助犯的共犯地位,对其应当以单位犯罪的罪名定罪处刑,即比照适用单位犯罪中直接

责任人员的法定刑；如果单位与自然人在共同犯罪中都是共同正犯，则单位和自然人应当分别适用各自的法定刑。①还有论者认为，应当在采"犯罪总额说"之后坚持"单位标准说"，即在自然人同单位共同实行非纯正单位犯罪时，以该犯罪总额是否达到单位犯罪的数额标准为定罪依据。如果该犯罪总额达到单位犯罪的数额标准，则构成单位共同犯罪；反之，则不认为是单位共同犯罪，因为单位共同犯罪的前提必须是单位能够构成犯罪。②

　　笔者认为，对于单位与自然人形成的共同金融犯罪的处理，不宜按照统一标准对有关单位和自然人进行量刑，而应该采用不同起刑点和各自不同的量刑标准分别定罪和量刑。即对于共同金融犯罪中的自然人应按自然人金融犯罪的法定刑以及起刑点和量刑数额处理，而对于共同金融犯罪中的单位则应按单位金融犯罪的法定刑以及起刑点和量刑数额处理。

　　首先，对共同金融犯罪中的单位与自然人采用不同的法定刑以及起刑点和量刑数额标准并不违背刑法中共同犯罪的基本原理。在单位与自然人形成的共同金融犯罪中，尽管自然人和单位有共同的故意和共同的行为，但是这种共同的故意和共同的行为均只是针对犯罪而言的。就利益归属分析，单位与自然人各有自己的利益追求，虽然自然人和单位的利益由于共同故意的存在具有许多相同的内容，但是在共同金融犯罪中，各共犯成员所追求的利益事实上具有相当程度的可分割性特征。正是因为这一点，尽管是共同金融犯罪，但是其中的自然人和单位实际上均有各自的利益归属。在金融犯罪的定罪和量刑中，利益的归属无疑是至关重要并具有决定意义的内容之一。所以，对共同金融犯罪中的自然人和单位采用不同的法定刑以及起刑点和量刑数额标准是完全符合刑法原理的。

　　其次，对共同金融犯罪中的自然人和单位采用不同的法定刑以及起刑点和量刑数额标准完全符合刑法确立的罪责刑相适应的原则。所谓罪责刑相适应的原则，是指犯罪社会危害性程度的大小是决定刑罚轻重的重要依据，犯多大的罪就处多重的刑，做到重罪重罚、轻罪轻罚，罪刑相当，罚当其罪。从我国刑法及有关司法解释的规定看，对于金融犯罪的单位和自然人实际上均采用了不同法定刑以及起刑点和量刑数额标准。这种不同的标准显然体现了罪责刑相适应原则的要求，因为单位犯罪毕竟不同于自然人犯罪，其对社会所造成的危害并不完全相同。正因为如此，在单位与自然人形成的共同金融犯罪中理应包含自然人犯罪的成分和单位犯罪的成分，即这是自然人犯罪与单位犯罪的结合，其中既具备

①　参见周娟：《单位外自然人和单位共同犯罪的定罪与量刑》，载顾肖荣主编：《经济刑法》（第1辑），上海人民出版社2003年版，第302页。
②　马荣春：《论单位共同犯罪的责任追究：定罪与责任分担》，载《政治与法律》2010年第2期。

自然人犯罪的特征,也具备单位犯罪的特征。对于其中的自然人按自然人犯罪的标准定罪量刑,对于其中的单位按单位犯罪的标准定罪量刑,完全符合罪责刑相适应的原则。如果对于共同金融犯罪中的自然人统一按照单位的法定刑以及起刑点和量刑数额标准追究刑事责任,完全可能出现重罪轻罚的结果。同样,如果对于共同金融犯罪中的单位统一按照自然人的法定刑以及起刑点和量刑数额标准追究刑事责任,完全可能出现轻罪重罚的结果。由此可见,无论从何种角度分析,对共同金融犯罪中的自然人和单位采用相同的起刑点和量刑数额标准显然都与罪责刑相适应的原则相悖。

需要指出的是,在司法实践中可能会出现有些共同金融犯罪的结果对自然人已经达到构成犯罪的标准,而对单位则可能尚未达到构成犯罪标准的情况,对此应如何处理? 特别是在共同金融犯罪中,当单位为实行犯而自然人处于帮助犯等从犯地位时,如果作为实行犯的单位的实行行为尚未达到金融犯罪的起刑点数额标准,而作为帮助犯的自然人的行为却已经达到金融犯罪的起刑点数额标准,对此应该如何处理? 在这类共同金融犯罪案件中,如果分别按不同的标准处罚,完全可能出现起主要作用的单位因没有达到起刑点数额标准而不构成犯罪,而起帮助作用的自然人因达到了起刑点标准而构成犯罪,从而形成只有从犯而无主犯的情形。为此,有人认为,由于共同犯罪的危害性要大于单独犯罪,所以对这类案件中的单位应该以自然人金融犯罪的起刑点数额为标准,认定构成犯罪。有人则认为,在这类共同金融犯罪案件中,对于起帮助作用的自然人的个人行为,即使已经达到了个人犯罪的起刑点,也应当认定不构成犯罪。这是依据刑法上的当然解释原理,当重度危害行为(即共犯中的主要实行行为)不构成犯罪时,同类轻度危害行为(即共犯中的次要实行行为或帮助行为)也应当当然地解释为不构成犯罪。[①]

笔者认为,上述两种观点均有偏颇之处,它们的共同点在于对于单位和自然人均按照一个统一的标准决定各自是否要负刑事责任,区别在于一个是以单位金融犯罪起刑数额为标准,从而得出单位和自然人均不构成犯罪的结论;另一个则是以自然人金融犯罪起刑数额为标准,从而得出单位和自然人均构成犯罪的结论。但是,无论从什么角度分析,这些观点均很难符合罪刑相适应的原则。首先,上述观点所提及的重度危害行为与轻度危害行为本身的立足点有不妥当之处。这是因为,它只是从共同犯罪中的主从关系角度考虑区分轻重的标准,而没有从单位犯罪与自然人犯罪本身的不同特征角度综合加以考虑。单位与自然人

---

① 参见黄祥青:《单位共同犯罪认定的若干问题探讨》,载顾肖荣主编:《经济刑法》(第 1 辑),上海人民出版社 2003 年版,第 46 页。

形成的共同金融犯罪,单位作为成员之一可能起主要作用,但是这一作用还没有达到构成犯罪的程度,当然不能要求其承担刑事责任;相反,其中的自然人行为尽管只是起帮助作用,但是已经达到了构成犯罪的程度,就必须要求其承担相应的刑事责任。上述认为均应按照自然人金融犯罪起刑点数额标准追究刑事责任的观点,对单位明显不公正。试想,如果在这些案件中起帮助作用的是单位,那么我们就无法对起主要作用的单位追究刑事责任。现在起帮助作用的是自然人,我们就可以按自然人金融犯罪的标准追究起主要作用的单位的刑事责任。这种因为帮助者不同而对起主要作用的单位是否追究刑事责任采用不同标准的做法,显然不妥。同样,上述认为均应按照单位金融犯罪起刑点数额标准不追究单位和自然人刑事责任的观点,则明显对自然人犯罪有放纵之嫌。试想,如果自然人在共同金融犯罪中帮助的是其他自然人,同样的帮助行为则完全可能构成犯罪。现在自然人帮助的是单位,就不构成犯罪。这种因为帮助对象不同而对明明已经构成犯罪的自然人不追究刑事责任的做法,显然也有不妥之处。因此,笔者认为,对于这类共同金融犯罪,我们仍然应该按照上述原则处理,即对于构成犯罪的自然人追究刑事责任,而对于尚未达到犯罪标准的单位则不追究刑事责任。事实上,这种处理思路并没有违背有关刑法原理和基本原则,具体实施时应该不会有什么大碍。

六、单位与单位金融犯罪的司法认定

由于共同金融犯罪中的主体理应包括单位,因此单位与单位之间也完全可能存在共同金融犯罪问题。实际上,有关其他犯罪的刑法司法解释中已经出现了类似的规定。例如,最高人民法院1998年作出的《关于审理骗购外汇、非法买卖外汇刑事案件具体应用法律若干问题的解释》第1条第2款明确规定:"非国有公司、企业或者其他单位,与国有公司、企业或者其他国有单位勾结逃汇的,以逃汇罪的共犯处罚。"2001年1月21日最高人民法院印发的《全国法院审理金融犯罪案件工作座谈会纪要》明确指出:"两个以上单位以共同故意实施的犯罪,应根据各单位在共同犯罪中的地位、作用大小,确定犯罪单位的主、从犯。"由此可见,对于认定和处理单位与单位形成的共同金融犯罪,已经没有法律适用上的障碍了。

需要指出的是,在认定和处理单位与单位构成的共同金融犯罪中,应注意以下几种情况:有的自然人与其他自然人相互以单位名义实施共同金融犯罪,犯罪所得归个人所有;还有些自然人以单位名义与其他单位实施共同金融犯罪,并将其中部分犯罪所得归个人所有。笔者认为,上述这些情况均不能以单位与单位共同金融犯罪认定和处理。这是因为,在自然人犯罪与单位犯罪的区别中,最大

的界限无疑是利益的归属问题。单位金融犯罪在主观上具有一个重要的特征，即行为人必须是为了单位的利益而实施金融犯罪。在判断行为人是不是为了单位的利益时，一个重要的标准是犯罪所得的利益归属。如果犯罪所得归个人所有，即使是以单位名义实施的也不能视为单位金融犯罪，由此而形成的共同金融犯罪当然也就不可能是单位与单位共同金融犯罪了。1999年最高人民法院《关于审理单位犯罪案件具体应用法律有关问题的解释》第3条明确规定："盗用单位的名义实施犯罪，违法所得由实施犯罪的个人私分的，依照刑法有关自然人犯罪的规定定罪处罚。"

另外，有些自然人与其他自然人为进行金融犯罪活动而专门设立单位并以此单位名义共同实施金融犯罪，还有些自然人为进行金融犯罪活动而专门设立单位并以此单位名义与其他单位共同实施金融犯罪。对于这些情况，也不应视为单位与单位共同金融犯罪。这是因为，自然人为进行金融犯罪活动而设立的单位所实施的金融犯罪，理应属于自然人实施的金融犯罪，不能作为单位实施的金融犯罪处理。同样，自然人设立单位后，以实施金融犯罪为主要活动的，也不能以单位实施的金融犯罪处理；以此进行共同金融犯罪的，也不能视为单位与单位共同金融犯罪。这些内容已经在最高人民法院《关于审理单位犯罪案件具体应用法律有关问题的解释》第2条中有了明确规定："个人为进行违法犯罪活动而设立的公司、企业、事业单位实施犯罪的，或者公司、企业、事业单位设立后，以实施犯罪为主要活动的，不以单位犯罪论处。"我们在处理单位与单位构成的共同金融犯罪时，理应贯彻这些规定的精神。

▐ 第六章 ▌
金融犯罪数额研究

　　金融犯罪是规定在我国《刑法》分则第三章"破坏社会主义市场经济秩序罪"中的一类犯罪，就其涉及的范围和内容而言，理应归属于刑法理论上的经济犯罪。如同其他经济犯罪一样，金融犯罪的质的构成和量的构成不可避免地涉及金融市场管理秩序和相关的经济、财产利益，而所有这些又不可能与反映或衡量"金融""经济"或"财产"等一定质和量的标准的数额因素相脱离。从某种意义上说，金融犯罪的数额多少会直接反映金融犯罪的社会危害性大小。一般而言，在其他情节相同的情况下，金融犯罪的数额越大，社会危害性相应就大；反之，则社会危害性就小。就此而言，在刑事司法实践中，一般均十分注重对金融犯罪数额问题的认定。但是，由于金融犯罪的数额是一个较为复杂的问题，同时长期以来人们对此问题的认识不一致，导致了实践中对金融犯罪数额的认定标准颇不统一，从而在很大程度上影响了对金融犯罪的定罪和处罚。因此，刑事司法实践打击金融犯罪的现状，迫切需要我们从理论上对金融犯罪的数额问题加以研究。

第一节　金融犯罪中数额的作用

　　所谓金融犯罪，是指发生在金融业务活动领域，违反金融管理法律法规及有关规定，危害国家有关货币、银行、信贷、票据、外汇、保险、证券期货等金融管理制度，破坏金融管理秩序，依照刑法应受刑罚处罚的行为。

　　就刑法理论而言，金融犯罪并不是一个独立的罪名，而是属于一类犯罪的总称。由于这类犯罪涉及金融市场，且所有的犯罪行为所侵害或者指向的主要社会关系均为国家对金融市场的管理制度和管理秩序，因而刑法理论上统称其为"金融犯罪"。就刑法规定而言，我国刑法中与金融市场有关的犯罪主要包括在破坏金融管理秩序罪和金融诈骗罪之中。

　　由以上对金融犯罪的定义和范围分析不难发现，无论是何种金融犯罪，一般均涉及犯罪数额问题。这是因为,按照马克思主义哲学观点,任何事物都同时具有质和量两个方面,是质和量的统一体。质就是一事物成为它本身并区别于他事物的内部规定性。量是事物的规模、程度、速度以及它的构成成分在空间上的排列组合等可以用数量表示的规定性。量与质一样,也是客观的、为事物所固有的一种规定性。质和量的统一,称为"度"。度就是事物保持自己质和量的限度、幅度、范围,是和事物的质、量相统一的数量界限。量变和质变是事物变化的两种形式或状态,前者是事物量的变化,后者是事物性质的变化。事物的变化是否超出度的范围,是区分量变和质变的根本标志。当事物在度的范围内所进行的量变达到一定程度即关节点或临界点时,量变就引起质变,某物就变成他物。把握质变的这个关节点,是正确理解质量互变规律的关键。犯罪作为一种客观存在的现象,是哲学上质与量统一的体现。与其他刑事犯罪一样,金融犯罪也是质与量的统一。刑法理论上一般认为,犯罪有三个基本特征:行为的社会危害性是犯罪最本质的特征,犯罪的质就是行为的社会危害性,犯罪的量就是社会危害程度。无论是犯罪的质还是犯罪的量,均是犯罪固有的规定性。刑事违法性和应受刑罚惩罚性则是区分罪与非罪的数量界限,它们既是犯罪的度,也是犯罪的质与量的统一。当某一行为对社会的危害达到了一定的度(即达到"违反刑法规定""应受刑罚惩罚"的程度)时,就构成了犯罪。我国有关金融犯罪的刑事立法和司法解释中存在大量的数额规定。犯罪数额之所以能够作为表明金融犯罪社会危害性是否存在以及衡量金融犯罪社会危害程度的重要或主要因素,主要在于它能够对金融犯罪的定罪和量刑产生重要作用。在金融犯罪中,犯罪数额作为大多数犯罪的构成要件,是金融犯罪本质的最明显、最普遍的表现和定型化,与其他构成要件一起对金融犯罪的定罪和量刑起着决定性的作用。即使在那些犯罪数额没有规定为构成要件的金融犯罪中,犯罪数额也属于定罪和量刑时所要考虑的主要情节,并对定罪和量刑起着决定性的作用。

就我国现行《刑法》分析,有关金融犯罪的条文规定一般均直接或间接地将犯罪数额作为金融犯罪定罪量刑的依据。这主要体现在以下几个方面。

(一)数额是区分金融犯罪罪与非罪的重要根据

正如前述,金融犯罪的数额是体现金融犯罪社会危害性程度的主要标志。金融犯罪最大的一个特点就是对金融市场管理秩序的破坏,而衡量这种破坏的程度,虽然可以包括多种其他因素,但是数额无疑是最主要的因素。根据刑法规定,许多金融犯罪的构成都是以一定量的数额作为起点的。即只有当金融犯罪数额达到一定量时,才能构成犯罪,否则就不能认定为犯罪。

首先,刑法明文规定一定量的数额是构成某些金融犯罪的必备条件。例如,在《刑法》第178条(伪造、变造国家有价证券罪,伪造、变造股票、公司、企业债券罪)、179 条(擅自发行股票、公司、企业债券罪)等条文中,均明确规定"数额较大""数额巨大"等构成要件。即只有在伪造、变造或擅自发行犯罪数额达到"较大"或者"巨大"的情况下,行为人的行为才构成犯罪并适用《刑法》有关条文中所规定的刑种和刑度。

其次,一定量的数额是衡量某些以"情节严重""造成严重后果""造成较大损失"等为构成要件的金融犯罪的主要根据。我国《刑法》有关金融犯罪的规定中,有些条文虽未明文规定一定量的数额是构成犯罪的必备条件,却明文规定"情节严重"或"造成严重后果""造成较大损失""造成重大损失"等内容为某些金融犯罪的构成要件。例如,《刑法》第 180 条(内幕交易、泄露内幕信息罪、利用未公开信息交易罪)、181 条(编造并传播证券、期货交易虚假信息罪,诱骗投资者买卖证券、期货合约罪)、182 条(操纵证券、期货市场罪)以及 179 条(擅自发行股票、公司、企业债券罪)等条文中,均明确规定"情节严重""后果严重"或"造成严重后果"等内容,并以此作为这些罪的构成要件。由于金融犯罪一般均涉及金融数额,因而认定这些金融犯罪行为的"情节""后果"之程度,从立法精神到司法实践都应该(或实际上)以一定量的犯罪数额作为起点。2012 年最高人民法院、最高人民检察院《关于办理内幕交易、泄露内幕信息刑事案件具体应用法律若干问题的解释》(以下简称《内幕交易解释》)就完全以犯罪数额作为"情节严重""情节特别严重"的认定标准。《内幕交易解释》第 6 条规定:"在内幕信息敏感期内从事或者明示、暗示他人从事或者泄露内幕信息导致他人从事与该内幕信息有关的证券、期货交易,具有下列情形之一的,应当认定为刑法第一百八十条第一款规定的'情节严重':(一)证券交易成交额在五十万元以上的;(二)期货交易占用保证金数额在三十万元以上的;(三)获利或者避免损失数额在十五万元以上的;(四)三次以上的;(五)具有其他严重情节的。"《内幕交易解释》第 7 条规定:"在内幕信息敏感期内从事或者明示、暗示他人从事或者泄露内幕信息导致他人从事与该内幕信息有关的证券、期货交易,具有下列情形之一的,应当认定为刑法第一百八十条第一款规定的'情节特别严重':(一)证券交易成交额在二百五十万元以上的;(二)期货交易占用保证金数额在一百五十万元以上的;(三)获利或者避免损失数额在七十五万元以上的;(四)具有其他特别严重情节的。"也正是由于这一点,笔者认为,犯罪的数额同样对这些没有明文规定数额要求的金融犯罪的成立与否起着相当大的作用。

最后,对于某些没有"数额""情节",也没有"后果""损失"等构成要求的金融犯罪,一定量的数额同样具有决定作用。例如,《刑法》第 174 条(擅自设立金融机构罪,伪造、变造、转让金融机构经营许可证、批准文件罪)第 1 款规定:"未经国家有关主管部门批准,擅自设立商业银行、证券交易所、期货交易所、证券公司、期货经纪公司、保险公司或者其他金融机构的,处三年以下有期徒刑或者拘役,并处或单处二万元以上二十万元以下罚金;情节严重的,处三年以上十年以下有期徒刑,并处五万元以上五十万元以下罚金。"该条第 2 款还规定:"伪造、变造、转让商业银行、证券交易所、期货交易所、证券公司、期货经纪公司、保险公司或者其他金融机构的经营许可证或者批准文件的,依照前款的规定处罚。"由此条文规定可见,本罪的构成要件中没有"数额""情节""后果"等要求。但是,在司法实践中,我们在具体认定这些金融犯罪时,不可能也不应当不将"数额"作为区分罪与非罪的主要依据。按照以往的做法,有关司法解释也会从数额上对这些金融犯罪的构成作出规定。由此可见,《刑法》规定的某些金融犯罪构成要件中,虽然没有"数额"或"情节"等的要求,但是实际上构成这些金融犯罪仍然离不开一定量的数额。

(二)数额是衡量金融犯罪罪重罪轻的主要标志

金融犯罪数额的大小,与金融犯罪行为对社会的危害程度是成正比的。一般而言,数额大的危害严重,数额小的危害较轻。我国刑法不仅把一定量的金融犯罪数额作为区分罪与非罪的重要根据,而且还把金融犯罪数额的大小作为划分金融犯罪罪重罪轻的一个主要标志。这主要表现在两个方面。

首先,金融犯罪中的数额对确定适用刑罚档次具有重要作用。在我国刑法中,一般把一些金融犯罪的数额分成三个档次,即"数额较大""数额巨大"和"数额特别巨大",并相应规定应当适用不同的刑罚档次。

其次,金融犯罪中的数额对选择具体刑罚具有重要作用。我国刑法中的法定刑规定主要是采用相对确定刑的标准,即刑法对各种具体犯罪行为所规定的相应刑罚标准并非绝对确定,而是有着一定幅度的。金融犯罪中宽幅性的数额档次与宽幅性的刑罚标准是相对应的。换言之,随着金融犯罪数额在一定档次范围内的变化,刑罚的轻重也就相应地在一定刑罚标准的幅度内浮动。如果金融犯罪数额刚刚达到某个数额档次的起点,处刑就在与之相适应的刑罚标准幅度内从轻;反之,如果金融犯罪数额已经接近某个数额档次的终点,处刑则应在与之相适应的刑罚标准幅度内从重。如果金融犯罪突破了该数额档次的极限,刑罚就随之升格。据调查,目前在司法实践中,有些司法机关在法律、法规规定的数额档次和刑罚档次内,给每个单位数额(如千元或万元)规定确定刑罚的标准。笔者认为,尽管这些做法存在可探讨之处,但是在结合考虑其他情节的前提下,对定量的金融犯罪数额确定相应定量的刑种和刑度,无疑对量刑科学化具有推进作用。

综上所述,数额在认定和处罚金融犯罪中始终起着其他情节不可代替的重要作用。正如马克思曾经指出的:"对于一定的罪行要有一定的惩罚尺度,即为了使惩罚成为实际的,惩罚也应该有界限,这个界限就是实际存在的罪行;并且,要使惩罚成为合法的惩罚,它就应该受到法的原则的限制。这样,才能使惩罚真正成为罪犯的责任,才能使罪犯懂得惩罚乃是他的行为的必然结果。总之,罪犯受惩罚的界限应该是他的行为的界限;犯法的一定内容就是一定罪行的尺度。"[1]同时,他还指出:"价值是财产的市民存在的形式,是使财产第一次获得社会意义和互相转让能力的客观规定,也应该成为惩罚的客观的和本质的规定。"[2]由于金融犯罪在很大程度上具有财产犯罪的一些特征,因此对于金融犯罪要有一定的惩罚尺度,而衡量金融犯罪的惩罚尺度主要也应该是数额。

尽管数额在认定和处罚金融犯罪中有着不可替代的作用,但是这是否意味着数额是金融犯罪定罪量刑中的绝对或唯一标准? 对此,理论上有完全不同的观点。有人主张"唯数额论",认为对于刑法规定数额为构成要件的犯罪,犯罪数额能够直接反映和决定其社会危害程度,是决定罪与非罪的一个绝对标准。反对者则认为,犯罪数额虽是区分罪与非罪的重要因素,但不是决定其社会危害性和是否构成犯罪的唯一的因素和绝对的标准。[3]有学者指出:"刑法将某些定量因素要件化或者将某些要件定量化,并不表明具备这些要件的行为就一定达到了应当追究刑事责任的程度。其是否构成犯罪,仍然要受到犯罪构成'情节要求'的限制。如数额犯中,犯罪数额虽已达到定罪的数额标准,但综合其他情节,属于情节显著轻微、危害不大,也不能认定为犯罪。"[4]因此,从立法的科学性上考虑,在《刑法》分则条文中单独规定数额作为犯罪构成的必要要件是不妥的。[5]笔者是后一种观点的支持者。在涉及犯罪数额的犯罪中,犯罪数额始终起着非常重要的作用,无论刑法是否将犯罪数额规定为构成要件。但是,犯罪是复杂多变的,影响犯罪社会危害程度的主客观因素也必然是多种多样的。即使在犯罪数额是构成要件的犯罪中,犯罪数额也不能完全准确地反映该行为的社会危害程度,从而成为定罪的唯一的和绝对的标准。判断行为人的行为是否构成犯罪,仍然要考虑其他多种情节因素。同样,在金融犯罪中,犯罪数额只是众多犯罪情节中的一个重要情节,而绝不是全部。我们必须重视犯罪数额在认定和处罚金融犯罪中的重要作用,因为毕竟在其他情节相同的情况下,金融犯罪中涉及的犯罪数额越大,社会危害性也越大。但是,我们也不能"唯数额论",片面地认为认定金融犯罪只能看数额而不看其他犯罪情节。这是因为,在有些金融犯罪中,行

---

① 《马克思恩格斯全集》(第1卷),人民出版社1972年版,第140页。
② 《马克思恩格斯全集》(第1卷),人民出版社1972年版,第141页。
③ 参见张勇:《犯罪数额研究》,中国方正出版社2004年版,第76—77页。
④ 刘之雄:《论犯罪构成的情节要求》,载《法学评论》2003年第1期。
⑤ 参见张勇:《犯罪数额研究》,中国方正出版社2004年版,第77页。

为的社会危害性不仅体现在犯罪的数额上,还体现在其他情节之中。例如,分析内幕交易行为过程中所获得的一项实际利益是否属于内幕交易违法所得,归根到底的判断标准在于该经济利益是否直接派生于信息价值,即内幕交易者获取的利益是否直接源于内幕信息的经济价值。实践中,内幕交易的犯罪数额,还应考量内幕信息影响力耗尽、其他市场介入、内幕信息实际影响不明显、正当经济利益等具体情节。①对于将数额在量刑中的意义绝对化的弊端,宋朝有人曾指出:"盗,情有轻重,赃有多少,今以赃论罪,则劫贫家,情虽重,而以赃少,减免。劫富室,情虽轻,而以赃重,论死。是盗之生死,系于主之贫富也。"②所以,尽管数额在认定金融犯罪中起着不可替代的重要作用,但是我们在认定和处罚金融犯罪时,绝对不能"唯数额论"。

事实上,不能"唯数额论"这一点已经在我国刑法规定和司法实践中有所体现。例如,1979年《刑法》第151条规定:"盗窃、诈骗、抢夺公私财物数额较大的,处五年以下有期徒刑、拘役或者管制。"其中的"数额较大"应为盗窃罪普通犯罪构成的必要要件。1997年《刑法》第264条,将盗窃罪的构成要件中的"数额较大"修改为"数额较大或者多次盗窃",使盗窃数额与盗窃次数并列成为选择性构成要件。《刑法修正案(八)》进一步将盗窃罪修改为:"盗窃公私财物,数额较大的,或者多次盗窃、入户盗窃、携带凶器盗窃、扒窃的,处三年以下有期徒刑、拘役或者管制,并处或者单处罚金;数额巨大或者有其他严重情节的,处三年以上十年以下有期徒刑,并处罚金;数额特别巨大或者有其他特别严重情节的,处十年以上有期徒刑或者无期徒刑,并处罚金或者没收财产。"根据《刑法修正案(八)》的规定,盗窃罪不以盗窃财物数额较大为唯一构成要件,除了多次盗窃之外,只要是入户盗窃,携带凶器盗窃、扒窃的,其刑事责任的触发不以达到一定数额标准为必要。同时,2013年最高人民法院、最高人民检察院《关于办理盗窃刑事案件适用法律若干问题的解释》第2条规定:"盗窃公私财物,具有下列情形之一的,'数额较大'的标准可以按照前条规定标准的百分之五十确定:(一)曾因盗窃受过刑事处罚的;(二)一年内曾因盗窃受过行政处罚的;(三)组织、控制未成年人盗窃的;(四)自然灾害、事故灾害、社会安全事件等突发事件期间,在事件发生地盗窃的;(五)盗窃残疾人、孤寡老人、丧失劳动能力人的财物的;(六)在医院盗窃病人或者其亲友财物的;(七)盗窃救灾、抢险、防汛、优抚、扶贫、移民、救济款物的;(八)因盗窃造成严重后果的。"这意味着其他行为程度上的严重情节可以部分"折抵"盗窃数额标准,在一定程度上体现出"唯数额论"在司法实践中的

① 参见刘宪权:《内幕交易违法所得司法判断规则研究》,载《中国法学》2015年第6期。
② 转引自上海社会科学院政治法律研究所编:《宋史刑法志注释》,群众出版社1962年版,第138—139页。

明显弱化。从刑法与司法解释的沿革中可以清晰地看到，认定盗窃罪时，数额已经不是唯一的标准，而应该结合盗窃原因、地点、目的、手段、后果，以及犯罪分子历史情况、认罪态度、退赃表现等因素综合加以衡量和考察。同样的情况在金融犯罪的司法认定中也有所表现。例如，对于《刑法》第 180 条关于内幕交易、泄露内幕信息罪规定的"情节严重"这一构成要件的认定标准，最高人民检察院、公安部在《关于公安机关管辖的刑事案件立案追诉标准的规定（二）》中，除强调"证券交易累计成交额在 50 万元以上的""期货交易占用保证金数额累计在 30 万元以上的""获利或者避免损失累计在 15 万元以上的"等标准以外，还明确提出"多次进行内幕交易、泄露内幕信息的"的标准。

第二节　金融犯罪数额的分类

把数额作为认定和处罚一些金融犯罪的标准，并非在我国现行《刑法》有关金融犯罪的规定中才出现。事实上，早在革命根据地时期人民政权颁布的一些单行刑事法规中，就规定了数额是有些经济犯罪定罪量刑的根据。例如，1941 年颁布的《晋西北修正扰乱金融惩治暂行条例》第 7 条规定："凡贩运而持有银洋（银锭金银条在内）都依以下规定处理：（1）五十元未满处一年以下有期徒刑或科二倍以下之罚金；（2）五十元以上三百元未满处二年以下有期徒刑得并科五倍以下之罚金。……（5）千元以上者处死刑。"①新中国成立后，有关刑事法规中也有相似规定。例如，1952 年颁布的《惩治贪污条例》第 3 条规定："犯贪污罪者，依其情节轻重，按下列规定，分别惩治：一、个人贪污的数额，在人民币一亿元以上者，判处十年以上有期徒刑或无期徒刑；其情节特别严重判处死刑。"②我国 1979 年《刑法》虽然没有标准意义上的有关金融犯罪的规定，但是在对于其他犯罪的规定中也存在把数额作为定罪量刑的根据的情况，只不过其中均没有规定具体的数额，而仅仅是对数额作概括性的规定。例如，第 151、152 条规定的盗窃罪、诈骗罪和抢夺罪均把数额较大作为犯罪的构成要件之一，而把数额巨大作为加重法定刑的条件。我国 1997 年《刑法》中的许多条文和罪名都与数额相关，涉及数额罪名的规定方式多种多样。1997 年《刑法》刚实施时，便有学者统计，在1997 年《刑法》中，约有 70 个罪名要求以数额大小或数量多少作为定罪量刑的标准。其中，以数额（数量）作为构成要件的罪名有 43 个，占整个刑法典 413 个罪名的 12% 左右。③特别是现有的司法解释在涉及经济犯罪所作的解释时，有许

---

① 转引自陈兴良：《共同犯罪论》，中国社会科学出版社 1992 年版，第 305 页。
② 陈兴良主编：《刑法各论的一般理论》，内蒙古大学出版社 1992 年版，第 284 页。
③ 参见刘树德：《罪状建构论》，中国方正出版社 2002 年版，第 295—297 页。

多内容是围绕着犯罪数额展开的。可见,数额在我国现行《刑法》及司法解释中占有相当重要的地位。

我国刑法理论上曾有学者对经济犯罪的数额种类作了不同的归类:有人根据刑法规定及司法实践情况,将犯罪数额分为犯罪所得数额、犯罪所及数额、犯罪指向数额、犯罪损失数额、票面数额、实际数额、销售数额、获利数额八种。[1]有人则根据经济犯罪中区分罪与非罪界限的数额,将犯罪数额分为罪行所及数额、犯罪所得数额、非法营利数额。[2]也有人认为,可以将数额分为:(1)犯罪指向数额(指经济犯罪所指向的金钱和物品的数量)与犯罪所得数额(指行为人通过犯罪行为的实施而实际得到的非法利益的数量);(2)直接损失数额(指国家、集体或者公民的现有财产数量因犯罪行为而减少或者丧失数量)与间接损失数额(指国家、集体或者公民的现有财产因犯罪行为而减少或者丧失之后造成的借此财产应当得到的财产数量的减少或者丧失数量);(3)挥霍的数额(指已经被犯罪分子消费而不能返还的数额)与追缴、退赔的数额(指犯罪分子的犯罪所得追回、上缴国库的数额以及责令犯罪分子将其非法所得的公私财物退回给受害的原单位或个人的数额);(4)犯罪总额(指整个共同犯罪案件总共的经济犯罪数额)、参与数额(指各共同犯罪人具体参与实施的经济犯罪数额)、分赃数额(指共同犯罪人所分得的赃款或赃物的数额)和平均数额(指共同犯罪的总额按共同犯罪人数的比例而平均分成的数额)等等。[3]

笔者认为,理论上对经济犯罪数额的分类有一定的道理,有利于人们对数额问题的复杂性加深认识。金融犯罪不同于一般的经济犯罪,对金融犯罪数额的分类具有其自身的特点。我国现行《刑法》在总结了以往刑事立法经验的基础上,根据行为的性质及实际存在的情况,对金融犯罪中的大多数犯罪均作了数额上的要求(具体数额的确定标准则由最高人民法院通过司法解释的方法作出规定)。金融犯罪中的数额是一个内容十分丰富的概念,我们应依照刑法的规定对其进行分类。

其一,以面额作为数额标准。这主要体现在金融犯罪中的伪造、变造国家有价证券罪,伪造、变造股票、公司及企业债券罪,擅自发行股票、公司及企业债券罪等有关犯罪,刑法和司法解释规定中仅以总面额作为数额标准。例如,司法解释中将自然人伪造、变造国家有价证券总面额相当于人民币 2000 元以上不满3 万元,或者单位伪造、变造国家有价证券总面额相当于人民币 2 万元以上不满

① 参见刘华:《论我国刑法上的数额及数量》,载陈兴良主编:《刑事法评论》第 2 卷,中国政法大学出版社 1998 年版,第 580—584 页。

② 参见马克昌:《经济犯罪的罪与非罪界限》,载《法学》1994 年第 4 期。

③ 参见陈兴良:《共同犯罪论》,中国社会科学出版社 1992 年版,第 308—311 页。

30万元,作为"数额较大"的起点标准;而将自然人伪造、变造国家有价证券总面额相当于人民币3万元以上不满30万元,或者单位伪造、变造国家有价证券总面额相当于人民币30万元以上不满300万元,作为"数额巨大"的起点标准。将自然人伪造、变造股票、公司及企业债券,总面额相当于人民币5000元以上不满15万元,或者单位伪造、变造股票、公司及企业债券总面额相当于人民币5万元以上不满150万元,作为"数额较大"的起点标准;而将自然人伪造、变造股票、公司及企业债券总面额相当于人民币15万元以上,或者单位伪造、变造股票、公司及企业债券总面额相当于人民币150万元以上,作为"数额巨大"的起点标准。①

其二,以违法所得数额或获利数额作为数额标准。这在有关金融犯罪中的操纵证券、期货市场罪的刑法和司法解释的规定中已有体现。例如,司法解释中将操纵证券、期货市场违法所得数额在100万元以上的,作为"情节严重"并处5年以下有期徒刑或者拘役的起点标准之一。另外,这在与金融犯罪相邻的有关高利转贷罪的刑法和司法解释的规定中也有充分体现。例如,我国《刑法》第175条明确规定:"以转贷牟利为目的,套取金融机构信贷资金高利转贷他人,违法所得数额较大的,处三年以下有期徒刑或者拘役,并处违法所得一倍以上五倍以下罚金;数额巨大的,处三年以上七年以下有期徒刑,并处违法所得一倍以上五倍以下罚金。"司法实践中则将个人高利转贷犯罪违法所得5万元以上不满50万元,作为"数额较大"的起点标准;而将违法所得50万元以上,作为"数额巨大"的起点标准。②

其三,以犯罪行为直接涉及的钱款额作为数额标准。这主要体现在金融犯罪中的内幕交易罪的刑法和司法解释规定中。例如,司法解释中将内幕交易数额50万元,作为"情节严重"并处5年以下有期徒刑或者拘役的起点标准之一。③

其四,以行为造成的直接经济损失作为数额标准。这主要体现在金融犯罪中的编造并传播证券、期货交易虚假信息罪与诱骗投资者买卖证券、期货合约罪的刑法和司法解释规定中。例如,司法解释中将编造并传播证券、期货交易虚假信息,或者诱骗投资者买卖证券、期货合约,造成投资者直接经济损失数额在5

---

① 参见2000年10月25日上海市高级人民法院、市人民检察院、市公安局、市司法局《关于本市办理部分刑事犯罪案件标准的意见(试行)》第24、25条。

② 参见2000年10月25日上海市高级人民法院、市人民检察院、市公安局、市司法局《关于本市办理部分刑事犯罪案件标准的意见(试行)》第22条。

③ 参见2012年3月29日最高人民法院、最高人民检察院《关于办理内幕交易、泄露内幕信息刑事案件具体应用法律若干问题的解释》第6条。

万元以上的,作为"造成严重后果"并处 5 年以下有期徒刑或者拘役的起点标准之一。①

上述有关刑法和司法解释规定的金融犯罪数额中,绝大多数均是以人民币的计量单位(即"元")作为计数标准的,也有一部分是以"次数"作为计数标准的。笔者认为,金融犯罪数额认定中计量单位的多样性,是由金融犯罪行为手段的多样性和金融活动的复杂性所决定的。刑法和司法解释中根据不同的犯罪对计量单位作出不同的规定是必要的,也是科学的。因为在有些犯罪中,如果统一用人民币"元"作为计量单位,并不能完全体现行为的社会危害性。例如,在内幕交易、泄露内幕信息犯罪或者操纵证券、期货市场犯罪中,行为人实施内幕交易的数额或者操纵证券、期货市场非法获利的数额可能并不多,但多次进行内幕交易、泄露内幕信息或者二年内因操纵证券、期货市场而受过行政处罚,又操纵证券、期货市场的,同样具有严重的社会危害性。

另外,在刑法和司法解释有关金融犯罪数额的规定中,根据个人刑事责任和单位刑事责任的不同特点,一般均作了严格区别,并专门规定了不同的数额标准。在这些规定中,单位犯罪的起点标准一般均远高于自然人犯罪的起点标准,有的相差 5 倍,更有的相差 10 倍。例如,司法实践中对伪造、变造股票、公司及企业债券罪的数额认定,明确单位犯罪的起点标准为自然人犯罪的起点标准的 10 倍。

第三节　共同金融犯罪成员的犯罪数额

在司法实践中,一些犯罪往往不是由单个人实施的,而是由二人以上共同故意实施的。一般而言,二人以上共同故意实施的犯罪,比单个人实施的犯罪具有更大的社会危害性。所以,我国刑法对共同犯罪问题十分重视。受金融市场范围广、规模大的特点所决定,单独实施金融犯罪将愈来愈难,许多金融犯罪实际上都是以共同犯罪的形式实施的。正因为如此,我们有必要对共同金融犯罪成员的数额问题作些研究。

在共同故意实施金融犯罪的案件中,对每一个共同犯罪成员应如何确定刑事责任?　笔者认为,如同单个人实施金融犯罪一样,以共同故意实施的共同金融犯罪的刑事责任的确定,也应当以数额作为主要依据。这是因为,在共同金融犯罪中,犯罪数额的大小也不同程度地反映了共同犯罪行为的社会危害性大小。

---

①　参见 2010 年 5 月 7 日最高人民检察院、公安部《关于公安机关管辖的刑事案件立案追诉标准的规定(二)》第 37 条。

般来说,在其他情节相同的情况下,数额大,社会危害性相应就大;反之,则社会危害性就小。这主要在于金融犯罪的质的构成和量的构成不能脱离金融或财物,并受金融或财产关系所决定和制约。只要是金融犯罪,无论是单个人实施的还是两人以上共同故意实施的,均不能不与表示金融或财产关系的质和量两方面相统一的数额问题相联系。

共同金融犯罪的数额又不同于一般单个人实施的金融犯罪的数额,它有总额、参与数额、分赃数额、平均数额等种类之分。这就出现了一个新的问题:在确定共同金融犯罪成员的刑事责任时,究竟应当以何种数额作为主要依据或标准?对此问题,司法实践中理解不一,做法各异;刑法理论上众说纷纭,分歧较大。概言之,主要有以下五种观点。

其一,分赃数额说。持此说者主张各共同金融犯罪成员只对自己实际分得赃物的数额承担刑事责任。他们认为,一般共同经济犯罪原则上应以个人非法所得的数额作为处罚的基础,同时考虑其在共同犯罪中的地位和作用,综合予以量刑。但是,对集团犯罪的首要分子,则应当按照共同经济犯罪的总额处罚。[①]我国《刑法》及相应的司法解释中所规定的数额,一般均是指行为人非法占有的数额,而这种非法占有的数额就是各共同犯罪者分赃的数额。因此,以各共同犯罪人分赃所得的数额作为量刑标准,符合罪责自负的刑法原则。按照这种观点,在司法实践中处理共同金融犯罪案件时,对于共同金融犯罪成员,首先应当根据各自分赃所得的数额确定其适用的刑法条款,然后按照个人参与犯罪和分赃所得的数额,在共同金融犯罪中的地位、作用和其他情节,进行全面分析,依法对各共同金融犯罪成员进行处罚。

其二,分担数额说。持此说者主张各共同金融犯罪成员应对本人"应当分担"的数额负责。至于如何确定各共同金融犯罪成员"应当分担"的数额,有人提出,可综观各成员在共同金融犯罪中参与的数额、所得数额、其地位与作用以及整个案情,先确定各成员应承担百分之几的责任,再根据这个责任的百分比数换算成作为判断是否构成犯罪和怎样处刑依据的数额(不等于个人分赃的真实数额)。[②]例如,某甲伙同他人共同实施集资诈骗,非法获得 10 万元,根据整个案件确定某甲应承担 60% 的责任,那么某甲就应承担 6 万元集资诈骗数额的刑事责任。

其三,参与数额说。持此说者主张各共同金融犯罪成员应对本人实际参与

① 参见单长宗、欧阳涛:《谈谈经济领域中严重犯罪案件的定罪和量刑问题》,载《法学研究》1983 年第 3 期。

② 参见裴洪泉:《如何确认共同盗窃案件中各被告人承担的盗窃数额》,载《法学与实践》1986 年第 1 期。

的金融犯罪数额承担刑事责任。有人提出,以参与数额作为各共同金融犯罪成员承担责任的主要依据,是由共同犯罪的特点所决定的。这是因为,任何一个共同金融犯罪,各个共犯成员的犯罪都是彼此联系、互为条件的,每个共同犯罪人的行为与犯罪结果之间都存在因果关系。对于自己参与实施的金融犯罪行为,共同犯罪成员主观上有共同的故意,客观上有共同的行为,因此理应对这些行为负责。①主张此种观点者的主要理由是,以参与数额作为认定共同犯罪者刑事责任的主要依据,符合共同犯罪理论,也没有违背罪责自负和罪责刑相适应的原则,符合实际并切实可行。②

其四,犯罪总额说。持此说者主张以共同金融犯罪的总额作为确定各共同金融犯罪成员的刑事责任的标准。有人提出,在共同犯罪案件中,所有共犯成员都应对他们造成的财产损失总额负责,而不应搞所谓"分别负责"。当然,在决定各个犯罪成员的处罚时,应根据各人所起的作用和责任大小、认罪态度好坏等加以区别对待。但是,这种区别只能是建立在对他们共同犯罪结果负责的基础之上的区别,否则共同金融犯罪和单个人犯罪就没有什么区别了。③

其五,折中说。持此说者主张综合考虑全案因素,确定各共同金融犯罪成员犯罪行为的大小,然后据此定罪量刑。有人提出,不能只对自己参与犯罪或者分得的数额承担责任,而应根据各共同犯罪成员在犯罪活动中的实际作用,结合各自取得和分得的财物数额,分别承担各自应负的刑事责任。④

分析上述五种观点不难发现,除"折中说"没有真正提出实际的标准外,其他四种观点均有比较明确的标准。目前理论界主张较多、司法实践中运用较普遍的观点,是"犯罪总额说"和"参与数额说"。实际上,犯罪总额和参与数额在大多数情况下是完全一样的。最主要的还是对参与数额的理解问题,如果把参与数额理解为参与共同金融犯罪的数额,那么其意义就可能等同于犯罪总额。如果把参与数额理解为实行犯实施犯罪的数额,那么就产生了总额和参与数额的区别。笔者赞同后一意义上的参与数额,即在某些金融犯罪案件中参与数额不同于总额,而在另一些金融犯罪案件中参与数额又与总额没有什么区别。

笔者认为,确定共同金融犯罪成员的刑事责任仍应从刑法理论中有关共同犯罪的基本原理出发,并以刑法有关条文规定作为基础。这是因为,共同金融犯罪虽有不同于一般共同犯罪的地方,但既然是共同犯罪,它就必然与其他一般共同犯罪在本质上相同。所以,我们在讨论共同金融犯罪成员的刑事责任时,必须

---

① 参见陈新亮:《盗窃罪刑事责任中的几个问题》,载四川省社会科学院编:《经济体制改革与刑法》,四川省社会科学院出版社 1987 年版,第 395 页。

② 参见陈兴良:《共同犯罪论》,中国社会科学出版社 1992 年版,第 312 页。

③④ 参见陈兴良:《共同犯罪论》,中国社会科学出版社 1992 年版,第 313 页。

立足于共同犯罪的一般原理和刑法规定。

"分赃数额说"将个人非法所得的数额作为处罚的基础,其明显的缺陷在于过分地强调了各共同犯罪成员的独立性,忽视了共同犯罪的整体性。共同犯罪的特点是在主观上的共同犯罪故意的支配下,客观上实施了共同犯罪行为。每一个共犯成员的行为均与最后造成的危害社会的后果具有一定的因果联系。这就是说,在共同犯罪中,各个犯罪成员在参加某一共同犯罪活动时都有一个一致的目标,正是这个一致的目标把各个犯罪成员的活动联结起来,成为一个共同的犯罪行为。共同犯罪中每一个共犯成员所起的作用及所处的地位不同,因而对造成的危害结果所应当承担的刑事责任也应有所区别。"分赃数额说"表面上看似乎十分公允,得多罚重,得少罚轻,但是分赃的数额在共同金融犯罪中并不能完全说明每一个共犯成员的作用和地位。例如,有个别共犯成员没有图利动机,分文不取,但是在整个共同金融犯罪中却起主要作用。在这种情况下,就很难用分赃数额说明问题了。另外,也并非所有的共同金融犯罪均存在分赃数额,在犯罪未遂或者犯罪所得由各共同犯罪人共同挥霍以及尚未及分赃而遭案发的情况下,就都不存在分赃数额。显然,按此说观点,有时根本无法执行。

"分担数额说"根据犯罪分子在共同金融犯罪中的作用,确定各共同犯罪成员应当分担的数额。这在一定程度上克服了"分赃数额说"的缺陷,因为在没有分赃数额的情况下,各共同犯罪成员在共同金融犯罪中的作用都是客观存在的,依据每个人的作用,并将其换算成相应的应该分担的数额,无疑是合理的。但是,"分担数额说"仍存在一个根本的缺陷,即把共同犯罪视为数个单独犯罪的简单相加,仍然没有克服"分赃数额说"强调共同犯罪成员刑事责任的独立性,忽视了共同犯罪的刑事责任的整体性缺陷。按照"分担数额说",各共同犯罪成员应当分担的数额之和等于共同金融犯罪所得总额。这样,共同金融犯罪参与的人越多,各人分担的责任也就越小。另外,如何将共犯成员在共同金融犯罪中的作用换算成应当分担的数额也比较复杂,实际执行时难度很大。

"折中说"表面上看似乎面面俱到,但是由于缺乏明确的标准,实际工作中更难执行。

那么,"犯罪总额说"(包括"参与数额说")是否可取? 笔者认为也不可取。刑法学界有些学者认为,"犯罪总额说"不违背罪责自负原则,因为共同犯罪的罪责自负与单独犯罪的罪责自负并不完全相同。在单独犯罪的情况下,行为人对自己的犯罪行为所造成的危害结果承担刑事责任,这就是罪责自负。而在共同犯罪的情况下,各共同犯罪人主观上具有共同犯罪故意,客观上互相配合,共同造成了一定的危害结果,因此各共同犯罪人都应当对共同犯罪的结果承担刑事责任，这就是罪责自负。有人举例说明，甲乙共谋杀丙，甲砍了三刀，乙砍了三刀，共同将丙砍死。分开来看，甲乙的各三刀都不足以致丙死亡，但是六刀却足以致丙死亡。由此，不能说甲乙只对本人所砍的三刀承担刑事责任，而应以故意杀人未遂论处。可见，共同犯罪不是单独犯罪的简单相加，而是各共同犯罪人的行为的有机结合，是一个密不可分的整体。共同犯罪的这一点决定了共同犯罪人的罪责自负具有不同于单独犯罪的表现形式。①

笔者对这种观点不能苟同。从刑法理论上说，虽然共同犯罪不同于单独犯罪，但是对罪责自负的刑事责任原则的理解不应当有两种。刑法理论和刑法规定从来就不认为每个共同犯罪人都应该对共同犯罪的结果承担全部刑事责任。在共同金融犯罪中，每个犯罪成员在犯罪活动中的地位与作用不可能完全相同，确定各共犯成员的刑事责任应当以这些不同的地位与作用为基础。正如我国刑法学界有些学者所指出的："如果要每个罪犯都对犯罪总额负责，对每个共犯成员都以共同犯罪数额作为量刑的基础，那就是不加区别地要每个共犯成员都承担其他共犯成员的罪责，这不符合罪责自负的原则，扩大了打击面，不利于对犯罪分子的分化瓦解。"②

笔者认为，以上所举杀人案例虽然属于共同犯罪，但是与共同金融犯罪存在一定区别。共同金融犯罪不同于其他共同犯罪的一个重要特征，就在于它往往与一定的可以分割的数额紧密相连。显然，以一个结果不能分割的共同杀人案是无法准确地说明和分析共同金融犯罪中的刑事责任问题的。毫无疑问，共同犯罪不是单独犯罪的简单相加，而是各个共同犯罪人行为的有机结合。就行为而言，它是一个密不可分的整体，但是行为的不可分并不等于结果的不可分，有些数额在共同金融犯罪中是可以分的。另外，共同犯罪行为作为一个整体，主要是对各共犯成员之间的关系进行分析后得出的结论，这并不意味着每一个共犯成员不分作用大小、地位如何，均要对整个共同犯罪的结果承担刑事责任。笔者不赞成以共犯成员的分赃所得数额作为每个共犯成员承担刑事责任的标准。因为对共同犯罪人区别对待，并不表现在各共同犯罪人对本人分赃所得数额承担刑事责任上，而应体现在综合地考察其在共同金融犯罪中的作用，并根据作用大小予以轻重有别的处罚上。笔者也不赞成全然不顾各共犯成员的分赃数额，而一律以犯罪总额作为每个共犯成员承担刑事责任的标准。因为在共同金融犯罪中，分赃数额的大小在某种程度上对社会危害性大小具有决定作用。在综合考虑共同金融犯罪成员的作用和地位时，我们虽然不能说分赃数额能代表一切，但

① 参见陈兴良：《共同犯罪论》，中国社会科学出版社1992年版，第321页。
② 单长宗、欧阳涛：《谈谈经济领域中严重犯罪案件的定罪和量刑问题》，载《法学研究》1983年第3期。

是也不得不承认分赃数额在大多数共同金融犯罪中是一个不容忽视的重要情节。

另外,刑法学界还有学者认为,各共同犯罪人均对共同金融犯罪总额承担刑事责任并不违背罪刑相适应的原则。持该观点的学者提出,各共同犯罪人对共同犯罪总额承担刑事责任,是指各共同犯罪人对该共同犯罪总额都要承担一份刑事责任,而并不意味着每个共同犯罪人都必须对共同犯罪总额负全部刑事责任,或者负平均的责任。至于每个共同犯罪人所承担的那份刑事责任的大小,还要根据其在共同犯罪中所处的地位和作用大小加以确定。由于共同犯罪的社会危害性大于单独犯罪,因此各共同犯罪人承担刑事责任的总量肯定要大于单独犯罪,但是这并不意味着每个共同犯罪人都对共同犯罪总额承担全部刑事责任。①

这一观点初看起来似乎无可挑剔,但是仔细分析就不难发现其自相矛盾之处。首先,观点中既然提到了各共同犯罪人只能对该共同犯罪总额承担“一份刑事责任”,那么为什么还说“各共同犯罪人对共同犯罪总额承担刑事责任”? 这两者无论是在提法上还是范围上均有很大的区别,不能混为一谈。持该观点者的原意大概是,各共同犯罪人应对共同犯罪总额承担刑事责任,只是在处罚时应有轻重区别。但是,即使是这种意思也是值得讨论的,因为刑事责任的大小是惩罚轻重的依据,很难想象某人刑事责任很大而惩罚却很轻。所以,该观点很难自圆其说。其次,持该观点者提出了两个概念,即“对总额承担刑事责任”“对总额不负全部刑事责任”。仔细分析这两个概念,笔者看不出“承担刑事责任”和“负刑事责任”有何区别,也无法理解在共同金融犯罪中有关共同犯罪成员“对总额承担刑事责任”后又如何“不负全部刑事责任”。

笔者认为,在共同金融犯罪中,要各共同犯罪人都对共同犯罪总额承担刑事责任,有悖于罪责刑相适应的原则。这是因为,所谓“共同承担刑事责任”并不意味着要每一个犯罪人都对共同犯罪的全部危害结果承担刑事责任,更不能理解为要对所有共同犯罪人都根据全部危害结果判处刑罚。而主张各共同犯罪人都对共同犯罪总额承担刑事责任的观点,实际上就是要每一个共同犯罪成员都对共同犯罪的全部危害结果承担刑事责任,并根据共同犯罪的全部危害结果判处刑罚,因为在共同金融犯罪中犯罪总额无疑直接并主要反映了全部危害结果。由此可见,在共同金融犯罪中,毫无区别地以犯罪总额作为确定各共同犯罪成员刑事责任的标准,也是不可取的。

---

① 参见陈兴良:《共同犯罪论》,中国社会科学出版社 1992 年版,第 322 页。

第四节　共同金融犯罪成员的数额认定

笔者认为,在共同金融犯罪中,确定各共犯成员的刑事责任应根据具体案件的具体情况,着重以刑法理论及刑法规定中有关共同犯罪成员刑事责任分配的原则为基础,结合共同金融犯罪的特点,具体分析和确定每个共同犯罪成员的刑事责任,注重体现分清主次、区别对待的精神。

共同犯罪既然是二人以上共同故意犯罪,那么在具有共同故意的前提下,每一个共同犯罪人在共同犯罪中所起的作用就可能不完全相同,甚至很不相同。这就要求我们正确地确定每个共犯成员的刑事责任,而每个共犯成员所实际承担的刑事责任必须与其在共同犯罪中所起的作用相符,否则就有悖罪责刑相适应的原则。共同犯罪人刑事责任的确定实际上是一种刑事责任的分解,这种分解不是简单地把刑事责任平均分配、最后分解的结果。每一个共同犯罪人所实际承担的刑事责任的总和不能简单地与整个共同犯罪的刑事责任进行比较,有时在量上不一定完全相等。这主要是由于共同犯罪的社会危害性往往大于单独犯罪所致。同样,在共同金融犯罪中也是如此,在犯罪数额相同的情况下,共同金融犯罪的社会危害性也不会与单独金融犯罪的社会危害性完全等同。只有认识了这一点,我们才能根据每一个共同金融犯罪成员的不同情况作出定量的分析。

首要分子应对犯罪总额负刑事责任。我国《刑法》第 97 条规定:"首要分子是指在犯罪集团或者聚众犯罪中起组织、策划、指挥作用的犯罪分子。"第 26 条第 3 款规定:"对组织、领导犯罪集团的首要分子,按照集团所犯的全部罪行处罚。"从刑法理论上说,首要分子不论是否参加具体犯罪活动,都应对犯罪集团所预谋的全部罪行负刑事责任,因为犯罪集团的所有犯罪活动都是在首要分子的组织、策划、指挥之下进行的。笔者认为,依照刑法理论和刑法规定,在金融犯罪集团中,首要分子应对犯罪总额负刑事责任。这主要是因为,尽管金融犯罪集团的数额往往在预谋时是不确定的,首要分子往往只参与金融犯罪集团行为的预谋,但是集团的一切犯罪活动都包括在首要分子参与制定的犯罪计划之内,并由他们的组织、策划、指挥行为所决定。因此,以金融犯罪集团总额作为首要分子承担刑事责任的标准是合情合理的。只有在某些金融犯罪集团中,个别犯罪集团成员实施了超出预谋范围的金融犯罪行为所产生的数额,对此首要分子才可不负刑事责任。

除犯罪集团外在一般共同犯罪中起主要作用的主犯应对犯罪总额承担刑事责任。从刑法理论上分析,在共同犯罪中起主要作用的主犯,主要是共同犯罪中的实行犯,属于社会危害性较大的犯罪分子。他们在共同犯罪中起主要作用,因此理所当然地要承担共同犯罪的主要刑事责任。正是由于这一点,我国《刑法》第 26 条第 4 款规定:"对于第三款规定以外的主犯,应当按照其所参与的或者组织、指挥的全部犯罪处罚。"根据这一规定,笔者认为,在共同金融犯罪中,应把犯罪集团中除首要分子以外的主犯与一般共同犯罪中的主犯区别开来。对于犯罪集团中的主犯,应对其参与犯罪的数额承担刑事责任。这是因为,他们的社会危害性既不主要体现在影响集团其他所有成员的行为上,也不主要体现在犯罪后分赃数额的大小上,而主要体现在自己的实施行为上。在金融犯罪集团中,参与数额往往要比集团犯罪总额小得多,即参与数额是指共同金融犯罪成员实际参与的金融犯罪数额,这一数额最能体现犯罪集团成员中主犯的行为的社会危害性程度。但是,在一般共同金融犯罪案件中,由于不存在首要分子,主犯的行为就起着决定性作用,如果仅仅要求主犯只对自己的实施行为承担刑事责任,即以参与数额作为承担刑事责任的标准,似有不妥。所以,笔者主张,一般共同金融犯罪中的主犯应对犯罪总额承担刑事责任。笔者的观点主要是基于这一思想,即无论是犯罪集团还是一般共同犯罪,共同犯罪作为共同故意下的一个整体行为,必须有一些成员对此负全面的刑事责任。如果缺少这一点,也就不成其为共同犯罪。也正是由于这一点,共同犯罪的刑事责任才不同于单个人犯罪的刑事责任。

从犯和胁从犯对分赃数额承担刑事责任。从刑法理论上分析,共同犯罪中的从犯和胁从犯均不起主要作用,其社会危害性比主犯要小得多,因而他们承担的刑事责任也应比主犯要小。据此,笔者认为,在共同金融犯罪中,对于从犯和胁从犯一般均应以分赃数额作为其承担刑事责任的标准。对于犯罪未遂或者犯罪得逞后未及分赃的案件,当然只能根据其他情节确定相应的刑事责任。在犯罪所得由各共同犯罪人共同挥霍的案件中,从犯和胁从犯只能对其挥霍的那一部分承担刑事责任。除此之外,在具体处罚时,还应根据《刑法》第 27 条的规定,对从犯"应当从轻、减轻处罚或者免除处罚",根据《刑法》第 28 条的规定,对胁从犯"应当按照他的犯罪情节减轻处罚或者免除处罚"。

第五节　金融犯罪数额规定及适用的完善

由于金融犯罪的数额认定直接关系到行为人的刑事责任问题,因此在认定和处理金融犯罪时,我们必须充分注意对有关数额问题的分析。我国现行《刑法》中有关金融犯罪数额的规定尚有许多不够完善之处,司法实践中也有许多不够明确之处,这在很大层面上会给认定和处理金融犯罪带来困难。笔者认为,有关金融犯罪数额的刑法规定与司法适用中存在的问题和需要加以完善之处主要有以下四个方面。

第一，自 1999 年《刑法修正案》颁布后，期货犯罪实际上已经并入了证券犯罪之中。我国现行《刑法》中对于金融犯罪所规定的构成要件均采用统一的标准，即均统一使用"情节严重""情节特别严重""造成严重后果""情节特别恶劣"等定罪和量刑的要件，而衡量这些要件的标准主要是以犯罪的数额作为标准的。同时，在相关司法解释(仅有最高人民检察院、公安部作出的追诉标准的规定)中则具体规定了相应的数额标准。就这些规定进行分析不难发现，我国现行《刑法》和司法适用中对金融犯罪数额的认定实际上采用的是同一标准。笔者认为，这种做法明显具有不妥之处。金融犯罪虽然具有一定的共通性，但是证券交易毕竟不同于期货交易，证券犯罪与期货犯罪对市场造成的危害在数量和范围上也有很大的不同。特别是期货交易能进行"以小博大"和买空卖空，所涉及的数额往往巨大，为证券犯罪无法相比。就此而言，期货犯罪对市场的破坏，无论在数量上还是范围上均可能大于证券犯罪。由于在同样的数额下证券犯罪与期货犯罪所造成的社会危害性是不一样的，因此如果对于金融犯罪的认定和处理采用同一数额标准，完全可能出现对证券犯罪处罚重于对期货犯罪处罚的情况。

笔者认为，在目前情况下，要解决这一明显不合理的问题，可以通过司法解释对金融犯罪中的定罪和量刑情节分别加以规定，也即以刑事司法解释的方式分别对证券犯罪和期货犯罪的立案标准、起刑点和各种具体情节作出不同的规定。这是因为，时下刑法规定的大多数犯罪之定罪和量刑的情节实际所包含的内容，特别是有关经济犯罪的犯罪数额标准，均是由司法解释加以明确的。就此而言，司法解释是对刑法的补充。在刑法暂时无法将证券犯罪与期货犯罪分立的情况下，通过司法解释对证券犯罪和期货犯罪的定罪、量刑情节作出不同的规定，制定不同的犯罪立案、起刑点等的数额标准，应该是比较符合我国立法和司法实际需要的。从 2012 年 3 月最高人民法院、最高人民检察院《关于办理内幕交易、泄露内幕信息刑事案件具体应用法律若干问题的解释》的规定来看，其仍然最大程度地延续了证券期货犯罪刑事立法模式，即采用证券与期货交易犯罪定罪量刑标准高度等同化处理，基本没有根据期货交易的特点以及金融创新过程中不断发展的全新期货内幕交易行为类型对证券与期货内幕交易犯罪行为进行实质区分，而只是在相关司法解释条文中通过"证券、期货交易内幕信息""证券、期货交易""证券、期货合约"等与《刑法》第 180 条相同的规范表述对证券与期货内幕交易犯罪司法规则进行相同的规范建构。纵观该司法解释，证券内幕交易与期货内幕交易只有在犯罪情节认定层面存在"证券交易成交额"与"期货交易占用保证金"的衡量标准差异。①这意味着证券期货犯罪司法解释只认识到了期货市场保证金交易的特点，对期货内幕交易犯罪的核心要素是否与相应的证券内幕交易犯罪存在实质性或者重大量化差异问题则没有进行任何考察。在今后的金融犯罪司法解释制定过程中，应当注意到上述司法解释存在的局限性，针对证券与期货的差异性特征，在数额标准上进行差异化设置。

第二，我国有关金融犯罪的刑法规定中大多数均规定了单位犯罪，但是在司法实践中对于单位金融犯罪的数额标准并没有专门作出规定。最高人民检察院、公安部制定的刑事案件立案追诉标准中只笼统地规定了各种具体金融犯罪的追诉标准，并没有具体对自然人金融犯罪与单位金融犯罪的数额认定采用不同的标准。笔者认为，在金融市场上，单位投资者作为一种市场主体，其资金运行的起点远远高于一般的自然人投资者，其筹资途径之广、数量之多、市场权利之大远非一般的自然人投资者可比。正是由于这一点，在金融犯罪中，单位的犯罪能量一般肯定要高于自然人的犯罪能量。因此，对单位金融犯罪的定罪和量刑之数额标准应该高于自然人金融犯罪的标准。如果将单位金融犯罪的数额认定标准与自然人金融犯罪的数额认定标准等同，必然会加重单位金融犯罪的刑事责任，这显然是不妥当的。为此，笔者认为，今后在制定相应的司法解释时，理应注意把单位金融犯罪与自然人金融犯罪的数额认定标准区别开来。

第三，目前有关金融犯罪的数额规定基本上采用由刑法作概括性规定，由司法解释分别对各种金融犯罪作出相应的数额标准的模式。即在金融犯罪条文中规定"情节严重""情节特别严重""造成严重后果""情节特别恶劣"等定罪和量刑的要件，而由最高人民检察院、公安部通过制定刑事案件立案追诉标准具体规定符合"情节严重""情节特别严重"等情节要求的数额标准。

对于这种模式，理论上存在不同的意见。许多学者认为，在金融犯罪中，数额实际上是判定罪与非罪、罪重罪轻的重要标准，这完全应该属于立法的内容。

① 2012年3月最高人民法院、最高人民检察院《关于办理内幕交易、泄露内幕信息刑事案件具体应用法律若干问题的解释》第6条规定："在内幕信息敏感期内从事或者明示、暗示他人从事或者泄露内幕信息导致他人从事与该内幕信息有关的证券、期货交易，具有下列情形之一的，应当认定为刑法第一百八十条第一款规定的'情节严重'：(一)证券交易成交额在五十万元以上的；(二)期货交易占用保证金数额在三十万元以上的；(三)获利或者避免损失数额在十五万元以上的；(四)三次以上的；(五)具有其他严重情节的。《内幕交易犯罪解释》第七条规定：在内幕信息敏感期内从事或者明示、暗示他人从事或者泄露内幕信息导致他人从事与该内幕信息有关的证券、期货交易，具有下列情形之一的，应当认定为刑法第一百八十条第一款规定的'情节特别严重'：(一)证券交易成交额在二百五十万元以上的；(二)期货交易占用保证金数额在一百五十万元以上的；(三)获利或者避免损失数额在七十五万元以上的；(四)具有其他特别严重情节的。"

因此,只有全国人民代表大会和闭会期间的常务委员会才能对此作出立法解释。除非有授权,司法解释无权就数额问题作出解释。另外,刑法未明确规定犯罪数额标准,这就必然导致司法机关不得不颁布大量的司法解释,通过司法解释将刑法的弹性规定具体化、细密化,导致司法实践中真正适用的不是刑法而是司法解释。[1]特别是通过大量详细的司法解释,刑法中概括型的数额规定实际上都变成了数目型的数额规定,否则法官就会无所适从。在许多法官眼中,司法解释中规定的具体数额标准成为定罪量刑的依据,而刑法中概括型的数额规定最后只是一种简单的标识,形同虚设。[2]

笔者认为,在目前的情况下,对于金融犯罪数额的规定采用刑法概括性规定与司法解释作具体规定相结合的模式还是比较合理和可取的。理由是,如果在刑法条文中明确规定金融犯罪的数额标准可能更有利于司法实际部门的掌握和适用,但是这种模式的弊端也是显而易见的,即由于刑法规定需要相对的稳定性,因此采用刑法规定具体数额的模式就很难适应社会经济发展的快速变化要求,刑法条文不可能经常对金融犯罪的数额进行调整。有关这方面的问题在我国刑法及司法实践中早有表现。例如,我国 1997 年《刑法》在有关贪污犯罪的规定中,对于贪污罪的数额作了明确具体的规定,分为不满 5000 元、5000 元以上不满 1 万元的、1 万元以上不满 5 万元的、5 万元以上不满 10 万元的等几个档位。但是,随着社会经济的发展和人民生活水平的提高,刑法有关贪污罪的数额标准实际上早已过时,在有些经济发展较快的地区,已经把贪污罪的起刑点“自定”为 5 万元,也即刑法相应条款中的数额标准实际上已经不是标准了。直到 2015 年《刑法修正案(九)》第 44 条,按贪污数额或者贪污情节重新设置了贪污罪的法定刑,删除了明确的数额规定。对金融犯罪的数额由刑法作概括性规定,然后由司法解释及时地具体规定标准,不仅可以保持刑法规定相对的稳定性,而且使金融犯罪的数额可以随着社会经济的发展和人民生活水平的提高而作出相应的调整,以真正体现原则性和灵活性结合的精神,并体现罪责刑相适应的原则精神。至于因为有了司法解释而可能导致法官重视司法解释而轻视刑法条文的担心,其实是多余的。因为司法解释具有法律效力,所以法官重视司法解释的规定本身无可非议。特别是由于司法解释是对刑法条文的解释,所以重视司法解释实际上就是重视刑法条文规定。司法实践中也并不会发生法官轻视刑法条文的问题,因为无论是否有司法解释,法官对当事人定罪量刑的标准都必须依照刑法条文的规定确定。

---

① 参见储槐植、梁根林:《论刑法典分则修订的价值取向》,载《中国法学》1997 年第 3 期。

② 参见张勇:《犯罪数额研究》,中国方正出版社 2004 年版,第 157 页。

　　第四,尽管笔者主张对于金融犯罪的数额规定应采用刑法概括性规定与司法解释作具体规定相结合的模式,但是需要指出的是,目前我国司法实践中几乎没有有关金融犯罪数额标准的司法解释。对于最高人民检察院、公安部制定的刑事案件立案追诉标准是否属于司法解释,理论上一直存在争议。如果说它属于司法解释,笔者认为,充其量也只是一个立案标准,而绝对不是定罪量刑的标准。这种状况的存在多少会给金融犯罪的认定和处理带来一定的困难和障碍,理应引起我们的高度重视。依笔者之见,最高人民法院应及时地就有关金融犯罪的数额标准作出明确规定,以便更好地完善金融犯罪数额规定的模式,并为司法实践中对金融犯罪的认定和处理提供明确具体的标准。

第七章
金融犯罪法定刑研究

在当代社会中,刑罚的理性化无疑是人们始终不懈追求的目标。近现代理性刑罚理论一般认为,对罪犯进行惩罚是刑罚的本质属性,但不是刑罚的目的。"刑罚不外是社会对付违反它的生存条件(不管这是什么样的生存条件)的行为的一种自卫手段。"①马克思主义对刑罚设置之目的性的这一精辟论断,实际上阐明了刑法理论上的预防犯罪理论。类似的观点在许多著名论者的著作中也曾出现过。如孟德斯鸠认为,在政治宽和的国家,一个良好的立法者所关心的预防犯罪多于惩罚犯罪。②贝卡里亚认为,刑罚的目的既不是要摧残折磨一个感知者,也不是要消除业已犯下的罪行。刑罚的目的仅仅在于:阻止罪犯重新侵害公民,并规诫其他人不要重蹈覆辙。他用经典力学解释认为,刑罚就是制造一种阻力,以抵消犯罪的引力。③综合这些经典论述可以得出结论,对包括金融犯罪在内的犯罪进行刑事惩罚,是国家对犯罪所采取的自卫手段,而国家对犯罪行为设立刑罚及适用刑罚并不在于(或不仅仅在于)为惩罚而惩罚,而主要是为了有效地预防犯罪。

第一节　金融犯罪法定刑设置

法定刑配置的合理化是罪刑相适应原则的要求。如果对较轻的罪配置较重的法定刑,或对较重的罪配置较轻的法定刑,都无法达到罪刑相适应原则的要求,也很难在司法实践中做到罪刑相适应,从而有效地预防和遏制犯罪。正如贝卡里亚所指出的,犯罪对公共利益的危害越大,促使人们犯罪的力量越强,制止

① 《马克思恩格斯全集》(第8卷),人民出版社1961年版,第579页。
② 参见〔法〕孟德斯鸠:《论法的精神》(上册),张雁深译,商务印书馆1961年版,第42页。
③ 参见〔意〕贝卡里亚:《论犯罪与刑罚》,黄风译,中国大百科全书出版社1993年版,第42页。

人们犯罪的手段就应该越强有力,这就需要刑罚与犯罪相对称。①贝卡里亚的观点不仅使犯罪与刑罚之间发生了必然性联系,而且尽量使这种对应关系精确化,这在他所精心设计的罪刑阶梯中被强调到了极致。他指出,既然存在着人们联合起来的必要性,既然存在着作为私人利益相互斗争的必然产物的契约,人们就能找到一个由一系列越轨行为构成的阶梯,它的最高一级就是那些直接毁灭社会的行为,最低一级就是对于作为社会成员的个人所可能犯下的最轻微的非正义的行为。在这两级之间,包括了所有侵害公共利益的、我们称之为"犯罪"的行为,这些行为都沿着无形的阶梯,按从高到低顺序排列。如果说对于无穷无尽、暗淡模糊的人类行为组合可以应用几何学,那么也很需要有一个相应的、由最强到最弱的刑罚阶梯。有了这种精确的、普遍的犯罪与刑罚的阶梯,我们就有了一把衡量自由和暴政程度的潜在的公共标尺,它显示着各个国家的人道程度和败坏程度。边沁在设计罪刑相适应规则时指出:"当两个罪行相联系时,严重之罪应适用严厉之刑,从而使罪犯有可能在较轻阶段停止犯罪。当一个人有能力和愿望犯两个罪行时,可以说它们是相联系的。一个强盗可能仅仅满足于抢劫,也可能从谋杀开始,以抢劫结束。对谋杀的处罚应该比抢劫更严厉,以便威慑其不犯更重之罪。如果对所犯之每份恶都规定出与之相适应的刑罚,那么,就等于完善地实践了这一规则。"②由此可见,在刑法中合理地设置每个犯罪的法定刑对于罪刑相适应原则的贯彻实施具有十分重要的作用。

一、金融犯罪法定最高刑的设置

我国现行《刑法》中有关金融犯罪(包括经过全国人大常委会先后通过的九个《刑法修正案》和《关于惩治骗购外汇、逃汇和非法买卖外汇犯罪的决定》对《刑法》中金融犯罪规定的补充和修改)的规定共计有 31 个条文、38 个罪名。据笔者统计,在所有的金融犯罪之中,其法定最高刑有无期徒刑,有期徒刑 15 年、10年、7 年、5 年五档。

2015 年,《刑法修正案(九)》一次性削减了 9 个罪名的死刑,将死刑罪名降至 46 个。废除了伪造货币罪和集资诈骗罪的死刑。金融犯罪领域如今不再有死刑,在一类犯罪中完全废除死刑,其意义不可低估。③

2020 年《刑法修正案(十一)(草案)》对非法吸收公众存款罪、集资诈骗罪的法定刑作出修改,将前罪的法定最高刑由有期徒刑 10 年提高至 15 年。

---

① 参见〔意〕贝卡里亚:《论犯罪与刑罚》,黄风译,中国大百科全书出版社 1993 年版,第 65 页。

② 〔英〕吉米·边沁:《立法理论——刑法典原理》,孙力等译,中国人民公安大学出版社 1993 年版,第 69 页。

③ 参见刘宪权:《刑法学名师讲演录》,上海人民出版社 2016 年版,第 319 页。

法定最高刑是无期徒刑的金融犯罪有 13 个,约占金融犯罪总数的 35%。它们分别是破坏金融管理秩序罪中的伪造货币罪,出售、购买、运输假币罪,金融工作人员购买假币、以假币换取货币罪,伪造、变造金融票证罪,伪造、变造国家有价证券罪,骗购外汇罪;以及金融诈骗罪中的集资诈骗罪,贷款诈骗罪,信用卡诈骗罪,有价证券诈骗罪,票据诈骗罪,金融凭证诈骗罪,信用证诈骗罪。

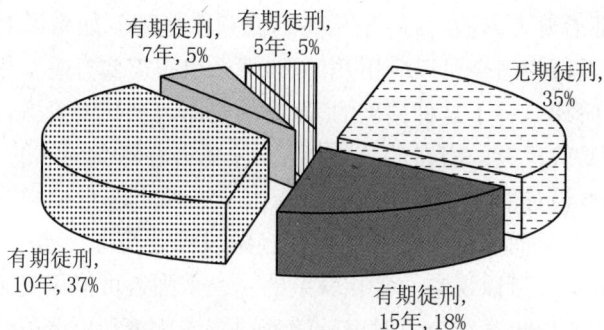

图 7-1　金融犯罪法定最高刑设置比例

法定最高刑是有期徒刑 15 年的金融犯罪有 7 个,约占金融犯罪总数的 18%。它们分别是破坏金融管理秩序罪中的持有、使用假币罪,违法发放贷款罪,吸收客户资金不入账罪,违规出具金融票证罪,对违法票据承兑、付款、保证罪,逃汇罪;以及金融诈骗罪中的保险诈骗罪。

法定最高刑是有期徒刑 10 年的金融犯罪有 14 个,约占金融犯罪总数的 37%。它们分别是破坏金融管理秩序罪中的变造货币罪,擅自设立金融机构罪,伪造、变造、转让金融机构经营许可证、批准文件罪,非法吸收公众存款罪,妨害信用卡管理罪,窃取、收买、非法提供信用卡信息罪,伪造、变造股票、公司、企业债券罪,内幕交易、泄露内幕信息罪,利用未公开信息交易罪,诱骗投资者买卖证券、期货合约罪,操纵证券、期货市场罪,背信运用受托财产罪,违法运用资金罪,洗钱罪。

法定最高刑是有期徒刑 7 年的金融犯罪有 2 个,约占金融犯罪总数的 5%。它们分别是破坏金融管理秩序罪中的高利转贷罪和骗取贷款、票据承兑、金融票证罪。

法定最高刑是有期徒刑 5 年的金融犯罪有 2 个,约占金融犯罪总数的 5%。它们分别是破坏金融管理秩序罪中的擅自发行股票、公司、企业债券罪和编造并传播证券、期货交易虚假信息罪。

二、金融犯罪量刑幅度的设置

刑法对金融犯罪大多设置了两个以上的量刑幅度。如前文所述,刑法中设置单一量刑幅度的金融犯罪仅有擅自发行股票、公司、企业债券罪和编造并传播证券、期货交易虚假信息罪两个(原先有三个,操纵证券、期货市场罪在《刑法修正案(六)》修改前亦只有单一的量刑幅度,《刑法修正案(六)》第 11 条将其修改为两个量刑幅度)。

在金融犯罪中,设置一个量刑幅度的有 2 个,约占总数的 5%;设置两个量刑幅度的占大多数,共计有 22 个,约占总数的 58%;设置三个量刑幅度的金融犯罪有 13 个,约占总数的 34%;设置四个量刑幅度的有 1 个,约占总数的 3%。

值得注意的是,《刑法修正案(十一)(草案)》将非法吸收公众存款罪原先的两档法定刑量刑幅度增加至三档,将集资诈骗罪原先的三档法定刑量刑幅度合并至两档。

三、金融犯罪刑种的设置

我国刑法规定的刑罚种类有管制、拘役、有期徒刑、无期徒刑、死刑五种主刑,还有罚金、没收财产、剥夺政治权利三种附加刑。此外,对于犯罪的外国人,根据我国《刑法》第 35 条的规定,可以独立适用或者附加适用驱逐出境。原《惩治军人违反职责罪暂行条件》第 24 条曾经规定,对危害重大的犯罪军人还可以附加剥夺勋章,奖章和荣誉称号。1997 年《刑法》已将军人违反职责罪纳入分则作为一章,故而原《惩治军人违反职责罪暂行条例》中的规定不再适用,应统一适用上述刑罚体系。由此可见,在我国的刑罚中,主刑和附加刑、重刑和轻刑、生命刑、自由刑、财产刑和资格刑互相衔接,共同组成了我国刑罚体系,并充分反映了自己的特点。[1]刑法对金融犯罪没有规定管制刑,所以除管制刑外,其他刑种在金融犯罪中都有设置。

(一)金融犯罪法定刑中主刑的设置

综观我国现行《刑法》,几乎对所有的金融犯罪都规定了拘役刑。具体分析,现行《刑法》对金融犯罪所规定的拘役刑,具有以下特点:第一,作为与有期徒刑并列的选择刑;第二,只是对那些危害程度较轻的金融犯罪,才规定适用拘役刑;第三,根据有期徒刑的法定最高刑规定拘役刑。[2]

立法者对于金融犯罪设置了大量的拘役刑,在金融犯罪总共 38 个罪名中,

---

[1]　参见刘宪权主编:《刑法学》(第四版),上海人民出版社 2016 年版,第 286 页。

[2]　参见白建军:《金融犯罪研究》,法律出版社 2000 年版,第 503—504 页。

除了《刑法》第170条伪造货币罪没有拘役刑,其他37个罪名都设置有拘役刑,设置比例高达97.4%。

在以自由刑为主的刑罚体系中,有期徒刑无疑是我国自由刑的主体部分,也是适用最广泛的一种刑罚方法。我国现行《刑法》有关金融犯罪的法定刑设置中,有期徒刑同样是设置最多的刑种之一。这具体表现在:其一,对所有的金融犯罪法定刑的规定中都设置了有期徒刑这一刑种;其二,有关金融犯罪法定刑的规定中大多将有期徒刑作为法定最高刑;其三,有关金融犯罪法定刑的规定中除擅自发行股票、公司、企业债券罪,编造并传播证券、期货交易虚假信息罪等少数罪名只规定了一个有期徒刑的量刑幅度外,大多数条款均规定了两个以上有期徒刑的量刑幅度,以便于司法操作,对不同危害程度的金融犯罪设置不同的量刑幅度。

我国现行《刑法》中有13个金融犯罪的法定刑规定了无期徒刑这一刑种。将无期徒刑作为最高刑的刑种,即当规定有期徒刑的最高期限仍不足以惩治相关金融犯罪时,把无期徒刑规定进去作为最高刑。例如,《刑法》第170条伪造货币罪,第171条出售、购买、运输假币罪,第171条金融工作人员购买假币、以假币换取货币罪,第177条伪造、变造金融票证罪,第178条伪造、变造国家有价证券罪,第193条贷款诈骗罪,第194条票据诈骗罪和金融凭证诈骗罪,第195条信用证诈骗罪,第196条信用卡诈骗罪,第197条有价证券诈骗罪,以及《关于惩治骗购外汇、逃汇和非法买卖外汇犯罪的决定》中的骗购外汇罪。

(二) 金融犯罪法定刑中附加刑的设置

我国现行《刑法》对于金融犯罪设置了广泛的罚金刑,单看具体罪名,其设置比率高达100%。但值得注意的是,《刑法》第188条违规出具金融票证罪,第189条对违法票据承兑、付款、保证罪的自然人犯罪不能适用罚金刑,但是由于两罪均设置了单位犯罪,因而单位在构成该两罪后可以适用罚金刑。即在违规出具金融票证罪和对违法票据承兑、付款、保证罪中,罚金刑只能适用于单位犯罪,而不能适用于自然人犯罪。

从罚金刑的种类上看,现行《刑法》对金融犯罪的罚金刑主要有四种,即限额罚金制(如"五万元以上五十万元以下罚金")、倍比罚金制(如"违法所得一倍以上五倍以下罚金")、百分比罚金制(如"非法募集资金金额百分之一以上百分之五以下罚金")、无限额罚金制(如仅规定"并处罚金")。

在所有的金融犯罪中,采用限额罚金制的罪名最多,计有27个,约占金融犯罪总数的71%。它们分别是破坏金融管理秩序罪中的伪造货币罪,出售、购买、运输假币罪,金融工作人员购买假币、以假币换取货币罪,持有、使用假币罪,变造货币罪,擅自设立金融机构罪,伪造、变造、转让金融机构经营许可证、批准文件罪,非法吸收公众存款罪,伪造、变造金融票证罪,妨害信用卡管理罪,窃取、收买、非法提供信用卡信息罪,伪造、变造国家有价证券罪,伪造、变造股票、公司、企业债券罪,编造并传播证券、期货交易虚假信息罪,诱骗投资者买卖证券、期货合约罪,背信运用受托财产罪,违法运用资金罪,违法发放贷款罪,吸收客户资金不入账罪;以及金融诈骗罪中的全部 8 个罪名。值得注意的是,《刑法修正案(十一)(草案)》将非法吸收公众存款罪以及集资诈骗罪的限额罚金制修改为无限额罚金制。

采用倍比罚金制的金融犯罪计有 3 个,约占金融犯罪总数的 7%。它们分别是破坏金融管理秩序罪中的高利转贷罪,内幕交易、泄露内幕信息罪,利用未公开信息罪。

采用无限额罚金制的金融犯罪计有 4 个,约占金融犯罪总数的 11%。它们分别是破坏金融管理秩序罪中的骗取贷款、票据承兑、金融票证罪,操纵证券、期货市场罪,违规出具金融票证罪,对违法票据承兑、付款、保证罪。

采用百分比罚金制的金融犯罪计有 4 个,约占金融犯罪总数的 11%。它们分别是破坏金融管理秩序罪中的擅自发行股票、公司、企业债券罪,逃汇罪,洗钱罪,骗购外汇罪。

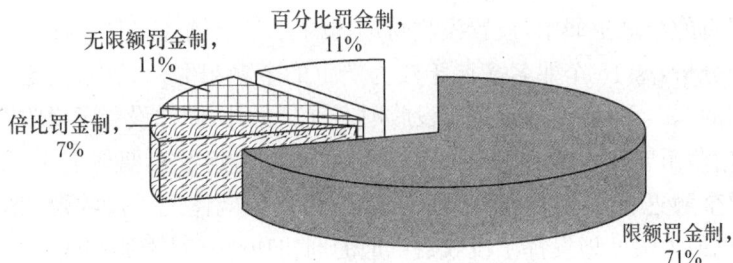

图 7-2　金融犯罪罚金刑设置比例

刑法对某些金融犯罪,采用了"并处若干数额罚金"的模式;而对另一些金融犯罪,则采取了"并处或者单处若干数额罚金"的模式。对于前者,罚金刑不能单独适用,必须与主刑并科;而对于后者,罚金刑既可以与主刑并科,也可以单独适用。

据统计,不能单科而只能与主刑并处罚金的金融犯罪有 19 个,占所有金融犯罪总数的 50%。它们分别是伪造货币罪,出售、购买、运输假币罪,高利转贷罪,背信运用受托财产罪,违法运用资金罪,违法发放贷款罪,吸收客户资金不入账罪,违规出具金融票证罪,对违法票据承兑、付款、保证罪,逃汇罪,骗购外汇罪,集资诈骗罪,贷款诈骗罪,票据诈骗罪,金融凭证诈骗罪,信用证诈骗罪,信用卡诈骗罪,有价证券诈骗罪,保险诈骗罪。

余下的 19 个罪名均可以单科罚金刑,占金融犯罪总数的 50%。它们分别是金融工作人员购买假币、以假币换取货币罪,持有、使用假币罪,变造货币罪,擅自设立金融机构罪,伪造、变造、转让金融机构经营许可证、批准文件罪,骗取贷款、票据承兑、金融票证罪,非法吸收公众存款罪,伪造、变造金融票证罪,妨害信用卡管理罪,窃取、收买、非法提供信用卡信息罪,伪造、变造国家有价证券罪,伪造、变造股票、公司、企业债券罪,擅自发行股票、公司、企业债券罪,内幕交易、泄露内幕信息罪,利用未公开信息交易罪,编造并传播证券、期货交易虚假信息罪,诱骗投资者买卖证券、期货合约罪,操纵证券、期货市场罪,洗钱罪。

值得注意的是,在可以单科罚金刑的 19 个罪名中,擅自发行股票、公司、企业债券罪和编造并传播证券、期货交易虚假信息罪由于只有一个量刑幅度,因此单科罚金刑可以适用于整个罪。而其余 17 个罪名有多个量刑幅度,单科罚金刑只能适用于最低的一个量刑幅度,对加重刑只能并处罚金,不能单科。

我国现行《刑法》有关金融犯罪的规定中,并未单独设置并处或者单处剥夺政治权利的附加刑。但是,这并不意味着对金融犯罪分子不能附加剥夺政治权利,因为对被判处无期徒刑的金融犯罪分子,《刑法》总则第 57 条规定"应当剥夺政治权利终身"。

在所有的金融犯罪中,设置没收财产刑的有 15 个罪名,占总数的 39%。从法定刑上分析,这 15 个罪名多属于较为严重的金融犯罪。其中,法定最高刑为无期徒刑的 13 个犯罪全部设置了没收财产刑。另外,同样设置了没收财产刑的持有、使用假币罪和保险诈骗罪的法定最高刑也达到了有期徒刑 15 年。现行《刑法》对金融犯罪设置没收财产刑的现状,可以说既体现了没收财产刑的严厉性,同时也最大限度地发挥了没收财产刑的刑罚功能。对于那些危害不太严重、适用罚金刑就可达到刑罚目的的金融犯罪,现行《刑法》则没有规定适用没收财产刑。另外,现行《刑法》对于金融犯罪没收财产刑的设置方式采用"选科制",即对于严重的金融犯罪分子,规定在判处主刑的同时,必须在罚金刑与没收财产刑之中选择其一与主刑并处。

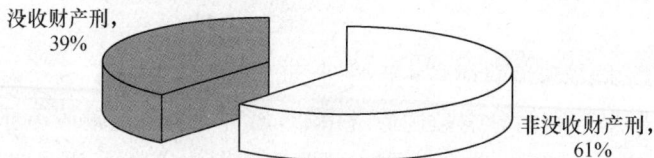

图 7-3　金融犯罪中的没收财产刑

第二节　金融犯罪法定刑设置的特点

从总体而言,金融犯罪属于经济犯罪的一类,其本身不可能脱离"经济"两字。正因为如此,金融犯罪与其他刑事犯罪具有本质上的区别。就此而论,对金融犯罪的法定刑设置当然不能和对一般刑事犯罪的法定刑设置相提并论,这是由金融犯罪本身的特点所决定的。

与对其他经济犯罪法定刑的规定基本相同的是,我国现行《刑法》对金融犯罪的法定刑规定,已全部废除了死刑,而采用罚金刑与自由刑相结合的方式。例如,对擅自发行股票、公司、企业债券罪,《刑法》不仅规定了有期徒刑和拘役的法定刑,同时还规定"并处或者单处非法募集资金金额百分之一以上百分之五以下罚金";对内幕交易、泄露内幕信息罪,《刑法》在规定自由刑的同时,对情节严重的规定"并处或者单处违法所得一倍以上五倍以下罚金",对情节特别严重的规定"并处违法所得一倍以上五倍以下罚金";对编造并传播证券、期货交易虚假信息罪,《刑法》规定"并处或者单处一万元以上十万元以下罚金";对诱骗投资者买卖证券、期货合约罪,《刑法》规定对造成严重后果的"并处或者单处一万元以上十万元以下罚金",对情节特别恶劣的"并处二万元以上二十万元以下罚金";对操纵证券、期货市场罪,《刑法》规定"并处或者单处罚金"。除此之外,针对单位实施金融犯罪的情况,《刑法》在规定单位犯罪的同时,均明确规定对犯罪的单位应"判处罚金",而对单位中直接负责的主管人员和其他直接责任人员则处以相应的自由刑。

就以上我国《刑法》中所规定金融犯罪的法定刑分析,笔者认为,尽管大多数与其他犯罪的规定没有差异,但是仍具有一定的特点。

其一,金融犯罪的法定刑均是主刑与附加刑并举的。即对于所有金融犯罪的法定刑,我国现行《刑法》规定在主刑后必须"并处"附加刑,没有只处主刑不处附加刑的,也没有只处附加刑不处主刑的。例如,对于犯内幕交易、泄露内幕信息罪的,《刑法》规定:"情节严重的,处五年以下有期徒刑或者拘役,并处或者单处违法所得一倍以上五倍以下罚金;情节特别严重的,处五年以上十年以下有期徒刑,并处违法所得一倍以上五倍以下罚金。"对于犯编造并传播证券、期货交易虚假信息罪的,《刑法》规定:"处五年以下有期徒刑或者拘役,并处或者单处一万元以上十万元以下罚金。"对于诱骗投资者买卖证券、期货合约罪的,《刑法》规定:"造成严重后果的,处五年以下有期徒刑或者拘役,并处或者单处一万元以上十万元以下罚金;情节特别恶劣的,处五年以上十年以下有期徒刑,并处二万元以上二十万元以下罚金。"对于犯操纵证券、期货市场罪的,《刑法》规定:"处五年以下有期徒刑或者拘役,并处或者单处罚金。"这种主刑与附加刑并举的情况,实际上体现了自由刑与财产刑并处的现状。《刑法》对金融犯罪的法定刑之所以作如此规定,主要是根据金融犯罪本身的特性,在强调对犯罪者适用自由刑的同时,突出对其合并适用财产刑,从而使犯罪者在经济上得不到好处。

其二,在以自由刑为中心的我国刑罚体系中,现行《刑法》对有关金融犯罪的法定刑规定,自由刑的量刑幅度虽明显低于一些严重侵犯人身权利、财产权利以及危害国家安全、公共安全的犯罪,但与其他经济犯罪相比则基本相当。

我国在 13 个金融犯罪中设置了无期徒刑。笔者认为,我国《刑法》对金融犯罪规定无期徒刑,总体上是比较合适的。"一种正确的刑罚,它的强度只要足以阻止人们犯罪就够了。没有哪个人经过权衡之后还会选择那条使自己彻底地、永久地丧失自由的道路,不管犯罪能给他带来多少好处。因而,取代死刑的终身苦役的强度足以改变任何决意的心灵。"[1]从这个角度看,无期徒刑对于金融犯罪具有良好的遏制作用。为了更好地发挥无期徒刑在预防金融犯罪方面的作用,笔者认为,应增加规定无期徒刑作为法定最高刑的金融犯罪种类,并增加无期徒刑在司法实践中的适用比重。

分析我国金融犯罪有期徒刑的设置不难发现,大多数金融犯罪的自由刑最高刑为 10 年或 15 年有期徒刑,有些(如擅自发行股票、公司、企业债券罪和编造并传播证券、期货交易虚假信息罪)仅为 5 年以下有期徒刑。这种状况显然与其他经济犯罪的自由刑设置基本相同。笔者认为,尽管从总体上看,我国现行《刑法》有关金融犯罪法定刑中自由刑的设置仍然较重,但是相比有些金融犯罪法定刑中还存在无期徒刑的规定而言,这些自由刑的设置还是有其合理性的。

需要指出的是,尽管我国现行《刑法》有关金融犯罪法定刑中自由刑的设置均低于严重侵犯人身权利、财产权利以及危害国家安全、公共安全的犯罪,与其他经济犯罪相比则基本相当,但是与其他国家和地区刑法中有关金融犯罪法定刑中自由刑的设置相比则普遍较高。例如,各国和地区对内幕交易罪的处罚都十分重视财产刑的适用,而自由刑的刑期一般都较短:美国对该罪处罚的刑期是最长的,法定最高刑为 20 年,英国为 7 年,德国为 5 年,瑞士为 3 年,日本为 5 年,韩国为 3 年,我国香港和台湾地区均为 2 年。我国《刑法》对内幕交易罪的处罚是较为严厉的:"情节严重的,处五年以下有期徒刑或者拘役,并处或者单处违法所得 1 倍以上 5 倍以下罚金;情节特别严重的,处 5 年以上 10 年以下有期徒刑,并处违法所得 1 倍以上 5 倍以下罚金。"由此进行分析,应该承认我国《刑法》对于金融犯罪的法定刑规定还是有过重之嫌。尤其是《刑法修正案(十一)(草案)》提高非法吸收公众存款罪的法定最高刑,似无必要。就世界各国和地区刑

---

[1] 〔意〕贝卡里亚:《论犯罪与刑罚》,黄风译,中国大百科全书出版社 1993 年版,第 47 页。

法发展趋势分析,轻刑化将能为金融市场的发展提供宽松的社会法制环境。从根本上说,在金融市场上,各种经济关系与经济矛盾主要还是应该通过市场的自发调整加以解决,过分严厉的刑罚与金融市场发展的内在要求在逻辑上是矛盾的。

其三,金融犯罪法定刑中罚金刑的设置具有普遍性,这主要是由金融犯罪贪利性的特点所决定的。我国现行《刑法》有关金融犯罪法定刑中罚金刑的规定和适用,无论在深度还是广度上均超过包括其他经济犯罪在内的刑事犯罪。例如,在适用对象上,罚金刑适用范围非常广泛,除违规出具金融票证罪和对违法票据承兑、付款、保证罪(单位犯这两个罪也可适用罚金刑)外,其余所有的罪名都有单处或者并处罚金的规定。另外,大多数金融犯罪罚金刑的最高数额可以达到50万元,有些则可以处违法所得的5倍以下罚金。

我国刑法规定罚金刑只能作为附加刑适用,而不能作为主刑加以适用,在有关金融犯罪的法定刑规定上也不能例外。但是,罚金刑在当今世界许多国家和地区的刑法中是作为主刑加以规定的,如意大利、日本、巴西、德国、瑞士、罗马尼亚、朝鲜等。有些国家将罚金刑规定为既可作为主刑又可作为附加刑适用,如蒙古、阿尔巴尼亚、匈牙利等。还有些国家的刑罚没有主刑与附加刑之分,仅根据排列顺序决定刑罚轻重,在适用方法上没有差别,如奥地利、印度、阿根廷、泰国等。另外一些国家则把刑罚分为重罪之刑与轻罪之刑,罚金是一种轻罪之刑。应该说,大多数国家都比较重视罚金刑且一般均将罚金刑作为主刑加以规定。

在理论上一般认为,罚金刑在一个国家刑罚体系中的地位,直接关系到它在司法实践中适用率的高低。随着世界许多国家先后对以自由刑为中心的刑罚体系进行改革,罚金刑在刑罚体系中的地位逐渐上升。特别是在有关金融犯罪的法律规定和司法实践中,人们越来越认识到,从经济上严厉制裁贪利者有助于剥夺金融犯罪者的再犯能力,尤其是当罚金刑与自由刑或其他刑种并用时,效果更为显著。例如,有学者认为,应当将罚金刑上升为主刑,提高罚金刑在刑罚体系中的地位,以引起司法机关和司法人员对适用罚金刑的重视,提高罚金刑的适用率,并改变人们相应的刑罚观念。[1]对此观点,笔者并不十分赞同。尽管将罚金刑上升为主刑可能在某种程度上改变人们的观念,但是由于我国刑罚中的附加刑既可以独立适用也可以附加适用,明显要比主刑的适用更为灵活和方便,就此而言,改变我国现有的刑罚体系而将罚金刑上升为主刑,似无很大必要。其实,重要的不在于罚金刑是否应当列入主刑,而在于罚金刑的具体规定及罚金刑宣判以后的实际执行情况。

笔者认为,加强对金融犯罪罚金刑的规定和适用无疑是十分必要的,其意义

---

[1]　参见高铭暄主编:《新型经济犯罪研究》,中国方正出版社2000年版,第109页。

主要有以下几点：

其一，通过罚金刑的判处和适用，可以最大限度地削减实施金融犯罪的单位和个人再犯罪的能力。大多数金融犯罪的实施在很大层面上要依靠资金才能进行。在金融市场上，行为人拥有资金，往往也就具备了实施金融犯罪的能力；如果行为人没有资金，实际上也就丧失了继续实施金融犯罪的能力。因此，对实施金融犯罪的单位和个人判处罚金，可以在经济上削弱其实力，从而使其难以再实施金融犯罪。

其二，通过罚金刑的判处和适用，可以最大限度地弥补因金融犯罪所造成的损失。金融犯罪对金融市场秩序的破坏是显而易见的，其突出表现是会对金融市场的秩序和广大投资者的经济利益造成重大损害。对实施金融犯罪的单位和个人判处罚金，在某种程度上可以弥补因金融犯罪所造成的各种经济损失。

其三，通过罚金刑的判处和适用，可以不让实施金融犯罪的单位和个人在经济上占到便宜。任何金融犯罪均是以谋取非法利益或者减少损失为目的的，可以说图利是所有金融犯罪者的共同目标。对于金融犯罪者判处和适用罚金，可以从根本上阻止行为人的目的得逞，使犯罪的单位和个人在经济上无法占到便宜，从而充分有效地遏制金融犯罪。

其四，针对金融犯罪中单位犯罪十分突出的情况，现行《刑法》对大多数金融犯罪均规定了单位可以成为犯罪主体，而且对单位实施金融犯罪均规定了相应的双罚制，即既对单位处以罚金，又对单位主管人员和直接责任人适用较低的自由刑。例如，对于单位犯内幕交易、泄露内幕信息罪，编造并传播证券、期货交易虚假信息罪，诱骗投资者买卖证券、期货合约罪，以及操纵证券、期货市场罪的，《刑法》均规定：对单位判处罚金，并对其直接负责的主管人员和其他直接责任人员处5年以下有期徒刑或者拘役。我国刑法之所以强调对单位金融犯罪适用双罚制，主要是因为双罚制是一种比较全面、综合、科学的制裁单位金融犯罪的方式。单位金融犯罪的特性决定了其刑事责任的整体性。这一整体性是指由自然人与单位结合而成的有机整体，对于实施金融犯罪的单位之处罚，最后必然会涉及单位本身以及在单位犯罪中直接负责的主管人员和其他直接责任人员。这是对单位实施金融犯罪的全面处罚的表现。双罚制在对犯金融犯罪的单位判处罚金的同时，又对单位主管人员和直接责任人员适用一定的自由刑。这既可以给犯罪的单位以刑事上的否定性评价，从而受到更深层次的社会伦理道德的否定性评价和约束，也可以给单位中直接负责的主管人员和直接责任人员以相应的刑罚制裁，使他们因自己的行为而接受刑罚的痛苦体验，遭受一定的损失，以增强他们的责任感和使命感。另外，对单位金融犯罪适用双罚制的处罚方式是对"法人责任原则"的遵循，具有相应的法律依据。在民商法、行政法上，如果单位内部成员在执行职务过程中造成了他人的损害，一般由单位承担法律赔偿责任，同叫遭成损害的单位成员也要受到必要的经济和行政处分。在单位金融犯罪中,以单位名义、为单位利益和利益归属单位均是构成犯罪的必要要件,而这些要件又实实在在地体现了单位和单位中的自然人结合的整体性。因此,要求单位与单位中直接负责的主管人员和直接责任人员均承担刑事责任是完全可以理解的。

需要指出的是,现行《刑法》有关对单位金融犯罪的双罚制规定中,大多数情况下只注重于对单位判处罚金,而对相关责任人员则强调处以较低的自由刑,一般并没有处以罚金的规定。在单位实施的金融犯罪中,尽管"为单位谋利"且"利益归属单位"是单位金融犯罪的基本特征,但是无论是直接负责的主管人员还是其他直接责任人员在决策和实施单位金融犯罪时,主观上仍然具有谋取非法利益的目的。因此,仅仅判处相应的犯罪单位以罚金,而忽视对相关责任人员的经济制裁,可能并不完全符合惩治金融犯罪的根本要求和刑法对金融犯罪设置罚金刑的目的。

其五,金融犯罪的法定刑规定中有关没收财产刑的设置充分体现了刑罚的功能,较为科学和合理。正如前述,在所有的金融犯罪中,设置没收财产刑的有15个罪名,占总数的39%,且均属于较为严重的金融犯罪。这一特点正符合刑法设置没收财产刑的宗旨和目的。没收财产刑一般只适用于那些犯罪性质比较严重的罪犯,因此在适用对象上应当与罚金相区别。没收财产刑的设立目的在于剥夺犯罪人的财产利益,特别是把营利性、贪利性的经济犯罪作为没收财产的重要对象。就金融犯罪而言,在法定刑中设置没收财产刑的主要目的有两个:其一可谓"对症下药"。由于金融犯罪的实施者均以获取非法利益为最终目的,因而对于一些严重金融犯罪的处罚,我们不但应该追缴和没收其犯罪所得,而且还应该没收其合法所有的财产,这样可以从根本上扼制犯罪分子非法图利目的的产生,也即可以在很大程度上使犯罪人因害怕遭受经济上的巨大痛苦而放弃金融犯罪,从而真正起到防止或减少金融犯罪发生的作用。其二是使犯罪分子难以再犯罪。在大多数情况下,行为人实施金融犯罪的前提条件是需要具有一定的经济实力,行为人的经济实力与其再犯罪的能力具有直接和密切的联系。对于金融犯罪分子,没收其全部或部分财产,可以从根本上削弱其再实施金融犯罪的能力。在理论上一般认为,通过设置没收财产刑对行为人造成心理上的压力,从而抑制其行为的实施,具有一般预防的作用;而通过实际没收财产刑的适用减弱行为人再实施金融犯罪的能力,则具有特殊预防的作用。因此,在考察金融犯罪法定刑中没收财产刑的设置时,从一般预防角度出发,我们应该更多关注抽象意义上犯罪的严厉程度;而从特殊预防角度出发,我们则应该更多关注具体犯罪人再犯可能性的大小,包括犯罪的动机、手段、情节、危害结果、行为后态度以及其他表明犯罪人人身危险性的具体情况,综合进行考察。

第八章
危害货币管理制度犯罪研究

　　货币是商品交换的媒介。在市场经济条件下,由于商品生产和交换无法消除且将长期继续存在,因此货币又不可避免地成为经济生活的媒介。作为一种特殊意义的商品,货币与国计民生和经济发展的关系非常密切。正因为如此,货币的统一和稳定直接关系到国民经济的发展和人民生活的安定,这也是国家经济发展和社会稳定的重要标志。为了保证货币的统一稳定,国家需要建立一套货币管理制度,以维护货币发行和流通等过程中的正常秩序。货币管理制度是国家金融管理制度中的一个重要组成部分,危害货币管理制度,必然会扰乱国家正常的金融管理秩序。由此可见,运用刑法开展对危害货币管理制度行为的打击无疑是十分必要的。

　　危害货币管理制度犯罪是金融犯罪中相对较为传统且发案率较高的一类犯罪。从我国有关金融犯罪刑事法律的发展轨迹分析,惩治金融犯罪始于打击危害货币管理制度犯罪。由于危害货币管理制度犯罪对社会的危害较大,因而世界各国和地区的刑法历来都将其作为重点打击的对象,且一般均强调要加以严惩。与此相同,我国从古至今也都非常重视对货币犯罪的打击。受古代和近代社会经济发展本身的制约,我国古代有关金融犯罪的法律主要围绕着惩治货币犯罪加以规定。

第一节　危害货币管理制度犯罪的立法依据

　　我国古代规定的危害货币管理制度犯罪包括两个方面:其一为货币制造方面的犯罪;其二为货币流通方面的犯罪。

　　据史料记载,我国惩治危害金融管理制度犯罪的法律始于秦代。秦统一六国后,不但统一货币,而且严惩货币犯罪。当时颁行了专门的调控、管理律——《金布律》,其中规定:"百姓市用钱,美恶杂之,勿敢异。"据此,市肆交易者如敢违抗该律令,破坏秦王朝的统一币制,"择行钱、布","皆有罪";市肆的基层管理者"列伍长"获此状况"弗告",同样获罪。此外,为了确保统一货币的稳定与权威,秦王朝还通过其刑事法律严惩伪造货币的金融犯罪行为。按照秦律的规定,官府以外的民间不得私自铸币造钱,该私自铸造的钱币不得入市流通,否则官府将依律治罪。同时,秦法律严禁民间私自铸钱(即盗铸钱),盗铸钱是犯罪。

进入汉代以后,汉景帝颁行了《铸钱伪黄金弃市律》,严禁民间私铸钱币。①西汉实行禁榷制度,国家垄断了有关国计民生的一些重要行业,也以法律形式垄断了铸钱业,盗铸钱会被判处死刑或黥刑。②

唐朝对于收藏现钱的数量也作了一定的限制,如唐宪宗元和三年(808 年),规定最多为五千贯,限满违者,平民处死,有官品人等奏告朝廷贬责。③从历史上看,我国较早将变造货币的行为规定为犯罪的是唐律。唐律规定:"若磨错成钱,令薄小,取铜以求利者,徒一年。"疏议谓:"时用之钱,厚薄大小,并依官样,辄有磨错成钱,令至薄小而取其铜,以求利润者,徒一年。"④

宋朝出现了我国历史上比较完全意义的纸币——交子,并正式确立了钞法法制。两宋历代统治者都制定和重申《伪造交子法》。绍兴三十二年(1162 年),《伪造交子法》被印于票面:"犯人处斩,赏钱一千贯。"⑤

元代不仅规定了伪钞币罪,还有买使伪钞币罪,收藏伪钞罪,改钞、补钞罪,阻滞钞法罪等多个规制。《元史·刑法志·诈伪篇》规定:"诸伪造宝钞,首谋起意,并雕板抄纸,收买颜料,书填字号窝藏印造,但同情者皆处死,仍没其家产。两邻知而不首者,杖七十七,坊(里)正、主受、社长失觉察,并巡捕军兵,各管四十七,捕盗官及镇官运亨通巡捕军官各三十七,未获贼徒,依强盗立限缉捕。""买使伪钞者,初犯杖一百七,再犯加徒一年,三犯科断流远。诸捕获伪钞者,赏银五锭,给银不给钞。""诸父子同造伪钞者,皆处死。诸父造伪钞,子听给使,不与父同坐;子造伪钞,父不同造,不与子同坐。""诸赦前收藏伪钞,赦后行使者,杖一百七。"

明初不久,采用以纸钞为主,银钱、铜钱、铁钱为辅的货币流通制度。但是,由于交易习惯、信用程度以及购买力强弱等关系,时有市肆交易一方拒收纸钞或钱币的现象。为此,当时对违律收、用钱钞的行为也要治罪。例如,民间买卖时拒绝接受宝钞,处杖刑一百。收税人员不"用尽辨验,收受伪钞",杖一百。市民

---

① 参见屈学武:《金融刑法学研究》,中国检察出版社 2004 年版,第 7 页。
② 参见秦醒民主编:《金融犯罪的惩治与预防》,中国检察出版社 1996 年版,第 361 页。
③ 参见胡启忠等:《金融犯罪论》,西南财经大学出版社 2001 年版,第 7 页。
④ 转引自陆敏:《变造货币罪比较研究》,载《铁道警官高等专科学校学报》2002 年第 3 期。
⑤ 转引自蒋晓伟:《中国经济法制史》,知识出版社 1994 年版,第 182 页。

使用伪钞,除追纳赔偿外,并处杖刑。又如,拒绝使用钱者,杖六十。太祖末年,出现了重钱轻钞趋势。英宗以后,政府颁布命令:"阴钞者追一万贯,全家戍边。"[①]

清朝颁行了《各官失察私铸处分之例》、《旗人私销私铸禁例》、《私铸铅钱禁例》等"例"规,对涉及私铸、私售、使用伪币等犯罪,逐条逐款地加以规定。1911年颁行的《大清新刑律》卷八《仓库》上篇专门设置了"钱法"专条。该条规定:"凡钱法设立,宝源宝泉等局鼓铸制钱内外,俱要遵照户部议定数目,一体通行。其民间金银米麦布帛诸物价钱,并依时值,听从民便,若阻滞不即行使者处六等罚。"同条附例还规定:"各省行用铜圆如经纪牙行人等,于交易时不照钱面数目字样,任意折减及与铺户人等通同舞弊减成定价,甚至造言煽惑抗不收使,将为首阻挠者徒二年,随同附和者徒一年。"该篇还分别设置了起解金银足色罪:"凡收受诸色课程,变卖货物,起解金银须要足色,如成色不及分数,提调官吏人匠,各处四等罚,着落均赔还官。"《大清新刑律》卷二十九《诈伪》篇还专条设置了私铸铜钱罪。该罪规定:"凡私铸铜钱者绞监候。匠人罪同,为从及知情买使者,各减一等,告捕者官给赏银五十两。里长知而不首者,处十等罚。不知者不坐。若将时用铜钱剪挫薄小取铜以求利者,处十等罚。若以铜铁、水银伪造金银者徒三年,为从及知情买使者,各减一等,金银成色不足非系假造,不用此律。"《大清新刑律》中不但有伪造货币罪规定,还有变造货币罪、知情购买假币罪、知情使用假币罪和在金银成色上作弊的货币犯罪及其罚则规定,包括对伪造货币的首犯、主犯(实行犯——匠人)、从犯甚而中止犯的规定等,可谓相当完备而详细。[②]

我国古代对金融犯罪的处罚较为严厉,尤其对于违法制造货币行为,一般都规定了死刑。例如,汉武帝时规定"盗铸诸金钱,罪皆死";北周时,"私铸者绞,从者远配为户";宋朝交子印有"伪造交子,犯人处斩"的规定,宋孝武帝孝建初年,下令"盗铸者处死";元朝宝钞印有"伪造钞者处死"的规定;明朝刑律规定:"凡伪造宝钞,不分首从及窝主,若知情行使者皆斩。"我国古代对其他金融犯罪的处罚也较重。唐律规定:"私铸钱者,流三千里;作具已备,未铸者,徒二年;作具未备,杖一百。若磨错成钱,令薄小,取铜以求利者,徒一年。"宋刑统列"私铸钱"专条,规定:"诸私铸钱者,流三千里;作具已备未铸者,徒二年。"宋高宗绍兴六年(1136年)规定:"铸镕铜钱和私造铜器者,一两以上皆徒二年,罪重者从严判刑,罚偿钱三百贯;准许他人告发,邻居失察者,亦罚偿钱二百贯。"宋朝在钱币流通方面的法律也十分严厉。宋初禁止铜钱流入"蕃界""化外",边关官吏失察,五贯以下处罪,五贯以上死罪,后来改为阑出一贯文即处死。绍兴二十八年(1158年),制定

---

①　转引自胡启忠:《金融刑法适用论》,中国检察出版社 2003 年版,第 8 页。

②　参见屈学武:《金融刑法学研究》,中国检察出版社 2004 年版,第 9 页。

"铜钱出界罪赏"，如将铜钱与蕃交易者，徒二年，千里编管。①至元二十四年（1287 年）发行的至元宝钞，票面印有"伪造钞者处死，首告赏五锭，仍以犯人家产给之"的规定。②明初颁行"洪武通宝钱制"，私铸铜钱者绞，匠人同罪，为首者依律问罪，胁从者与知情者枷示一月，家属戍边。如将时用铜钱剪错薄小，取铜以求利者，杖一百。为禁私铸铜钱，明朝严禁私相买卖和收匿废铜，违者处笞刑、杖刑。明孝宗以后，制钱以银为本，为禁私铸。《大明律·户律》规定："伪造金银者，杖一百，徒三年；为从及知情买使者，各减一等。"明代仅发行过一种纸币——大明宝钞，票面印明："大明宝钞与铜钱通行使用，伪造者斩，告捕者赏银二百，仍给犯人财产。"《大明律·刑律》设有伪造宝钞罪，"凡伪造宝钞，不分首从及窝主，若知情行使者皆斩，财产并入官"，"里长知而不首者，杖一百"。"巡捕官运亨通把官军知情故纵者，与同罪。""若将宝钞挑剜补辏改描，以真作伪者，杖一百，流三千里。"清律规定，私铸钱，为首者和工匠斩，财产没官；伙同者、知情者、买者、使用者、甲长与地方官知情，分别要处斩，告奸者赏钱五十两。其知情者，分之利之，同居父兄、伯叔与弟，减本犯罪一等，杖一百，流三千里。后又定剪钱边界为绞临候，并限期收缴私钱。③

　　为了保证国家货币的稳定，维护国家的金融秩序，新中国成立不久，针对当时政权尚未稳固、经济建设刚起步、国内外的敌对势力曾通过发行伪造的人民币扰乱我国的经济秩序等严重情况，中央政府非常重视对各种妨害人民币的犯罪活动的打击。1951 年 4 月 19 日中央人民政府政务院颁布的《妨害国家货币治罪暂行条例》（已失效）第 3 条规定："以反革命为目的伪造国家货币者，其首要分子或情节严重者处死刑，情节较轻者处无期徒刑或 15 年以下 7 年以上徒刑，并没收其财产之全部或一部。"第 4 条规定："意图营利而伪造国家货币者，其首要分子或情节严重者处死刑、无期徒刑，其情节较轻者处 15 年以下 3 年以上徒刑，均得没收其财产之全部或一部。"1955 年 2 月 21 日，国务院又发布了《关于发行新的人民币和收回现行的人民币的命令》，重申："凡伪造或行使假钞者，依照妨害国家货币罪暂行条例治罪。"1957 年 11 月 19 日，国务院在《关于发行金属分币的命令》中又进一步规定："严禁伪造或熔化硬分币，违者依照……妨害国家货币罪暂行条例处理。"1962 年国务院批转的《中国人民银行关于严格禁止各单位模仿人民币式样印制内部票券的报告》又指出："一切企业、事业单位和机关、团体，印制和使用内部核算的票券，必须经上级主管部门批准，并且一律不准模仿

---

① 参见蒋晓伟：《中国经济法制史》，知识出版社 1994 年版，第 181 页。
② 参见胡启忠等：《金融犯罪论》，西南财经大学出版 2001 年版，第 8 页。
③ 参见胡启忠等：《金融犯罪论》，西南财经大学出版 2001 年版，第 9 页。

人民币的样式,不许不注明用途混入市场;违者以扰乱金融论处。"1979 年《刑法》第 122 条再次规定:"伪造国家货币或者贩运伪造的国家货币的,处三年以上七年以下有期徒刑,可以并处罚金或者没收财产。犯前款罪的首要分子或者情节特别严重的,处七年以上有期徒刑或者无期徒刑,可以并处没收财产。"

我国 1979 年《刑法》是依据改革开放前的情况制定的,受当时客观条件的限制,已不能适应与危害货币管理制度犯罪作斗争的需要。这种不适应主要表现在法定刑偏轻以及犯罪对象只限于人民币等方面,因而必须作出相应的修改。为此,1995 年 6 月 30 日,八届全国人大常委会第十四次会议通过了《关于惩治破坏金融秩序犯罪的决定》,其中第 1 条至第 5 条是对妨害货币管理犯罪的规定。根据该决定,妨害货币管理犯罪的罪名有:伪造货币罪,出售、购买、运输假币罪,金融工作人员购买假币、以假币换取货币罪,走私假币罪,非法持有、使用假币罪,变造货币罪。1997 年《刑法》除将全国人大常委会的上述决定中走私假币罪规定在"走私罪"一节外,其他妨害货币管理的犯罪皆被纳入"破坏金融管理秩序罪"一节。1997 年《刑法》有关妨害货币管理制度犯罪的规定对 1979 年《刑法》作了较大的修改,集中表现在以下几个方面:其一,扩大了犯罪对象的范围。我国 1979 年《刑法》有关妨害货币管理制度犯罪的对象只限于人民币,并未将外币列入犯罪对象之中。然而,随着我国对外开放的发展,伪造外国货币的现象在我国日益增多,且这种行为同样会对我国货币管理秩序造成破坏。因此,我国 1997 年《刑法》明确用"货币"代替了 1979 年《刑法》中"国家货币"的提法,即将外币扩充为危害货币管理制度犯罪的对象。其二,明确了犯罪的行为方式。我国 1979 年《刑法》所规定的危害货币管理制度罪,只有第 122 条的伪造货币罪和贩运伪造的货币罪。然而,贩运伪造的货币罪中的"贩运"一词的含义并不明确,引起了刑法理论界认识上的分歧。许多学者主张废除"贩运伪造的货币罪",用含义更加明确的罪名取而代之。1997 年《刑法》在第 171 条规定了出售、购买、运输假币罪,以"出售、购买、运输"的行为方式代替 1979 年《刑法》"贩运"的行为方式,以便于对该罪的认定。此外,1997 年《刑法》又在第 172 条和第 173 条增设了持有、使用、变造等行为方式,以适应新形势的需要。其三,增设了金融工作人员购买假币、以假币换取货币罪。由于金融工作人员利用职务上的便利条件实施的购买假币、以假币换取货币的行为一般涉及犯罪数额巨大,不仅造成银行资产的流失,而且严重损害了银行和其他金融机构的声誉,其社会危害性要远远大于普通人员购买假币、以假币换取货币的犯罪行为,因而就有必要将其独立成罪并规定更为严厉的刑罚。为此,我国 1997 年《刑法》第 171 条第 2 款专门增设了金融工作人员购买假币、以假币换取货币罪,该条款所规定的法定刑,在量刑幅度及量刑标准上均比普通人员实施同种犯罪有所提高。

我国 1997 年《刑法》实施之后，司法机关严厉打击危害货币管理制度犯罪，有效保障了国家货币信用、金融安全、市场经济秩序、群众切身利益和社会稳定。然而，近几年来受多方面因素的影响，危害货币管理制度犯罪活动仍然持续高发，尤其是假币犯罪，手段更趋隐蔽，犯罪对象更趋多样，且呈家族化、职业化、产业化发展趋势，查处难度明显增大，法律适用疑难问题明显增多。为有效遏制假币犯罪活动的蔓延，自 2009 年初 HD 版假钞事件发生后，公安机关于 2009 年 1 月开始在全国开展了为期 10 个月声势浩大的打击假币犯罪"09 行动"。"09 行动"期间，全国共破获假币犯罪案件 3688 起，抓获犯罪嫌疑人 5974 名，缴获假人民币 11.65 亿元，各项数据均逾 2008 年全年 3 倍以上。人民法院也加大了对假币犯罪的惩处力度，依法从严从快判处了一大批假币犯罪分子。2009 年全国法院共受理各类假币犯罪案件 1194 件，较 2008 年上升 9.6%；结案 1054 件，其中被判处 5 年有期徒刑以上刑罚的重刑犯 242 人，较 2008 年上升 32%。最高人民法院也进一步加强了审理假币犯罪案件的宣传指导工作，于 2009 年 7 月选择了 4 件典型假币犯罪案件通过中央各主要媒体向社会公布，并于 2009 年 9 月会同最高人民检察院、公安部联合发布了《关于严厉打击假币犯罪活动的通知》（以下简称《假币犯罪通知》）。《假币犯罪通知》要求公安司法机关高度认识假币犯罪的严重危害性，始终把反假币工作作为一项十分重要的任务抓紧抓好，并就假币犯罪案件中的地域管辖、刑罚适用、公安司法机关的协作配合等问题明确了具体处理意见。但是，对于实践中反映较为突出的其他一些法律适用问题，因涉及性质认定以及与既有司法解释冲突等问题，未能在《假币犯罪通知》中明确。鉴此，最高人民法院在 2000 年发布《关于审理伪造货币等案件具体应用法律若干问题的解释》（以下简称《货币犯罪解释一》）的基础上，就假币犯罪案件的相关法律适用问题再次制定了《关于审理伪造货币等案件具体应用法律若干问题的解释（二）》（以下简称《货币犯罪解释二》）。《货币犯罪解释二》规定的问题，有些是司法实践当中长期存在争议的问题，如伪造货币的具体理解、伪造停止流通货币的司法定性等；有些是近年来出现的新情况、新问题，如制造真伪拼凑货币、伪造贵金属纪念币的司法处理等；有些是《货币犯罪解释一》规定中存在局限的问题，如伪造境内不可兑换的境外货币的司法处理等。对这些问题有针对性地进行梳理研究，明确其处理意见，并对《货币犯罪解释一》的相关规定进行必要的修改和完善，进一步严密法网，有利于消除各种歧见，增进法律适用的统一性和有效性；有利于打消司法疑虑，依法惩治新形势下各种新型假币犯罪；有利于从严打击假币犯罪，发挥刑事司法的震慑和预防作用。[①]

[①]　参见田浩：《精准打击犯罪保护国家金融管理秩序——最高人民法院有关部门负责人就〈解释（二）〉答记者问》，载《人民法院报》2010 年 11 月 3 日第 2 版。

笔者认为,货币作为商品交换的媒介,渗透到社会生活的方方面面。在市场经济条件下,货币作为经济生活的媒介,与国计民生和经济发展的联系极为密切;货币作为一种特殊意义的商品,与人们的生活息息相关。正是由于货币所具有的这些作用及其所处的特殊地位,国家必须制定一套对货币的严格管理制度。货币的制造权、发行权属于国家,国家中央银行严格地控制和发放货币,并对外币的流通和使用进行严格的管制。

危害货币管理制度犯罪具有严重的社会危害性,主要表现在以下几个方面。

其一,危害货币管理制度犯罪会对国家统一的货币管理制度造成破坏。由于危害货币管理制度犯罪发生在货币的制造环节或流通领域,因此货币犯罪直接破坏的主要是国家货币发行(包括铸造)或流通方面的管理制度。无论是在金属货币制度下还是在纸币制度下,皆是如此。

其二,危害货币管理制度犯罪可能导致通货膨胀乃至经济危机。货币流通量与商品流通量相适应,这是商品经济健康发展的一个基本经济准则。这个准则决定了应根据市场上的商品流通量决定投放到市场上的货币量,以保证货币币值的稳定,防止出现通货膨胀甚至经济危机等阻碍经济健康、良性发展的现象。危害货币管理制度犯罪造成假币混杂于市场流通,实际上是变相增加了市场上的货币流通量。当危害货币管理制度犯罪严重,市场上流通的假币达到一定数量时,无疑就会出现通货膨胀,乃至发生经济危机。

其三,危害货币管理制度犯罪会严重损害货币的信誉。货币作为交换媒介被接受的基础是国家信用,即国家保证其发行的货币为法定偿还货币,可以在市场上自由流通。危害货币管理制度犯罪的出现,导致假币进入市场流通,使得货币市场鱼目混珠,人们纷纷担忧自己收到的不是国家发行的以信用作保证的法定偿还货币,而是不能流通的假币。特别是在假币制作越来越精良,一般人用通常的手段和方法已难以辨别真伪的情况下,人们甚至不愿接受某些货币作为支付手段。

其四,危害货币管理制度犯罪可能剥夺社会主体应得的财富。货币是社会主体财富的重要组成部分,但是假币就像嗜血的幽灵一样吞噬着社会主体辛辛苦苦创造的财富。假币进入流通领域后,使得劳动不一定能创造财富。

其五,危害货币管理制度犯罪会对社会稳定造成破坏。就假币的危害而言,由于假币进入流通领域,往往会导致社会矛盾纠纷不断,如果任由这种状况持续发展,必将危及社会稳定秩序。

其六,危害货币管理制度犯罪甚至可能动摇政权统治根基并危及国家政权。危害货币管理制度犯罪侵犯的是事关国家经济命脉的金融工具,当这类犯罪猖獗,假币对于国家经济秩序和社会秩序的破坏达到一定严重程度时,国家政权的统治根基就动摇了,国家政权的统治随之也将发生危机。

综上所述,将危害货币管理制度的行为纳入刑法打击的视野之中,不仅是世界各国和地区刑事立法中的通行做法,而且也是市场经济体制本身的内在要求。因为诸如伪造货币等严重危害货币管理制度的行为必然会使一些假币混入流通市场,从而直接破坏国家的货币管理制度,使国家遭受巨大损失且严重损害人们的利益,有时甚至可能影响国家政权的稳定。就此而言,在刑法中将严重危害货币管理制度的行为规定为犯罪并加以必要的惩治,在理论上和实践中均具有相当充分的依据。

第二节　危害货币管理制度犯罪罪名设置比较

危害货币管理制度犯罪具有较大的社会危害性,因而世界各国和地区的刑事立法均将相关的行为规定为犯罪,并强调要加以严惩。但是,综观世界各国和地区有关危害货币管理制度犯罪的刑事立法不难发现,在罪名设置上具有许多异同处。

例如,《德国刑法典》中的货币犯罪包括:伪造货币罪,取得伪币罪,使用伪币罪等。《法国刑法典》中的货币犯罪包括:伪造、变造货币罪,运送、使用、持有货币罪,伪造、变造不再具有法定价值的货币罪,使用未经批准的货币罪,非法使用、持有专用于制造货币的材料、工具罪,制造、出售、发行与假币相似的物品、印刷品、样票罪,取得假币后知情使用罪,拒绝交出伪造或篡改的货币罪。《瑞士刑法典》中的货币犯罪包括:伪造货币罪,变造货币罪,使伪造之货币参与流通罪,使硬币变小罪,输入、购得伪币罪。①《意大利刑法典》中的货币犯罪包括:伪造货币,预先通谋的花用和向国内引入伪造的货币罪,变造货币罪,未经通谋花用和引入伪造的货币罪,花用善意接受的伪造货币罪。②《日本刑法典》中的货币犯罪包括:伪造货币罪,行使伪造的货币罪,交付、输入伪造的货币罪,伪造外国货币罪,行使伪造的外国货币罪,交付、输入伪造的外国货币罪,取得伪造的货币罪,取得后知情行使、交付罪。《韩国刑法典》中的货币犯罪包括:伪造、变造大韩民国通货罪,伪造、变造流通于国内的外国通货罪,伪造、变造流通于国外的外国通货罪,取得伪造通货罪,取得伪造通货后知情使用罪,制造、输入、输出通货类似物罪,贩卖通货类似物罪。《泰国刑法典》中的货币犯罪包括:伪造货币罪,变造货币罪,非法减损硬币分量罪,输入假币罪,持有假币罪,行使假币罪,制造、持有

---

① 参见《瑞士联邦刑法典》,徐久生译,中国法制出版社 1999 年版,第 79 页。
② 参见《意大利刑法典》,黄风译,中国政法大学出版社 1998 年版,第 136 页。

伪造、变造器械、原料罪。①我国台湾地区的"刑法典"中的货币犯罪包括：伪造、变造通货、币券罪，行使伪造、变造之通货、币券罪，收集、交付伪造、变造之通货、币券罪，减损通用货币罪，行使减损之通用货币罪，收集、交付减损之通用货币罪，预备伪造、变造币券或减损货币罪。②《澳门刑法典》中的货币犯罪包括：假造货币罪，使硬币价值降低罪，与伪造货币者协同而将假货币转手罪，将假货币转手罪，取得假货币以使之流通罪。

我国《刑法》规定的危害货币管理制度犯罪的罪名共有五个，即伪造货币罪（第170条），出售、购买、运输假币罪（第171条第1款），金融工作人员购买假币、以假币换取货币罪（第171条第2款），持有、使用假币罪（第172条），变造货币罪（第173条）。除此之外，在《刑法》有关走私罪的规定中，还专门规定了走私假币罪（第151条）。

比较世界主要国家和地区的刑事立法，笔者认为，我国与境外刑事立法中有关危害货币管理制度犯罪的罪名设置，主要有以下几个方面的差异。

第一，境外刑法大多设置减损硬币分量罪，而我国刑法并无此类规定。

例如，《瑞士刑法典》第243条规定："意图供流通之用，充当全值之钱币，而以删削、磨损、化学处理或其他方法，减损硬币之分量者，处轻惩役或罚金。行为人以减损硬币为常业者，处3年以上重惩役或1月以上轻惩役。"《奥地利刑法典》第234条"减损货币分量及其辗转交付罪"规定："意图作为具有标准价额之货币交付之用，而减损其分量者，处6月以上5年以下自由刑。"《澳门刑法典》第253条第1款规定："意图充当全值硬币流通，而以任何方式减损硬币之价值，使其价值降低者，处最高2年徒刑，或科最高240日罚金。"我国台湾地区"刑法典"第197条规定："意图供行使之用，而减损通用货币之分量者，处五年以下有期徒刑，得并科三千元以下罚金。"③

我国《刑法》中没有设置减损硬币分量方面的罪名，主要原因在于：在我国，司法实践中很少发生减损硬币分量的案例，即使社会生活中有发生的，也往往因为数额较小，情节不严重，危害不大，很难以犯罪处理。

第二，境外刑法对变造货币采取不同立法方式，而我国刑法采用"独立一罪说"。

尽管境外刑事立法一般均认为变造货币也应构成犯罪，但是有关变造货币的规定不尽相同。归纳起来，主要有以下几种情况：（1）只规定伪造货币罪，而在

---

① 参见周振想主编：《金融犯罪的理论与实务》，中国人民公安大学出版社1998年版，第563页。

② 参见周振想主编：《金融犯罪的理论与实务》，中国人民公安大学出版社1998年版，第521页。

③ 转引自陆敏：《变造货币罪比较研究》，载《铁道警官高等专科学校学报》2002年第3期。

行为类型上采用"广义说",即伪造包括变造的行为方式,德国、日本、我国澳门地区的刑法就属于这种情况;(2)法国、韩国、我国台湾地区的刑法把变造与伪造并列规定在一个法条之中,作为一个统一的选择性罪名;(3)单独规定变造货币罪的罪状和法定刑。

我国《刑法》采取第三种立法方式。在新中国成立初期颁布的《妨害国家货币治罪暂行条例》中,对变造货币行为有明文规定,后来立法者考虑到变造货币的数量很小,危害不大,因此1979年《刑法》没有规定变造货币罪。在当时的司法实践中,对于变造国家货币数额较大或者情节严重的行为,一般以伪造货币罪论处。这在中国人民银行1982年发布的《关于变造国家货币按伪造国家货币治罪的函》以及最高人民法院1994年制定的《关于办理伪造国家货币、贩运伪造的国家货币、走私伪造的货币犯罪案件具体应用法律的若干问题的解释》(以下简称《1994年货币犯罪解释》)的规定中均有体现。但是,近些年来,发生在我国的变造货币的犯罪已成为一种社会危害严重的犯罪现象,呈现出发案数量激增,变造货币的数量越来越大,犯罪方法多样化、精细化等特点。基于此并考虑到变造货币与伪造货币的行为在行为特征、社会危害程度等方面的差异,《全国人民代表大会常务委员会关于惩治破坏金融秩序犯罪的决定》中增设了变造货币罪;1997年《刑法》第173将变造货币罪作为一个独立的罪名予以规定,沿用决定的内容。

第三,境外刑法大多规定了取得或交付使用假币罪,但未对金融工作人员作专门规定,而我国则相反。

对于取得假币,境外刑法一般均作较为详细的规定。例如,《加拿大刑事法典》第450条规定:"无合法理由(证明具有合法理由的责任由被告人承担),购买、收受或主动收受伪币的,构成可诉罪,处14年以下监禁。"[1]《瑞士刑法典》第244条"输入、取得、储藏伪币罪"规定:"意图供流通之用,充当正币或未经变造或全值货币,而输入、取得、收集经伪造或变造之硬币、纸币、银行券或减损其分量之硬币者,处轻惩役。大量输入、取得或收集前项币券者,处5年以上重惩役。"《澳门刑法典》第256条"取得假货币以使之流通罪"规定:"(1)意图以任何方式,包括为出售而展示,将假货币或伪造之货币,充当正当货币或未经改动之货币转手或使之流通者,而为自己或他人,取得该等货币、在受寄托下收受之、又或将之输入或以其他方式引入澳门者,处最高3年徒刑或科罚金。(2)以任何方式,包括为出售而展示,将价值降低之硬币,充作全值转手或使之流通者,或价值等于或高于正当硬币价值之硬币转手或使之流通,但该硬币系未经法律许可而

---

[1] 《加拿大刑事法典》,卞建林等译,中国政法大学出版社1999年版,第260页。

制造者,而为自己或他人,取得该等货币、在受寄托下收受之、又或将之输入或以其他方式引入澳门者,处最高 6 个月徒刑,或科最高 60 日罚金。"

我国《刑法》只规定了以购买方式取得假币的购买假币罪,对于其他形式的取得假币行为未作规定。

对于交付使用假币,境外刑法一般将使用与交付分别规定。例如,《日本刑法典》第 148 条规定了"行使、交付、输入伪造的货币罪",第 149 条设立了"行使、交付、输入伪造的外国货币罪"。韩国刑法也有类似规定。

我国《刑法》只规定了出售假币罪和使用假币罪,未规定交付假币罪。

从境外刑法规定看,极少有因为金融工作人员身份特殊而为其设立独立犯罪的。只有《巴西刑法典》作了这样的规定,其第 289 条第 3 款规定:"发行银行的公务人员、行长、经理或检查员,在制造、发行或在授权他人制造、发行中有下列行为的,处 3 年至 15 年监禁并科 5000 至 20000 克鲁赛罗罚金:(1)制造或发行的硬币质量或重量低于法律规定;(2)制造或发行的纸币超过授权发行的数量。"第 290 条规定:"用真钞票、钱钞或代表货币的票券的部分做成钞票、钱钞或代表货币的票券;为了重新投入流通,消除已回收的钞票、钱钞或票券上的作废符号;把上述条件的或已作废而回收的钞票、钱钞或票券重新投入流通的,处 2 个月至 8 个月监禁并科 2000 至 10000 克鲁赛罗罚金。如果在回收货币的部门工作或因职务关系可随便进入该部门的公务人员犯罪的,最高可处 12 年监禁并科 20000 克鲁赛罗罚金。"[1]

我国《刑法》则专门设立了金融工作人员购买假币、以假币换取货币罪。本罪是根据当前货币犯罪已开始由社会渗透到金融机构的形势需要而设立的。近年来,各地银行或者其他金融机构的工作人员购买伪造的货币或者利用职务上的便利,以伪造的货币兑换货币的案件时有发生。银行及其他金融机构工作人员出于工作性质和工作的需要,有更多的机会和条件接触货币。他们通常利用自己管理、经手、保管大量货币的便利,购买假币或以假币换取货币,其犯罪行为较为隐秘,且涉案金额较大,严重影响了银行及其他金融机构的声誉,扰乱了国家的金融秩序,较之一般公民实施此类行为的社会危害性大,刑法应给予更严厉的处罚。

第四,境外刑法将走私假币作为运输假币或输入、输出假币的行为处理,而我国《刑法》将走私假币规定为一种走私罪,并处以较一般危害货币管理制度犯罪更为严厉的刑罚,同时还规定了运输假币罪。

---

① 转引自周振想主编:《金融犯罪的理论与实务》,中国人民公安大学出版社 1985 年版,第 540—541 页。

第五，对于与货币类似物犯罪，境外刑法有专门设立犯罪的立法例，而我国刑法则将相关犯罪独立加以规定。

例如，《法国刑法典》第 442-6 条规定了"制造、出售、发行与假币相似的物品、印刷品、样票罪"。如果行为人制造、出售或者发行与伪造或变造的货币符号具有相似性的物品、印刷品或样票，足以使人按其所仿造之价值予以接受的，则处 1 年监禁，并科 10 万法郎罚金。韩国刑法设立了制造、输入、输出通货类似物罪和贩卖通货类似物罪。根据《韩国刑法典》第 211 条第 1 项的规定，所谓"制造、输入、输出通货类似物罪"，是指行为人以贩卖为目的，制造、输入、输出与在国内外通用或者流通的货币、纸币、银行券相类似的物品之行为。行为人犯本罪的，处 3 年以下劳役或者 100 万元以下罚金。同时，第 212 条还规定："行为人犯本罪未遂的，也予以处罚。"根据《韩国刑法典》第 211 条第 2 项的规定，行为人贩卖与在国内外通用或者流通的货币、纸币、银行券相类似的物品，处 3 年以下劳役或者 100 万元以下罚金。

我国刑法中没有在危害货币管理制度犯罪中设置与货币类似物犯罪，但是在其他金融犯罪中则有伪造、变造金融票证罪等罪名。这在立法方式上与境外立法有所区别。

第三节　危害货币管理制度犯罪的对象

一、境外的货币分析

境外有关危害货币管理制度犯罪的对象一般均既包括本国的货币，也包括外币。综观境外各国或地区有关危害货币管理制度犯罪对象的刑事立法，主要有以下几种形式：(1)"分列式"，即分别将本国货币和外国货币设专条规定，有独立的罪名和法定刑。例如，《日本刑法典》第 148 条规定了"伪造货币罪"和"行使、交付、输入伪造的货币罪"，第 149 条设立了"伪造外国货币罪"和"行使、交付、输入伪造的外国货币罪"。韩国刑法也采用这种立法方式。(2)"隐含式"，即在罪状描述中将外币隐含地规定为危害货币管理制度罪的犯罪对象。例如，《法国刑法典》第 442-1 条规定："伪造或变造在法国具有法定价值或者由法国或国际机构发行的具有法定价值之钱币或银行券……"(3)"提示式"，即在涉及危害货币管理制度罪的专章中，以一个条文作概括同样适用于若干条或者本章，并无独立的罪名和法定刑。例如，《德国刑法典》第 152 条规定："第 146 条至第 151条的规定，同样适用于外币流通地区的货币、印花税票和有价证券。"《瑞士刑法典》第 250 条规定："本章于外国硬币、纸币、银行券及有价证券亦适用之。"《奥地利刑法典》第 241 条规定:"本章之规定亦适用于外国之货币、有价证券及印花。"①《泰国刑法典》第 247 条规定:"犯本节之罪,其货币系外国政府所发或授权所发之硬币、银行券或其他货币或外国政府债券或其他附属之利息债票者,依各该条法定刑二分之一处罚。"②《香港刑事罪条例》第 107 条规定:"金融管理专员可以施行本部而藉命令指定任何硬币为受保护硬币,不论该硬币是否在任何国家或地区惯常作金钱使用。"由此可见,将外币作为危害货币管理制度犯罪的对象实为境外各国和地区刑事立法的通例,只是立法形式不同而已。

根据我国《刑法》第 170 条的规定,伪造货币罪的对象是包括人民币和外币在内的各种货币。这一规定来源于《全国人民代表大会常务委员会关于惩治破坏金融秩序犯罪的决定》第 23 条规定:"本决定所称的货币是指人民币和外币。"从此,外币也正式在我国立法上被确立为伪造货币罪的犯罪对象。在此之前,我国刑事法律有关伪造货币犯罪的对象规定,仅指国家货币(即人民币)而并没有将外币包括在内。对于外币是否应包含在伪造货币等危害货币管理制度犯罪的对象范围之中,理论上和司法实践中曾有不同的观点。

笔者认为,外币理应纳入伪造货币等危害货币管理制度犯罪的对象范围之中。其理由有如下几个方面。

其一,将外币纳入伪造货币等危害货币管理制度犯罪的对象范围之中是市场经济发展的需要。受计划经济等诸多客观因素的限制和影响,我国 1979 年《刑法》第 122 条仅将伪造货币犯罪的对象限定为国家货币(即人民币),在相当长的一段时间里,对伪造外币的行为不能按伪造货币罪认定和处罚。因为当时国家对外汇实行严格管制,所以外币在我国很难产生实际的流通。一般情况下,伪造外币的情况本身发生不多,且即使发生也不可能产生很大的社会危害性,将其规定为犯罪似无很大必要。实践中对于具有严重社会危害性的伪造外币行为,通常是按诈骗罪定罪和处罚的。随着改革开放的深入和发展,特别是在市场经济体制建立后,我国对外交往日益增加,国家对外汇的管制也有所松动,人民币在经常项目上也实行了自由兑换。在此条件下,伪造外币的情况不断增多,这些行为在很大程度上可以直接或者间接地危害国家对货币的管理制度,且具有较大的社会危害性。因此,将伪造外币的行为纳入伪造货币犯罪对象范围之中是完全必要的。

其二,将外币纳入伪造货币等危害货币管理制度犯罪的对象范围之中是国家对货币管理制度的要求。理论上认为,一个国家对货币的管理制度,既应包括

---

① 转引自周振想主编:《金融犯罪的理论与实务》,中国人民公安大学出版社 1998 年版,第 560 页。
② 转引自周振想主编:《金融犯罪的理论与实务》,中国人民公安大学出版社 1998 年版,第 564 页。

对本国货币的管理,也应包括对外币的管理。特别是在当今社会中,货币的保护实际上是相互联系的,即保护本国的货币离不开对外币的保护,对外币的保护在很大程度上就是对本国货币的保护。就此而言,伪造外币与伪造国家货币一样,同样会对国家的货币管理制度造成破坏。

其三,将外币纳入伪造货币等危害货币管理制度犯罪的对象范围之中是世界各国和地区刑事立法的通例。在现代社会中,世界各国和地区之间的经济贸易等往来十分密切,而这些日益增长的往来和联系不可避免地需要以货币(包括外币)作为结算手段和媒介。在此情况下,保护国家(地区)和别国(其他地区)货币的信用已经成为国际性的问题。为此,各国和地区必然会通过制定法律对外币实行一定的管理,在刑事立法上将伪造外币作为犯罪处理也就成为各国和地区的通例。在这种背景下,处于改革开放前沿的我国,如果仍然将外币置于刑事法律保护之外,不仅无法适应我国和世界经济发展的需求,同时也有悖于世界各国和地区刑事立法的通例。

其四,司法解释已经明确将外币纳入伪造货币罪等危害货币管理制度犯罪的对象范围。《1994 年货币犯罪解释》使用的是“国家货币”的表述。《货币犯罪解释二》最重要的修改内容之一在于将“国家货币”修改为“货币”,就是考虑到境内外货币同等保护的需要。[①]

从我国现行《刑法》规定分析,将外币纳入伪造货币等危害货币管理制度犯罪的对象范围之中实际上已经有了法律依据,根本不存在任何障碍。但是,对将台湾、香港和澳门地区使用的货币作为我国货币对待还是外币对待,金融界和法学界历来就有争议。有的学者认为:“外币泛指人民币之外的在一定国家或地区具有强制流通力的法定货币,既包括港、澳、台地区的货币,也包括外国的货币。”[②]有些学者则认为,台、港、澳货币是我国货币,“我国货币是指人民币、港币以及台湾、澳门地区发行、流通的台币和澳币”[③]。

笔者认为,台、港、澳货币理应属于外币范围,但是这里所指的“外币”并非是外国货币,而应理解为境外货币。台湾、香港和澳门历来就是中国的一部分,这就从本质上决定了,我们不能将台、港、澳货币视为外国货币。但是,由于众所周知的原因,目前大陆与台湾尚未统一,香港和澳门虽然已经回归祖国,但是仍然实行与内地不同的政治、经济制度。可以说,在相当长的时期内,我国将保持四种货币共存的局面。就此而言,台、港、澳货币又不能等同于境内的货币。依笔

---

① 参见田浩:《精准打击犯罪保护国家金融管理秩序——最高人民法院有关部门负责人就〈解释(二)〉答记者问》,载《人民法院报》2010 年 11 月 3 日第 2 版。

② 黄京平主编:《破坏市场经济秩序罪研究》,中国人民大学出版社 1999 年版,第 326 页。

③ 高铭暄、马克昌主编:《刑法学》,北京大学出版社、高等教育出版社 2000 年版,第 409 页。

者之见,我们可以将台、港、澳货币作为特殊外币对待,即是境外货币,而不是外国货币。对于台、港、澳货币,当然应该纳入伪造货币等危害货币管理制度犯罪的对象范围之中。2001年1月21日最高人民法院印发的《全国法院审理金融犯罪案件工作座谈会纪要》明确指出:"对于伪造台币的,应当以伪造货币罪定罪处罚;出售伪造的台币的,应当以出售假币罪定罪处罚。"由此可见,相对于大陆通用的货币而言,台、港、澳货币理应属于境外货币,应该纳入伪造货币等危害货币管理制度犯罪的对象范围之中。

需要指出的是,理论上和司法实践中对于伪造根本不能与人民币兑换的外币行为的定性存在不同的观点。有的学者认为:"本罪的对象是正在流通的货币,包括我国货币和国外的货币。我国货币是指人民币、港币以及台湾、澳门地区发行、流通的台币和澳币;国外的货币,既包括可以在我国境内兑换的外币,如美元、英镑、日元、德国马克等,也包括在我国境内不能兑换的外币,如卢布、瑞士法郎、意大利里拉和欧元等。"①按照这种观点,伪造在我国境内不能兑换的外币,如卢布等,可以以伪造货币罪定罪。

笔者不同意上述观点。时下确实存在许多不同性质的外国货币,有些外国货币在外国可以流通使用,但是不能在我国境内兑换。按照在我国是否可以兑换,外币可分为可兑换外国货币和不可兑换外国货币。不可兑换的外国货币在我国境内既不可以流通使用,也不可以兑换,因而实际上并不属于我国货币管理制度调整的对象。行为人如果伪造这些货币,从根本上说不可能产生对我国货币管理制度的危害问题,因此这些货币显然不能成为伪造货币罪的行为对象。《货币犯罪解释一》第7条规定:"本解释所称'货币'是指可在国内市场流通或者兑换的人民币和境外货币。"对于伪造在我国不能兑换的外币,如果行为人以此骗取财物,可按诈骗罪定罪处罚。

二、古钱及停止使用的人民币等分析

古钱、已经废止的通货和停止流通使用的人民币在经济活动和日常生活中已经失去了流通使用的价值,某种角度上只是作为纪念物或文物而具有收藏价值,其作为一般商品等价物流通使用的价值已经荡然无存。

笔者认为,作为伪造货币罪中的货币,理应具有以下特征:首先,必须具有现行流通或者兑换的性质。古钱、已经废止的通货和停止流通使用的人民币已经不具有现行流通性或者兑换性,因而当然不能视为伪造货币罪中的对象。其次,作为货币的现行流通或者兑换必须具有在市场上强制流通的性质,即这种市场

---

① 高铭暄、马克昌主编:《刑法学》,北京大学出版社、高等教育出版社2000年版,第409页。

上的流通具有不可拒绝性。需要指出的是，诸如银元等古钱虽然可以由政府部门收购或兑换，但是这种收购或兑换不具有政府强制流通使用的性质，因为银元并不具有如货币的一般等价物属性，任何人都可以拒绝接受银元。

由此可见，古钱、已经废止的通货和停止流通使用的人民币不能成为伪造货币罪的行为对象。如果行为人以非法占有为目的，伪造古钱、已经废止的通货和停止流通使用的人民币以骗取财物的，可以按诈骗罪定罪处罚。

《货币犯罪解释二》实际上采纳了相同的意见。《货币犯罪解释二》第 5 条规定："以使用为目的，伪造停止流通的货币，或者使用伪造的停止流通的货币的，依照刑法第二百六十六条的规定，以诈骗罪定罪处罚。"可见，伪造货币罪侵犯的是国家的金融管理制度，特别是货币的公共信用。已经停止流通的货币即成为历史货币，不再具有货币属性，不再执行货币的任何功能。伪造已经停止流通的货币，犯罪人的目的往往是以此骗取钱财，而非通过对伪造的货币进行正常使用来获取利益，其主要侵犯的是公私财产的所有权而非货币的公共信用。此种行为在行为方式和侵害客体两个方面均与伪造货币罪不符，但完全符合诈骗罪的构成要件，故《货币犯罪解释二》第 5 条规定以诈骗罪追究伪造或者使用伪造的停止流通货币行为的刑事责任。[①]

三、变造的货币分析

我国《刑法》中存在伪造货币罪和变造货币罪两个不同的罪名，在规定一些危害货币管理制度犯罪时，在条文中较多地将犯罪的对象限定为"伪造的货币"。但是，相关司法解释又往往将犯罪对象是"伪造的货币"概括为"假币"。例如，《刑法》第 172 条规定的持有、使用假币罪，条文明确："明知是伪造的货币而持有、使用，数额较大的……"而按照金融界的一般理解，假币可以分为伪造的货币和变造的货币，于是就产生了对危害货币管理制度犯罪中"假币"含义的不同理解问题。

在世界上许多国家和地区的刑法中，危害货币管理制度犯罪的对象大多包括了伪造的货币和变造的货币。例如，《日本刑法典》第 152 条（取得后知情行使等）规定："取得货币、纸币或者银行券后，知道是伪造或者变造的而行使，或者以行使为目的的交付他人的，处面额 3 倍以下的罚金或者科料，但不得少于 2000元。"[②]我国台湾地区"刑法"第 196 条第 2 款规定："收受后方知伪造、变造之通用货币、纸币、银行券而仍行使或意图供行使之用而交付于人者，处 500 元以下

---

① 参见田浩：《精准打击犯罪保护国家金融管理秩序——最高人民法院有关部门负责人就〈解释（二）〉答记者问》，载《人民法院报》2010 年 11 月 3 日第 2 版。

② 《日本刑法典》，张明楷译，法律出版社 1998 年版，第 48 页。

罚金。"

我国较早的刑事法律中也曾将变造的货币归入危害货币管理制度犯罪的对象范围之中。例如,政务院1951年4月19日公布的《妨害国家货币治罪暂行条例》(已失效)第6条对误收变造的货币后使用的行为作出规定:"凡误收伪造、变造货币,在收受后查觉为伪造、变造者……明知不报而仍继续行使者,视其情节轻重,处1年以下劳役,或酌处罚金,或予以教育。"但是,此后的《刑法草案》第22稿和第33稿只对行使伪造的国家货币作出了规定。第22稿第139条规定:"意图营利,行使伪造的国家货币的,处五年以下有期徒刑,可以并处五千元以下罚金。"第33稿第131条规定:"伪造国家货币或者贩运、行使伪造的国家货币的,处三年以上十年以下有期徒刑,可以并处罚金或者没收财产。"我国现行《刑法》也同样未将变造的货币作为危害货币管理制度犯罪的对象。

在我国《刑法》危害货币管理制度犯罪中,条文明确规定犯罪对象是"伪造的货币"的犯罪主要有:出售、购买、运输假币罪,金融工作人员购买假币、以假币换取货币罪,持有、使用假币罪等。按照罪刑法定原则,不能把出售、购买、运输变造的货币;银行或者其他金融机构工作人员购买变造的货币或者利用职务上的便利,以变造的货币换取货币;持有、使用变造的货币等作为犯罪处理。这是因为,变造的货币数额一般较小,以其作为对象的危害货币管理制度的行为,一般社会危害性不会太大,因而可不按犯罪处罚。但是,如果以变造的货币作为对象的危害货币管理制度的行为,数额较大,危害性很严重,是否可以构成犯罪? 这是一个值得研究的问题。

在此,笔者仅以持有、使用假币罪为例,进行一些分析。原《中国人民银行法》第42条①规定:"购买伪造、变造的人民币或者明知是伪造、变造的人民币而持有、使用,构成犯罪的,依法追究刑事责任;情节轻微的,由公安机关处十五日以下拘留、五千元以下罚款。"《中国人民银行法》于1995年3月18日通过施行,而现行《刑法》则于1997年10月1日开始实施,这就产生了一个问题:现行《刑法》施行前的附属刑法规范在《刑法》施行后是否还应该有效力? 对此,理论界有许多不同的观点。

有的学者认为,这些附属刑法规范仍然有效力。对于持有、使用变造的货币构成犯罪的,应按附属刑法的规定认定为持有、使用变造的货币罪,其法定刑应由全国人大常委会通过决定或由最高人民法院、最高人民检察院的司法解释予

---

① 2003年12月27日修正后的《中国人民银行法》第43条对持有、使用假币行为作出规定:"购买伪造、变造的人民币或者明知是伪造、变造的人民币而持有、使用,构成犯罪的,依法追究刑事责任;尚不构成犯罪的,由公安机关处十五日以下拘留、一万元以下罚款。"

以确定。①

有的学者则认为,根据罪刑法定原则,除了是"伪造的货币"以外,其他的一切货币,包括变造的货币,都不能成为本罪的犯罪对象。既然《刑法》不承认持有、使用变造的货币的行为是犯罪,那么《中国人民银行法》第 42 条的规定就应作相应的修改。②

笔者认为,持有、使用变造的货币不能构成犯罪。其理由有如下几方面。

第一,上述前一种观点认为,对持有、使用变造的货币,可以按附属刑法的规定,以持有、使用变造的货币罪定罪,显然是不正确的。从渊源看,我国的刑法规范包括刑法典、单行刑法及附属刑法中的刑事法律规范。附属刑法也可以设定犯罪,如我国刑法中的假冒专利罪最早就规定于《专利法》中。但是,理论上通常认为,附属刑法中的刑事法律规范的有效性,只可能出现于刑法施行以后。对于刑法施行以前的附属刑法规范,因为相关内容理应已经为刑法规定所吸收,所以不应该再具有法律效力。正如全国人大常委会原副委员长王汉斌在 1997 年 3 月 6 日召开的第八届全国人大第五次会议上所作的《关于〈中华人民共和国刑法(修订草案)〉的说明》中指出的:"这次修订刑法,主要考虑:第一,要制定一部统一的、比较完备的刑法典。将刑法实施 17 年来由全国人大常委会作出的有关刑法的修改补充规定和决定研究修改编入刑法;将一些民事、经济、行政法律中'依照'、'比照'刑法有关条文追究刑事责任的规定,改为刑法的具体条款。"既然现行《刑法》只对《中国人民银行法》第 42 条规定中持有、使用伪造的货币行为加以吸收,显然也就排除了持有、使用变造的货币可以作为独立犯罪的可能。对于《中国人民银行法》第 42 条规定中的持有、使用变造的货币行为,笔者认为,不存在立法者有疏漏的可能。对于刑事立法者未将这种行为吸收进现行《刑法》的规定之中,我们完全可以作如此理解:由于持有、使用变造的货币行为数量较小且危害不大,所以不能作为犯罪认定。

第二,笔者也不赞同上述后一种观点,即认为应对《中国人民银行法》第 42 条规定作相应的修改。笔者认为,对《中国人民银行法》第 42 条规定再作修改事实上已经没有必要。因为现行《刑法》既然已对其修订前所有附属刑法规范加以清理、吸收,按照新法优于旧法的原则,《中国人民银行法》中有关追究持有、使用变造的货币行为刑事责任的规定也就自然失效了,根本就用不着再对相关条文作出修改了。

---

① 参见蒋勇主编:《破坏社会主义市场经济秩序罪》,法律出版社 2000 年版,第 224 页。
② 参见张玉珍:《试论持有、使用假币罪》,载赵秉志主编:《新千年刑法热点问题研究与适用》(下),中国检察出版社 2001 年版,第 746、747 页。

需要指出的是,对于持有、使用变造的货币的行为,司法实践中有过不明确之时。如《货币犯罪解释一》第 5 条规定:"明知是假币而持有、使用,总面额在四千元以上不满五万元的,属于'数额较大';总面额在五万元以上不满二十万元的,属于'数额巨大';总面额在二十万元以上的,属于'数额特别巨大',依照刑法第一百七十二条的规定定罪处罚。"最高人民法院在表述犯罪对象时使用了"假币"一词。按照金融界的一般理解,假币可以分为伪造的货币和变造的货币,那么最高人民法院是否已经对本罪的犯罪对象作了扩大解释? 对此,各方不无疑问。但是,从最高人民法院在司法解释中将《刑法》第 172 条的罪名归纳为"持有、使用假币罪"看,笔者认为,最高人民法院显然并没有作出扩大解释。这是因为,该罪名中所指的"假币",与《刑法》第 172 条相对应,仅指"伪造的货币"。

另外,最高人民检察院、公安部《关于公安机关管辖的刑事案件立案追诉标准的规定(二)》第 22 条规定:"明知是伪造的货币而持有、使用,总面额在 4000 元以上或者币量在 400 张(枚)以上的,应予立案追诉。"最高人民法院 2001 年 1 月 21 日印发的《全国法院审理金融犯罪案件工作座谈会纪要》指出:"明知是伪造的货币而持有,数额较大,根据现有证据不能认定行为人是为了进行其他假币犯罪的,以持有假币罪定罪处罚。"该纪要最终明确了本罪的对象是"伪造的货币",它发布于最高人民法院上述解释之后,可以视为对解释的补充说明。由此可见,司法解释中的"假币"含义其实十分明确,是指伪造的货币,并不包括变造的货币。这在规定罪名及其他相关内容的司法解释中均可以得到佐证。以司法实务精神看,持有、使用变造的货币不能以持有、使用假币罪论处。

对于司法实践中有可能发生的使用变造的货币,数量较大且社会危害性达到犯罪程度的案件,应该如何处理? 笔者认为,可按诈骗罪处理。但是,对持有变造的货币,由于没有使用,也就是没有进行诈骗活动,按照罪刑法定原则,不应作为犯罪处理,但可给予行政上的处罚。

第四节　危害货币管理制度犯罪行为人主观目的认定

包括伪造货币、变造货币罪和持有、使用假币罪等罪名在内的所有危害货币管理制度犯罪的主观要件,均只能由故意构成。这在理论和司法实务界并无异议。但是,在故意之外,对于危害货币管理制度犯罪是否要求行为人具有特定目的,尚有争议。综观有关国家和地区立法例,一般都将危害货币类的犯罪作为目的犯对待,规定这类犯罪必须"以行使为目的",或把"意图供行使或流通之用"作为该类犯罪的主观要件。例如,《德国刑法典》第 146 条第 1 款第 1 项规定,意图供流通之用,或有流通可能而伪造货币,使票面价值具有较高价值的,处 1 年以下自由刑。①《日本刑法典》第 148 条第 1 款规定,以行使为目的,伪造通用的货币、纸币或者银行券的,处无期或者 3 年以上惩役。②《韩国刑法典》第 207 条第 1 项规定,以使用为目的,伪造、变造通用的大韩民国货币、纸币或者银行券的,处无期或者 2 年以上劳役。③《俄罗斯刑法典》第 186 条第 1 项规定,以销售为目的而制作或销售伪造的俄罗斯联邦中央银行钞票、金属硬币、国家有价证券或以俄罗斯货币计价的其他有价证券或外国货币或以外国货币计价的有价证券的,处 5 年以上 8 年以下的剥夺自由,并处或不并处没收财产。④我国台湾地区刑法理论认为,所谓伪造、变造货币罪,是指行为人意图供行使之用,而伪造、变造通用之货币、纸币或者银行券的行为。《澳门刑法典》第 252 条规定,意图充当正当货币流通,而假造货币者,处 2 年至 12 年徒刑。意图供流通之用,而将正当货币之票面价值伪造或更改至较高价值者,处 1 年至 5 年徒刑。⑤

我国在 1951 年的《妨害国家货币治罪暂行条例》(已失效)中将妨害国家货币的行为目的划分为两种:一是"意图营利",二是"以反革命为目的"。但是,在我国 1979 年《刑法》和 1997 年《刑法》中,对危害货币管理制度犯罪的主观特征均未作描述。正是由于我国有关危害货币管理制度犯罪的刑事立法并未将特定的目的规定在条文之中,因此理论上和司法实践中对于特定目的是否为本类犯罪的必要要件存在争议。概括而言,我国刑法学界对此有两大类意见。

第一类意见是"肯定说",认为本罪是目的犯。该说又可分为三种主张:一是"营利目的说",认为危害货币管理制度犯罪的主观方面是直接故意,并且必须以营利为目的;⑥二是"获取非法利益目的说",认为危害货币管理制度犯罪的主观要件上须具有使他人或自己获取非法利益的目的;⑦三是"流通目的说",认为危害货币管理制度犯罪在主观要件上必须要有犯罪的直接故意,并且具有使伪造的货币进入流通的目的。⑧

第二类意见是"否定说",认为本罪不是目的犯,主张构成本罪在主观要件上须以具有特定目的为必要,显然无立法上的依据。该说又可分为两种主张:一是

①　参见《德国刑法典》,徐久生、庄敬华译,中国法制出版社 2001 年版,第 33 页。
②　参见《日本刑法典》,张明楷译,法律出版社 1998 年版,第 47 页。
③　参见《韩国刑法典及单行刑法》,〔韩〕金永哲译,中国人民大学出版社 1996 年版,第 34 页。
④　参见《俄罗斯联邦刑法典》,黄道秀译,中国法制出版社 1996 年版,第 94 页。
⑤　参见《澳门刑法典/澳门刑事诉讼法典》,澳门政府法律翻译办公室译,法律出版社 1997 年版,第 94 页。
⑥　参见高铭暄主编:《刑法学》,中国人民大学出版 1989 年版,第 427 页。
⑦　参见高铭暄主编:《中国刑法词典》,学林出版社 1989 年版,第 549 页。
⑧　参见陈兴良主编:《经济刑法学》(各论),中国社会科学出版社 1990 年版,第 165 页;高铭暄、马克昌主编:《刑法学》,北京大学出版社、高等教育出版社 2000 年版,第 409 页;赵秉志主编:《中国刑法案例与学理研究》(分则篇)(二),法律出版社 2001 年版,第 156 页。

应然上的肯定说,认为"从完善我国刑事立法的角度来看,在理论上对本罪的主观方面进行探讨,又不无价值。因为,如果仅有伪造行为就构成本罪,将会使那些不具有犯罪恶意或主观恶性达不到犯罪程度的人受到刑事追究,这无疑会扩大刑事处罚的范围,会造成刑事保障功能与保护功能的失衡。"①但是,由于现行《刑法》并未对主观目的作出专门规定,因而特定目的当然不属于这类犯罪的必要要件。二是应然上的否定说,认为将意图进入流通作为犯罪目的"会缩小对伪造货币这一严重犯罪的打击面,对那些并非'意图使其进入流通'的伪造人给予不应有的宽大,从而削弱我国刑法对伪造货币犯罪分子的威慑力"。②以是否意图使伪币进入流通领域作为划分罪与非罪的界限,于法无据,"并且会使一些犯罪分子钻空子,逃脱法律的制裁"。③

笔者认为,危害货币管理制度犯罪应以"意图进入流通"目的为构成要件,刑法是否明确规定不应影响本类犯罪目的犯的构成。当然,我们在讨论特定目的是否为本类犯罪的必要要件这一问题时,理应明确以下几点。

首先,无论是"肯定说"还是"否定说",多数学者对于危害货币管理制度犯罪必须"以营利为目的"的观点是不赞成的。在许多情况下,行为人实施危害货币管理制度犯罪通常是出于营利目的,但是也并不尽然。行为人实施危害货币管理制度犯罪的目的(事实上是动机)是多种多样的。笔者同意多数学者的这种意见,危害货币管理制度犯罪不应以"营利目的"作为主观要件。学界所讨论的"营利目的"在本类犯罪中,只是表现为犯罪动机。行为人可能为了营利而实施危害货币管理制度犯罪,即通过将货币投入流通而营利。这里,"意图进入流通"是伪造行为的目的,营利是推动行为人追求意图进入流通目的的内心起因或内在动力。根据我国刑法理论,在大多数犯罪中,动机不影响犯罪的构成。由此可见,应以"营利目的"作为危害货币管理制度犯罪主观要件的观点是不妥的。

其次,危害货币管理制度犯罪虽然不属于严格刑法意义上的目的犯,但是行为人主观上必须具有"意图进入流通"的目的。本类犯罪是否属于目的犯的问题,涉及对"目的犯"概念的理解。

对于何为刑法上的目的犯,理论上有不同的见解。有学者认为,在刑法理论上,目的犯是指具有一定的目的,为其特别构成要件的犯罪。目的犯的目的,通常超越构成要件的客观要素范围,所以也称"超越的内心倾向"。在这一点上,目的通常与故意有别。也就是说,直接故意本身有一定的目的,这一目的是在构成要件之内的,法律不加规定并不影响这种目的的存在。但是,目的犯中的目的却

---

①　黄京平主编:《破坏市场经济秩序罪研究》,中国人民大学出版社 1999 年版,第 329 页。
②　舒慧明主编:《中国金融刑法学》,中国人民公安大学出版社 1997 年版,第 221 页。
③　陈兴良主编:《罪名指南》(上册),中国政法大学出版社 2000 年版,第 360 页。

并非如此,它是由法律专门规定的。伪造货币罪的行使意图,对于伪造行为来说是动机,对于将来的行使行为来说是目的。需要指出的是,大陆法系国家在目的犯的立法例中鲜有使用"目的"一词的,一般使用"意图"这一概念。在刑法理论上,一般概括为目的犯,而实际上应该是动机犯。这是因为,在大陆法系刑法理论中,动机和目的没有严格意义上的区别,一般没有"动机"的概念,对于犯罪人的主观心理状态除故意以外,就用"目的"概括。①

也有学者认为,由于直接故意犯罪主观方面都包含着犯罪目的的内容,因而法律对犯罪目的一般不作明文规定,分析这些犯罪的构成要件便可明确其要求的犯罪目的。但是,对某些犯罪,刑法条文中又特别载明了犯罪目的。例如《刑法》第152条规定的走私淫秽物品罪,法律特别载明应"以牟利或者传播为目的";第217条规定的侵犯著作权罪,法律特别规定须"以营利为目的";第363条规定的制作、复制、出版、贩卖、传播淫秽物品牟利罪,法律特别规定必须以"牟利为目的"。这种规定的意义在于说明,这些犯罪不仅是故意犯罪,而且另外还要求有特定目的。②在这种理论中,没有说明什么是目的犯,只指出目的存在默示的和明示的两种情形,不过其所谓"明示的目的"即是前一种观点认为的"目的犯"概念。

笔者认为,刑法上的目的犯中的"目的"可以分为法律有特别规定的和法律没有特别指明的两种。由于犯罪的构成要件分为显性要件和隐性要件两种,作为目的犯中的构成要件目的,也当然存在显性和隐性两种情况。例如,抢劫罪、盗窃罪和诈骗罪等占有型侵犯财产犯罪,法律并未指明必须"以非法占有为目的";金融诈骗罪中,除集资诈骗罪和贷款诈骗罪,刑法条文明确规定"以非法占有为目的"外,其他诸如信用证诈骗罪、信用卡诈骗罪等金融诈骗罪,刑法条文并未规定"以非法占有为目的"。但是,"以非法占有为目的"事实上是这些犯罪的构成要件,这是不言而喻的。即这些犯罪的目的虽然没有在刑法条文中明确,但是它们仍然应该属于刑法中的目的犯。

由此分析,我国刑法对于危害货币管理制度犯罪,虽然未特别规定"以意图进入流通为目的",但是我们不能据此而否定本类犯罪是目的犯。笔者认为,与世界上大多数国家明确规定构成危害货币管理制度犯罪须有"意图进入流通的目的"或者"行使目的"不同,我国现行《刑法》未作明确规定,确实存在一定问题,很容易在认定本类犯罪时产生争议。为此,我们完全有必要借鉴国外的规定,在今后修正《刑法》时,在相关危害货币管理制度犯罪的规定中明确增加"进入流通

---

① 参见陈兴良:《刑法适用总论》(上卷),法律出版社1999年版,第226、227页。

② 参见高铭暄、马克昌主编:《刑法学》,北京大学出版社、高等教育出版社2000年版,第409页。

的意图"或者"以行使为目的"等要件,从而避免不必要的争议产生。但是,即使在现行《刑法》未作明确规定的情况下,危害货币管理制度犯罪的行为人在主观上应具有"进入流通的意图"的要件也是无需争议的。理论界对出于鉴赏、收藏目的而实施的伪造等行为不作为本类罪处理已经形成共识,以往的审判实践对此也并无异议。既然如此,我们为什么还要以刑法条文没有明文规定,否定危害货币管理制度犯罪必须具有"意图进入流通"的目的?

与此相关的问题是:对行为人为证明自己的资信能力而持有或使用假币的行为应该如何定性? 这个问题从形式上看是如何判定"持有"和"使用"行为的内容,从实质上说则是持有或者使用假币者主观上是否需要具备"进入流通的意图"。对此,理论界颇有争议。

有的学者认为,使用必须是将伪造的货币作为真货币直接置于流通。如果不是用于流通,则不能构成使用。因此,将假币投入自动售货机的行为应当视为使用。将伪造的货币作为证明自己的资信能力而给他人看的行为或者为了显示自己有钱而向他人显示其拥有的假币,都不能认定为使用。但是,将伪造的货币作为注册资本而被公司登记主管部门查实的,应当认定为使用。①

持不同意见的学者则认为,"使用"并不是仅指将假币充当真币予以流通。流通强调的是使用行为必须使伪造的货币进入流通,如付账、汇兑、支付酬金等。此外,除将伪造的货币用于流通外,使用行为还包括并不使伪造的货币进入流通的使用。比如,公民甲与公民乙签合同时,以伪造的货币冒充真币向乙出示,以骗取对方信任。甲的行为就是不使伪造的货币进入流通的使用。立法打击使用假币行为,不在于行为是否使假币进入了流通,而在于假币被当成真币使用,发挥了真币的作用,从而破坏了货币的真正信用,危害了交易安全,构成了对国家关于货币管理秩序的直接破坏。从这个意义上说,"使用伪造的货币"可以进一步解释为:以伪造的货币冒充真币,以通用货币的通常用法加以利用的行为。②

笔者同意前一种观点。正如前述,危害货币管理制度犯罪的主观方面理应具有"意图进入流通"的目的,尽管刑法条文未作明确规定,但是这一目的显然是所有危害货币管理制度犯罪的构成要件。与伪造货币行为相比,持有、使用假币行为的社会危害性明显要小。既然伪造货币罪必须以"意图进入流通"为目的,那么持有、使用假币罪更应该以此目的为必要要件,否则很难避免扩大打击面的情况出现。持有、使用假币罪的本质应该是使假币直接进入了流通领域,从而充当起像真货币一样的一般等价物,具有一般等价物的功能。如果行为人出示假

①　参见赵秉志主编:《中国刑法案例与学理研究》(分则篇)(二),法律出版社 2001 年版,第 197 页。
②　参见胡启忠等:《金融犯罪论》,西南财经大学出版社 2001 年版,第 208、209 页。

币并不是为了使假币充当如同真货币的一般等价物作用，而仅仅是为了向他人炫耀或显示其经济能力，那么这并不是危害货币管理制度犯罪中的"持有"或"使用"行为。对于这种使用假币的行为，如果构成其他犯罪的，可按其他罪论处。如上述学者所举的例子中，甲如果是以非法占有为目的，在出示假币、骗签合同后，骗取了乙的财物，那么对甲可以合同诈骗罪论处。但是，如果行为人在向他人借款时，用假币进行抵押或者担保，假币就相当于是抵押物或者担保物。此时假币与真实的货币在功能上发生了重叠，且具有进入流通领域的实际可能，因此存在成立持有、使用假币罪的余地。对此，日本刑法理论通说认为，只是为了证明自己的信用能力而单纯向他人显示伪币的，由于并未置于流通，因而不是行使。此外，没有遵从货币的使用方法而将伪币交付他人的，如作为标本赠与他人、作为商品卖给收藏家、单纯为了保管而寄托等，不属于行使。由于行使时不问是有偿还是无偿，所以将伪币赠与他人行使的也是行使。由此可见，持有、使用假币罪的"持有"、"使用"行为其实是与行为人的主观目的紧密相连的，我们不能用社会生活中的持有、使用行为的一般含义进行简单套用，只有行为人主观上具有"进入流通的意图"，才可以对其所实施的持有、使用假币的行为定罪。

第五节　伪造货币罪与变造货币罪的界定

所谓伪造货币罪，是指仿照货币的图案、形状、色彩等，使用各种方法，非法制造足以使普通人误认的正在流通或兑换的人民币或者境外货币，冒充真货币，并意图进入流通的行为。所谓变造货币罪，是指通过对真实货币剪贴、涂改、挖补、拼接、揭层等方法，使真实货币发生增值，数额较大的行为。

广而言之，变造货币本应包含在伪造货币含义之内，因为就其本质而言，经过变造的货币实际上已经不再是原来金融机构发行的货币。但是，伪造货币与变造货币还是有本质区别的。伪造货币罪的行为特征表现为仿照正在流通的货币式样、票面、图案、颜色、质地和防伪标记等，使用描绘、复印、影印、制版印刷和计算机扫描打印等方法，非法制造假货币，冒充真货币的行为。伪造货币行为的本质在于"从无到有"，即通过非法的伪造行为，凭空制造新的假货币。但是，变造货币罪的行为特征则表现为通过对真实货币进行剪贴、涂改、挖补、拼接、揭层等改造的方法，使真货币发生增值。变造货币行为的本质在于"从少到多"，即通过对真实货币改造的方式，增加真实货币的票面价值。就此而言，伪造货币和变造货币的最大区别在于是否有真实货币存在。

但是，严格地说，并非只要有真实货币存在就一定不存在伪造货币的问题。例如，行为人通过大量收集低面额的硬币，并将其熔化，制造较高面额的硬币。

对于这种行为,是以伪造货币罪认定,还是以变造货币罪认定？在整个制造过程中确实存在真实货币,如果说只要有真实货币就不存在伪造货币的问题,那么行为人的这种行为就不能以伪造货币罪认定。依笔者之见,上述行为人的行为理应属于伪造行为,而并不是变造行为。其理由是：尽管在行为人的整个行为过程中确实存在真实货币,但是当行为人将真实货币熔化后,真实货币也就不存在了(即失去了货币的同一性),此时实际上只存在生产货币的原材料。行为人在此基础上所进行的制造,当然不能理解为对真实货币的改造,即这种行为的性质并不是"从少到多"的变造,而只能是"从无到有"的伪造。由此看来,伪造货币和变造货币严格意义上的区别并不是实际上曾经是否存在真实货币,区别的关键应该是相关的制造行为是不是在"失去货币同一性"的物体基础上进行的。

对"伪造"行为应达到何种程度才符合伪造货币罪的行为特征,理论上也有不同的看法。这个问题主要涉及行为人制造根本不存在的货币是否属于"伪造"。对此,学界有两种观点。

第一种观点认为,伪造包括两种情况：一是仿照货币的形状、特征、图案、色彩等制造出与真货币的外观相同的假货币。二是自行设计、制造出足以使一般人误认为是真货币的假货币,如根据人民币的一般形状、基本特征等自行设计、制造出面值为 200 元的假货币。在这种情况下,不存在与伪造的货币相当的真货币。我国刑法理论通常只承认前一种行为是伪造货币,但是这种通说人为地缩小了伪造货币罪的成立范围。事实上,行为人完全可能设计制作出一种外观上足以使一般人误认为是真货币的假货币,特别是可能设计出所谓"外国货币"而破坏金融秩序。因此,不能排除后一种情况也是伪造货币。①

第二种观点认为,如果行为人自行设计、制造某种本不存在的货币,即所制造者并非为仿制货币而成,而冠以货币名义,则不能称之为伪造货币。②

笔者同意上述第二种观点,即制造根本不存在的货币不能视为"伪造"行为。伪造货币罪中的"伪造"行为是一种危害货币管理制度的犯罪行为,其本质在于"仿真制假",事实上只有仿照真货币而进行伪造才可能对国家的货币管理制度造成破坏。如果行为人自行设计出一种并不存在的货币,由于这种"制假"行为并不是以"仿真"为前提的,行为人所制造出来的"货币"实际上不可能进行使用,即根本无法进入流通领域,因而也无法对国家的货币管理制度造成实际的危害。如前文所述,伪造不能在我国境内流通或者兑换的外国货币不应以伪造货币罪论处,因为这种货币不属于我国货币管理制度调整的对象。同理,实际上并不存

---

① 参见鲜铁可：《金融犯罪的定罪与量刑》,人民法院出版社 1999 年版,第 86 页；张明楷：《刑法学》(下),法律出版社 1997 年版,第 625 页。

② 参见黄京平主编：《破坏市场经济秩序罪研究》,中国人民大学出版社 1999 年版,第 329 页。

在的货币也不属于我国货币管理制度所调整的对象。从本质上看,行为人的这种制造行为由于不存在仿照的基础,因而完全是一种凭空"创造",根本谈不上是"伪造"。由此分析,对货币的伪造事实上是对真实货币外观形式的非法仿制,我们可以将其称为形式伪造。对于货币而言,其内容直接包含于货币的形式之中,行为人仅需针对真实货币的外观形式进行仿制,制造出和真实货币外观类似的假币即可达成伪造的效果。伪造并不实际存在的货币的行为不属于伪造货币罪,如果行为人据此骗取他人财物,其行为特征完全符合虚构事实、隐瞒真相的诈骗罪的客观方面构成要件,以诈骗罪论处显然较为妥当。

司法实践中曾发生过制造和使用"半真半假"假币案件,即行为人利用市场上的验钞机认半边的特性,将真实的货币和伪造的货币对半拼接,通过验钞机的辨认,使接受者或金融机构的自动存款机信以为真而接受这些货币。对这类案件中行为人制假行为的定性,理论上和司法实践中存在不同的观点。有人认为,这种行为的性质属于伪造,因为这种"半真半假"的货币毕竟存在较大成分假币的内容。有人则认为,这种行为的性质属于变造,因为这种"半真半假"的货币中存在一半真币的成分。2010年10月最高人民法院《关于审理伪造货币等案件具体应用法律若干问题的解释(二)》第2条规定制造真伪拼凑货币的行为以伪造货币罪定罪处罚,主要理由是:第一,真伪拼凑货币虽然存在局部变造,但并非完全取材于真币,在用材上与真币不具有同一性,真伪拼凑货币总体上属于伪造的货币。第二,对制作真伪拼凑货币的行为按伪造货币处理符合立法本意。首先,借助于伪造的货币,真伪拼凑货币批量制作成为可能;其次,一些真伪拼凑货币的真币比重极小,除了机具识别所需的少数关键部位之外,绝大部分系伪造币。第三,即便认为真伪拼凑货币中确实存在变造行为,但因制造真伪拼凑货币同时触犯了伪造货币和变造货币两个罪名,根据想象竞合犯择一重罪的处断原则,应当以伪造货币罪定罪处罚。

笔者认为,对此类假币案件中行为人的行为应以变造货币罪定性。其理由主要有以下几个方面。

首先,在此类"半真半假"的假币案件中,行为人实际上是利用了验钞机认半边的特性而实施了制造行为。即在制造出来的"半真半假"货币中,行为人所利用的是该货币的真实一半,且被市场最后接受也是因为该货币中存在真实的一半。简而言之,验钞机之所以认可这一货币,完全是基于半边真实的货币,而并不是基于对半边虚假货币的误解。这种通过真实部分进行使用的行为性质较多地符合变造货币罪的特征,因为变造货币罪的本质特征就在于对真实货币进行改造。

其次,"半真半假"的货币并没有"失去货币同一性",在没有"失去货币同一性"的物体基础上所进行的制造理应属于变造。我们说"半真半假"的货币没有"失去货币同一性",是有较充分的依据的,除上述验钞机认半边的构造机制本身可以说明之外,在相关的金融业务规则中也可找到佐证。

时下,在有关金融业务中,对于自然灾害、人的过失等原因导致"票面撕裂、损缺,或因自然磨损、侵蚀,外观、质地受损,颜色变化,图案不清晰,防伪特征受损"等残缺货币的处理,按照 2004 年 2 月 1 日起施行的《中国人民银行残缺污损人民币兑换办法》的规定,能辨别面额,票面剩余 3/4(含 3/4)以上,其图案、文字能按原样连接的残缺、污损人民币,金融机构应向持有人按原面额全额兑换。能辨别面额,票面剩余 1/2(含 1/2)至 3/4 以下,其图案、文字能按原样连接的残缺、污损人民币,金融机构应向持有人按原面额的一半兑换。通常,只要该残缺货币的剩余部分存在 50%以上即可获得更换。这一规则充分表明,金融业务中事实上也是以 50%作为判断该货币是否"失去货币同一性"的标准。由于"半真半假"的货币中确实存在"半真"的部分,因而我们完全有理由认为这些货币没有"失去货币同一性",在此基础上所进行的制造行为当然应该理解为是变造行为,而不是伪造行为。

第六节　金融工作人员购买假币、以假币换取货币罪的司法认定

根据我国《刑法》第 171 条第 2 款的规定,所谓金融工作人员购买假币、以假币换取货币罪,是指银行或者其他金融机构的工作人员购买伪造的货币或者利用职务上的便利,以伪造的货币换取货币的行为。

我国 1979 年《刑法》中并没有金融工作人员购买假币、以假币换取货币罪这一罪名的规定。但是,随着社会主义市场经济体制的建立与发展,我们发现银行或者其他金融机构的工作人员购买伪造的货币或者利用职务上的便利,以伪造的货币换取货币的行为具有较大的社会危害性。特别是近年来,各地银行或者其他金融机构的工作人员购买伪造的货币或者利用职务上的便利,以伪造的货币兑换货币的案件时有发生。银行及其他金融机构的工作人员出于工作性质和工作的需要,有更多的机会接触货币。他们通常利用自己管理、经手、保管大量货币的便利,购买假币或以假币换取货币,其犯罪较为隐秘,且数额较大,严重影响了银行及其他金融机构的声誉,严重扰乱了国家的金融秩序,较之一般公民实施此类行为的社会危害性大,刑法需要给予更严厉的处罚。为此,1995 年 6 月 30 日通过的全国人大常委会《关于惩治破坏金融秩序犯罪的决定》第 2 条第 2 款规定了本罪:"银行或者其他金融机构的工作人员购买伪造的货币或者利用职

务上的便利,以伪造的货币换取货币的,处三年以上十年以下有期徒刑,并处二万元以上二十万元以下罚金;数额巨大或者有其他严重情节的,处十年以上有期徒刑或者无期徒刑,并处没收财产;情节较轻的,处三年以下有期徒刑或者拘役,并处或者单处一万元以上十万元以下罚金。"1997 年《刑法》第 171 条第 2 款除了将"数额巨大或者具有其他严重情节"的附加刑由"并处没收财产"改为"并处二万元以上二十万元以下的罚金或者没收财产"外,其余沿用了上述决定的规定。

一、金融工作人员购买假币行为的定性

根据最高人民法院 1997 年 12 月 16 日公布的《关于执行〈中华人民共和国刑法〉确定罪名的规定》,《刑法》第 171 条第 2 款规定的"金融工作人员购买假币、以假币换取货币罪"是一个独立的选择罪名。对于是否应将金融工作人员购买假币罪作为一个独立罪名这一问题,理论上有不同的观点。例如,有学者认为,《刑法》第 171 条第 2 款前半部分的规定并不是一个独立的罪名,而仅是前一款购买假币罪的一个加重情节。

笔者认为,最高人民法院将金融工作人员购买假币作为一个独立罪名规定是合理的。在我国现行《刑法》中,存在因数量、情节等因素而加重处罚的情形,而不存在由于主体因素而加重处罚的规定。因为主体因素而加重处罚的情形曾经出现在 1981 年 6 月 10 日通过的全国人大常委会《关于处理逃跑或者重新犯罪的劳改犯和劳教人员的决定》(已失效)中。该决定第 2 条第 2 款规定:"劳改犯逃跑后又犯罪的,从重或者加重处罚。"第 3 条规定:"劳教人员、劳改罪犯对检举人、被害人和有关的司法工作人员以及制止违法犯罪行为的干部、群众行凶报复的,按照其所犯罪行的法律规定,从重或者加重处罚。"1997 年《刑法》附件一明确将该决定予以废止。

我国刑法对于因主体身份而需要对某种犯罪比一般主体处罚更重的方法有两种。

一是规定对特殊身份者在一般主体所构成的犯罪内从重处罚,即非真正身份犯。但是,须注意的是,主体身份应该是在犯罪之前就已经具备的,犯罪实施过程中才具备的身份不是身份犯中的身份。《刑法》第 170 条规定的伪造货币罪的加重处罚情节中的"犯罪集团中的首要分子"即是。

我国《刑法》对因主体身份而从重处罚的情节有:第 109 条第 2 款规定的"掌握国家秘密的国家工作人员犯叛逃罪的";第 238 条第 4 款规定的"国家机关工作人员利用职权犯前三款罪的";第 245 条第 2 款规定的"司法工作人员滥用职权,犯诬告陷害罪的";第 253 条第 2 款规定的"邮政工作人员私自开拆或者隐

匿、毁弃邮件、电报而窃取财物的";第 307 条第 3 款规定的"司法工作人员阻止
证人作证、指使他人作伪证或者帮助当事人毁灭、伪造证据的";第 349 条第 2 款
规定的"缉毒人员或者其他国家机关工作人员掩护、包庇走私、贩卖、运输、制造
毒品的犯罪分子的";第 361 条第 2 款规定的"旅馆业、饮食服务业、文化娱乐业、
出租汽车业等单位的主要负责人,利用本单位的条件,组织、强迫、引诱、容留、介
绍他人卖淫的"。

二是规定对特殊身份者所犯之罪为一个独立的犯罪,在法定刑设置上较一
般主体所犯之罪为重,即真正身份犯。如我国《刑法》规定的军人违反职责罪中,
有许多犯罪行为的性质与普通人员犯罪行为相同,只是由于主体身份不同而视
为独立犯罪。《刑法》对军人犯罪配置较普通人员犯类似罪要高的法定刑。如
《刑法》第 111 条规定的普通人员犯"为境外的机构、组织、人员窃取、刺探、收买、
非法提供国家秘密或者情报的",处 5 年以上 10 年以下有期徒刑;情节特别严重
的,处 10 年以上有期徒刑或者无期徒刑;情节较轻的,处 5 年以下有期徒刑、拘
役、管制或者剥夺政治权利。而《刑法》第 431 条第 2 款规定的军人犯"为境外的
机构、组织、人员窃取、刺探、收买、非法提供军事秘密的",处 10 年以上有期徒
刑、无期徒刑或者死刑。

金融工作人员购买假币罪也属于这种情况。《刑法》第 171 条第 1 款规定的
是普通人员的购买假币罪,第 2 款中的"银行或者其他金融机构的工作人员购买
伪造的货币"是一种因主体身份而需要较普通人员购买伪造的货币处罚更重的
情形。考虑到这种犯罪的社会危害性大,《刑法》将这种本属于从重情节的行为
专门独立出来,并规定相对较重的法定刑,从而符合了将其视为独立罪名的条
件。因此,司法解释将金融工作人员购买假币罪作为独立罪名设置是正确的,理
论上认为应将其视为普通人员购买假币罪的加重情节的观点似有不妥之处。

二、金融工作人员利用工作之便以假币换取货币行为的定性

金融机构工作人员利用职务上的便利,以假币换取货币罪,必须具备"利用
职务上的便利"这一客观条件。所谓利用职务上的便利,是指利用本人职务而经
手、管理货币的便利条件。但是,如果行为人不是利用职务上的便利,而是利用
工作上的便利,应该如何定性? 如果行为人本人并未经手、管理货币,而是趁经
手、管理货币的工作人员不注意秘密地以伪造的货币换取真实货币,究竟该定何
罪? 对此,学界有争论。

第一种观点"盗窃罪说",认为这种行为目前还难以在现行《刑法》中找到依
据。从这种犯罪行为的特征看,客观方面近似于盗窃罪或诈骗罪,但又不是单纯
的侵犯财产性犯罪。因为从客体上看,这种行为除了侵犯银行的财产所有权外,

还侵犯国家的货币管理制度,也具有使用伪造货币罪的某些特征。但是,如定"使用伪造的货币罪",在处罚上显然太轻,罚不抵罪。因此,我们认为,在当前的司法实践中,还是定盗窃罪为宜,应把使用伪造货币行为作为从重处罚情节在量刑时予以考虑。当然,要从根本上解决这一问题,亦有待于今后的立法完善。①

第二种观点"以普通人员货币犯罪定性说",认为应视行为的具体情况认定这种行为为出售伪造的货币或者使用伪造的货币罪。②与此观点类似的还有:"如果银行员工不是利用职务上的便利,而是在其他场合以自己所持有的假币向他人换取真币,则不能构成该罪,只能以普通人员实施的假币犯罪论处。"③

笔者认为,对金融工作人员利用工作上的便利以假币换取真币的,应以使用假币罪定性。

首先,以出售假币罪论处不妥。所谓出售假币,是指将本人持有的伪造的货币卖给他人,或者说是将本人持有的假币有偿转让给他人。出售,既可以是假币与真币之间的交易,也可以是假币与实物之间的交易。出售与购买是一种对向犯。对向犯是指两个或两个以上之行为者,彼此互相对立之意思经合谋而成立之犯罪。在出售、购买假币罪中,出售假币与购买假币是相互依存的。没有出售假币行为,就没有购买假币行为。同样,没有购买假币行为,就没有出售假币行为。在金融工作人员利用工作便利以假币换取货币过程中,金融机构根本没有也不可能有购买假币的合意。既然无购买者,也就不存在出售的问题。事实上,如果金融机构本身有购买假币的合意,金融工作人员也不必采取秘密的手段以假币换取真币了。

其次,以盗窃罪论处不当。因为一般盗窃与金融机构工作人员利用工作之便以假币秘密换取真币,虽都有秘密窃取财物的行为,但两者还是存在一定差异的。盗窃罪秘密取得他人财物是赤裸裸地、不付任何代价地占有,并无任何掩饰;而金融工作人员的秘密换取真币行为毕竟是换取,是以一定的替代品取得他人财物,虽然假币并无价值,但是行为人毕竟付出了一定的代价。将假币混入真币,目的是蒙蔽他人,使其不至于被他人发觉。因此,"换取"行为更多地带有欺骗的性质。是否采用替代品的方法取得他人财物,是区分盗窃行为与金融工作人员利用工作之便以假币秘密换取真币的根本界限。所以,笔者不同意上述第一种"盗窃说"的观点。

最后,这种行为应以使用假币罪论处。所谓使用假币罪,是指用伪造的货币购物、享受劳务或者偿还债务等。使用可以是在合法的经济活动中使用,也可以

---

①　参见周振想主编:《金融犯罪的理论与实务》,中国人民公安大学出版社1998年版,第189页。

②　参见张明楷:《刑法学》(下),法律出版社1997年版,第628页。

③　王新:《金融刑法导论》,北京大学出版社1998年版,第111页。

是在非法的活动中使用,如在赌博中使用。使用假币罪与金融工作人员以假币换取货币罪有以下三点区别:(1)犯罪主体不同。前罪的主体是一般主体,后罪的主体必须是金融工作人员。(2)是否利用职务上的便利不同。前罪不存在利用职务上的便利的问题,后罪必须利用职务上的便利。(3)犯罪客体不同。前罪只侵犯货币的管理制度,后罪不仅侵犯到货币管理制度,而且侵犯了金融机构的正常管理活动和信誉及其财产所有权。上述三点区别主要表现在是否利用职务上的便利。但是,在金融工作人员利用工作上的便利实施货币换取行为时,两罪的性质基本是相同的;唯一的差异是:使用假币罪是由普通人员(包括金融工作人员)实施的,而金融工作人员利用工作上的便利换取货币虽然是由金融工作人员实施的,但是这种货币换取行为实质也是一种货币行使(使用)行为,即用假货币替代真货币作为支付手段。因此,金融工作人员未利用职务上的便利而以假币换取真币的行为,本质上是金融工作人员实施的使用假币行为。我国刑法只规定将金融工作人员购买假币、以假币换取货币的行为作为独立的犯罪,并没有将金融工作人员单纯的使用假币行为规定为一种独立的犯罪;同时,刑法所规定的使用假币罪并没有将金融工作人员排斥在外。因此,对金融工作人员利用工作上的便利条件以假币换取真币的行为,按使用假币罪论处是较为妥当的。

对金融工作人员利用工作之便以假币换取真币以使用假币罪论处是否如第一种观点所担心的那样处罚太轻,罚不抵罪?《刑法》第172条规定:"明知是伪造的货币而持有、使用,数额较大的,处三年以下有期徒刑或者拘役,并处或者单处一万元以上十万元以下罚金;数额巨大的,处三年以上十年以下有期徒刑,并处二万元以上二十万元以下罚金;数额特别巨大的,处十年以上有期徒刑,并处五万元以上五十万元以下罚金。"《刑法》第264条规定:"盗窃公私财物,数额较大或者多次盗窃的,处三年以下有期徒刑、拘役或者管制,并处或者单处罚金;数额巨大或者有其他严重情节的,处三年以上十年以下有期徒刑,并处罚金;数额特别巨大或者有其他特别严重情节的,处十年以上有期徒刑或者无期徒刑,并处罚金或者没收财产。"2013年公布的《最高人民法院、最高人民检察院关于办理盗窃刑事案件适用法律若干问题的解释》第1条规定,盗窃公私财物价值1000元至3000元以上、3万元至10万元以上、30万元至50万元以上的,应当分别认定为刑法第264条规定的"数额较大"、"数额巨大"、"数额特别巨大"。最高人民法院《货币犯罪解释一》第5条规定:"明知是假币而持有、使用,总面额在四千元以上不满五万元的,属于'数额较大';总面额在五万元以上不满二十万元的,属于'数额巨大';总面额在二十万以上的,属于'数额特别巨大',依照刑法第一百七十二条的规定定罪处罚。"行为人盗窃五百元人民币,可能构成盗窃罪,而且盗窃罪有死刑规定。而行为人使用假币必须在四千元以上,才能构成使用假币罪,而且使用假币罪没有死刑规定。由此,持上述观点者认为,对金融工作人员利用工作之便以假币换取真币的行为以使用假币罪定罪处罚比以盗窃罪处罚要轻很多,从而会出现重罪轻判、罚不当罪的问题。

笔者认为,这种担心其实是多余的。首先,金融工作人员利用工作之便以假币换取真币的行为,在性质上根本不符合盗窃罪的构成要件,相反却符合使用假币罪的构成要件,这就决定了对于行为人的行为只能以使用假币罪定罪,而不应该以盗窃罪定罪。既然如此,这种情况就不会发生与盗窃罪进行比较的问题。对于不同的犯罪规定不同的法定刑、处以不同的刑罚,这本身就体现了罪刑相适应的原则。其次,金融工作人员利用其工作之便实施的以假币换取货币行为与一般的盗窃行为实际上具有很大的区别。在通常情况下,金融工作人员利用工作之便以假币换取真币的行为对社会治安及人们的心理所造成的压力比盗窃行为小很多,对此以使用假币罪定罪并处以较轻的刑罚完全具有合理性。相反,如果把金融工作人员利用工作之便实施的以假币换取真币的行为看成盗窃并处以较高的刑罚则不甚合理,因为刑法并没有对金融工作人员利用职务上的便利才能构成的以假币换取货币罪规定比盗窃罪更高的法定刑。

那么,对金融工作人员利用工作之便以假币换取真币的行为能否按诈骗罪论处? 笔者认为也不行。因为诈骗罪是行为人通过虚构事实、隐瞒真相的手段,使相对人在产生误解的情况下自愿交付财物,从而非法占有他人财物的行为。在金融工作人员利用工作之便以假币换取真币的行为中,虽然有一定的欺骗性,但是这种行为不具备诈骗罪中相对人产生误解的特征,也不具备相对人自愿交付财物的特征。在这类案件中,金融工作人员利用工作上的便利条件获取的真币,并不是银行或金融机构基于行为人的欺骗行为在产生误解的情况下所作的自愿交付,相反却是金融工作人员在银行或金融机构并不知情的情况下通过自身秘密行为以假币获取了真币。由此可见,对于金融工作人员利用工作之便以假币换取真币的行为,不能以诈骗罪论处。

第七节　购买假币和以假币换取货币共同犯罪的司法认定

一、金融工作人员与非金融工作人员共同购买假币行为的定性

我国《刑法》对于购买假币的行为,分别在第 171 条第 1 款和第 2 款中规定了购买假币罪和金融工作人员购买假币罪。两罪之间的区别在于行为人是否具有金融工作人员的身份。但是,《刑法》有关金融工作人员购买假币罪的规定中并未将"利用职务上的便利"作为构成要件,这样对于金融工作人员与非金融工

作人员共同购买假币行为应如何定性的问题就很值得研究了。

　　理论上,有的学者认为,对此"只要分别认定为金融工作人员购买假币罪与购买假币罪"即可。其理由是,行为人的主体身份虽有不同但犯罪行为的实施并未借助于特别主体之身份进行,特别主体的身份并不能对一般主体所实施行为的性质产生影响。因此,宜按法律的规定分别予以认定。[①]

　　笔者认为,对共同犯罪的定性,应依照共同犯罪的基本原理。受共同犯罪整体性原理决定,在共同犯罪中,非特殊主体的共犯成员可能犯要求是特殊主体的罪。由于共同犯罪本身具有复杂性的特征,因而在身份犯和非身份犯共同犯罪的情况下,对各共同犯罪人的行为如何定罪也必然具有复杂性。为此,对金融工作人员与非金融工作人员共同购买假币的行为定性,我们应该具体案件具体分析,不能简单地将所有金融工作人员与非金融工作人员共同购买假币的行为一概分别认定为金融工作人员购买假币罪和购买假币罪。

　　笔者认为,在司法实践中,金融工作人员与非金融工作人员共同购买假币通常有以下几种情况,我们可按不同情况区别对待。

　　其一,金融工作人员教唆、帮助非金融工作人员购买假币。在这一共同犯罪中,行为人购买假币的行为主要是非金融工作人员实施的,金融工作人员只是进行了教唆或者帮助,购买假币的行为没有或主要不是利用金融工作人员的身份实施的。因此,对非金融工作人员和金融工作人员均应按购买假币罪定罪。在这一共同犯罪中,金融工作人员是教唆犯或从犯(帮助犯),而非金融工作人员则是主犯。

　　其二,非金融工作人员教唆、帮助金融工作人员购买假币。在这一共同犯罪中,行为人购买假币的行为主要是具有特定身份的金融工作人员实施的,非金融工作人员只是进行了教唆或者帮助。因此,对金融工作人员和非金融工作人员均应按金融工作人员购买假币罪定罪。在这一共同犯罪中,非金融工作人员是教唆犯或从犯(帮助犯),而金融工作人员则是主犯。

　　其三,金融工作人员与非金融工作人员共同购买假币。在这一共同犯罪中,行为人购买假币的行为是由金融工作人员与非金融工作人员共同实施的,且刑法中金融工作人员购买假币罪的构成要件中并没有利用职务上的便利要求,因此可以分别定罪,即对金融工作人员应以金融工作人员购买假币罪定罪,而对非金融工作人员应以购买假币罪定罪。

　　二、金融工作人员与非金融工作人员共同实施以假币换取货币行为的定性

　　我国刑法对于以假币换取货币行为明确规定了金融工作人员以假币换取货

---

　　① 参见黄京平主编:《破坏市场经济秩序罪研究》,中国人民大学出版社 1999 年版,第345 页。

币罪,同时规定构成本罪的行为人须以"利用职务上的便利"为必要要件。对于非金融工作人员以假币换取货币的行为,刑法并未作明确规定。笔者认为,对非金融工作人员以假币换取货币的行为,应以使用假币罪认定。正是由于上述情况的存在,引发了金融工作人员与非金融工作人员共同实施以假币换取货币行为应如何定性的问题。

在理论上,有的学者认为,对这一共同犯罪中的共犯成员"均应认定为金融工作人员以假币换取货币罪。其理由是,在此种情况下,犯罪行为的进行利用了特殊主体之身份所带来的便利条件,其是否能得以完成取决于该便利条件的运用,特殊主体的身份影响到一般主体行为的性质"①。

笔者认为,对金融工作人员与非金融工作人员共同实施以假币换取货币行为不能一概按照金融工作人员以假币换取货币罪定罪,而应依据刑法中共同犯罪的基本原理作出判断,即应以共同犯罪中的主要实行犯行为的性质确定。这是因为,金融工作人员与非金融工作人员实施的犯罪有可能都是实行犯。凡是法律未对共犯作出特别规定的,应以主要实行犯定罪;法律有特别规定的(如《刑法》第 382 条第 3 款规定的贪污共犯等),则按规定。

对于金融工作人员与非金融工作人员共同实施以假币换取货币行为的定性,具体可以分以下几种情况,分别加以处理。

其一,金融工作人员与非金融工作人员共同实施以假币换取货币行为,在共同犯罪中,主要实行犯是金融工作人员。在这一以假币换取货币的共同犯罪中,整个共同犯罪行为(包括非金融工作人员的行为)均是在金融工作人员"利用职务上的便利"状况下实施的,因此对于金融工作人员和非金融工作人员均应按金融工作人员以假币换取货币罪定罪。因为在这种情况下,犯罪行为的进行主要利用了特殊主体之身份所带来的职务上的便利条件,以假币换取货币的行为能否得以完成取决于该职务上便利条件的运用。

其二,金融工作人员与非金融工作人员共同实施以假币换取货币行为,在共同犯罪中,主要实行犯是非金融工作人员。在这一以假币换取货币的共同犯罪中,整个共同犯罪行为并没有或不是主要利用金融工作人员职务上的便利条件实施的,因此对于金融工作人员和非金融工作人员可分别定罪。比如,非金融工作人员欲将其持有的假币换成真币,金融工作人员为其提供钥匙等便利条件,让其去本人管理的银行金库将假币投放到真币中而后抽取真币。在这种共同犯罪中,非金融工作人员的换取行为是一种使用假币行为并起主要作用,因此对其应认定为使用假币罪。而对金融工作人员,由于同时触犯了使用假币罪和金融工

---

① 黄京平主编:《破坏市场经济秩序罪研究》,中国人民大学出版社 1999 年版,第 345 页。

作人员以假币换取货币罪,属于想象竞合犯,应择一重罪处罚即对金融工作人员以假币换取货币罪定罪处罚。

其三,金融工作人员与非金融工作人员共同实施以假币换取货币行为,在共同犯罪中,金融工作人员与非金融工作人员均为实行犯。在这一以假币换取货币的共同犯罪中,整个共同犯罪行为是由金融工作人员与非金融工作人员共同实施的,且以假币换取货币的共同犯罪行为利用了金融工作人员职务上的便利条件,因此对于金融工作人员和非金融工作人员均应按金融工作人员以假币换取货币罪定罪。这是由共同犯罪基本原理所决定的。因为在这种情况下,整个以假币换取货币的共同犯罪行为得以完成,从根本上说离不开金融工作人员职务上的便利条件。

其四,金融工作人员与非金融工作人员共同实施以假币换取货币行为,在共同犯罪中,金融工作人员与非金融工作人员均为实行犯,但是以假币换取货币的行为只是利用金融工作人员工作上的便利条件。在这一以假币换取货币的共同犯罪中,金融工作人员虽为实行犯,但其以假币换取货币的行为并未利用职务上的便利,只是利用熟悉场所等工作上的便利条件,因此对于金融工作人员与非金融工作人员均应按使用假币罪定罪处罚。在不是共同犯罪的情况下,金融工作人员与非金融工作人员的行为也是以使用假币罪这一相同的罪名认定的。

三、金融工作人员与非金融工作人员分工实施购买和换取行为的定性

与上述共同犯罪不同的是,在这种共同犯罪中,金融工作人员与非金融工作人员存在共同故意但实施了不同的分工行为,即非金融工作人员实施了购买假币的行为,而金融工作人员实施了以假币换取货币的行为。在这种共同犯罪中,金融工作人员与非金融工作人员均可能是实行犯,只是分工有所不同,有时甚至出现行为交叉,因此在具体定性时应具体案件具体分析。

笔者认为,如果在共同犯罪中各共犯成员有不同的分工,非金融工作人员实施了购买假币的行为,而金融工作人员利用职务便利实施了以假币换取货币的行为,对金融工作人员应以金融工作人员购买假币、以假币换取货币罪定罪处罚,而对非金融工作人员则应按金融工作人员以假币换取货币罪定罪处罚。

在这一共同犯罪中,金融工作人员虽然没有直接实施购买假币的行为,但是其与非金融工作人员已经形成了共同犯罪,他们的行为已经形成了一个整体,且刑法中金融工作人员购买假币、以假币换取货币罪是一个选择罪名,行为人的行为同时符合相关内容,就可以此罪定罪。非金融工作人员虽然只实施了购买假币的行为,而没有直接实施以假币换取货币的行为,但是作为共同犯罪,对金融工作人员以假币换取货币的行为仍具有共同故意,且购买假币行为实际上是以

假币换取货币行为的先前行为,与金融工作人员实施的以假币换取货币的行为是一个整体。更何况,在这一共同犯罪中,共犯成员的共同犯罪意图主要还是通过金融工作人员以假币换取货币行为得以实现的。由于非金融工作人员只能构成购买假币罪,而不能构成金融工作人员购买假币罪(即使在共同犯罪中,也只限于在教唆、帮助的情况下才能构成),且《刑法》中购买假币罪与金融工作人员以假币换取货币罪属于两个独立的罪名而非选择罪名,如果既认定购买假币罪,又认定金融工作人员以假币换取货币罪,则要对非金融工作人员实行数罪并罚。但是,实行数罪并罚显然不妥当。正因为金融工作人员的共同犯罪行为完全符合选择罪名的要求,所以对金融工作人员应以金融工作人员购买假币、以假币换取货币罪认定;而非金融工作人员的共同犯罪行为不符合选择罪名的要求,其购买行为虽有独立罪名,但却完全可以为换取行为所吸收,因而对非金融工作人员应以金融工作人员以假币换取货币罪认定。

第八节　持有、使用假币罪的司法认定

根据我国现行《刑法》第 172 条的规定,所谓持有假币罪,是指明知是伪造的货币而持续地非法实际支配和控制,根据现有证据不能认定行为人已构成其他假币犯罪,数额较大的行为。所谓使用假币罪,是指明知是伪造的货币而将其投入流通作为支付手段,数额较大的行为。

惩治持有、使用假币行为,是新中国成立以来刑事立法的一项内容。1951年 4 月 19 日政务院公布的《妨害国家货币治罪暂行条例》(已失效)第 6 条规定:"凡误收伪造、变造货币,在收受后察觉为伪造、变造者,应即报告所在地中国人民银行或公安机关,其明知不报而仍继续行使者,视其情节轻重,处 1 年以下劳役,或酌处罚金,或予以教育。"该暂行条例第 4 条第 2 款又指出:"贩运、行使伪造、变造国家货币者,其首要分子或情节严重者,处无期徒刑或 15 年以下 7 年以上有期徒刑,并得没收财产之全部或一部;其情节较轻者,处 10 年以下 1 年以上有期徒刑,并酌处罚金;情节轻微者,处 1 年以下劳役或酌处罚金。"1950 年《中华人民共和国刑法大纲(草案)》第 63 条第 2 款规定:"行使伪造之货币者处 5 年以下监禁或酌处罚金。"该草案修正稿第 33 稿也在第 131 条第 1 款规定了该罪:"伪造国家货币或者贩运、行使伪造的国家货币的,处 3 年以上 10 年以下有期徒刑,可以并处罚金或者没收财产。"

我国 1979 年《刑法》并未规定持有、使用假币罪。这主要是因为持有、使用伪造货币的行为在当时社会生活中并不多见,没有必要将其作为犯罪予以处罚。但是,随着社会生活中伪造货币犯罪日益增多,持有、使用伪造货币现象也频频

发生,而且从司法实践分析,持有、使用伪造货币的行为给国家的货币管理制度及人们的日常生活带来了很大的危害,其社会危害性已经达到了很严重的程度。对于现实生活中出现的使用伪造的货币的行为,1994 年 9 月 8 日发布的最高人民法院《关于办理伪造国家货币、贩运伪造的国家货币、走私伪造的货币犯罪案件具体应用法律的若干问题的解释》(已失效)规定:"收取伪造的货币后,故意在市场上使用,数额较大构成犯罪的,以诈骗罪论处。"1995 年 3 月 18 日全国人大通过的《中国人民银行法》(2003 年经全国人民代表大会修正)第 42 条规定:"购买伪造、变造的人民币或者明知是伪造、变造的人民币而持有、使用,构成犯罪的,依法追究刑事责任。"与此规定相适应,1995 年 6 月 30 日全国人大常委会通过的《关于惩治破坏金融秩序犯罪的决定》增设了持有、使用假币罪,为惩治持有、使用假币行为提供了法律依据。现行《刑法》基本保留了上述决定中关于持有、使用伪造的货币的论述。综上可见,我国历来对持有、使用伪造的货币的行为强调予以严厉打击,以保护金融秩序和市场经济的有序发展。

一、持有、使用假币罪中持有行为的认定

本罪中的"持有"概念是广义的,是指行为人将伪造的货币实际置于自己的支配和控制之下的一种持续性状态的行为,一般表现为携带于身边或藏放于某处或委托他人保管。这里需要注意三点:其一,行为人与伪造的货币在空间上的距离不影响持有行为的构成,也即持有并非一定要随身携带或放在家里,只要行为人对伪造的货币具有支配、控制权即为持有。其二,行为人对伪造的货币的持有在时间上应具有持续性,即行为人在一定时间内相对稳定地控制、支配假币。其三,行为人对伪造的货币的持有必须是非法持有。

持有假币罪,只有在无法证明伪造的货币的真实来源和去向时才予以论处。若有证据证明伪造的货币之真实来源和去向,且这种来源和去向性质上属于其他危害货币管理制度犯罪时,就不能论以本罪。例如,通过实施其他货币犯罪而持有假币,行为人的行为不构成持有假币罪,而应构成其他相关货币犯罪。如系伪造货币后持有,则构成伪造货币罪。如为出售假币而持有,则以出售假币罪论处。最高人民法院印发的《全国法院审理金融犯罪案件工作座谈会纪要》指出:"明知是伪造的货币而持有,数额较大,根据现有证据不能认定行为人是为了进行其他假币犯罪的,以持有假币罪定罪处罚。如果有证据证明其持有的假币已构成其他假币犯罪的,应当以其他假币犯罪定罪处罚。"这是因为,持有行为是一种源于作为的占有、支配状态,只有在难以查清持有的真实来源和去向时,刑法所规定的持有行为才具有独立意义。

上述纪要只对持有假币是为进行其他危害货币管理制度犯罪的情形作了规

定,但是如果实施了诸如抢劫、抢夺、盗窃等非危害货币管理制度犯罪这样的上游犯罪而持有假币,是否也应以上游犯罪论处? 有的学者认为:"若盗窃假币而后加以持有,且情节严重的,如果行为人对假币并非明知,则以盗窃罪未遂论处,因为假币非财物,无任何经济财产价值,不能成为盗窃罪犯罪对象意义上的财物。"①即对盗窃假币后的持有假币行为不必单独定罪,只定盗窃罪未遂即可。

　　笔者认为,从刑法理论分析,行为人误将假币当做真币而抢劫、抢夺、盗窃的,属于对象不能犯,可以按抢劫、抢夺、盗窃罪未遂处理。但是,行为人在发觉其抢劫、抢夺、盗窃所得为假币后,仍不上交国家而故意持有的,则应认定为持有假币罪。持有假币行为被吸收只能发生在行为人明知对象为假币而进行其他货币犯罪活动的情况之中。例如,行为人明知是假币而出售、购买或者运输,或者明知是假币而使用。这是因为,行为人在进行其他货币犯罪活动时,持有假币的状况是必然发生的,这种情况在刑法理论上明显属于不可罚的附随行为,理应为其他货币犯罪行为所吸收。然而,在误将假币当做真币而抢劫、抢夺、盗窃时,行为人的主观目的是取得真币,只是因为对象认识错误而取得了假币。但是,行为人在发觉是假币后仍对假币加以持有的,在其主观上就产生了另一个犯罪故意。即行为人主观上对对象的认识不一致导致了行为人主观故意内容的变化,这一变化又导致了抢劫、抢夺、盗窃行为与持有行为的分离。在这种情况下,行为人在抢劫、抢夺、盗窃后的持有假币行为也不再是不可罚的附随行为,当然就不能采用吸收犯的原理将其吸收,而应该对行为人的抢劫、抢夺、盗窃未遂行为和持有假币行为实行数罪并罚。

　　在理论上和司法实践中,对行为人明知是假币而实施抢劫、抢夺、盗窃行为的定性问题,存在不同的看法。笔者认为,假币本身并没有财产价值,不能体现刑法规定的侵犯财产犯罪中的客体,即公私财产所有权,因此行为人明知是假币而抢劫、抢夺、盗窃的,当然不能构成抢劫、抢夺、盗窃罪。但是,行为人明知是假币还实施抢劫、抢夺、盗窃,说明其实际存在利用假币进行其他犯罪活动的意图。例如,行为人为了出售假币而先实施抢夺、盗窃假币。在这种情况下,行为人盗窃假币的行为只是出售假币的准备行为,如果没有实际出售即遭案发,应以出售假币罪的预备论处。但是,在司法实践中,有时行为人实施货币犯罪的目的很难确定,特别是在概括故意时,其具体货币犯罪的内容不明确。对此,应以持有假币罪论处。当然,行为人实施抢劫、抢夺、盗窃假币行为时,侵犯了其他非财产性权益而构成犯罪的,对其他犯罪仍须定罪。如在抢劫时,侵犯到人身利益,须定故意伤害或故意杀人罪;在盗窃时,侵犯了住宅的安宁,须定非法侵入住宅罪。

　　①　赵秉志主编:《中国刑法案例与学理研究》(分则篇),法律出版社 2001 年版,第197 页。

　　在社会生活中,有些行为人持有的假币是通过接受馈赠、意外拾得、误收等途径获得的,这些途径并不是非法途径,而且有些来源还是合法的,对这种持有行为应如何定性? 笔者认为,从理论上分析,行为人在明知是假币的情况下而仍然持有,其行为可以构成持有假币罪。但是,由于行为人获取假币的途径并不违法,足以说明持有者主观恶性程度较低,因此如果数额不是巨大,一般可不以犯罪论处。

　　二、持有、使用假币罪交叉行为的认定

　　本罪为选择性罪名。持有、使用假币罪,必须是在所持有和使用的假币已分别达到数额较大的标准后才能适用。在通常情况下,行为人使用伪造的货币,必然是以实际持有伪造的货币为前提的。但是,由于使用行为的存在,其持有行为失去了独立成罪的基础。在此情况下,我们只需对行为人的行为以使用假币罪论处即可。

　　如果行为人在使用伪造货币数额较大的同时,还持有数额较大的伪造货币,则只需对行为人的行为以持有、使用假币罪论处即可,而无须适用数罪并罚,因为持有、使用假币罪是一个选择性罪名。

　　如果持有的假币数额较大,使用的只是几百元,应以持有假币罪定罪,使用假币的情况可以在法律文书中叙明,作为以持有假币罪定罪时处刑的情节予以考虑。例如,1999年3月7日,被告人李某在某市一商店购买香烟,当他拿出一张面值100元的伪造的人民币付款时,被巡警当场抓获。巡警另外从他身上查获伪造的人民币40张,每张面值100元,连同正在使用的假人民币100元,共计4100元。此案中,李某既携带伪造的人民币,又使用伪造的人民币。因为李某使用的假币只有100元,尚未达到本罪"数额较大"的起点4000元,所以对李某可以持有假币罪定罪,而使用假币只作为一个量刑情节予以考虑。

　　如果使用假币的数额较大,行为人身上除使用的假币外,仅剩几百元,则应以使用假币罪定罪,其持有几百元假币的行为只作为使用假币罪量刑的情节予以考虑。如果行为人持有假币数额较大,但拿出其中一部分使用后,使用和持有的数额均不够较大,则应以持有假币罪处罚,其使用的数额应累计为持有的数额,使用假币的行为作为量刑情节予以考虑。对于以上行为确定罪名的原则是:不能将持有的假币数额使用后再重复计算数额。持有的数额使用后,只计算使用假币的数额;尚不够追究使用假币罪的,可以作为持有假币罪处罚时的量刑情节予以考虑。

　　三、出售、购买、运输假币并使用假币的罪数认定

　　司法实践中,经常发生行为人在出售、购买、运输伪造货币的同时,又实施了

使用伪造货币行为的案件。对于行为人的这些行为是否应该实行数罪并罚,理论上颇有争议。

根据最高人民法院《货币犯罪解释一》第 2 条的规定,行为人购买假币后使用,构成犯罪的,依照《刑法》第 171 条的规定,以购买假币罪定罪,从重处罚。行为人出售、运输假币构成犯罪,同时有使用假币行为的,依照《刑法》第 171 条、第 172 条的规定,实行数罪并罚。

司法解释的上述规定,实际上对购买伪造货币行为与出售、运输伪造货币行为分别作了规定,如果购买行为与使用行为结合,对行为人只需按购买假币罪一罪论处;如果出售、运输行为与使用行为结合,需以出售、运输假币和使用假币对行为人实行数罪并罚。对于前一种情况,在理论上和司法实践中不应该存在任何问题,因为司法解释明确规定是购买假币后使用的,即行为人使用的假币就是购买的假币。在此情况下,我们可以将行为人的使用假币行为看做购买假币犯罪的当然结果,按牵连犯的原理,对行为人的行为按一重罪从重处罚是完全合理的。但是,对于后一种情况,笔者认为很值得讨论。司法解释并未对行为人出售、运输的假币与使用的假币是否属于同一宗假币作出说明,因而在理解上就会产生分歧。依笔者之见,如果行为人出售、运输的假币与使用的假币不是同一宗假币,对行为人的行为实行数罪并罚是完全可以的。在这种情况下,行为人实际上既实施了出售、运输假币罪,又实施了使用假币罪,对其行为实行数罪并罚符合刑法基本原理。但是,如果行为人出售、运输的假币与使用的假币属于同一宗假币,则对行为人的行为不应实行数罪并罚。在这种情况下,行为人的行为实际上均是针对同一个对象。特别是在运输并使用的情况下,行为之间又具有延续性,如果对这些行为进行数罪并罚,显然与刑法基本原理相悖。当然,对于同一宗假币,很难出现出售和使用并存的情况,兹不赘述。

▌第九章▐
危害金融机构设立管理制度犯罪研究

在金融犯罪的客体归类中,我们将危害金融机构设立管理制度作为一类犯罪,因为金融机构的设立在很大层面上直接影响金融管理秩序和金融安全。在我国,危害金融机构设立管理制度犯罪主要规定在《刑法》第174条中,共涉及两个具体罪名,即擅自设立金融机构罪和伪造、变造、转让金融机构经营许可证、批准文件罪。后罪较易认定,争议不大,笔者在此主要探讨擅自设立金融机构罪的有关问题。

第一节 危害金融机构设立管理制度犯罪的立法依据

我国对金融业务实行专营管理,即只有经批准成立的银行或者其他金融机构才能从事金融业务,其他任何个人或者单位不能擅自设立金融机构,也不能从事有关的金融业务活动。

根据《银行业监督管理法》和《商业银行法》的有关规定,商业银行依法接受国务院银行业监督管理机构的监督管理,但法律规定其有关业务接受其他监督管理部门或机构监督管理的,依照其规定。设立商业银行,应当经国务院银行业监督管理机构审查批准;未经批准,不得从事吸收公众存款等商业银行业务,任何单位不得在名称中使用"银行"字样。

为了促进金融体制改革,保证我国金融市场在正常的秩序下发展和完善,1995年3月18日,第八届全国人大通过了《中国人民银行法》。这是我国第一部单行的中央银行立法。根据该法规定,"按照规定审批、监督管理金融机构"是中国人民银行的一项重要职责。2003年12月27日,第十届全国人大常委会第六次会议通过对《中国人民银行法》的修正,规定中国人民银行不再行使以上职责。同日通过的《银行业监督管理法》第16条规定:"国务院银行业监督管理机构依照法律、行政法规规定的条件和程序,审查批准银行业金融机构的设立、变更、终止以及业务范围。"1995 年 5 月 10 日第八届全国人大常委会通过的《商业银行法》对商业银行及其分支机构的设立、分立、合并及其变更的条件、申报批准的程序等作了详细的规定。同时,该法第 79 条还专门规定:"未经中国人民银行批准,擅自设立商业银行,或者非法吸收公众存款、变相吸收公众存款的,依法追究刑事责任;并由中国人民银行予以取缔。"经 2003 年 12 月 27 日第十届全国人大常委会第六次会议修正后的该法第 81 条规定:"未经国务院银行业监督管理机构批准,擅自设立商业银行,或者非法吸收公众存款、变相吸收公众存款,构成犯罪的,依法追究刑事责任;并由国务院银行业监督管理机构予以取缔。"

当前,设立商业银行,除必须符合《商业银行法》第 12 条和第 13 条规定的设立条件外,申请人还应当向国务院银行业监督管理机构提交有关文件和资料,如申请书、可行性报告等。有关申请经审查符合条件时,申请人应当填写正式申请表,并提交有关文件和资料。国务院银行业监督管理机构批准成立的商业银行由国务院银行业监督管理机构颁发经营许可证,并凭该许可证向工商行政管理部门办理登记,领取营业执照。然后,商业银行才能在批准的范围内营业。

同样,有关金融法规对设立其他金融机构也规定了严格的程序。2020 年 3 月 23 日中国银行保险监督管理委员会发布实行的《非银行金融机构行政许可事项实施办法》第 4 条规定:"非银行金融机构以下事项须经银保监会及其派出机构行政许可:机构设立,机构变更,机构终止,调整业务范围和增加业务品种,董事和高级管理人员任职资格,以及法律、行政法规规定和国务院决定的其他行政许可事项。"根据该《办法》第 2 条的规定,非银行金融机构包括"经银保监会批准设立的金融资产管理公司、企业集团财务公司、金融租赁公司、汽车金融公司、货币经纪公司、消费金融公司、境外非银行金融机构驻华代表处等机构"。

由此可见,国家对设立银行或者其他金融机构均有相当严格的规定,并已经形成了一整套相应的制度。对金融业务实行专营管理,显然是国家对金融业进行宏观调控的一个主要方面。但是,一段时间里,我国一些地方和部门擅自批设金融机构和非金融机构,一些单位和个人擅自办理金融业务的情况日益严重。这些单位和个人金融法制观念淡薄,无视国家有关规定,设立商业银行和金融机构,非法从事金融活动,高息吸收存款、发放贷款,非法从事保险中介业务活动,造成巨大的金融风险。一些地方已多次发生挤兑风波和机构负责人卷款而逃、群众集体上访、冲击政府等事件,严重扰乱了金融秩序,给社会稳定造成极大危害。

2006 年 12 月起施行的《中华人民共和国外资银行管理条例》(该条例已于 2019 年 9 月 30 日修订)第 7 条规定:"设立外资银行及其分支机构,应当经银行业监督管理机构审查批准。"第 63 条规定:"未经国务院银行业监督管理机构审查批准,擅自设立外资银行或者非法从事银行业金融机构的业务活动的,由国务院银行业监督管理机构予以取缔,自被取缔之日起5年内,国务院银行业监督管理机构不受理该当事人设立外资银行的申请;构成犯罪的,依法追究刑事责任;尚不构成犯罪的,由国务院银行业监督管理机构没收违法所得,违法所得50万元以上的,并处违法所得1倍以上5倍以下罚款;没有违法所得或者违法所得不足50万元的,处50万元以上200万元以下罚款。"

2020年3月,中国银保监会发布的《非银行金融机构行政许可事项实施办法》规定,非银行金融机构的设立,必须遵守中国相关法律的规定,并经过中国银保监会及其派出机构的许可。该《办法》所称的非银行金融机构,包括经中国银保监会批准设立的金融资产管理公司、企业集团财务公司、金融租赁公司、汽车金融公司、货币经纪公司、消费金融公司、境外非银行金融机构驻华代表处等机构。

2018年8月17日,中国银保监会公布《中资商业银行行政许可事项实施办法》,第6条规定:"设立中资商业银行法人机构应当符合以下条件:(一)有符合《中华人民共和国公司法》和《中华人民共和国商业银行法》规定的章程;(二)注册资本为实缴资本,最低限额为10亿元人民币或等值可兑换货币,城市商业银行法人机构注册资本最低限额为1亿元人民币;(三)有符合任职资格条件的董事、高级管理人员和熟悉银行业务的合格从业人员;(四)有健全的组织机构和管理制度;(五)有与业务经营相适应的营业场所、安全防范措施和其他设施;(六)建立与业务经营相适应的信息科技架构,具有支撑业务经营的必要、安全且合规的信息科技系统,具备保障信息科技系统有效安全运行的技术与措施。"

从刑事立法的发展沿革看,我国1979年《刑法》并没有规定擅自设立金融机构罪。本罪最早出现于1995年6月30日全国人大常委会通过的《关于惩治破坏金融秩序犯罪的决定》。该《决定》第6条第1款规定:"未经中国人民银行批准,擅自设立商业银行或者其他金融机构的,处三年以下有期徒刑或者拘役,并处或者单处两万元以上二十万元以下罚金;情节严重的,处三年以上十年以下有期徒刑,并处五万元以上五十万元以下罚金。"1997年《刑法》完全吸纳了该决定关于此罪的规定。但是,金融机构形式不一,有的金融机构如证券公司的设立的审批机构并非中国人民银行,因此1997年《刑法》的规定呈现出一定的局限性。1999年12月25日,第九届全国人大常委会第十三次会议通过了《刑法修正案》。其第3条第1款规定:"未经国家有关主管部门批准,擅自设立商业银行、证券交易所、期货交易所、证券公司、期货经纪公司、保险公司或者其他金融机构的,处三年以下有期徒刑或者拘役,并处或者单处两万元以上二十万元以下罚金;情节严重的,处三年以上十年以下有期徒刑,并处五万元以上五十万元以下罚金。"分析《刑法修正案》的内容与1997年《刑法》的规定不难发现,《刑法修正案》重点对《刑法》作了两点修改:第一,将原"未经中国人民银行批准"修改为"未经国家有关主管部门批准";第二,具体列举了商业银行等六种金融机构,明确将"证券交易所、期货交易所、证券公司、期货经纪公司、保险公司"列入擅自设立的金融机构范围之中,从而使《刑法》与相关的行政法律、法规相配套,弥补了《刑法》规定中的疏漏。

第二节　擅自设立金融机构罪的司法认定

一、本罪中商业银行等金融机构范围的认定

首先,商业银行的范围。根据《商业银行法》第2条的规定,商业银行是指依照《商业银行法》和《公司法》设立的吸收公众存款、发放贷款、办理结算等业务的企业法人。我国的商业银行按性质可分为四类:(1)股份制商业银行,指从成立时就是综合性的股份制商业银行,主要有交通银行、招商银行、中信银行、深圳发展银行、兴业银行、广发银行、中国光大银行、华夏银行、上海浦东发展银行等;(2)国有股份制商业银行,指原为国有独资商业银行,经依法转轨改制后上市成为公众公司的股份制商业银行,主要有中国工商银行、中国农业银行、中国银行、中国建设银行;(3)合作银行,包括城市合作银行和农村合作银行等;(4)外资银行、中外合资银行和外国银行分行等。

其次,其他金融机构的范围。其他金融机构,又称为"非银行金融机构",是指银行以外的从事货币信用业务和金融服务业务的金融机构。根据2020年3月中国银保监会修订通过的《非银行金融机构行政许可事项实施办法》规定,非银行金融机构包括经中国银保监会批准设立的金融资产管理公司、企业集团财务公司、金融租赁公司、汽车金融公司、货币经纪公司、消费金融公司、境外非银行金融机构驻华代表处等机构。1999年《刑法修正案》第3条第1款所明示的几种非银行金融机构具体指:(1)证券交易所,指提供证券集中竞价交易场所的不以营利为目的的法人;(2)期货交易所,指提供期货集中竞价交易场所的法人;(3)证券公司,指依照《公司法》和《证券法》规定,经国务院证券监督管理机构批准的,从事证券经营业务的有限责任公司或者股份有限公司;(4)期货经纪公司,指依法经国家有关主管部门批准成立的,从事期货经营业务的公司法人;(5)保险公司,指经国家金融监督管理部门批准,依法成立的从事保险业务的有限责任公司或者股份有限公司。

本罪中设立的金融机构并非法律意义上的金融机构,而只是类似金融机构

的某种机构或组织。或者说,行为人设立的组织或机构,只要有组织或机构的某些外部特征就可以了。组织或机构的外部特征,一般表现为有一定的名称、设施和组成人员等。在此基本条件下,行为人设立的组织或机构可以有各种表现:既可以符合相应法律规定,也可以根本不符合法律规定;既可以是法人组织,也可以是非法人组织;既可以是国有或集体所有,也可以是私有或合伙。无论如何,只要行为人设立起的组织或机构足以使人相信是金融组织或机构,便可以认定为本罪中的金融机构。

二、"擅自设立"行为的认定

学界通常认为,本罪的擅自设立行为有两种表现形式:一是未向国家有关主管部门提出申请而设立金融机构;二是虽向国家有关主管部门提出过申请,但在经审查未获批准的情况下而设立金融机构。如何理解本罪的"擅自设立",有以下问题值得探讨:

1. 非法金融机构未开展相应的金融业务活动是否属于"擅自设立"?

一种观点认为,擅自设立行为具有两个特点:一是表现为作为形式;二是有成立商业银行和其他金融机构的结果。至于擅自设立的商业银行或者其他金融机构是否开展工作,是否从事相应的金融业务,是否造成了危害,均不影响本罪的成立。①

另一种观点认为,上述观点认为行为人是否从事相应的金融业务并不影响擅自设立金融机构行为的认定,这是不正确的。国家之所以要对某些企业的设立予以审查批准从而进行监督控制,其中重要的原因之一就是这些企业具有特殊的经营对象和经营范围。商业银行和其他金融机构区别于一般企业法人的特殊之处,就在于它们以经营货币为主要业务。正是基于这一点,国家对它们的设立规定了严格的条件,要求其必须依法设立。所以,从事相应的金融业务不仅影响到擅自设立金融机构行为的认定,而且是认定该行为的关键性标准。没有开展相应的金融业务,便不能说有擅自设立金融机构的行为。②持相同观点者认为,擅自设立应是设立行为已经完成并开业。如果设立金融机构还处在预谋阶段,或者由于某种原因使行为人意图设立的商业银行或其他金融机构并未成立,则不能成立本罪。③

笔者同意前一种观点。因为本罪是行为犯,刑法对于本罪的规定,只要求设立起金融机构即可,并没有规定必须开展具体的业务活动。从立法设立本罪的

① 参见胡康生、李福成主编:《中华人民共和国刑法释义》,法律出版社1997年版,第221页。
② 参见黄京平主编:《破坏市场经济秩序罪研究》,中国人民大学出版社1999年版,第362、363页。
③ 参见薛瑞麟主编:《金融犯罪研究》,中国政法大学出版社2000年版,第39页。

意图看,立法所要惩罚的是行为人未经批准而擅自设立起金融机构的行为。擅自设立起金融机构的行为本身就对金融秩序造成了现实的危险,具有严重的社会危害性。至于非法金融机构是否进行业务活动,只是量刑时应予考虑的问题。持后一种观点的学者混淆了合法金融机构的设立与非法金融机构的设立。法律对合法金融机构的成立条件规定得非常严格是为了防止有的金融机构筹备组织取得许可证后,不经办理工商登记就开展非法吸收公众存款或者擅自转让许可证等业务活动。但是,我们不能从合法金融机构的成立要以开业作为标志,推论出非法金融机构的设立也须以开业作为标志。非法组织或者机构本身就是非法成立的,不能有开业的要求。我国的立法者从来没有对非法组织的违法或犯罪构成也要求以"开业"作为标准。例如,1998 年 7 月 13 日国务院发布的《非法金融机构和非法金融业务活动取缔办法》(该《办法》已于 2011 年 1 月 8 日修订)第 3 条第 2 款规定:"非法金融机构的筹备组织,视为非法金融机构。"最高人民检察院、公安部《关于公安机关管辖的刑事案件立案追诉标准的规定(二)》第 24 条规定:"未经国家有关主管部门批准,擅自设立金融机构,涉嫌下列情形之一的,应予立案追诉:(一)擅自设立商业银行、证券交易所、期货交易所、证券公司、期货公司、保险公司或者其他金融机构的;(二)擅自设立商业银行、证券交易所、期货交易所、证券公司、期货公司、保险公司或者其他金融机构筹备组织的。"这些规定都将筹备组织的成立视为非法金融机构的设立,而没有以开业作为非法金融机构的设立标志。

2. 合法的金融机构在许可证失效后仍经营金融业务是否属于"擅自设立"?

笔者认为,合法的金融机构虽然经过批准,但是许可证失效之后,就无权再经营金融业务。如果它需要再行开展金融业务活动,就得重新提出申请。只有在重新申请获得批准后,才能继续被认为是合法的金融机构;如果未获批准,仍以原有机构的名义进行活动,则应该被认为属于"擅自设立"。

这种情形与从无金融组织或机构到设立起金融机构的情形略有区别。后者一般有一个筹备过程,而这种情形无需再筹备,只要重新取得经营的许可证即可开业。但是,两者的实质都是"未经批准",所以合法的经营机构在许可证失效后仍经营金融业务的,应属于"擅自设立"。

3. 经有关主管部门批准设立但未经办理工商登记即予开业是否属于"擅自设立"?

有的学者认为,在虽经中国人民银行批准设立但未办理登记、领取营业执照的情况下即予开业,也属"擅自设立"。[①]

---

① 参见马克昌主编:《经济犯罪新论》,武汉大学出版社 1998 年版,第 253、254 页。

笔者认为,这种情形不属于"擅自设立",因为设立金融机构已经得到了有关主管部门的批准。本罪中的"批准"是指主管部门的批准,而不是指工商部门的批准。既然行为人设立金融机构时已经得到主管部门的批准,就不属于自作主张。至于未办理工商登记、领取营业执照,只能说明违反了工商经营管理法规,并不是违反金融机构设立的经济管理法规。与前一点相同,金融机构是否合法设立与是否合法从事金融业务是两个不同的问题。金融机构经有关主管部门批准设立但在未办理工商登记、领取营业执照的情形下违法从事金融业务活动的,可按非法经营罪等罪处罚。

4. 合法的金融机构擅自设立分支机构或者代表机构是否属于"擅自设立"?

一种观点认为:"有些商业银行或者其他金融机构为了扩展业务,不向主管部门申报擅自扩建营业网点、增设分支机构,或者虽向主管部门申报,在主管部门未批准前就擅自设立分支机构进行营业活动,这些行为都是违法的。但是,这种商业银行或者其他金融机构擅自设立分支机构的行为与其他单位、个人擅自设立商业银行或者其他金融机构行为性质上是不同的。因此,对商业银行或者其他金融机构未经批准设立分支机构的行为不能作为犯罪处理。"①

另一种观点认为,商业银行或其他金融机构擅自设立自己的分支机构的行为也属于擅自设立金融机构。《商业银行法》第 19 条明确规定,设立分支机构必须经国务院银行业监督管理机构审查批准。该法同时规定了设立分支机构所必须具备的条件。显然,商业银行也不能自作主张地设立分支机构。从另外一个角度来说,本罪的主体是一般主体,也应包括金融机构本身。设立金融机构的表现形式多种多样,可以是未经批准成立一个名称全新的金融机构,也可以是未经批准成立已有金融机构的分支机构,如私自设立工商银行某分行。②另有学者认为,分支机构与金融机构本身虽然存在差异,但是分支机构的非法设立在客观上也具有危害性。分支机构也可以具体从事金融业务,非法设立分支机构与金融机构本身在实际经营业务中的作用是一致的。从其他法律的规定看,金融机构的分支机构的设立必须经国务院银行业监督管理机构批准,擅自设立也要承担相应的责任。1999 年 2 月发布的《金融违法行为处罚办法》第 5 条对此予以明确规定。该条虽未规定刑事责任,但严重危害社会的,也应追究刑事责任。③

笔者同意前一种观点。其理由是:(1)分支机构是附属于金融机构本身的,并不具有独立的地位。《商业银行法》第 22 条第 2 款规定:"商业银行分支机构

---

① 胡康生、李福成主编:《中华人民共和国刑法释义》,法律出版社 1997 年版,第 221 页。

② 参见黄庭生、于前军、周胜蛟:《擅自设立金融机构罪几个问题》,载赵秉志主编:《新千年刑法热点问题研究与适用》(下),中国检察出版社 2001 年版,第 773、774 页。

③ 参见薛瑞麟主编:《金融犯罪研究》,中国政法大学出版社 2000 年版,第 37 页。

不具有法人资格,在总行授权范围内依法并展业务,其民事责任由总行承担。"(2)合法的金融机构未经主管部门的批准,擅自设立起分支机构,往往只是为了扩大业务范围。对于合法的金融机构扩大业务范围,可以非法经营罪或者其他金融犯罪处罚。(3)有关金融法规并没有对擅自设立分支机构的行为规定刑事责任。这里尤其要注意的是,不能因为金融机构分支的设立也须经有关主管部门的批准就推定擅自设立金融机构的分支也属于犯罪。《金融违法行为处罚办法》第5条第1款规定:"金融机构设立、合并、撤销分支机构或者代表机构的,应当经中国人民银行批准。"第2款规定:"未经中国人民银行批准,金融机构擅自设立、合并、撤销分支机构或者代表机构的,给予警告,并处5万元以上30万元以下的罚款;对该金融机构直接负责的高级管理人员,给予撤职直至开除的纪律处分。"这里,只规定了行政处罚,而没有像其他可能构成犯罪的行为那样规定应追究刑事责任。

否定合法的金融机构擅自设立分支机构构成本罪,是否表示合法的金融机构不能成为本罪的主体? 有的学者认为,既然我国刑法规定单位可以构成本罪,金融机构本身也应该可以构成本罪。[1]也有学者将未经中国人民银行批准,商业银行擅自设立其分支机构能否构成本罪与商业银行能否成为本罪的主体等同起来。[2]笔者认为,这些学者犯了混淆概念的错误。合法的金融机构擅自设立分支机构不构成本罪,并不表示它在其他情形下不能构成本罪。如合法的金融机构为了进行非法金融业务活动,未经有关主管部门批准而重新设立非法金融组织或者机构,仍然可以构成本罪。因为这种新设立的金融组织或者机构并非附属于金融机构,具有独立性,与分支机构的性质完全不同。

5. 私设地下金融组织是否属于"擅自设立"?

对此,学界有不同看法。一种观点认为,实践中,有的地方存在个人或者多人合伙设立所谓"钱庄",经营放贷、融资等货币业务,规模较大、数额巨大的,即属擅自设立金融机构,应按本罪处罚。民间有的地方组织所谓"邀会"(有的地方又称"标会"),群众以几百元、几千元、上万元入会,以达到筹集大宗货币互帮互助的目的,虽属违法,应予取缔,但不宜按犯罪处理。如果邀会达到很大规模,经制止而继续运转,危害大或者已造成严重后果的,对"会首"等组织者应当依本罪或者根据其具体行为依法追究其刑事责任。对于一些在赌场放高利贷的所谓"大耳窿",有的虽然亦有上万元甚至十几万元的借贷规模,但是毕竟只涉及极少数人的行为,不会由此造成严重的危害金融秩序的后果,虽应取缔,但不宜按本

① 参见黄庭生、于前军、周胜蛟:《擅自设立金融机构罪几个问题》,载赵秉志主编:《新千年刑法热点问题研究与适用》(下),中国检察出版社2001年版,第773页。
② 参见薛瑞麟主编:《金融犯罪研究》,中国政法大学出版社2000年版,第40页。

罪处罚。①持相同观点者也认为，在实践中，擅自设立金融机构行为的表现方式是多种多样的，有的表现为具有确定的名称、固定的场所、一定的设施、相当数量的人员以及完整的组织机构和一定数量的资金，俨然是一个真正的金融机构；有的则可能表现为根本没有资金，也没有场所、人员机构等条件，只是利用虚拟的金融机构名称或假借真正金融机构的名称开展相应的金融业务。②

另一种观点认为，当前一些地区存在的地下金融组织，如抬会、地下钱庄、民间互助会、地下投资公司（"老鼠会"）等，其活动目的也是融通资金，主要是利用各种手段吸取资金，从事高利贷经营。设立这类非法组织，不能以擅自设立金融机构罪论处。其理由在于：这类组织的组织化程度较低，其活动不具有公开性，而且不具备法定的金融机构的称谓，不具有金融机构的性质，因而设立这类组织构成犯罪的应以非法吸收公众存款罪或集资诈骗罪论处。③也有类似的观点认为，行为人自创的用来进行金融活动的组织不具备法定金融机构的形式，一般不认定构成擅自设立金融机构罪。金融机构是专门从事金融业务的法定机构，其形式、名称都有明确的规定。如果行为人设立一个人们根本不承认或未曾见过的机构，意图进行金融活动，由于公众对金融机构的名称、形式都有比较固定的认识，这样"自创"的金融机构并不会被公众视为金融机构，其从事金融活动就相当困难，可信度就不高。为此，必须大量对外宣传，否则就发挥不了一个机构所起的作用，其从事的非法金融活动的范围和影响就相当有限。法律上，按其从事的非法经营活动定罪即可，而无须定擅自设立金融机构罪。这种情况是由其不具备金融机构的外部特征决定的。④

上述意见分歧的焦点在于：认定私设地下金融组织是否属于本罪的擅自设立，是应以组织机构从事的业务活动为标准，还是应以组织结构的形式为标准？前一种是实质标准，即认定本罪的擅自设立，只要从事金融业务活动即可。即使设立起的金融组织或机构并无任何名称以及相当数量的人员、场所、资金、组织结构等形式，也可认定为构成本罪。《非法金融机构和非法金融业务活动取缔办法》第3条规定："本办法所称非法金融机构，是指未经中国人民银行批准，擅自设立从事或者主要从事吸收存款、发放贷款、办理结算、票据贴现、资金拆借、信托投资、金融租赁、融资担保、外汇买卖等金融业务活动的机构。非法金融机构的筹备组织，视为非法金融机构。"该规定采用了实质标准，即只要是未经批准，设立的从事金融业务活动的机构，不论其外在形式如何，都是非法金融机构。这

① 参见周道鸾、张军主编：《刑法罪名精释》，人民法院出版社1998年版，第260页。
② 参见黄京平主编：《破坏市场经济秩序罪研究》，中国人民大学出版社1999年版，第364、365页。
③ 参见赵秉志主编：《中国刑法案例与学理研究》（分则篇）（二），法律出版社2001年版，第257页。
④ 参见蒋勇主编：《破坏社会主义市场经济秩序罪》，法律出版社2000年版，第250页。

种标准产生的问题是：如果行为人擅自设立一个名为"贸易服务公司"的组织或机构，主要从事的却是非法吸收存贷款业务，是否可认定为本罪？后一种是形式标准，即认定本罪的擅自设立必须要设立起与合法的金融组织或机构相仿的非法金融组织或机构，如有一定的名称以及相当数量的人员、场所、资金、组织结构等形式。如果设立起的非法金融组织或机构根本不具备这些条件，但是事实上又从事了非法吸收公众存款等金融业务活动，可按非法吸收公众存款罪、非法经营罪或集资诈骗罪处理。

笔者认为，前一种观点是合理的。金融犯罪都是行政犯，对于这类犯罪界限的认定，需结合行政法规。同样，对于非法金融机构的认定标准，也只能依据一定的行政法规。既然《非法金融机构和非法金融业务活动取缔办法》对何谓"非法金融机构"作出了实质性的定义，刑法对本罪的认定也应以此为依据。地下金融组织如果从事或主要从事金融业务活动，就应认定为擅自设立的金融机构，构成本罪。上述取缔办法，并没有以组织化程度、活动是否公开或者机构的称谓作为认定非法金融机构的标志。1998年7月29日中国人民银行发布的《整顿乱集资乱批设金融机构和乱办金融业务实施方案》也指出，非法金融机构"包括冠以银行、信用社、信托投资公司、融资租赁公司、典当行等名称的机构，也包括虽未冠以上述名称，但实际是从事或变相从事金融业务的机构"。后一种观点以"这类组织的组织化程度较低，其活动不具有公开性，而且不具备法定的金融机构的称谓"作为理由而否定地下金融组织具有金融机构的性质，是缺乏法律依据的。当然，对将地下金融组织认定为非法金融机构不以组织化程度的高低作为标志，不能作极端的理解。如果地下金融组织根本不具备金融组织的形式条件，如纯粹是个人或皮包公司，就不应认定为非法金融机构。

三、主观罪过的认定

对于本罪的主观方面，通说认为是故意。这里的"故意"是否包括间接故意？

一种观点认为，本罪的主观方面只能是故意，即明知设立金融机构须依法获得中国人民银行批准，明知擅自设立金融机构的行为会发生扰乱金融秩序的危害结果，并且希望或者放任这种结果的发生。[1]

另一种观点认为，上述观点主张本罪的意志因素包括了放任，实际上承认了本罪的主观方面可以是间接故意。这显然是不妥的，因为行为人对于擅自设立金融机构是积极追求的，不可能是听之任之；非法设立起金融机构后是否会发生

---

[1]　参见张明楷：《刑法学》（下），法律出版社1997年版，第631页。

扰乱金融秩序的危害结果,并非本罪的必备条件。①

笔者认为,本罪的主观方面只能由直接故意而不可能由间接故意构成。因为本罪属于行为犯,其犯罪客观方面要件是行为人设立起非法金融机构。只要行为人设立起了非法金融机构,即可构成本罪。本罪的罪过形式的评价对象是行为人对非法设立金融机构行为会破坏金融管理秩序的态度。行为人对于非法设立金融机构破坏金融管理秩序持积极追求态度,不可能是放任。第一种观点认为本罪可以由间接故意构成是不合适的。

后一种观点指出本罪不能由间接故意构成,其结论是正确的。但是,这种观点将行为人设立起非法金融机构后造成"扰乱金融秩序"视为一种单独的危害结果,值得商榷。因为扰乱金融秩序仅仅是破坏金融管理秩序这种抽象结果严重性的表现,其本身不能被视为危害结果。在擅自设立金融机构罪中,抽象的危害结果是破坏了金融管理秩序,与扰乱金融秩序并无必然联系。上述学者从扰乱金融秩序不是本罪的规范要素角度论证本罪的罪过形式,其立足点是不合适的。

因此,本罪的主观罪过形式只能是直接故意。

四、借私设的金融机构进行诈骗行为的定性

在司法实践中,有的犯罪分子打着某某金融机构的牌子,以吸收存款为名,将他人的钱款弄到手后逃之夭夭。对于这种情况该如何处理,学界的认识不尽一致。

一种观点认为,对于这种情况,既不能按擅自设立金融机构罪处理,也不能按擅自设立金融机构罪和诈骗罪的牵连犯处理,而只能按诈骗罪定罪处罚。因为行为人打出金融机构牌子的时候,就具有非法占有他人钱款的目的,并不是出于经营正当金融业务以获取利润的目的。也就是说,行为人并不具备擅自设立金融机构的主观目的,因此不能构成擅自设立金融机构罪。此类案件只能按诈骗罪一罪定罪处罚。②持该种观点的学者将冒用真实的商业银行或者商业银行的分支机构的名称作为擅自设立金融机构的一种表现形式。③

另一种观点认为,实际犯罪中,打着金融机构牌子进行诈骗不外乎三种情况:一是私设金融机构后,打着私设的金融机构牌子进行诈骗。这种情况已构成擅自设立金融机构罪和诈骗罪的牵连犯。由于诈骗罪的法定刑较擅自设立金融机构罪更重,因此可定诈骗罪从重处罚。二是打着根本不存在(即虚构)的金融

① 参见赵秉志主编:《中国刑法案例与学理研究》(分则篇)(二),法律出版社 2001 年版,第 259 页。
② 参见马克昌主编:《经济犯罪新论》,武汉大学出版社 1998 年版,第 225 页。
③ 参见马克昌主编:《经济犯罪新论》,武汉大学出版社 1998 年版,第 349 页。

机构牌子进行诈骗。这种情况应直接定为诈骗罪。三是冒用他人的金融机构牌子进行诈骗。冒用他人的金融机构牌子应理解为虚构事实的行为,不能视为擅自设立金融机构的行为,本身并不独立构成犯罪。这种情况应直接定为诈骗罪。①

其实,上述两种观点的意见基本是一致的,都认为对于以金融机构为名进行诈骗的,应认定为诈骗罪。笔者认为,这可以分为四种情况:(1)名义上的金融机构根本不存在。对于这种情况,应以诈骗罪定罪。(2)非法组织存在,但不具备金融机构的形式条件。对于这种情况,行为人无法通过进行营业活动而赚取利润,所以也应属于诈骗罪。(3)非法金融机构形式条件具备,但行为人设立这种金融机构并不是为了通过进行营业活动赚取利润,而是以此为幌子骗取他人财物。擅自设立金融机构罪行为是诈骗罪行为的手段行为,两罪构成牵连犯,择一重罪即诈骗罪处罚。(4)非法金融机构形式条件具备,但行为人设立金融机构后才产生诈骗的故意。擅自设立金融机构罪行为与诈骗罪行为并无牵连关系,应对擅自设立金融机构罪与诈骗罪分别定罪,实行数罪并罚。

对于冒用其他金融机构名义进行诈骗,前两种观点在理解上略有差异。笔者认为,前一种观点所说的冒用其他金融机构名义视为擅自设立金融机构的一种形式,应是指"该非法金融机构的形式条件具备,仅仅是借用了其他金融机构的名义而已",不能将其理解为"在根本不存在任何组织的条件下,冒用其他金融机构的名义"。因此,对于冒用其他金融机构名义进行诈骗,也可以分为四种金融机构的存在情形而分别定罪:(1)金融机构根本不存在。这种情形下,冒用其他金融机构的名义进行诈骗,应认定诈骗罪。(2)非法组织存在但不具备金融机构的形式条件。这种情形下,冒用其他金融机构的名义进行诈骗,也应认定构成诈骗罪。(3)非法金融机构形式条件具备。这种情形下,冒用其他金融机构的名义进行诈骗,擅自设立金融机构行为是诈骗行为的手段行为,两罪构成牵连犯,择一重罪即诈骗罪处罚。(4)非法金融机构形式条件具备。这种情形下,冒用其他金融机构的名义擅自设立非法金融机构,而后才产生诈骗故意,擅自设立金融机构行为与诈骗行为并无牵连关系,应对擅自设立金融机构罪与诈骗罪分别定罪,实行数罪并罚。

五、本罪与非法吸收公众存款罪的界定

在司法实践中,行为人擅自设立金融机构后,又往往利用擅自设立的金融机构进行非法吸收公众存款的行为。对于这种情形,要根据行为人吸收公众存款

---

① 参见胡启忠等:《金融犯罪论》,西南财经大学出版社 2001 年版,第 354、355 页。

犯意产生的前后加以认定。行为人为了非法吸收公众存款而擅自设立金融机构的,擅自设立金融机构只是非法吸收公众存款的一种手段行为,可以牵连犯择一重罪定罪处罚。如果行为人在擅自设立金融机构后才产生非法吸收公众存款的犯意,则应对此两罪实行数罪并罚。

例如,1988年6月,经马某书面申请,中国人民银行某分行下发了关于其试办某信用社的批复,规定试办期为半年,暂不发给其经营金融业务许可证。而后,某信用社成立,马某自任主任。1989年8月,马某因涉嫌经济犯罪被某人民检察院监视居住。1990年1月,中国人民银行某支行在请示上级后,下文撤销该信用社。1990年9月,马某被撤销监视居住强制措施。1991年6月,马某申请恢复原信用社,未获批准。马某于1991年10月在既无经营金融业务许可证又无营业执照的情况下,继续以原信用社名称挂牌经营金融业务。

其后,马某为扩大信用社自有资金而向社会招揽股份,印发扩股公告,规定个人股金每股200元,集体股每股2000元,期限一年。凡入股者,除按国家规定的一年定期存款利息付利息外,还分别按20%、16%参加股东分红。据统计,该信用社非法吸收公众股金195.13万元。马某为了获取非法利润,采取了"以存定贷"的存贷方式,由贷款人直接联系储户,存贷双方自定利率,一股月利率在30%至50%之间,之后由该信用社办理存贷手续。马某从中获得9.5万元的利差,以此种方式吸收存款121万元。1994年,部分贷款人或去向不明,或无力还款,储户焦急追款。马某又采取高息揽储手段,找中介人为其揽储,存储利率达30%—40%,而中介人可以从中获利3.6‰至5.6‰的中介费,以这种方法揽储890万元。案发时,该信用社共支付储户存款利息2777.33万元。案发后,已追回120万元退给受害人,追回物资、房产等价值约80万元,尚有借贷款513.36万元未追回。

在本罪中,马某先擅自设立金融机构,然后又以此机构的名义非法吸收公众存款,数额巨大,已分别构成擅自设立金融机构罪和非法吸收公众存款罪,应实行数罪并罚。

从犯罪构成要件上看,两罪存在以下区别。

(1) 客体不同。本罪侵犯的是国家关于金融机构设立的管理制度,而非法吸收公众存款罪侵犯的是国家关于吸收公众存款的管理制度。

(2) 行为方式不同。本罪的行为方式强调的是"擅自设立",是否开展非法吸收公众存款的业务不影响本罪的成立;而非法吸收公众存款罪的行为方式强调的是"非法吸收",这种吸收表现为"非法吸收公众存款"和"变相吸收公众存款",并且法律要求此罪的行为严重程度必须达到"扰乱金融秩序"。

(3) 主体不同。本罪的主体一般是非法成立的单位或个人;而非法吸收公众存款罪既包括不具有吸收公众存款主体资格者吸收存款,也包括具有吸收公众存款主体资格者即合法的金融机构采用违法的方法吸收存款,如一些金融机构高息揽储的行为。

(4)对象不同。本罪的对象是非法金融机构本身,而非法吸收公众存款罪的对象是不特定的公众。

(5)故意内容不同。本罪的故意内容为:行为人明知设立商业银行等金融机构应当符合法定条件,向国务院银行业监督管理机构等国家有关主管部门申请并由其批准,却仍然实施擅自设立商业银行等金融机构的行为;而非法吸收公众存款罪的故意内容为:行为人明知其非法吸收公众存款或变相吸收公众存款的行为违反了国家法律、法规,扰乱了金融秩序,仍故意实施该行为。

▌第十章▐
危害金融机构存贷管理制度犯罪研究

金融机构的存贷作为一种特殊的商业行为,有其自身的安全和经济效益等问题,因而存贷必须按照规定的原则、条件和程序发放和获得。违反存贷管理制度的犯罪不仅会导致贷款无法收回或存款无法提取,使国家、单位或个人财产遭受巨大损失,还会严重扰乱金融管理秩序,导致金融危机的出现。从法律上分析,存贷管理制度由存款法律制度和贷款法律制度组成,相应地对于危害存贷管理制度的犯罪,刑法理论上可区分为危害存款管理制度的犯罪和危害贷款管理制度的犯罪。

第一节　危害金融机构存贷管理制度犯罪的立法依据

贷款业务是我国金融机构的一项基本金融业务,贷款在我国国民经济建设和社会发展中起着巨大的作用。但具体而言,贷款在各项实际经济活动中所起的作用并不一样,其作用发挥的大小,主要取决于贷款投放方向的正确与否。如果投放方向正确,则会产生积极有效的社会效益和经济效益,并能按期收回本息;反之,不但不能产生预期的社会效益和经济效益,有时甚至连贷款本身也无法收回,这就是所谓的贷款风险问题。

贷款风险的产生原因并不唯一,其中尤为重要的是危害贷款管理制度的违法犯罪行为。虽然我国有关金融法规对贷款发放、审批制度等作了较为严格、明确的规定,但在经济活动中,仍有不少违法犯罪分子在实施危害贷款管理制度的犯罪。特别是在我国改革开放全面发展的今天,市场经济的建立和健全尚处于过程之中,法制建设也尚未完备,于是便有人利用人们在社会经济活动中资金短缺这一点,从事有关危害贷款管理制度的违法犯罪活动。特别在近几年,有关危害贷款管理制度的犯罪在整个金融犯罪中所占的比例很大。

贷款业务是金融机构的基本业务和基本职能,从某种意义上说,没有贷款业务,金融机构也就没有存在的必要,也很难有存在下去的可能。为了发挥贷款业务的积极作用,国家必然要对社会经济活动中的贷款行为进行规范,对金融机构的贷款业务实行严格的管理、审批,这就是国家贷款制度。《中国人民银行法》、《商业银行法》、《借款合同条例》①、《贷款通则》等法规均对此作了规定。但现实生活中存在着大量的危害国家贷款管理制度的犯罪,这些犯罪所造成的社会危害性很大,特别是使金融机构的贷款业务面临着巨大的风险。

存款业务也是我国金融机构的一项基本业务。吸收存款是我国经济生活中筹集社会闲散资金的一种重要方式,该行为之实施须由经国家批准的符合法律规定条件的机构依法进行,而非任何机构皆可从事这种业务。依法批准设立的银行和非银行金融机构可以从事该项业务。尽管各种不同类型的银行和非银行金融机构吸收存款的范围、种类、期限不同,但在一般情况下,存款是银行和非银行金融机构信贷资金的重要来源,存款业务也是它们的一项主要的负债业务。将吸收存款的活动纳入法制轨道,建立起完整的存款规范体系,对维护金融秩序稳定,保障资金的有效筹集,保证存款人合法权益不受侵害具有重要意义。但是,随着改革开放的日益深入,市场经济体制的进一步建立,我国经济运行方式发生了深刻的变化。企业、银行被推向了市场,成为独立自主、自负盈亏的市场主体。在此情况下,对于资金的追逐也渐趋激烈,使得资金需求与资金不足之间的矛盾尖锐化。一些企业、个人为了吸收资金,违反国家有关规定,不择手段,其突出表现为:某些企业违法采取发行债券、内部股票、投资入股等形式吸收社会的存款,某些银行或其他金融机构采取提高利率等形式非法吸收公众存款。这些行为的存在,妨害国家对金融市场的管理,严重扰乱金融秩序,造成社会资金的盲目流动,使得不该上的项目得以上马,该上的项目缺乏资金,并在一定程度上诱发物价上升、激发社会不稳定因素的产生,从而影响我国国民经济的健康发展和改革开放的顺利进行。

违反存贷款法律制度的行为,无疑会妨害存贷款活动的正常进行,扰乱存贷款秩序的稳定,从而影响整个金融秩序的稳定,严重的甚至会导致金融风波的出现和金融危机的产生。由此可见,对于危害金融机构信贷管理制度的行为,情节严重的,必须动之以刑,将其作为犯罪处理。1995 年全国人大常委会《关于惩治破坏金融秩序犯罪的决定》规定了非法吸收公众存款罪、违法向关系人发放贷款罪、违法发放贷款罪。1997 年《刑法》吸收上述规定,增加了高利转贷罪,用账外客户资金非法拆借、发放贷款罪。2006 年 6 月 29 日全国人大常委会通过《刑法

---

①　本法规已被《国务院关于废止 2000 年底以前发布的部分行政法规的决定》(2001 年 10 月 6 日发布并实施)废止,原因是相关内容已被 1999 年 3 月 15 日全国人大通过并公布的《合同法》代替。

修正案(六)》专门增设了骗取贷款、票据承兑、金融票证罪(《刑法》第 175 条之一),背信运用受托财产罪,违法运用资金罪(《刑法》第 185 条之一),并对原来用账外客户资金非法拆借、发放贷款罪,违法向关系人发放贷款罪,违法发放贷款罪的构成要件作了修正;2007 年最高人民法院和最高人民检察院司法解释相应地将罪名调整为吸收客户资金不入账罪(取消用账外客户资金非法拆借、发放贷款罪罪名)、违法发放贷款罪(取消违法向关系人发放贷款罪罪名)。

第二节　高利转贷罪的司法认定

我国《刑法》第 175 条规定的高利转贷罪,是指以转贷牟利为目的,套取金融机构信贷资金高利转贷他人,违法所得数额较大的行为。

高利转贷罪是我国 1997 年《刑法》设立的罪名,1979 年《刑法》并没有规定此罪。这是因为改革开放前,由于信贷的高度计划性和政府对经济的直接干预,金融活动中一般转贷行为很少,其危害性也不严重。1995 年全国人大常委会通过的《关于惩治破坏金融秩序犯罪的决定》也未对此罪加以规定。1996 年发布的《贷款通则》对贷款作了限制,即不得套取贷款用于借贷牟取非法收入,但在法律责任中都缺乏相应的刑事惩治规定,只在第 71 条中对民事责任作了规定:由贷款人对其部分或全部贷款加收利息;情节特别严重的,由贷款人停止支付借款人尚未使用的贷款,并提前收回部分或全部贷款。改革开放以后,随着国民经济的高度发展,各行各业由于自身发展的需要,在扩大再生产中需要大量资金周转,但由于受国家宏观经济指导对信贷资金的使用规模、方向等方面的限制,在局部范围内出现了信贷资金供需不平衡的矛盾。一些不法之徒为了牟取暴利,利用信贷资金紧张之机,采用各种手段套取银行等金融机构的信贷资金后高利转贷他人。这种行为严重扰乱了正常的金融秩序,破坏了我国金融业的健康发展。但是,由于我国刑法中缺乏相应的刑事惩治规定,致使这种危害金融秩序的行为得不到有效遏制。与此同时,针对实践中大量存在的其他滥用贷款的行为,许多有识之士提出应在修订《刑法》时增设滥用贷款罪,但又考虑到金融领域犯罪圈不宜过分扩大,1997 年《刑法》只将高利转贷这一滥用贷款行为作为犯罪规定在条文之中。

《刑法》第 175 条第 1 款规定:"以转贷牟利为目的,套取金融机构信贷资金高利转贷他人,违法所得数额较大的,处三年以下有期徒刑或者拘役,并处违法所得一倍以上五倍以下罚金;数额巨大的,处三年以上七年以下有期徒刑,并处违法所得一倍以上五倍以下罚金。"该条第 2 款还规定:"单位犯前款罪的,对单位判处罚金,并对其直接负责的主管人员和其他直接责任人员,处三年以下有期徒刑或者拘役。"

一、"套取"行为的认定

《刑法》有关本罪的规定明确将"套取金融机构信贷资金"作为构成犯罪的前提条件,也即高利转贷罪的客观行为构成要件之一是套取金融机构信贷资金。对于何为"套取"行为,理论界有不同的意见:有人认为,套取金融机构信贷资金,是指行为人不符合贷款的条件,但以虚假的贷款理由或贷款条件,向金融机构申请贷款,并且获取由正常程序无法得到的贷款。①也有学者从文义上对"套取"进行了分析:何谓套取?"套",在字典中解释为"以计骗取"之意,套取就应是施以某种计谋骗取。根据文字含义,套取金融机构信贷资金应理解为行为人虚构事实,伪造理由如谎报借款用途,采取担保贷款或者信用贷款的方式,向金融机构贷出人民币或外汇。也就是说,行为人以自己的名义编造借款理由向金融机构申请贷款,但不打算将贷款用于借款合同上所载明的用途,而是要非法高利转贷给他人,表现出行为人贷款理由的虚假性和贷款行为的欺骗性。②

笔者认为,这里所谓套取金融机构信贷资金,是指行为人在不符合贷款条件的前提下,以虚假的贷款理由或者贷款条件,向金融机构申请贷款,并且获取由正常程序无法取得的贷款。判断行为人的行为是否为"套取",关键在于行为人对于贷款的实际用途,事实上借款人不按照正常的贷款用途使用贷款,就证明了其贷款的理由和贷款的条件均是虚假的。根据相关法规规定,行为人申请信贷资金,必须有正当的用途并且符合贷款条件。本罪行为人的目的是高利转贷他人,所以套取金融机构信贷资金是构成犯罪的必要要件。

关于贷款申请的条件,现行规范进行了分类规定。2009年实行的《固定资产贷款管理暂行办法》第9条规定:"贷款人受理的固定资产贷款申请应具备以下条件:(一)借款人依法经工商行政管理机关或主管机关核准登记;(二)借款人信用状况良好,无重大不良记录;(三)借款人为新设项目法人的,其控股股东应有良好的信用状况,无重大不良记录;(四)国家对拟投资项目有投资主体资格和经营资质要求的,符合其要求;(五)借款用途及还款来源明确、合法;(六)项目符合国家的产业、土地、环保等相关政策,并按规定履行了固定资产投资项目的合法管理程序;(七)符合国家有关投资项目资本金制度的规定;(八)贷款人要求的其他条件。"2010年实行的《流动资金贷款管理暂行办法》第11条规定:"流动资金贷款申请应具备以下条件:(一)借款人依法设立;(二)借款用途明确、合法;

① 参见王新:《金融刑法导论》,北京大学出版社1998年版,第126页。
② 参见张惠芳:《高利转贷罪有关问题浅析》,载《河北法学》2000年第1期。

（三）借款人生产经营合法、合规；（四）借款人具有持续经营能力，有合法的还款来源；（五）借款人信用状况良好，无重大不良信用记录；（六）贷款人要求的其他条件。"2010 年实行的《个人贷款暂行办法》第十一条规定："个人贷款申请应具备以下条件：（一）借款人为具有完全民事行为能力的中华人民共和国公民或符合国家有关规定的境外自然人；（二）贷款用途明确合法；（三）贷款申请数额、期限和币种合理；（四）借款人具备还款意愿和还款能力；（五）借款人信用状况良好，无重大不良信用记录；（六）贷款人要求的其他条件。"

通常，贷款需经过八项程序：（1）贷款申请，即借款人向贷款人申请贷款必须填写包含借款金额、借款用途、偿还能力及还款方式等主要内容的《借款申请书》，同时提供借款人及保证人基本情况、财政部门或会计（审计）事务所核准的上年度财务报告（以及申请借款前一期的财务报告）、项目建议书和可行性报告等资料；（2）对借款人的信用等级评估；（3）贷款调查；（4）贷款审批；（5）签订借款合同，应当包括给定借款种类、借款用途、金额、利率、借款期限、还款方式，借、贷双方的权利与义务，违约责任和双方认为需要约定的其他事项；（6）贷款发放；（7）贷后检查；（8）贷款归还。行为人往往在《借款申请书》和《借款合同》中虚拟不真实条款，掩盖其贷款真实目的，并通过各种手段蒙蔽贷款人的调查、审批和检查套取信贷资金，因而"套取"有一定程度的欺骗性。

二、"高利"标准的确定

本罪的客观方面必须是套取信贷资金，高利转贷他人。如果仅仅有套取信贷资金后的转贷行为，但其转贷利率并不属于"高利"，则只属于一般违法行为，仍不构成本罪。对于何谓"高利"，学界存在争议。

有一种观点认为，"高利"是指以高出金融机构贷款利率的较大比例转贷给他人。[①]或认为"高利"是指行为人将套取的金融机构信贷资金转贷他人，所定利率远远高于其从银行或其他金融机构所套取的信贷资金利率。在确定高利标准时，应参照关于民间借贷的司法解释。[②]根据 2015 年 6 月 23 日最高人民法院《关于审理民间借贷案件适用法律若干问题的规定》第 26 条规定："借贷双方约定的利率未超过年利率 24%，出借人请求借款人按照约定的利率支付利息，人民法院应予支持。借贷双方约定的利率超过年利率 36%，超过部分的利息约定无效。借款人请求出借人返还已支付超过年利率 36%部分的利率的，人民法院应予支持。"另一种观点认为，"高利"是指将银行信贷资金以高于银行贷款的利

---

①　参见张国轩：《试析套取信贷资金转贷牟利罪》，载赵秉志主编：《新千年刑法热点问题研究与适用》（下），中国检察出版社 2001 年版，第 787 页。

②　参见黄京平主编：《破坏市场经济秩序罪研究》，中国人民大学出版社 1999 年版，第 373 页。

率转贷他人。具体高出银行贷款利率多少，不影响本罪的成立。①

笔者同意后一种观点，其理由如下。

首先，从法律规定看，《刑法》第 175 条并没有要求本罪必须以行为人以高出金融机构贷款利率较多的利率转贷给他人才构成，而仅指出高利转贷他人就可能构成犯罪。本罪中的"高利"与民间所称的"高利贷"，虽然都是"高利"，但具体要求不同。其一，民间高利贷的资金是不属于金融机构的，而本罪的资金属于金融机构；其二，民间高利贷的高利贷者是不负责资金使用的，而本罪的资金本应该属于专款专用，行为人擅自改变资金的用途，侵犯了资金的使用管理制度。由此可见，民间高利贷侵犯的仅仅是利率方面的管理制度，而本罪不仅侵犯了利率方面的管理制度，还侵犯了贷款的发放和使用管理制度，所以，不能要求其高利率的标准适用民间高利贷中"高利"的标准。

其次，从司法实践看，如果以民间高利贷的标准作为衡量本罪的"高利"标准，就可能导致对大多数转贷行为无法追究刑事责任的情况出现。因为金融活动中一般人不会愿意付出如此高贷款利息接受转贷款，即使借款人有意愿，完全可以向民间贷款，又何必接受这种风险很高的转贷款？由此分析，以民间高利贷的标准作为衡量本罪"高利"标准的观点，似乎有违立法初衷。

再次，从本罪的立法宗旨看，立法者之所以要将本罪规定为犯罪，是因为行为人通过转贷行为而谋取非法利益。法律明确规定，行为人须以"转贷牟利为目的"。并且行为人非法谋取利益，并非只能通过高出银行法定标准的利率实现，只要行为人以高于贷进利率的价格进行转贷赚取差价，就是谋取了非法利益。这种赚取差价的方式与行为人以高于银行法定标准的转贷牟利，其危害性并无本质上的差异。如实践中有的单位编造借口，以较低的利息套取银行贷款，再以与银行规定的法定利率转贷他人，但数量巨大的，仍能谋取到较大的非法利润，也应该认定为构成本罪。按照前一种观点，仅仅因为行为人没有以远远高于银行法定贷款利率进行转贷就不能对此种情形予以定罪处罚，显然不利于惩治犯罪，不利于维护我国金融管理秩序。实践中，行为人可能以高于银行贷款利率十几倍、二十倍的利率转贷信贷资金给他人，但因转贷额小，其违法所得仅几百元，或因行为人意志以外的原因，实际所得几近于零，这种情况属"高利而违法所得较少"；行为人也可能以略高于银行贷款利率的利率转贷信贷资金给他人，因转贷额巨大，其违法所得有数万元之巨，这种情况属"低利而违法所得较大"。如果按贷款利率较高才能认为是高利，则对后一种情况就无法定罪，这显然不利于惩处犯罪。

---

① 参见周道鸾、张军主编：《刑法罪名精释》，人民法院出版社 1998 年版，第 265 页。

最后,从相关追诉标准看,本罪追诉的起刑点主要是违法所得的数额。2010年5月18日最高人民检察院、公安部《关于公安机关管辖的刑事案件立案追诉标准的规定(二)》第26条规定:"以转贷牟利为目的,套取金融机构信贷资金高利转贷他人,涉嫌下列情形之一的,应予立案追诉:(1)高利转贷,违法所得数额在十万元以上的;(2)虽未达到上述数额标准,但两年内因高利转贷受过行政处罚二次以上,又高利转贷。"该规定强调的是违法所得的数额,即使未达到起刑点数额,也只以行政处罚的次数作为标准。但是,该规定并未对何谓"高利"作出特别说明或者要求,即无论高于贷款利率多少,只要违法所得达到标准就可构成犯罪。

综上所述,笔者认为,高利转贷罪中"高利"不能以民间高利贷的标准作为衡量标准,而应以金融机构同期贷款利率为标准,只要高于这一标准进行转贷,即可视为高利转贷。

三、"转贷牟利目的"的认定

根据刑法规定,构成高利转贷罪,行为人必须以转贷牟利为目的。由此可知,本罪属于目的犯,即行为人在主观方面表现为直接故意,且要求以转贷牟利为目的,间接故意和过失都不能构成犯罪。行为人只有在这种目的支配下实施转贷牟利行为才能构成犯罪。如果行为人将从金融机构贷取的信贷资金转贷他人,但不具有转贷牟利的目的,如帮助他人摆脱困境等,则不构成犯罪。需要指出的是,尽管本罪构成中行为人必须以转贷牟利为目的,但是,这一目的是否达到,不影响犯罪的成立。

对于行为人转贷牟利的目的产生的时间是否影响本罪构成的问题,理论上有较大的争议。有人认为,转贷的目的如产生于套取信贷机构资金前,符合本罪的构成特征,应认定成立本罪。如果产生于套取信贷资金之后、高利转贷之前,虽然在行为表现上与明确的转贷牟利后实施套取资金转贷牟利相同,但其实施转贷牟利犯罪的目的并不及于套取资金行为。这种目的是一种事后故意,在我国法学理论和实践中都不承认事后故意的效力。[①]有人则认为,实施这种行为的故意应包括实施套取信贷行为和高利转贷两部分。在实施套取资金行为时,行为人目的是获得信贷资金;高利转贷时,目的是获取非法利益。这两部分必须密切结合在一起,套取信贷资金时,行为人已具有通过转贷牟利的目的,否则不符合本罪主观方面的要求。[②]有人还认为,行为人主观上的故意,须是实施本罪中

---

①　参见丁大球:《破坏社会主义市场经济秩序罪重点疑点难点问题判解研究》,人民法院出版社2005年版,第203页。

②　参见薛瑞麟:《金融犯罪研究》,中国政法大学出版社2000年版,第101—102页。

的故意,而不是事前故意或者事后故意。若行为人套取信贷资金前有转贷牟利的目的,而获取贷款后用于自己的生产、经营活动,则属于事前故意,不以犯罪追究;若行为人在申请贷款时并没有转贷牟利的目的,且符合贷款条件,但获取贷款后为牟利而将贷款转手出贷,则属于事后故意,不符合本罪的犯罪构成,不以本罪论处。①

　　笔者认为,行为人转贷牟利目的产生的时间不应该成为影响本罪构成的因素,即如果行为人在套取金融机构信贷资金前就产生转贷牟利的目的,自然可以构成本罪;如果行为人在套取金融机构信贷资金后产生转贷牟利目的,同样也可以构成本罪。理由有三:首先,行为人转贷牟利目的产生的时间很难加以确认。如果强调在套取金融机构信贷资金后产生牟利目的,就不构成本罪,则会导致行为人以此为借口而逃脱刑法的制裁。特别是在司法实践中,要准确证实行为人转贷牟利目的产生的时间,不仅会徒增司法成本,且实际也无法做到。其次,转贷牟利目的产生的先后,对于套取金融机构信贷资金行为的认定并不会产生实质的影响。正如前述,所谓套取金融机构信贷资金,是指行为人在不符合贷款条件的前提下,以虚假的贷款理由或者贷款条件,向金融机构申请贷款,并且获取由正常程序无法获得的贷款。由于高利转贷行为本质上属于滥用贷款的一种行为,行为人在获取贷款后产生转贷牟利目的,实际上证明了其获取金融机构贷款的行为就是一种套取,因为将贷款用于转贷牟利绝对不可能成为行为人向金融机构申请获得贷款的理由。最后,本罪中行为人是否有套取的行为,在很大程度上是由行为人对贷款的实际用途决定的。行为人在获取贷款后又加以转贷,足以说明其之前获取贷款理由的虚假性,从而说明行为人实施了套取金融机构贷款行为。

　　司法实践中,对于行为人用到期贷款进行高利放贷牟利行为的定性也有不同意见。笔者认为,这种情况虽然与上述行为具有一定的差异,即行为人开始获得金融机构贷款使用权时是合法的,因其此时主观上并无转贷牟利目的,所以其获取金融机构贷款过程中确实不存在套取贷款的行为。但是,这种情况与上述相关行为并无本质的区别。因为行为人出于高利转贷的目的,在获取金融机构贷款到期后,仍故意不归还并用于高利放贷,此时行为人已经不能合法使用贷款,到期不还无异于套取。即在行为人转贷牟利目的产生时,其到期不还贷款的行为与上述套取贷款的行为实际上并无本质区别。在转贷牟利目的的支配下,行为人继续拖欠金融机构贷款不还,实质上也是套取资金行为。就此而言,对于行为人用到期贷款进行高利放贷牟利行为,同样也应当以高利转贷罪追究刑事

---

① 参见王玉珏、杨坚研:《对高利转贷的刑法分析》,载《上海商业》2002年第11期。

责任。

四、利用自有资金高利放贷行为性质的认定

需要指出的是,高利转贷罪是指行为人套取金融机构信贷资金,高利转贷他人的行为。如果行为人利用自有资金高利放贷给他人,属于正常借贷或拆借行为,当然不应构成本罪。但是,如果行为人先将自有资金高利放贷他人牟取非法利益,而后套取金融机构信贷资金弥补自身资金不足的,或套取金融机构信贷资金后,将该笔资金注入流动资金或者其他用途,而将自有资金抽出高利转贷他人的,该如何认定? 对此,理论上存在不同的观点。

一种观点认为,这种行为是在规避法律,实质上只是颠倒了套取行为与转贷行为的顺序,而且货币是种类物,因此这种情形应以本罪论处。[①]

另一种观点认为,这种情况不宜认定为犯罪,理由是:其一,行为人用以高利放贷的资金确是自有资金,且行为人的借款确系按借款合同的约定用途和数量使用。其二,行为人按借款合同的规定使用信贷资金,从宏观上看,不会破坏国家的信贷政策,避免了信贷资金投向上的偏差;从微观上看,也不会影响贷款的偿还能力,这种行为与非法拆借行为没有实质差别,所以不应构成犯罪。[②]

笔者认为,上述这种行为实际上是一种变相的高利转贷行为,理应按本罪处理。其理由是:

其一,行为人向金融机构贷款的行为与其实施的放贷行为是一种相向行为,无论在行为人的主观上,还是在资金的实际走向上,均是不一致的。按照一般常识,行为人向金融机构贷款只有在自有资金不足的情况下才会发生,即既然有自有资金放贷给他人,行为人就不需要、也不应该向金融机构申请贷款。除非其中存在利益问题,否则行为人不会实施这些思路不一致的行为。

其二,上述行为实际上只是在资金上作了一定的处理,但在本质上与高利转贷的行为并无不同。分析上述行为不难发现,无论是行为人将自有资金高利转贷他人谋取非法利益,而后套取金融机构信贷资金弥补自身资金不足的,还是套取金融机构信贷资金后,将该笔资金注入流动资金或者有其他用途,而将自有资金抽出高利转贷他人的,行为人的行为都是在其以转贷牟利为目的的主观意志支配下实施的,由于资金本身属于种类物,实际上很难具体分清放贷给他人的资金与从金融机构中获取的贷款是不是同一笔资金。因此,上述行为实质上与套取信贷资金后直接高利转贷他人并没有区别,同样会给金融机构的信贷安全带

---

① 参见赵秉志:《破坏社会主义市场经济秩序罪》(上),法律出版社 2001 年版,第 275 页。
② 参见薛瑞麟:《金融犯罪研究》,中国政法大学出版社 2000 年版,第 103—104 页。

来危害。

其三,如果对于上述行为不以高利转贷罪处理,完全可能引导行为人利用这种具有很大隐蔽性和欺骗性手段,实施高利转贷的行为,并规避法律的制裁。这种显失公平的做法,必然导致刑法有关高利转贷罪的条文形同虚设。

五、将贷款余额高利转贷他人谋取非法利益行为性质的认定

司法实践中,对于行为人在贷款使用过程中,将贷款余额高利转贷他人谋取非法利益的行为,应如何定性,有不同的意见。在理论上,有人认为,这种情况是否构成本罪,关键在于行为人主观方面的故意内容为何。如果行为人确实将贷款余额高利转贷,在认定上还要结合主观方面分析有无套取信贷资金的行为。如果行为人在申请贷款时,对申请贷款的项目需要的资金量有明确的认识,故意借机多报致使申请数额超过实际资金量,而又有将多余资金用于放贷意图的,则符合套取信贷资金的构成条件,是套取信贷资金行为,之后又高利转贷的,可以构成本罪。如果行为人在申请贷款时,按实际资金使用量如实申报的,取得贷款后,由于情况发生变化,实际使用资金额远远少于申请额,利用多余资金高利转贷的,由于不具有以转贷牟利的目的套取金融机构资金的行为,因此虽是高利转贷行为,也不构成本罪,可以按一般金融违法行为处理。[①]

对于上述观点,笔者不能苟同。笔者认为,只要行为人产生转贷牟利的目的,并将贷款余额用于高利转贷,达到犯罪程度,均可以高利转贷罪定性处罚。正如前述,行为人转贷牟利目的产生时间的先后,并不应该成为影响行为人是否具有套取金融机构贷款行为认定的因素。对于行为人是否实际实施了套取金融机构贷款的行为,在很大程度上取决于行为人是否产生转贷牟利的目的以及是否实施了高利转贷的行为。据此分析,即使行为人在向金融机构申请贷款时具有正当的理由,或按实际资金使用量如实申报,取得贷款后又将贷款高利转贷出去,只要行为人产生了转贷牟利的目的,并实施高利转贷行为,即可认为行为人之前获取金融机构贷款的行为是套取行为。所以,依笔者之见,对于行为人将贷款余额高利转贷他人谋取非法利益行为的定性,只要违法数额或者违法次数达到构成犯罪程度,即可以高利转贷罪定罪处罚。

六、内外勾结高利转贷牟利行为的定性

司法实践中,经常发生借款人与金融机构工作人员勾结,利用金融机构工作

---

① 参见丁天球:《破坏社会主义市场经济秩序罪重点疑点难点问题判解研究》,人民法院出版社2005年版,第205页。

人员的职务之便,为借款人获取低息贷款,并高利转贷给他人的案件。在这些案件中,金融机构工作人员常常因为自己所起的作用而以各种名义分获一些利益。对于这种内外勾结的行为应该如何定性? 理论上与实践中颇有争议:

有人认为,金融机构工作人员与借款人应构成高利转贷共同犯罪。因为他们在主观上具有套取金融机构信贷资金高利转贷牟取暴利的共同故意,并在共同故意的支配下内外勾结一方申请、一方放贷,共同实施套取无息或低息的金融机构信贷资金,再高利转贷牟利的犯罪行为,从而形成了共同犯罪行为。所以,金融机构工作人员和借款人共同构成高利转贷罪。然而,由于金融机构工作人员的身份特殊,在这类案件中,又表现为利用职务之便用贷款的合法形式掩盖其挪用公款(或挪用资金)进行转贷牟利之非法活动的性质,同时其行为又触犯了挪用公款(或挪用资金)罪,是想象竞合犯,应"从一重"处断,定挪用公款(或挪用资金)罪,所以,对这类案件,应认定为共同犯罪。但由于犯罪主体的身份不同,在罪名上也应有所不同,对借款人定高利转贷罪,而对金融机构工作人员定挪用公款(或挪用资金)罪。[①]

笔者认为,对于内外勾结套取金融机构贷款并高利转贷的行为应根据案件的具体情况定性。

如果借款人利用金融机构工作人员的职务之便,在套取金融机构贷款后,实施高利转贷行为,金融机构工作人员虽然获取了利益,但并未参与实际转贷行为,对于金融机构工作人员应以受贿罪(或非国家工作人员受贿罪)论处。因为在这种情况下,金融机构工作人员完全是因为自己利用了职务之便为借款人套取贷款,而接受了借款人的财物,其行为特征符合受贿罪(或非国家工作人员受贿罪)的构成要件。对借款人则应以高利转贷罪追究刑事责任。

如果金融机构工作人员与他人事先约定高利转贷事宜,然后利用第三人名义套取贷款,并实施高利转贷获取转贷利益,对金融机构工作人员也应以受贿罪(或非国家工作人员受贿罪)论处。因为在这种情况下,尽管金融机构工作人员在形式上获取了高利转贷的利益,但实际上是其在相关金融业务活动中收受他人财物。其中的第三人完全是金融机构工作人员实施行为的工具,通过第三人名义的贷款,金融机构工作人员才能获得所谓"转贷的利益"。由此可见,在这种情况下,金融机构工作人员的行为性质应认定为以获取转贷利益的名义实际收受他人贿赂。

如果借款人与金融机构工作人员事先通谋,利用金融机构工作人员的职务之便,共同套取贷款并转贷牟利,对于金融机构工作人员及借款人均可以高利转

---

①   参见张惠芳:《高利转贷有关问题浅析》,载《河北法学》2000 年第 1 期。

贷罪定性处罚。因为这种情况下,借款人与金融机构工作人员具有共同的故意和共同的行为,他们的行为特征完全符合高利转贷罪的构成要件。虽然金融机构工作人员的行为在形式上也符合挪用公款(或挪用资金)罪的某些构成要件,但是,由于他们的行为毕竟均发生在申请贷款和使用贷款过程中,显然与利用职务之便挪用本单位或者客户资金的行为有很大区别。在高利转贷罪中,套取金融机构信贷资金的行为人必须同时也是高利转贷给他人的行为人,即套取者与转贷者是同一人。如果金融机构工作人员将本单位或者客户资金以个人名义借贷给他人,由于金融机构工作人员不能成为申请贷款的主体,因而其行为完全属于挪用性质而不存在所谓套取贷款的性质,由此,对金融机构工作人员的行为应以挪用公款罪(或挪用资金罪)论处。

第三节　骗取贷款、票据承兑、金融票证罪的司法认定

骗取贷款、票据承兑、金融票证罪是《刑法修正案(六)》第10条新增设的罪名,此前的《刑法》并没有规定这一罪名。之所以增设该罪,是因为社会生活中大量存在以虚假的手段取得贷款、票据承兑、信用证、保函等情况,由于行为人并非以占有而是以使用为目的,滥用这些贷款、票据承兑、信用证、保函等,因而尽管给银行或者其他金融机构造成了重大损失,也无法按贷款诈骗罪等对行为人的行为进行处罚。正如前述,我国现行刑法有关贷款、票据承兑、信用证、保函等方面的犯罪主要有贷款诈骗罪,违法发放贷款罪,吸收客户资金不入账罪,高利转贷罪,违规出具金融票证罪和对违法票据承兑、付款、保证罪。2000年9月20日至22日最高人民法院在湖南省长沙市召开的全国法院审理金融犯罪案件工作座谈会特别指出:"对于合法取得贷款后,没有按规定的用途使用贷款,到期没有归还贷款的,不能以贷款诈骗罪定罪处罚;对于确有证据证明行为人不具有非法占有的目的,因为不具备贷款的条件而采取了欺骗手段获取贷款,案发时有能力履行还贷义务,或者案发时不能归还贷款是因为意志以外的原因,如因经营不善、被骗、市场风险等,不应以贷款诈骗罪定罪处罚。"据此,贷款诈骗罪的行为人必须以非法占有为目的,高利转贷罪的行为人则必须以转贷牟利为目的,也即当时的刑法只处罚以占有为目的的贷款诈骗和仅限于转贷牟利目的的滥用贷款犯罪行为。

针对上述骗取贷款、票据承兑、信用证、保函等情况,刑法无法规制,只能按照一般民事纠纷加以处理。这实际上造成对于合法取得贷款、票据承兑、信用证、保函等后,没有按规定的用途使用贷款、票据承兑、信用证、保函等,到期没有归还贷款等的行为,不能以相关犯罪定罪处罚;对于确有证据证明行为人不具有

非法占有的目的,因为不具备相关条件而采取了欺骗手段获取贷款、票据承兑、信用证、保函等,案发时有能力履行还贷义务,或者案发时不能归还贷款等是因为意志以外的原因,如因经营不善、被骗、市场风险等行为,亦不能以相关犯罪定罪处罚。这样就导致很多欺骗行为由于非法占有目的难以被有效证明,而不能受到刑法制裁,从而客观上放纵了一部分具有较为严重社会危害性的行为,且其中有些行为甚至可能严重威胁国家的金融安全。

社会经济活动中,有些人以各种方式骗取金融机构的贷款、票据承兑、信用证、保函等进行滥用,涉及数额往往很大,严重地危害了金融机构的金融管理秩序和金融安全。我国银行的主要业务是吸收存款、发放贷款、对票据进行承兑、发放信用证和保函等。当前,我国银行业面临的最大问题是居高不下的贷款坏账率,有些地方银行坏账情况持续恶化,已到了可与印尼、泰国发生金融危机时相比拟的地步,其中的原因主要是贷款无法收回。长此以往,将会引发金融危机,严重的甚至会带来政治动荡。对此,无论是金融界人士还是法学理论及司法实务界人士均非常关注,建议在刑法中增设相应的罪名。

刑法理论上和司法实践中也有许多人从不同角度提出了各种观点。有人认为,《刑法》明确贷款诈骗罪、信用证诈骗罪等要以非法占有目的为构成要件,必将使我国的金融机构在国际资本市场的竞争中处于不利的地位。因为很多贷款、票据承兑、信用证、保函等欺诈行为由于非法占有目的难以证明,导致放纵一部分罪犯。[1]还有人认为,对于经济欺诈犯罪,发达国家的刑法大多采用非目的犯的立法方式,不要求行为人的非法占有目的。如作为大陆法系典范的《德国刑法典》在第 256 条 B 规定了信贷诈欺罪,即只要行为人在关于信贷条件的许可、放弃或变更的申请中,就有利于贷款人且对其申请的决定具有重要意义的经济关系提出不真实或不完全的资料,如收支平衡表、赢利及亏损账目、资产摘要或鉴定书,或以书面形式作不真实或不安全的报告,或未在附件中说明资料或报告所表明的经济关系的恶化,而其对申请的判断又是非常重要的,处三年以下自由刑或罚金。由此可见,《德国刑法典》对贷款欺诈行为所设计的犯罪圈远远大于我国刑法,即只要行为人在贷款申请中虚构了事实或隐瞒了真相,无需证明行为人的主观目的,即使行为人主观上只是为了一时的占用,都构成信贷诈欺罪。因此,刑法不仅应处罚以非法占有为目的的贷款诈骗行为和以转贷牟利为目的的高利转贷行为,还应将一时占用的贷款欺诈行为犯罪化。[2]

---

① 参见李文燕、姜先良:《关于贷款诈骗罪几个问题的思考》,载赵秉志主编:《新千年刑法热点问题研究与适用》(下),中国检察出版社 2001 年版,第 1200 页。
② 参见苏彩霞:《贷款诈欺行为犯罪化之分析及立法建议》,载赵秉志主编:《新千年刑法热点问题研究与适用》(下),中国检察出版社 2001 年版,第 1207 页。

　　笔者认为,在刑法中增设骗取贷款、票据承兑、金融票证罪是完全必要的。首先,骗取贷款、票据承兑、金融票证的行为严重危害了金融信用安全。对于市场经济而言,只有通过财产的流转、资金的融通、交易的进行才能促进经济的发展。而这些经济活动,特别是金融活动的健康运行,都需要有良好的信用作支撑。特别是贷款、票据承兑等作为重要的金融活动内容,也完全建立在相互信任的基础之上,可见信用安全意义匪浅。发生在贷款、票据承兑等金融活动过程中的任何欺诈行为,不管其动机和目的如何,都会对作为金融活动基础的信用造成破坏。不单对非法占有的相关金融诈骗和转贷牟利的高利转贷等行为应予以刑罚处罚,对于以欺骗手段获取金融机构的贷款、票据承兑、金融票证等行为,也因其欺骗性严重破坏了如同金融活动生命的信用,而应予以刑罚处罚。其次,骗取贷款、票据承兑、金融票证等行为危害了金融机构的资金使用权。骗取贷款、票据承兑、金融票证虽然不以非法占有和转贷牟利为目的,但行为人按正常途径本无法获得贷款、票据承兑、金融票证等,其通过欺骗行为获得贷款、票据承兑、金融票证等就侵犯了金融机构的相关权利。例如,骗取贷款行为的危害性如何,可以通过其与挪用资金行为的比较得知。事实上,一时占用的骗取贷款行为与挪用资金行为的社会危害性相差无几:二者主观上都不打算永久占有资金,而是准备用后归还;客观上都实施了欺骗手段,侵犯的都是他人的财产使用权,只不过前者侵犯的是金融机构的资金使用权,后者侵犯的是行为人本单位的资金使用权。然而,行为人伪造本单位领导的同意借款批示,擅自挪用本单位的资金,就可能构成挪用资金罪;而如果对行为人使用欺骗手段,非法获得金融机构的贷款资金使用权,侵害金融机构的资金使用权的行为不予定罪,则似乎明显不公平,也不符合刑事政策的要求。

　　应该看到,采用欺骗手段,骗取银行或其他金融机构贷款、票据承兑、信用证、保函等商业银行信用的行为,尽管其具有相当严重的危害性,给金融机构造成严重损失,但是从当前我国法律层面上说,并没有相应的规定可以对其予以惩治。因此,修改《刑法》,增设骗取贷款、票据承兑、金融票证罪就成为情势发展之亟需。有鉴于此,2006 年 6 月 29 日第十届全国人大常委会第二十二次会议通过了《刑法修正案(六)》,规定在《刑法》第 175 条后增加一条,作为第 175 条之一:"以欺骗手段取得银行或者其他金融机构贷款、票据承兑、信用证、保函等,给银行或者其他金融机构造成重大损失或者有其他严重情节的,处三年以下有期徒刑或者拘役,并处或者单处罚金;给银行或者其他金融机构造成特别重大损失或者有其他特别严重情节的,处三年以上七年以下有期徒刑,并处罚金。单位犯前款罪的,对单位判处罚金,并对其直接负责的主管人员和其他直接责任人员,依照前款的规定处罚。"

《刑法修正案(六)》的这一规定是因应了理论和实践中的这些要求,具体对《刑法》作了修正,明确将骗取贷款、票据承兑、信用证、保函等行为纳入了刑法调整的范围之中,从而弥补了当时刑法中只有贷款诈骗罪、信用证诈骗罪和高利转贷罪等罪名之不足。另外,《刑法修正案(六)》在设立骗取贷款、票据承兑、金融票证罪的同时,还明确规定单位也可以成为本罪的主体。这一规定的最大意义在于,《刑法修正案(六)》能根据司法实践中大量客观存在的单位实施骗用贷款、票据承兑、信用证、保函等行为的情况,从实际出发科学地设定刑法条文。就此而言,笔者认为,修正案对刑法条文的这一修正是完全必要和非常及时的。

一、本罪的罪名设置

《刑法修正案(六)》第 10 条规定:本罪是指以欺骗手段取得银行或者其他金融机构贷款、票据承兑、信用证、保函等,给银行或者其他金融机构造成重大损失或者有其他严重情节的行为。

笔者认为,《刑法》设立本罪的实质在于,将以欺骗的手段获取金融机构的贷款、票据承兑、信用证、保函等加以滥用,危害到管理秩序和金融安全的行为犯罪化。因为这些滥用金融机构贷款、票据承兑、信用证、保函等行为,如达到一定的危害程度,也同样会危害到金融管理秩序和金融安全,其社会危害性程度并不一定亚于其他诸如高利转贷等金融犯罪行为,因此,也应该对这些滥用贷款、票据承兑、信用证、保函等行为进行必要的刑罚惩罚。

《刑法修正案(六)》颁布施行后,理论上对于本罪的罪名设置开展过较为深入的讨论。通说认为,本罪的本质特征是"以欺骗手段取得银行或者其他金融机构贷款、票据承兑、信用证、保函等"。据此,有学者将本罪罪名概括为"骗取贷款、票据承兑、金融票证罪"[①];也有学者认为,本罪罪名应为"骗用贷款和银行信用罪"[②];还有学者将本罪确认为"诈骗信贷罪"[③];另有学者将本罪称为"金融欺诈罪"[④]或"贷款诈欺罪"[⑤];更有学者将本罪罪名称为"虚假信用申请罪"[⑥]。

对于上述学者主张的罪名,理论上大多认为似乎均有不妥之处:"骗取贷款、票据承兑、金融票证罪"这一罪名未能将本罪的犯罪对象——囊括在内,不符合

---

① 刘艳红:《〈中华人民共和国刑法修正案(六)〉之解读》,载《法商研究》2006 年第 6 期。

② 胡康生、朗胜主编:《中华人民共和国刑法释义》,法律出版社 2006 年版,第 236 页。

③ 周其华:《〈刑法修正案(六)〉要义研读》,载《中国检察官》2006 年第 9 期。

④ 何泽宏:《解读〈刑法修正案(六)〉》,载《现代法学》2006 年第 6 期。

⑤ 苏彩霞:《贷款诈欺行为犯罪化之分析及立法建议》,载赵秉志主编:《新千年刑法热点问题研究与适用》(下),中国检察出版社 2001 年版,第 1207 页。

⑥ 何帆:《刑法修正案中的经济犯罪疑难解析》,中国法制出版社 2006 年版,第 126 页。

罪名的概括性。"骗取贷款和银行信用罪"虽然较为概括和突出重点,但其中的信用仍有不明确之处,与法条本身的规定也不十分吻合,因为本罪中的对象并非都涉及金融机构的信用问题。"诈骗信贷罪"与"贷款诈骗罪"无本质上的区别,亦容易让人产生本罪主观上也有以非法占有为目的的错觉。而无论是"金融欺诈罪"还是"贷款诈欺罪"都易使人与民事纠纷相混淆,"诈骗"为刑事定性,"欺诈"或者"诈欺"为民事定性,因此这种主张不具科学性。至于"虚假信用申请罪",亦无法涵盖本罪的客观行为,本罪在客观方面不仅要有虚假申请的行为,还应有取得贷款、票据承兑、信用证、保函的结果。如果将罪名仅定性为"虚假信用申请罪",容易让人误解为只要实施了虚假的信用申请行为,就可以定罪。

在理论界和司法实务界对本罪罪名确定问题进行讨论的基础上,2007年最高人民法院、最高人民检察院作出了《关于执行〈中华人民共和国刑法〉确定罪名的补充规定》,明确将本罪罪名确定为"骗取贷款、票据承兑、金融票证罪"。

上述司法解释中的这一罪名确定是否科学自然有待司法实践进一步加以检验,但是,笔者认为,从确立罪名应当精练、简明、概括等要求加以衡量,再加上从与法条内容本身的吻合性角度分析,上述解释中确定的这一罪名无疑还是较为科学的。这种科学性主要体现在以下几点。

其一,能较科学地概括体现刑法规定的罪状内容。本罪刑法规定的罪状为叙明罪状,即"以欺骗手段取得银行或者其他金融机构贷款、票据承兑、信用证、保函等,给银行或者其他金融机构造成重大损失或者有其他严重情节的"。罪状中突出强调了"欺骗手段"的行为方式,罪名对于这种方式如何正确体现具有特别重要的作用。最高人民法院和最高人民检察院确定的罪名最后使用了"骗取"一词,无疑一语中的、恰到好处,既避开了"诈骗""欺诈"等类用词,以区别于以占有为特征的贷款诈骗等金融诈骗罪,又排除了"骗用"等只适合对贷款使用的词语;既突出"骗",又强调"取"。

其二,能较充分地概括本罪罪状中提及的各种对象。根据《刑法》的规定,本罪的对象包括贷款、票据承兑、信用证、保函等。由于贷款和票据承兑是银行的两项重要业务,但一个属于银行法调整范围,一个属于票据法调整范围,难以统一概括,罪名中只能体现原称谓。而信用证和保函则均属于金融票证范畴,特别是《刑法》在规定信用证和保函后还用了一个"等"字,即本罪的对象还应包括其他金融票证。由于金融票证是金融活动过程中代表一定财产权利内容、体现金融活动过程和结果并可以依法流通的有价证券,因此应力求概括性描述。司法解释中最后确定的本罪罪名在罗列了贷款、票据承兑这两个骗取对象后,又以"金融票证"这一提法对"信用证""保函"等骗取对象作了概括,从而充分体现了刑法条文中"等"的含义。

二、骗取贷款、票据承兑、信用证、保函等行为的认定

根据《刑法》第175条之一的规定,骗取贷款、票据承兑、金融票证罪在客观方面表现为以欺骗手段取得银行或者其他金融机构贷款、票据承兑、信用证、保函等,给银行或者其他金融机构造成重大损失或者有其他严重情节。

需要指出的是,《刑法》第175条规定的高利转贷罪中明确使用了"套取"字样,而在骗取贷款、票据承兑、金融票证罪中则规定了"以欺骗手段取得"的行为手段,这是否意味着立法者有意强调两罪的手段有所不同? 笔者认为,其实套取行为与骗取行为并无本质的区别。刑法之所以在两个不同犯罪中作出了不同的规定,主要原因在于高利转贷罪只是针对金融机构信贷资金加以"套取",而骗取贷款、票据承兑、金融票证罪中骗取的对象则既包括金融机构的贷款,还包括票据承兑、信用证、保函等,对于其中有些对象用"套取"的手段显然很难讲得通。事实上,行为人以转贷牟利为目的,套取金融机构信贷资金的行为,也是一种骗取贷款的行为,因为"转贷牟利"不可能成为向金融机构申请贷款的理由,如果行为人以转贷牟利为目的,就只能以虚假的理由向金融机构申请贷款。因此笔者认为,这里所指的骗取贷款行为与《刑法》第175条的高利转贷罪和第193条的贷款诈骗罪的行为相同。

具体骗取贷款的行为方式可以包括:编造引进资金、项目等虚假理由;使用虚假的经济合同;使用虚假的证明文件等。这里所指的骗取票据承兑,是指采用各种手段骗取汇票付款人对无效或作废或违法的票据进行支付汇票金额的行为。票据承兑,是指银行作为付款人,根据承兑申请人(出票人)的申请,承诺对有效商业汇票按约定的日期向收款人或被背书人无条件支付汇票款的行为。这里所指的骗取信用证、保函等,是指采用各种手段骗取金融机构的金融票据和凭证的行为。所谓信用证,是指银行用以保证买方或进口方有支付能力的凭证。所谓保函,是指银行应商业合约或经济关系中的一方(即申请人)要求,以自身的信誉向商业合约或经济关系中的另一方(即受益人)出具的,担保申请人或被担保人履行某种责任或义务的一种具有一定金额、一定期限、承担某种支付责任或经济赔偿责任的书面付款保证承诺。《刑法》修正后增设的骗取贷款、票据承兑、金融票证罪明确有"以欺骗手段取得信用证、保函等"这一兜底性规定,对此规定应作何理解? 笔者以为,通过该条对信用证和保函的明示规定,这里的"等"应该是指与信用证、保函性质相似的金融票证,包括票据、存单、资信证明、银行结算凭证等。换言之,凡是金融票据和凭证都可以成为本罪的对象。

三、重大损失和严重情节的认定

根据《刑法》第175条之一规定，构成骗取贷款、票据承兑、金融票证罪，行为人的行为必须"给银行或者其他金融机构造成重大损失或者有其他严重情节"。

笔者认为，这里所谓"给银行或者其他金融机构造成重大损失"，主要是指行为人以欺骗手段获得贷款、票据承兑、信用证、保函等后，给银行造成贷款不能归还等重大损失。2010年5月7日最高人民检察院、公安部《关于公安机关管辖的刑事案件立案追诉标准的规定(二)》第27条确立了本罪的立案追诉标准。以欺骗手段取得银行或者其他金融机构贷款、票据承兑、信用证、保函等，涉嫌下列情形之一的，应予立案追诉：(1)以欺骗手段取得贷款、票据承兑、信用证、保函等，数额在100万元以上的；(2)以欺骗手段取得贷款、票据承兑、信用证、保函等，给银行或者其他金融机构造成直接经济损失数额在20万元以上的；(3)虽未达到上述数额标准，但多次以欺骗手段取得贷款、票据承兑、信用证、保函等的；(4)其他给银行或者其他金融机构造成重大损失或者有其他严重情节的情形。

应当注意的是，《刑法修正案(十一)(草案)》将本罪的入罪门槛修改为"给银行或者其他金融机构造成重大损失"，删除了"或者有其他严重情节"。由于"融资门槛高""融资难"等原因，民营企业因生产经营需要，在融资过程中虽然有一些违规行为，但并没有诈骗目的，最终未给银行造成重大损失。对于这种情况，草案认为可以不作为犯罪处理，此举有助于落实保护企业产权的精神。

四、主观罪过的认定

理论界通论认为本罪的主观方面是故意，但是，也有人主张，骗取贷款、票据承兑、金融票证罪的主观方面是过失，同时不排除特殊情况下的间接故意。[①]有学者甚至认为，《刑法修正案(六)》根据司法实践的需要，删除了以"非法占有为目的"的文字表述，强调了犯罪构成的客观要件，只注重诈骗行为在客观上的表现，而不再关注行为人主观上的故意或过失。[②]

笔者认为，本罪的主观方面只能由故意而不能由过失构成。其理由是：

首先，从立法上看，本罪是以《刑法》第175条之一的形式设立，而《刑法》第175条规定的是高利转贷罪，在该罪的条文中明确规定以转贷牟利为目的，因而该罪的主观方面理所当然为故意。同时，《刑法》第175条与第175条之一所规

---

①　参见王海涛主编：《刑法修正案(六)罪名图解与案例参考》，中国法制出版社2006年版，第132页。

②　参见张兆松：《论骗取金融机构信用罪的若干问题》，载李洁、张军、贾宇主编：《和谐社会的刑法现实问题》，中国人民公安大学出版社2007年版，第1511页。

定的法定刑除单位犯罪外,其余基本相同,这从很大程度上证明立法者的立法原意即是将本罪以故意犯罪而不是过失犯罪规定。

其次,《刑法》第 175 条之一规定的骗取贷款、票据承兑、金融票证罪虽然没有强调犯罪目的,但并非意味着本罪行为人实施犯罪行为不具有目的,事实上,从立法的背景及设置本罪的目的意义上分析不难发现,行为人实施本罪的目的就是除"转贷牟利"及"非法占有"等之外的其他"滥用"。

再次,从本罪的行为手段分析,《刑法》明文规定,本罪行为是"以欺骗手段取得",由此可以认为,行为人的主观方面不可能包含过失。即在犯罪行为人明知自己是在用欺骗的手段获取银行或其他金融机构的贷款的情况下,很难想象其主观上可能存在过失罪过。

最后,从本罪的结果上看,《刑法》规定构成本罪必须造成重大损失或者有其他严重情节。由此,笔者认为,本罪行为人的主观方面并不能完全排除间接故意存在的可能性,因为行为人在以欺骗的手段获取金融机构的贷款、票据承兑及金融票证等后,对于自己的骗取行为所导致的金融机构的重大损失确实可能存在希望或者放任的心理状态。

五、本罪与相关金融诈骗罪及高利转贷罪的区别

刑法在设立骗取贷款、票据承兑、金融票证罪后,有关本罪与贷款诈骗罪、票据诈骗罪、金融凭证诈骗罪和信用证诈骗罪等相关金融诈骗罪的界限问题,引起了学术界的关注。有学者在分析本罪与贷款诈骗罪的区别时认为,两者的行为相同,不同之处在于:(1)主观目的不同。后者要求"以非法占有为目的",前者不要求具有这一目的。(2)成立犯罪的条件不同。前者要求"给银行或者其他金融机构造成重大损失或者有其他严重情节的"才能成立犯罪,后者只要是骗取的贷款"数额较大"就可成立犯罪。(3)主体不同。前者的主体包括自然人和单位,后者的主体只能是自然人。如果自然人骗取金融机构的贷款能够明确查明具有非法占有的目的,则应定贷款诈骗罪;如果不能查明是否具有非法占有的目的或者已查明不具有此目的的,则应定骗取贷款罪。①

笔者认为,骗取贷款、票据承兑、金融票证罪的具体适用中需要解决的一个最主要的问题是与相关金融诈骗罪的竞合问题。例如,贷款诈骗罪与骗取贷款的犯罪是交叉型的法条竞合关系。这种竞合关系又叫相对的竞合或特殊的竞合,是指两个不同的条文明示的全部内容不完全相重合,有一部分可以相重合,

---

① 参见刘艳红:《〈中华人民共和国刑法修正案(六)〉之解读》,载《法商研究》2006 年第 6 期。

即所谓"一法条的内容为他一法条内容的一部分"的交叉。①这种交叉型的法条竞合关系意味着骗取贷款的犯罪和贷款诈骗罪的构成要件不重合或相互包容。骗取贷款犯罪的犯罪构成中包含了贷款诈骗罪的犯罪构成中不具有的单位主体要素和不具有非法占有目的的故意要素,贷款诈骗罪的犯罪构成中也包含了骗取贷款犯罪的犯罪构成中不包含的数额较大要素;骗取贷款的犯罪需要造成贷款严重损失或有其他严重情节才能构成,而贷款诈骗罪只要达到数额较大即可构成。由此分析,当行为人的行为既符合骗取贷款、票据承兑、金融票证罪又符合相关金融诈骗罪的规定时,应当按照相关金融诈骗罪定罪处罚。

如前所述,本罪是以《刑法》第175条之一的形式设定的罪名,这就必然牵涉到本罪与高利转贷罪的区别问题。本罪与高利转贷罪在获取金融机构贷款的手段及法定刑的设置等诸多方面均具有很大的相同性,最大的区别理应是行为人的主观目的。本罪刑法条文并不要求行为人具有特殊的主观目的,而高利转贷罪则要求行为人必须具有转贷牟利目的。就此而言,笔者认为,本罪与高利转贷罪实际上也是一种法条竞合关系,如果行为人以转贷牟利为目的获取贷款,违法所得数额较大的,对行为人的行为则应按高利转贷罪论处;如果行为人不具有转贷牟利目的的(同时也不具有非法占有目的的)而以欺骗的手段获取金融机构的贷款等的,对行为人的行为就应以本罪论处。

第四节　非法吸收公众存款罪的司法认定

非法吸收公众存款罪,是指违反国家有关吸收公众存款的法律、法规,非法吸收公众存款或者变相吸收公众存款,扰乱金融秩序的行为。

我国1979年《刑法》并未规定非法吸收公众存款罪,这是因为当时我国经济体制尚处于计划经济时代,国家对货币流通和投资行为存在严格管制,货币或资本的流动受到严格限制,非法吸收存款的行为没有存在的土壤。随着我国经济体制改革的深化,尤其是社会主义市场经济的发展,人们手中持有的货币增多,资金的融通和资本的流动成为生产经营发展的推动力。一些个人或单位(主要是民营企业或乡镇企业等得不到国家资金扶持的单位)为募集企业资金以扩大企业规模,发展生产或经营,提高企业竞争能力,但又苦于得不到国家金融机构扶持时,擅自采取吸收公众资金或者变相吸收公众资金的方法募集资金;一些金融机构在相互的激烈竞争中为最大限度地获取利益,也往往采取非法的手段吸纳公众存款,以增强本机构的发放贷款的能力,获取更大的利润。

① 参见马克昌主编:《犯罪通论》,武汉大学出版社1999年版,第631—633页。

随着金融体制的不断开放,非法吸收公众存款的行为呈现愈演愈烈之势。尤其是在互联网技术愈加成熟、互联网金融蓬勃发展的大背景下,利用信息网络实施的非法吸收公众存款案件更呈井喷式爆发。我国非法集资犯罪年立案数由过去的两三千起大幅攀升至上万起。据"上海检察"(上海市人民检察院官方微信公众号)发布的统计数据,2019 年上海检察机关受理非法吸收公众存款审查起诉案件共 1407 件 2929 人,是金融犯罪审查起诉案件数量最多的罪名。据中国银监会介绍,时下非法集资(包括非法吸收公众存款)主要表现为以下几种形式:一是以还本和高额利息为诱饵,通过直接或变相负债的方式,向不特定公众进行融资活动;二是以支付高额股息、红利为诱饵,通过募集股权等方式,向社会不特定公众募集资金;三是以签订商品经销、产品开发、技术转让合同等形式,对社会不特定公众变相募集资金;四是未经批准,擅自以委托理财、中介服务等方式,向社会不特定公众募集资金。总的来看,非法集资的共同特征是:以高额的融资利息、投资回报或理财收益等为诱饵;集资者不具备法定的集资主体资格;向社会不特定公众集资;行为性质为非法吸收公众存款和变相吸收公众存款。①

2015 年《商业银行法》第 81 条规定,未经国务院银行业监督管理机构批准,擅自设立商业银行,或者非法吸收公众存款、变相吸收公众存款,构成犯罪的,依法追究刑事责任。1997 年《刑法》采纳了 1995 年全国人大常委会《关于惩治破坏金融秩序犯罪的决定》的规定,于第 176 条设置非法吸收公众存款罪,明文规定:"非法吸收公众存款或者变相吸收公众存款,扰乱金融秩序的,处三年以下有期徒刑或者拘役,并处或者单处二万元以上二十万元以下罚金;数额巨大或者有其他严重情节的,处三年以上十年以下有期徒刑,并处五万元以上五十万元以下罚金。单位犯前款罪的,对单位判处罚金,并对直接负责的主管人员和其他直接责任人员,依照前款的规定处罚。"同时,笔者注意到《刑法修正案(十一)(草案)》将本罪的两档法定刑修改为三档法定刑,增加了一档"数额特别巨大或者有其他特别严重情节的"法定刑,法定最高刑从 10 年有期徒刑变成 15 年有期徒刑。增加一档法定刑的原因在于,如果维持两档法定刑,就会出现"三年以上有期徒刑"的设置,而我国刑法中没有这样的立法例,因此只能采用增加一档法定刑的方式提高法定最高刑。笔者认为,提高非法吸收公众存款罪的法定刑并不合理。非法吸收公众存款行为的危害主要在于打破金融机构的垄断。在金融改革开放的大环境下,似乎没有必要提高法定刑。

一、非法吸收公众存款与变相吸收公众存款行为的界定

2010 年 12 月 13 日最高人民法院《关于审理非法集资刑事案件具体应用法

---

① 参见耿彩琴:《银监会曝光四类非法集资方式》,载《北京日报》2006 年 10 月 8 日。

律若干问题的解释》(自 2011 年 1 月 4 日起施行)对非法吸收公众存款与变相吸收公众存款的行为进行了细致规定。其第 1 条规定,违反国家金融管理法律规定,向社会公众(包括单位和个人)吸收资金的行为,同时具备下列四个条件的,除刑法另有规定的以外,应当认定为刑法第 176 条规定的"非法吸收公众存款或者变相吸收公众存款":(1)未经有关部门依法批准或者借用合法经营的形式吸收资金;(2)通过媒体、推介会、传单、手机短信等途径向社会公开宣传;(3)承诺在一定期限内以货币、实物、股权等方式还本付息或者给付回报;(4)向社会公众即社会不特定对象吸收资金。未向社会公开宣传,在亲友或者单位内部针对特定对象吸收资金的,不属于非法吸收或者变相吸收公众存款。其第 2 条规定,实施下列行为之一,符合本解释第 1 条第 1 款规定的条件的,应当依照刑法第 176 条的规定,以非法吸收公众存款罪定罪处罚:(1)不具有房产销售的真实内容或者不以房产销售为主要目的,以返本销售、售后包租、约定回购、销售房产份额等方式非法吸收资金的;(2)以转让林权并代为管护等方式非法吸收资金的;(3)以代种植(养殖)、租种植(养殖)、联合种植(养殖)等方式非法吸收资金的;(4)不具有销售商品、提供服务的真实内容或者不以销售商品、提供服务为主要目的,以商品回购、寄存代售等方式非法吸收资金的;(5)不具有发行股票、债券的真实内容,以虚假转让股权、发售虚构债券等方式非法吸收资金的;(6)不具有募集基金的真实内容,以假借境外基金、发售虚构基金等方式非法吸收资金的;(7)不具有销售保险的真实内容,以假冒保险公司、伪造保险单据等方式非法吸收资金的;(8)以投资入股的方式非法吸收资金的;(9)以委托理财的方式非法吸收资金的;(10)利用民间"会""社"等组织非法吸收资金的;(11)其他非法吸收资金的行为。

可见,非法吸收公众存款与变相吸收公众存款的共同特征在于其吸收存款行为的非法性和吸收对象的不特定性。

这里的非法,是指吸收存款的行为未经批准,而按照相关法律规定,任何向公众集资或吸收存款的行为,都必须经过国务院银行业监督管理机构批准,未经批准,即为非法。有人认为,这里的非法性包括另外一种情况,即具有吸收公众存款业务经营权的金融机构采取非法方式吸收存款的行为。笔者认为,该种行为属于广义的非法吸收公众存款的行为。①

这里的对象不特定性,是指吸收公众存款的行为人是向社会不特定对象吸收资金,即行为人开展非法吸收存款业务是面向不特定多数人的,而不限于特定对象。需要指出的是,对于在企业内部的入股、集资行为,由于其对象为特定少数个人或单位内部成员,且在形式上也不是以存款的形式进行,因而不属于吸收

①　参见赵秉志:《中国刑法案例与学理研究》,法律出版社 2000 年版。

"公众"存款,对这些行为一般不以本罪论处。

需要指出的是,非法吸收公众存款罪理应具有"非法吸收"的行为,如果行为人获取公众存款的手段是合法的,就不可能构成非法吸收公众存款罪。理论上有人认为,有资格吸收公众存款的金融机构依法吸收公众存款后,在公众有权提取存款时不允许公众提取存款的行为,也是非法吸收公众存款的表现形式之一。①笔者认为,这一观点值得商榷。尽管拒绝公众提取存款的行为与非法吸收公众存款的行为,在控制和使用公众存款这一点上基本相同,但是,吸收存款和拒绝提款还是有本质的区别的,刑法设立非法吸收公众存款罪主要针对非法吸收行为,而并非针对拒绝提款行为,即本罪中的"非法"是相对吸收而不是相对支付存款而言的。行为人出于各种原因,违反法律规定拒绝支付应该支付的公众存款,完全属于民事侵权行为,但由于其吸收公众存款的行为是合法的,因而不能以非法吸收公众存款罪定罪处罚。

二、非法吸收公众存款罪主体资格的辨析

在理论上,一般认为,所谓"非法吸收公众存款",包括两种情况:一是行为人不具有吸收公众存款的法定主体资格而吸收公众存款,如个人私设银行、钱庄,企事业单位私设银行、储蓄所等,非法办理存款贷款业务,吸收公众存款;二是行为人虽然具有吸收公众存款的法定主体资格,但采取非法的方法吸收公众存款,如有些商业银行和信用合作社为争揽客户,以擅自提高利率或在存款前先支付利息等手段吸收公众存款。

但也有学者认为,"非法吸收公众存款"仅仅是指无主体资格的非法金融机构吸收公众存款的情形,而有吸收公众存款主体资格的金融机构采用提高利率等不正当手段吸收公众存款不属于本罪的"非法吸收公众存款"。因为国务院1998年7月13日《非法金融机构和非法金融业务活动取缔办法》第4条第2款规定,"非法吸收公众存款"是指未经中国人民银行批准,向社会不特定对象吸收资金,出具凭证,承诺在一定期限内还本付息的活动;"变相吸收公众存款"是指未经中国人民银行批准,不以吸收公众存款的名义,向社会不特定对象吸收资金,但承诺履行义务与吸收公众存款性质相同的活动。该行政解释把经过批准设立的金融机构排除在"非法吸收公众存款"的行为方式之外。在对刑法的同一规定的学理解释与行政解释相矛盾的情况下,应以行政解释为准。②

笔者认为,上述观点值得商榷。因为它混淆了擅自设立金融机构罪与非法

---

①　参见张明楷:《刑法学》(下),法律出版社1997年版,第633页。

②　参见李希慧:《论非法吸收公众存款罪的几个问题》,载赵秉志主编:《新千年刑法热点问题研究与适用》(下),中国检察出版社2001年版,第793页。

吸收公众存款罪的界限。国务院《非法金融机构和非法金融业务活动取缔办法》并未把有吸收公众存款主体资格的金融机构采用提高利率等不正当手段吸收公众存款排除在本罪的"非法吸收公众存款"的行为方式之外。该办法只说明了"非法吸收公众存款"是指未经中国人民银行（现应为国务院银行业监督管理机构，关于这一点上文已经说明，以下同）批准而擅自吸收。它是针对吸收存款而言的，并非指未经批准设立的金融机构擅自吸收存款。因此，不能把"未经中国人民银行批准而擅自吸收存款"理解为"未经中国人民银行批准而擅自设立的金融机构吸收存款"。因此，上述学者认为行政解释与学理解释相矛盾的看法没有依据，其实两种解释并无本质不同。

三、委托理财与非法吸收公众存款行为的界定

委托理财业务，又称受托投资管理业务。这里的投资，是指作为经济行为主体的法人或自然人以获得未来收益为目的，预先垫付一定数量的资金或资源以经营某项事业的行为；所谓理财，是指资金的筹措与使用。[①]可见，投资不同于理财：投资是经过决策并通过一定的投入达到投资目的的行为，理财是为使投资达到收益最大化所采取的方法和手段；投资是一种行为过程，理财则是一种管理技巧。由于委托理财业务活动中客观存在投资的内容，因而司法实践中常常容易将其与吸收公众存款行为混淆。

时下，在我国资本市场上，部分证券公司为获取他人的资金，常常开展一些以保本付息承诺为前提的委托理财活动。其具体运作过程是，证券公司以给予固定回报或高于银行同期储蓄存款利率数倍的承诺为前提，通过与客户签订名为资产管理合同等方法吸引客户投入资产，再以证券公司自己的名义将该资产投入证券市场从事股票、债券等金融工具的组合投资，实现自己收益的最大化。[②]

笔者认为，上述这种保本付息的所谓委托理财活动，其实已经脱离了委托理财的内在含义，与委托理财的本质特征也不相符合，其实质是变相的非法吸收公众存款行为。其理由是：

首先，在保本付息的活动中不存在委托关系。保本付息的行为虽然形式上也存在所谓的委托，但是，证券公司与客户之间实质上不存在委托代理关系。即在保本付息的活动中，证券公司与客户之间签订的资产管理合同不是真正的委托代理协议，其实质是证券公司向客户约定到期兑现的承诺书。正因为证券公司与客户之间不存在委托关系，因此保本付息活动不具有委托理财的最本质的特征。

---

① 参见陈景庄、周以祥：《投资理财学》，安徽人民出版社2000年版，第5页。
② 参见费晔：《中富证券有限责任公司非法吸收公众存款案评析》，载《人民司法》2006年第3期。

其次,在保本付息活动中的投资行为并未体现客户的意愿。保本付息活动中,证券公司在取得客户投资的资产后,完全是以自己的名义对外投资,投资方法和投资时机等均由证券公司自己决策或决定,这种活动体现的是证券公司的意愿,并没有体现客户的意愿。即在这些活动中,客户关注的是证券公司向其所作出的承诺,但并不关心证券公司如何使用其投入的资产。由于体现客户意愿是委托理财内在的应有之意,因此保本付息活动难以归入正常的委托理财业务范围之中。

最后,在保本付息活动中客户并不承担投资风险。正如前述,委托理财的重要特征之一在于客户须承担投资风险,但是,在保本付息活动中,由于证券公司无论盈亏情况如何,都要在约定期限内兑现保本付息的承诺,即客户投入资产的风险不是由客户而完全是由证券公司承担。

综上所述,笔者认为,尽管非法吸收公众存款的犯罪对象理应是"公众存款",但并非必须以"存款"的名义出现,这正是"变相"方式的来源之所在。"变相"就是不以"存款"形式出现,因此,对于本罪中"存款"的含义应作实质性的理解。即只要具备聚集资金和还本付息的特征,就可以认为是"存款"。也即2010年12月13日最高人民法院《关于审理非法集资刑事案件具体应用法律若干问题的解释》中所指的"承诺在一定期限内以货币、实物、股权等方式还本付息或者给付回报"。当然,本罪中的"存款"并不与存款的实际用途挂钩。立法的宗旨在于处罚未经有关机关批准擅自吸收公众存款,从而侵犯国家的正常吸收存款的管理制度的行为,并不考虑行为人吸收存款后的用途,或者说行为人将吸收的资金用于生产经营还是进行投资,并非本罪所关注的问题。据此观点分析,时下包括证券公司在内的金融机构推出的有保本付息承诺的所谓"委托理财"业务,并非真正法律意义上的受托投资管理业务,而是以所谓的委托理财名义吸收社会不特定人员资金的活动。从吸收对象、委托关系、意愿体现、风险承担等诸多角度分析,保本付息活动与储户将钱款存入储蓄机构,由储蓄机构向储户承诺给予还本付息的吸收公众存款的性质并无差异,也符合1998年6月国务院《非法金融机构和非法金融业务活动取缔办法》第4条关于变相吸收公众存款是指未经中国人民银行批准,不以吸收公众存款的名义向社会不特定对象吸收资金,但承诺履行的义务与吸收公众存款性质相同的活动之规定。由此,将包括证券公司在内的金融机构实施的保本付息行为定性为变相吸收公众存款的性质既符合实际情况,也有充分的法律依据。

四、非法吸收公众存款罪与非罪的界定

我国《刑法》第176条规定,非法吸收公众存款或者变相吸收公众存款,扰乱金融秩序的,即构成犯罪。对于本罪的犯罪形式虽有结果犯与行为犯的理论之争,但多数学者认为本罪是行为犯。如果将本罪作为行为犯看待,是否就表明,只要行为人实施了非法吸收公众存款或者变相吸收公众存款行为,无论数量多少,都可以构成犯罪? 在有关司法解释出台前,学界中确有这样的观点。如有学者认为,行为人吸收存款的手段尽管多种多样,但无论其采取什么方法,只要其行为有吸收公众存款的特征,即符合本罪客观方面的特征。至于采取什么手段,吸收存款的人数多少,存款的数量多少,均不影响本罪的构成。2011 年 1 月 4 日最高人民法院《关于审理非法集资刑事案件具体应用法律若干问题的解释》指出,非法吸收或者变相吸收公众存款的,要从非法吸收公众存款的数额、范围以及给存款人造成的损失等方面判定扰乱金融秩序造成危害的程度。根据上述解释规定,具有下列情形之一的,可以按照非法吸收公众存款罪定罪处罚:(1)个人非法吸收或者变相吸收公众存款,数额在 20 万元以上的,单位非法吸收或者变相吸收公众存款,数额在 100 万元以上的。(2)个人非法吸收或者变相吸收公众存款对象 30 人以上的,单位非法吸收或者变相吸收公众存款对象 150 人以上的。(3)个人非法吸收或者变相吸收公众存款,给存款人造成直接经济损失数额在 10 万元以上的,单位非法吸收或者变相吸收公众存款,给存款人造成直接经济损失数额在 50 万元以上的。(4)造成恶劣社会影响或者其他严重后果的。因此,区分本罪的罪与非罪应从吸收公众存款的数量、存款人数量及给存款人造成的损失或者其他严重后果上加以把握。

需要指出的是,非法吸收公众存款行为的日益增多很大程度上是我国目前金融体制下金融资源垄断的结果,而将有正当需求的集资行为定性为犯罪,粗暴地禁止所有未经批准的集资活动,势必无法满足我国经济持续发展所产生的合理资金需求,也无法为今后民间融资合法化预留空间,更不符保护投资者利益的公共政策。[①]只有针对我国现行金融体制的缺陷进行制度重构,建立起自由、合理的金融制度才能有效防止非法集资活动的发生。笔者认为,要把握好刑法规制非法集资行为之限度就必须对非法吸收公众存款罪的犯罪构成要件作合理界定。

第一,合理界定“社会公众”的含义。笔者认为,应从集资对象是否具有不特定性或开放性方面来界定“社会公众”的含义,而不能仅仅因为集资对象人数众多就认定为“社会公众”。不特定性或开放性要求构成犯罪的行为人必须是向社会公开宣传集资,其面向的是社会不特定人群。如果集资人并非以面向社会不特定人群发放集资的公告,或通过其他方式使社会不特定人群得知其集资的消

---

① 　参见孔慧:《金融危机与我国民间融资的法律规制》,载《合肥师范学院学报》2010 年第 1 期。

息,即使行为人集资对象人数众多、集资数额达到了法律规定的追诉标准,也不应当认定其行为是非法吸收"公众"存款的行为。

第二,合理界定集资的用途。如前所述,刑法设立非法吸收公众存款罪的目的在于规制以经营资本、货币为目的的间接融资行为,而司法实务部门将该罪入罪的门槛降低至以经营商业、生产为目的的直接融资行为则完全是受严惩非法集资观念之影响。因此,笔者建议从集资的用途方面对非法吸收公众存款罪进行限定。在现实生活中,企业或个人在集资后,有的是将集资款用于从事非法的资本、货币经营,有的则是将集资款用于从事合法的商业、生产运营。这两种集资用途的差异体现了非法集资行为社会危害性的差异。由于非法吸收公众存款罪侵犯的客体是国家的金融管理秩序,因此前者侵犯了国家的金融管理秩序是毫无疑问的,而后者则不然。一般而言,国家制定法律禁止非商业银行组织、个人从事只有商业银行才能从事的放贷款业务就是为了维护现存的金融管理秩序。只有当行为人将集资款用于从事资本和货币经营时,才可能扰乱金融管理秩序;而当其将集资款用于合法的商业、生产运营时,则不会对金融管理秩序造成损害。因此,在司法实务中必须严格从集资用途上区分间接融资行为与直接融资行为,不应将以合法的商业、生产运营为目的的直接融资行为认定为非法吸收公众存款罪。

第五节　违法发放贷款罪的司法认定

发放贷款是商业银行或者其他金融机构的一项重要业务活动,也是银行或者其他金融机构盈利的主要来源。合理地发放贷款,不仅能够保证贷款的效益性、安全性和流动性,还能使贷款用于国家产业政策最急需的项目,优化资源配置,支持生产和商品流通,促进国家经济建设的稳定、健康发展。正因如此,国家通过一系列的法律、法规对贷款活动进行管理。现实生活中,一些银行或者其他金融机构工作人员,违反国家规定,发放人情贷款、关系贷款,不审查或不认真审查贷款申请人的有关经营业绩和资信状况等就发放贷款,给金融机构和国家造成了重大的经济损失,严重扰乱了国家正常的金融信贷管理秩序。

我国《商业银行法》(1995 年 7 月 1 日实施,分别于 2003 年、2015 年修正)较早地对违法向关系人发放贷款行为作出明确规定。1995 年《商业银行法》第 40条规定,商业银行不得向关系人发放信用贷款;向关系人发放担保贷款的条件不得优于其他借款人同类贷款的条件。第 52 条规定,商业银行的工作人员应当遵守法律、行政法规和其他各项业务管理的规定,不得违反规定徇私向亲属、朋友发放贷款或者提供担保。第 83 条(现行最新修正后《商业银行法》第 86 条)规定,商业银行工作人员违反本法规定玩忽职守造成损失的,应当给予纪律处分;构成犯罪的,依法追究刑事责任。

由于1979年《刑法》缺少单独的规定,在当时的实践中,对商业银行工作人员违反规定发放贷款造成损失的,按玩忽职守罪定罪处罚。1995年全国人大常委会《关于惩治破坏金融秩序犯罪的决定》首次将违法向关系人发放贷款和违法发放贷款的行为规定为独立的犯罪。我国1997年《刑法》基本采纳了该决定中的上述内容,在《刑法》第186条中设置了违法向关系人发放贷款罪和违法发放贷款罪两个罪名,但对违法发放贷款罪的罪状有所改动,删除了上述决定中"玩忽职守或者滥用职权"的表述。另外,该条文还明确了关系人的范围。

由于实践中对于这两罪名的适用仍然存在一些问题,2006年6月29日全国人大常委会《刑法修正案(六)》对《刑法》第186条作了修正,修正的主要内容包括:简化了本罪的罪状,将原犯罪构成要件中的"违反法律、行政法规规定"修改为"违反国家规定";将原条文规定的"造成较大损失""造成重大损失""造成特别重大损失"的定罪量刑标准,修改为"数额巨大或者造成重大损失""数额特别巨大或者造成特别重大损失";将原法条中规定的违法向关系人发放贷款行为与违法发放贷款行为作秩序上的调整,明确将违法向关系人发放贷款的行为作为违法发放贷款罪的法定从重处罚情节,同时,明确违法向关系人发放贷款与违法发放贷款构成犯罪的条件相同。

根据2007年10月25日最高人民法院、最高人民检察院《关于执行〈中华人民共和国刑法〉确定罪名的补充规定(三)》,经修正后的《刑法》第186条规定的罪名为"违法发放贷款罪",取消了原来的"违法向关系人发放贷款罪"这一罪名。

经修正后的《刑法》第186条第1款规定:"银行或者其他金融机构的工作人员违反国家规定发放贷款,数额巨大或者造成重大损失的,处五年以下有期徒刑或者拘役,并处一万元以上十万元以下罚金;数额特别巨大或者造成特别重大损失的,处五年以上有期徒刑,并处二万元以上二十万元以下罚金。"该条第2款规定:"银行或者其他金融机构的工作人员违反国家规定,向关系人发放贷款的,依照前款的规定从重处罚。"针对单位犯罪的实际情况,该条第3款规定,单位犯前两款罪的,对单位判处罚金,并对其直接负责的主管人员和其他直接责任人员,依照前两款的规定处罚。同时,该条第4款还规定:"关系人的范围,依照《中华人民共和国商业银行法》和有关金融法规确定。"

一、本罪的罪名和定义的确定

正如前述,在《刑法修正案(六)》颁布之前,《刑法》第186条第1款和第2款分别规定了违法向关系人发放贷款罪和违法发放贷款罪。由于两款规定的行为对象全无竞合之处,最高人民法院和最高人民检察院确定罪名时在第 186 条中规定了两个罪名。通过对原刑法条文分析不难发现,两罪在适用刑罚的要求上有所不同,体现了立法者对违法向关系人发放贷款行为从严惩处的思路。但是,早有学者指出:"这一立法意图是正确的,但在立法技术上显得较为笨拙。"①由于两罪在犯罪客体、犯罪主体及客观行为等方面均有相同和相似之处,重复规定无甚必要。因此《刑法修正案(六)》改变了《刑法》第 186 条的立法模式,在第 1款中规定了违法发放贷款犯罪的处罚,既可以适用于违法向关系人放贷,也适用于违法向关系人以外的人放贷,而在第 2 款中则规定了对违法向关系人发放贷款行为的从重处罚。笔者认为,通过《刑法修正案(六)》对《刑法》第 186 条的修正,该条第 1、2 款的逻辑关系已经发生了根本的改变,即由原来的并列关系转变为包容关系,也即第 2 款违法向关系人发放贷款行为被第 1 款违法发放贷款行为所包含。

应该看到,理论上对于修正后的《刑法》第 186 条规定的是法条竞合关系的两罪,还是具有加重情节的一罪这一问题,存在很大争议。大多数人认为,刑法只是将原来规定犯罪的秩序变换了一下,罪名不应该发生变化,即该条文中仍然包含有两个罪名:违法发放贷款罪和违法向关系人发放贷款罪。②但是,这一意见并未被司法解释所采纳,根据 2007 年 10 月 25 日最高人民法院和最高人民检察院《关于执行〈中华人民共和国刑法〉确定罪名的补充规定(三)》,《刑法》第186 条规定的罪名应为一个,即违法发放贷款罪。

笔者认为,上述司法解释将《刑法》第 186 条原来规定的两个罪名改为一个罪名,即取消了违法向关系人发放贷款罪,是十分恰当的。

首先,从刑法罪名简约性的要求看,违法发放贷款罪的罪名完全可以将违法向关系人发放贷款罪的罪名包容进去,没有必要再单独设立两个罪名。

其次,从法条规定具体内容上分析,《刑法》第 186 条的两款规定共存于一个条文之中,第 2 款对违法向关系人放贷的规定在行为对象上为第 1 款的规定所包容,在行为特征和处罚规定方面更完全依附于第 1 款规定,两款不应作为独立的法条形成竞合关系。

最后,原《刑法》第 186 条之所以被司法解释规定为两个罪名,主要是因为违法向关系人发放贷款罪与违法发放贷款罪无论在对象还是在构成要件上均有不同,即除对象上有关系人与非关系人之分外,《刑法》明确规定违法向关系人发放贷款罪必须以"向关系人发放信用贷款或者发放担保贷款的条件优于其他借款

①　陈兴良:《刑法疏议》,中国人民公安大学出版社 1997 年版,第 325 页。

②　参见江海昌编著:《刑法应用一本通》,中国检察出版社 2007 年版,第 363 页。

人同类贷款的条件"为构成要件,而违法发放贷款罪中则没有这些要求。修正后的《刑法》第186条对两种行为在构成要件上并未作不同的规定,只是强调"依照前款的规定从重处罚"。因此,再将该条文视为两个罪名似无必要。

由此可见,最高人民法院和最高人民检察院的司法解释将《刑法》第186条确定为一罪的做法无疑是正确的。《刑法》第186条第1款系违法发放贷款罪的基本规定,第2款则是在第1款的基础上的法定从重情节。

理论界对违法发放贷款罪的定义并没有很大的争议,通说认为所谓违法发放贷款罪,是指银行或者其他金融机构的工作人员违反国家规定发放贷款,数额巨大或者造成较大损失的行为。

二、"违反国家规定"的认定

在《刑法修正案(六)》出台前,学界即对于原违法向关系人发放贷款罪和违法发放贷款罪中"违反法律、行政法规规定"的理解争议颇多。争议的主要焦点在于"法律、行政法规规定"是否包括中国人民银行的有关规范性文件。

在《刑法修正案(六)》出台以前,对于中国人民银行的有关规范性文件能否作为两个违法发放贷款犯罪的违法依据存在争议。有学者认为:"中国人民银行是国家的金融监管机关,其发布的规章制度严格说来不是行政法规,但它们具有规范贷款管理的功能。这些规章……体现了国家金融的监管,反映了国家的宏观利益,违反了这些规章造成较大损失的,应视为违反法律、行政法规。"①也有学者提出不同意见:"在认定本罪是否构成犯罪时,只能以法律、行政法规的规定为依据。如果法律、行政法规没有作出规定,而规章有具体规定,该规定也不得作为认定犯罪的依据。"②

《刑法修正案(六)》将"违反法律、行政法规规定"的表述修改为"违反国家规定"。立法者通过这一修改,事实上已经以实际行动表达了对上述争议的看法。因为早在1997年《刑法》中,立法者已解释了"违反国家规定"之含义。《刑法》第96条规定:"本法所称违反国家规定,是指违反全国人民代表大会及其常务委员会制定的法律和决定,国务院制定的行政法规、规定的行政措施、发布的决定和命令。"从中可以看出,立法者更倾向于对违法发放贷款罪的违法依据取严格解释。虽然"国家规定"包含了国务院规定的行政措施、发布的决定和命令,其外延要广于"法律、行政法规",但将规范性文件的制定主体限定在了全国人大及其常委会和国务院。根据这一规定,国务院之下的各部、委制定的规章,各地方人大

---

① 薛瑞麟:《金融犯罪研究》,中国政法大学出版社2000年版,第131页。

② 刘宪权、卢勤忠:《金融犯罪理论专题研究》,复旦大学出版社2002年版,第352—353页。

及其常委会和地方政府制定的地方性法规、规章均不属于"国家规定"。而作为国务院部门的中国人民银行发布的规定,不能作为"国家规定"而成为违法发放贷款的违法依据。

笔者认为,将本罪的违法依据的制定主体限定在全国人大及其常委会和国务院是有其合理性的。刑罚的强制性和严酷性决定了刑法应当具有谦抑性和补充性的特征,即刑法作为防范不法行为的最后手段,只有在侵权行为法与行政处罚法不足以控制犯罪的情况下才会动用。违反国务院部门规章甚至地方性法规、规章固然亦会产生一定的社会危害性,但尚可由位阶更高的民事、行政法律、法规加以惩治,此时无须动用刑法。当然,认定发放贷款的违法性确实需要更加详细、确定的标准,这既是实践中具体操作的要求,也是刑法罪刑法定原则的本质要求。在此情况下,笔者认为,首先,全国人大常委会应当加强立法解释,对法律的有关问题及时进行解释。其次,国务院一方面应当加强行政法规和命令、决定的制定,由其对法律规定的事项进行执行性的规定,以便法律的操作;另一方面,对于法律未规定的事项,国务院应当及时在其立法权限内制定行政法规。事实上,诸如《贷款通则》这样的部门规章,国务院完全可以考虑加以吸收并以行政法规的形式另行颁布。

三、违法发放贷款行为的认定

正如前述,在《刑法修正案(六)》修正之前,《刑法》第186条根据违法发放贷款的对象不同规定了违法向关系人发放贷款罪及违法发放贷款罪两罪,前者在客观上以行为人向关系人发放贷款为要件,后者则以行为人向关系人以外的人发放贷款为要件,因而行为人违法、违规向何人发放贷款,在法律适用时具有构成要件上的意义。而在《刑法修正案(六)》颁布后,违法向关系人发放贷款罪及违法发放贷款罪已统一为违法发放贷款罪,且只要银行或者其他金融机构的工作人员违反国家规定发放贷款,数额巨大或者造成重大损失的即可构成该罪,故而在修正后的违法发放贷款罪中,行为人是否向关系人发放贷款已不再影响犯罪的成立及罪名。

正如前述,原《刑法》第186条第1款中规定,行为人向关系人发放贷款在客观上必须以"发放信用贷款或发放担保贷款的条件优于其他借款人同类贷款的条件"为构成要件,这也就在理论上产生了"如何理解发放担保贷款的条件优于其他借款人同类贷款的条件""向符合条件的关系人发放信用贷款的行为是否构成违法向关系人发放贷款罪"等问题,而在《刑法》该条文修正后,上述问题已无意义。根据修正后的《刑法》第186条第1款的规定,本罪的客观行为已被简化为"违反国家规定发放贷款",即无论行为人发放的是信用贷款还是担保贷款,也无论行为人发放的担保贷款的条件是否优于其他借款人同类贷款条件，只要其贷款行为与国家有关贷款规定不符，且该行为数额巨大或者造成重大损失的，即可构成本罪。因此，本罪中行为人是否向关系人发放贷款、发放信用贷款或发放担保贷款的条件是否优于其他借款人同类贷款的条件已不再具有客观上的构成要件意义。

四、"关系人"范围的确定

经修正后的《刑法》第186条将违法向关系人发放贷款的行为作为违法发放贷款罪的从重处罚情节，对于这一情节中的关系人究竟应该如何认定，《刑法》第186条第4款明确规定，关系人的范围，依照《商业银行法》和有关金融法规确定。

根据《商业银行法》第40条的规定，关系人是指商业银行的董事、监事、管理人员、信贷业务人员及其近亲属和上述所列人员投资或者担任高级管理职务的公司、企业和其他经济组织。所谓"近亲属"，根据《民法典》《民法通则》和最高人民法院《关于贯彻执行〈中华人民共和国民法通则〉若干问题的意见（试行）》的规定，是指配偶、父母、子女、兄弟姐妹、祖父母、外祖父母、孙子女、外孙子女。因为贷款的业务并非只有商业银行才能办理，其他商业银行以外的金融机构如农村信用社、城市信用社也可能发放贷款。对此，《商业银行法》第93条规定："城市信用合作社、农村信用合作社办理存款、贷款和结算等业务，适用本法有关规定。"因此，《商业银行法》第40条关于关系人范围的规定同样适用于农村合作信用社、城市信用合作社。而有些金融机构并不能办理贷款业务，对于这些金融机构也就谈不上关系人的问题。

发放贷款这一金融业务中所称的关系人是一个法定概念，不能简单地将只要与银行或者其他金融机构有关系的人均理解为是关系人。实践中，确定银行或者其他金融机构的关系人要因具体情况而异。这是因为，不同的商业银行或者金融机构经营信贷业务的范围不同，其关系人的范围也可能因此而存在差异。

五、"数额巨大或者造成重大损失"的认定

在《刑法修正案（六）》出台前，违法向关系人发放贷款罪的成立要件是"造成较大损失"，"造成重大损失"是其加重情节，而违法发放贷款罪的成立要件是"造成重大损失"，"造成特别重大损失"是其加重情节。为更好地认定犯罪，最高人民检察院、公安部以及最高人民法院相继出台了《关于经济犯罪案件追诉标准的规定》（现已失效）和《全国法院审理金融犯罪案件工作座谈会纪要》，对两罪的追诉标准以及"造成较大损失""造成重大损失""造成特别重大损失"等概念作出具

体规定。《刑法修正案(六)》颁布实施后,公安部、监察部、中国人民银行、中国银监会提出,上述规定在实践中遇到了一些问题。金融机构在贷款业务过程中有一系列程序,包括贷前调查、贷中审查、贷后检查等环节。一旦贷款造成损失,应对哪个环节定罪难以界定。有很多贷款发放后办理过很多次借新还旧,对办理过借新还旧的贷款,如何对责任人定罪,是对最早发放贷款的人,还是对后来办理借新还旧的责任人定罪,在认识上难以统一。另外,对关于"损失"的认定时间和认定标准问题——损失是以立案时的损失还是以审判时的损失作为标准计算,在实践中也常引起分歧。故而上述部门建议对违法发放贷款的行为,只要涉及的资金数额巨大或者有其他严重情节的,就应当追究刑事责任,不考虑是否造成损失。① 显然,《刑法修正案(六)》部分采纳了实务界的建议,修改后的本罪的成立条件和加重情节已经分别变更为"数额巨大或者造成重大损失的"和"数额特别巨大或者造成特别重大损失的"。不难发现,本罪的成立条件由原来的结果犯改变为行为犯兼结果犯,即在行为人违法发放贷款造成重大损失或行为虽未造成重大损失但其违法放贷数额已经达到巨大标准时,均可构成本罪,从而解决了早前实践中出现的行为人违法发放贷款数额巨大或特别巨大,已经对我国信贷管理制度造成严重危害,但仅因尚未造成较大或重大损失而无法定罪的问题。

2010 年 5 月 7 日最高人民检察院、公安部《关于公安机关管辖的刑事案件立案追诉标准的规定(二)》第 42 条规定了违法发放贷款罪的追诉标准——银行或者其他金融机构及其工作人员违反国家规定发放贷款,涉嫌下列情形之一的,应予立案追诉:(1)违法发放贷款,数额在 100 万元以上的;(2)违法发放贷款,造成直接经济损失数额在 20 万元以上的。该项规定就是本罪"数额巨大或者造成重大损失"的认定标准。对于如何理解"数额特别巨大或者造成特别重大损失",笔者认为,在没有新司法解释出台之前,前述座谈会纪要中的相关规定仍然有效,并在认定"造成特别重大损失"时起参考作用,即造成 300—500 万元以上损失的,可以认定为"造成特别重大损失"。而对于"数额特别巨大",则有待于司法机关予以进一步的解释。

对于违法发放贷款罪中损失的范围如何加以确定,理论上有不同的观点,已失效的最高人民检察院、公安部《关于经济犯罪案件追诉标准的规定》与现行有效的《全国法院审理金融犯罪案件工作座谈会纪要》也略有差异。追诉标准明确指出,本罪的损失只包括直接经济损失;而纪要并未指明本罪的损失是指直接经济损失,还是包括间接经济损失。笔者认为,本罪的损失应该指直接损失。因为

---

① 参见黄太云:《〈刑法修正案(六)〉的理解与适用(下)》,载《人民检察》2006 年第 14 期。

金融机构的间接损失是金融工作人员违法发放贷款时所无法预料的,将间接损失划归本罪的损失范围无疑扩大了行为人的罪责范围,这显然与罪责自负原则相悖。

在司法实践中,金融机构的损失应该是指贷款本息经金融机构采取了一定措施后无法收回的损失,不能仅仅因为借款人拒不还贷或拖延还贷就认定该贷款为金融机构的损失。2002 年中国银监会印发的《贷款风险分类指引》第 5 条规定:商业银行应按照本指引,至少将贷款划分为正常、关注、次级、可疑和损失五类,后三类合称为不良贷款。正常:借款人能够履行合同,没有足够理由怀疑贷款本息不能按时足额偿还。关注:尽管借款人目前有能力偿还贷款本息,但存在一些可能对偿还产生不利影响的因素。次级:借款人的还款能力出现明显问题,完全依靠其正常营业收入无法足额偿还贷款本息,即使执行担保,也可能会造成一定损失。可疑:借款人无法足额偿还贷款本息,即使执行担保,也肯定要造成较大损失。损失:在采取所有可能的措施或一切必要的法律程序之后,本息仍然无法收回,或只能收回极少部分。第 11 条规定:下列贷款应至少归为次级类:(一)逾期(含展期后)超过一定期限、其应收利息不再计入当期损益。(二)借款人利用合并、分立等形式恶意逃废银行债务,本金或者利息已经逾期。第 12 条规定:需要重组的贷款应至少归为次级类。重组贷款是指银行由于借款人财务状况恶化,或无力还款而对借款合同还款条款作出调整的贷款。重组后的贷款(简称重组贷款)如果仍然逾期,或者借款人仍然无力归还贷款,应至少归为可疑类。重组贷款的分类档次在至少 6 个月的观察期内不得调离,观察期结束后,应严格按照本指引规定进行分类。第 15 条规定:逾期天数是分类的重要参考指标。商业银行应加强对贷款的期限管理。但借款人不能按期归还贷款的,不能视为已造成金融机构损失,法律允许借款人在贷款到期日前向贷款人申请展期,而是否展期由贷款人决定。且在五级分类的指导下,金融机构的贷款质量更多建立在动态测量的基础上,即通过对借款人现金流量、财务实力、抵押品价值等因素的连续监测和分析,判断贷款的实际损失程度,而不再仅限于贷款期限。

对于仅仅由于贷款逾期不能视为银行或金融机构已经造成的损失的论断,理论界的观点较为一致。但是,对于不良贷款是否一概视为银行或金融机构的损失,不无争议。

有的学者认为,发放贷款只有列为损失时,才是银行实际的损失。[1]

有的学者认为,一般而言,因行为人违法发放贷款,造成贷款长期无法收回

---

[1]　参见马克昌主编:《经济犯罪新论》,武汉大学出版社 1998 年版,第 326 页。

或已经无法收回,应该认定为"不能收回"给银行等金融机构实际造成了"较大损失",构成犯罪。①

笔者认为,第二种观点则较为正确。其理由是:首先,列为损失的贷款应作为银行的实际损失。因为列为损失的贷款虽然只是银行账务处理分类中的一种,但是这种分类就是以是否能实际收回作为依据的。银行只要采取了合理的补救措施后经确认无法收回的,即视为已造成了实际损失。不能要求银行穷尽一切手段后才视其为实际损失,否则对于银行的要求过于严格。其次,其他不良贷款一概不作为实际损失的看法也过于片面。因为贷款在逾期超过一定年限后,银行可向法院提起诉讼,经法院判决并依法强制执行后仍不能归还的,就可视为实际损失。

六、主观罪过的认定

关于本罪的罪过形式,历来是争议较大的问题,理论界对违法发放贷款罪的主观罪过主要有四种观点。

第一种观点认为,本罪的罪过形式既可能是故意,也可能是过失。如有学者认为:"违法发放贷款罪,由于存在玩忽职守和滥用职权两种可能,故其犯罪的主观方面既可能是故意,也可能是过失。"②

第二种观点认为,本罪的罪过形式只能是过失和间接故意,不包括直接故意。如有学者认为:"违法发放贷款罪的主观方面,亦与违法向关系人发放贷款罪一样,可以是过失,即行为人应当预见违法发放贷款可能给放贷的金融机构造成重大损失,但由于疏忽大意而没有预见,或者已经预见但轻信可以避免;也可以是间接故意,即行为人已经预见到其违法发放贷款的行为可能给放贷的金融机构造成重大损失,而放任损失的发生。"③

第三种观点认为,本罪的罪过形式是故意。但在实践中,一般是间接故意。④

第四种观点认为,本罪的罪过形式是过失。如有学者认为,行为人对于其非法发放贷款的行为可能造成的重大损失是出于过失,这种过失一般是过于自信的过失。至于行为人实施的发放贷款行为本身则是出于故意,尤其滥用职权,更是故意而为,但本罪属于结果犯,行为人对行为的故意并不影响其对结果的过

---

① 参见周振想主编:《金融犯罪的理论与实务》,中国人民公安大学出版社1998年版,第262页。

② 刘宪权、卢勤忠:《金融犯罪理论专题研究》,复旦大学出版社2002年版,第365—366页。

③ 胡启忠:《金融刑法适用论》,中国检察出版社2003年版,第345页。

④ 参见曲新久:《金融与金融犯罪》,中信出版社2003年版,第230页;李西亭等:《金融领域犯罪的预防与打击》,中国人民公安大学出版社2003年版,第84页。

失,因而本罪仍属于过失犯罪。[1]

需要注意的是,上述观点均是《刑法修正案(六)》出台之前的学者意见,其中持过失说或过失及间接故意说的学者的主要立论依据往往是违法发放贷款罪及违法向关系人发放贷款罪的行为人主观上对行为持故意,但对造成较大、重大损失的结果持过失或间接故意,由于我国刑法原理中的主观罪过是行为人对行为结果的心理态度,不是行为人对行为本身的心理态度,因而得出上述两罪的罪过是过失或是间接故意兼有的结论。而按此思路,修正后的违法发放贷款罪将会出现复合罪过,即行为人违法放贷在造成重大损失时主观罪过是过失或间接故意,而在行为人违法放贷数额巨大但没有造成重大损失构成本罪时,只能以其对行为的心理态度认定其罪过,即此时行为人主观上是直接故意。

笔者认为,违法发放贷款罪的罪过形式既可能是故意,也可能是过失,理由主要有两点。

首先,罪过的评价对象是危害结果。上述各种观点虽有争议,但它们均承认行为人对违法发放贷款的行为是明知的。有的观点以对行为的明知作为罪过评价标准,认为本罪的罪过形式是故意。这种观点虽然结论正确,但是理由显然缺乏法律依据。因为我国刑法关于故意和过失的规定,都是以行为人对危害结果的心理态度作为标准的。而在违法发放贷款罪中,行为人对于自己发放贷款的行为"违法性"这一点是明知的,但是这种明知并不能成为判断行为人主观罪过的标准。在违法发放贷款罪中,判断行为人的主观罪过标准只能是行为人对于发放贷款数额的明知和对发放贷款所可能导致的损失结果的明知。由此而言,我们可以分两种情况具体分析:银行或者其他金融机构的工作人员对于违反国家规定发放了数额巨大贷款的这一结果,在发放贷款时理应是明知,不可能存在所谓过失问题;而对发放贷款行为有可能导致重大损失的结果,行为人主观上则完全有可能出于过失或间接故意。

其次,金融机构工作人员违法发放贷款是一种渎职行为,渎职无非表现为滥用职权和玩忽职守,而违法发放贷款罪虽然较多地表现为一种滥用职权的行为,但也并不完全排除有玩忽职守的可能。理论上一般认为,徇私而滥用职权表明其罪过形式理应是故意,而玩忽职守的罪过形式则通常表现为过失。1995年全国人大常委会《关于惩治破坏金融秩序犯罪的决定》曾规定,银行或者其他金融机构的工作人员违反法律、行政法规规定,玩忽职守或者滥用职权,向关系人以外的其他人发放贷款,造成重大损失的,构成违法发放贷款罪。而经修正后的

---

①　参见谷福生、胡耀民、杨振祥:《金融、税务、工商移送涉嫌犯罪案件标准及认定界限》,中国检察出版社2003年版,第74页。

《刑法》及相关刑事法律规定均未加以强调,足以说明本罪中滥用职权或玩忽职守的特征是显而易见的,无须加以突出强调。由此分析,认为本罪的罪过形式既包括故意也包括过失较为合理。

正是基于上述观点,笔者认为,在内外勾结的骗贷案件中,对于金融机构的工作人员行为的定性,主要应以行为人主观方面作为依据。虽然违法发放贷款罪中行为人主观上既可以是故意也可以是过失,但是不存在占有贷款的目的。因此,作为内外勾结贷款诈骗犯罪共犯的金融机构工作人员,在主观上理应与诈骗者有犯意的联系和沟通并具有占有贷款的目的。没有占有贷款目的,金融机构工作人员则只能构成违法发放贷款罪。

至于金融机构工作人员在放贷过程中是否存在贷款诈骗罪的片面共犯是值得讨论的问题。笔者认为,根据贷款业务的一般操作程序,在贷款发放前,金融机构要对借款人进行信用分析,行为人通过信用分析可以判断或大体判断借款人的还款能力。如果行为人通过信用分析明知借款人可能甚至肯定借款不会归还本息,那说明行为人明知借款人有贷款诈骗犯罪的主观意图——非法占有金融机构贷款的目的。在这种情况下,如果行为人在直接故意的心理态度支配下,违法发放贷款,即说明行为人主观上有帮助借款人完成犯罪的目的,其行为性质是为借款人的诈骗活动提供帮助。在此情况下,如果金融机构工作人员与借款人没有串通,则完全符合刑法理论上片面合意的理论,对金融机构工作人员以贷款诈骗罪的片面共犯处理是有道理的。

第六节　吸收客户资金不入帐罪的司法认定

贷款是银行或者其他金融机构通过一定的程序,将资金附条件地借给单位或个人使用的一种融资活动。贷款的合理发放与使用,能够集中有限的资金,投向社会经济生产中最需要的地方,促进社会生产和国民经济的发展;反之,就会浪费社会资金,给国家和人民的利益造成损失。

金融机构经济犯罪的一个重要的特点就是一些金融机构工作人员利用办理存储业务、发放贷款的便利,采取吸收客户资金不入账的方式,将资金以银行名义进行非法拆借或者私自放贷等活动,并从中牟利。这些行为逃避金融监管,不仅扰乱了资金市场和金融管理秩序,给国有和集体资金造成重大损失,而且还诱发了相当严重的行贿、受贿、贪污、挪用等犯罪。非法拆借或者私自放贷等活动的利息率一般均远远高于国家规定的同期贷款利率。这种活动虽然在一定时间内可能使借款方解决暂时的困难,但却逃避了国家对金融信贷的监督和管理,使国家规定的贷款利率成为一纸空文。另外,这种活动不仅使借款方背上了沉重的利息负担,而且还款也往往没有保证,以致放款单位可能因此蒙受重大经济损失。在非法拆借或者私自放贷活动中,往往伴随有相关经办人员严重的经济犯罪行为。

我国1979年《刑法》中并无"吸收客户资金不入帐罪"这一罪名。由于后来几年,我国发生了许多银行或其他金融机构工作人员吸收客户资金不入帐,进行非法拆借、发放贷款的案件,且司法实践中许多金融犯罪又与这些行为有关,因此理论和实践中均提出对这种犯罪行为的惩治要求。为了有力地打击此种犯罪,1997年《刑法》第187条专门设立了"用帐外客户资金非法拆借、发放贷款罪"这一罪名,对于金融机构的工作人员以牟利为目的,采取吸收客户资金不入账的方式,将资金用于非法拆借、发放贷款,造成重大损失的行为规定为犯罪并强调追究刑事责任。1997年《刑法》的这一规定,无疑对于规范国家对金融机构拆借资金、发放贷款的管理,保障国家财产的安全,保证社会主义市场经济条件下的金融秩序,都有十分重要的意义。

但是,由于1997年《刑法》第187条对于吸收客户资金不入帐的行为强调要以牟利为目的,并明确规定了只有将这些资金用于非法拆借和发放贷款并造成重大损失的,才构成犯罪,由此导致了司法实践对本罪认定上的困难。为此,《刑法修正案(六)》第14条对1997年《刑法》第187条作了修正。修正的内容主要包括:其一,删除了原来规定中"以牟利为目的"这一犯罪主观构成要件;其二,删除了原来规定中"将资金用于非法拆借、发放贷款"这一用途要求;其三,将定罪量刑标准由原来规定的"造成重大损失""造成特别重大损失"修改为"数额巨大或者造成重大损失""数额特别巨大或者造成重大损失"。根据《刑法修正案(六)》对《刑法》第187条的修正,最高人民法院和最高人民检察院最新确定罪名的补充规定中明确用"吸收客户资金不入账罪"这一罪名,替代了原来"用帐外客户资金非法拆借、发放贷款罪"的罪名。

经修正后的《刑法》第187条第1款规定:"银行或者其他金融机构的工作人员吸收客户资金不入帐,数额巨大或者造成重大损失的,处五年以下有期徒刑或者拘役,并处二万元以上二十万元以下罚金;数额特别巨大或者造成特别重大损失的,处五年以上有期徒刑,并处五万元以上五十万元以下罚金。"为惩罚单位吸收客户资金不入账的行为,第187条第2款还规定:"单位犯前款罪的,对单位判处罚金,并对其直接负责的主管人员和其他直接责任人员,依照前款的规定处罚。"

根据上述规定,所谓吸收客户资金不入帐罪,是指银行或者其他金融机构的工作人员吸收客户资金不入账,数额巨大或者造成重大损失的行为。

一、吸收客户资金不入帐行为的界定

经修正后的《刑法》第187条所规定的吸收客户资金不入帐罪的客观要件中

最主要的特征是将金融机构的信贷资金用于账外经营、使用，其表现形式则是吸收客户资金不入账的行为。

这里所谓的客户资金，既包括个人储蓄，也包括单位存款；既包括以合法方式吸收的公众存款，也包括以违反规定提高利率或其他不正当方式吸收的存款。根据《刑法》第 187 条的规定，吸收客户资金的来源并不影响本罪的构成。

就个人储蓄来说，根据 2011 年 1 月 8 日国务院《储蓄管理条例》的规定，人民币储蓄包括：活期储蓄存款；整存整取定期储蓄存款；零存整取定期储蓄存款；存本取息定期储蓄存款；整存零取定期储蓄存款；定活两便储蓄存款；华侨（人民币）整存整取定期储蓄存款；经中国人民银行批准开办的其他种类的储蓄存款。外币储蓄包括：活期储蓄存款；整存整取定期储蓄存款；经中国人民银行批准开办的其他种类的外币储蓄存款。

1996 年 2 月 8 日中国人民银行《关于严肃金融纪律，严禁非法提高利率的公告》指出，各金融机构必须严格执行法定的存款利率，一律不准上浮；对单位发行的大额可转让定期存单，利率不准上浮；对个人发行的大额可转让定期存单，利率是否上浮由中国人民银行省级分行决定，但最高浮动幅度不得超过同期限存款利率的 5%。各金融机构必须严格执行国家法定固定资产贷款利率，一律不准上浮。金融机构对流动资金贷款，实行浮动利率。严禁各金融机构擅自提高存、贷款利率，或以手续费、协储代办费、吸储奖、有奖储蓄以及贷款保证金、利息备付金、加收手续费、咨询费等名目变相提高存、贷款利率。各金融机构、各企业单位违反国家利率规定，擅自或变相提高存、贷款利率和企业债券利率的行为是非法行为，不受法律保护。

这里所谓"不入帐"，是指将客户资金不记入金融机构的法定存款账目的行为。不入账的情况既包括将客户资金全部不入账，也包括将客户资金部分不入账；既包括将客户资金记入个人的小账，也包括将客户资金记入单位的小金库账；既指将客户资金未记入金融机构的正式账目（即"大账"），也指将客户资金形式上记入"大账"，但记入的内容没有如实反映吸收客户资金的情况。最高人民法院发布的《全国法院审理金融犯罪案件工作座谈会纪要》也指出，吸收客户资金不入账，是指不记入金融机构的法定存款账目，以逃避国家金融监管，至于是否记入法定账目以外设立的账目，不影响该罪成立。

账户是银行或者其他金融机构为各开户单位记录、办理资金收付等各项业务所设立的簿籍，也是开户单位办理存贷款、转账结算、支取现金的重要工具。银行或者其他金融机构开展各项业务时，必须实行严格的账户管理制度。《商业银行法》第 55 条规定："商业银行应当按照国家有关规定，真实记录并全面反映其业务活动和财务状况，编制年度财务会计报告，及时向国务院银行业监督管理机构、中国人民银行和国务院财政部门报送。商业银行不得在法定的会计账册外另立会计账册。"

根据 1998 年 8 月 10 日国务院办公厅转发的中国人民银行《整顿银行账外账及违规经营工作实施方案的通知》,所谓"银行账外账",是指银行违反《会计法》和国家有关规定,未真实记录并全面反映其业务活动和财务状况,在法定会计账册之外另外设立账册的行为。关于金融机构的账外经营行为,1999 年 1 月 14 日国务院通过的《金融违法行为处罚办法》第 11 条作了明确的规定,具体指:(1)办理存款、贷款等业务不按照会计制度记账、登记,或者不在会计报表中反映;(2)将存款与贷款等不同业务在同一账户内轧差处理;(3)经营收入未列入会计账册;(4)其他方式的账外经营行为。

二、本罪定罪量刑标准

正如前述,经修正后的《刑法》第 187 条在原来以"造成重大损失""造成特别重大损失"作为定罪量刑标准的基础上,明确将吸收客户资金不入帐的数额也作为定罪量刑的标准。即吸收客户资金不入帐罪的定罪量刑标准,既可以考虑吸收客户资金的数额大小,也可以考虑因吸收客户资金不入帐而导致损失的大小。

关于本罪的追诉标准,2010 年 5 月 7 日最高人民检察院、公安部《关于公安机关管辖的刑事案件立案追诉标准的规定(二)》第 42 条规定:"银行或者其他金融机构及其工作人员违反国家规定发放贷款,涉嫌下列情形之一的,应予立案追诉:(一)违法发放贷款,数额在 100 万元以上的;(二)违法发放贷款,造成直接经济损失数额在 20 万元以上的。"最高人民法院发布的《全国法院审理金融犯罪案件工作座谈会纪要》也指出,对于银行或者其他金融机构工作人员以牟利为目的,采取吸收客户资金不入账的方式,将资金用于非法拆借、发放贷款,造成300—500 万元以上损失的,可以认定为"造成特别重大损失"。

2010 年 5 月 7 日最高人民检察院、公安部《关于公安机关管辖的刑事案件立案追诉标准的规定(二)》确立了吸收客户资金不入帐罪的立案追诉标准,即银行或者其他金融机构及其工作人员吸收客户资金不入帐,涉嫌下列情形之一的,应予立案追诉:(1)吸收客户资金不入账,数额在 100 万元以上的;(2)吸收客户资金不入账,造成直接经济损失数额在 20 万元以上的。

三、客户明知存入资金被非法拆借、发放贷款时的责任分担

一般情形下,客户将资金存入银行或者其他金融机构后,与银行形成了储蓄合同关系。客户凭银行或者其他金融机构所给予的存单或存款合同行使其债权。银行须承担到期还本付息的义务,客户并不关心银行将存入资金用于何种

用途,即对存入资金的用途并不明知。但有时客户对存入资金的用途是明知的。这种情形下,如果造成客户资金不能收回的后果,该由谁承担责任?

笔者认为,要根据本罪的实施主体是单位还是个人以及行为主体所开具存单的真实性、有效性而定。

如果所开具的存单真实、有效,无论本罪的行为主体是金融工作人员个人还是金融机构本身,金融机构都负有客户资金不能收回的民事赔偿责任,构成犯罪的,以本罪论处。银行或金融机构作为行为主体主要表现为两种情形:一是客户预先与用资人商定好,利用银行或者金融机构及其工作人员进行资金拆借,由该客户即出资人赚取高额利差。但司法实践中也会发生犯罪分子假冒客户与用资人的身份进行诈骗的情形。如被告人孙某系某市工商银行支行业务员。2006年12月,孙某结识了某公司的总经理张某,该公司有一笔货款5000万元即将入账,孙某极力劝说张某将该笔款项存入工商银行支行,并许以高额利息。但张某称,他的一个朋友李某的公司现正需要流动资金,这笔款是准备借给李某的,难以存入该支行。孙某当即提出,这笔款可以通过该支行贷给李某,但必须收手续费5%。两人遂达成了这笔交易。2007年2月2日,孙某为张某出具了金额为6000万元的大额定期存单,又与李某办理了贷款6000万元的手续,张某直接将1000万元作为利息提前扣除,将5000万元存入该工商银行支行,并将6000万元的存单交给李某,孙某对此笔存款业务没有记入该行账目,从中收取手续费30万元归个人所有。2007年5月5日,李某将该存单转让给乙公司,乙公司向该市工商银行支行提款,该行账内无此款。孙某支付了5000万元以后,无力偿还,致使该行损失1000万元。此时,李某已不知去向。后查实,张某与李某均是诈骗分子。此案中,虽然作为金融工作人员的孙某是被骗者,但是,他采取吸收客户资金不入账的方式非法发放贷款,已构成吸收客户资金不入账罪,对张某与李某应认定为诈骗罪。由于孙某为金融工作人员,其出具存单的行为是职务行为,因此银行必须承担向存单持有人付款的责任。二是银行或者其他金融机构及其工作人员与用资人商定好高额利差,然后再与客户即出资人三方商量将存入资金交给用资人使用。这两种情形中,银行或者其他金融机构及其工作人员都出具了存单,金融机构都应负相应的民事责任。

1997年最高人民法院《关于审理存单纠纷案件的若干规定》指出,在出资人直接将款项交与用资人使用,或通过金融机构将款项交与用资人使用,金融机构向出资人出具存单或进账单、对账单或与出资人签订存款合同,出资人从用资人或从金融机构取得或约定取得高额利差的行为中发生的存单纠纷案件,是以存单为表现形式的借贷纠纷案件。以存单为表现形式的借贷,属于违法借贷,出资人收取的高额利差应充抵本金,出资人、金融机构与用资人因参与违法借贷应当承担相应的民事责任。这可分以下几种情况处理：

（1）出资人将款项或票据（以下统称"资金"）交付给金融机构，金融机构给出资人出具存单或进账单、对账单或与出资人签订存款合同，并将资金自行转给用资人的，金融机构与用资人对偿还出资人本金及利息承担连带责任；利息按中国人民银行同期存款利率计算至给付之日。

（2）出资人未将资金交付给金融机构，而是依照金融机构的指定将资金直接转给用资人，金融机构给出资人出具存单或进账单、对账单或与出资人签订存款合同的，首先由用资人偿还出资人本金及利息，金融机构对用资人不能偿还出资人本金及利息部分承担补充赔偿责任；利息按中国人民银行同期存款利率计算至给付之日。

（3）出资人将资金交付给金融机构，金融机构给出资人出具存单或进账单、对账单或与出资人签订存款合同，出资人再指定金融机构将资金转给用资人的，首先由用资人返还出资人本金和法定利息。金融机构因其帮助违法借贷的过错，应当对用资人不能偿还出资人本金部分承担赔偿责任，但不超过不能偿还本金部分的40％。

（4）出资人未将资金交付给金融机构，而是自行将资金直接转给用资人，金融机构给出资人出具存单或进账单、对账单或与出资人签订存款合同的，首先由用资人返还出资人本金和法定利息。金融机构因其帮助违法借贷的过错，应当对用资人不能偿还出资人本金部分承担赔偿责任，但不超过不能偿还本金部分的20％。

如果所开具的存单虚假、无效，需根据行为的实施主体而决定金融机构及其工作人员和相关人员的责任。如果本罪的行为由金融机构实施，根据最高人民法院《关于审理存单纠纷案件的若干规定》，如以存单为表现形式的借贷行为确已发生，即使金融机构向出资人出具的存单、进账单、对账单或与出资人签订的存款合同存在虚假、瑕疵，不影响人民法院按以上规定对案件进行处理。如果本罪的行为主体是由金融机构工作人员个人实施的，如金融工作人员与用资人勾结，由金融工作人员开具假存单，骗取出资人资金的，金融工作人员与用资人构成共同诈骗罪。因为这种行为纯系金融工作人员的个人行为，与银行或者其他金融机构无关，所以，银行或者其他金融机构对造成出资人损失的，不负责任。

四、本罪与非法吸收公众存款罪界限的界定

吸收客户资金不入账罪与非法吸收公众存款罪有一定的相似之处。这是因为吸收客户资金不入账罪也往往采用非法吸收公众存款罪的办法。吸收客户资金不入账不限于非法吸收公众存款，还包括采用正当手段吸收的客户资金不入帐。但是,如果采取非法吸收公众存款的手段已构成犯罪,而且吸收的存款不入帐,又数额巨大或者造成重大损失则视为牵连犯,按重罪即吸收客户资金不入帐罪处理(吸收客户资金不入账罪的法定最高刑为15年有期徒刑,非法吸收公众存款罪的法定最高刑为10年有期徒刑);如果非法吸收公众存款已入帐或虽未入帐,但未达到数额巨大或者造成重大损失的程度,而该行为已达到非法吸收公众存款罪的定罪标准,对行为人的行为则应按非法吸收公众存款罪定罪处罚。

从构成要件上看,两罪的区别在于:其一,行为方式不同。本罪的行为方式是吸收客户资金不入帐,有吸收客户资金和不入帐两个过程;而非法吸收公众存款罪的行为方式只有一个吸收资金过程。其二,犯罪主体不同。本罪的主体是特殊主体,即银行或者其他金融机构及其工作人员;而非法吸收公众存款罪的主体是一般主体。其三,构成犯罪的起刑点要求不同。本罪必须达到数额巨大或者造成重大损失的程度才能构成犯罪;而非法吸收公众存款罪只要求扰乱金融秩序即可构成犯罪,不要求发生具体的损失后果。

第十一章
危害客户、公众资金管理制度犯罪研究

随着我国社会主义市场经济体制的建立及金融业的发展，客户、公众资金的运用在整个社会经济活动中占有举足轻重的地位，与此相关的对客户、公众资金管理、经营制度的建立已日益受到人们的关注。时下，危害客户、公众资金管理制度的犯罪案件屡屡发生，且涉案金额巨大，严重损害了金融机构的信誉乃至整个社会的信用体系，社会危害性极大。受我国社会主义市场经济体制和金融业发展等因素的影响，我国1997年《刑法》只在第185条中对相关金融机构的工作人员挪用客户资金的情形作了规定，但对于相关金融机构以及公众资金管理、经营机构违背受托义务或国家规定，擅自运用客户、公众资金等危害社会的行为则缺乏规范。这在很大程度上也是危害客户、公众资金管理制度的行为得以猖獗的原因之一。因此，极有必要将这种行为纳入刑法调整的范围，予以严厉打击，从而最大限度地保护广大投资者的利益，以维护社会主义市场经济秩序。为此，2006年6月29日第十届全国人大常委会第二十二次会议通过的《刑法修正案（六）》在第12条中，通过增设《刑法》第185条之一的方式，对上述行为进行了规制，填补了刑事立法的漏洞，也为司法机关处理相关案件提供了实定法规范。根据2007年10月25日最高人民法院、最高人民检察院发布的《关于执行〈中华人民共和国刑法〉确定罪名的补充规定（三）》，将新增的《刑法》第185条之一第1、2款的罪名分别确定为"背信运用受托财产罪"和"违法运用资金罪"。

由于背信运用受托财产罪和违法运用资金罪为《刑法修正案（六）》新增罪名，因而在认定时，刑法理论和司法实践中出现了许多新问题，需要在理论上对这些问题作一些深入探讨，明确其犯罪构成要件，为司法机关处理此类案件提供一定的理论依据和参考。为此，笔者将对背信运用受托财产罪和违法运用资金罪的司法认定从实然层面到应然层面进行学理分析。

第一节　背信运用受托财产罪的司法认定

随着经济的发展,人们的理财途径越来越多,由过去较为单一的存款于银行等金融机构及购买国债等形式,逐步走向投资证券市场、期货市场、保险市场、信托市场以及其他国家允许进行投资的一些领域。由于所涉及金融领域的专业性,人们往往会出于对一些金融机构的信任而委托其作为自己的理财机构,以实现财产的保值、增值。金融机构在接受客户委托理财的过程中通常会积累起大量的资产。一方面,这些资产给受托金融机构带来了巨大的收益;另一方面,在市场信息和投资知识方面的欠缺,使得委托人难以及时、有效地监督和制约受托金融机构,只能被动地接受受托金融机构处置其资产的结果,这就给委托人带来了巨大的风险。

为了保证这类资产的安全和稳健运行,国家已经颁布了一系列法律、法规、部门规章,许多金融企业也纷纷制定了相应的企业规章制度。但由于客户资金或委托、信托的财产数额庞大,一旦擅自使用,便可能会给相关的金融机构带来极为丰厚的收益,因此,仍然有许多金融机构不顾相关法律、法规的规定,且不惜违背受托义务,擅自运用客户资金或者其他委托、信托的财产,以期获得更大的收益。这类违法行为的存在,不仅败坏了金融机构的声誉和信誉,动摇了公众对金融机构受托理财的信任感,而且使资产管理活动处于较大的金融风险之中,严重损害了委托人的利益,扰乱了金融市场的秩序,成为我国目前金融市场体系脆弱、社会信用低下的原因之一。为了重建我国的社会信用体系,完善社会主义市场经济体制,最大限度地维护社会公众和广大投资人的利益,对于这类严重违反法律、法规,违反受托义务,擅自使用客户资金或者其他委托、信托的财产的行为,完全有必要将其纳入刑法的调整范围,并予以严厉打击。

应该看到,我国《刑法》第185条第1、2款规定,对商业银行、证券交易所、期货交易所、证券公司、期货经纪公司、保险公司或者其他金融机构的工作人员利用职务上的便利,挪用本单位资金或者客户资金的行为,应当依照挪用资金罪或者挪用公款罪的规定定罪处罚。但是,司法实践中还发生了许多证券公司、信托投资公司等金融机构擅自运用客户资金的案件,并且对象不仅限于客户资金,还包括有价证券以及其他委托或者信托财产。例如,曾经轰动一时的"德隆系"案件。对于这类金融机构严重损害客户合法权益、扰乱金融秩序的行为,在《刑法修正案(六)》出台之前,刑法条文并没有作出相关规定。在司法实践中,往往也只能对相关单位直接负责的主管人员及其他直接责任人员以挪用公款罪、挪用资金罪或者非法吸收公众存款罪定罪处罚。而《刑法修正案(六)》则在第12

条中,通过《刑法》第185条之一的规定,增设了背信运用受托财产罪,从而填补了刑事立法的这一漏洞,也增进了刑法与其他相关经济、行政法规的协调,为司法机关处理相关案件提供了切实可行的依据。

经修正后的《刑法》第185条之一第1款规定:"商业银行、证券交易所、期货交易所、证券公司、期货经纪公司、保险公司或者其他金融机构,违背受托义务,擅自运用客户资金或者其他委托、信托的财产,情节严重的,对单位判处罚金,并对其直接负责的主管人员和其他直接责任人员,处三年以下有期徒刑或者拘役,并处三万元以上三十万元以下罚金;情节特别严重的,处三年以上十年以下有期徒刑,并处五万元以上五十万元以下罚金。"

根据2007年10月25日最高人民法院、最高人民检察院《关于执行〈中华人民共和国刑法〉确定罪名的补充规定(三)》,本款的罪名被确定为"背信运用受托财产罪"。同时,根据最高人民检察院、公安部《关于公安机关管辖的刑事案件立案追诉标准的规定(二)》第40条的规定,商业银行、证券交易所、期货交易所、证券公司、期货公司、保险公司或者其他金融机构,违背受托义务,擅自运用客户资金或者其他委托、信托的财产,涉嫌下列情形之一的,应予立案追诉:(1)擅自运用客户资金或者其他委托、信托的财产数额在30万元以上的;(2)虽未达到上述数额标准,但多次擅自运用客户资金或者其他委托、信托的财产,或者擅自运用多个客户资金或者其他委托、信托的财产的;(3)其他情节严重的情形。

故根据我国《刑法》及上述其他规定,所谓背信运用受托财产罪,是指商业银行、证券交易所、期货交易所、证券公司、期货经纪公司、保险公司或者其他金融机构,违背受托义务,擅自运用客户资金或其他委托、信托的财产,情节严重的行为。

一、背信行为的本质

背信运用受托财产罪是金融领域的特别背信罪,在理论上探讨背信罪的本质,对准确认定背信运用受托财产罪具有重要的意义。所谓背信罪,是指依法律、公务机关命令或法律行为为他人处理事务的人,违背其义务,致使他人财产遭受损失的行为。[①]

关于背信罪的本质,刑法理论界主要存在"滥用权限说"、"背信说"以及"背信的滥用权限说"三种学说。

滥用权限说将滥用法律上的代理权视为背信罪的本质,认为背信罪主要发生在与第三者的对外关系上,并且只有基于代理权的法律行为,才可能构成背信

---

① 参见张明楷:《外国刑法纲要》,清华大学出版社2007年版,第621页。

罪。根据该说,金融机构只有在与客户之间存在代理关系并擅自运用客户资金或者其他委托、信托财产的情况下才能构成背信运用受托财产罪,而当金融机构与客户之间仅仅存在无因管理等事实上的关系时,即使擅自运用了客户资金或者其他委托、信托财产,也不能构成背信运用受托财产罪。

背信说将违背他人的信任、信赖关系及诚实义务而侵害其财产视为背信罪的本质,背信行为除了存在于与第三者的关系中外,还存在于与本人(委托人)的对内关系中,并且不限于法律行为,凡是破坏事实上的信任关系的事实行为,都可能成立背信罪。①根据该说,只要金融机构违背诚实信用义务,给客户资金或者其他委托、信托财产造成损失的,就都有可能构成背信运用受托财产罪。

背信的滥用权限说则认为,构成背信罪的基础仍然是违反诚实信用义务,但只有滥用对他人财产的管理权限或事实上的事务处理权限,从而违反诚实信用义务的行为才是背信行为。②根据该说,金融机构只有以滥用客户资金或者其他委托、信托财产的管理权的方式违背诚实信用义务时,才能构成背信运用受托财产罪。同时,此处的管理权限既包括法律上的各种代理权限,也包括无因管理等事实上的财产管理权限。

笔者认为,刑法理论的研究不能脱离我国现行《刑法》的规定,应结合我国《刑法》中有关背信运用受托财产罪的具体规定对上述各学说作出判断和分析。就我国《刑法》的规定分析,我们对于背信运用受托财产罪的认定,理应坚持"背信的滥用权限说"所主张的观点,理由主要有以下三点。

首先,"滥用权限说"范围限定太窄。如果采取"滥用权限说",那么在委托人与金融机构之间的委托关系终止之后,委托人未及时处理其资金或者其他委托、信托财产的情况下,金融机构不履行清算义务,而擅自运用这类信托财产,造成委托人财产损失的,由于委托关系已经终止,金融机构并不能因此构成背信运用受托财产罪。但根据我国现行《刑法》的规定,只要金融机构违背受托义务,擅自运用客户资金或者其他委托、信托财产即可构成背信运用受托财产罪。此处的"受托义务",不仅包括约定的义务,也包括法定的义务。因此,只要金融机构违背了《证券法》《信托法》等相关法律中规定的诚实信用义务,擅自运用客户资金或者其他委托、信托财产,就可以构成背信运用受托财产罪。由此可见,在背信运用受托财产罪的认定过程中,采取"滥用权限说"似乎范围限定太窄,显然并不妥当。

其次,"背信说"范围设定太宽。如果采取"背信说",那么在金融机构接到客

---

① 参见刘明祥:《财产罪比较研究》,中国政法大学出版社 2001 年版,第 389—390 页。

② 参见赖正直:《论背信运用受托财产罪的若干基本问题》,载《社科纵横》2008 年第 4 期。

户的交易指令后,因不及时执行指令,从而错过了最佳交易时机,给客户造成损失的情况下,由于金融机构这种消极的不作为同样违背了诚信,金融机构同样也可以构成背信运用受托财产罪。而根据我国现行《刑法》的规定,金融机构只有在违背受托义务,擅自运用客户资金或者其他委托、信托财产的情况下,才能构成背信运用受托财产罪。从法条文义和立法意图看,"擅自运用"指的是违反客户的真实意思而运用,这里的"运用"显然不能以不作为的方式实施。也即上述所谓的"消极履行受托义务"的行为虽然违背诚信,但却不能构成背信运用受托财产罪。此外,虽然"背信说"较为准确地表达了背信类犯罪"违背诚信"的本质,但仅仅通过"诚实信用"这类模糊而抽象的概念,是不能为背信运用受托财产罪的认定提供明确的判断标准的。由此可见,在背信运用受托财产罪的认定过程中,采取"背信说"显然范围设定太宽,同样存在不妥当之处。

最后,"背信的滥用权限说"范围设定适中,符合我国刑法规定的内容。采取"背信的滥用权限说",既可以进一步明确违反诚实信用义务的含义,又可以适当扩展滥用权限的范围,从而能够比较清晰地划定背信运用受托财产罪的成立界限。该说不仅弥补了"背信说"与"滥用权限说"的不足,而且也完全符合我国现行《刑法》对背信运用受托财产罪的规定。因此,在认定背信运用受托财产罪的过程中,应当坚持"背信的滥用权限说"。

综上所述,笔者认为,背信行为的本质在于违背受托义务,滥用委托权限。

二、"违背受托义务"的认定

理论上一般认为,受托义务不仅包括金融机构与客户之间约定的义务,还包括法律、行政法规、部门规章规定的法定义务。在《刑法修正案(六)》征求意见过程中,有的部门和地方建议,在"违背受托义务"之后应当增加"违反国家有关规定"。理由是受托人实施的损害当事人利益的行为,有的是违反了国家规定,但不一定在委托合同中有具体约定。立法机关研究后认为,本条所谓"违背受托义务",不能简单地认为仅限于违背了委托人与受托人之间具体约定的义务,首先应当包括违背了法律、行政法规、部门规章规定的受托人应尽的法定义务。①也就是说,受托人应当遵守法律、行政法规、规章规定的法定义务以及与委托人约定的具体义务才真正构成受托义务的完整内容。②

笔者认为,司法实践中,对于本罪"违背受托义务"的认定,应注意以下三点内容。

---

① 参见黄太云:《刑法修正案(六)的理解与适用(下)》,载《人民检察》2006 年第 15 期。
② 参见涂龙科、胡建涛:《论背信运用受托财产罪的认定》,载《华东理工大学学报》(社会科学版)2008 年第 3 期。

　　首先,本罪刑法条文中规定的"受托义务"通常来源于商业银行、证券交易所、期货交易所、证券公司、期货经纪公司、保险公司或者其他金融机构与客户之间的合同关系,但其理应受制于《商业银行法》、《证券法》、《保险法》以及《信托法》等相关金融法律、行政法规规定的法定义务。因为法律、行政法规、部门规章在制定的过程中,针对受托人在受托理财过程中可能出现的损害委托人利益的情形以及对受托人必须履行的职责和禁止行为都会作比较明确的规定。例如,《信托法》第 25 条至第 30 条规定,受托金融机构主要有以下七项义务:(1)受托人应当遵守信托文件的规定,为受益人的最大利益处理信托事务;(2)受托人应当恪尽职守,履行诚实、信用、谨慎、有效管理的义务;(3)除依照本法规定取得报酬外,不得利用信托财产为自己谋取利益;(4)不得将信托财产转为其固有财产;(5)不得将其固有财产与信托财产进行交易或者将不同委托人的信托财产进行相互交易,但信托文件另有规定或者经委托人或者受益人同意,并以公平的市场价格进行交易的除外;(6)必须将信托财产与其固有财产分别管理、分别记账,并将不同委托人的信托财产分别管理、分别记账;(7)应当自己处理信托事务,但信托文件另有规定或者有不得已事由的,可以委托他人代为处理,但应当对他人处理信托事务的行为承担责任。但是一般的委托人对受托人所应当遵守的这些法定义务,却不可能全部了解,从而委托人也就难以在委托合同中具体约定这些义务,特别是实践中受托人往往会采取格式合同或者格式条款等方式逃避这些必须严格依法履行的法定义务。例如,在司法实践中,受托人往往会通过许诺高额回报的方式,与委托人签订资产管理合同,以吸收委托人资金,而委托人对受托人如何投资理财则往往不管不问,甚至明知受托人进行违规违法的资金操作也不过问,只要受托人能够按时返还本金并给予高额回报即可。[①]由此可见,仅仅将此处的受托义务限定为合同义务,就有可能会导致受托人利用合同约定的义务来逃避法律规定的义务,从而损害委托人的合法权益。因此,笔者认为,即使从合同上看,受托人并没有违背委托人与其的约定,但是只要受托人违背了法定义务,同样也应构成"违背受托义务"。

　　其次,合同并不是受托义务来源的唯一形式,只要能够形成受托义务的形式都可以成为受托义务的来源。例如,通过银行自动存款机存款,存款人与银行并没有签订书面合同,存款人只有自动存款机输出的一张存款凭证,可以说这并不是严格意义上的书面合同关系。但是,根据银行的存款操作交易习惯,自动存款机实际上是代表银行接受存款人的存款委托,双方的存储关系已经建立,银行接

---

　　① 参见涂龙科、胡建涛:《论背信运用受托财产罪的认定》,载《华东理工大学学报》(社会科学版)2008 年第 3 期。

受存款人存款的受托义务即已经成立。

最后,本罪成立条件之一的"违背受托义务"与挪用类犯罪成立条件之一的"利用职务上的便利"是不同的。只要有受托的事项存在,即便是没有任何职务便利的人员也可能"违背受托义务";而"利用职务上的便利"则无须受托事项的存在,只要有职务存在,行为人就可以利用职务上的便利。

三、"擅自运用"的认定

"擅自运用"是指未经委托人或受益人的同意而私自动用受托资金的行为,如证券公司擅自动用客户保证金的行为等。在实践中,我们要注意区别擅自运用与不当运用。笔者认为,两者最根本的区别在于是否违背受托义务,是否有客户的明确授权,其具体内容视法律法规的具体规定和信托文件的具体约定的不同而有所不同。例如,《证券法》第133、134条规定:证券公司接受证券买卖的委托,应当根据委托书载明的证券名称、买卖数量、出价方式、价格幅度等,按照交易规则代理买卖证券,如实进行交易记录;买卖成交后,应当按照规定制作买卖成交报告单交付客户。证券交易中确认交易行为及其交易结果的对账单必须真实,保证账面证券余额与实际持有的证券相一致。证券公司办理经纪业务,不得接受客户的全权委托而决定证券买卖、选择证券种类、决定买卖数量或者买卖价格。只要该具体投资行为经过了客户的明确授权,就不应以本罪论处。特别是对于信托行为,由于一般授权比较概括,受托人的行为也就相对比较自由。如果信托文件没有特别约定,只要不违背为受益人的最大利益处理信托事务的信托法理,即使由于受托人的过失,导致决策失误,进而致使信托财产遭受重大损失,也不应以本罪论处。当然,如果信托文件有特别约定,则应按照其特别约定处理。

需要注意的是,此处所指的"擅自"与擅自设立金融机构罪及擅自发行股票、公司、企业债券罪中的"擅自"是不同的。后两罪中的"擅自"都是指未经国家有关主管部门的同意和批准,而本罪中的"擅自"不是指没有经过受托金融机构的上级主管部门或者金融监管部门的同意和批准,而是指没有得到委托人或者受益人的同意和批准。当然,此处的"擅自"还应当结合双方当事人之间具体的约定来加以认定,只要委托人在合同中已经授权受托人处理某项事务,即使后来受托人在处理这项事务中的具体情节时未征求委托者的意见,仍然不能将受托人的行为认定为"擅自运用"。

此外,有学者认为,此处的"运用"理应包括"占有""侵占"等侵犯财产所有权的行为。其理由在于:如果此处的"运用"不包括"占有""侵占"等侵犯财产所有权的行为在内,那么就只能处罚侵犯客户资产使用权的犯罪行为,而对于更为严重的侵犯客户资产所有权的行为,则难以依法惩治,这显然是不合情理的。[1]笔者认为,"运用"一词的关键在于"用"字,如果不是"用"客户的资产,而仅仅是单纯占有、侵占客户的资产则不应构成本罪。至于上述观点中提出的侵犯客户资产所有权的行为,完全可以根据其他刑法相关规定,对其直接负责的主管人员和其他直接责任人员以贪污罪或者职务侵占罪加以认定,不存在所谓"难以依法惩治"的问题。

四、主观方面的认定

在理论上,一般认为,本罪的主观方面是故意,过失不能构成本罪。但是,《刑法修正案(六)》第12条并未明确规定背信运用受托财产罪必须具有特定的目的,那么构成背信运用财产罪是否需要有特定的目的? 有学者认为,在委托理财过程中,只要受托人按照设立信托的目的,基于善意地实施管理,就可以认为是履行了受托义务,不属于"擅自运用"。因为投资总是存在风险,对受托人不可能要求其永远不犯错误。在受托人运用信托财产投资失败,给委托人造成损失时,只要受托人不具有为本单位或第三人谋取不正当利益的目的或者损害委托人利益的目的,就可以认为其履行了受托义务,就算其投资行为存在一定过失或者不完全符合委托人的意思,也不属于"擅自运用信托财产",不构成背信运用受托财产罪。事实上,在我国的财产犯罪中,特定目的往往是不成文的构成要件。所以对于背信运用受托财产罪,应理解为目的犯,即金融机构必须具有为本单位或第三人谋取不正当利益的目的(牟利目的)或者损害委托人利益的目的(加害目的),才能构成背信运用受托财产罪。[2]

笔者认为,这种观点值得商榷,理由主要有以下三点。

首先,将本罪认定为目的的犯,不符合罪刑法定原则的要求。上述有观点认为,特定的目的通常是财产犯罪中不成文的构成要件,并以此为理由,将本罪认定为目的犯。笔者认为,这一观点既不符合"不成文构成要件要素"存在的前提条件,也不符合罪刑法定原则的基本要求。应该看到,并非所有的犯罪构成要件都可以不在刑法条文中加以明确规定。我国刑法仅仅是将理论和实践中人们"存在共识"的且"显而易见"的一些犯罪构成要件不在刑法条文中加以明确规定,例如,在盗窃罪、诈骗罪等犯罪的认定中,"非法占有的目的"是必要要件已经成为人们的共识,在此情况下,刑法就没有必要在条文中再加以具体规定。需要指出的是,在罪刑法定原则确立的今天,某一犯罪的构成要件理应在条文中明确

---

[1]　参见彭文华:《论擅自运用客户资产罪》,载《中国检察官》2006年第9期。

[2]　参见赖正直:《论背信运用受托财产罪的若干基本问题》,载《社科纵横》2008年第4期。

加以规定,我们只有对某些众所周知或出于立法的简洁性考虑,才会对某些犯罪的构成要件不作明确的规定。就此而言,笔者认为,只有在具备极为充分的理论和实践依据的情况下,才会出现某些犯罪的"不成文构成要件要素",否则就极有可能违反罪刑法定的原则。分析刑法有关背信运用受托财产罪的规定,我们不难发现,对于本罪是否属于目的犯的问题,无论在理论上还是在司法实践中均有不同意见,因而就很难说是"存在共识",在此情况下当然不能得出本罪的犯罪目的要件是"显而易见"的结论。正因为如此,由于本罪的刑法规定中并没有犯罪目的之规定,我们当然不能以所谓"不成文构成要件要素"为由,简单地将本罪认定为目的犯。

其次,将本罪认定为目的犯,不符合《刑法修正案(六)》的立法原意。从司法角度看,目的犯既然将特定的目的作为主观要件,司法机关在处理此类案件时必然需要对这一目的加以证明。更何况特定的目的又属于主观上的因素,这在司法实践中往往难以证明,因此有时需要通过客观行为来加以推定。这样就必然导致司法成本增高,并且有时可能会因为特定的目的无法证明而导致案件无法处理。因此,取消某些犯罪的特定目的则可以降低司法成本,有利于对相关犯罪的惩治。《刑法修正案(六)》正是出于这些考虑,取消了《刑法》第 182 条操纵证券、期货市场罪中要求具备的获取不正当利益或者转嫁风险的特定目的以及第 187 条吸收客户资金不入账罪中牟利的特定目的。此外,在新增加的骗取贷款、票据承兑、金融票证罪中也没有作特定目的的要求。《刑法修正案(六)》的上述改变都说明立法者已逐渐地在考虑司法成本。[①]在这样的立法背景下,将《刑法修正案(六)》中新增规定的背信运用受托财产罪认定为目的犯是有悖于立法原意的。

最后,将本罪认定为目的犯,不利于本罪在司法实践中的适用。正如前文所述,背信运用受托财产罪中的"受托义务"不仅包括金融机构与客户之间约定的义务,而且还包括了法定义务。司法实践中,金融机构往往会通过许诺高额回报的方式,与客户签订资产信托管理合同,从而吸收客户资金,而客户则对金融机构如何投资理财毫不干涉,甚至在明知金融机构进行违法违规的资金操作情况下也不过问,认为只要其能返还本金并给予高额的回报即可。但由于受托金融机构违反了法定义务,所以一样构成"违背受托义务",应当以本罪论处,否则有悖于立法原意,也不利于维护委托人的合法权益。然而,在这种情形下,受托金融机构虽然实施的是违法违规操作,但其却是为了实现客户资产的保值增值,并不具有为本单位或者第三人谋取不正当利益的目的,如将本罪认定为目的犯,这

---

①　参见卢勤忠:《〈刑法修正案(六)〉与我国金融犯罪立法的思考》,载《暨南学报》2007 年第 1 期。

类情形则无法处理。这显然是不合理的。

综上所述,笔者认为,本罪的主观方面表现为故意,至于行为人是否具有目的及具有何种目的均在所不问,且不影响本罪的构成。

五、本罪与挪用类犯罪的界定

本罪与挪用类犯罪的共同点在于客观上均可表现为"用"资金的行为,本罪主要表现为商业银行、证券交易所、证券公司、期货经纪公司、保险公司或者其他金融机构,违背受托义务,擅自运用客户资金或者其他委托、信托的财产的行为;挪用类犯罪则主要表现为相关单位的工作人员,利用职务上的便利,挪用单位资金归个人使用的行为。但从其本质及犯罪构成上看,两者的区别在于:

第一,本罪与挪用类犯罪的本质及行为结构是不同的。本罪属于一般意义上的背信类犯罪,理论上通常认为,背信类犯罪的本质在于:行为人都违背了基于他人的委托而产生的信任关系和诚实处理他人事务的义务,从而对他人的财产造成了损害。其行为结构均是:为他人处理事务的自然人或者单位——实施违背受托义务或者国家相关规定的行为——造成他人财产上的损害。①而挪用类犯罪的本质则在于:行为人利用职务上的便利,挪用单位资金归个人使用,从而对单位的财产造成了损害。其行为结构则是:单位中具有"职务便利"的人员——利用职务上的便利,实施挪用单位资金归个人使用的行为——造成单位的损失。由此可见,本罪与挪用类犯罪在本质上最大的区别在于:本罪中存在"背信"的行为,而挪用类犯罪中不存在"背信"的行为。

第二,本罪与挪用类犯罪在犯罪构成上也是不同的。其不同主要体现在以下四点。

首先,犯罪主体不同。本罪的主体是单位,即商业银行、证券交易所、期货交易所、证券公司、期货公司、保险公司或者其他金融机构。而挪用类犯罪只能由自然人构成。笔者认为,单位犯罪与个人犯罪虽有多种区分标准,但最关键的区分标准是支配实行行为的意志,如果该意志是单位意志,即为单位犯罪,如果是个人意志,即为个人犯罪。那么,单位的意志究竟应如何界定? 笔者认为,认定单位犯罪的意志,关键在于区分行为人是为了单位的利益还是为了个人的利益。如果行为人企图通过单位实施犯罪获取个人利益,则不能以单位犯罪论处,而应以自然人犯罪论处。另外,不能简单地将"为单位谋取利益"理解为一定是为单位获取非法所得,其实使单位增加利润、减少生产成本也是"为单位谋取利益"的一种表现形式。正是从这个意义上分析,笔者认为,诸如《刑法》第 137 条规定的

---

① 参见张明楷:《外国刑法纲要》,清华大学出版社 2007 年版,第 623 页。

工程重大安全事故罪等,虽然是过失犯罪,但其"违反国家规定,降低工程质量标准,造成重大安全事故"是为了单位的利益,即为单位节约成本、增加利润,因此构成犯罪的主体仍然可以是单位。①此外,单位意志是由单位的决策机构按照单位的决策程序决定,由直接责任人员实施,它比个人意志更具有稳定性和连贯性。

其次,犯罪对象不同。关于本罪的犯罪对象,在刑法修正案起草过程中,曾是争论的焦点之一。一种观点认为,本罪的设立是为了解决单位不能构成挪用类犯罪的问题。而现行《刑法》中无论是挪用资金罪还是挪用公款罪,其对象都只限于资金或款项,而不包括资产、财产等。假如将此两罪的对象扩大到资金、款项之外的资产、财产以及财产权,可能会产生一系列的问题。比如,国家机关工作人员长期将单位公车占为己有,或者长期无偿占用公房等行为,是否也应当按照挪用类犯罪论处,如果不能以挪用类犯罪论处,则会出现自然人犯罪与单位犯罪的不对称。另一种观点认为,增设本罪的目的,不仅仅是解决单位不能构成挪用罪的问题,而且要解决当前实践中存在的金融机构违背受托义务,擅自运用客户资金或者其他受托财产的行为,而后者恰恰是当今证券监管实践中最重大、最迫切、最棘手的难题。如果囿于传统观念,一味固守挪用罪的对象仅限于资金或款项的观点,就不可能有效规制金融机构背信挪用行为,《刑法修正案(六)》出台的目的就要大打折扣。立法者最终采纳了后一种观点,将本罪的对象由客户资金扩大为包括资金、证券、财产权等在内的受托、信托财产。②也就是说,本罪的犯罪对象既包括客户资金,即客户委托给金融机构管理、在此机构控制下的单位资金,也包括委托人委托或信托的其他财产。而挪用类犯罪的对象则仅是单位的资金和款项。

再次,构成挪用类犯罪必须具备"挪用资金归个人使用"的要件,而构成本罪则无须具备该要件。如果商业银行、证券交易所、证券公司、期货经纪公司、保险公司或者其他金融机构中直接负责的主管人员和其他直接责任人员利用职务上的便利,私自决定将客户资金挪给本人自用或挪给其他自然人使用,或者以个人名义将客户资金借给其他个人或单位使用,按照2000年最高人民法院《关于如何理解刑法第二百七十二条规定的"挪用本单位资金归个人使用或借贷给他人"问题的批复》和2002年全国人大常委会《关于〈中华人民共和国刑法〉第三百八十四条第一款的解释》,应以挪用资金罪或挪用公款罪论处。但是,对于商业银行、证券交易所、证券公司、期货经纪公司、保险公司或者其他金融机构中直接负

① 参见刘宪权、杨兴培:《刑法学专论》,北京大学出版社2007年版,第143页。
② 参见薛瑞麟主编:《金融犯罪再研究》,中国政法大学出版社2007年版,第42页。

责的主管人员和其他直接责任人员属于国家工作人员,且其以单位名义挪用本单位资金给其他单位使用的,如何处理则要区分两种情形:如果行为人是出于"个人决定"且"谋取个人利益"的,则构成挪用公款罪;如果行为人并非出于"个人决定"也不是"谋取个人利益"的,行为人个人不构成犯罪,而对单位则应以本罪论处。

最后,挪用类犯罪对于资金被挪用后的具体用途及使用时间长短等内容有着严格的限制,而本罪为独立的单位犯罪,并非挪用类犯罪的注意规定,故本罪中相关单位违背受托义务,擅自运用客户资金或者其他委托、信托财产的情况对于资金被运用后的具体用途及使用时间长短等内容并无特别要求。

第二节 违法运用资金罪的司法认定

社会保障制度是指在政府的管理之下,依据一定的法律和规定,通过国民收入的再分配,以社会保障基金为依托,为保证社会成员的基本生活权利而提供救助和补贴的社会安全制度。在市场经济条件下,作为社会的安全网和稳定器的社会保障制度在维护社会稳定和社会安全方面发挥着重要的作用。鉴于社会保障制度的重要意义,国家对于社会保障基金以及其他公众资金的投资、使用有着极为严格而明确的规定,有关单位和个人均不得违反。根据有关规定,具有公众管理职能的金融机构,如社会保障基金管理机构、住房公积金管理机构,以及保险公司、保险资产管理公司、证券投资基金管理公司,都必须严格按照规定的资金运用方式、渠道和程序去运作,不得超出其被许可运作的范围。例如,《保险法》第106条规定:"保险公司的资金运用必须稳健,遵循安全性原则。保险公司的资金运用限于下列形式:(一)银行存款;(二)买卖债券、股票、证券投资基金份额等有价证券;(三)投资不动产;(四)国务院规定的其他资金运用形式。保险公司资金运用的具体管理办法,由国务院保险监督管理机构依照前两款的规定制定。"《住房公积金管理条例》第28条规定:"住房公积金管理中心在保证住房公积金提取和贷款的前提下,经住房公积金管理委员会批准,可以将住房公积金用于购买国债。住房公积金管理中心不得向他人提供担保。"这些规定都要求公众资金管理机构必须遵守法律、行政法规,恪守职业道德和行为规范,不得违反法律、行政法规以及相关规范性文件的规定,超出规定的经营范围或者投资比例运用资金。

然而令人遗憾的是,尽管国家制定颁布了相关规定,但是挪用社会保障基金、住房公积金,或者以社会保障基金和住房公积金为抵押从而骗取公款的案件却还是屡屡发生,且涉案数额巨大。从前文可以看到,国家相关部门并不是没有建立社保资金及其他公众资金的管理制度，但显然，这些规定并不完善，社保资金及其他一些公众资金仍然在相关管理部门中封闭运作，再加上公众监督的缺位，管理部门擅自、违规借出资金用于"保值增值"的现象屡禁不止。

正是在这样的背景下，《刑法修正案（六）》才对《刑法》进行修正并增设了"违法运用资金罪"。经修正后的《刑法》第185条之一的第2款规定："社会保障基金管理机构、住房公积金管理机构等公众资金管理机构，以及保险公司、保险资产管理公司、证券投资基金管理公司，违反国家规定运用资金的，对其直接负责的主管人员和其他直接责任人员，依照前款的规定处罚。"

根据上述规定，违法运用资金罪是指社会保障基金管理机构、住房公积金管理机构等公众资金管理机构，以及保险公司、保险资产管理公司、证券投资基金管理公司，违反国家规定运用资金的行为。

一、"违反国家规定"的认定

在《刑法修正案（六）》中，立法者将本罪的客观方面表述为"违反国家规定运用资金"，那么，此处所谓的"违反国家规定"包含的范围应该有哪些呢？根据《刑法》第96条的规定，"违反国家规定"是指违反全国人大及其常委会制定的法律和决定，国务院制定的行政法规、规定的行政措施、发布的决定和命令。由此可以看出，立法者更倾向于对违法运用资金罪的违法依据采取严格解释，即将规范性文件的制定主体限定在全国人大及其常委会和国务院。根据这一规定，国务院之下的各部、委制定的规章，各地方人大及其常委会和地方政府制定的地方性法规、规章均不属于"国家规定"。

具体而言，本罪中"违反国家规定运用资金"中的"国家规定"应该包括以下两个方面：（1）国家对运用社会保障基金、住房公积金的规定，如《全国社会保障基金投资管理暂行办法》《全国社会保障基金境外投资管理暂行规定》《社会保障基金财政专户管理暂行办法》《住房公积金管理条例》等。（2）国家对保险公司、保险资产管理公司、证券投资管理公司运用资金的规定，如《保险法》《证券法》《证券投资基金法》《证券投资基金管理公司管理办法》等。

此外，应当注意，国家对社会保障基金、住房公积金等公众资金运用范围的限制是随着社会、经济的发展而不断变化的。例如，于2009年修订后的《保险法》第106条第2款规定："保险公司的资金运用限于下列形式：（一）银行存款；（二）买卖债券、股票、证券投资基金份额等有价证券；（三）投资不动产；（四）国务院规定的其他资金运用形式。"而修订前的《保险法》第105条第2、3款则规定："保险公司的资金运用，限于在银行存款、买卖政府债券、金融债券和国务院规定的其他资金运用形式。保险公司的资金不得用于设立证券经营机构，不得用于设立保险业以外的企业。"①由此可见,2009 年修订后的《保险法》将修订前的《保险法》所规定的"买卖政府债券、金融债券"拓宽为"买卖债券、股票、证券投资基金份额等有价证券",并增加了"投资不动产"的内容,同时还删除了之前"保险公司的资金不得用于设立证券经营机构,不得用于设立保险业以外的企业"的条文,显然保险资金的投资渠道有所拓宽。在实践中,有的社会保障基金管理机构、住房公积金管理机构以及保险公司、保险资产管理公司、证券投资基金管理公司中直接负责的主管人员和其他直接责任人员虽然在运用公众资金时违反了当时国家有关社会保障基金、住房公积金等公众资金的管理制度,超出了法律法规规定的运用公众资金范围的限制,但后来国家又颁布了新的法律法规,取消了对这类运用公众资金行为范围的限制,上述行为则又因为符合法律法规的规定而归于合法。

笔者认为,在这种情况下,应当遵循《刑法》第 12 条所确立的有关"从旧兼从轻"的溯及力原则,不能将这类行为作为犯罪处理。当然,相关行政部门仍然可以对相关机构和行为人予以行政处罚。但如果行为人已经因为上述行为受到了追诉并且法院也对其作出了有罪生效判决的,判决则应继续有效。相反,如果行为人运用公众资金时符合国家法律法规的规定,但后来国家新颁布的法律法规又禁止了这类行为,在这种情况下,则仍然应当遵循刑法"从旧兼从轻"的溯及力原则,对其不以犯罪论处。但应当注意,在新颁布的法律法规生效以后,行为人不得再有任何违反新颁布的法律法规而运用公众资金的行为,否则应当适用新颁布的法律法规的规定,对行为人定罪处罚。

二、本罪是否属于"单位犯罪"

我国《刑法》第 31 条规定:"单位犯罪的,对单位判处罚金,并对其直接负责的主管人员和其他直接责任人员判处刑罚。本法分则和其他法律另有规定的,依照规定。"这是我国刑法关于单位犯罪处罚原则的相关规定。根据这一规定,在理论上,大多数人认为我国刑法对单位犯罪一般采取双罚制的原则,即单位犯罪的,对单位判处罚金,同时对单位直接负责的主管人员和其他直接责任人员判处刑罚。但是,当《刑法》分则和其他相关法律(特别刑法)对单位犯罪另有规定不采取双罚制而采取单罚制的,则属例外情况。这是因为,单位犯罪的情况具有复杂性,其社会危害程度差别很大,一律采取双罚制的原则,并不能全面准确地体现罪刑相适应原则和足以对单位犯罪起到警戒的作用。在理论上,一般认为,我国《刑法》分则中所谓单罚制的"单位犯罪"共涉及 8 个条文,12 个罪名。

---

① 该条款被 2015 年修订的《保险法》保留。

对于上述在单罚制的情况下也存在"单位犯罪"的观点,我们持有不同的意见。笔者认为,将单罚制看作是对"单位犯罪"进行处罚之例外的观点,既缺乏法理依据,也与刑事立法精神相悖,且与司法解释的内容不符。我国刑法中规定的所谓单罚制的"单位犯罪",实际上应当属于自然人犯罪,理由主要有以下几点:

首先,将这种所谓单罚制的"单位犯罪"视为单位犯罪缺乏法理依据。单位是一个具有整体性和组织性的主体,因而它就应当对其意志支配下的犯罪行为承担刑事责任,而不能将这个责任推卸或转嫁给他人。[1]换言之,在单位犯罪中,作为单位本身理应是承担刑事责任的主体(或称为受罚主体)。刑法之所以规定要追究单位中直接负责的主管人员和其他直接责任人员的刑事责任,也正是因为单位犯罪实际上是由这些人批准、组织或者具体实施的。就此而言,单位中直接负责的主管人员及其他直接责任人员所承担的刑事责任,其实就是单位的刑事责任,处罚的主体仍然是单位,只不过是刑事责任的承担者有所区别而已。但是,在前述所谓单罚制的"单位犯罪"中,单位并不具体承担刑事责任(即刑法并未规定要对单位判处罚金),相关的刑事责任全部由单位中直接负责的主管人员和其他直接责任人员承担。由于理论上认为单位中直接负责的主管人员和其他直接责任人员对于单位的刑事责任是具有一定依附性的,因而如果将这种仅仅只追究单位中相关自然人刑事责任的情况也视为单位犯罪,明显缺乏法理根据。

其次,将上述所谓单罚制的"单位犯罪"视为单位犯罪,不符合我国刑法"以处罚自然人犯罪为原则,处罚单位犯罪为例外"的立法精神。我国刑法对单位犯罪的规定,主要采用在相应的自然人犯罪之后单列一款对单位犯罪加以特别规定的模式。我国刑法同时还规定,单位犯罪以分则有明文规定的为限。由这些规定分析,我们不难看出,我国刑法中实际体现着"以处罚自然人犯罪为原则,处罚单位犯罪为例外"的精神。如果刑法只处罚单位中直接负责的主管人员及其他直接责任人员,却不处罚单位本身时,我们只能将其视为自然人犯罪,即处罚特殊的自然人主体,而不应该以所谓单罚制的"单位犯罪"对待之,否则便违背了"以处罚自然人为原则,以处罚单位为例外"的立法精神。

再次,从新旧刑法规定对比分析上看,将上述所谓单罚制的"单位犯罪"视为单位犯罪是不合理的。应该看到,我国 1979 年《刑法》中就存在上述所谓单罚制的"单位犯罪"的规定,例如,第 121 条规定:"违反税收法规,偷税、抗税,情节严重的,除按照税收法规补税并且可以罚款外,对直接责任人员,处三年以下有期徒刑或者拘役";第 127 条则规定:"违反商标管理法规,工商企业假冒其他企业

---

① 　参见陈兴良:《单位犯罪——以规范为视角》,载《河南省政法干部管理学院学报》2003 年第 1 期。

已经注册的商标的,对直接责任人员,处三年以下有期徒刑、拘役或者罚金。"可见,上述 1979 年《刑法》的规定与我国现行《刑法》中所谓单罚制的"单位犯罪"的规定是完全一样的。但是,理论上通常认为,我国 1979 年《刑法》中并没有单位犯罪的规定,只是在 1987 年通过的《海关法》中才首次在法律上确认了单位可以成为犯罪主体,并在 1988 年《关于惩治贪污罪贿赂罪的补充规定》和《关于惩治走私罪的补充规定》中首次在专门的刑事法律中承认了单位犯罪。应该看到,理论上之所以认为我国 1979 年《刑法》没有单位犯罪,完全是基于当时的《刑法》确实不存在规定单位犯罪的条文。但是,我们如果将现行《刑法》中所谓单罚制的"单位犯罪"视为单位犯罪的话,就必然会得出我国 1979 年《刑法》中就已经存在单位犯罪的规定的结论。显然,这一结论不仅自相矛盾,也与刑法通说相差甚远,理论上难以服人。

最后,将上述所谓单罚制的"单位犯罪"视为单位犯罪,与相关司法解释的规定相矛盾。根据 1999 年 6 月 25 日最高人民法院《关于审理单位犯罪案件具体应用法律有关问题的解释》第 3 条规定,盗用单位名义实施犯罪,违法所得由实施犯罪的个人私分的,依照刑法有关自然人犯罪的规定定罪处罚。可见,司法解释将"利益归属"作为区分单位犯罪与自然人犯罪的重要标准之一。但是,分析所谓单罚制"单位犯罪",我们不难看到,在上述情况中,许多犯罪虽然都是以单位的形式实施的,但犯罪所得的利益通常是由单位中的自然人所直接获得的,其社会危害性主要体现在自然人获利的行为之中。例如,在私分国有资产犯罪中,国有资产虽然都是以单位福利或者其他形式,按一定的分配方案分给单位所有职工,但实际上最终获得利益的还是单位中的自然人,单位本身不仅不能获利而且有时还可能是受害者。如果将这种情况也视为"单位犯罪"的话,不仅推翻了司法解释中以"利益归属"作为区分单位犯罪与自然人犯罪的标准,而且还使单位陷入"受害者"身份与"犯罪者"身份的矛盾之中。据此,笔者认为,上述所谓单罚制的"单位犯罪"中的很多情况都不具备构成单位犯罪的要件,在这种情况下,只需要处罚单位中直接负责的主管人员和其他直接责任人员即可,完全没有必要将其视为"单位犯罪"。

综上所述,笔者认为,本罪实际上属于自然人犯罪,其主体是社会保障基金管理机构、住房公积金管理机构等公众资金管理机构,以及保险公司、保险资产管理公司、证券投资基金管理公司中直接负责的主管人员和其他直接责任人员。具体而言,本罪主体可以分为两类:一类是以社会保障基金管理机构、住房公积金管理机构为代表的公众资金管理机构中直接负责的主管人员和其他直接责任人员;另一类则是保险公司、保险资产管理公司、证券投资基金管理公司等金融类公司中直接负责的主管人员和其他直接责任人员。

三、"情节严重"是否为本罪的构成要件

有学者认为,本罪是行为犯,只要行为一实施就可以构成本罪,即本罪不以"情节严重"或"后果严重"为成立要件。这在我国刑法中是极为少见的。①笔者认为,本罪虽然在法条中没有明确规定要以给公众利益造成较大损失等情节作为构成犯罪的要件,但这并不意味着构成本罪不需要"情节严重"或"后果严重"的要件,据此,我们当然不能认为本罪是行为犯。在司法实践中,对于本罪的认定,仍然应当充分考虑并严格区分罪与非罪的界限,笔者认为,行为人的行为只有达到"情节严重"的程度,才能追究相应的刑事责任。理由主要有以下三点。

首先,以"情节严重"作为构成本罪的要件,符合立法原意。本罪与背信运用受托财产罪之所以一同被规定在《刑法》第185条之一中,正是因为这两个罪之间具有同质性,即都属于金融机构违背受托义务,擅自运用客户资金或者其他委托、信托的财产。由于社会保障基金、住房公积金等公众资金具有特殊性,因此,刑法才在规定背信运用受托财产罪后,另设一款专门规定违法运用资金罪。就此而言,从体系解释的角度来讲,背信运用受托财产罪以"情节严重"作为构成犯罪的要件,本罪也应该以"情节严重"作为构成犯罪的要件,这样才符合立法原意。此外,根据当时全国人大常委会法工委副主任安建在第十届全国人大常委会第十九次会议上所作的关于《中华人民共和国刑法修正案(六)(草案)》的说明,对保险公司、保险资产管理公司、证券投资基金管理公司、社会保障基金管理机构、住房公积金管理机构等公众资金经营、管理机构,违反国家规定运用资金,只有情节严重的,才应追究刑事责任。②由此也可看出,以"情节严重"作为构成本罪的构成要件是符合立法原意的。

其次,以"情节严重"作为构成本罪的要件,符合刑法规定。在理解某一刑法条文时,我们应当依据该条文在整个刑法中的地位,联系相关法条的规定,阐明该法条的含义。根据《刑法》第185条之一第2款的规定,对违反国家规定运用社会保障基金、住房公积金等公众资金的行为人,应当依照该条第1款有关背信运用受托财产罪的规定处罚。而根据该条第1款的规定,"商业银行、证券交易所、期货交易所、证券公司、期货经纪公司、保险公司或者其他金融机构,违背受托义务,擅自运用客户资金或者其他委托、信托的财产,情节严重的,对单位判处罚金,并对其直接负责的主管人员和其他直接责任人员,处三年以下有期徒刑或者拘役,并处三万元以上三十万元以下罚金;情节特别严重的,处三年以上十年

---

① 参见顾肖荣:《论我国刑法中的背信类犯罪及其立法完善》,载《社会科学》2008年第10期。

② 参见2005年12月24日安建在第十届全国人大常委会第十九次会议上所作的关于《中华人民共和国刑法修正案(六)(草案)》的说明。

以下有期徒刑,并处五万元以上五十万元以下罚金"。由此可见,虽然本罪的刑法条文没有明确规定构成本罪需要具备"情节严重"的要件,但对本罪行为人进行处罚时所依据的有关背信运用受托财产罪的刑法条文却明确规定了该要件。因此,要对本罪行为人进行处罚,也就同样需要具备该要件。从刑法解释的系统性要求看,这种理解是符合刑法相关规定之精神的。

最后,以"情节严重"作为构成本罪的要件,符合相关法律文件规定精神。2010年5月7日最高人民检察院、公安部《关于公安机关管辖的刑事案件立案追诉标准的规定(二)》第41条规定:"社会保障基金管理机构、住房公积金管理机构等公众资金管理机构,以及保险公司、保险资产管理公司、证券投资基金管理公司,违反国家规定运用资金,涉嫌下列情形之一的,应予立案追诉:(一)违反国家规定运用资金数额在三十万元以上的;(二)虽未达到上述数额标准,但多次违反国家规定运用资金的;(三)其他情节严重的情形。"根据上述条款,公安机关要对违法运用资金案件进行追诉,就必须具备其规定的数额、次数等条件。由此可见,以"情节严重"作为构成本罪的要件完全符合该追诉标准规定的精神。

综上所述,以"情节严重"作为构成本罪的要件,不仅符合立法原意和刑法规定,而且也符合相关法律文件规定的精神。至于对本罪"情节严重"的判断,则主要应以违法运用社会保障基金、住房公积金等公众资金的数额和次数作为衡量的标准。

四、本罪的法定刑规定是否合理

由于对本罪是依照背信运用受托财产罪的规定进行处罚的,因而本罪的法定刑与背信运用受托财产罪的法定刑完全相同,并无二致。有学者认为,如此规定两罪的法定刑是不妥当的,应当对本罪较背信运用受托财产罪规定更高的法定刑。其理由是:尽管这两个罪都属于相关机构中直接负责的主管人员和其他直接责任人员,违背法定义务或者受托义务,不适当地运用资金或财产,但是,由于社会保障金、住房公积金以及其他一些公众资金的管理直接关系到广大人民群众的切身利益和社会保障制度的成败,具有一定的特殊意义,也就是说,违法运用社会保障基金、住房公积金等公众资金的行为明显要比背信运用一般客户资金行为的社会危害性大,故刑法对两罪规定相同的法定刑是不妥当的。①对此观点,笔者不敢苟同。理由主要有以下四点。

首先,上述观点未着眼于背信罪的本质特征。背信罪的本质特征在于"背信"二字,而本罪与背信运用受托财产罪又都是金融领域的特殊背信罪,故判断

---

① 参见卢勤忠:《我国刑法修正案立法的问题及对策》,载《南京大学学报》2009年第3期。

二者社会危害性的大小理应从背信罪的本质特征出发。本罪的客观方面表现为"违反国家规定运用资金"的行为,这就表明本罪中行为人违背的只可能是法定的义务;而背信运用受托财产罪的客观方面则表现为"违背受托义务,擅自运用客户资金或者其他委托、信托的财产"的行为。在理论上,一般认为,受托义务不仅包括金融机构与客户之间约定的义务,还包括法律、行政法规、部门规章规定的法定义务。这就表明背信运用受托财产罪中相关单位不仅可能违背法定的义务,而且还可能违背委托的义务。背信运用受托财产罪中"背信"的程度要远远高于本罪中"背信"的程度。因此,从背信罪本质特征的角度看,本罪的社会危害性未必比背信运用受托财产罪大。

其次,上述观点不符合立法原意。在制定或修改刑法时,立法者往往以犯罪的社会危害程度作为刑法分则各类犯罪及每一类犯罪中具体各种犯罪先后排列的主要依据。我国《刑法》分则的十类犯罪的先后顺序,主要是根据其危害的大小进行排列的。同样,在每一类犯罪中,《刑法》也把危害最大的个罪列在各种具体犯罪之首。《刑法》分则按照由重至轻的顺序进行排列,一方面可以反映刑法打击的重点,另一方面也可以反映刑法保护的重点。① 具体而言,《刑法》将背信运用受托财产罪规定在第185条之一第1款,而将本罪规定在第185条之一第2款,由此排列顺序可见,立法者似乎认为背信运用受托财产罪的社会危害性相对于本罪而言更大,同时立法者对背信运用受托财产罪的重视程度也似乎要高于违法运用资金罪。因此,上述仅仅依据犯罪对象性质的不同,就认定本罪的社会危害性要大于背信运用受托财产罪的观点,是不符合立法原意的。

再次,上述观点不符合现代刑法谦抑性的原则及"轻刑化"的理念。在现代法治社会,刑法的谦抑性具有限制机能,是刑法应有的价值意蕴。作为贯穿刑法领域的基本理念,其主要包括刑法的调整范围和刑罚的适用程度两方面,理论界则称之为刑事立法及司法的"非犯罪化"和"轻刑化"。所谓"轻刑化",就是对已经确定为犯罪的行为,如果规定较轻的刑罚就能起到预防与控制的作用,就不应规定更重的刑罚。根据《刑法》第185条之一第1款、第2款的规定,本罪的法定最高刑为10年有期徒刑。相对我国刑法中其他经济犯罪而言,本罪的法定最高刑应属较高。而且在现代社会普遍强调"刑法谦抑性"及"轻刑化"的氛围下,有期徒刑10年也绝对不可能纳入轻刑之列。因此,笔者认为,再提高本罪的法定刑既不应该,也没有必要。反之,如要对本罪作出法定刑上的修正,则只能将本罪的法定最高刑提高至无期徒刑甚至死刑,这必然会打破本罪与其他经济犯罪法定刑规定上的平衡,从而造成立法上新的矛盾和不平衡,甚至可能引发刑法规

---

① 参见刘宪权主编:《刑法学》,上海人民出版社2005年版,第376页。

定的其他犯罪法定刑的整体提高，这显然与现代刑法的谦抑性原则及轻刑化的理念完全相悖。

最后，上述观点不符合体系解释的要求。正如前文所述，《刑法》之所以将本罪与背信运用受托财产罪规定在第185条之一的同一条文中，正是因为这两个罪之间具有同质性，即都属于金融机构违背受托义务，擅自运用客户资金或者其他委托、信托的财产。因此，从体系解释的角度来讲，对具有同质性的犯罪规定基本相同的法定刑是有一定道理的。

综上所述，笔者认为，刑法对本罪与背信运用受托财产罪规定完全相同的法定刑是合情合理的，再提高本罪的法定刑既不应该，也没有必要。

五、认定本罪时应注意划清的界限

（一）本罪与背信运用受托财产罪的界限

本罪和背信运用受托财产罪都是《刑法修正案（六）》的新增罪名，并且都规定在《刑法》第185条之一中，两罪的共同之处在于：客观上行为人均违背法定义务或者受托义务，不适当地运用了资金或财产。本罪主要表现为行为人违反国家规定，擅自运用社会保障基金、住房公积金以及其他一些公众资金的行为；而背信运用受托财产罪则主要表现为相关单位违背受托义务，擅自运用客户资金以及其他一些委托、信托的财产的行为。在理论上，有学者认为，本罪与背信运用受托财产罪中的"运用"理应包括"占有""侵占"等侵犯财产所有权的行为。其理由在于：如果"运用"不包括"占有""侵占"等侵犯财产所有权的行为在内，那么就只能处罚侵犯财产使用权的犯罪行为，而对于更为严重的侵犯财产所有权的行为，则难以依法惩治。[①]笔者认为，"运用"一词的关键在于"用"字，如果不是"用"财产，而仅仅是单纯占有、侵占财产则不应构成本罪及背信运用受托财产罪。至于上述观点主张者对侵犯财产所有权行为"难以依法惩治"的担忧，则显然属于多余，因为，我们完全可以根据《刑法》其他相关规定，对其直接负责的主管人员和其他直接责任人员以贪污罪或者职务侵占罪加以认定。

从犯罪构成上看，本罪与背信运用受托财产罪的区别在于两点。

其一，两罪的客观行为表现不同。本罪是违反国家相关规定运用社会保障基金、住房公积金以及其他一些公众资金的行为，而背信运用受托财产罪则是违背受托义务，擅自运用客户资金以及其他委托、信托的财产的行为。此外，背信运用受托财产罪中的"违背受托义务"，不是只局限于违背委托人与受托人之间具体约定的义务，还包括违背法律、行政法规、部门规章规定的法定义务，但委托

---

① 参见彭文华：《论擅自运用客户资产罪》，载《中国检察官》2006年第9期。

人与受托人之间具体约定的义务在本罪中则是不存在的。

其二,两罪的犯罪主体不同。本罪的犯罪主体主要是社会保障基金管理机构、住房公积金管理机构等公众资金管理机构,以及保险公司、保险资产管理公司、证券投资基金管理公司中直接负责的主管人员和其他直接责任人员,而背信运用受托财产罪的主体则主要是商业银行、证券交易所、期货交易所、证券公司、期货经纪公司、保险公司或者其他金融机构。前者是自然人犯罪主体,后者则是单位犯罪主体。此外,值得注意的是,如果保险公司、保险资产管理公司、证券投资基金管理公司等金融机构,违背受托义务,擅自运用除公众资金以外的客户资金或其他委托、信托的财产,应当对相关单位以背信运用受托财产罪认定,对相关单位判处罚金,并同时对其直接负责的主管人员和其他直接责任人员判处相应的刑罚。但如果保险公司、保险资产管理公司、证券投资基金管理公司等金融机构,违反国家规定,运用社会保障基金、住房公积金以及其他一些公众资金,则应对相关单位直接负责的主管人员和其他直接责任人员以违法运用资金罪认定,且不应追究相关单位的刑事责任。

(二)本罪与挪用类犯罪的界限

本罪与挪用类犯罪的共同点在于客观上均有"用"资金的行为。本罪主要表现为社会保障基金管理机构、住房公积金管理机构等公众资金管理机构,以及保险公司、保险资产管理公司、证券投资基金管理公司等金融机构中直接负责的主管人员和其他直接责任人员违反国家规定,擅自运用社会保障基金、住房公积金以及其他一些公众资金的行为;挪用类犯罪则主要表现为相关单位的工作人员,利用职务上的便利,挪用单位资金归个人使用的行为。但从本质及犯罪构成上看,两者的区别在于以下两点。

第一,本罪与挪用类犯罪的本质及行为结构是不同的。《刑法》将本罪与背信运用受托财产罪规定在同一条款中,正是因为本罪与背信运用受托财产罪均属于一般意义上的背信类犯罪,背信运用受托财产罪中相关单位违背的是基于客户的委托而产生的信任关系,本罪中行为人违背的则是法律规定的诚实处理公众资金的义务。在理论上,通常认为,背信类犯罪共同的本质在于:行为人都违背了基于他人的委托而产生的信任关系和诚实处理他人事务的义务,从而对他人的财产造成了损害。其行为结构均是:为他人处理事务的自然人或者单位——实施违背受托义务或者国家相关规定的行为——造成他人财产上的损害。[1]而挪用类犯罪共同的本质则在于:行为人利用职务上的便利,挪用单位资金归个人使用,从而对单位的财产造成了损害。其行为结构则是:单位中具有

---

[1]　参见张明楷:《外国刑法纲要》,清华大学出版社2007年版,第623页。

"职务便利"的人员——利用职务上的便利，实施挪用单位资金归个人使用的行为——造成单位的损失。由此可见，本罪与挪用类犯罪在本质上最大的区别在于：本罪中存在"背信"的行为，而挪用类犯罪中不存在"背信"的行为。

第二，本罪与挪用类犯罪在犯罪构成上也是不同的。本罪与挪用类犯罪在犯罪构成上具有四点区别：首先，犯罪对象不同。本罪的犯罪对象是社会保障金、住房公积金、保险资金、证券投资基金以及其他一些公众资金。而挪用类犯罪的对象是单位的资金和款项。其次，构成挪用类犯罪必须具备"挪用资金归个人使用"的要件，而构成本罪则无须具备该要件。如果社会保障基金管理机构、住房公积金管理机构等公众资金管理机构，以及保险公司、保险资产管理公司、证券投资基金管理公司等金融机构中直接负责的主管人员和其他直接责任人员利用职务上的便利，私自决定将社会保障金、住房公积金、保险资金、证券投资基金以及其他一些公众资金挪给本人自用或挪给其他自然人使用，或者以个人名义将社会保障金、住房公积金、保险资金、证券投资基金以及其他一些公众资金借给其他个人或单位使用，按照最高人民法院《关于如何理解刑法第二百七十二条规定的"挪用本单位资金归个人使用或借贷给他人"问题的批复》和《全国人大常委会关于〈中华人民共和国刑法〉第三百八十四条第一款的解释》，应以挪用资金罪或挪用公款罪论处。但是如果社会保障基金管理机构、住房公积金管理机构等公众资金管理机构，以及保险公司、保险资产管理公司、证券投资基金管理公司等金融机构中直接负责的主管人员和其他直接责任人员属于国家工作人员，且其以单位名义挪用本单位资金给其他单位使用的，如何处理则要区分两种情形：如果行为人是出于"个人决定"且"谋取个人利益"的，则构成挪用公款罪；如果不是谋取个人利益的，则应以本罪论处。再次，挪用类犯罪对于资金被挪用后的具体用途及使用时间长短等内容有着严格的限制，而本罪为独立的罪名，并非挪用类犯罪的注意规定，故本罪中行为人运用公众资金的情况对于资金被运用后的具体用途及使用时间长短等内容并无特别要求。最后，挪用类犯罪成立条件之一的"利用职务上的便利"与本罪成立条件之一的"违反国家规定"是不同的。只要有相关的国家规定存在，即便是没有任何"职务便利"的人员也可能"违反国家规定"。而"利用职务上的便利"则不以"违反国家规定"为前提，行为人只要具有职务，就可以"利用职务上的便利"。

第十二章

危害金融票证、有价证券
管理制度犯罪研究

在金融学上，金融票证与有价证券属于不同类别的概念，因此，从理论上分析，危害金融票证管理制度犯罪和危害有价证券管理制度犯罪是两类不同的犯罪。但是，由于金融票证与有价证券往往均是设立或记载相关权利的载体，且与金融机构的发行等金融业务直接相关，因此，笔者把这两类犯罪的问题合并在一起讨论。

第一节　危害金融票证、有价证券管理制度
犯罪的立法依据

有关危害金融票证、有价证券管理制度的犯罪，我国 1979 年《刑法》对其中部分内容有所涉及。例如，其第 123 条规定，伪造支票、股票或者其他有价证券的，处 7 年以下有期徒刑，可以并处罚金。我国 1979 年《刑法》之所以对危害金融票证、有价证券犯罪规定的范围如此之小，主要是因为当时我国尚实行计划经济体制，经济发展水平还很低，相关的金融活动虽然也存在但却较为单纯，一些金融票证如信用证、信用卡等较为罕见，所以伪造、变造这些金融票证的行为也很难发生。分析当时的刑法规定不难发现其具有简单和笼统的特征，突出表现为：一是在行为上只规定了伪造行为一种，对变造行为未予明确规定；二是在行为所侵害的对象上规定得较为概括，而且对有价证券的内部结构也未作细致划分并作出相应规定。

随着我国社会主义市场经济体制的建立和不断完善，金融业得到了空前的发展，人们的金融活动日益丰富，金融票证在经济生活中的发放和使用的种类越来越多，有价证券的种类和数量也成倍增加。与之相对应，各类金融犯罪特别是

涉及金融票证、有价证券的各种新型犯罪层出不穷,且危害较大。因此,1979年《刑法》这些简单、笼统的规定显然不能满足和适应现实的需要,确实有必要加以修订。为此,1995年全国人大常委会《关于惩治破坏金融秩序犯罪的决定》第11条规定了伪造、变造金融票证罪,明确将危害金融票证管理制度的犯罪从危害有价证券管理制度的犯罪中分离出来,并且把变造行为增加规定为犯罪行为,同时扩大了犯罪行为所侵害的对象范围,即除了支票以外,补充增加了汇票、本票、委托收款凭证、汇款凭证、银行存单等其他银行结算凭证,以及信用证或者附随的单据、文件、信用卡等。1997年《刑法》对上述有关金融票证犯罪的内容基本未作修改而予以保留,既将有关有价证券的犯罪进行了细化规定,也把变造行为规定为犯罪行为,同时将股票和公司、企业债券独立出来以和国库券及国家发行的其他有价证券区别规定。这样,就使得1997年《刑法》在妨害金融票证、有价证券管理制度犯罪方面规定得相当具体、细致。另外,针对我国金融活动中日益增多且危害较为严重的妨害信用卡管理制度方面的行为,全国人大常委会于2005年2月28日通过了《刑法修正案(五)》,专门增设了妨害信用卡管理罪及窃取、收买、非法提供信用卡信息罪,明确将持有、运输、骗领、出售、购买、为他人提供等行为及窃取、收买或者非法提供他人信用卡信息资料行为列入刑法惩罚范围之中,从而弥补了刑法有关危害金融票证、有价证券犯罪方面规定的不足。

我国现行《刑法》中涉及危害金融票证和有价证券管理制度这两类犯罪的罪名主要包括:伪造、变造金融票证罪,妨害信用卡管理罪,窃取、收买、非法提供信用卡信息罪,伪造、变造国家有价证券罪,伪造、变造股票、公司、企业债券罪,擅自发行股票、公司、企业债券罪,违规出具金融票证罪,对违法票据承兑、付款、保证罪。由于这些罪名中诸如伪造、变造股票等犯罪,随着证券市场上无纸化交易方式的普遍实施,实际上已经不会有发生的可能,也就没有研究的必要。因此,本章只对司法实践中较为常见的一些罪名进行研究。

第二节　伪造、变造金融票证罪的司法认定

时下,市场经济活动已进入高度信用时代,作为金融活动媒介的金融票证被广泛使用,在经济活动中发挥着越来越显著的作用。金融票证的真实性直接决定了其信用度,更直接影响到金融活动能否正常有序地进行。为维护金融票证的公共信用,国家制定了一系列制度并颁布了涉及金融管理活动的有关法律法规。伪造、变造金融票证,正是一种无视法律法规的禁止性约束、破坏国家金融管理秩序、扰乱正常金融活动的危害社会行为。

我国1979年《刑法》第123条曾规定"伪造有价证券罪"这一罪名。受当时

的经济体制限制,这一罪名所包含的内容仅限于伪造支票、股票、其他有价证券等行为。随着社会主义市场经济体制的建立和金融业的快速发展,尤其是《票据法》的颁布实施,信用卡使用范围的扩大和金融业务领域的拓展、深入,金融票证的适用面愈来愈宽,使用频率愈来愈高,利用金融票证违规操作、实施危害社会尤其是危害金融管理活动的行为亦愈来愈多。为维护金融票证的真实性、有效性和便宜性,净化、规范金融领域,1995年全国人大常委会通过颁布《关于惩治破坏金融秩序犯罪的决定》,规定了伪造、变造金融票证罪。该《决定》第11条明确将1979年《刑法》规定的伪造对象扩大至汇票、本票、支票、委托收款凭证、汇款凭证、银行存单等其他银行结算凭证以及信用证或者附随的单据、文件、信用卡等,并将变造金融票证的行为纳入犯罪之中。1997年《刑法》基本沿用了该决定规定的内容,只是对原决定中伪造、变造金融票证罪的附加刑作了一些调整,并将单位纳入伪造、变造金融票证罪的犯罪主体之中。

1997年《刑法》第177条第1款规定,有下列情形之一,伪造、变造金融票证的,处5年以下有期徒刑或者拘役,并处或者单处2万元以上20万元以下罚金;情节严重的,处5年以上10年以下有期徒刑,并处5万元以上50万元以下罚金;情节特别严重的,处10年以上有期徒刑或者无期徒刑,并处5万元以上50万元以下罚金或者没收财产:(1)伪造、变造汇票、本票、支票的;(2)伪造、变造委托收款凭证、汇款凭证、银行存单等其他银行结算凭证的;(3)伪造、变造信用证或者附随的单据、文件的;(4)伪造信用卡的。另外,该条第2款还专门规定,单位犯伪造、变造金融票证罪的,对单位判处罚金,并对其直接负责的主管人员和其他直接责任人员,依照前款的规定处罚。

在刑法理论和司法实践中,对伪造、变造金融票证罪的认定和刑法适用主要涉及如下几个值得讨论的问题。

一、伪造票据行为的认定

我国票据法中将汇票、本票、支票统称为票据。根据票据法的规定,汇票是出票人签发的,委托付款人在见票时或者在指定日期无条件支付确定的金额给收款人或者持票人的票据。汇票分为银行汇票和商业汇票。汇票必须记载下列事项:(1)表明"汇票"的字样;(2)无条件支付的委托;(3)确定的金额;(4)付款人名称;(5)收款人名称;(6)出票日期;(7)出票人签章。本票是出票人签发的,承诺自己在见票时无条件支付确定的金额给收款人或者持票人的票据。本票必须记载下列事项:(1)表明"本票"的字样;(2)无条件支付的承诺;(3)确定的金额;(4)收款人名称;(5)出票日期;(6)出票人签章。支票是出票人签发的,委托办理支票存款业务的银行或者其他金融机构在见票时无条件支付确定的金额给收款人或者持票人的票据。支票必须记载下列事项:(1)表明"支票"的字样;(2)无条件支付的委托;(3)确定的金额;(4)付款人名称;(5)出票日期;(6)出票人签章。

《刑法》第177条明确将伪造汇票、本票、支票的行为列为伪造、变造金融票证罪的第一项内容。我国刑法中涉及伪造的犯罪有许多,理论上一般认为,伪造作为一种犯罪行为,是指对刑法特别保护的对象进行仿制或假造的行为。根据刑法规定,伪造货币、有价证券、票据、信用卡、其他金融凭证、文书、证件、印章等刑法保护的特定对象,分别构成相关犯罪。但是,在大陆法系刑法理论中,伪造是一个内涵与外延都极为丰富的概念。一般认为,没有制作权限的人冒用他人名义实施制作行为或者虽有制作权限但冒用他人名义实施制作行为,称为有形伪造;虽有制作权限但超越权限范围擅自实施制作行为,称为无形伪造。狭义伪造仅指有形伪造;广义伪造包括有形伪造和无形伪造。

我国刑法所规定的伪造行为实际上可以分为形式伪造和内容伪造两种形式。所谓形式伪造,是指对有价证券或者文书证件外观形式的非法仿制;所谓内容伪造,则是指对有价证券或者文书证件实质内容的非法填写。分析我国刑法中涉及伪造的犯罪,我们不难发现,有的伪造犯罪只要实施形式伪造就能构成,无须实施内容伪造,如伪造货币,只要对真实货币的外观形式进行仿制,就可成立犯罪,因为对于货币来说,货币的内容直接包括在货币的形式中;伪造印章,只要对他人印章的外观形式进行非法仿制,就构成犯罪,因为印章的内容也是直接包括在印章的形式中。有的伪造犯罪只能通过内容伪造实施。譬如在合法印制的空白票据、证件上面进行非法填写。由于空白票据或者证件是合法印制的,所以并不存在形式伪造问题,这类伪造行为的实质在于内容伪造,无权填写的人未经权利人的许可填写签章和有权填写的人超越权限填写签章,其填写签章的内容都是违法的,构成内容伪造。还有一类伪造犯罪既要实施形式伪造,又要实施内容伪造。譬如伪造信用卡,由于信用卡具有明显的权属特征,一张没有权利人的信用卡是没有意义的,对于伪造信用卡犯罪来说,不仅需要形式伪造,仿制某种信用卡的外观形式,而且需要内容伪造,即需要在信用卡磁条上输入权利人的信息。因为伪造对象的性质不同,伪造行为的构成也不同。

至于伪造票据行为中的伪造是形式伪造还是内容伪造,我国理论界和实务界争议较大,具有代表性的观点主要有以下四种。

第一种观点主张,票据伪造是指行为人仿照真实的票据形式、图案、翻色、格式、质地,通过印刷、复印、绘制等手法,非法制作票据的行为。①

第二种观点认为,票据伪造是指行为人假冒他人在票据上为一定的票据行

---

① 参见郎胜:《关于惩治破坏金融秩序犯罪的决定(释义)》,中国计划出版社1995年版,第74页。

为,包括出票、背书、承兑和保证等行为。①

第三种观点认为,刑法上的票据伪造是指包括外观上的非法仿制和内容上的非法填制行为。②

第四种观点认为,票据伪造,是指依照真实的汇票、本票或者支票的形式、图案、颜色、格式等通过印刷、复印、拓印、绘制等制作方法非法制造票据的行为,或者假冒他人的名义在票据上为一定票据行为的行为。③

笔者认为,上述四种观点实际上是从不同侧面对票据伪造下了定义,分析这些定义,不难发现,其中第一种观点认为票据伪造是对票据外观形式的伪造,强调票据伪造是形式伪造,从而忽视了内容伪造,似乎很难说得通;第三种观点与第四种观点并没有本质的区别,认为票据伪造不仅包括票据形式(格式)的伪造,也包括票据内容的伪造,虽有一定道理,但仍然存在明显的缺陷。如果从票据伪造角度看,上述第二种观点似乎较为科学正确,因为这一定义揭示了刑法上的票据伪造行为的实质。

其实,无论从票据法还是从刑法的角度进行分析,票据伪造不包括形式伪造,只能是内容伪造。票据伪造,在英语中称作 False Signature,直译为"虚假签名",是指假冒他人的名义为票据行为。④可见,票据伪造实为伪造他人签章、签名的行为。这是因为,票据是个别发行的证券,它的伪造特指票据上签章、签名的伪造。与其他集中发行的有价证券(如债券和股票)的伪造有较大的区别,票据的伪造有其特殊性。就其他有价证券如债券来说,其伪造通常表现为外观形态的伪造,亦即采用一定的技术手段,作出与真实债券的形状、色彩、图案等相同或者相近的外观形态,从而达到伪造的目的。这种伪造的结果是形成了伪造债券这一自身虚假且在任何情况下均属无效的虚假有价证券。而票据的伪造,虽然也可能存在票据外观形态的伪造的情况,但如仅仅伪造出了票据的形状、色彩、图案等外观形态,只能说是伪造了票据用纸,本质上不可能带来票据权利。也就是说,这种情况下的伪造,尚未形成有价证券,因而也不可能认为是伪造了票据。只有在票据用纸上进行记载,完成签章、签名,才能认为是伪造了票据。因此可以说,票据的伪造,其结果并不在于形成了伪造票据这一虚假有价证券,而在于形成了由伪造签章、签名构成的虚假票据行为。

在理论上,有人将形式伪造称为非法仿制行为,⑤是指对真实有效的汇票、

---

① 参见赵秉志:《金融诈骗罪新论》,人民法院出版社 2001 年版,第 71 页。
② 参见刘华:《票据犯罪若干问题研究》,载《法学研究》2000 年第 6 期。
③ 参见王作富:《刑法分则实务研究》,中国方正出版社 2001 年版,第 569 页。
④ 参见赵新华:《票据法问题研究》,法律出版社 2002 年版,第 231 页。
⑤ 参见刘华:《票据犯罪研究》,中国检察出版社 2001 年版,第 121 页。

本票和支票非法模仿制造的行为。其特点是:其一,违反票据印制管理规定仿制票据。根据中国人民银行的有关规定,银行汇票、商业汇票、银行本票、其他支票一律由中国人民银行总行制定统一格式、联次、颜色、规格,并在指定厂家印制。所以,未经中国人民银行授权许可而印制票据的,即为非法。可见,非法仿制票据是指未经中国人民银行授权或者许可而擅自模仿制作票据的行为。其二,按照真实有效的票据进行外观仿制。票据外观要素包括尺寸、形状、图案、颜色、格式、质地等。票据仿制手法主要是指印刷、复印、绘制、照相。其三,所制造的票据本身是虚假的,没有票据法律效力。正因为如此,笔者认为,非法仿制票据(确切地讲是票据用纸)实际上是票据格式的伪造。从我国现行法律分析,票据格式的伪造者并不当然承担民事、行政和刑事等法律责任。例如,我国票据法规定,伪造票据上的签章和其他记载事项的,应承担法律责任,而没有规定伪造票据格式也应依据票据法承担法律责任。分析票据法的规定,我们不难得出伪造票据格式并不当然承担法律责任的结论。正如有学者指出,票据是一种设权证券,票据权利的产生必须首先做成证券,在证券做成以前权利不存在,票据权利是在票据做成的同时才发生的。没有票据,也就没有票据上的权利。而票据的做成由两个环节构成:一是票据的制作;二是出票人在票据上签章。因此,行为人仿照真实的票据非法制作票据的行为,并非票据的创设,自然也就无所谓票据法意义上的票据。①由于具体票据行为各异,理论上有人将票据伪造分为广义票据伪造和狭义票据伪造。狭义的票据伪造是指假冒出票人的名义而为出票行为,故又称出票的伪造;广义的票据伪造则不仅包括狭义的票据伪造行为,还包括假冒他人名义而为的背书、承兑、保证等其他票据行为。可见,广义与狭义的票据伪造,共同之处在于都有伪造他人签章、签名的行为;法律上票据伪造行为实际上是针对内容伪造而言的。

我国现行《刑法》有关伪造票据行为虽然包含伪造汇票、本票、支票,伪造委托收款凭证、汇款凭证、银行存单等其他银行结算凭证,伪造信用证或者附随的单据文件以及伪造信用卡等行为,但这里的伪造显然应该以票据法中规定的应承担法律责任的伪造内容为依据。这是因为,票据犯罪应该建立在票据违法的基础之上。既然票据法并未将伪造票据格式的行为纳入违法范围之中,那么,非法仿制票据的行为也不可能成为伪造票据犯罪行为的内容。

总之,笔者认为,法律上票据的含义是指已经设定了权利的证券,因此,伪造票据行为当然应该只包括能设定权利的内容伪造,而不能包括仅仅只是非法仿制票据用纸的形式伪造。需要指出的是,这里所谓的票据内容伪造,票据法和刑

---

① 参见田宏杰:《票据诈骗罪客观行为特征研究》,载《中国人民公安大学学报》2003 年第 3 期。

法在程度上并无要求。即在伪造票据时，对丁相关的记载事项填写是否完整，并不影响伪造票据行为性质的认定。不管是记载事项完整的伪造票据，还是记载事项欠缺的伪造票据，只要行为人将其作为真实有效的票据，均可认定为伪造票据的行为。当然，票据上的印鉴是否齐全，签名是否清楚、相似，对于认定伪造票据行为也不应该有影响。

二、变造票据行为的认定

在理论上，一般认为，所谓变造金融票据，是指行为人针对真的汇票、本票、支票等金融票据，采取挖补、拼接、翻凑、涂改等方法进行加工处理，制造数量更多或票面价值更大的金融票据。由这一定义分析，变造必须以真正的金融票据为基础。目前，司法实践中，在真正的金融票据上，将原有填写笔迹经化学药水消退后，重新填写票据金额的行为，即属于变造金融票据。

时下，理论上对于票据变造的内涵，存在许多不同的观点。有人认为，票据的变造，是指以行使票据权利义务为目的，没有变更权限的人变更票据上除签章之外的其他记载事项的违法行为。[①]有人则认为，票据变造，是指无票据记载事项变更权限的人，对票据上记载事项加以变更，从而使票据法律关系的内容发生变化。票据变造的对象仅限于票据记载，而不包括签章。[②]还有人认为，票据变造，是指在有效票据上，非法变更票据上签章以外的记载事项的行为。票据变造的前提是该票据在变造之前必须为形式上的有效票据，而在变造后仍须为形式上的有效票据。[③]

笔者认为，上述几种观点的主要分歧在于：票据变造是否以行使票据权利为目的以及票据变造是否以票据在形式上为有效票据为前提。笔者赞同上述第一种观点，即刑法上的票据变造应以行使票据权利为目的，且票据变造并不以票据在形式上为有效票据为前提。其理由是：

首先，我国票据法并未对票据变造作主观要件上的特别要求，即无论变造人是故意还是过失，也不论变造人有无行使票据权利的目的，只要在客观上使票据记载变更，都不妨碍变造的发生。在通常情况下，变造多是利害关系人为获取不法利益而故意为之，如持票人变更汇票金额向付款人为承兑之提示，但过失地涂抹，或者利害关系人以外的其他人恶意地变更，也可能导致票据法律关系的内容发生变动，对这类情况也不排除票据变造的适用。但是，这并不意味着我国刑法中对变造票据没有主观上的要求。笔者认为，刑法上变造票据的行为人主观上

① 参见王小能：《票据法教程》，北京大学出版社2001年版，第94页。
② 参见赵新华：《票据法问题研究》，法律出版社2002年版，第372页。
③ 参见韩晓峰：《票据诈骗罪客体及客观方面研究》，载《中国刑事法杂志》2001年第3期。

应该以行使票据权利为目的。因为从我国刑法规定看,无论是伪造、变造金融票证罪还是票据诈骗罪,均为故意犯罪,而且从法理上分析,这种故意应该是直接故意。所以,因过失涂抹或者利害关系人以外的其他人恶意变更并不属于刑法上的票据变造。笔者主张变造票据构成犯罪的,行为人必须以行使票据权利为目的,主要是为了限制变造行为构成犯罪的犯罪圈扩大,如果没有这种主观上的要求,完全可能导致变造票据行为犯罪化无限扩大的结果。

其次,从票据法的规定及票据原理分析,票据变造并不要求票据在变造前必须是形式上有效的票据。票据变造并不仅限于票据记载变更前后票据均为形式上有效的情况,由于票据记载的变动,使无效票据转化为有效票据,或者有效票据转变为无效票据,都属于票据变造,据此可以将票据变造分为三类:第一,完全票据经变造仍然为完全票据;第二,完全票据经变造成为不完全票据;第三,不完全票据经变造成为完全票据。①票据变造并不要求票据记载变更前后票据均为形式上有效的票据,变造前票据可以是无效票据,经变造成为有效票据。例如,行为人张某完成某厂委托承建的一项工程后,该厂为其开出了一张面额为30800元的转账支票。张某接过支票一看,支票上公章、私章都很齐全,但只填写了小写钱数30800元、费用名称和对方科目三个项目。回家后,张某用漂白液漂去了支票上的字迹,带着支票到银行,让工作人员帮其填了一张金额为830800元的支票,并先后5次将钱从银行提走。这里,行为人所实施的便是一种变造票据的行为。②在本案中,张某变造前的票据是无效票据。票据是要式证券,票据的制作,必须依票据法规定的方式进行。票据上记载的文义,也只有在票据法规定的范围内,才发生票据法上的效力。票据上的记载事项有应当记载事项和可以记载事项。前一类记载事项,当事人在票据上必须记载,否则其票据即归于无效,除非票据法另有规定。根据我国票据法的规定,票据金额属于必须记载的事项,而且必须以中文大写和数码同时记载,二者必须一致,二者不一致的票据无效。本案中的票据只用数码记载了金额,本属无效票据,但经过张某的变造,使原来无效的票据变成了有效的票据。根据对本案的分析,可以说票据变造并不要求票据记载变更前后票据均为形式上有效的票据。

综上所述,票据的变造,是指以行使票据权利义务为目的,没有变更权限的人变更票据上除签章之外的其他记载事项的违法行为。根据这一定义,笔者认为,以下几种情况不能视为票据的变造:其一是依法有变更权限的人所作的变更,这是因为有变更权限的人所作的变更不会产生对他人票据权利的侵害;其二

---

① 参见赵新华:《票据法问题研究》,法律出版社2002年版,第374页。
② 参见王晨:《诈骗犯罪研究》,人民法院出版社2003年版,第126页。

是变更票据的签章，因为依据票据法原理，变更票据签名属于票据的伪造行为；其三是在空白票据上进行填充，因为严格地讲，只有在变更票据事项的行为后足以使票据权利的内容发生变化，才能称为票据的变造，由于空白票据并没有设定票据权利，因此，对空白票据进行填充实际上不存在变造的内容。

由此，笔者认为，伪造票据行为和变造票据行为的最大区别在于：伪造票据是非法的原始创设票据权利的行为，即伪造票据行为的实质在于设立票据权利；而变造票据是没有变更权限的人在真实的票据基础上，非法更改票据记载内容从而改变票据权利内容的行为，即变造票据行为的实质在于改变已经设立的票据权利之内容。

三、伪造、变造银行结算凭证及信用证或者附随的单据、文件行为的认定

所谓银行结算凭证，是指办理银行结算的凭证和证明。根据我国银行结算办法的规定，我国结算方式中使用的结算凭证主要有汇票、本票、支票以及委托收款凭证、汇款凭证、银行存单等。各种结算凭证作为转账结算的重要依据，直接关系到资金结算的准确、及时和安全。所谓委托收款凭证，是指收款人在委托银行向付款人收取款项时，所填写的凭据和证明，分为邮寄和电报划回两种。委托收款适用于在银行或其他金融机构开立账户的单位和个体经济户的商品贸易、劳务款项以及其他应收款项的结算。所谓汇款凭证，是指汇款人委托银行将款项汇往外地时所填写的凭据和证明。汇款凭证只适用于汇兑这种结算方式。汇兑分信汇、电汇两种：信汇是银行使用邮寄凭证划转款项，结算时间较长；电汇是使用电报或电传划转款项，结算时间短。汇兑适用于单位、个体经济户和个人的各种款项的结算，便于汇款人向异地主动付款。所谓银行存单，既是一种信用凭证，也是一种银行结算凭证。它是由储户向银行交存款项，办理开户，银行签发载有户名、账号、存款金额、存期、存入日、到期日、利率等内容的存单。存单分为记名式和不记名式，记名式的存单可挂失，不记名式的存单不可挂失。

所谓信用证，是指银行应买方的请求，开给并交付卖方的一种保证付款的书面凭证。我国《国内信用证结算办法》（已于 2016 年修订）第 2 条规定："本办法所称国内信用证（以下简称信用证），是指银行（包括政策性银行、商业银行、农村合作银行、村镇银行和农村信用社）依照申请人的申请开立的、对相符交单予以付款的承诺。"信用证结算方式迄今为止已有百年的历史，以信用证方式支付货款，卖方取得了银行的付款保证，即银行信用代替了商业信用，只要卖方按信用证规定的条件提交货运单据，货款基本上就得到了保证，同时买方也可以通过信用证条款促使卖方履行合同义务，且买方在付款后肯定取得符合规定的货运单据。因此，信用证在国际贸易中被普遍使用。我国国内信用证在 1989 年 4 月 1

日结算制度改革前也曾使用,改革后予以废止。但由于国内贸易活动的需要,中国人民银行根据《中国人民银行法》等有关法律法规,决定恢复国内信用证结算方式,制定颁布了《国内信用证结算办法》,于 1997 年 8 月 1 日起施行(已于 2016 年修订)。国内信用证只适用于国内企业之间商品交易的结算;国际贸易中的信用证结算则适用信用证的国际惯例和规则。根据性质、付款期限、流通方式等不同,信用证可分为可撤销信用证和不可撤销信用证;可转让信用证和不可转让信用证;即期信用证和远期信用证;跟单信用证和完票信用证;保克信用证和不保克信用证等。2016 年 4 月 27 日中国人民银行《国内信用证结算办法》规定的信用证为不可撤销、以人民币计价的跟单信用证。

所谓附随的单据,包括三类:(1)货物单据,如发票、装箱单、产地证书、商检证书等;(2)运输单据,如提单;(3)保险单据。信用证使用除附随上述单据外,有的还需要附随其他的文件,如领事发票、海关发票、出口许可证、产地证书等。伪造、变造附随的单据、文件,是指行为人在使用信用证时伪造、变造提单等必须附随信用证的单据、文件的行为。由于信用证交易实际上是单据的买卖,银行只凭单据付款,只要单单相符、单证相符,银行即应无条件地予以付款。因此,行为人经常采用伪造货运提单的方式。这种方式主要有两种形式:一是伪造记载根本不存在货物的提单;二是提单中所载明的货物与实际货物不相符。

从理论上分析,伪造、变造委托收款凭证、汇款凭证、银行存单等其他银行结算凭证行为,以及伪造、变造信用证或者附随的单据、文件行为中伪造、变造的含义应该与上述伪造、变造票据中的含义基本相同,所以在此不再赘述。

四、伪造信用卡行为的认定

信用卡是银行或非银行金融机构(一般是专业信用卡公司)签发给资信状况良好的单位和个人,用以存取款项和在特约商户购物消费的一种信用凭证。信用卡印有发卡机构的名称、有效日期、最高使用额度、号码、持卡人姓名以及持卡人照片、签字等,一般用磁性材料制成。作为一种信用工具,信用卡具有转账结算的支付功能、储蓄存款功能、汇兑功能、消费贷款功能。信用卡的业务操作程序,一般经过发行、使用和到期换卡三个阶段。发行包括提出申请、审批、开立账户、信用卡发放四个环节。使用是指持卡人存取现金和持卡消费。到期换卡是指信用卡到期后由银行收回旧卡更换新卡。根据《银行卡业务管理办法》的规定,信用卡的发行机构是商业银行。我国自 20 世纪 80 年代中期以来,各大商业银行先后发行了各自的信用卡,主要有工商银行的牡丹卡、中国银行的长城卡、农业银行的金穗卡、建设银行的龙卡、交通银行的太平洋卡。就世界范围看,维萨卡国际组织、万事达卡国际组织等都是比较著名的信用卡组织。

应该看到,刑法里涉及信用卡犯罪中的信用卡与金融业务中的信用卡含义并不完全一致。根据2004年12月29日全国人大常委会有关刑法规定的"信用卡"含义的立法解释,刑法规定的"信用卡"是指由商业银行或者其他金融机构发行的具有消费支付、信用贷款、转账结算、存取现金等全部功能或者部分功能的电子支付卡。由此可见,刑法规定的信用卡含义要远远大于金融业务中信用卡的含义。据此,笔者认为,我国刑法伪造信用卡犯罪中伪造的对象应该是由金融机构发行的包括贷记卡、借记卡等在内的所有具有消费支付、信用贷款、转账结算、存取现金等全部功能或者部分功能的电子支付卡。

在理论上,有人认为,伪造信用卡的犯罪主要分两种情形:一是非法制造信用卡,即模仿信用卡的质地、模式、版块、图样以及磁条密码等制造信用卡。国外一些信用卡犯罪集团的"地下工厂"所从事的就是这一类型的伪造。二是在真卡的基础上进行伪造,即信用卡本身是合法制造出来的,但是未经银行或者信用卡发卡机构发行给用户正式使用,亦即在信用卡卡面上未加打用户的账户或者姓名,在磁条上也未输入一定的密码等信息。具体而言,又可分为四种情形:(1)非法获取发卡银行的空白信用卡凸印,写磁制成信用卡;(2)对发卡银行发行或尚未发行的信用卡凸印,或对磁条内容进行非法修改,重新写磁而制成信用卡;(3)对他人信用卡的签发进行涂改,然后重新签名;(4)利用作废的信用卡,甚至普通的磁条卡重新写磁。

需要指出的是,尽管笔者认为刑法上伪造票据行为只包括内容伪造而不包括形式伪造,但是这并不意味着认定诸如伪造信用卡等其他金融凭证也以此为标准。前文笔者已经阐述,刑法中的伪造行为有多种表现形式,即使在伪造票证中的伪造也可能因对象的不同,而使伪造具有不同的含义。伪造信用卡就不同于伪造票据,信用卡具有明显的权属特征,而这种权属特征既需要信用卡的外观体现,也需要信用卡的内容体现。如果没有信用卡的形式存在,也就失去了信用卡权利人权利赖以寄托的载体,同样,一张没有权利人的信用卡是没有意义的。因此,对于伪造信用卡犯罪来说,不仅需要形式伪造,仿制某种信用卡的外观形式(当然也包括利用原有某种信用卡的外观形式),而且需要内容伪造,即需要在信用卡磁条上输入权利人的信息。因此,对于伪造信用卡犯罪来说,不仅需要形式伪造,仿制某种信用卡的外观形式(当然也包括利用原有某种信用卡的外观形式),而且需要内容伪造,即需要在信用卡磁条上输入权利人的信息,刑法中的伪造信用卡行为应该是形式伪造和内容伪造的结合。

值得注意的是,我国刑法对货币、票据等金融凭证除规定伪造行为外,还另外规定了与其相应的变造行为。但是,刑法中却未对信用卡的变造行为加以规制。有观点认为,现行刑法未对此作出相关规定是立法上的缺陷,对变造信用卡及相关行为应当以诈骗罪等其他罪名定罪,今后信用卡犯罪的立法应当对变造信用卡的行为进行明确规定。①对此观点,笔者不能苟同。变造信用卡表现为在金融机构所发行的真实信用卡的基础上进行权利人信息的覆盖,如重新压印卡号、姓名以及有效期等,并对信用卡芯片进行重新写磁。由于信用卡本身具有明显的权属特征,仅在其合法持卡人的信息资料完整有效,并与发卡机构所保存的信息资料相吻合时,才有可能实现信用卡的相应使用功能。因此,简单地对信用卡所记载的权利人的信息进行部分加工、处理只会导致信用卡使用功能的丧失而根本无法实现信用卡上的内容。如果行为人实施对卡片部分修改压印、对芯片部分修改写磁和部分加载用户信息等"变造"行为,只会导致信用卡无法继续使用的结果。信用卡的性质决定了在既有信用卡上重新载入完整虚假权利内容的行为,其实质是对信用卡的伪造行为而不应该是"变造"行为。据此,笔者认为,我国刑法中未规定变造信用卡的行为并非立法上的疏漏,而完全是由信用卡本身的特点所决定的。

从现行《刑法》规定分析,对于单纯伪造空白的信用卡行为是否作为犯罪认定,似乎并不十分明确。但是,应该注意的是,2005 年 2 月 28 日全国人大常委会颁布的《刑法修正案(五)》则明确将持有、运输伪造的空白信用卡纳入妨害信用卡管理罪之中。这里就产生了一个问题:刑法上伪造金融票证罪中伪造信用卡的行为,是否包含伪造空白信用卡的内容?

所谓空白信用卡,是指商业银行或者其他金融机构制造的尚未发行的、尚未输入用户真实完整信息的电子支付卡。空白信用卡与真实信用卡在其制造方式、合法性来源、外观物理性质等方面并无差异。两者的主要区别在于空白信用卡中尚无授信财产,尚未被写磁或被刻录芯片信息。司法实践中一般认为,信用卡卡面是否印刻相关字眼,是否具备卡号或标识,并不影响对空白信用卡性质的认定。只要信用卡被载入了相应的银行用户的真实有效磁条信息,即可被认定为伪造的信用卡而非伪造的空白的信用卡。②在此意义上,伪造空白信用卡显然仅包含对实体卡片物理载体的形式伪造,而不包括对磁条介质、芯片中权利人信用卡信息的内容伪造。那么,作为伪造信用卡犯罪中行为对象的信用卡是否包含空白的信用卡,即空白信用卡是否可以成为伪造信用卡犯罪的行为对象呢?

---

① 参见王晨:《信用卡诈骗罪客观方面要件的认定探讨》,载《现代法学》2003 年第 6 期;刘艳红、许强:《论〈刑法修正案(五)〉对信用卡犯罪的立法完善》,载《法学评论》2006 年第 1 期。

② 银行卡反欺诈服务中心出具的《鉴定意见》《鉴定报告》与《伪卡鉴定表》、美国发现金融服务公司上海代表处出具的《鉴定报告》皆将卡面完全空白,但已写入银行卡磁条信息的信用卡鉴定为伪造的信用卡而非空白信用卡,参见《高峰窃取、收买、非法提供信用卡信息一审刑事判决书》,案号:(2015)虹刑初字第 1052 号。

这应该从实然和应然两个层面进行分析。

从实然角度而言,我国《刑法》第 177 条有关伪造信用卡规定的立法原意中并不包含伪造空白信用卡的行为。从立法上分析,伪造的空白信用卡不应包含在伪造的信用卡中。《刑法修正案(五)》在有关妨害信用卡管理罪的规定中,明确将持有、运输伪造的信用卡与持有、运输伪造的空白信用卡分开规定,这就意味着,立法者并未将伪造的空白信用卡归入伪造的信用卡含义之中。由此,我们也可以分析得出,《刑法》第 177 条有关伪造信用卡的立法原意中并不包括伪造空白的信用卡。事实上,修正案增设妨害信用卡管理罪前,司法实践中对查获的伪造空白信用卡的行为通常均以伪造信用卡犯罪的预备行为处理。

但是,从应然的角度分析,空白信用卡应当成为伪造行为的犯罪对象。《刑法修正案(五)》在增设妨害信用卡管理罪时已经将持有、运输伪造的空白信用卡行为纳入该罪行为方式之中。与具有兜底性质的持有、运输行为相比,伪造行为的社会危害性显然更为严重。从刑法原理分析,社会危害性严重的犯罪行为之对象理应比社会危害性较轻的犯罪行为之对象范围广,特别是伪造的空白信用卡已经列入持有、运输行为对象之中,而伪造行为本身的对象却未将空白信用卡列入,确实存在诸多不合理性。由此可见,我国刑法将伪造空白信用卡的行为排除在伪造信用卡犯罪之外显然是不妥当的。

尽管从实然角度看,刑法的立法原意中并未将伪造空白信用卡的行为纳入伪造信用卡犯罪中,但从应然角度看,空白信用卡理应归入伪造信用卡犯罪的行为对象之中。应该看到,笔者的观点实际上已经在最高人民法院、最高人民检察院《关于办理妨害信用卡管理刑事案件具体应用法律若干问题的解释》(以下简称《解释》)中有了体现。《解释》第 1 条第 2 款明确规定:“伪造空白信用卡十张以上,应当认定为《刑法》第 177 条第 1 款第 4 项规定的‘伪造信用卡’,以伪造金融票证罪定罪处罚。”当然,《解释》与笔者的观点似乎仍存在不一致之处,即《解释》将伪造空白信用卡行为实际上归入伪造信用卡的行为之中,进而将其纳入伪造金融票证罪的范围,使“空白信用卡”被“信用卡”含义所包容。笔者认为,以司法解释的方法解决刑法未将伪造空白信用卡列入犯罪行为方式中的缺陷问题,似乎并不十分妥当。正如前述,《刑法修正案(五)》在增设妨害信用卡管理罪时明确将伪造的信用卡与伪造的空白信用卡分开并列规定,就足以说明现行刑法有关伪造金融票证罪中伪造信用卡行为的规定的立法原意肯定不包括伪造空白信用卡行为,如果要将其列入伪造金融票证罪的行为方式之中,必须与伪造信用卡行为分开并列规定。另外,既然刑法有关伪造金融票证罪的立法原意不包括伪造空白信用卡的行为,那么要将其列入该罪行为方式中,必然涉及改变立法原意的问题。依笔者之见,司法解释应当是对刑法规范含义的阐明,即只能是对立法原意的阐释,而非对刑法规范的创设或全面修正。司法解释不应违背甚至改变刑法条文的立法原意。随着社会的发展,时过境迁的立法原意需要也确实应该适时作出改变。但是,改变刑法条文的立法原意只能通过刑事立法本身的增补和修改才能实现。应该看到,有关妨害信用卡管理罪的《解释》对刑法伪造信用卡犯罪所作的扩张规定,在某种程度上,是暂时应对或解决难以逾越的立法缺陷和难以定罪量刑的司法困顿,实属无奈之举,故而应仅将其作为权宜之计。长远观之,出于罪刑法定原则的要求以及刑法规范之间的体系协调,可适时通过修正案的方式在我国《刑法》第 177 条之一妨害信用卡管理罪规定的基础上,将我国《刑法》第 177 条第 4 项的规定修正为:"伪造信用卡的,或者伪造空白信用卡,数量较大的,……"进而从根本上明晰空白信用卡可以成为伪造信用卡犯罪行为的对象,明确将伪造空白信用卡的行为纳入伪造金融票证罪的规制范围。这样,也可以做到与妨害信用卡管理罪相关条文规定的对应与协调。

值得注意的是,当伪造空白信用卡的行为被纳入伪造信用卡犯罪中,有关信用卡之伪造的含义也应当相应地发生变化,伪造信用卡中伪造行为含义应该是形式伪造和内容伪造的组成类型,而伪造空白信用卡中伪造行为含义则应该是形式伪造的单一类型,即单纯对信用卡卡片载体的形式伪造。

这里还需要指出的一个问题是,刑法中伪造信用卡是否包含伪造虚拟信用卡?

所谓虚拟信用卡,是指商业银行或其他金融机构发行的具有消费支付、信用贷款等全部功能或者部分功能的无实体介质电子支付卡片。目前各发卡银行开展的虚拟信用卡业务大致分为两类。第一类是需要绑定用户实体信用卡的附属型虚拟卡,归属于用户的实体信用卡账户之下,如浦发银行发行的"E-GO 卡",可通过绑定个人信用卡,在该账户的可使用额度内设置虚拟卡的消费额度。第二类是独立的主卡型虚拟卡,是不依赖于实体信用卡的独立主账户,如建设银行发行的网络信用卡"龙卡 e 付卡",可通过姓名、身份证号、手机号码等个人基本信息在线申办,从而获取银行卡的卡号、有效期、安全码等信息,直接进行网络支付。

关于虚拟信用卡是否属于信用卡的范畴,笔者持肯定的观点。诚然,从社会无限发展而立法者智慧有限的现实角度出发,立法的滞后性是法律的固有特性,刑事立法自然也不例外。受到时代的局限,2004 年全国人大常委会对刑法规定的"信用卡"含义作出的立法解释,显然是未将虚拟信用卡列入刑法中信用卡范畴。在此之前,1995 年全国人大的专项刑事立法首次将信用卡伪造行为入罪时,信用卡伪造行为尚属新兴犯罪,虚拟信用卡更是尚未问世,当然也不可能将虚拟信用卡列入刑法中信用卡范畴。正因如此,理论上有观点认为,结合文理解释和目的解释,只有纸质或实物形式才是金融票证的有效载体。^①然而,笔者认为,社会的发展势必伴随着层出不穷的新生事物,当一个新兴名词的内容可以为某一既有名词的内涵所包容时,既有名词吸收新兴名词就成为自然。反映在刑法解释之中,当新类型的犯罪对象可以为原先刑法条文规定的犯罪对象的语义所包含,同时未超出大众的普遍理解且不会存在歧义时,该词义就应当自然地为刑法条文所容纳,甚至无需对此作出专门的立法或司法解释。^②由于刑法条文对于信用卡的载体形式并未加以明确限制,而在现时虚拟信用卡与实体信用卡在使用功能上又无实质区别的情况下,因此完全可以将无实体介质的虚拟卡与实体卡均归入刑法中"信用卡"的可能语义范围内。就此而言,笔者认为,将虚拟信用卡认定为刑法中的信用卡是完全具有合理性的。

那么,在肯定虚拟信用卡属于刑法意义上信用卡的前提下,伪造虚拟信用卡的行为是否可能构成伪造金融票证罪呢?笔者认为,无论是对于前述与用户既有信用卡相绑定的附属型虚拟信用卡,抑或是可独立申请的主卡型虚拟信用卡,其所谓的伪造虚拟卡行为实质上都属于使用虚假的身份证明骗领信用卡的妨害信用卡管理行为。伪造信用卡与使用虚假的身份证明骗领信用卡尽管都是非法利用他人的个人信息获取可以进行后续使用的信用卡,但存在以下显著区别:其一,所获信用卡的真伪性质不同。伪造的信用卡是载有权利人真实有效信用卡信息的假卡,而使用虚假的身份证明骗领所得的是发卡银行所授的真卡。其二,所利用的权利人信息的性质不同。伪造信用卡一般是基于窃取、收买等方式非法获取他人的真实有效的信用卡信息资料,其实质上利用的是所对应的发卡机构保存的持卡人信息,据此复刻出一张载有该信用卡信息的假卡,而使用虚假的身份证明骗领信用卡则可能是通过虚构并不存在的虚假个人身份信息,如伪造、变造的身份证明,抑或是违背他人意愿,通过窃取或其他方法非法获取公民个人信息,以此向银行申领一张真实的信用卡。其三,行为本质不同。伪造的信用卡往往存在与之对应的一张真实有效的信用卡,即行为人通过非法手段获取发卡银行内部所记载的持卡人的有效信用卡信息,将其写入信用卡磁条介质、芯片,本质是卡片的造假,而使用虚假身份证明骗领信用卡则不存在与之对应的既有信用卡,即行为人通过提供虚假的身份证明,欺骗发卡银行创设了一条全新的持卡人信息,骗领者也因此获得一张全新的载有虚假身份信息的信用卡,其本质是身份的造假。

综合以上分析可以看出,行为人通过盗用他人个人信息进而在网上银行等

---

① 董桂武:《伪造金融票证罪的未遂》,载《中国海洋大学学报》2013 年第 4 期。

② 陆一敏:《猥亵女童行为的定性》,载《青少年犯罪问题》2019 年第 5 期。

终端冒名申领虚拟信用卡的行为完全符合妨害信用卡管理罪中使用虚假的身份证明骗领信用卡的行为特征。至于另一种虚拟信用卡的常见伪造行为,是通过获取用户既有的实体信用卡信息,复制用于互联网、通讯终端等使用的虚拟信用卡。诸如微信钱包等第三方支付平台,或是 ApplePay 等仅作为一项线上支付技术,通过上述平台实现信用卡的消费支付等功能都需要借助于信用卡的线上绑定。笔者认为,这种利用实体信用卡所载权利人信息复制虚拟信用卡的行为,并非真正意义上的伪造。如前所述,伪造信用卡行为所获得的信用卡应当是假卡,而行为人通过他人的实体信用卡相关信息资料在互联网、通讯终端等绑定获得的虚拟卡则是完全真实的,不符合伪造信用卡的卡片造假本质。笔者认为,这种行为实质上是对他人信用卡信息资料的非法冒用行为。①因此,行为人非法获取他人信用卡信息资料,并在线上复制虚拟信用卡的,即通过互联网、通讯终端等绑定他人信用卡并意图使用的,应当属于冒用他人信用卡的行为。由于窃取、收买信用卡信息行为是绑定他人信用卡的冒用行为的前提或准备,后者亦是前者的后续行为,该两种行为可能构成牵连犯,应当择一重罪处罚,以冒用型信用卡诈骗罪论处。

综上所述,笔者认为,尽管刑法上的信用卡语义理应包含虚拟信用卡,但作为伪造对象的信用卡应当是具有物理载体的实体卡片。据此,利用他人个人身份信息申领虚拟信用卡的行为属于使用虚假的身份证明骗领信用卡的妨害信用卡管理秩序行为;利用持卡人实体信用卡所载信息内容复制虚拟信用卡的行为属于非法获取他人信用卡信息资料,并通过互联网、通讯终端等使用的冒用型信用卡诈骗行为。正是由于事实上不存在对虚拟信用卡的伪造,因此,笔者仍然坚持伪造信用卡犯罪中的伪造理应是形式伪造与内容伪造的结合,即刑法中伪造信用卡必须包含对实物卡片载体的形式伪造,而不可能仅是单纯的内容伪造。

五、伪造、变造金融票证罪罪数的认定

应该看到,我国《刑法》第 177 条规定的伪造、变造金融票证罪,实际上在同一条文中规定了两种不同的行为,即伪造金融票证行为和变造金融票证行为。如果同一行为人在案发前既实施了伪造金融票证的犯罪,又实施了变造金融票证的犯罪,对其应以一罪抑或数罪论处,理论上有不同的观点。笔者认为,此种情况只能以一罪论处。其理由是:与第 170 条和第 173 条分别规定伪造货币罪和变造货币罪不同,《刑法》是将伪造金融票证和变造金融票证规定在第 177 条

---

① 事实上,2009 年 12 月 3 日最高人民法院、最高人民检察院《关于办理妨害信用卡管理刑事案件具体应用法律若干问题的解释》第 5 条已将该种行为归入冒用型信用卡诈骗罪之列。

同一个条文之中的。由此分析，我们不难得出这一结论，即伪造货币罪与变造货币罪均属于刑法中的单一罪名，而伪造、变造金融票证罪则属于刑法中的选择罪名。也即在伪造、变造金融票证罪中的伪造或变造行为都不过是行为的表现方式而已，并不是各具刑法特征的独立犯罪行为。笔者认为，刑法之所以对货币类的犯罪与票证类的犯罪作如此不同的规定，可能还是基于这一客观事实：在货币类的犯罪中伪造与变造的社会危害性通常相差很大，而在票证类的犯罪中伪造与变造的社会危害性差别并不明显。正因为如此，如果将伪造货币犯罪与变造货币犯罪作为选择罪名规定在同一条文中，并处以相同的刑罚，恐怕难以体现刑法中罪责刑相适应的原则精神；而将伪造金融票证犯罪与变造金融票证犯罪作为选择罪名规定在刑法同一条文中，并用相同的法定刑加以处罚，是有一定道理的。从刑法原理上分析，行为人只要实施了伪造或者变造金融票证中的任何一个行为，达到犯罪程度即可构成犯罪，分别以伪造金融票证罪或者变造金融票证罪认定。但是，如果行为人既实施伪造金融票证的行为又实施变造金融票证的行为，则对行为人不能实行数罪并罚，而应以伪造、变造金融票证罪一罪论处。

在司法实践中，行为人往往是以实施票据诈骗、金融凭证诈骗、信用证诈骗和信用卡诈骗等犯罪为目的，先行实施伪造、变造金融票证犯罪行为，即在这些行为过程中，伪造、变造金融票证犯罪行为只是实施其他相关犯罪的方法行为。在这种情况下，对于行为人的行为应如何定性处理？笔者认为，对此应分下面几种具体情况具体处理。

其一，如果行为人在伪造或者变造金融票证后，尚未实施票据诈骗、金融凭证诈骗、信用证诈骗和信用卡诈骗等目的犯罪即案发的，对行为人的行为应以伪造、变造金融票证罪一罪论处。

其二，如果行为人在伪造或者变造金融票证后，又使用了这些金融票证实施票据诈骗、金融凭证诈骗、信用证诈骗和信用卡诈骗等目的犯罪，对于行为人的行为应以刑法中牵连犯"从一重处断"原则加以处理。这是因为，我国刑法规定，使用伪造、变造的金融票据构成票据诈骗罪；使用伪造、变造的信用证或者附随的单据、文件，构成信用证诈骗罪；使用伪造的信用卡，则构成信用卡诈骗罪等。从理论上分析，伪造、变造金融票证后又使用的，行为人实质上实施了数个行为并触犯了数个罪名，理应构成数罪。但是，由于行为人伪造、变造金融票证的方法行为与票据诈骗、金融凭证诈骗、信用证诈骗和信用卡诈骗等目的行为之间具有密切的联系，且在犯罪构成要件上也具有一定的包容关系，完全符合刑法理论上牵连犯的构成要件。对于行为人的行为，理应按其触犯罪名中的一个罪名论处。

其三，如果行为人伪造或变造金融票证后，交由其他人使用这些金融票证实施票据诈骗、金融凭证诈骗、信用证诈骗和信用卡诈骗等犯罪，且行为人与其他人具有共同谋取非法利益的目的，即具有共同故意，对行为人和其他人应以共同犯罪论处，按照前述牵连犯"从一重处断"原则处理。因为在这些行为过程中，尽管行为人与其他人分别实施了不同的行为，但是，这些不同的行为是在一个共同故意支配之下实施的，其区别只是一个共同犯罪行为中的分工不同而已，其实每个人的行为都是实现其共同目的的一个组成部分。同时，由于在这一共同犯罪中，伪造、变造金融票证行为与票据诈骗、金融凭证诈骗、信用证诈骗和信用卡诈骗等行为之间又具有明显的牵连关系，因而按照牵连犯处理是完全合理的。

其四，如果行为人伪造或变造金融票证后，出售给其他人用于票据诈骗、金融凭证诈骗、信用证诈骗和信用卡诈骗等犯罪，且行为人与其他人并不具有共同故意，对行为人应以伪造、变造金融票证罪论处，而其他人则分别构成相关的金融诈骗罪。这是因为，在这种情况下，行为人与其他人并不具有共同的犯罪故意，行为人是故意伪造、变造金融票证并进行出售，而其他人则是明知是伪造、变造的金融票证，而予以购买并使用。尽管伪造、变造者可能与使用者都是为了谋取非法利益，但各自具有独立的主观故意内容，因此不能以共同犯罪论处，对他们的行为只能分别以伪造、变造金融票证罪及相关金融诈骗罪论处。

第三节　妨害信用卡管理罪的司法认定

信用卡是当今世界各国使用范围最为广泛的一种大众化支付工具，它通过延期付款的方式为持卡人（消费者）提供信用，把信用行为从生产领域延伸到消费领域，对社会再生产的发展起到了相当积极的作用。然而，由于信用卡与生俱来的特点，它也为犯罪分子谋取非法利益提供了可乘之机。围绕着信用卡的有关犯罪一旦发生，便会对金融机构和公众的利益造成相当大的损害，同时也会对金融机构的信誉和国家的金融秩序造成不良影响。[①]为此，出于保护银行等金融机构和社会公众合法利益以及维护金融机构的信誉和金融秩序的需要，世界各国和地区普遍通过增设罪名、加重刑事处罚力度等方法加强了对信用卡犯罪的刑事立法，以有效地打击涉及信用卡的犯罪。日本、韩国以及我国香港、台湾等国家和地区，都曾经因为法律对信用卡犯罪的规定相对周边地区和国家较为宽松，而相继出现了信用卡犯罪的高潮。如1989—1991年，我国香港地区信用卡犯罪涉案金额高居亚洲第一，成为国际信用卡犯罪中心，当时全球流通的假卡有65％源自香港。日本、韩国和我国台湾地区则在20世纪90年代末继香港之后，

---

　　① 参见利子平、樊宏涛：《论妨害信用卡管理罪》，载《南昌大学学报》（人文社会科学版）2005年第6期。

成为亚洲信用卡犯罪中心。针对这种情况,我国香港地区于 1992 年、日本和我国台湾地区于 2001 年、韩国于 2002 年分别修改法律,加重了信用卡犯罪的刑罚,并完善了有关信用卡犯罪的立法,明确规定持有、运输、携带伪造的信用卡为犯罪。[①]上述法律实施后,信用卡犯罪的高潮基本得以平息。由此可见,加强对于涉及信用卡犯罪的刑事立法,对扼制信用卡犯罪、维护金融领域的正常管理秩序和保护社会公众的合法权益均是十分必要和重要的。

在我国,自从 1985 年中国银行发放国内第一张银行卡以来,银行卡在社会生活中扮演了极其重要的角色。根据中国人民银行发布的《2019 年第四季度支付体系运行总体情况》统计数据显示,我国银行卡交易量持续增长,2019 年,全国共发生银行卡交易 3219.89 亿笔,金额 886.39 万亿元,同比分别增长 53.07%和 2.82%,日均 8.82 亿笔,金额 2.43 万亿元。与此同时,移动支付业务量增速相对较快。2019 年,银行共处理电子支付业务 2233.88 亿笔,金额 2607.04 万亿元。随着信用卡业务的高速增长,各类信用卡犯罪也日趋严重。与此同时,近几年来,信用卡犯罪活动也日益呈现出新特点。除传统的伪造信用卡、使用伪造或作废的信用卡、冒用他人的信用卡等犯罪行为继续存在外,实践中还发生许多诸如窃取、收买或者非法提供他人信用卡信息资料用于制作假卡,持有、运输伪造的信用卡或者伪造的空白信用卡,使用虚假的身份证明骗领信用卡等新型妨害金融机构信用卡管理秩序的案件。在这些案件中,行为人的行为往往具有较大的社会危害性,但是,相关行为在刑法中并未有明确规定,因而在司法实践中对这些具有严重社会危害性的行为给予刑事处罚存在着明显的障碍。

应该看到,我国 1997 年《刑法》有关信用卡犯罪的规定主要涉及伪造、变造金融票证罪和信用卡诈骗罪等罪名,以这些罪名处理和认定错综复杂的信用卡犯罪案件,显然存在着很多"盲点"。为此,全国人大常委会于 2005 年 2 月 28 日颁布了《刑法修正案(五)》,在《刑法》第 177 条后增加一条,作为第 177 条之一,明确规定了妨害信用卡管理罪。经修正后的《刑法》第 177 条之一第 1 款规定,有下列情形之一,妨害信用卡管理的,处 3 年以下有期徒刑或者拘役,并处或者单处 1 万元以上 10 万元以下罚金;数量巨大或者有其他严重情节的,处 3 年以上 10 年以下有期徒刑,并处 2 万元以上 20 万元以下罚金:(1)明知是伪造的信用卡而持有、运输的,或者明知是伪造的空白信用卡而持有、运输,数量较大的;(2)非法持有他人信用卡,数量较大的;(3)使用虚假的身份证明骗领信用卡的;(4)出售、购买、为他人提供伪造的信用卡或者以虚假的身份证明骗领的信用卡的。该条第 2 款规定:窃取、收买或者非法提供他人信用卡信息资料的,依照前

① 参见韩耀元、张玉梅:《对〈刑法修正案(五)〉的解读》,载《检察日报》2005 年 3 月 7 日。

款规定处罚。该条第 3 款还规定：银行或者其他金融机构的工作人员利用职务上的便利，犯第 2 款罪的，从重处罚。

一、持有、运输伪造的信用卡或伪造的空白信用卡行为的认定

妨害信用卡管理罪的第一项行为是"明知是伪造的信用卡而持有、运输的，或者明知是伪造的空白信用卡而持有、运输，数量较大的"。这里，何谓持有伪造的信用卡或伪造的空白信用卡？应该看到，持有型犯罪在《刑法》中已经出现多处，在理论上曾经对持有型行为是不是独立于作为和不作为之外的第三种行为形式展开过深入讨论，大多数意见都认为，持有并非是一个独立的行为形式。但是，对持有行为的实际内涵理论上仍然存在不同的看法，现在主要以"事实法律支配说"为通说。此说认为"持有"是指行为人在事实上或法律上对物的一种控制和支配状态。①

根据持有行为的上述定义，理论上一般认为，持有伪造的信用卡或数量较大的伪造的空白信用卡，是指行为人在事实上或法律上支配、控制伪造的信用卡或数量较大的伪造的空白信用卡。这种持有的成立不需要证明其时间上的延续性，也不需要行为人与对象之间具有密切的空间关系。

那么，何谓运输伪造的信用卡或伪造的空白信用卡？我国现行《刑法》根据运输对象的不同规定了两种运输行为：其一，运输的对象本身是合法的，只是因为不按照法律规定的安全措施进行非法运输，行为本身具有危害性，因而将其规定为犯罪，如非法运输危险物质；其二，运输对象是非法的，运输行为本身不会给社会造成危害，但基于该种对象的非法性，运输该物品的行为构成犯罪，如运输假币、毒品等。根据这一分析，我们不难看出，运输伪造的信用卡或伪造的空白信用卡，显然属于后一种运输行为。从字面上理解，所谓运输伪造的信用卡或伪造的空白信用卡，是指行为人明知是伪造的信用卡或伪造的空白信用卡，而仍将其从一地运往另一地。由于刑法中已经规定了其他涉及信用卡的犯罪，因而只有行为人在运输信用卡过程中且在无法查明其行为可以构成其他信用卡犯罪时，才能以妨害信用卡管理罪中的运输行为认定。

这里所谓伪造的信用卡，是指未经国家主管部门批准的单位或个人以各种方法制造并输入了用户相关信息的信用卡，俗称假卡。前文笔者已经对伪造信用卡的行为进行了专门的论述，即对于一般信用卡的伪造通常既包括形式伪造也包括内容伪造。应该看到，实践中伪造的信用卡有两种：一种是仿制卡，即模仿信用卡的质地、模式、图样以及磁条密码等制造的信用卡。另一种是变造卡，

---

① 参见甘雨霈、何鹏：《外国刑法学》（下），北京大学出版社 1985 年版，第 946 页。

是指在真卡的基础上进行伪造,主要是在过期卡、作废卡、盗窃卡、丢失卡等各种信息完整的真实信用卡上修改关键要素,如重新压印卡号、有效期和姓名,甚至对信用卡磁条重新写磁,或者是对非法获取的发卡银行的空白信用卡进行凸印、写磁。尽管法律中并未规定变造信用卡的行为,但是,由于这种变造的行为也必须通过重新压印或重新写磁等过程才能完成,因而理论上和司法实践中一般认为,变造卡应当属于伪造的信用卡,这也是由信用卡自身的特殊性决定的。信用卡具有身份性,即信用卡上记载着合法持卡人的个人资料,因此,仅从外观上伪造信用卡,即使再逼真,也不足以使该假信用卡具有使用价值。合法持卡人的个人资料包括以电子数据的形式记录在信用卡磁条上的用户资料和持卡人自设的密码,并且该个人资料同时由发卡机构所保存。只有持卡人的个人信息资料与发卡机构保存的信息资料相吻合,该信用卡才具有相应功能。因此,变造的信用卡其实质就是伪造的信用卡。

所谓伪造的空白信用卡,是指未经国家主管部门批准的单位或个人以各种方法制造的未输入用户信息的信用卡,即没有授信财产的信用卡。就此而言,笔者认为,伪造的空白信用卡与伪造的信用卡之本质区别就在于:是否实际或者曾经输入过用户的信息。尽管理论上也可认为,伪造的空白信用卡应包括变造的空白信用卡,但是,笔者认为,由于对空白的信用卡进行变造并无实际意义,因而实践中一般不可能存在变造的空白信用卡。

应该看到,理论上对于《刑法》第177条之一第1款第1项中规定的明知是伪造的信用卡或明知是伪造的空白信用卡而持有、运输的行为是否均应以"数量较大"为必要要件,有不同的理解。有人认为,无论是持有、运输伪造的信用卡,还是持有、运输伪造的空白信用卡均必须以"数量较大"为构成犯罪要件。但是,笔者认为,这一理解显然不符合《刑法》的立法原意。《刑法》第177条之一第1款第1项规定:"明知是伪造的信用卡而持有、运输的,或者明知是伪造的空白信用卡而持有、运输,数量较大的"。分析这一规定,我们不难发现,在"或者"之前,条文已经用"的"将行为规定完毕,而"或者"后面的"的",则是加在"数量较大"之后。可见持有、运输伪造的空白信用卡必须以"数量较大"为必要要件,而持有、运输伪造的信用卡则不以"数量较大"为必要要件。《刑法》的这种规定方式在许多条文中均有表现,例如,《刑法》第385条规定:国家工作人员利用职务上的便利,索取他人财物的,或者非法收受他人财物,为他人谋取利益的,是受贿罪。按相关的司法解释规定,索取他人财物构成受贿罪,不以"为他人谋取利益"为必要要件;而非法收受他人财物构成受贿罪,则必须同时具备"为他人谋取利益"的条件。

尽管笔者认为,持有、运输伪造的信用卡不以"数量较大"为构成要件,但是,这并不意味着认定这一犯罪行为时可以不考虑数量,只是这一数量要求并非《刑法》规定的,应该由司法解释作出规定。需要研究的是,这里的数量究竟以什么作为标准? 2018 年 11 月 28 日最高人民法院、最高人民检察院《关于办理妨害信用卡管理刑事案件具体应用法律若干问题的解释》第 2 条规定:"明知是伪造的空白信用卡而持有、运输十张以上不满一百张的,应当认定为刑法第一百七十七条之一第一款第一项规定的'数量较大'……有下列情形之一的,应当认定为刑法第一百七十七条之一第一款规定的'数额巨大':(一)明知是伪造的信用卡而持有、运输十张以上的……"笔者认为,对于伪造的空白信用卡当然应该以信用卡的张数作为认定数量是否较大的标准,因为空白信用卡本身并不存在用户信息,因而卡上也不可能体现具体的钱款数量额。而伪造的信用卡则可能存在较为复杂的情况,因为伪造的贷记卡与伪造的借记卡可能给发卡机构或持卡人所造成的损失不完全一样,前者不仅可能导致卡上记载的钱款遭受损失,而且还会因透支而可能导致更大的损失;而后者则不可能发生这种情况。其实即使不考虑透支行为,在伪造的相同的若干张信用卡中钱款的数额也可能相差很大,因此,虽然司法解释包含伪造信用卡的数量以张数作为标准,但还需要对伪造信用卡的复杂情况作出解释,否则必然会导致司法实践在定罪量刑上的不一致。

二、非法持有他人信用卡行为的认定

妨害信用卡管理罪的第二项行为是"非法持有他人信用卡,数量较大的"。应该看到,《刑法》中的"非法"持有行为中的"非法"主要包括两种情况:其一为持有的物品本身属于法律禁止持有的物品。例如,非法持有枪支、弹药罪,持有假币罪,以及非法持有毒品罪等,行为人持有的对象均是国家法律规定的禁止非法持有的物品。其二为持有的物品本身并不属于法律禁止持有的物品,但其持有行为则没有合法的根据。例如,本罪中非法持有他人信用卡的行为,其对象是他人的信用卡,这种信用卡并非是国家法律禁止持有的物品,它的非法性主要体现在这种持有行为不具有合法根据这一点上,即这种持有行为并没有他人授权、委托、无因管理等合法根据。

对于这里所指的他人信用卡的范围,理论上有不同的观点。有人认为,他人的信用卡是指他人申领的合法有效的信用卡即真卡,不包括伪造卡、空白卡或废卡。也有人认为,他人的信用卡不仅包括他人申领的合法有效的真卡,还包括伪造卡、空白卡或废卡,甚至包括用虚假的身份证明骗领的信用卡,认为信用卡的性质不影响对信用卡秩序的妨害。①笔者认为,从《刑法修正案(五)》规定妨害信

---

① 参见肖乾利:《妨害信用卡管理罪若干问题之探讨——对刑法修正案(五)第一条第一款之解读》,载《云南行政学院学报》2006 年第 1 期。

用卡管理罪的内容分析，这里所指他人的信用卡理应是他人真实有效的信用卡。这是因为，如果是伪造卡或者空白卡，行为人在明知的情况下，完全可以按照妨害信用卡管理罪第一项行为加以认定，而不应该也没有必要将其视为第二项行为。笔者认为，妨害信用卡管理罪中的第一项行为与第二项行为事实上是有区别的，最大的区别就在于第一项行为的对象是伪造卡或者伪造的空白卡，而第二项行为的对象则是他人真实有效的信用卡。至于实践中有时会存在行为人误将他人伪造的信用卡、伪造的空白信用卡或作废的信用卡当作真卡而故意非法持有的情况，这种情况只应该以妨害信用卡管理罪的第二项行为认定，因为《刑法》规定妨害信用卡管理罪第一项行为时特别强调要以"明知"为前提，在行为人对对象产生错误认识时，行为人主观上就不具有这种明知，因而不能以第一项行为认定。根据刑法基本原理，行为人对于对象所产生的错误认识，对其行为定性时，应以其错误的认识作为主观依据。由于行为人主观上认为是他人真实有效的信用卡，对其按照妨害信用卡管理罪认定是完全合理的。当然在这种情况下，客观上出现了行为人非法持有的并非是他人真实有效的信用卡，而是伪造卡或者是空白卡等情形。另外，这里所指的他人信用卡，还应包括他人使用虚假的身份证明骗领的信用卡，这是因为使用虚假的身份证明骗领的信用卡实际上是真卡，即这种卡不仅可以直接使用，而且是由发卡机构发行的，只是领卡人是以虚假身份骗领的，通俗地说，卡是真的，人是"假"的。正由于这一点，对于行为人非法持有他人使用虚假身份证明骗领的信用卡，理应以妨害信用卡管理罪的第二项行为认定。

《刑法》对于非法持有他人信用卡行为构成妨害信用卡管理罪，明确提出了要以"数量较大"为构成要件。这里有一个如何确定标准的问题，即应该以他人信用卡的张数还是以他人信用卡中所包含的金额作为标准。根据 2018 年 11 月 28 日最高人民法院、最高人民检察院《关于办理妨害信用卡管理刑事案件具体应用法律若干问题的解释》，妨害信用卡管理罪中的"数量较大"以信用卡的张数作为标准。笔者认为，如果按照该司法解释的相关规定，就会导致行为人非法持有他人含金量很大（特别是可以透支的贷记卡）但张数很少的信用卡的行为可能不构成犯罪，而非法持有他人张数很多但含金量很小（特别是不可以透支的借记卡）却构成犯罪等情况出现。这显然不符合罪责刑相适应的原则精神。非法持有他人的贷记卡与借记卡可能给发卡机构或持卡人造成的损失不会完全一样，因为贷记卡不仅存在使用卡内所载钱款的可能，而且还存在透支的可能；而借记卡则不存在透支的可能。即使不考虑透支行为，在相同的若干张他人的信用卡中钱款的数额也可能相差很大。

三、使用虚假的身份证明骗领信用卡行为的认定

妨害信用卡管理罪的第三项行为是"使用虚假的身份证明骗领信用卡的"。所谓使用虚假的身份证明骗领信用卡,是指行为人在办理信用卡申领手续时,使用虚假的身份证明骗取金融机构信任,获得信用卡的行为。随着社会生活中信用卡使用范围愈来愈广泛,以虚假的身份证明骗领信用卡的现象也越来越严重。但是,长期以来我国刑法并未将这种行为认定为犯罪,即使在 1997 年《刑法》规定了伪造、变造金融票证罪后,也未在条文中体现对这种行为的惩治,从而导致了实践中对这种危害较大的行为无法用刑罚加以惩治。这显然对于维护金融机构的资金安全是极为不利的,特别是用虚假的身份证明骗领信用卡,本身会给信用卡管理秩序带来紊乱,银行金融系统将面临潜在的危机,这种危机一旦爆发,后果不堪设想,故《刑法修正案(五)》对此作出规定是完全必要的。

在使用虚假的身份证明骗领信用卡行为中,被骗领的信用卡是真卡,骗领者是形式上的合法持卡人,但由于骗领者的身份与信用卡记载的信息并不一致,因而骗领者实质上是非法持卡人。骗领行为是《刑法修正案(五)》重点规制的对象。该修正案第 1 条明确将使用虚假的身份证明骗领信用卡行为规定为妨害信用卡管理罪中的第三项法定行为。与此同时,该修正案第 2 条对《刑法》第 196 条信用卡诈骗罪也作了相应修正,即将"使用以虚假的身份证明骗领的信用卡"作为信用卡诈骗罪的一种法定行为,可见立法者对骗领信用卡及使用骗领的信用卡行为的重视。

笔者认为,《刑法修正案(五)》之所以将使用虚假的身份证明骗领信用卡的行为规定为妨害信用卡管理罪的法定行为之一,并强调予以刑事处罚,主要是因为以虚假身份申领信用卡,往往是使用骗领的信用卡进行诈骗的前奏,从某种角度分析,骗领行为与刷卡进行诈骗活动只差一步之遥,特别是由于名义上所谓的"持卡人"本来就不存在或者银行根本找不到所谓的"持卡人",即使该信用卡巨额透支,银行也无从查证,更无法挽回经济损失,因此,这种行为具有较大的社会危害性,突出表现为对金融机构资金安全构成了现实的威胁。同时,随着社会信息化的发展,获取他人的资料变得非常容易,从而导致使用虚假的身份证明骗领信用卡的行为实施起来相对容易。正是因为骗领信用卡后大量透支是当前多发的一种信用卡犯罪,而使用虚假的身份证明骗领信用卡又是实施上述犯罪的必备环节,因而骗领行为本身的社会危害性就显而易见。

在认定使用虚假的身份证明骗领信用卡行为时,涉及虚假身份证明的问题。身份证明是信用卡申请人个人资信证明载体,是发卡银行对申请人资格认定的一个关键依据,同时也是申请人对于信用卡使用承担责任的重要基础。有人认

为,身份证明是指一切能够证明自己身份的证明材料或证件,这种身份证明有很多,包括身份证、户籍证、学生证、工作证等,甚至包括加盖公章的介绍信等,种类繁多。这是指广义上的身份证明。也有人认为,身份证明只应当包括居民身份证、现役军官的军官证和境外居民的护照等证明。这是因为,根据中国人民银行《银行卡业务管理办法》,申领信用卡,应当提供公安部门规定的本人有效身份证件。对于金融机构来说,申领人要申请信用卡,一般必须出示身份证。这种情况下,所谓"身份证明"主要是指身份证,是狭义的身份证明。同时,根据有关规定,中国境内居民必须提供居民身份证复印件,现役军官必须提供军官证复印件,境外居民必须提供护照复印件。①

笔者认为,对申领信用卡时所需的"身份证明"不能作狭义的理解。身份证明应该是指依照信用卡管理规定和信用卡发行人所要求提供的与证明个人身份相关的全部材料。即除居民身份证、户口簿等材料外,还应包括其他资信证明材料或相关的担保材料。笔者之所以主张这一观点,主要基于以下三点原因。

首先,从信用卡本身的性质上看,它是一种信用凭证,是以信用卡持卡人的信用为基础的,在申请时需要一系列的资信证明。由于信用卡的发卡行对信用卡支付承担着一定的金融风险,为了尽可能地降低风险,发卡行对申请人资格认定非常严格。所以,除了居民身份证、户口簿等材料外,发卡行更注重对申请人信用的考察,资信证明材料或相关的担保材料就是说明申请人信用能力的一个基础。信用卡是基于对申请人信用的信任而签发的。如果行为人的收入、职业等情况不能表明其具有相应的信用基础和信用能力,发卡行是不会对其发卡或对其授予相应额度的。

其次,行为人使用虚假的资信证明或相关的担保材料骗领信用卡与使用虚假的身份证明骗领信用卡,在主观动机上并没有本质的区别。因此,如果仅认定和处罚使用通过伪造的身份证等虚假的身份证明材料骗领信用卡的行为,而对使用通过虚假的资信证明材料或虚假的担保而骗领信用卡的行为不进行规制,不仅会影响刑法的严肃性与公正性,而且很难为一般人所能接受。因为从性质以及可能造成对信用卡管理制度的侵害看,两种行为有很多相同之处,我们没有理由不对第二种行为进行追究。

最后,对于使用其他资信证明材料或相关的担保材料骗领信用卡的行为,如果不以"使用虚假的身份证明骗领信用卡"的情形加以认定,很可能影响到信用卡诈骗罪的认定。例如,行为人以真实的身份证,但采取虚构资信材料、提供虚假担保等欺骗手段骗领了信用卡,并加以使用。在这种情况下,信用卡性质上既

---

① 参见黄太云:《〈刑法修正案(五)〉的理解与适用》,载《人民检察》2005 年第 6 期。

不属于伪造的信用卡或作废的信用卡,也不是他人申领的信用卡,所以不能对行为人以"使用伪造的信用卡"、"使用作废的信用卡"以及"冒用他人信用卡"的情形加以认定。而如果从狭义角度理解身份证明,这种信用卡性质上不属于骗领的信用卡,因而也不能对行为人以"使用以虚假身份证明骗领的信用卡"的情形加以认定。那么,在信用卡诈骗罪中,唯一剩下可以考虑的情形就是"恶意透支"。但是,以"恶意透支"加以认定存在一定的问题。"恶意透支"成立信用卡诈骗罪有一个很关键的要件,即"催收不还"。刑法作此规定是为了限制对"恶意透支"的认定,考察行为人主观上是否具有非法占有的目的。但是,笔者认为,"催收不还"这一规定很难适用于骗领信用卡并使用的情况。骗领并使用的行为就足以说明行为人主观上的诈骗目的,无需再以"催收不还"作为法定的成立要件。因此,笔者认为,"使用虚假的身份证明骗领信用卡"是指以虚假的身份或资信等证明材料,骗取发卡行的信任而取得信用卡。

另外,这里所指的"虚假的身份证明"还应包括虚假的单位身份证明。这是因为,在金融业务活动中,商业银行或者其他金融机构发行信用卡的对象不仅包括个人,还包括单位。根据信用卡申领主体的不同,"身份证明"又可分为个人的身份证明和单位的身份证明。行为人以单位名义,通过提供虚假的单位身份证明骗领信用卡的,其提供的主要是虚假的单位登记和注册材料以及单位的资信状况。然而,《刑法修正案(五)》所规定的妨害信用卡管理罪并未将单位纳入犯罪主体的范围之中,因而尽管社会生活中存在单位使用虚假的身份证明骗领信用卡的情况,但是我们仍不能追究相关单位的刑事责任。

需要指出的是,我们应该注意妨害信用卡管理罪中"使用虚假的身份证明骗领信用卡的"行为与信用卡诈骗罪中"使用以虚假的身份证明骗领的信用卡的"行为之间的区别。尽管这两种行为在刑法的表述上有许多相同之处,而且往往具有极为密切的联系,但是它们的内涵并不完全相同。笔者认为,两种行为最主要的区别在于使用行为的对象完全不一样:"使用虚假的身份证明骗领信用卡的"行为中使用的对象是虚假的身份证明,而"使用以虚假的身份证明骗领的信用卡的"行为中使用的对象则是骗领的信用卡。简言之,前者是指骗领信用卡的行为,后者则是指使用骗领的信用卡的行为。骗领信用卡的行为并不等同于信用卡诈骗。在社会生活中,绝大多数骗领信用卡的人都是为了利用骗领的信用卡骗取财物,也有骗领信用卡是为了出售或转送给他人的。

四、出售、购买、为他人提供伪造的信用卡或以虚假的身份证明骗领的信用卡行为的认定

妨害信用卡管理罪的第四项行为是"出售、购买、为他人提供伪造的信用卡

或者以虚假的身份证明骗领的信用卡的"。按照中国人民银行《银行卡业务管理办法》的规定,信用卡只限经发卡银行批准的持卡人本人使用,不得出租和转借。出售、购买和为他人提供伪造的信用卡或者以虚假的身份证明骗领的信用卡,理应也属于法律禁止的范围。另外,现行《刑法》已经明确将伪造信用卡和使用虚假的身份证明骗领信用卡的行为规定为犯罪,因而将出售、购买、为他人提供伪造的信用卡或以虚假的身份证明骗领的信用卡行为规定为犯罪也完全在情理之中。更由于伪造、骗领的信用卡本身就是可用于犯罪的工具,应当予以收缴没收,如果对这些信用卡出售、购买或提供给他人,都可能导致伪造的信用卡或者以虚假的身份证明骗领的信用卡在社会上更为广泛地流传开来,从而对社会造成更大的危害。就此而言,笔者认为,《刑法修正案(五)》将这种行为纳入妨害信用卡管理罪之中是完全合理的。

这里所谓的"出售",是指行为人将持有的伪造的信用卡或以虚假的身份证明骗领的信用卡以一定的对价转让给其他人的一种交易行为。从民商法角度看,出售的本质在于有偿转让特定物的所有权,因而这里的"出售"的本质在于有偿转让伪造卡或者骗领卡的所有权。司法实践中,在相当长的一段时间里,刑法未将出售伪造的信用卡的行为规定为犯罪。许多人提出,应将出售伪造的信用卡行为归入使用伪造信用卡的范围之中,即将出售行为视为使用行为,从而将其认定为信用卡诈骗罪。笔者认为,这一观点无论在以前还是现在均显得很牵强。从理论上分析,出售与使用上述信用卡具有本质上的区别。尽管"出售"可以为持卡人带来一定的利益,这与"使用"有相似之处,但是两者的区别是显而易见的。首先,使用伪造的信用卡或者骗领的信用卡,实际上是利用信用卡的法定功能进行支付的消费、清算等行为,是实现信用卡本身的功能,即行为人的利益是通过信用卡功能的实现而获取的;而出售伪造的信用卡或者骗领的信用卡,实际上是有偿转让这些信用卡,行为人虽然也可以通过出售实际获利,但是这种利益并不是通过信用卡本身功能的实现而获得的。其次,使用伪造的信用卡或者骗领的信用卡,不仅会危害到信用卡管理秩序,而且还会侵害公私财产所有权;而出售伪造的信用卡或者骗领的信用卡虽然会侵害信用卡管理秩序,但是并不会直接侵害公私财产所有权。

这里所谓的"购买",是指行为人以一定的对价收买伪造的信用卡或以虚假的身份证明骗领的信用卡。从民商法角度看,购买的本质在于以有偿的方式取得特定物的所有权,因而这里"购买"的本质在于以有偿的方式取得伪造卡或者骗领卡的所有权。当然,行为人购买伪造卡或者骗领卡具有何种目的并不影响本罪的成立。只是如果行为人以使用为目的而收买,则购买行为与信用卡诈骗罪行为之间形成了牵连关系,应按牵连犯"从一重处断"的原则定罪处罚。

出售行为与购买行为具有对向性,两者之间存在刑法理论上的犯罪对合关系。理论上有人认为,基于对信用卡公共信用和公私财产保护的需要,《刑法修正案(五)》将具有对向关系的两种行为均规定为妨害信用卡管理罪。出售与购买既可以表现为典型的以钱易物(卡)的形式,也可以表现为非典型的以物(卡)偿债的形式。行为人以伪造的信用卡或者以虚假的身份证明骗领的信用卡抵偿债务,债权人明知其所接受的信用卡的性质仍予以接受的,对于债务人而言,属于出售行为;对于债权人而言,属于购买行为。①当然,如果债权人不知道其所接受的信用卡的性质而接受的,那么只能处罚债务人的出售行为。

这里所谓的"为他人提供",是指明知是伪造的信用卡或骗领的信用卡而有偿或无偿地供给其他人,如出租、出借、赠送等。从民商法角度看,为他人提供的行为也可能是有偿的。但是,这里为他人提供的行为不会发生所有权的实质转移,否则就变成了出售行为。需要讨论的是:在这类案件中,对于接受者是否要追究刑事责任? 笔者认为,《刑法修正案(五)》并未明确将接受者的接受行为纳入妨害信用卡管理罪之中,因而即使在接受者明知他人提供的是伪造的信用卡或骗领的信用卡的情况下实施了接受行为,一般也不能按犯罪论处。但是,如果接受者在接受伪造的信用卡或者骗领的信用卡后又加以使用的,则可以按照信用卡诈骗罪论处。

五、窃取、收买或者非法提供信用卡信息资料行为的认定

需要指出的是,《刑法修正案(五)》在规定了妨害信用卡管理罪的四项行为后,又在《刑法》第177条之一的第2款和第3款中专门规定了窃取、收买或者非法提供他人信用卡信息资料的行为,但强调要"依照前款规定处罚";对于银行或者其他金融机构的工作人员利用职务上的便利,犯该罪的,则"从重处罚"。时下,学界对于经修正后的《刑法》第177条之一设立了一个新的罪名(即妨害信用卡管理罪),基本上没有什么异议,但是对于该条文中第2款和第3款是否又增设了一个独立罪名,则有完全不同的观点。有学者认为,窃取、收买、非法提供信用卡信息资料罪是《刑法修正案(五)》新增设的罪名。这一罪名的增设,进一步完善了我国信用卡犯罪的刑事立法,对于保护银行等金融机构和公众的合法利益,维护金融机构的信誉和金融秩序,具有重要的意义。②持这一观点的学者还进一步论证了窃取、收买、非法提供信用卡信息资料罪与妨害信用卡管理罪的区别,认为两罪的区别主要表现在:(1)犯罪对象不同。后罪的犯罪对象为信用卡

---

① 参见孙国祥、魏昌东:《经济刑法研究》,法律出版社2005年版,第332页。
② 参见利子平、樊宏涛:《窃取、收买、非法提供信用卡信息资料罪刍议》,载《河北法学》2005年第11期。

本身,而前罪为信用卡信息资料。(2)行为方式不同。后罪表现为妨害信用卡管理的行为,而前罪则表现为窃取、收买或者非法提供他人信用卡信息资料的行为。(3)犯罪客体不完全相同。后罪侵犯的客体主要是金融机构的信誉,而前罪侵犯的客体则主要是信用卡所有人的合法权益。[①]也有学者认为,该两款规定的"窃取、收买、非法提供他人信用卡信息资料行为的犯罪对象、侵害客体等并没有超出妨害信用卡管理的本质含义,没有必要单独定罪"[②]。

有人认为《刑法》第 177 条之一第 2 款和第 3 款增设了一个独立罪名,其理由包括:首先,现行《刑法》中,"依照……处罚"与"依照……定罪处罚"的含义是有区别的。从法条表述看,第 2 款明确规定:"窃取、收买或者非法提供他人信用卡信息资料的,依照前款规定处罚。"该款仅规定依照前款规定"处罚",而非"定罪处罚"。按照刑法学界确定罪名的一般理论和最高人民法院、最高人民检察院确定罪名的通行做法,凡是法条明确规定"依照……定罪处罚"的,不独立成罪。如《刑法》第 267 条第 2 款的"携带凶器抢夺的,依照本法第二百六十三条的规定定罪处罚",即对这种抢夺行为应认定为抢劫罪并按抢劫罪的法定刑处罚。而规定"依照……处罚"的,则独立成罪。如《刑法》第 128 条第 2 款规定:"依法配备公务用枪的人员,非法出租、出借枪支的,依照前款的规定处罚。"该规定表明,依法配备公务用枪的人员非法出租、出借枪支行为的法定刑与同款第 1 款规定的非法持有、私藏枪支、弹药罪的法定刑相同,但是其罪名并不是非法持有、私藏枪支、弹药罪。其次,《刑法》第 177 条之一第 3 款规定:"银行或者其他金融机构的工作人员利用职务上的便利,犯第二款罪的,从重处罚。"其中有"犯第二款罪"之表述,这就更说明了第 2 款罪名的独立性。[③]最后,确定刑事条款中规定的行为是一罪还是数罪,还应考量犯罪行为质的规定性,并结合受到犯罪构成要件决定性因素的影响程度加以判断。[④]

对于上述观点,笔者不能赞同。《刑法》第 177 条之一第 2 款和第 3 款完全可以归入妨害信用卡管理罪之中,没有必要独立增设一个新的罪名。其理由是:首先,上述观点罗列了《刑法》"依照……处罚"与"依照……定罪处罚"的不同含义,从而得出结论:《刑法》第 177 条之一第 2 款和第 3 款独立增设了一个新的罪

---

①　参见利子平、樊宏涛:《论妨害信用卡管理罪》,载《南昌大学学报》(人文社会科学版)2005 年第 6 期。

②　参见赵秉志、王东阳:《刑法修正案(五)第 1 条的理解和适用问题探讨》,载李希慧、刘宪权:《中国刑法学年会文集(2005 年度)》第 2 卷,中国人民公安大学出版社 2005 年版,第 727 页。

③　参见肖乾利:《妨害信用卡管理罪若干问题之探讨——对刑法修正案(五)第一条第一款之解读》,载《云南行政学院学报》2006 年第 1 期。

④　参见付立忠:《刑法修正案(五)的相关问题与解决途径》,载《中国人民公安大学学报》2005 年第 3 期。

名。但是,《刑法》实际上对于"依照……处罚"与"依照……定罪处罚"并没有作很严格的区别,许多规定也没有很一致的规律可循。例如,《刑法》第 223 条(串通投标罪)第 2 款规定:"投标人与招标人串通投标,损害国家、集体、公民的合法利益的,依照前款的规定处罚。"而司法解释也并没有将该款视为一个独立罪名。类似的刑法规定还有很多。既然立法上没有规律可循,那么我们用所谓"规律"的思路分析后得出的结论就很难具有科学性。其次,尽管《刑法》第 177 条之一第 3 款规定中"犯第二款罪"之表述似乎可以说明立法者的意图是将第 2 款的规定独立设罪,但是,笔者认为,这种理解其实还是建立在已经将第 2 款理解为是一个独立罪名的基础之上的。如果换一种思路,将"犯第二款罪"理解为是实施了第 2 款所规定的行为,那么就很难通过第 3 款的规定证明第 2 款是一个独立罪名了。再次,《刑法》是否设立独立罪名理应以有无必要性为依据。由于《刑法》第 177 条之一本身就是修正案增设的条文,目的无非是要强调对妨害信用卡管理行为的惩治。现在司法解释已经明确《刑法》第 177 条之一第 1 款是妨害信用卡管理罪,而窃取、收买或者非法提供他人信用卡信息资料的行为实际上也会对信用卡管理制度造成损害,因此,将其归入妨害信用卡管理罪中并无不妥,即将这种行为独立设罪似乎没有多大的必要。就此而言,仅仅因为行为方式及行为对象的不同,而将上述《刑法》两款的规定理解为是不同的罪名似乎说服力并不充分。最后,从《刑法》罪名设置的简约性原则出发,笔者认为,将《刑法》第 177 条之一视为一个罪名,即将窃取、收买或者非法提供他人信用卡信息资料的行为归入妨害信用卡管理罪,应在情理之中。

在我国,刑法条文中的某项内容是不是一个独立的罪名,固然有其本身规定的规律性,但是最终取决于司法机关的解释。尽管笔者对于这种由最高人民法院或者最高人民检察院通过司法解释决定刑事立法上的罪名的做法并不赞同,但是在暂时很难改变这种状态的情势下,我们只能听从司法机关的解释。特别是现在最高人民法院、最高人民检察院已经对《刑法修正案(五)》的规定作出罪名上的司法解释,并明确将《刑法》第 177 条之一第 2 款以"窃取、收买、非法提供信用卡信息资料罪"独立设罪,我们当然应该遵循。

根据《刑法》的规定,所谓窃取、收买、非法提供信用卡信息资料罪,是指违反信用卡管理规定,窃取、收买或者非法提供他人信用卡信息资料的行为。这里所谓"窃取",是指以非法占有为目的,秘密盗取他人信用卡信息资料的行为;所谓"收买",是指用财物或者利益交换他人信用卡信息资料的行为;所谓"非法提供",是指违反法律规定,交付、告知和出售他人信用卡信息资料的行为。如果该行为是法律许可的或者经持卡人同意的,则不构成本罪。行为人只要实施了以上三种行为之一,就可以构成本罪。

　　《刑法修正案（五）》颁布之前,司法实践中曾对窃取、收买或者非法提供他人信用卡信息资料的行为以伪造金融票证罪的共犯论处。例如,上海市静安区人民法院曾经审理了一起用"读码机"秘密窃取他人信用卡磁条信息提供给他人的案件①。该案是发生在我国境内为数不多的利用"读码机"窃取信用卡信息,转移至国外,制成伪卡进行消费的案件。该案审理后在全国引起了广泛的讨论。

　　1996 年 11 月,被告人王群涛、翁耘耘经人介绍认识蒋宁（在逃）。蒋向王、翁提供专用于读取信用卡磁条信息的工具"读码机",要翁利用收银员工作中接触外汇信用卡的机会,用"读码机"拉卡（即将信用卡插入"读码机"的卡槽拉划）,以读取信用卡上的磁条信息。蒋宁允诺,每拉一张卡,付报酬人民币 500 元。同年 12 月,王群涛从蒋宁处取得"读码机"交给翁耘耘,翁因自己的岗位接触外汇信用卡机会有限,为加快拉卡速度,故将此事告诉了被告人董晓峰,要董参加拉卡共分报酬。至 1997 年 1 月,翁耘耘、董晓峰两人先后数次对在希尔顿酒店餐厅等处持外汇信用卡消费的客人秘密使用"读码机",读取了客人信用卡上的磁条信息。之后,王群涛把储有磁条信息的"读码机"交还给蒋宁,从蒋处获得人民币 2 万元,王、翁分得 7000 元,董分得 1.3 万元。

　　法院经审理认为,三名被告人用秘密方式窃取客户信用卡上的磁条信息,其行为侵害的客体是国家的金融管理秩序,直接指向的对象是信用卡。虽然信用卡磁条信息也为权利人所保密,但其本身并非商业秘密。信用卡作为持卡人进行信用消费的金融凭证,既是现代金融管理活动的重要媒介,也是持卡人行使财产权利的重要手段,其使用安全受国家法律保护。信用卡磁条信息含有发卡银行和持卡人的金融信息及防伪密码等内容,为信用卡使用安全的保障,绝对禁止他人非法获取和使用。而非法获取他人信用卡磁条信息,除了用于伪造信用卡,没有任何其他合法之用途。因此,窃取他人信用卡磁条信息必然成为伪造信用卡犯罪的首选目标,是伪造信用卡整个犯罪过程的必要组成部分,且伪造信用卡犯罪是行为犯,只要行为人实施了犯罪过程的某一部分行为,就构成了伪造信用卡犯罪。被告人身为涉外大饭店的财务和收银员,深知信用卡使用规则,为贪图非法利益,用"读码机"秘密窃取客人信用卡磁条信息提供给他人,主观上不但有窃取客人信用卡磁条信息的直接故意,而且还有放任他人伪造信用卡结果发生的间接故意。根据《刑法》第 12 条和第 17 条第 1 款第 4 项之规定,判处被告人王群涛、翁耘耘、董晓峰各有期徒刑两年,并处罚金人民币 5 万元,其中,翁耘耘宣告缓刑两年;非法所得 2 万元予以没收。宣判后,被告人董晓峰不服,以"法无明文规定不为罪"为由提出上诉。经上海市第二中级人民法院开庭审理,裁定驳

---

　　① 　参见陈筱洁、高万泉:《王群涛等人伪造金融票证罪案》,载《法学》1999 年第 9 期。

回上诉,维持原判。

　　笔者认为,对该案中行为人的行为以伪造金融票证罪的共犯论处,似乎在共同故意的认定上存在欠缺之处。如果该案发生在 2005 年 2 月 28 日《刑法修正案(五)》颁布后,则上述窃取或者非法提供他人信用卡信息资料的行为至少可以构成窃取、收买、非法提供信用卡信息资料罪,这样争议会少得多。由于当时《刑法》未设立该罪,使得法院着重强调窃取他人信用卡信息资料是"伪造信用卡行为系统"的一部分,从而只能为认定被告人构成伪造金融票证罪寻找理论根据。

　　窃取、收买或者非法提供他人信用卡信息资料的行为与伪造信用卡的行为既具有联系,又具有明确的区别。窃取、收买、非法提供他人信用卡信息资料的行为实际上是伪造信用卡行为的前提或者准备,而伪造信用卡的行为则是窃取、收买、非法提供他人信用卡信息资料行为的后续行为,两者具有密切的联系,只是现行《刑法》及相关司法解释将窃取、收买、非法提供他人信用卡信息资料的行为单独提取出来作为一个独立的罪名而已。窃取、收买、非法提供他人信用卡信息资料行为的犯罪对象为信用卡信息资料;而伪造信用卡行为的犯罪对象为信用卡。如果行为人为了伪造信用卡而实施窃取、收买、非法提供他人信用卡信息资料行为,并在其后用这些资料伪造信用卡的,属于刑法理论上的牵连犯,应择一重罪处罚,即应以伪造金融票证罪论处。但是,如果行为人与伪造信用卡者事前通谋,为其窃取、收买或者非法提供他人信用卡信息资料的,应以伪造金融票证罪的共犯论处。

　　同样的情况,在窃取、收买、非法提供他人信用卡信息资料的行为与信用卡诈骗行为的认定中也会发生。如果行为人为了冒用他人信用卡诈骗而实施窃取、收买他人信用卡信息资料的行为,应以牵连犯的处罚原则处理,对行为人的行为以信用卡诈骗罪论处。如果行为人与冒用他人信用卡诈骗者事前通谋,为其窃取、收买、非法提供他人信用卡信息资料的,应以信用卡诈骗罪的共犯论处。

　　六、非法交易真实信用卡行为的性质认定

　　我国《刑法》规定的妨害信用卡管理罪与信用卡诈骗罪分别从上游犯罪与下游犯罪的角度编织了相对完善的反涉信用卡犯罪刑事法网,实践中绝大多数侵害信用卡管理秩序,或者直接侵害信用卡财产权益的犯罪行为模式实际上都已经纳入刑法规制范围。但当前实践中也出现了一种全新类型的涉信用卡违法行为——非法交易真实的信用卡,即信用卡的合法持卡人将本人使用真实的身份信息申领的信用卡以一定的价格转卖他人,相对应的,真实信用卡的买受人通过支付一定的对价获取该信用卡的实际控制权。

　　典型案例表现为:陈某、郑某系漳州漳浦籍无业青年。2008 年 9 月上旬,犯罪嫌疑人陈某在好友晓某要求下答应为其收购信用卡,并从中获利。陈某先用自己身份证在中行、建行、农行等各银行分别办理一张信用卡,然后又以每张信用卡 70 元人民币的价格向薛某等人收购 25 张信用卡,再以每张 150 元人民币价格卖给晓某。过了一段时间,晓某又要求办理 40 张信用卡,犯罪嫌疑人陈某就叫犯罪嫌疑人郑某办理了 14 张,并以每张 100 元、120 元人民币不等价格向其购买,再以每张 200 元人民币价格卖给晓某。

在真实信用卡买受人没有进一步实施信用卡诈骗犯罪行为的情况下,由于信用卡本身是真实且合法申领的,不存在伪造信用卡的问题,也不属于空白信用卡,更没有直接涉及公民信息的非法交易,故这种真实信用卡交易行为很难受到妨害信用卡管理罪以及相关身份信息犯罪的规制。同时,即使真实信用卡买受人利用该信用卡实施了信用卡诈骗犯罪或者其他犯罪并被定罪处罚,由于很难有明确的证据证明真实信用卡的出卖人基于诈骗故意或者其他犯罪故意而出售真实信用卡,难以认定为信用卡诈骗犯罪等经济犯罪的共犯。① 因此,在实践中很难控制这种非法出卖真实信用卡的行为,导致基于该出卖的信用卡所衍生的违法犯罪风险也极难予以控制与监管。

笔者认为,对于这一非法交易真实信用卡行为的实践判断难题,应当在严格遵守现有涉信用卡犯罪刑法规定以及相关司法解释的基础上,充分运用刑法解释原理,细致区分具体案件情形,从真实信用卡出卖人与买受人的具体行为角度分别研究司法判断规则。

其一,真实信用卡买受人的行为性质判断。

根据真实信用卡交易主体不同,可将这种涉及信用卡的交易行为分为两种,一是出卖人行为;二是买受人行为。在真实信用卡交易中,终端买方(即实际控制信用卡的行为主体)往往与具体的犯罪直接联系,如诈骗罪、洗钱罪等等。因此,首先可以明确的是,如果有证据确定真实信用卡的买受人实施了相关涉信用卡犯罪或者其他金融与经济犯罪的,直接按照其后续的犯罪行为性质定罪处罚。

除了上述情况之外,实践中相当数量的真实信用卡买受人行为表现为购买真实信用卡行为网络中的一个中间环节,或者即使其处于终端的信用卡实际控制人,但没有证据表明其实施了涉信用卡犯罪或者其他金融与经济犯罪,甚至是没有直接证据表明其持有的大量他人信用卡是购买而获取的。实践中的典型案例表现为:2010 年 9 月,公安机关在姜某的住处浙江省杭州市某公寓内,抓获了涉嫌实施信用卡诈骗行为的姜某,并查获了实际持卡人为他人的借记卡、贷记卡

---

① 最高人民法院、最高人民检察院《关于办理诈骗刑事案件具体应用法律若干问题的解释》第 7 条规定:明知他人实施诈骗犯罪,为其提供信用卡、手机卡、通讯工具、通讯传输通道、网络技术支持、费用结算等帮助的,以共同犯罪论处。

共计 60 张。经查,持卡人为姚某、张某的 2 张光大银行贷记卡非持卡人本人领取;持卡人为吴某、汤某的工商银行借记卡以及持卡人为吴某、王某的中信银行借记卡等 4 张信用卡,均系姜某于 2010 年 3 月在上海火车南站向持卡人吴某等本人购得。而对于其余的借记卡、贷记卡,姜某或辩称是捡拾所得,或辩称是他人放在其住所。

根据我国《刑法》第 177 条之一第 1 款第(二)项之规定,非法持有他人信用卡,数量较大,妨害信用卡管理的,构成妨害信用卡管理罪。但是,对于行为人购买他人信用卡并进行持有,能否认定为非法持有,实践中存在截然不同的意见。就上述案例而言,实践中有观点认为,姜某持有的向持卡人本人购买的 4 张信用卡,不应当认定为非法持有。因为从持卡人本人处购买所得,意味着对信用卡的持有已得到了持卡人本人的认可,因而属于合法持有,不应认定为非法持有。而反对意见则认为,姜某持有的向持卡人本人购买的 4 张信用卡系非法持有。对于此类问题,刑法理论上有观点认为,向他人购买多余的信用卡并使用的行为,从刑法规定来看,可以用两个罪名进行规制。一是适用《刑法》第 177 条之一规定的妨害信用卡管理罪,二是适用《刑法》第 196 条第 3 项规定的信用卡诈骗罪。由于行为人收买的是他人多余的信用卡,是银行发行的真实有效的信用卡,不能适用使用伪造信用卡的条款。如果行为人仅仅是购买了他人的信用卡并没有使用的,则符合妨害信用卡管理罪中的非法持有他人信用卡的情形,构成妨害信用卡管理罪。如果行为人购买的他人信用卡并冒充持卡人的名义进行使用的,则符合信用卡诈骗罪的"冒用"情形,构成信用卡诈骗罪。"冒用"一般包括三种情形:擅自使用为持卡人代为保管的信用卡;利用捡拾到的他人的信用卡进行取现、消费;接受他人通过盗窃、捡拾、骗取等方式获得的信用卡并使用的,购买他人多余的信用卡并冒用的,也应属于冒用的情形之一。[①]

根据《刑法》及 2018 年 11 月 28 日最高人民法院、最高人民检察院《关于办理妨害信用卡管理刑事案件具体应用法律若干问题的解释》(以下简称《妨害信用卡管理罪解释》)的规定,非法持有他人信用卡五张以上的,可以认定为妨害信用卡管理罪。但由于《妨害信用卡管理罪解释》并没有对何谓"非法"作出明确解释,而信用卡买卖双方又是自愿交易的,按照通常理解,这种持有似乎不能认定为非法。但是,笔者认为,除了行为人提出明确的证据证明其购买的他人真实信用卡系持卡人本人委托其保管之外,购买他人信用卡的行为应当认定为非法持有。

持卡人本人的同意并不直接表明购买该信用卡的行为人持有信用卡的行为

---

① 参见周骏如:《妨害信用卡管理罪若干问题研究》,载《政治与法律》2007 年第 6 期。

具有合法性,还应当结合信用卡管理的规定进行判断。《银行卡业务管理办法》第28条第3款规定,银行卡及其账户只限经发卡银行批准的持卡人本人使用,不得出租和转借。各商业银行的章程一般也设定了信用卡由本人使用的规则,依据持卡人与银行之间的合同关系,持卡人一旦领用信用卡,也将受到章程的约束。因此,即使出卖、赠与信用卡等行为是持卡人的真实意思表示,但是这种意思表示并不符合法律规定,故不应成为合法性依据。目前,在银行办理取款业务需凭本人身份证,而使用信用卡也限于持卡人本人,这就印证了持卡人的意思表示不能及于信用卡的使用,实践中因养卡、办理贷款等违反相关规定的行为而产生的授权持有,仍属非法持有。

当然,我们也应当看到,共同生活的关系人之间使用信用卡的情况在实践中屡有发生,未违背持卡人意愿使用而导致的持有他人信用卡,实际上不能认定为非法持有他人信用卡行为。因此,行为人能够提出相关证据证明其持有他人信用卡行为属于亲朋之间的合理借用信用卡的行为的,尽管违反了相关信用卡的管理制度,但不能认定为妨害信用卡管理罪中的非法持有行为。当然,从持有信用卡的数量上也应当在司法解释层面进行一定的限制,例如,行为人持有数十张亲友的信用卡,实际上在数量上已经明显地体现出了持有行为的不正当性,因此,有必要在司法规则层面对这种违规的信用卡使用与持有行为进行一定的限制,规定超过一定数量的持有他人信用卡行为,即使存在亲朋等社会关系的,也应当认定为非法持有。

其二,真实信用卡出卖人的行为性质判断。

真实信用卡出卖人的行为又分为出售本人合法申领的信用卡的行为,以及为了获取利益而收买信用卡后再度出售的行为。在实践中,根据卖卡人对他人购卡目的的认知度的不同,可将售卡行为分为三类:(1)明知他人将信用卡用于诈骗、洗钱等金融犯罪或者经济犯罪而出售的;(2)没有证据表明行为人明知他人从事相关犯罪,但概括认识到他人可能将信用卡用于不法目的而出售信用卡的;(3)完全不知道他人购买信用卡的用途而出售信用卡的。对于第一种情形,根据相关刑法与司法解释的规定,显然可以认定为相关金融犯罪或者经济犯罪的共犯。对于第三种情形,即完全不知道他人购卡目的,甚或认为系用于合法目的而出售信用卡的行为,由于缺乏主观故意,因此不能作为犯罪定罪处罚。对于实践中最为普遍的是第二种情形,即根据生活常识或者行为时的具体环境,售卡者认识到他人可能将卡用于违法犯罪,但仍不顾这一后果而出售信用卡,由于不属于明知他人实施诈骗犯罪而为其提供信用卡等帮助,在司法认定上具有很大的疑难性。在实践中有观点认为,对于不明知他人购卡用途而出售自己合法申领的信用卡,或者为了谋利而收购他人信用卡出售的行为,由于不具有共同犯罪意思联络,不能认定为共同犯罪,也不符合其他涉信用卡犯罪的构成要件,故不能认定为犯罪。但也有观点认为,为了有效遏制诈骗、洗钱等金融与经济犯罪,行为人实际上满足概括的故意即可定罪处罚,即只要行为人认识到对方可能利用所购信用卡账户实施不法行为而仍与其交易的,就可以直接以购买方利用该信用卡所实施犯罪的帮助犯定罪处罚。对此,笔者认为,在认识到信用卡买受人可能利用信用卡从事不法行为的情况下,其主观上尽管对于信用卡买受人的后续犯罪行为具有一定程度的认识,但并未形成完整的共同犯罪故意;其客观上尽管实施了提供信用卡的帮助行为,但并没有直接针对后续犯罪所破坏的金融市场秩序或者社会经济秩序造成直接的破坏。出卖真实信用卡的行为主观与客观上破坏的都是信用卡使用、保管、持有的管理秩序,故从妨害信用卡管理罪的角度分析这种行为应当更为恰当。但由于目前刑法规定的妨害信用卡管理罪并没有将这种出售真实信用卡的行为规定为犯罪,故这应当属于立法上的盲点,应当在由立法机关进一步评估该种行为的社会危害性的基础上,做出是否进行立法完善的决策。将该种行为犯罪化的立法设计可以是:在妨害信用卡管理罪的行为模式中增加一项规定——"明知他人可能使用信用卡进行相关金融与经济违法犯罪行为,仍为其提供信用卡,数量较大的。"

七、妨害信用卡管理罪罪数的认定

尽管刑法将妨害信用卡管理的行为独立设罪,但是,妨害信用卡管理罪中的许多行为与伪造、变造金融票证罪以及信用卡诈骗罪等具有密切的联系,有些行为是其他犯罪的后续行为,也有些行为是其他犯罪的准备行为。因此,正确把握涉及妨害信用卡管理罪的罪数形态极为重要,实践中应注意以下几个问题。

其一,伪造信用卡后又出售或提供给他人行为的处理。司法实践中较多地存在这种情况,但对于行为人的这些行为应如何定性,存在争议。笔者认为,对于伪造信用卡后又出售或提供给他人的行为,理应以刑法理论上的牵连犯"从一重处断"原则论处,即以伪造金融票证罪定罪处罚。其理由是,在将自己伪造的信用卡出售或提供给他人的案件中,出售或者提供行为实际上是伪造行为的目的行为,而伪造行为则是手段行为,而且行为人实施伪造或者出售、提供行为时主观上具有一致性。特别是伪造信用卡行为与妨害信用卡管理行为在构成要件上具有一定的包容关系,完全符合刑法理论上的牵连犯构成要件,理应从一重罪论处。由于伪造金融票证罪的法定刑高于妨害信用卡管理罪,因而对行为人的行为应以伪造金融票证罪从重处罚。

其二,伪造信用卡后又持有、运输行为的处理。理论上对于此类行为的处理,有不同意见。笔者认为,此种行为仍然属于牵连犯,应按照伪造金融票证罪处理。其理由与上述伪造信用卡后又出售或提供给他人行为的处理意见完全相同。只是伪造信用卡的行为中似乎并不包括伪造空白的信用卡，但是持有、运输行为的对象中则包括伪造的空白信用卡，如果行为人伪造空白的信用卡后又持有、运输的，是否仍然要以伪造金融票证罪论处，则是一个值得研究的问题。

其三，骗领信用卡后又出售或提供给他人行为的处理。与上述伪造信用卡后又出售或提供给他人的行为不同的是，此种行为中行为人的骗领行为和出售、提供行为实际上是同时被规定在妨害信用卡管理罪中的，行为人只要实施其中任何一个行为就可构成犯罪，但是，行为人如果实施两个以上的行为则不能实行数罪并罚，因为行为人的行为所涉及的具体罪名相同，按照刑法基本原理，对于相同罪名不能实行数罪并罚。因此，对于行为人的行为只能以妨害信用卡管理罪从重处罚。

其四，购买他人盗窃的信用卡行为的处理。由于修正案新增设的妨害信用卡管理罪中的购买行为的对象仅限于伪造的信用卡和以虚假的身份证明骗领的信用卡，而并未将他人盗窃的信用卡归入其中，因此，笔者认为，如果行为人在购买该种信用卡后又加以使用的，对其行为可以按信用卡诈骗罪论处；如果行为人购买后并未加以使用的，对于行为人的行为只能以妨害信用卡管理罪中"非法持有他人信用卡"的行为论处，而不能以妨害信用卡管理罪中的购买行为论处。

其五，使用伪造的信用卡与持有、运输伪造的信用卡竞合行为的处理。笔者认为，实际上，这些行为中始终存在着竞合问题，属于刑法理论上的想象竞合犯。刑法将持有、运输等行为规定为犯罪时，通常将它们作为兜底条款对待，即行为人的行为只有在不符合其他条款的情况下，才能以持有、运输等行为认定，否则就应以其他相关罪名论处。在这类案件中，既然行为人的行为已经符合信用卡诈骗罪的构成要件，就应该以信用卡诈骗罪论处，而不应该再以妨害信用卡管理罪定性。

同理，对于行为人冒用他人信用卡进行诈骗同时又非法持有他人信用卡的行为，也应该以信用卡诈骗罪论处。

其六，购买伪造的信用卡或骗领的信用卡又加以使用行为的处理。笔者认为，在这类案件中，行为人既实施了购买行为，又实施了使用行为，而购买行为与使用行为又分别规定在妨害信用卡管理罪与信用卡诈骗罪的行为之中，但是，行为人购买伪造的信用卡或骗领的信用卡的目的就是使用，因此，其中的购买行为完全是使用行为的手段行为，这在理论上较为符合牵连犯的构成要件，按从一重处断的原则处理较为合理。

第四节　违规出具金融票证罪的司法认定

在有关经济、贸易特别是对外贸易活动中,有关当事人往往需要银行或者其他金融机构出具证明其能够给付款项的信用证或者其他保函、票据、存单、资信证明等。由于为当事人及时地出具有关资信证明,能够有效地证明当事人的给付款项的能力,从而使有关贸易活动能正常地进行,所以,我国法律在一般情况下是允许银行或者其他金融机构依法办理出具资信证明业务的。但是,由于信用证或者其他保函、票据、存单、资信证明等属于金融机构的信用工具和信用形式,银行或者其他金融机构一旦开出,就要承担连带补偿或赔偿责任,即当事人不能按金融机构开出的信用证给付款项时,对方有权要求金融机构负责补偿或者赔偿。就此而言,银行或者其他金融机构开具有关信用证明行为,关系到银行或者其他金融机构本身的财产利益。这就要求银行及其他金融机构在出具有关资信证明时,必须严格审查有关当事人的情况,诸如经营情况、资产情况、信用情况等,不得擅自开具这些信用证明。

但是,在司法实践中,一些银行或者其他金融机构的工作人员,往往出于牟取私利或者其他个人目的,或因受贿而违反法律规定,非法为他人出具信用证明,从而造成银行等金融机构的经济损失。

我国原《刑法》中没有设立违规出具金融票证罪,因而长期以来对银行或者其他金融机构的工作人员非法出具金融票证的行为无法追究刑事责任,而只能按一般违法行为处理,造成严重后果的,也往往只能以玩忽职守罪处理。这种情况显然不能适应我国维持正常金融秩序的要求。为此,全国人大常委会《关于惩治破坏金融秩序犯罪的决定》第15条专门规定了违规出具金融票证罪。我国1997年《刑法》第188条规定的违规出具金融票证罪只在犯罪对象上增加列举"存单",对上述决定的其他内容则予以全部吸收。2006年6月29日第十届全国人大常委会第二十二次会议通过的《刑法修正案(六)》第15条对《刑法》第188条第1款进行了修正,将本罪原先"造成较大损失"的成立要件及"造成重大损失"的法定从重要件分别改为"情节严重"及"情节特别严重"。修正后的我国《刑法》第188条第1款规定:"银行或者其他金融机构的工作人员违反规定,为他人出具信用证或者其他保函、票据、存单、资信证明,情节严重的,处五年以下有期徒刑或者拘役;情节特别严重的,处五年以上有期徒刑。"第2款规定:"单位犯前款罪的,对单位判处罚金,并对其直接负责的主管人员和其他直接责任人员,依照前款的规定处罚。"

根据《刑法》的上述规定,笔者认为,所谓违规出具金融票证罪,是指银行或者其他金融机构的工作人员违反规定,为他人出具信用证或者其他保函、票据、存单、资信证明,情节严重的行为。在理论上和司法实践中,对于违规出具金融票证罪,主要有以下几个问题需要探讨。

一、犯罪对象的认定

违规出具金融票证罪有其特定的犯罪对象,具体是指银行或者其他金融机构及其工作人员违反规定为他人出具的金融票证,即信用证、保函、票据、存单和资信证明。

所谓信用证,是指一种银行有条件的付款承诺,是开证银行根据贸易合同买方(申请人)的要求和指示,向卖方(收益人)开出的在规定的金额和期限内,凭规定的单据付款的书面保证。所谓保函,亦称"担保函"或者"保证书",是指担保人(金融机构)应申请人或者委托人的请求,向第三者(收益人)开出的一种无条件或者有条件的保证文件,保证当收益人按照保函规定完成了特定义务时,申请人或者担保人将履行保函所规定的责任和义务。所谓票据,是指按照一定的格式做成的,由出票人依法出具的,具有流通性和无条件支付特点的凭证。它包括汇票、本票和支票。[1]汇票是出票人签发的,委托付款人在见票时或者在指定日期无条件支付确定的金额给收款人或者持票人的票据。汇票分为银行汇票和商业汇票。本票是出票人签发的,承诺自己在见票时无条件支付确定的金额给收款人或者持票人的票据。这里是指银行本票。支票是出票人签发的,委托办理支票存款业务的银行或者其他金融机构在见票时无条件支付确定的金额给收款人或者持票人的票据。[2]所谓存单,是指金融机构签发给存款人,存款人用以提取存款的凭证。所谓资信证明,是指银行或者其他金融机构应他人请求出具的,证明持证人具有相应的资产、资金实力和信用的证明文件。

二、客观要件的认定

违规出具金融票证罪的客观行为特征表现为银行或者其他金融机构的工作人员违反规定,为他人出具信用证或者其他保函、票据、存单、资信证明,情节严重的行为。具体而言,本罪客观方面的规定包括三个主要内容:违反规定、为他人出具和情节严重。

1. 对违规出具金融票证罪中"违反规定"含义的理解。

对于违规出具金融票证罪中"违反规定"的含义,在理论上存在不同的观点。

---

① 参见中国人民银行条法司、国务院法制办财政金融法制司编写:《金融违法行为处罚办法释义》,中国法制出版社 1999 年版,第 48 页。

② 参见《中华人民共和国票据法》第 2 条、第 19 条、第 73 条、第 81 条。

有学者认为,"违反规定",是指行为人违反了《商业银行法》《票据法》,其他出具信用证、保函、票据、存单、资信证明应当遵守的有关金融法律、法规以及金融机构内部制定的有关规章制度。①也有学者认为,"违反规定"中的"规定",应该是指与出具信用证或者其他保函、票据、存单、资信证明有关的所有法律、法规。②

笔者认为,上述第一种观点是正确的。《刑法》第188条违规出具金融票证罪的立法中,并没有如同其他金融犯罪一样规定"违反国家规定"。例如,《刑法》第186条在违法发放贷款罪中,明确规定是"违反国家规定"。我国《刑法》第96条对"违反国家规定"作出过专门解释,即本法所称"违反国家规定",是指违反全国人民代表大会及其常务委员会制定的法律和决定,国务院制定的行政法规、规定的行政措施、发布的决定和命令,但是对"违反规定"却没有相应解释,这就引发了学界对"违反规定"内容的不同理解。正因为如此,笔者认为,从文义上理解,"规定"的外延应当较"国家规定"更广,它不仅包括最高国家机关发布的规范性文件,而且包括其他位阶较低的规范性文件,甚至也可以包括金融机构内部的规则、规章。据此,违规出具金融票证罪的"违反规定"的含义,应理解为包括法律、法规有关出具金融票证的规定和金融机构内部制定的关于出具金融票证的规定。

2. 对违规出具金融票证罪中"为他人出具"行为含义的理解。

在理论上,一般认为,违规出具金融票证罪中的"出具"是指开出或写出;"他人"既包括单位,也包括个人。所谓"为他人出具",是指为单位或者个人非法开出相关金融票证。从银行业务上分析,根据行为人出具的金融票证对象的不同,可以将违规出具金融票证行为分为以下几类:其一,在信用证业务中,银行或者其他金融机构及其工作人员明知买卖双方无真实的贸易合同关系,仍对外开立信用证;其二,在金融票据业务中,银行或者其他金融机构及其工作人员签发没有真实的交易关系和债权债务关系的票据;其三,在金融存款业务中,银行或者其他金融机构及其工作人员开出与存款人无真实存款关系的存单或为当事人提供虚假的资信证明,虚构当事人的资信能力等情况。

需要指出的是,违规出具金融票证罪的主体为银行或者其他金融机构的工作人员,因此对于本罪中的"出具"就应该作严格限制。笔者认为,是否能理解为本罪中的"出具",关键要看行为人出具的票据是否可能使善意第三人受到非法票据的欺骗,金融机构是否因此可能承担对任何第三人受到损害的赔偿责任。出具的范围仅限于信用证或者其他保函、票据、存单、资信证明等,而不包括承

① 参见马克昌主编:《经济犯罪新论》,武汉大学出版社1998年版,第278页。
② 参见骆梅芬:《关于非法出具金融票证罪的几个问题》,载赵秉志主编:《新千年刑法热点问题研究与适用》(下),中国检察出版社2001年版,第958页。

兑、付款、保证等附属票据行为,因为相关的行为已在《刑法》第180条对违法票据承兑、付款、保证罪中专门作了规定。

3. 对于"情节严重"含义的理解。

全国人大常委会的《关于惩治破坏金融秩序犯罪的决定》以及1997年《刑法》对于违规出具金融票证罪均规定要以"造成较大损失"和"造成重大损失"作为定罪或量刑的要件。但是,《刑法修正案(六)》却将本罪的成立要件由原来的"造成较大损失"修改为"情节严重",将法定从重情节由原来的"造成重大损失"修改为"情节特别严重"。这主要是因为,在司法实践中,对违规出具金融票证的行为所造成的损失较难认定。经修正案修正后,这类行为只要涉及的资金数额巨大或者有其他严重情节的,就可追究行为人的刑事责任。根据最高人民检察院、公安部《关于公安机关管辖的刑事案件立案追诉标准的规定(二)》第44条的规定,银行或者其他金融机构及其工作人员违反规定,为他人出具信用证或者其他保函、票据、存单、资信证明,涉嫌下列情形之一的,应予立案追诉:(1)违反规定为他人出具信用证或者其他保函、票据、存单、资信证明,数额在100万元以上的;(2)违反规定为他人出具信用证或者其他保函、票据、存单、资信证明,造成直接经济损失数额在20万元以上的;(3)多次违规出具信用证或者其他保函、票据、存单、资信证明的;(4)接受贿赂违规出具信用证或者其他保函、票据、存单、资信证明的;(5)其他情节严重的情形。

关于违规出具金融票证罪中造成经济上的损失是否包括间接损失等,修正案出台前理论上曾有争议。一般认为,违规出具金融票证罪中的损失应指实际损失,不包括信誉损失;应指直接损失,不包括间接损失。其理由是:本罪渊源于玩忽职守罪,原《刑法》中玩忽职守罪中的损失是指实际损失,所以本罪的损失也自然是指实际损失。违规出具金融票证罪固然会给金融机构的信誉造成损害,但是这种损害是一种抽象的、无形的损害,不属于本罪的实际损失。最高人民检察院、公安部的立案追诉标准采纳了直接经济损失的意见。

三、主观罪过的认定

违规出具金融票证罪的罪过形式是故意还是过失,抑或既包括故意也包括过失,在理论上存在诸多争议。

第一种观点认为,本罪在主观上是故意。[①]

第二种观点认为,本罪在主观上是由过失构成,即行为人对于为他人出具信

---

① 参见赵秉志主编:《破坏金融管理秩序犯罪疑难问题司法对策》,吉林人民出版社2000年版,第356、362页。

用证或者其他保函、票据、存单、资信证明可能造成的重大损失是出于过失，这种过失一般表现为过于自信的过失。至于行为人实施的出具保函、票据、存单、资信证明本身，则是出于故意。本罪是结果犯，行为人对行为的故意并不影响对结果的过失，因而应属于过失犯罪。①

第三种观点认为，本罪在主观方面主要是过失，即对行为可能造成的损失，行为人疏忽大意没有预见或者自信能够避免。但是，行为人违反规定的行为，则是明知故犯。当然，也不排斥行为人对结果持放任态度，即主观方面可表现为间接故意。②

第四种观点认为，本罪的主观方面既可以是故意，也可以是过失。在故意中，不仅包括间接故意，也包括直接故意。否定本罪可由直接故意构成，则会导致法网疏漏、罪与非罪之间的不平衡。③

笔者认为，第四种观点是合理的。即违规出具金融票证罪的罪过形式既可以是故意，也可以是过失。理论上之所以对违规出具金融票证罪的主观方面出现不同认识，其实主要还是涉及这里的罪过是相对于非法出具的行为及其所造成的结果，还是相对于具体损失。在《刑法修正案(六)》出台之前，笔者曾经认为，因为本罪的罪过评价对象是行为人对于自己非法出具金融票证会造成金融管理秩序的破坏的结果的态度，而不是对非法出具金融票证所造成的较大损失结果的态度。造成较大损失只是客观处罚条件。行为人违反规定为他人出具金融票证，既可能是出于滥用职权，也可能是出于玩忽职守。滥用职权的罪过形式是故意，包括直接故意和间接故意，而玩忽职守的罪过形式是过失。

在《刑法修正案(六)》颁布以后，笔者的上述观点无疑更能得到支持。因为现行《刑法》有关违规出具金融票证罪是以"情节严重"为成立要件的，其范围要远远大于以前的"造成较大损失"，即在今后完全可能存在行为人非法出具行为没有造成实际经济损失，但却因为出具金融票证涉及的数额巨大、特别巨大等严重情节而构成本罪的情形。在此情况下，认为行为人的主观罪过中包含直接故意似乎不应有任何障碍。当然，在行为人与他人具有共同故意的情况下，由于故意的内容发生了变化，则另当别论。即如果银行或者其他金融机构工作人员与其他人员相互勾结、相互串通，由银行或者其他金融机构工作人员违规出具金融票证，由其他人员进行诈骗且依法构成诈骗罪的，对银行或者其他金融机构工作人员应以诈骗罪的共犯论处，而不能认定为违规出具金融票证罪，亦不得两罪

① 参见刘家琛主编：《新刑法条文释义》，人民法院出版社1997年版，第787页。
② 参见赵秉志、吴大华：《新刑法典罪名及司法解释要义》，中国人民公安大学出版社1998年版，第184页；马克昌主编：《经济犯罪新论》，武汉大学出版社1998年版，第282页。
③ 参见薛瑞麟主编：《金融犯罪研究》，中国政法大学出版社2000年版，第185页。

并罚。

第五节 对违法票据承兑、付款、保证罪的司法认定

对违法票据承兑、付款、保证罪是我国 1997 年《刑法》规定的一个新罪名。我国 1979 年《刑法》以及全国人大常委会《关于惩治破坏金融秩序犯罪的决定》中均没有关于对违法票据承兑、付款、保证罪的规定。我国《票据法》第 104 条第 1 款规定:"金融机构工作人员在票据业务中玩忽职守,对违反本法规定的票据予以承兑、付款或者保证的,给予处分;造成重大损失,构成犯罪的,依法追究刑事责任。"第 2 款规定:"由于金融机构工作人员因前款行为给当事人造成损失的,由该金融机构和直接责任人员依法承担赔偿责任。"但是,原《刑法》中并无相应的罪名,因而理论上一般认为,如果行为人实施了《票据法》中所规定的犯罪行为,对行为人应以玩忽职守罪处理。当前社会上利用金融票据诈骗银行或者其他金融机构钱款的现象相当严重,且往往均能得逞,究其主要原因又与银行或者其他金融机构工作人员不按规定承兑、付款、保证有关。为此,1997 年《刑法》将对违法票据承兑、付款、保证罪作为一个独立罪名规定在第 189 条之中,以更有利于打击这类犯罪行为。

《刑法》第 189 条第 1 款规定:"银行或者其他金融机构的工作人员在票据业务中,对违反票据法规定的票据予以承兑、付款或者保证,造成重大损失的,处五年以下有期徒刑或者拘役;造成特别重大损失的,处五年以上有期徒刑。"第 2 款规定:"单位犯前款罪的,对单位判处罚金,并对其直接负责的主管人员和其他直接责任人员,依照前款的规定处罚。"

一、"重大损失"的认定

根据《刑法》第 189 条规定,对违法票据承兑、付款、保证罪是以"造成重大损失"为构成犯罪的必要要件。在理论上对于重大损失的认定,主要涉及重大损失的受害者应为谁以及重大损失如何计算两个问题。

对于银行或者其他金融机构的工作人员在票据业务中,对违反票据法规定的票据予以承兑、付款或者保证,造成重大损失的受害者应该如何加以确定,理论上争议较大。

有学者认为,所谓"重大损失",是指由于行为人的违法承兑、付款、保证,使银行、金融机构被骗,造成重大经济损失。[1]也有学者认为,对违法票据承兑、付

---

[1] 参见胡康生、李福成主编:《中华人民共和国刑法释义》,法律出版社 1997 年版,第 254、255 页。

款、保证罪的重大损失应包括给承兑人付款、保证的金融机构造成的损失,也包括给其他受害人造成的损失。①还有学者认为,"重大损失"主要是指给本单位或者客户造成重大经济损失。②

笔者认为,现行《刑法》并未对重大损失的受害者作出明确规定。最高人民检察院、公安部《关于公安机关管辖的刑事案件立案追诉标准的规定(二)》第45条也只是规定,银行或者其他金融机构及其工作人员在票据业务中,对违反票据法规定的票据予以承兑、付款或者保证,造成直接经济损失数额在20万元以上的,应予立案追诉。同样没有明确重大损失受害者的范围,因而从理论上说应作全面的理解。对违法票据承兑、付款、保证罪中的重大损失,主要是指给银行或者其他金融机构所造成的损失,同时也包括给其他有关单位或个人造成的损失。其理由主要有以下两点。

首先,对违法票据承兑、付款、保证罪的"重大损失"受害者主要应该是金融机构。银行或者其他金融机构的工作人员由于玩忽职守或者滥用职权,对违法票据承兑、付款、保证,往往给本单位造成经济损失。银行或者其他金融机构一旦承兑、付款、保证,就必然有某种款项的支出,如果这种支出是不该支出的,就造成了经济损失。这是因为,金融工作人员的付款行为是一种款项的实际支付,如果付款不当,必然造成金融机构的实际损失。金融工作人员的承兑行为,虽然尚未进行实际支付,只是承诺在汇票到期日支付汇票金额,但是金融机构一旦作出了这种承诺,根据《票据法》第44条的规定,付款人承兑汇票后,应当承担到期付款的责任。如果持票人凭经过金融机构承兑过的违法票据请求金融机构付款,那么金融机构进行支付后,就会造成经济损失。同样,金融工作人员的保证行为,使得金融机构承担了债务人不能付款时必须代为付款的责任。根据《票据法》第50条的规定,被保证的汇票,保证人应当与被保证人对持票人承担连带责任。汇票到期后得不到付款的,持票人有权向保证人请求付款,保证人应当足额付款。金融工作人员一旦对违法票据进行了保证,金融机构在实际履行了保证责任即付款后,就会造成经济损失。

其次,对违法票据承兑、付款、保证罪的"重大损失"受害者也包括其他单位或个人。金融机构在对汇票承兑、保证后(付款除外,因为付款只造成金融机构本身的损失),持票人在进行背书转让、抵押、质押等行为后,如果后手在向金融机构请求付款或追索时,金融机构本身破产而无力偿付时,就会给其他单位或个人造成经济损失。最高人民检察院、公安部《关于公安机关管辖的刑事案件立案

① 参见蒋勇主编:《破坏社会主义市场经济秩序罪》,法律出版社2000年版,第376页。
② 参见周道鸾、张军主编:《刑法罪名精释》,人民法院出版社1998年版,第305页。

追诉标准的规定(二)》第 45 条规定："银行或者其他金融机构及其工作人员在票据业务中,对违反票据法规定的票据予以承兑、付款或者保证,造成直接经济损失数额在 20 万元以上的,应予立案追诉。"这一规定只指明所谓的损失是直接经济损失,但没有限定损失仅指金融机构的损失。可见,对违法票据承兑、付款、保证罪的"重大损失"并没有完全将其他单位或者个人排除在外。

在理论上和司法实践中,在对违法票据承兑、付款、保证罪中"重大损失"的认定标准问题上仍然存在一定的争议。

尽管最高人民检察院、公安部《关于公安机关管辖的刑事案件立案追诉标准的规定(二)》已经对"重大损失"规定了追诉标准,但这是否就是定罪的标准还有待司法解释进一步明确。另外,对违法票据承兑、付款、保证罪的刑法规定中还涉及"造成特别重大损失"。对"特别重大损失"应以什么标准认定,迫切需要司法机关作出明确解释。

曾经有学者提出,应将对违法票据承兑、付款、保证犯罪行为所导致的间接损失也计算在"重大损失"或者"特别重大损失"之中。笔者认为,这一观点显然不符合最高人民检察院和公安部相关规定的精神,因为在相关追诉标准的规定中,只有直接损失的计算依据,而没有间接损失的计算依据。在理论上认为,直接经济损失是指与行为有直接因果关系而造成的财产损毁、减少的实际价值。一般情况下,行为人所造成的直接经济损失是实施上述某种行为一次所造成的,但是如果行为人多次实施上述某种行为或者多种行为,其所造成的直接经济损失应该累计计算。

二、主观罪过的认定

我国现行《刑法》第 189 条并未明确规定对违法票据承兑、付款、保证罪的罪过形式,因而理论上对此存在较大争议,主要有以下几种观点。

第一种观点认为,本罪的罪过形式是过失。即行为人明知持有人的票据是违反票据法规定,因而不能予以承兑、付款或保证的,但其由于疏忽大意或轻信能够避免,而不顾后果,违法为他人的票据予以承兑、付款或者保证。[1]

第二种观点认为,本罪的罪过形式是故意。即明知行为人所使用的票据是违反票据法规定,因而不能予以承兑、付款、保证的,而予以承兑、付款或者保证。过失不构成本罪。[2]

第三种观点认为,本罪的主观方面是出于过失或者间接故意。即对违法票

① 参见卢松主编:《金融领域犯罪问题研究》,经济管理出版社 2000 年版,第 337 页。
② 参见赵秉志主编:《新刑法全书》,中国人民公安大学出版社 1997 年版,第 706 页。

据承兑、付款、保证所造成的重大损失的结果是出于疏忽大意的过失或过于自信的过失,或者虽不希望但放任这种结果发生。但是,实施对违法票据予以承兑、付款、保证的行为往往出于故意,也可能出于过失。①

第四种观点认为,本罪的主观方面表现为故意,但少数情况下也存在过失犯罪的可能性。②

笔者赞同第四种观点,即对违法票据承兑、付款、保证罪的罪过形式既可以是过失,也可以是故意;在故意中,既包括直接故意,也包括间接故意。其理由是有以下两点。

第一,本罪的罪过形式可以是过失。本罪的发生主要是金融工作人员由于工作不认真负责、审查不严所致,属于玩忽职守行为。理论界公认这是一种过失的罪过形式。在《刑法》对本罪作出规定前,《票据法》(已于2004年修正)第104条曾明确指出这种行为是玩忽职守行为:"金融机构工作人员在票据业务中玩忽职守,对违反本法规定的票据予以承兑、付款或者保证的,给予处分;造成重大损失,构成犯罪的,依法追究刑事责任。"可见,对违法票据承兑、付款、保证罪的罪过形式可以由过失构成。

第二,本罪的罪过形式也可能是故意。1997年《刑法》在吸收《票据法》的规定时已取消了"玩忽职守"的限制,从道理上实际已经确认了本罪也可能出于"滥用职权"的原因。而滥用职权的罪过形式是故意,既包括直接故意,也包括间接故意。如前所述,判断对违法票据承兑、付款、保证罪的罪过形式应该以行为人对金融秩序破坏的结果的态度为根据,"重大损失"只是一种表明行为危害程度的客观处罚条件。

必须注意的是,对违法票据承兑、付款、保证罪的行为人如果与他人具有共同故意,即在事先有通谋的情况下,明知他人所持有的票据是违反票据法规定的,仍予以承兑、付款、保证,并对造成重大损失持希望的态度,实际上属于故意为票据诈骗等犯罪行为提供条件。此时,对于行为人应以票据诈骗等其他犯罪的共犯论处,而不是以对违法票据承兑、付款、保证罪论处。

---

① 参见马克昌主编:《经济犯罪新论》,武汉大学出版社1998年版,第286页。
② 参见赵秉志主编:《破坏金融管理秩序犯罪疑难问题司法对策》,吉林人民出版社2000年版,第375页。

第十三章
危害证券、期货管理制度犯罪研究

第一节 危害证券、期货管理制度犯罪概述

证券、期货在新中国成立后的三十余年内一度销声匿迹。改革开放后,随着社会主义市场经济的建立和发展,证券、期货重新进入人们的视野,证券、期货以及证券、期货市场与国民经济的发展及社会生活方方面面的联系也愈来愈紧密,且已成为人们社会生活中的一个热门话题。而随着证券、期货市场的不断发展,证券、期货犯罪也呈日益严重的趋势,加强对此问题的研究无疑是摆在我们面前的一项十分重要和紧迫的任务。

在理论上,一般认为,证券、期货犯罪是伴随着现代证券、期货市场的发展而出现的,是刑事法律(包括某些国家和地区的附属刑法规定)介入证券、期货市场,调整证券、期货法律关系的产物。应该承认,证券、期货交易作为市场经济中的经济运作形式之一,其中的各种交易行为本身需要一定的规则和制度加以规范。尽管世界各国证券、期货交易所都建立了相应的交易规则和制度,但由于证券、期货市场固有的高风险性和高盈亏率,任何不规范的交易行为都可能带来巨额的利润,以致一些不法分子不惜铤而走险,违规操作,牟取暴利,严重地损害了市场秩序。正是因为这一点,世界许多国家和地区在建立了证券、期货市场后,都十分注意加强证券、期货立法来规范证券、期货市场中人们的行为,同时通过刑事立法(或相关刑事规范)并运用刑罚手段来惩治证券、期货市场上的犯罪行为。

世界各国和地区有关证券、期货犯罪立法的情况主要呈现以下几个特点。

首先,有关证券、期货犯罪的刑事立法比较杂乱,即大多数国家和地区均没有将证券、期货犯罪规定在统一的刑法典中,而只是将有关犯罪体现在商品交易法、商品交易所法、证券或期货交易法、金融法、投资法等金融法律法规中。证券、期货犯罪是一类专业性极强的犯罪,以刑法典加以规定很难全面反映证券、

期货犯罪的特性,而用相应的金融法律法规加以规定则可以更直接地体现这类犯罪的专业性特点。同时,证券、期货市场瞬息万变,证券、期货犯罪也层出不穷。刑法典是国家的基本法律,它较多地强调稳定性,对其修改以适应对新型证券、期货犯罪行为规范的要求较为困难,这在某种程度上必然降低其适用性;而对相应的金融法律法规修改则相对较为容易,这更符合证券、期货犯罪本身的特点。但是,这种立法模式的不足之处也显而易见,即刑法典本身应具有的统一规定犯罪、刑事责任与刑罚的特性正在慢慢消失。

其次,有关证券、期货犯罪的刑事立法集中体现了这类犯罪的"行政犯"(法定犯)特点。有许多国家和地区在规定证券、期货犯罪的金融法律法规中,均把证券、期货犯罪规定在"罚则"中,而在前文中一般只规定了相应的行政违法行为。这种法律规定的模式可以体现证券、期货犯罪与证券、期货行政违法行为的密切关系,也为认定和惩治证券、期货犯罪提供了相应的构成要件,同时也反映了立法者对刑法干预证券、期货市场适度性的要求。

再次,有关证券、期货犯罪的罪名较集中。尽管由于各国和地区的法律制度不完全一样,且对证券、期货犯罪行为的刑法调整的要求也有差异,但是各国和地区有关证券、期货犯罪的刑事立法均比较集中地对诸如内幕交易、操纵交易行情等行为进行规范。这种情况充分反映了立法者在证券、期货市场上集中打击重大犯罪行为的刑法理念,同时也反映了立法者对证券、期货犯罪的惩治态度。

最后,有关证券、期货犯罪的刑事立法奉行"宽松"的原则。分析各国和地区自建立证券、期货市场后有关证券、期货法律的发展和变化,我们不难发现,有关证券、期货法律的架构以及内容基本上是随着证券、期货市场规模和范围的变化而变化的。由于许多国家和地区市场经济体制建立较早,因而它们的证券、期货市场的建立和发展一直是在较为开放和自由的环境中进行的。而与这种环境下所建立的证券、期货市场相适应的,则是有关对证券、期货市场的监管环境也一直相对比较宽松,当然与之配套的证券、期货法律法规的内容也不是很严格。随着社会的发展以及证券、期货市场上出现诸如内幕交易、操纵价格等各种各样的行为,立法者逐渐加大、加强了对证券、期货市场的监管。各国和地区也采取了相应的立法手段加强对证券、期货市场犯罪及违法、违规行为的禁止和打击力度。但是相较其他犯罪而言,对证券、期货犯罪的打击力度总体还是相当有限的,刑事立法中对证券、期货犯罪规定的法定刑也普遍较轻。这种发展状况基本上符合资本主义社会一贯存在的法律环境较为宽松、较强调自由的实际情况,也符合一些国家和地区刑法理论学界普遍存在的较为宽松的犯罪观和刑罚观。

需要指出的是,与刑事立法所奉行的"宽松"原则相对应,各国和地区有关证券、期货犯罪的实际处理则更为"宽松"。这主要体现在司法实践中,有关证券、期货犯罪行为很少被提起诉讼。而且许多国家和地区尽管有关证券、期货犯罪的刑事立法较早,但真正通过刑事手段处理的证券、期货犯罪案件则往往在立法后很长的时间里才出现。另外,即使对证券、期货犯罪提起诉讼,最终也往往是以被判罚金甚至罚款了结,很少有被判处自由刑的。究其原因,恐怕与上面提及的法律环境较为宽松等因素有关,同时也反映了各国和地区普遍存在的对证券、期货市场不可没有法律管制,但管制的力度不能太大这样一种心态。

我国虽然在新中国成立之前就存在证券和期货市场,但由于种种原因,证券、期货市场没有得到公正而高效的管理,特别是有关证券、期货犯罪的立法甚少。旧中国的证券市场的建立源于西方殖民势力的扩张入侵,因此证券立法的产生明显带有“植入”痕迹。1914 年 12 月 29 日,北洋政府农商部颁布了《证券交易所法》,这是我国第一部证券法律,涉及证券交易所的审批机构、组织形式、交易种类、检查监督等规定,但该法中完全没有涉及与证券、期货有关的犯罪。1929 年国民政府颁布了《交易所法》,这是旧中国最完善的一部证券法。该法共有 8 章 61 条,其中第 7 章规定了 10 条证券犯罪条款,涉及 12 种证券犯罪行为的处罚。

新中国成立后,证券市场曾短暂存在过。国家为了缓解金融市场压力,曾在天津设立证券交易所。在这短暂的时间里,有关部门曾经颁布过一些规章制度,但是所有的规章制度中均没有涉及关于证券、期货犯罪的规定。如中国人民银行天津分行于 1949 年制定的《管理证券交易暂时办法》、《证券交易所营业简则》、《经纪人申请登记办法》、《股票上市须知》、《交割办法》等一系列规章制度,以及国家先后颁布的若干个国家经济建设公债条例。

1978 年的经济体制改革给我国的证券、期货市场的重建和发展带来了机会。从 1981 年国库券的首次发行、1984 年第一支股票的发行以及 1990 年上海证券交易所的建立到现在我国证券、期货市场的成熟发展过程中,我国发布了许多法律法规,如《国库券条例》、《股票发行与交易管理暂行条例》、《企业债券管理条例》、《公开发行股票公司信息披露实施细则》、《禁止欺诈行为暂行办法》等,其中有些已经涉及证券犯罪等问题。另外,随着期货市场的建立和发展,期货立法也在逐步完善。虽然作为期货交易的基本法律——《期货法》尚未出台,但是我国并不缺乏期货管理法规。自从 1990 年建立期货市场以来,我国先后制定了期货管理的地方性法规(如河南省制定的《期货管理条例》)、国务院的行政法规(包括 1999 年 5 月颁布的《期货交易管理暂行条例》及与之相配套的四个办法)等,其中有些也已经涉及期货犯罪等问题。

我国 1979 年《刑法》并没有专门的证券、期货犯罪的规定,虽然第 123 条规定了伪造有价证券罪,但是实际上此规定并非现代意义上的证券、期货犯罪,因为当时我国并不存在现代意义上的证券、期货市场。我国恢复和重建证券市场开始于 1980 年。1990 年 11 月和 12 月,上海证券交易所和深圳证券交易所分别成立,标志着我国证券市场正式跨入快速、规范发展的轨道。1990 年我国建立了第一个以期货交易为目标的郑州粮食批发市场,随后全国建立起了十几个期货交易市场。到 1995 年,全国期货交易所达 40 多家,期货经纪公司则有 500 多家。从 1998 年开始,国家进一步整顿、撤并了期货交易所,保留了上海、郑州和大连 3 家交易所。我国证券、期货市场的建立与发展,无疑极大促进了市场经济的快速发展,这已经成为一个不争的事实。特别是证券、期货市场对我国企业经营机制的转换、投融资体制的改革、产业结构的优化和资源优化配置等都起到了极其重要的作用。但由于证券、期货市场又是高度货币化经济的产物,高回报和高风险相伴而生,从而不可避免地出现了一些犯罪现象,即在我国证券、期货市场建立的同时,有关证券、期货市场的各种失范行为不断出现,社会危害程度越来越严重。

从我国建立证券、期货市场一直到经历了一些重大事件后,伴随着国家规范证券、期货市场、公司行为的法律、法规的陆续出台,证券、期货犯罪在我国刑法中亦呼之而出。但是由于现代社会的证券、期货市场对我国而言是一个全新的市场,在这些市场中有许多东西等待我们去认识,因此,在相当长的一段时间里,我国立法者对证券、期货市场的立法介入还是持一种必要的谨慎和循序渐进的态度。从以下先后颁布的有关证券、期货犯罪的法律法规中,我们可以清楚地看到我国对有关证券、期货犯罪的立法轨迹。

其一,1993 年 12 月 29 日颁布的《公司法》(后经 1999 年、2004 年、2005 年、2013 年全国人大常委会四次修订)。该法首次以附属刑法的方式对在公司监管中可能出现的证券犯罪作出规定。从广义上讲,原《公司法》中对属于证券违法行为并应追究刑事责任的规定有:第 207 条关于欺诈发行股票、债券行为的规定;第 210 条关于擅自发行股票、债券行为的规定;第 212 条关于提供虚假财会报告行为的规定;第 220 条、第 221 条关于滥用管理公司、证券职权行为的规定。由于 1979 年《刑法》对此类犯罪规定的空缺,全国人大常委会于 1995 年通过了《关于惩治违反公司法的犯罪的决定》(已失效)作为补充。在此决定中,有关证券类犯罪是以妨害对公司企业的管理秩序方面犯罪的名义出现的,具体规定了欺诈发行股票、债券罪,提供虚假财会报告罪和擅自发行股票、债券罪等。1993 年 4 月国务院发布的《股票发行与交易管理暂行条例》第 72 条规定:"对内幕人员和以不正当手段获取内幕信息的其他人员,泄露内幕信息、根据内幕信息买卖股票或者向他人提出买卖股票的建议的,根据不同情况没收非法获取的股票和其他非法所得,并处以 5 万元以上 50 万元以下的罚款。"我国对证券市场大量出现的非法交易、投机过度等问题,统称违法行为,不以犯罪论处,且均只根据不同主体、不同违法事实,仅作警告、没收非法所得、罚款、暂停或者撤销证券营业许可、责令退赔等方式处理。

其二,1997年10月1日起正式施行的《刑法》。修订后的《刑法》以"成为一部统一、完备的刑法典"为指导思想,对1979年《刑法》进行了较为全面的修订,增补了很多罪名。对于证券犯罪,新《刑法》在保留、吸收和修改1979年《刑法》和1993年《公司法》中有关证券犯罪规定的同时,根据我国证券、期货市场发展的需要和实际存在的严重违法情况,在分则第三章"破坏社会主义市场经济秩序罪"的第四节"破坏金融管理秩序罪"中增补了证券犯罪。较为明显的有:《刑法》第180条的内幕交易、泄露内幕信息罪;第181条的编造并传播证券交易虚假信息罪和诱骗投资者买卖证券罪;第182条的操纵证券市场罪。以上五种犯罪均发生在证券的发行和交易过程中,属于典型的证券犯罪而为各国刑法所规定。根据这些规定,我们完全可以说证券犯罪在我国刑法中具有名副其实的独立地位。

其三,1998年12月颁布的《证券法》(后经2004年、2005年、2013年、2014年、2019年全国人大常委会五次修订)。正在人们对新《刑法》有关证券犯罪的规定学习、理解和评论时,我国《证券法》紧随其后,以附属刑法的方式,再次重申了立法者对证券犯罪的关注。由于《刑法》颁布施行在先而《证券法》颁布施行在后,因此,《证券法》在保持与刑法典中相应规范之间的相互衔接的同时,又新增加了一些证券犯罪,丰富、发展了刑法典中证券犯罪的规定。例如,1998年《证券法》第176条关于证券公司承销、代理买卖擅自发行的证券犯罪的规定;第177条关于证券发行人未依法披露信息犯罪的规定;第178条关于非法开设证券交易场所的犯罪;第179条关于擅自设立证券公司、经营证券业务犯罪的规定。这是新《刑法》没有规定的一些新罪,这既可以说反映了立法者对证券犯罪行为认识的深化和发展,也集中反映了立法者在有关证券、期货犯罪法律规定上思路不完全统一的特点。

其四,1999年9月1日起施行的《期货交易管理暂行条例》(已失效)及与之配套的四个办法。我国期货市场的第一部法规——《期货交易管理暂行条例》以及与之配套的《期货交易所管理办法》、《期货经纪公司管理办法》(已失效)、《期货从业人员资格管理办法》(已失效)和《期货经纪公司高级管理人员任职资格管理办法》(已失效)正式实施。《期货交易管理暂行条例》和四个办法的颁布和实施,构建起了我国期货市场的基本法制框架,为我国期货市场的法治化建设奠定了基础。随后,《期货交易所章程》(已失效)、《期货交易规则》及相关细则也获得通过。这些条例、办法、规则中对期货交易中存在的违法行为进行明确规定,为严重危害期货交易行为的刑法化奠定了基础。

其五,1999 年 12 月 25 日第九届全国人大常委会第十三次会议通过的《刑法修正案》。正如前述,证券和期货有密切关系,如国债期货交易既是证券交易又是期货交易,两者有部分重叠,但又不相互完全包容,即各有独立性。证券犯罪和期货犯罪从犯罪构成要件要素上看,大部分是相同或相似的,只不过犯罪对象各有不同而已。1997 年《刑法》增设了标准意义上的证券犯罪,从而使司法机关惩治证券犯罪有法可依。但是,对于期货市场上的犯罪行为,《刑法》却未涉及,事实上尽管证券交易与期货交易在交易的目的、交易的范围、交割的方式、市场功效等方面有许多不同,但它们都是市场经济的新领域,其中发生的一些共同犯罪行为如内幕交易、操纵市场、散布虚假信息等,在行为方式、市场危害上几乎相同,区别只是发生在不同领域而已。证券犯罪的立法规定,不仅为期货犯罪立法提供了成熟的经验,而且也证明期货犯罪立法是切实可行的。

鉴于我国期货市场的期货犯罪行为时有发生且无法及时对之予以定罪,以及东南亚金融风暴的冲击对金融市场带来了更大的风险,我国国务院于 1999 年 5 月向全国人大提请审议《关于惩治期货犯罪的决定(草案)》,但由于技术上的原因,该提案当时没有被直接采纳。考虑到《关于惩治期货犯罪的决定(草案)》中规定的许多犯罪行为与《刑法》中已规定的证券犯罪行为相类似,一些委员、专家和相关部门提出,考虑到刑法的统一和执行的方便,不宜再单独搞两个决定,认为采取修改《刑法》的方式比较合适。所以,第九届全国人大常委会第十三次会议以《刑法修正案》的方式将期货犯罪纳入刑法典。

其六,根据证券、期货市场的发展情况,2004 年、2005 年、2013 年、2014 年、2019 全国人大组织了对《证券法》的修订。[1]1999 年、2004 年、2005 年、2013 年、2018 年全国人大组织了对《公司法》的修订。[2]另外,《期货交易管理条例》于 2007 年 3 月 6 日发布,并于 2012 年、2013 年、2016 年、2017 年被修订。这些法律、条例中有许多内容涉及证券、期货犯罪。为此,全国人大常委会于 2006 年 6 月 29 日通过了《刑法修正案(六)》,对操纵证券、期货交易价格罪中的相关内容作了具体修正,同时最高人民法院、最高人民检察院的司法解释根据《刑法修正案(六)》对刑法条文的修正,将该罪罪名调整为操纵证券、期货市场罪。2009 年 2 月 28 日通过的《刑法修正案(七)》对内幕交易、泄露内幕信息罪的规定进行了修改,并新增了利用未公开信息交易罪。2012 年 6 月 1 日起施行的最高人民法院、最高人民检察院《关于办理内幕交易、泄露内幕信息刑事案件具体应用法律

---

① 《证券法》最新修订时间为 2019 年 12 月 28 日。
② 《公司法》最新修订时间为 2018 年 10 月 26 日。

若干问题的解释》（以下简称《内幕交易犯罪解释》）对内幕信息知情人员、非法获取证券、期货交易内幕信息的人员，内幕交易行为的推定情形与抗辩事由，内幕信息敏感期的界定，以及犯罪数额、次数和违法所得等量刑情节的认定等问题进行了详细的规定。2019 年 7 月 1 日最高人民法院、最高人民检察院《关于办理操纵证券、期货市场刑事案件适用法律若干问题的解释》对操纵证券、期货市场罪中关于"以其他方法操纵证券、期货市场"的认定问题，操纵证券、期货市场罪的定罪量刑标准，"自己实际控制的账户"的认定以及《解释》的适用范围均进行了明确说明。同样于 2019 年 7 月 1 日起施行的最高人民法院、最高人民检察院《关于办理利用未公开信息交易刑事案件适用法律若干问题的解释》对利用未公开信息交易罪中的未公开信息的认定、明示、暗示他人从事相关交易活动以及量刑情节的认定等问题进行了详细的规定。

综上所述，在分析各国和地区有关证券、期货犯罪刑事立法的现状并探讨我国有关证券、期货犯罪的立法轨迹后，我们至少可以得出以下结论。

其一，与世界许多国家和地区相比，我国的证券、期货市场是在建立和完善市场经济过程中恢复和发展起来的。由于这一客观情况的存在以及与其他国家和地区的社会、经济制度和立法体系的差异化，我国证券、期货市场上出现的问题以及立法者所考虑的问题与其他国家和地区不完全一样。但是由于证券、期货市场只能出现在市场经济条件下，而无论在什么社会制度下，对市场经济的监管在本质上应该具有许多共性之处，即对有关证券、期货犯罪的刑事立法，我们完全可以借鉴有关国家和地区的相关刑事立法内容，吸取其合理的成分为我所用。应该看到，与世界大多数国家和地区一样，我国的证券、期货市场在经济发展中起着不可替代的重要作用，而且与市场经济的内在要求相适应，这种作用将会表现得越来越明显。但是，我们也应该注意到，随着证券、期货市场的不断发展，各种各样的证券、期货违法犯罪也时有出现并有上升趋势。证券、期货违法犯罪的危害性有目共睹，它不仅可以对投资者、社会和国家造成巨大的物质利益损害，而且可以对社会的经济秩序和证券、期货市场自身的存在和发展造成重大破坏，尤其是对证券、期货市场赖以生存的"公平、公正、公开"三大原则的冲击是巨大的。就此而言，严厉打击证券、期货违法犯罪，无疑应该是包括我国在内的世界各国和地区担负的共同责任。

其二，与世界许多国家和地区一样，我国刑事立法对证券、期货市场的介入也有一个逐步深化的过程，但是有关证券、期货犯罪的刑事立法中尚存在一些不协调之处。从 1993 年《公司法》到 1997 年《刑法》正式将严重证券违法行为犯罪化，到 1998 年《证券法》对证券犯罪规定的发展，到 1999 年 9 月的《期货交易管理暂行条例》及四个办法中对期货违法行为的确立，到 1999 年 12 月的《刑法修正案》对期货犯罪规定的增加,到 2006 年《刑法修止案(六)》对操纵证券、期货交易罪的修正,再到 2009 年《刑法修正案(七)》对内幕交易、泄露内幕信息罪的修订与新增利用未公开信息交易罪,这一历程可谓是证券、期货犯罪刑事立法的不断发展完善过程,也是用刑法手段介入和调控证券、期货市场的发展过程。每一个过程均反映了人们对证券、期货市场以及证券、期货犯罪认识上的进步,以及立法者对维护证券、期货市场秩序的决心和信心。有关我国证券、期货犯罪的立法态势是立法者积极而又稳妥的刑法观念在证券、期货立法中的反映。当然,我们也应该看到,我国有关证券、期货犯罪的立法在顺序上尚存在颠倒之处,如刑法中所规定的证券、期货犯罪条款理应以证券、期货的行政或经济立法存在为前提,否则就很难称得上是"法定犯"(行政犯),但我国《证券法》颁布时间非但比《刑法》晚,而且在其颁布之前,我国《刑法》已经对证券犯罪作了规定。这就很容易导致在一段时间内认定《刑法》所规定的证券犯罪时,缺乏"违反法规"的要件,而且《刑法》的规定也必然会影响到对《证券法》中有关证券犯罪的规定内容。尽管这种问题并没有带来多少危害,但是在理论上还是较难说得过去的。

其三,与世界许多国家和地区相比,我国实行市场经济体制的时间还很短,因此人们的观念和思想在一定时间内还很保守,特别是对证券、期货市场是否应该存在、应该如何存在等问题,理论上长期争论不休,这必然影响到证券、期货法律制度的建立和完善的速度,也必然会减慢有关证券、期货犯罪的刑事立法进程。另外,长期以来人们对证券、期货市场的负面效应注意较多,而对其积极作用则理解不够,因而也影响到证券、期货法律制度的完善以及有关证券、期货犯罪刑事立法内容的规范。与此同时,人们对证券、期货犯罪的态度也有所不同,一般表现为许多国家、地区相对较为宽松,而我们则比较谨慎。之所以会出现这种情况,主要原因在于:我国由实行计划经济转为实行市场经济,时间不是很长,因此,政府对证券、期货市场的监管理念较为保守,对待证券、期货犯罪的态度当然也会比较严格。同时,我国现在的证券、期货市场属于"正在发展中"的市场(相比而言,许多国家和地区的证券、期货市场则属于"发达"的市场),无论在规模及开放程度上均不能与许多国家和地区相比,由于规范本身的不完善及市场规模小等多方面的原因存在,在我国的证券、期货市场上,人们实行违法犯罪行为相对较为容易而且达到目的的可能性较大,这些行为对证券、期货市场的危害也必然会很大。也正是因为这一点,我国的刑法理论和司法实践对证券、期货犯罪较为关注。另外,我国受经济发展和社会治安的影响,近几年来,有关犯罪的外延和内涵有所扩大,刑法调整的范围也有较大的延伸。在这种状况下,将一些严重的证券、期货市场的违法行为规定为犯罪,并强调要用刑罚的方法加以严厉惩治就变得可以理解了。

其四,与世界许多国家和地区相比,证券、期货市场对我国而言是一个较新的概念,因此,有关证券、期货市场的法律制度也可以说是一个全新概念。虽然证券、期货犯罪主要侵犯的客体是证券、期货市场的管理秩序,但是,在我国有关证券、期货犯罪的刑事立法最早是以妨害对公司、企业的管理秩序罪的名义出现的。这一方面在一定程度上表明了证券、期货市场对现代公司企业制度的依赖关系。理论上认为,没有现代公司企业制度,就不能形成规范的证券、期货市场,证券、期货犯罪也就无从产生。我国 1993 年《公司法》中的附属刑法规范,首先体现的是对公司、企业管理秩序的刑法保护,其次才是对证券、期货管理秩序的刑法支持。严格地说,这种规定的内容还不是真正意义上的证券、期货犯罪,直到 1997 年《刑法》及其 1999 年《刑法修正案》,证券、期货犯罪才得以正式确立。另一方面则表明了我国有关证券、期货犯罪的刑事立法还存在一个立法技术上的不成熟问题,具体表现为:我国的证券、期货市场的立法是由地方立法逐步发展到国家立法的;立法模式也是由行政机关颁布单行法规发展到由国家立法机关制定统一的、综合性的《公司法》和《证券法》等。

其五,与世界许多国家和地区相比,我国的证券、期货市场在建立之初规模一直较小且规范不严,因而难免会出现许多破坏证券、期货市场发展和侵犯投资者合法利益的行为。由于认识上的问题,人们对这些行为一方面无可奈何甚至认为在所难免,另一方面则希望通过立法对这些行为加以控制甚至禁止。特别是不同学界对此问题的看法有时大相径庭,经济学界往往希望多给市场"自由和宽松的环境",而法学界则较多地要求应对市场"加强监管"。在这种矛盾心理指导下,反映在立法方面往往存在"滞后"、"片面"等情况。有关立法要么不制定,要么制定出来又问题很多,较难执行。这一点在对证券、期货犯罪的规定上反映得最为明显,由于立法部门缺乏较为统一的立法思路,从而导致了相应的行政、经济立法与刑法条文规定的严重不一致现象,这无疑会导致司法实践中无所适从的情况出现。

迄今为止,世界许多国家和地区有关证券、期货犯罪的刑事立法中没有一个统一规范的证券、期货犯罪的概念和比较一致的证券、期货犯罪的范围。立法和理论上一般认为,所有的证券、期货违法行为均为欺诈行为,如果构成犯罪则可以按市场欺诈类犯罪论处。而且在较长时间内,许多国家和地区在有关证券、期货犯罪的刑事立法上一般认为,只有内幕交易行为才可能构成犯罪,特别是在欧洲一些国家,只是近来在欧盟委员会的要求下,才考虑将操纵证券、期货价格的行为归入市场欺诈类犯罪之中。

笔者认为,根据现行《刑法》的有关规定,并根据证券、期货犯罪只能发生在发行、交易、管理等环节中,以及证券、期货犯罪均属于刑法上的法定犯(行政犯)

等基本要素,我国刑法中的证券犯罪实际应包括:(1)欺诈发行股票、债券罪(《刑法》第160条);(2)违规披露、不披露重要信息罪(《刑法》第161条);(3)擅自设立金融机构罪,伪造、变造、转让金融机构经营许可证、批准文件罪(《刑法》第174条);(4)伪造、变造国家有价证券罪(《刑法》第178条第1款);(5)伪造、变造股票、公司、企业债券罪(《刑法》第178条第2款);(6)擅自发行股票、公司、企业债券罪(《刑法》第179条);(7)内幕交易、泄露内幕信息罪(《刑法》第180条第1款);(8)利用未公开信息交易罪(《刑法》第180条第4款);(9)编造并传播证券交易虚假信息罪(《刑法》第181条第1款);(10)诱骗投资者买卖证券罪(《刑法》第181条第2款);(11)操纵证券市场罪(《刑法》第182条);(12)滥用管理公司、证券职权罪(《刑法》第403条)等犯罪。由于欺诈发行股票、债券以及违规披露、不披露重要信息等犯罪行为虽然实践中存在较多,且多少也涉及证券内容,但并不都发生在证券市场上,而且《刑法》将这两种罪行规定在妨害对公司、企业的管理秩序罪之中,所以理论上一般不将它们纳入证券犯罪进行研究;擅自设立金融机构罪,虽经修改在"金融机构"的内容中增加了证券、期货交易所等,但仍应属于传统的犯罪之列;伪造、变造国家有价证券罪和伪造、变造股票、公司、企业债券罪属于传统的证券犯罪;而擅自发行股票、公司、企业债券罪属于证券发行领域的犯罪,随着证券市场的不断完善和发展,它们在司法实践中已不多见,所以理论上一般不展开研究;滥用管理公司、证券职权罪则属于渎职罪的一种,《刑法》规定主要侧重对国家有关主管部门的国家机关工作人员的徇私舞弊和滥用职权等行为的惩治。只有内幕交易、泄露内幕信息罪,利用未公开信息交易罪,编造并传播证券交易虚假信息罪,诱骗投资者买卖证券罪,以及操纵证券市场罪五种在证券交易领域中的证券犯罪,在证券市场中时有发生且危害极大,是证券犯罪立法的重点,因此也是证券犯罪理论研究的重点。

与此相对应,我国《刑法》中的期货犯罪应具体包括:(1)擅自设立金融机构罪,伪造、变造、转让金融机构经营许可证、批准文件罪(《刑法》第174条);(2)内幕交易、泄露内幕信息罪(《刑法》第180条);(3)利用未公开信息交易罪(《刑法》第180条第4款);(4)编造并传播期货交易虚假信息罪(《刑法》第181条第1款);(5)诱骗投资者买卖期货合约罪(《刑法》第181条第2款);(6)操纵期货市场罪(《刑法》第182条)等。由于这几种犯罪均是由《刑法修正案》补充规定在原《刑法》有关证券犯罪的条文中的,因而有些条文中虽然增加了期货犯罪的内容,但罪名不变,即期货犯罪和证券犯罪中的罪名重合,如内幕交易、泄露内幕信息罪以及擅自设立金融机构罪等。有些条文增加了期货犯罪内容后,期货犯罪与证券犯罪的罪名一起形成选择性罪名,在司法适用过程中只需根据不同的市场具体确定罪名,如操纵证券、期货市场罪,编造并传播证券、期货交易虚假信息罪以及诱骗投资者买卖证券、期货合约罪等。属于证券犯罪的称为操纵证券市场罪、编造并传播证券交易虚假信息罪以及诱骗投资者买卖证券罪；属于期货犯罪的则称为操纵期货市场罪、编造并传播期货交易虚假信息罪以及诱骗投资者买卖期货合约罪。

第二节　内幕交易、泄露内幕信息罪的司法认定

一、本罪的立法依据

内幕交易、泄露内幕信息违法犯罪行为实质上是利用内幕信息变为公开信息的时间差，进行证券、期货交易以牟取暴利的行为。证券、期货市场是一个开放而公平的市场，所有的投资者都应基于平等的地位和均等的机会获得信息并参与证券、期货交易。内幕人员利用其特殊地位或机会获取的内幕信息进行交易，通常会给参与内幕交易者带来显而易见的好处。但是，这不仅违反了公平、正义与发展的立法理念，而且会给没有获得内幕信息的投资者造成损失，以致构成证券、期货市场健康发展的隐患，破坏社会主义市场经济秩序。

应该看到，在证券、期货市场发展的初期，世界各国和地区的法律并没有规定禁止内幕交易。直到 20 世纪 20 年代，随着美国证券市场大崩溃，引起史无前例的经济大恐慌，人们才认识到，内幕交易的盛行影响到证券市场的稳定和投资者的信心，是引起证券市场瘫痪的重要原因之一，所以，1934 年的美国《证券交易法》，首次以立法的方式禁止包括内幕交易在内的各种证券欺诈行为。此后，许多国家和地区都先后通过立法禁止内幕交易行为。在当今世界上，凡是存在证券、期货市场的国家和地区几乎无一例外地建立了禁止内幕交易的法律制度。

尽管如此，理论上对内幕信息是否需要以立法方式禁止，仍存在许多不同的观点。

其一为"否定说"。该说反对以立法形式来禁止内幕交易。理由包括以下几点。

第一，内幕交易是对企业家的奖励，因为企业家对公司的发展作出了很大的贡献，但公司给他们的工资不够高，从内幕交易中所得到的利益可弥补其工资、红利上的不足，也可谓是对其才智和管理的一种报答，这样做可以促使他们全心全意地为公司提供最佳服务。

第二，内幕交易会促进和加快有关信息的流通，在一定程度上能使证券、期货价格趋向于真实价格水平，只有允许内幕人进行内幕交易，事先买卖证券、期货，内幕信息才会注入证券市场并得到迅速的传播。就此而言，任何依赖资讯的

市场都存在内幕交易，证券、期货市场也不应该有例外，允许内幕交易的存在是符合市场规律要求的。

第三，禁止内幕交易成本太高，收效却甚微，即所谓"花费和所得"不相称。这主要是由于内幕交易行为渗透范围广泛，难以加以控制。另外，内幕交易行为本身十分复杂和隐蔽，行为人的手段呈现多样性，这就使得对内幕交易进行监督、追查、取证难上加难，因而往往导致花费巨大代价而收效却十分有限。

其二为"肯定说"。该说赞成在立法上禁止内幕交易行为。理由包括以下几点。

第一，内幕交易会损害到消息所涉及的公司，使该公司的股价无法适时地在市场上得到正确反映，从而使上市公司的形象受到影响，使投资者对上市公司失去信心。因为当投资大众发现公司内幕人员利用其职务上的便利，在股市上为自己图利时，便会认为投资人并未受到公平待遇，从而丧失对于公司及经理人员的信心。这种信心的丧失，可能会引起公司股价的下跌，并妨害公司日后在其他方面募集资金的可能性，从而使公司蒙受损失。工资和入股分红等制度可以不断改进、改善，使企业家对公司的贡献与其所得的利益相适应。更何况，市场经济允许人才流动，如果企业家对某家公司的待遇不满，可以转到另一家待遇更好的企业，没有必要允许企业家从内幕交易中牟利，以牺牲证券、期货市场的正常秩序来弥补其薪资的不足。内幕交易可使企业家利用公司的不良营运来牟取利益，而公司的不良营运往往是企业家不良经营的结果。这样，当企业家知道企业营运不良，获利下降时，就会将自己的持股抛出以避免损失，使广大投资人遭受损失。

第二，内幕交易会对投资人造成损害，禁止内幕交易行为有利于维护证券、期货市场上广大投资者的合法权益。内幕交易通常表现为，事先知悉内幕信息的人在该信息被公开披露之前，抢先为自己买进或者卖出所持有的股票，而其他投资者因为不知道内幕信息，出于某种原因低价抛出或者高价买入大笔股票。当内幕信息被披露后，该种股票的价格迅速上扬或者急剧下跌。显然，获利或者避免损失的是内幕信息的知悉者，而其他投资者却丧失了获利或者避免损失的机会。

第三，延迟公布消息会对市场产生重要影响。在一个正常而有效的市场上，投资者大众有"知"的权利，他们有权知道必需的消息：对股东权益或证券价格有重大影响的事实。当内幕人员故意隐瞒或延迟公布内幕信息，以使自己在证券、期货市场上获利时，就严重违反了上述精神。这时，从事相反交易的投资人就是内幕交易的受害人。

第四，内幕交易是在不平等消息来源的基础上实施的，因而是不公平的。法律不能保证每个投资者都能够获得相同的信息，从而无法确保每个投资者在证券、期货市场信息上有相同的获利或者避免损失的机会。在这个意义上说,平等知情权就意味着获利或避害的机会,知悉信息的合法渠道的差异,就意味着获利机会上的不平等。对于广大普通的投资者来说,内幕交易就是一种不公平的竞争行为。

第五,禁止内幕交易有利于维护证券、期货市场的顺利发展。[①]

笔者赞同通过立法对内幕交易、泄露内幕信息的行为进行禁止和惩治。理由除上述观点以外,笔者还认为,在市场经济条件下,投资者对各种市场信息的先占往往意味着能把握住良好的交易机会以及由这些交易所产生的丰厚收益。特别是在证券、期货市场上,人们的交易行为对信息的依赖程度更高,从某种意义上说,投资者决策的好与坏、交易的成与败、结果的赢与亏都主要取决于行为人对信息占有与否以及占有的早与晚。按照证券法规的要求,全面、及时、准确地披露上市公司的信息,便于投资者了解和掌握决策所需的详细资料是证券、期货市场和上市公司的义务;而平等、迅捷地获取信息并加以利用则是投资者的权利。证券、期货市场的风险主要在于投资者对取得的信息的判断以及随之产生的投资行为,而并不在于是先占还是后占信息。内幕人员之所以能够获利主要并不在于其对信息的判断,而是在于其对信息的先占。内幕人员凭借本身具有的特殊地位,通过不公平的渠道先行获取信息,并利用先占该信息的优势与不知情的投资者交易,在这种交易中,尽管在形式上交易双方仍然是自愿交易,因为内幕人员并没有强制相关人的意志自由,但是实际上这种“自愿交易”的双方并非是在同一起跑线上,即这种“自愿”是以一方不知情为前提条件的,因为先占信息的内幕人员与并不知情的相对人进行交易,前者已经没有任何商业风险可言,而后者则注定将承担由交易所可能带来的风险。就此而言,这种所谓的“自愿”是虚假的,内幕交易人员所取得的利益实际上是其通过不诚实的交易行为所获得的不正当利益。内幕交易从本质上分析,就是对投资者公平、公正地进行证券、期货交易的条件进行破坏的行为。这种交易违背了市场经济所应该遵循的诚实信用的法律原则和价值目标,破坏了交易双方的利益平衡和实质正义。在对资讯要求颇高的证券、期货市场上,追求公平首先应该从投资者能平等获得各种信息这一点做起,否则任何公平、公正的待遇就无从谈起,也就不可能有一个健康发展的证券、期货市场存在。由此而言,证券、期货市场上的内幕交易行为不仅是对交易相对人的欺诈,而且还是对广大投资公众的欺诈,因为当内幕交易情况出现时,必然会动摇广大投资公众对证券、期货市场公平、公正环境的信心,从而产生不信任感。长此以往,投资者不是远离市场不参加投资,就是想方设法

---

① 参见顾肖荣主编:《证券犯罪与证券违规违法》,中国检察出版社 1998 年版,第 47、48 页;张军主编:《破坏金融管理秩序罪》,中国人民公安大学出版社 1999 年版,第 253—257 页;刘宪权:《金融风险防范与犯罪惩治》,立信会计出版社 1998 年版,第 317 页。

地通过不正当途径获取内幕信息,以摆脱被动的局面。在这种情况下,难有健康的证券、期货市场存在。

对于上述"否定说"的观点,笔者不能赞同,理由包括以下几点。

首先,内幕交易在一定程度上的确可以使证券、期货价格趋向真实价格水平。这需要经历一个逐渐演变的过程,这一过程的完成是以知情内幕人首先获取大量内幕交易利润以及不知情投资者的利益损失为代价的。内幕人如果知道公司某种特定的内幕信息,且知道该信息一旦公开会引起某证券、期货合约价格的大幅度上升,必然会大量购进该证券或期货合约,不知情的投资者卖出证券或期货合约后就遭到损失。这种不知情投资者利益损失情况的出现同证券、期货法律法规所强调的保护证券、期货投资者的合法利益以及维护证券、期货市场的正常秩序的宗旨是相悖的。

其次,内幕交易也并不能加快内幕信息向证券、期货市场流动。因为无论什么信息由公司通过新闻媒体公开宣布都远比内幕人员个人通过内幕交易向市场的渗透性传播要快捷得多,而且通过新闻媒体公开宣布还可以大大降低投资者取得信息的成本。

再次,内幕交易可以降低管理者工资,促进管理者冒险及优秀管理者产生等主张,也是站不住脚的。如果允许管理者利用内幕信息获得工资报酬中减少的部分,将使管理水平同公司证券价格变动紧紧地连接在一起,导致一个公司管理者不是去追求如何使公司得到切实的发展,而是如何创造一个又一个的冒险发展计划,求得更多的内幕交易的机会。因此,一旦有某种内幕信息存在,管理者可能会加以利用,至于这一行动对公司未来的前途影响如何则不加以考虑,这将使整个公司的发展极具冒险性。这种管理方式对公司的成长极其不利,实际上对投资者利益是不负责任的,更不要说是节省公司的管理成本了。

综上所述,笔者认为,通过立法禁止内幕交易、泄露内幕信息行为,不仅有利于维护证券、期货市场的顺利发展,也有利于维护证券、期货市场上广大投资者的合法权益。

在相当长的一段时间里,我国的刑事法律中没有关于惩治内幕交易、泄露内幕信息行为的规定,由此造成了我们对这种行为的处理,仅仅只是停留在行政处分或民事处分的层面上,并没有提高到刑事责任的高度来认识这一问题。为了维护证券、期货市场的正常秩序和切实保护投资者的合法权益,1997年《刑法》特别设立了内幕交易、泄露内幕信息罪,从而填补了刑事法律在这一方面的空白。但1997年《刑法》第180条仅仅只是针对证券市场上的内幕交易、泄露内幕信息犯罪行为作出规定,而未对期货市场上同样的行为予以规制。1999年12月25日全国人大常委会通过修正案对《刑法》第180条作了修正,增加了惩治期货市场上内幕交易、泄露内幕信息犯罪行为的内容。2009 年 2 月 28 日第十一届全国人大常委会第七次会议通过的《刑法修正案(七)》对第 180 条作了进一步修正,增加了对证券、期货市场上明示、暗示行为的惩治。经修正后的《刑法》第 180 条第 1 款规定:"证券、期货交易内幕信息的知情人员或者非法获取证券、期货交易内幕信息的人员,在涉及证券的发行,证券、期货交易或者其他对证券、期货的价格有重大影响的信息尚未公开前,买入或者卖出该证券,或者从事与该内幕信息有关的期货交易,或者泄露该信息,或者明示、暗示他人从事上述交易活动,情节严重的,处五年以下有期徒刑或者拘役,并处或者单处违法所得一倍以上五倍以下罚金;情节特别严重的,处五年以上十年以下有期徒刑,并处违法所得一倍以上五倍以下罚金。"针对单位犯本罪的情况,《刑法》第 180 条第 2 款还规定,单位犯本罪的,对单位判处罚金,并对其直接负责的主管人员和其他直接责任人员,处 5 年以下有期徒刑或者拘役。

二、本罪构成中疑难问题的辨析

(一)内幕信息的概念和特征

在理论上,一般认为,内幕人员只有利用内幕信息进行证券、期货交易或者泄露内幕信息,才能构成内幕交易、泄露内幕信息罪。因为,禁止内幕交易并不意味着禁止内幕人员进行任何证券、期货交易,即在没有利用内幕信息的情况下,内幕人员与其他投资者一样也具有从事证券、期货交易的权利,故内幕信息的界定十分重要。

对于何谓内幕信息,各国的法律有不同的规定。美国联邦立法及证券交易委员会条例均没有对内幕信息作出明确定义。内幕信息的定义是从判例法中发展起来的,它包括实质性(materiality)和秘密性(confidentiality)这两个核心要素,即内幕信息是指任何可能对某一(或某些)上市公司的证券价格产生实质性影响的、尚未公开的信息。其中所谓秘密性是指该信息尚未被普通投资者所知悉,它相对于有效公开的信息而言。有效公开是指向证券监管机关或证券交易所报告,或在公共媒体上公布,向足够多的投资分析师披露也等同于公开。在大众投资者获得某项信息之前,该信息仍然是非公开的,因此,信息在公开和传播过程中,未传播到广大投资者时,属于未得到有效公开,该信息仍应视为内幕信息。所谓实质性是指该信息公开后,会影响到投资者是否愿意以当前的价格购买或出售该证券,即判断某个信息是否具有"实质性",应当以该信息能否影响包括"投机"和"保守"投资者的合理的投资判断为标准。[1]

---

[1]　参见顾肖荣、张国炎:《证券期货犯罪比较研究》,法律出版社 2003 年版,第 277 页。

2003年欧盟关于内幕交易的法律准则对内幕信息作出定义,即内幕信息是指那些尚未公开披露的,与一个或几个可转让证券的发行人,或与一种或几种可转让证券的准确情况有关的信息。如果该信息被公开披露,可能会对该证券的价格产生影响。[①]在该定义中,内幕信息应当具有以下四个特征:一是信息尚未公开披露。二是信息真实、准确。这一要件可将内幕交易与利用谣传等其他欺诈行为区别开来。对"真实、准确"信息应从广义角度理解,即只要不是谣传或凭空想象,只要它是关于正在发展中的事物的准确信息,尽管尚未实现,尚未构成事实,也都必须考虑进去。三是信息必须与可转让证券发行人或可转让证券的情况有关。对此,各国法律也有不同的规定。有些国家的法律将内幕信息范围规定得较小,仅限于上市公司内部的(即有关公司内部事务的)信息,而不包括上市公司子公司或母公司的信息,尽管这些信息具有价格敏感性,如丹麦和西班牙的法律中就作了这样规定。有些国家采取逐项列举的方法,如德国和英国,但也仅限于上市公司内部的信息。而多数国家采取范围扩大的做法,即认为任何种类的任何信息,不论是上市公司内部的还是外部的,只要是与上市公司证券价格有关的,都可作为内幕信息对待,如有关市场行情、利率的变化、外汇政策、金融政策的改变等,甚至有关政治方面的重大信息也应包括在内。四是信息必须影响到证券市场的价格波动。[②]

我国《证券法》第52条规定:"证券交易活动中,涉及发行人的经营、财务或者对该发行人证券的市场价格有重大影响的尚未公开的信息,为内幕信息。我国《证券法》第52条规定:"证券交易活动中,涉及发行人的经营、财务或者对该发行人证券的市场价格有重大影响的尚未公开的信息,为内幕信息。本法第80条第2款、第81条第2款所列重大事件属于内幕信息。"《证券法》第80条第2款所列的重大事件包括:(1)公司的经营方针和经营范围的重大变化;(2)公司的重大投资行为,公司在一年内购买、出售重大资产超过公司资产总额30%,或者公司营业用主要资产的抵押、质押、出售或者报废一次超过该资产的30%;(3)公司订立重要合同、提供重大担保或者从事关联交易,可能对公司的资产、负债、权益和经营成果产生重要影响;(4)公司发生重大债务和未能清偿到期重大债务的违约情况;(5)公司发生重大亏损或者重大损失;(6)公司生产经营的外部条件发生的重大变化;(7)公司的董事、1/3以上监事或者经理发生变动,董事长或者经理无法履行职责;(8)持有公司5%以上股份的股东或者实际控制人持有股份或者控制公司的情况发生较大变化,公司的实际控制人及其控制的其他企

---

① See Directive on Insider Dealing and Market Manipulation (2003/6/EC of the European Parliament and of the Council of 28 January 2003).

② 参见张军主编:《破坏金融管理秩序罪》,中国人民公安大学出版社1999年版,第264—266页。

业从事与公司相同或者相似业务的情况发生较大变化;(9)公司分配股利、增资的计划,公司股权结构的重要变化,公司减资、合并、分立、解散及申请破产的决定,或者依法进入破产程序、被责令关闭;(10)涉及公司的重大诉讼、仲裁,股东大会、董事会决议被依法撤销或者宣告无效;(11)公司涉嫌犯罪被依法立案调查,公司的控股股东、实际控制人、董事、监事、高级管理人员涉嫌犯罪被依法采取强制措施;(12)国务院证券监督管理机构规定的其他事项。

《证券法》第 81 条第 2 款所列重大事件包括:(1)公司股权结构或者生产经营状况发生重大变化;(2)公司债券信用评级发生变化;(3)公司重大资产抵押、质押、出售、转让、报废;(4)公司发生未能清偿到期债务的情况;(5)公司新增借款或者对外提供担保超过上年末净资产的 20%;(6)公司放弃债权或者财产超过上年末净资产的 10%;(7)公司发生超过上年末净资产 10% 的重大损失;(8)公司分配股利,作出减资、合并、分立、解散及申请破产的决定,或者依法进入破产程序、被责令关闭;(9)涉及公司的重大诉讼、仲裁;(10)公司涉嫌犯罪被依法立案调查,公司的控股股东、实际控制人、董事、监事、高级管理人员涉嫌犯罪被依法采取强制措施;(11)国务院证券监督管理机构规定的其他事项。

对于内幕信息应具有哪些特征,很多学者观点基本相同但表述却颇不一致。有的学者认为,内幕信息具有两个特征:一是秘密性;二是重要性。[1]有的表述为:一是未公开性;二是敏感性。[2]还有的学者认为,内幕信息有三个基本要素:一是为内幕人员所知悉;二是未公开的信息,即公众尚未获取或经合法渠道无法获取的信息;三是具有价格敏感性,即有可能引起公司证券价格的波动。[3]另有学者认为,内幕信息具有以下特征:一是相关性,即该信息与证券发行及证券、期货交易等活动相联系;二是未公开性,即有关的重要信息和资料尚未通过法定的方式向社会公众和投资者公开,该信息尚处于保密状态;三是重要性,即该信息公开后能对证券、期货市场价格产生下跌或上扬的实质性影响,从而能使证券、期货市场合约的持有人获利或遭受损失。[4]有的学者认为,内幕信息应该具备四个条件:一是尚未公开的信息;二是真实、准确的信息,这样就将内幕交易与利用谣传的证券、期货操纵行为或虚假陈述的欺诈行为区分开来;三是与可转让证券发行人或可转让证券有关的信息;四是影响证券、期货市场价格波动的

---

① 参见赵秉志主编:《破坏金融管理秩序犯罪疑难问题司法对策》,吉林人民出版社 2000 年版,第 186 页;胡启忠:《金融犯罪论》,西南财经大学出版社 2001 年版,第 268 页。

② 参见薛瑞麟主编:《金融犯罪研究》,中国政法大学出版社 2000 年版,第 262 页。

③ 参见郭立新、杨迎泽主编:《刑法分则适用疑难问题解》,中国检察出版社 2000 年版,第 86 页。

④ 参见马长生、张惠芳:《论内幕交易、泄露内幕信息罪》,载赵秉志主编:《新千年刑法热点问题研究与适用》(下),中国检察出版社 2001 年版,第 825—826 页。

信息。①

　　在上述各种观点中,共同之处是都将秘密性(未公开性)作为其中的一个特征。这意味着,如何判定内幕信息中的秘密性是比较关键性的问题。

　　秘密性,是指该信息尚未公开,尚未为证券、期货市场上的有关证券、期货投资者所获悉。任何信息一旦被公开披露,便由内幕走向公开,内幕人员利用这种信息进行证券、期货交易就成为法律所容许的行为,因此,明确一个信息是否属于未公开的信息就成为界定内幕信息的关键所在。要确定一项信息具有秘密性,实际上就是要判断该信息"尚未公开",对于"未公开"的认定,在西方国家存在着一种"有效市场"理论。该理论认为,某项消息一旦被相当数量的投资者知悉,相关公司的证券、期货价格便会很快地发生变动,或涨或跌,从而来反映证券、期货公司对市场这种消息的感受与反应。当某项消息对证券、期货市场能产生有效影响时,该消息便被认为是已经公开的消息;反之,则仍属于尚未公开。实践中一般认为,信息公开的标准有三个:其一为在全国性的新闻媒介上公布该信息;其二为通过新闻发布会公布信息;其三为市场消化了该信息,即市场对该信息已作出反应。②我国《股票发行与交易管理暂行条例》规定,公布应以有关信息和文件刊登在中国证监会指定的报刊上为准。公开应以有关信息和文件置于发行人及其证券承销机构的营业地和证券交易所,供投资人查阅为条件。我国《证券法》第86条明文规定:"依法披露的信息,应当在证券交易场所的网站和符合国务院证券监督管理机构规定条件的媒体发布,同时将其置备于公司住所、证券交易场所,供社会公众查阅。"也就是说,只要证实行为人的交割单所载日期先于其交易行为所利用的信息的合法公开日期,就认定为利用的信息属于"未公开"的信息。我国有些学者认为,从信息公布时起到市场传播、消化、分析,从而引起证券、期货市场价格变动的一段时间,都应属于信息尚未达到公开化的程度。内幕人员在此期间利用该信息进行相关证券、期货合约买卖或建议未知该信息的他人买卖相关证券、期货合约,也应认定构成本罪。③

　　对于内幕信息公开多久后才能被视为公开,美国司法实践中有人提出了一些具体的判断标准,如"新闻发布会后十分钟内"或"股票行情信息出现在股票行

　　① 参见孙昌军、易建华:《关于内幕交易罪几个问题的研究》,载赵秉志主编:《新千年刑法热点问题研究与适用》(下),中国检察出版社2001年版,第842—844页。
　　② 参见陈晓:《论对内幕交易的法律规制》,载《民商法论丛》第5卷,法律出版社1996年版,第89页。
　　③ 参见董丽静、龚卫:《证券内幕交易、泄露内幕信息罪的司法认定》,载赵秉志主编:《新千年刑法热点问题研究与适用》(下),中国检察出版社2001年版,第868页;孙昌军、易建华:《关于内幕交易罪几个问题的研究》,载赵秉志主编:《新千年刑法热点问题研究与适用》(下),中国检察出版社2001年版,第842—844页;张军主编:《破坏金融管理秩序罪》,中国人民公安大学出版社1999年版,第267页。

情显示器上之后两分钟内"。目前我国有关证券法律中对此没有专门规定。有的学者认为,应当根据本地社会实际情况作出相应的规定。凡是发行人内部人员或者其他知悉内幕信息的内幕人员,必须在重大信息通过传媒公布后的一定时段以后才被允许进入该种股票的交易,否则所得利润归公司所有,或者构成内幕交易。①有的学者认为,可以 5 日为限,即规定当消息公布后经过 5 日,就认为市场已消化了该信息。确定 5 日为限,是符合我国《证券法》及有关规定的基本精神的。②我国《证券法》第 42 条第 2 款规定:"为发行人及其控股股东、实际控制人或者收购人、重大资产交易方出具审计报告或者法律意见书等文件的证券服务机构和人员,自接受委托之日起至上述文件公开后 5 日内,不得买卖该证券。实际开展上述有关工作之日早于接受委托之日的,自实际开展上述有关工作之日起至上述文件公开后 5 日内,不得买卖该证券。"按照《内幕交易犯罪解释》第 5 条的规定,"内幕信息敏感期"是指内幕信息自形成至公开的期间;《证券法》第 80 条第 2 款、第 81 条第 2 款所列"重大事件"的发生时间以及《期货交易管理条例》第 81 条第 11 项规定的"政策"、"决定"等的形成时间,应当认定为内幕信息的形成之时;影响内幕信息形成的动议、筹划、决策或者执行人员,其动议、筹划、决策或者执行初始时间,应当认定为内幕信息的形成之时;内幕信息的公开,是指在证券交易场所的网站和符合国务院证券监督管理机构规定条件的媒体上发布。笔者认为,证券、期货市场上的内幕信息一旦公之于众,一般的投资者事实上需要一定的时间进行消化和理解,而在此之前,掌握内幕信息的人员可能已经早已提前消化和理解了信息的内容。如果有关信息一公布就允许知情人员进行证券、期货交易,则对措手不及的广大投资者而言是极不公平的。因此,法律应对广大投资者在知情人员进行交易前有一定的时间对信息加以消化和理解作出规定,这样最起码可以在形式上能保证证券、期货交易中对信息利用的公平。

在内幕信息未公开前,利用公开的信息资料对股市作出分析预测,从而进行交易是否属于内幕交易? 对此,理论上有不同的观点。有人认为,内幕信息应当包括运用公开的信息和资料,对证券市场作出的预测和分析,因为某一具体案件如果符合以下三个条件,即预测未公开、即将公开、一向被证实非常准确,并且造成严重的危害后果,按内幕交易处理也不无道理。③

相反意见者认为,内幕交易、泄露内幕信息行为之所以为世界各国法律所禁

---

① 参见张军主编:《破坏金融管理秩序罪》,中国人民公安大学出版社 1999 年版,第 270 页。

② 参见魏东:《关于内幕交易、泄露内幕信息罪司法认定的若干问题再研究》,载赵秉志主编:《新千年刑法热点问题研究与适用》(下),中国检察出版社 2001 年版,第 852 页。

③ 参见白建军:《证券欺诈及对策》,中国法制出版社 1996 年版,第 29—30 页。

止,根本原因就在于,这种行为使得从事内幕交易的行为人与普通投资者所进行的交易不是建立在平等的基础上,而是处于"一明一暗"的交易状态。从事内幕交易的行为人对于某种股票价格的走势因其对内幕信息的知悉而"心中有数",而普通投资者则只能借助于一般的技术分析和财务分析乃至于自己的猜测进行交易。借助没有确切消息的猜测显然是投机行为,而这也正是证券、期货市场危机四伏的原因所在。而无论基于这种猜测进行交易所导致的结局如何,这种行为显然是不能以内幕交易、泄露内幕信息罪论处的。实际上,股评文章的性质同样如此。股评文章究其实质而言,也是一种猜测,只不过由于这种猜测是由具有丰富证券专业知识,熟悉证券市场运行规律的证券专家,运用科学的分析手段对公开的信息资料进行分析研究所得出的结论,因而它的正确性一般远高于普通人所作出的猜测。但无论这种预测的准确度多高,都改变不了"猜测"的实质。显然,法律不能因为一个人的预言相当精确就可以剥夺其发表意见的权利,这是现代法治社会公民享有言论自由的必然结论。[1]

一些学者也认为,因为在现实生活中,具有一定社会危害性的行为是很多的,法律没有必要、也不可能将所有具有社会危害性的行为,都用法律尤其用刑法加以调整。对于股评文章,尽管它可能对证券交易价格有一定的影响,但相较于法律规定的内幕信息,这种影响较小。因为它所依据的材料、信息已经公开。这种已经公开化的材料、信息对证券价格已经施加了影响,因此,通过这种信息作出的股评实质上就是对已公开的信息进行消化和再消化的过程,已不符合内幕信息的特征。另外,如果将类似的信息都作为内幕信息,势必扩大了内幕信息的范围和内幕人员的范围,不符合刑法的立法本意。[2]

笔者认为,对于内幕信息未公开前,利用已经公开的信息资料对市场作出分析和预测,并从事有关交易的行为完全不应该纳入刑法调整的范围之内。其理由主要是:首先,这种分析和预测无论对市场有多大的影响,毕竟是利用已经公开的信息资料得出而不是利用尚未公开的内幕信息得出的结论,内幕交易的前提条件是必须有内幕信息存在,如果对利用并非是内幕信息进行交易的行为加以惩治显然违背了刑法立法的原意;其次,证券、期货市场本身需要有人对市场的发展等作出一定的分析和预测,这些分析和预测纯粹是个人的见解,在某种意义上说,只要有证券、期货市场存在,就必然有人们对证券、期货市场的分析和预测存在,而且在证券、期货市场上交易者不可能不对市场进行分析和预测,对市场进行分析和预测者也往往会从事一些交易活动。应该承认,有关的分析和预

① 参见张军主编:《破坏金融管理秩序罪》,中国人民公安大学出版社 1999 年版,第 269—270 页。
② 参见薛瑞麟主编:《金融犯罪研究》,中国政法大学出版社 2000 年版,第 263 页。

测当然会对市场和人们的交易行为产生一定的影响,这是不可避免的,如果对作出分析和预测并进行交易的行为加以惩治,将不符合市场发展的客观要求和规律。

　　除秘密性以外,在理论上大多数学者认为,重要性(或价格敏感性)也是内幕信息一个重要的特征。

　　如何判断内幕信息中的重要性(或价格敏感性),需要确定一个客观的标准。国外如美国最高法院是以理智投资者作为认定标准。如果一个理智的投资者,在他作出投资时,可能认为这个被忽略的事实是重要的,那么这个事实就是重要的。换句话说,这个被忽略的事实公开后,极有可能被理智的投资者看成是改变了自己所掌握的信息的性质,那么,这些事实也就是重要的。从投资人的角度看,如果他们将这条消息与他们已经获知的其他消息合并在一起,便会对相关股票的价格给予重新评价。美国法院经常就是以这种理智投资者的可能决定为标准来判断某项消息是否属于"重要消息"。[1]

　　在我国,有关法律中均规定了内幕信息重要性的要件。例如,《期货交易管理条例》在对内幕信息的定义中使用了"可能对期货交易价格产生重大影响的尚未公开的信息"的表述,而《证券法》第52条则表述为:"证券交易活动中,涉及发行人的经营、财务或者对该发行人证券的市场价格有重大影响的尚未公开的信息,为内幕信息。"此外,《刑法》第180条表述为"对证券、期货交易价格有重大影响的信息"。分析这三个规定,我们不难发现,三者均将重要性作为认定内幕信息的要件。需要注意的是,尽管三者均强调"重大"的要素,但《期货交易管理条例》与《证券法》和《刑法》在表述上略有区别,因为对证券、期货价格有重大影响的信息必定是重大信息,而重大信息由于其他因素的作用并不都会对证券、期货交易价格产生重大影响。有学者认为,内幕信息不能以对证券、期货交易价格有重大影响为构成要件,就如内幕交易并不以交易者是否达到了牟利或避损的目的或在多大程度上达到了该目的为构成要件一样。利用某一尚未公开的重大信息进行证券交易时,该信息是否会对证券价格产生重大影响,除了该信息本身外,还取决于许多因素,而且它的影响往往要经过一段时间才能显示出来。如果将"对证券、期货市场价格有重大影响"作为认定内幕信息并进而作为认定内幕交易的前提条件或必要条件,那么内幕信息只有在内幕交易行为发生一段时间后才能认定,并且还会出现这种情况,即某一重大信息在这项交易中可认定为内幕信息,而在另一次交易中则不能被认定为内幕信息。只要价格未发生重大变化,将不构成内幕交易,而禁止证券内幕交易的法律制度,对内幕人员交易行为

――――――――――

　　[1]　参见《美国最高法院判例集》第426卷,第449页。

的限制，以及作为这些制度依据的公开、公平、公正原则将难以存在或失去存在的意义。①有的学者认为，在判断一项信息是不是"重要信息"时，要综合考虑以下几个方面的要素：第一，信息公开后是否对相关股价造成了影响，而不考虑该信息的内容最终是否被付诸实行；第二，信息公布后是否对市场、投资者造成影响，如国家开征证券交易税等消息，当然属于"重要消息"。②

我国《证券法》以列举的方式，规定了 22 种内幕信息：（1）公司的经营方针和经营范围的重大变化；（2）公司的重大投资行为，公司在一年内购买、出售重大资产超过公司资产总额 30％，或者公司营业用主要资产的抵押、质押、出售或者报废一次超过该资产的 30％；（3）公司订立重要合同、提供重大担保或者从事关联交易，可能对公司的资产、负债、权益和经营成果产生重要影响；（4）公司发生重大债务和未能清偿到期重大债务的违约情况；（5）公司发生重大亏损或者重大损失；（6）公司生产经营的外部条件发生的重大变化；（7）公司的董事、1/3 以上监事或者经理发生变动，董事长或者经理无法履行职责；（8）持有公司 5％以上股份的股东或者实际控制人持有股份或者控制公司的情况发生较大变化，公司的实际控制人及其控制的其他企业从事与公司相同或者相似业务的情况发生较大变化；（9）公司分配股利、增资的计划，公司股权结构的重要变化，公司减资、合并、分立、解散及申请破产的决定，或者依法进入破产程序、被责令关闭；（10）涉及公司的重大诉讼、仲裁，股东大会、董事会决议被依法撤销或者宣告无效；（11）公司涉嫌犯罪被依法立案调查，公司的控股股东、实际控制人、董事、监事、高级管理人员涉嫌犯罪被依法采取强制措施；（12）公司股权结构或者生产经营状况发生重大变化；（13）公司债券信用评级发生变化；（14）公司重大资产抵押、质押、出售、转让、报废；（15）公司发生未能清偿到期债务的情况；（16）公司新增借款或者对外提供担保超过上年末净资产的 20％；（17）公司放弃债权或者财产超过上年末净资产的 10％；（18）公司发生超过上年末净资产 10％的重大损失；（19）公司分配股利，作出减资、合并、分立、解散及申请破产的决定，或者依法进入破产程序、被责令关闭；（20）涉及公司的重大诉讼、仲裁；（21）公司涉嫌犯罪被依法立案调查，公司的控股股东、实际控制人、董事、监事、高级管理人员涉嫌犯罪被依法采取强制措施；（22）国务院证券监督管理机构规定的其他事项。

笔者认为，上述《证券法》所规定的 22 种内幕信息无疑属于"重要信息"。我国采用列举的方式具体明确规定内幕信息的内容应该具有相当的可操作性，但是，这种列举不可能穷尽一切，尽管最后注明"国务院证券监督管理机构规定的

① 参见穆津：《我国禁止证券内幕交易立法与执法的若干问题》，载《深圳大学学报（人文社会科学版）》1997 年第 3 期。
② 参见张军主编：《破坏金融管理秩序罪》，中国人民公安大学出版社 1999 年版，第 275 页。

其他事项"，但何为重要信息本身依然没有一个定义，这就使实践中又缺乏可操作性。依笔者之见，如果相关法律、法规能对重要信息先下一个宏观的定义，然后进行一定的分类列举，可能会更科学一点。

另外，对于内幕交易是否以对证券、期货市场价格有重大影响为构成要件的问题，我们注意到了《期货交易管理条例》与《证券法》和《刑法》规定之间的相异之处，即前者未作如此要求，而后者则有"对证券、期货交易价格有重大影响的信息"的要求。笔者认为，这并非是立法者的疏漏，而是立法者的有意安排。之所以作如此不同的规定，无非是为了强调内幕交易违法行为与内幕交易犯罪行为的区别，即对于内幕交易违法行为只要利用了《期货交易管理条例》所列的内幕信息买卖证券、期货即可构成违法；而对于内幕交易犯罪行为则要求较高，必须以对证券、期货价格有重大影响为必要要件，如果行为人只是利用了内幕信息进行证券、期货交易，但并未对证券、期货价格有重大影响，就不能构成犯罪而只能作为违法处理。对于违法行为与犯罪行为的构成要件作出不同的要求，且构成犯罪的要求严于构成违法的要求，我们认为是完全有必要的，特别是对于证券、期货犯罪的规定更应该如此，如果不强调一些较为严格的构成要件，实践中就很有可能扩大打击面，从而阻碍市场经济的发展。

（二）关于"明示、暗示他人从事上述交易活动"的认定

《刑法》原第 180 条内幕交易、泄露内幕信息罪明确规定了两种行为方式：其一，内幕交易行为；其二，泄露内幕信息行为。《刑法修正案（七）》对《刑法》第180 条增加了一种行为模式："明示、暗示他人从事上述交易活动"。刑法理论上一般将这种内幕信息知情人员、内幕信息非法获取人员明示、暗示他人从事相关证券、期货交易的行为简称为建议行为，即行为人在其获知内幕信息的基础上，通过明示或暗示的方式建议他人进行证券、期货交易。例如，提出交易时机、交易证券、期货合约的种类、交易证券、期货的价位、交易量的大小等。

在早前的司法实践中，有关内幕交易和泄露内幕信息的犯罪都很难取证，而且，内幕人员一般具有较强的反侦察能力，往往自己不从事交易，而是以明示或暗示的方式让他人操作，之后参与分成，而经《刑法修正案（七）》修改后的《刑法》第 180 条规定："明示、暗示他人从事上述交易活动"构成内幕交易、泄露内幕信息罪的犯罪行为，相对来说降低了司法取证的难度，有利于提高执法效率，加强了刑法对证券、期货市场的保护力度。[①] 从动态的刑法规范适用层面考察，《刑法修正案（七）》增加了明示、暗示他人从事相关证券、期货交易的行为要件，司法

---

① 参见葛磊：《新修罪名诠释——〈刑法修正案（七）〉深度解读与实务》，中国法制出版社 2009 年版，第 27—28 页。

实务部门对于该要件的认定容易产生困难与混乱。这主要是由于内幕信息知情人员或非法获取内幕信息人员明示、暗示他人从事相关交易的行为本身具有特殊性,在刑法适用与司法认定过程中具有较大的疑难性。而《内幕交易犯罪解释》对于内幕交易犯罪实行行为类型中如此重要且疑难的建议行为司法认定问题却没有专门且明确地规定,这不能不说是一种遗憾。笔者认为,司法解释实际上有必要为实务部门提供以下几方面有关判断与认定明示、暗示他人从事证券、期货交易行为的实践标准。

其一,明示、暗示他人从事证券、期货交易活动是一种独立的内幕交易犯罪实行行为类型,但在行为属性层面应当归属于内幕交易而非泄露内幕信息行为。《刑法》第 180 条使用"……买入或者卖出该证券,或者从事与该内幕信息有关的期货交易,或者泄露该信息,或者明示、暗示他人从事上述交易活动"的规范表述,将内幕信息知情人员或者非法获取人员本人从事内幕交易、泄露内幕信息、建议他人从事交易行为规定了三种独立的内幕交易、泄露内幕信息罪的犯罪行为类型。但由于《刑法》第 180 条的罪名仍然是内幕交易、泄露内幕信息罪,建议他人从事证券、期货交易行为的属性只能归属于内幕交易或者泄露内幕信息两者之一。从修正后刑法该条文分析,立法者在强调"建议行为"为内幕交易罪独立类型的同时,似乎更倾向于将其归入泄露内幕信息类型之中。但是,笔者认为,"明示、暗示他人从事上述交易活动"行为的共同点在于"示",其行为落脚点则显然在于"交易"而并非在于"泄露"。就此而言,在现有罪名未作改变的前提下,建议他人从事证券、期货交易在行为属性上理应归属于内幕交易的行为类型,而不能归属于泄露内幕信息的行为类型。

其二,明示与暗示的区分标准在于是否告知被建议者内幕信息内容。刑法理论上有观点认为,明示、暗示本质上都是指行为人提示或者建议他人从事证券、期货交易活动,具体是指提示或建议他人买入或者卖出该证券,或者从事与该内幕信息有关的期货交易。[1]按照这一观点,"明示、暗示"实际上都是向他人作出提示或建议,"明示"和"暗示"的行为其实就是对不同表现形式的"建议"行为的表述,两者并无本质区别。对此笔者持不同意见。"明示"与"暗示"本质上都是一种"示",即对从事相关证券、期货交易的提示,但是,"示"的具体路径有别。所谓明示,就是清楚明白的指示,即通过书面或口头的方式明确告知他人内幕信息内容的方式,提示他人买入或者卖出与该内幕信息有关的证券或者期货合约。所谓暗示,就是不明确告知内幕信息的内容,而用含蓄的言语或示意的举动提示他人从事特定的证券或者期货交易。所以,内幕信息知情人员或者非法

---

① 参见谢望原:《简评〈刑法修正案(七)〉》,载《法学杂志》2009 年第 6 期。

获取人员构成建议他人从事相关证券、期货交易的犯罪行为,不以其实际告知被建议者内幕信息内容为必要。具体而言,建议者明确告知被建议者内幕信息的,构成"明示"他人从事证券、期货交易;建议者并没有告知被建议者内幕信息,但提示其具体应当从事的证券、期货交易活动,则构成"暗示"他人从事证券、期货交易。当然,在认定"暗示"时应当注意,只要该言行能让被建议者领会到该交易具有内幕信息背景且能够通过交易相关行为获得利益即可构成"暗示"。因为从事金融交易,尤其是短线交易的市场主体对于此类信息往往十分敏感,对一些并没有告知内幕信息内容的含蓄言行也能够心领神会,产生与明示同样的效果。至于如何确定对方能否领会"暗示",则应当根据一般市场主体的理解和判断能力来衡量。

其三,明示、暗示他人从事相关证券、期货交易活动的具体犯罪性质应当结合被建议者实际从事相关交易、建议者是否泄露内幕信息等要素进行综合判断。从司法实践情况来看,通过明示、暗示的方式建议他人从事相关交易的行为具有两种可能:(1)内幕信息知情人员或者非法获取人员明示、暗示他人从事相关交易,被建议者实际执行该交易;(2)内幕信息知情人员或者非法获取人员明示、暗示他人从事相关交易,被建议者实际未执行该交易。在内幕信息知情人员、非法获取人员提出建议,被建议者没有采纳意见进而从事相关证券、期货交易,能否成为阻却内幕交易、泄露内幕信息罪成立的事由? 实践中有观点认为,如果被建议者没有实施内幕交易,建议者不构成内幕交易犯罪。[1]对此,笔者认为,被建议者没有实际从事相关证券、期货交易的,建议者不能基于"明示、暗示他人从事相关交易活动"而构成内幕交易罪。因为他人没有依据内幕信息知情人员或者非法获取人员的明示或者暗示从事相关交易的,已经缺失了内幕交易罪语境下行为的"交易性"。正如前述,明示、暗示他人从事相关交易活动行为应归属于内幕交易的一种犯罪行为模式,而缺失交易属性的行为当然不能认为其符合内幕交易罪的犯罪行为特征。但是,由于明示他人从事相关证券、期货交易的前提在于告知被建议者内幕信息的内容,故即使被建议者没有实际执行相关证券、期货交易,建议者仍然实施了泄露内幕信息的行为,应当构成泄露内幕信息罪。至于纯粹的暗示行为,由于其既没有泄露内幕信息本身的内容,也没有进一步产生后续的基于内幕信息而执行的证券、期货交易,不应当纳入内幕交易、泄露内幕信息罪的规制范围。

(三) 关于"利用"要件的认定

利用内幕信息进行证券、期货交易的行为是内幕交易行为中最为常见的类

---

① 参见刘衍明:《内幕交易罪的理解与适用》,载《中国检察官》2009 年第 6 期。

型。在理论上，一般认为，所谓"利用"是指行为人在涉及证券、期货的发行、交易或者其他对证券、期货交易价格有重大影响的信息尚未正式公开前，利用自己所知道的内幕信息，掌握有利的条件和时机，进行证券、期货的买入或者卖出。

对于内幕交易行为是否必须具有"利用"要件，相关的法律规定并不完全一致。例如，我国《证券法》第50条规定："禁止证券交易内幕信息的知情人和非法获取内幕信息的人利用内幕信息从事证券交易活动。"从这一规定中，我们不难发现，内幕交易的客观方面明显包括"利用"这一要素。但是，我国《刑法》第180条的规定中并未出现"利用内幕信息"的提法，由此对于本罪的构成是否必须具备利用内幕信息的要件的问题，在理论上和实践中存有争议。

有的学者认为，利用内幕信息并不是构成内幕交易、泄露内幕信息罪的必要条件，①因为如认定内幕交易、泄露内幕信息罪的成立必须以内幕信息的利用为前提将给指控带来极大困难。在实践中，很难证明内幕交易者的哪笔交易利用了内幕信息，哪笔交易又未利用内幕信息。在很多情况下，只要行为人否认利用内幕信息，即使他已进行了交易，也会使指控搁浅。相反，免去控方的一些证明责任，对内幕交易、泄露内幕信息罪的指控将大为有利。我国《刑法》规定，证券、期货交易的内幕信息的知情人员，在获悉内幕信息后，买入或者卖出证券、期货合约，即可定罪科刑，这实质上是一种严格责任，禁止知情人员在信息未公开前买入或卖出证券、期货合约。只要知情人员在知情后进行交易，就构成犯罪。应当指出的是，如果有确凿的证据证明知情人员所知悉的内幕信息与其所为的交易行为并无必然联系，对其交易行为也不能定罪。②

持相反意见者认为，利用内幕信息进行证券、期货交易是成立内幕交易并构成犯罪的必要条件之一，③是否利用内幕信息进行证券交易是划分罪与非罪的标准之一，因此，在认定某一行为是否构成内幕交易、泄露内幕信息罪时，应首先确定其是否利用或依据内幕信息。即使是内幕人员，如果没有利用内幕信息或依据内幕信息作出买卖或建议行为，均不构成该罪。在实践中应摒弃法定内幕人员中心论，即只要是内幕人员实施的诸如买卖、建议等行为，均认为是内幕交易的片面做法。④

这些学者认为，我国《刑法》第180条虽然没有"利用内幕信息"的文字表述，

　①　参见庞良程：《证券内幕交易罪的构成及认定》，载《中央检察官管理学院学报》1998年第1期。
　②　参见邢怀柱：《证券犯罪及其立法评述》，载陈兴良主编：《刑事法评论》，中国政法大学出版社1999年版，第120页。
　③　参见周道鸾主编：《刑法的修改与适用》，人民法院出版社1997年版，第396页；孙际中主编：《新刑法与金融犯罪》，西苑出版社1999年版，第145页。
　④　参见薛瑞麟主编：《金融犯罪研究》，中国政法大学出版社2000年版，第268页。

但它的表述方法实际上包含了"利用内幕信息"之意。只要对内幕信息"知情"，或非法获悉内幕信息，又在信息未公开前买卖或使人买卖该证券，即是利用内幕信息进行交易，而不需要再规定利用内幕信息，以免产生歧义。主要理由是：首先，从本条的立法精神看，法律之所以要禁止证券内幕交易行为，根本原因就在于防止内幕信息的知情人员以及非法获取内幕信息的人员在该信息公开之前，利用其持有内幕信息的优势进行证券、期货交易，非法获取利益或避免损失，因为这种交易违反了市场经济及证券、期货交易的公开竞争规则，是对上市公司以及其他不知情的投资者的一种证券、期货欺诈，具有明显的非公开性和不正当性。如果知悉内幕信息的人员并没有利用该信息优势进行交易，则属于正当合法的公平交易，没有危及证券、期货市场的健康运行状态，法律也就失去了对其进行规制的基础和必要性。其次，从法条的表述上看，第一，本条对犯罪主体表述为"证券、期货交易内幕信息的知情人员或者非法获取证券、期货交易内幕信息的人员"。对于第一类主体，即知情人员，《刑法》及《证券法》都没有指明是"应当知情人员"抑或是"实际知情人员"，如果没有"利用内幕信息"这一实质条件的限制，则"应当知情"而实际上却因某种特殊情况的确不知情的人员在内幕信息公开之前买卖证券、期货合约的行为也会被认定为内幕交易、泄露内幕信息行为，对行为人来讲，法律似乎过于苛刻。同样，对于第二类主体中通过亲友关系或同事关系而被动接受内幕信息者而言，法律规定也相当严格。另外，对于以非法手段获取证券、期货内幕信息的人员，他不惜代价非法获取内幕信息的目的即在于利用内幕信息进行证券、期货交易，从而非法牟利或避免损失。第二，在行为的时间条件上，本条将证券、期货交易行为限制在"涉及证券的发行、交易或者其他对证券的价格有重大影响的信息尚未公开前"，这一规定实质上也隐含着行为人掌握并利用持有内幕信息的优势，从而通过该信息公开的时间差进行不公开交易，以非法牟利或避免损失，表明了内幕信息和内幕交易之间具有一定的因果关系，否则有违刑法立法之基本精神。[①]

有的学者特别强调知悉内幕信息与进行证券、期货合约买卖之间的因果关系的重要性。在我国有关内幕交易的行政法规中，比较强调利用内幕信息这个要件，这说明内幕交易罪与利用内幕信息是不可分的，但是，在刑法中这一点并未得到明显体现。根据《刑法》第 180 条的规定，知悉内幕信息的人员，在内幕信息尚未公开前买卖证券、期货合约的，即构成内幕交易、泄露内幕信息罪。法律禁止内幕交易的目的，在于维护公开、公平的证券、期货市场秩序和公众投资人

[①]　参见董丽静、龚卫：《证券内幕交易、泄露内幕信息罪的司法认定》，载赵秉志主编：《新千年刑法热点问题研究与适用》（下），中国检察出版社 2001 年版，第 864 页。

的平等交易权,防止以不公平的方式获取利益或者避免损失。行为人虽然知悉内幕信息,但并非基于该信息买卖证券、期货合约,这时的交易行为与其他投资人的交易行为性质相同,没有不公平的事实存在。如果有事实证明,知悉内幕信息的行为人买卖证券、期货合约,不是因为知道了内幕信息,而是出于其他原因或目的,则不能认定其已构成内幕交易、泄露内幕信息罪。当然,要查清行为人是利用内幕信息,还是基于其他原因买卖证券、期货合约是相当困难的。在这种情况下,一般只要证明他在买卖证券、期货合约时是知悉内幕信息的,即可认定构成本罪,除非行为人能够证明他买卖证券、期货合约没有利用内幕信息。[①]

对于利用内幕信息是否为构成内幕交易罪的必要要件,不同国家或地区有不同的规定或不同的处理。1985 年关于美国证券交易委员会的一个案件最后以和解方式结案,法院未作判决。该案中被告卖出股票时已获知"内幕信息",但辩解说,他卖出股票是为了还清银行贷款,而不是因为获知了内幕信息。证券委员会与被告达成了和解:被告在一定期间内不得再从事与证券有关的行为,但不要求被告缴出其出售股票所得的利润。显然,证券委员会与被告达成和解的前提是认定被告进行了内幕交易,只是在处罚上作了让步。美国 1988 年《内部人交易与证券欺诈执行法》规定,内部人员只要在交易时知道"内幕信息",不管交易是否利用了这些信息,都应受惩罚,可见美国后来对此的规定十分严格。我国台湾地区在司法实践中则采取不同的做法:如果被告在交易时已获知"内幕信息",则可推定被告有图利之意。但如被告主张其交易行为不是基于内幕信息,则自行承担举证责任。我国香港地区《证券(内幕交易)条例》第 10 条第 3 款规定:"凡进行内幕交易的人证明他进行交易的目的不是利用有关消息牟利或避免损失(不论为他自己或别人),则他不得被裁定为内幕交易者。"[②]由此可见,我国台湾和香港地区均是将"利用"作为构成内幕交易的必要条件。如果行为人没"利用内幕信息",则不承担法律责任。

笔者认为,从我国《刑法》第 180 条的规定中分析,我们不难发现该条文并未将利用内幕信息作为构成要件,这一方面是因为司法实践中判断行为人是否利用内幕信息确实有相当大的困难,如果将此作为必要要件,可能给许多实施内幕交易的行为人提供一个逃避刑事责任的借口,同时也必然会制造一个司法认定的难题;另一方面,《刑法》之所以规定内幕交易、泄露内幕信息罪无非是想从根本上禁止知情人员或者非法获取内幕信息的人员从事证券、期货交易,从而使证

---

①   参见周振想主编:《金融犯罪的理论与实务》,中国人民公安大学出版社 1998 年版,第 346—347 页。

②   转引自穆津:《我国禁止证券内幕交易立法与执法的若干问题》,载《深圳大学学报》(人文社会科学版)1997 年第 3 期。

券、期货市场的"三公"原则得以真正实现，因为只要有知情人员或者非法获取内幕信息的人员从事证券、期货交易，就不可能有真正的"三公"环境存在。正因为如此，《刑法》第180条才只是从时间上（即在涉及证券、期货的发行、交易或者其他对证券、期货的价格有重大影响的信息尚未公开前）对本罪的构成作出规定，而没有从是否"利用内幕信息"上提出要求。当然，由于本罪的构成是以情节严重为前提的，所以，尽管利用内幕信息并非是本罪的构成要件，但这并不意味着行为人的交易行为和泄露行为可以与内幕信息无关；相反，行为人如果构成犯罪，其交易和泄露行为应该与内幕信息具有关联性。

（四）关于再泄密行为的定性

从理论上说，泄露内幕信息的行为是指行为人将处于保密状态的内幕信息公开化，通过明示、暗示、书面或口头等方式，透露、提供给不应知悉该信息的人员，使信息受领人据此而进行证券、期货买卖。泄露内幕信息的行为包括公开范围上的泄露，即将内幕信息告知不应或无权知道该信息的人员；包括时间范围上的泄露，即在保密期届满前解密，让可以知悉或有权知悉的人员提前知悉。泄露的内容是使受领人得知可以作为证券、期货交易依据的内幕信息的全部或主要事实，如果只是透露一点风声，不能作为受领人进行证券、期货交易依据的，就不构成泄露行为。泄露内幕信息行为通常有"泄密"和"再泄密"之分。其中"泄密"是指内幕人员直接将其掌握的内幕信息泄露给他人。"再泄密"则是指非内幕人员在获取内幕信息后，又将该内幕信息泄露给他人。对于泄露内幕信息行为应从法律上加以惩治，情节严重者应按犯罪处理，这已经成为世界各国和地区的共识。之所以将泄露内幕信息作为犯罪处理，原因在于与掌握内幕信息者直接进行证券、期货交易相比，虽然泄露内幕信息者本人不一定有直接的证券、期货买卖行为，但通过为他人提供内幕信息，其完全可能间接地参与了证券、期货交易，并从中获得利益或避免损失。另外，与掌握内幕信息者直接进行证券、期货交易相比，泄露内幕信息的行为对证券、期货市场，投资者，以及发行人所造成的损害往往更为严重。内幕信息的知悉人员一般范围较小，不仅人数较少而且财力有限，他们买卖证券、期货的数量不会太大；而泄露内幕信息则可能在受领人之间辗转告知，使得参与证券买卖的人数和交易量剧增，从而引起严重后果。

应该看到，在传播面广泛的内幕交易中，"再泄密"往往扮演相当重要的角色，如美国自1934年证监会成立以来最大的"IBM收购莲花公司内幕交易案"中涉及的24名被告中只有一名被告人的内幕信息直接来源于泄密者劳伦·卡双乐，其他均通过再泄密获得内幕信息。但是，对于非内幕人员获取内幕信息后建议他人买卖或"再泄密"的行为如何处理问题，学界则颇有争议。

有的学者对非内幕人员获取内幕信息后建议他人买卖和再泄密不作区分，

认为只要有建议他人买卖或再泄密的行为都有可能构成犯罪，区分是否构成犯罪的标准是非内幕人员获取内幕信息究竟是主动的还是被动的。如果非内幕人员自己积极、主动地获取内幕信息，不论行为人采取的具体手段是自己盗取，还是设法从内幕人员那里探听（如通过向内幕人员行贿而获取内幕信息），不管行为人事后根据该信息是建议他人买卖证券、期货合约，还是向他人泄露该内幕信息从而使他人利用该信息买卖证券、期货合约，都一律按内幕交易认定。如果证实非内幕人员是被动的信息接受者，不论后来实施了建议行为还是泄露内幕信息行为，都不宜认定为内幕交易罪。这是因为，在主动获取的情况下，非内幕人员对获取的内幕信息负有不得利用该信息并对信息保密的义务，不论事后建议还是泄露内幕信息，都是对该义务的违反，承担责任理所应当。而在被动知悉的情况下，非内幕人员若是消极的内幕信息的知情者，不存在承担保密的义务，即使第三人根据该信息进行了交易，也不应当认定为内幕交易。①

但有学者对非内幕人员获取内幕信息后建议他人买卖证券、期货合约与再泄密进行区分，认为非内幕人员获取内幕信息后建议他人买卖证券、期货合约的构成犯罪，但再泄密的行为，不应构成犯罪。这种观点是值得商榷的。《刑法》第180条规定："内幕信息、知情人员的范围，依照法律、行政法规的规定确定。"根据《内幕交易犯罪解释》第1条的规定，"证券、期货交易内幕信息的知情人员"是指《证券法》第74条规定的人员以及《期货交易管理条例》第81条第12项规定的人员。值得注意的是，《证券法》第202条规定的内幕交易行为包含了非内幕信息人员泄露内幕信息，即证券交易内幕信息的知情人或者非法获取内幕信息的人，在涉及证券的发行、交易或者其他对证券的价格有重大影响的信息公开前，买卖该证券，或者泄露该信息，或者建议他人买卖该证券。所以，遵守前置性行政法规，严格解释刑法条文，则非内幕人员获取内幕信息后再泄密的，可以构成泄露内幕信息罪。

还有学者认为，非内幕人员获取内幕信息的手段，有的很难界定是合法获取还是非法获取，因为在合法获取和非法获取中间可以有一个中性行为——既不合法也不非法的情形，这种行为应被认定为构成犯罪。因为内幕交易、泄露内幕信息的可责性表现在这种行为对市场和投资者的危害，而这种危害是从交易行为中体现出来的。不论何种行为人，只要从事这样的利用、泄露行为，特定的社会危害性就会体现出来。②

笔者认为，非内幕人员在获取内幕信息后建议他人买卖或再泄密的行为是

① 参见张军主编：《破坏金融管理秩序罪》，中国人民公安大学出版社1999年版，第277—278页。
② 参见郦毓贝：《内幕交易、泄露内幕信息罪主体特征研析》，载赵秉志主编：《新千年刑法热点问题研究与适用》（下），中国检察出版社2001年版，第821—822页。

否有可能构成犯罪,应该严格根据《刑法》规定具体问题具体分析。《刑法》第180条规定,非法获取证券、期货交易内幕信息的人员(即非内幕人员)泄露该信息,情节严重的,应构成泄露内幕信息罪。可见,该条文并未将非内幕人员再泄密行为排除在犯罪之外。

非内幕人员再泄密行为之所以可以构成泄露内幕信息罪,其理由是:首先,不应知悉内幕信息的人员从获取内幕信息时起就应承担保密的义务。因为不管其获取内幕信息的途径怎样,最终的结果是得知了内幕信息的内容,在得知了内幕信息后,相关人员也就具有了承担保密的义务。其次,从行为人的主观故意看,当行为人在明知自己通过非法手段获得的是证券、期货交易内幕信息之后,还故意泄露给他人的,其主观恶性程度与证券、期货交易内幕信息的知情人员的泄露行为并无不同。最后,从泄露内幕信息罪的后果看,没有行为人的泄密行为,也就不可能产生其后的内幕交易后果。

（五）关于"不作为"行为的定性

在理论上和实践中存在这种情况,即行为人原先准备买入某一证券或期货合约,或者准备卖出手中的某一证券或期货合约,但是,在获知有关内幕信息后却停止了原来准备实施的交易行为,从而获取了利益或者避免了可能遭受的损失。有人认为,这一行为与行为人利用内幕信息实施积极交易行为的实际效果是一样的,完全可以构成内幕交易罪。

笔者认为,这种所谓"不作为"的行为不能构成内幕交易罪。理由包括以下几点。

首先,内幕交易犯罪必须有交易行为存在。从某种程度上说,交易是内幕交易犯罪的本质所在,如果没有交易也就不会有内幕交易犯罪。内幕交易犯罪中,行为人掌握内幕信息本身并不能成为其受法律惩罚的理由,即如果行为人没有因此而进行证券、期货交易,就不可能对社会造成任何危害。由此可见,在证券、期货市场上,没有"交易"行为存在,也就无所谓有内幕交易犯罪的存在。而在证券、期货市场上的交易行为均表现为一种积极的买入或卖出的行为方式,实际上不可能存在所谓消极的"不作为"形式的买入或卖出的行为方式。

其次,刑法中的"不作为"均应该以特定的义务为前提,没有特定的义务也就不应该有"不作为"存在。在证券、期货市场上,行为人在获知内幕信息后,只有不进行交易的义务,而根本就不存在有所谓必须进行交易的义务,即在某种程度上,行为人在获知内幕信息后,不进行交易是其应该做的,即使行为人从中得到了利益或实际避免了损失,也无可非议。在证券、期货市场上,我们不应该期待投资者(包括内幕人)只能输钱不能获利,这种要求是不符合市场规律的。

再次,内幕交易犯罪的危害性不仅仅在于行为人违反公平竞争的原则,获得了不正当利益或使自己避免了损失,更重要的是在于行为人的这种行为从根本上破坏了证券、期货市场的正常交易秩序。而行为人在获知内幕信息后不买或不卖证券、期货合约,仅仅只是行为人自己得到了利益或者避免了可能遭受的损失(且这种利益并非是通过交易行为得到的),证券、期货市场的秩序并未遭受不良影响,公平竞争的原则也并未遭受直接的破坏。

最后,认定这种"不作为"的行为构成内幕交易罪,证据收集难度较大,证明较为困难。正如前述,行为人在获知有关内幕信息后停止了原来准备实施的买入或卖出行为,这在理论上和实践中确实可能存在,但由于行为人并未实施买入或卖出的积极行为,对行为人改变投资的主观决定很难加以证明。

(六)关于情节严重的认定

根据我国《刑法》第180条的规定,构成内幕交易、泄露内幕信息罪,行为人的行为必须达到情节严重的程度。按照《内幕交易犯罪解释》的规定,在内幕信息敏感期内从事或者明示、暗示他人从事或者泄露内幕信息导致他人从事与该内幕信息有关的证券、期货交易,具有下列情形之一的,应当认定为《刑法》第180条第1款规定的"情节严重":(1)证券交易成交额在50万元以上的;(2)期货交易占用保证金数额在30万元以上的;(3)获利或者避免损失数额在15万元以上的;(4)三次以上的;(5)具有其他严重情节的。

在内幕信息敏感期内从事或者明示、暗示他人从事或者泄露内幕信息导致他人从事与该内幕信息有关的证券、期货交易,具有下列情形之一的,应当认定为《刑法》第180条第1款规定的"情节特别严重":(1)证券交易成交额在250万元以上的;(2)期货交易占用保证金数额在150元以上的;(3)获利或者避免损失数额在75万元以上的;(4)具有其他特别严重情节的。

笔者认为,《内幕交易犯罪解释》关于情节严重的规定实际上存在诸多问题。例如,证券内幕交易额累计50万元、期货内幕交易占用保证金30万元就构成犯罪标准,对于证券期货市场而言,上述标准过低,司法实践中容易出现打击面过大或者标准虚置两种极端。再如,司法解释没有明确单位犯罪和个人犯罪的不同标准,不利于司法实践中对本罪的具体认定和处罚。

需要特别研究的问题是,情节严重、情节特别严重相应标准中的第三项所规定的情形,即在涉及证券的发行,证券、期货交易或者其他对证券、期货交易价格有重大影响的信息尚未公开前,买入或者卖出该证券,或者从事与该内幕信息有关的期货交易,获利或者避免损失数额累计在15万元以上的或者250万元以上的,属于内幕交易罪"获利或者避免损失数额"的司法认定,实际上是内幕交易犯罪司法实践中一个非常疑难且复杂的问题,而司法解释只是笼统地提出了数额标准,对于如何进行具体认定,没有规定具有可操作性的司法规则。笔者认为,在认定内幕交易"获利或者避免损失数额"的过程中,应当从实际结果的角度计算犯罪数额。行为人利用利好信息先买后抛获取利益或者因知悉利空信息在证券期货价格下跌前抛出规避风险的,可以直接计算出内幕交易的获利数额或者止损数额。但应当注意的是,司法实践中有的行为人利用内幕消息逢低买入证券期货后并未全部就高抛出,仅仅将行为人实际交易所获取的利益计入犯罪数额,显然忽略了价格上升但尚未套现的利益部分。同时,从行为人相对排他性地知悉内幕信息到信息公开,再到信息对证券期货价格产生影响,内幕交易行为经历多个时间段,选择不同的时间节点作为认定犯罪数额的基准时间,对于确定"获利或者避免损失数额"会得出截然不同的计算结果。

基于上述分析,笔者认为,认定内幕交易案件中的"获利或者避免损失"数额,应当注意以下四个要点。

1. 信息开始对市场产生影响的时间节点的认定。

内幕信息公布后经过多长时间才能被市场消化进而认定其业已公开,应当根据案件具体情况进行分析,实践中无法预先确定固定的时间节点。在司法实践中,具有以下情形之一,通常可以认定重大信息开始对市场产生影响:(1)信息公布后证券、期货交易价格达到涨幅限制或者跌幅限制;(2)连续三个交易日振幅达到5%;(3)与信息相关的公司股票连续三个交易日列入股票、基金公开信息;(4)证券、期货日成交量与上月日均成交量相比连续三个交易日放大5倍。内幕信息公开后切断了交易行为与获取利益(规避损失)之间的因果关系,行为人在重大信息产生有效影响之后从事的证券期货交易,不能认定为内幕交易,相关交易的获利或者避免损失数额不能计入犯罪数额。

2. 实际获利数额或者避免损失数额的认定。

行为人利用利好型内幕信息进行非法交易,无论在大量买入证券期货过程中是否进行反向操作,司法机关应当根据交易账户买入与卖出证券期货的价格差额计算犯罪数额。知悉内幕信息至内幕信息披露后开始对市场产生影响期间,行为人将低价买入的所有证券期货全部逢高抛出的,直接计入获利数额;部分证券期货没有抛出的,由于不存在实际获利,应当在核定利益数额部分另行计算。行为人利用利空型内幕信息进行非法交易的,司法机关应当将卖出价格与内幕信息披露后开始对市场产生影响至案发时相关证券期货的市场平均价格之间的差额认定为避免损失数额。

3. 核定利益数额的认定。

核定利益数额是指内幕信息形成之后建仓的交易者在案发前全部或者部分未平仓情况的违法所得。笔者认为,核定利益数额是内幕信息开始对市场产生影响时至案发时证券、期货的市场平均价格,与行为人买入价格之间的差额。以信息公开后 10 个交易日市场平均价格作为认定内幕交易者未平仓金融商品违法所得的基准价格,是在缺少实际成交价格的条件下对信息价值市场价格化表现的一种相对合理的推算。行为人利用利空型内幕信息抛售股票规避损失的,由于其在知悉内幕信息之前即已持有证券期货,尚未抛出的部分属于继续持有,不存在需要核定的规避风险的利益,不属于内幕交易的归责范围,不能作为犯罪数额予以追诉。

4. 共犯获利数额的认定。

两个以上行为人基于获利目的共同利用内幕信息从事相关证券期货交易,构成内幕交易罪共犯。由于金融犯罪共犯的数额认定在刑法理论上存在分赃数额、分担数额、参与数额、犯罪总额等不同的判断规则,[①]如何根据内幕交易罪的行为特点确定共犯获利数额,存在一定认识分歧。分赃数额与分担数额的共犯数额认定规则过于强调经济犯罪共犯之间的独立性,忽视共同犯罪的整体性。因此,笔者认为,内幕交易罪共犯获利数额认定较为合理的规则是,结合以参与数额与犯罪总额对共犯进行归责的科学性,根据内幕交易行为的具体情况分别确定共犯获利数额。共同犯罪并不意味着每一共犯绝对地应当对共同犯罪全部危害结果承担刑事责任,而是应当根据共犯关系的,不同内部构造判断共犯是应当对其参与数额还是犯罪总额承担刑事责任。在内幕交易罪的个罪语境下,应当按照以下规则确定内幕交易罪共犯获利数额:(1)虽然事先共谋利用内幕信息进行交易,但是,如果内幕交易共犯各自出资、独立买卖、自负出资盈亏,则应当以各个共犯自身的获利数额计算其犯罪数额;(2)内幕交易共犯自始即共同决定证券期货交易价格、时间、交易量等,共同分配获利所得,共同谋划规避证券监管部门的调查,应当以获利总额确定各个共犯的犯罪数额。因为第一种情形下的内幕交易共犯,在刑法理论上属于单独正犯的共犯结构形式,其内幕交易共同犯罪行为并不因为共同谋划各自出资进行相关交易而增加对证券期货市场交易的危害性。而第二种情形下的内幕交易共犯,属于共同正犯的共犯结构形式,对于此种犯罪共同体,具备以共同获利总额追究个体刑事责任的刑罚扩张的合理性。

(七)内幕交易违法所得的判断规则

1. 内幕交易实际违法所得司法计算原则。

内幕交易违法所得的认定原则上应当采用实际成交差额规则。实际成交差额规则在计算上非常便捷,只要将基于内幕信息所实施交易行为的平仓金额减去建仓成本就可以得出违法所得数额。作为内幕交易违法所得司法判断规则,这种认定方法在裁判应用与行为规范指引双重层面都具有很强的可操作性与有

---

① 刘宪权:《金融犯罪数额问题的刑法分析》,载《法学》1998 年第 11 期。

效性。应当承认,平仓时市场价格对于计算内幕交易违法所得具有重要影响。平仓时市场价格的水平与内幕信息之间在经济上必须具有相当因果关系,如果达到该价格水平是由于其他经济因素推动的,则排除了这种因果关系的相当性。受到介入因素影响的金融交易利润不能认定为内幕交易行为的违法所得;如果该价格水平是重大信息与其他介入因素共同作用的,则弱化了内幕信息与价格波动因果关系的相当性,应当在违法所得中扣除非内幕信息作用下的价格波动对违法所得的数量影响。

2. 内幕交易实际违法所得司法计算的例外规则。

任何原则性规定都应当允许合理的例外规则完善法律规范体系对于客观、真实的资本市场行为的评价。

(1) 内幕信息影响力耗尽。

从交易时间跨越的角度分析,有的内幕交易者在信息对价格影响力持续期间全部或者部分平仓,而有的则在信息价值耗尽于金融商品市场价格变动之后再全部或者部分平仓。内幕信息公开后,对于特定金融商品市场价格的影响客观上存在一定的时间限度,超过了重大信息的影响时间范畴,相关的交易行为就不能完全被认定为是基于内幕信息而展开的。所以,有确实且充分的证据证明,行为人在案发前全部或者部分平仓的交易发生在内幕信息公开之后相当长的时间,不存在对应性地利用内幕信息经济价值谋取平仓利益的现实可能的,应当将相关经济收益排除在内幕交易违法所得之外。

(2) 其他市场介入因素。

从市场信息介入的角度分析,即使在信息对市场具有重大影响的时间范围之内,信息价值与市场价格之间的关联度不仅会随着时间推移逐渐弱化,而且会因为其他市场介入因素而稀释信息对价格的影响水平。内幕信息对于金融商品市场价格的特定化影响固然重要,但宏观信息(调整利率、调整存款准备金率、开征或者取消印花税等)对资本市场的系统性价格波动同样具有显著作用。系统性信息介入市场后会造成大规模的普涨或者普跌。同时,经济环境、投资者预期、行业趋势或者上市公司重大事件等独立要素的变化或者共同作用都会导致相关金融商品市场价格波动。如果在介入时间上与内幕信息重合,彻底否定其他市场重大信息对于内幕交易者平仓价格水平的作用,会导致法律判断与资本市场所发生的真实价格现象出现比较明显的相悖。故有必要将内幕信息之外对平仓价格具有显著影响的系统性信息导致的获利数额予以扣除。

(3) 内幕信息实际影响不明显。

从内幕信息客观作用的角度分析,有的内幕信息公开之后确实对金融商品市场交易价格产生了极大的助涨或者助跌作用,甚至内幕信息未公开之前就出现了极大的交易量或者价格异动,而有的内幕信息公并后并未引起市场普遍关注或者有意义的价格反应,这实际上是由内幕信息的具体类型所决定的。

(4) 正当经济利益。

从刑事归责正当性的角度分析,内幕交易犯罪法律规制所针对的对象显然不是单纯的交易行为,而是交易行为中的欺诈性以及滥用重大未公开信息价值的部分。内幕交易犯罪的违法所得也不是一般意义上的交易所得,而是欺诈所得,所以内幕交易违法所得的司法认定应当限定在欺诈性行为影响的范围之内,资本市场吸收重大信息并实际反映为价格波动之外的其他经济利益,并不能作为内幕交易违法所得,并据此对行为人进行归责。由此可见,市场吸收规则正是能够在"例外"这一司法规则生存空间中确定其积极的规范作用与价值定位。

3. 内幕信息公开前平仓的拟制违法所得核定规则。

重大信息尚未公开,内幕信息形成之后建仓的交易者便实施平仓行为情况的违法所得之核定。在这种情况下,内幕信息并未通过信息披露的方式影响金融商品市场价格,因而缺乏直接证据证明内幕信息与平仓收益关系,只有在法律上能够公正地拟制出交易所得具有可归责性的前提下,才能将之核定为内幕交易违法所得。内幕信息形成之后、公开之前金融商品市场交易价格就出现异动并非反常形态。有效资本市场理论(Efficient Capital Market Hypothesis)认为,资本市场向金融参与者传导全新的市场信息,不仅能够通过信息披露的方式予以展开,而且还能够依靠金融交易行为与金融商品价格的"解码"来完成信息的传导。

内幕信息形成之后、尚未公开之前,市场是否实际出现波动、在此期间实施的内幕交易行为获得的利益是否源于这种波动,必须根据特定案件中的市场价格与交易量的变动情况分析。内幕信息是否通过"解码"机制传递至市场并影响金融商品价格,有必要严格按照相关金融商品交易数据予以确认。笔者建议的量化标准是,内幕信息形成之后、尚未公开之前,相关金融商品市场价格出现以下情形之一,应当将该时间期限内的平仓收益列入内幕交易违法所得的计算范围:(1)单一交易日涨停或者跌停的;(2)连续 3 个交易日按照信息内容的指向日波动幅度超过 5% 的;(3)7 个交易日按照信息内容的指向总波动幅度超过 30%的;(4)20 个交易日按照信息内容的指向总波动幅度超过 50%的。符合上述量化标准的,说明内幕信息经济价值并没有通过披露的方式影响价格进而为内幕交易者所用,而显然是通过信息"解码"的市场运作模式影响了金融商品价格。由于内幕交易中的平仓行为所对应的交易价格受到"解码"机制传导下的内幕信息影响,平仓价格与内幕信息具有经济上的关联性,足以建构平仓收益作为内幕交易违法所得的可归责基础,应当将建仓成本与平仓收益之间的价差核定为内幕交易违法所得。

4. 内幕交易未平仓部分的拟制违法所得核定规则。

内幕信息形成之后建仓的交易者在案发前全部或者部分未平仓情况的违法所得之核定。在这种情况下，买入与卖出的完整交易行为实际上并未完成，无论是基于利好信息做多金融商品但未全部或者部分抛售，还是基于利空信息做空金融商品且全部或者部分未买入回补，都是只有利用重大未公开信息建仓行为，缺乏将最终实际平仓价格作为直接计算内幕交易违法所得的基准价格，所以必须在法律上拟制内幕信息经济价值与内幕交易者持仓利益之间的对应性关系，并以此核定内幕交易违法所得。笔者认为，重大信息公开当日金融商品价量异常波动的事实确实能够证明信息与价格之间的相当关联性，但据此便将信息公开日市场价格作为核算全部未平仓的内幕交易违法所得数额并不合理。因为市场价格吸收重大信息是一个金融行为过程，信息公开当日的市场波动通常会比较剧烈，不过显然不能整体排除信息公开之后的一段合理时间内市场价格表现对信息与金融商品内在价值评价的有效性，同时，也不能排除之后的交易日市场价格波动相对于信息公开当日更为剧烈的情况。信息公开当日，价格对于信息价值与违法所得的说明能力比较有限，有必要在时间范围上予以合理的拓展与延伸，从而更为充分地评估信息价值在未平仓的内幕交易持仓价值中的影响。

内幕交易拟制违法所得的司法核定是对行为人滥用重大未公开信息获取经济价值的技术性推算，对于案发时或者重大信息对市场影响消失时仍然持有仓位的内幕交易部分而言，这种推论至关重要。因为在没有客观的交易数据评估内幕交易收益时，只能通过金融技术与法律规则测算信息价值滥用所兑现的经济利益，其关键在于对重大信息对市场的影响期间（公开之时到市场价格全部吸收并反映信息）及其价格水平作出合理的界定。法律理论、金融立法、判例实务中比较一致的观点是，重大信息对金融商品市场交易价格的影响持续期间通常为 10 个交易日。以重大信息公开后 10 个交易日金融商品市场平均价格为基准核定内线交易量所对应的经济数额，是在缺少实际成交价格的条件下对信息价值市场价格化表现的一种相对合理的推算。因为资本市场中影响金融商品市场交易价格的因素十分多样，结构非常复杂，通过拟制的方法确认计算内幕交易违法所得基准价格更符合信息与价格复杂因果关系的实际特征。更由于内幕交易犯罪案件的定罪处罚与对被害人的民事赔偿在功能上存在着实质性差异：即前者在于公正评价内幕交易的社会危害性并给予罪与刑相适应、相均衡的刑事处遇，在定罪与量刑过程中不可能实现完美精细的量化认定；后者在于通过以金额为核心的弥补措施赔偿被害人的实际损失与预期利益损失，既要从内幕交易出发精准测量行为损害从而确定民事罚款赔偿尺度，又要从被害人角度出发计算利益损失,以免出现赔偿金额上的不当得利(不包括惩罚性赔偿问题)。所以,在民事赔偿程序中,精确量化内幕交易所兑现的重大未公开信息价值,在违法所得中排除非重大信息要素影响的部分符合其功能性要求,但这种量化判断的资源耗费与技术难题攻克投入并不根本性影响资本市场犯罪案件定罪处罚的法治功能,又平添司法成本,在刑事程序中显得必要性较低。在司法判断层面建构统一的规则,以信息公开后 10 个交易日市场平均价格作为认定内幕交易者未平仓金融商品违法所得的基准价格,不仅充分考量了内幕交易违法所得与重大信息之间的关联性,而且保证了拟制违法所得司法核定的便捷性与可操作性。

5. 内幕交易规避损失的拟制违法所得核定规则。

基于重大未公开利空信息抛售金融商品规避风险的,由于只有信息披露之前的卖出行为,而不存在做空交易中的买入回补行为,同样只能通过拟制信息公开后金融商品合理期限内的价格波动核定内幕交易的避损数额。

我国判例实践将利空信息发布当日开盘价格作为核定内幕交易规避损失基准价格是值得商榷的。开盘价格是开盘集中竞价这一特定时间阶段投资者对上一交易日收盘后至开盘前的市场信息评估后的定价结论。即使利空信息是上一个交易日收盘之后立即公布的,也只经过了非常有限的信息消化。由于开盘价格距离信息公开时间太短,市场价格实际上很难调整到位,以开盘价格作为核定内幕交易规避损失基准价格并没有充分地在经济上反映内幕信息与规避损失之间的对应关系。信息公布当日收盘价格毕竟经历了一个完整的交易日的价格竞争,相对于开盘价格而言更具合理性,但在市场是否有效且充分吸收利空信息问题上仍存疑。同时收盘价格本身就具有可操纵性,尾盘操纵在实践中并不少见。笔者认为,利空信息发布前抛售规避损失的,仍然应当坚持以信息公开后 10 个交易日平均价格作为拟制内幕交易违法所得的基准价格。抛售金额减去信息公开后金融商品 10 个交易日平均交易价格乘以内幕交易者抛售量所得出的价差,构成内幕交易规避损失。

6. 内幕信息传递者的拟制违法所得核定规则。

内幕信息传递者所直接建议、泄露的对象本人没有从事知情交易,继续传递信息导致后续环节基于内幕信息实施金融商品交易的,在行为属性判断层面,应当认定为内幕信息初始传递者从内幕信息经济价值中获取个人利益,属于《内幕交易犯罪解释》中规定的"导致他人从事与该内幕信息有关的证券、期货交易"。内幕交易违法所得数额应当以"出现交易行为的最前端信息传递层次"的获利或者避损金额为限。所谓"出现交易行为的最前端信息传递层次"是指信息链条上具有直接传递与受领关系的层次,该层次中的信息受领人基于重大未公开信息实施交易行为,且在所有实施交易的行为主体中处于信息传递链条的最前端。

将可归责于内幕信息初始传递者的内幕交易数额限制在"出现交易行为的最前端信息传递层次",其法律与经济解释上的合理性在于：一方面,内幕信息经济价值确实转化为知情交易利益。另一方面,纵然内幕信息初始传递者对于后续环节所有可能出现的知情交易难以形成确定与具体的风险认知,但至少对于其直接进行信息传递的对象这一层次的行为主体会实施内幕交易行为存在明确的风险认识,甚至是具有积极的主观希望。在直接的被建议者、被泄露者本身没有实施交易行为的情况下,用后续信息传递链条中实施知情交易行为的最前端层次违法所得数额替代信息初始传递直接对象这一层次,不仅在经济层面符合上述信息价值馈赠的解释原理,而且在刑法规范解释层面与主客观一致性规则相契合。

更为疑难的问题是,在部分内幕信息传递且直接受领人并未实施交易的案件中,内幕信息知情人员传递内幕信息的行为交织着个人利益与上市公司利益,上市公司内部人员将重大未公开信息传递至证券分析师,使分析师在研究报告中根据内幕信息寻找基本面素材,撰写上市公司财务与经营分析,给出与信息内容指向吻合的评级意见。尽管资本市场法律制度明确规定选择性信息披露属于泄露内幕信息违法行为,但由于上市公司、证券分析师、重要资本市场交易者分别在信息传递中获利,且该利益并未与内幕信息本身产生直接派生与兑现关系,导致内幕信息传递链条中难以进行刑事归责。尤其是上市公司内幕信息知情人员选择性信息披露导致的信息传递后续环节的知情交易,由于交织着个人利益与上市公司利益,在司法实践中往往无法认定信息传递者构成内幕交易犯罪。笔者认为,上市公司内幕信息知情人员通过选择性披露向证券分析师等资本市场特定中介服务机构专业人员传递内幕信息,只有在其纯粹为了实现上市公司商业利益时才能豁免内幕交易犯罪责任。内幕信息知情人员混同公司利益与个人利益而向证券分析师选择性披露重大未公开信息,资本市场参与者基于购买证券分析师研究报告,获取内幕信息信号或者内容而实施相关金融交易的,内幕信息初始传递者基于内幕信息价值兑现的经济利益,应当核定为内幕交易违法所得。

（八）关于内幕交易、泄露内幕信息罪主体的认定

立法上禁止内幕交易、泄露内幕信息行为,其实质在于禁止内幕人员利用基于其特殊身份所取得的信息便利谋取不正当利益或减少自己的损失。由此而言,对于本罪主体的认定,即确认行为人是否属于内幕人,是认定内幕交易、泄露内幕信息罪的关键所在。

对于内幕交易罪的主体范围如何界定,各国和地区的法律规定很不一致。

《日本证券法》第166条和第167条规定,内部人交易的行为主体大致有以

下三种情况：一是公司的内部人员；二是和公司有关系的准内部人员；三是公司以外的接受第一手情报的人员。

公司的内部人员大致有以下两种：其一，上市公司的董事经理、高级职员等官员、代理人、使用人及其从业人员（内部人员还包括了与公司脱离关系后还不满1年的人员）；其二，拥有上市公司已经发行股票总额10％以上股份的大股东。

与公司有关系的准内部人员大致有以下三种：一是根据法律和法令，对上市公司等单位可以行使一定权限之人（如行使搜查权的警察和检察官；行使审判权的法官；行使调查权的税务官；签发许可证的有关管理部门的人员；行使仲裁权的仲裁人；行使调查权的国会议员及其助手）。二是与上市公司订有契约的人员，如公司的法律顾问、律师、注册会计师、咨询评估师；往来银行的工作人员、证券承销商、包销商；口译、笔译等其他与公司订有契约的人员。三是当大股东或订有契约者为法人时，法人的高级职员就是准内部人员；与大股东或订有契约者为法人以外的人时，其代理人或使用人也属于准内部人员。

公司以外的接受第一手情报的人员是指从内部人员和准内部人员处直接获取有关公司的第一手情报的人员。但如果有人从接受第一手情报的人员处又得到了第二手、第三手的情报，这些人就不是行为主体。不过，如果某人通过中介从内部人员或准内部人员处得到情报的，该人仍应算做接受第一手情报的人员，可以成为内部人交易行为的主体。这里有两个问题须引起注意：一是这些人员必须认识到以下三种事实：首先，他应知道自己是从内部人员或准内部人员处接受情报；其次，这些情报是法令所规定的重要事实；最后，这些情报尚未公开。也就是说，这些人员要故意实施才行。二是时间问题，即从知道内部情报开始，这些人就成为行为主体了。①

美国判例法中关于本罪的主体规定，"内部人"大体上可以有以下几类。

（1）传统的内部人。范围大致包括：第一，公司董事、经理和监察人。第二，持有10％以上股份并对公司具有控制权的股东，包括自己持有及以他人名义持有，或利用他人购买的股票。利用他人购买股票应包括以下三种情况：其一，直接或间接提供股票给他人，或提供资金给他人购买股票；其二，对他人持有的股票，具有管理、使用或处分权；其三，对他人所持股票的利益或损失，全部或一部分归属本人。第三，公司的员工。第四，公司本身。1934年的美国《证券交易法》第13条（e）款规定，允许公司买回公司本身的股票，因此，当公司在股市上买回本公司的股票时，对出售持股者负有提供所有资讯的义务。

---

① 参见张军主编：《破坏金融管理秩序罪》，中国人民公安大学出版社1999年版，第280—281页。

（2）暂时的内部人。它的范围主要包括公司的会计师、律师、担保人、公司顾问、往来银行工作人员、金融界印刷工人和其他为公司和股票持有人服务的人等。在具体案件中认定暂时的内部人时，必须注意以下问题：仅仅由于业务关系而获得内部情报，不能直接引申为存在一种特殊的信用关系及其附带的信用责任。检察官起诉时必须辅以一个确定的信用合同（书面或口头），才能用以证明发行公司与暂时内部人之间存在一种通常意义上的信用关系，如律师与其委托人（当事人）的关系；临时合伙关系；注册会计师与客户的关系。这些关系至少能够表明行为人私用或泄露内部情报的行为是违背信用原则的。①

此外，我国香港和台湾地区的相关法律中也对内幕人员作了类似的明确界定。②

从上述日本、美国和我国香港、台湾地区法律中对于内幕人员的界定分析可知，它们均突破了将内幕人员仅限于发行公司内部人员的做法，包括了暂时性内幕人员。其实最早的内幕人员仅指发行公司内部人员，因为他们是最有可能接触到发行公司商业秘密的人员。但司法实践中发现，除公司内部人员外，其他人也有可能预先获取内幕信息并以此获利，且此类人员的范围远远大于公司内部人员，行为涉及的范围及效果的严重性也绝非传统内部人员可比。因此，世界各国和地区的相关法律中基本上都规定内幕人员包括一切可能优先接触内幕信息，且对此信息负有不得私自泄露或利用得利的人员。在理论上，一般认为，之所以要将暂时性内幕人员包括在内幕交易罪的主体之内，主要是因为：公司为了本身的最大利益，往往会将公司的"内部消息"告诉他们，以便他们为公司提供尽可能好的服务，因此，这些人虽然不是公司的职员，但对公司和股东亦负有"信用义务"，不得滥用因工作关系所获悉的信息。

我国《刑法》把内幕交易、泄露内幕信息罪的主体分为两类：法定的内幕人员和法定的非内幕人员。对于法定的内幕人员，《刑法》第180条规定，证券、期货交易内幕信息知情人员的范围，依照法律、行政法规的规定确定。按照两高《内幕交易犯罪解释》的规定，法定的内幕人员包括《证券法》第51条规定的人员和《期货交易管理条例》第81条第12项规定的人员。根据我国《证券法》第51条规定，知悉证券交易内幕信息的知情人员包括：第一，发行人及其董事、监事、高

---

① 参见张军主编：《破坏金融管理秩序罪》，中国人民公安大学出版社1999年版，第282—284页。
② 我国香港地区《证券（内幕交易）条例》第9条将内幕交易的主体分为以下几类：（1）与该机构有关联的人；（2）意图或曾意图提出收购该机构要约的人；（3）任何人。我国台湾地区"证券交易法"第157条第1项规定了内幕交易的主体范围，具体为：（1）公司的董事、监察人及经理人，与他们的配偶、未成年子女以及利用他人名义为己持有股票者；（2）持有该公司股份超过10%的股东，及其配偶、未成年子女以及利用他人名义为己持有股票者；（3）基于职业或控制关系获悉消息之人；（4）从前三款所列之人获悉消息者。

级管理人员;第二,持有公司 5% 以上股份的股东及其董事、监事、高级管理人员,公司的实际控制人及其董事、监事、高级管理人员;第三,发行人控股的公司及其董事、监事、高级管理人员;第四,由于所任公司职务或者因与公司业务往来可以获取公司有关内幕信息的人员;第五,上市公司收购人或者重大资产交易方及其控股股东、实际控制人、董事、监事和高级管理人员;第六,因职务、工作可以获取内幕信息的证券交易场所、证券公司、证券登记结算机构、证券服务机构的有关人员;第七,因职责、工作可以获取内幕信息的证券监督管理机构工作人员;第八,因法定职责对证券的发行、交易或者对上市公司及其收购、重大资产交易进行管理可以获取内幕信息的有关主管部门、监督机构的工作人员;第九,国务院证券监督管理机构规定的可以获取内幕信息的其他人员。《期货交易管理条例》第 81 条第 12 项规定的内幕信息的知情人员,是指由于其管理地位、监督地位或者职业地位,或者作为雇员、专业顾问履行职务,能够接触或者获得内幕信息的人员,其中包括:期货交易所的管理人员以及其他由于任职可获取内幕信息的从业人员,国务院期货监督管理机构和其他有关部门的工作人员,以及国务院期货监督管理机构规定的其他人员。从这些规定中我们不难发现,我国法律对于内幕人员的界定也不仅仅局限于公司内部人员,而实际上包括了有可能优先接触公司内幕信息,且对于该信息负有不得私自泄露或利用得利义务的其他人员,即对于内幕人员的界定,关键并不在于其是否为内部人员,而在于其是否能够通过合法途径接触或获得内幕信息。

在理论上,一般认为,法定的内幕人员并不是在任何情况下都被禁止从事内幕交易。只有在同时具备以下三个条件时,法律才予以禁止。这三个条件主要包括:其一,知悉特定交易中所利用的内幕信息。如果法定内幕人员并不知悉特定交易中的内幕信息,就不负有披露或者不披露该信息的义务,因而也就不能令其对所进行的证券、期货交易行为承担法律责任。其二,对内幕信息的知悉与其职务或者业务有关。如果因亲友等非职务或者业务关系而知悉内幕信息,则不属于内幕人员。其三,内幕信息是在合法的职务或者业务关系中,而不是非法利用职务之便而知悉的。如果某人的职务范围不包括知悉内幕信息,而他利用熟悉其他岗位上的工作人员或工作环境的方便条件而超越权限获取内幕信息,就不是内幕人员了。[①]

以非法手段获取内幕信息的其他人员,属于法定的非内幕人员,是指上述内幕人员外,通过非法方法或途径从内幕人员处获取内幕信息的人员。所谓非法方法或途径,包括通过盗窃、骗取等手段获得内幕信息,也可能采取私下交易、贿

---

① 参见张军主编:《破坏金融管理秩序罪》,中国人民公安大学出版社 1999 年版,第 286 页。

取或套取等手段取得内幕信息。这些方法或手段本身是积极的且具有违法性。"两高"《内幕交易犯罪解释》规定了以下几种行为：(1)利用窃取、骗取、套取、窃听、利诱、刺探或者私下交易等手段获取内幕信息的；(2)内幕信息知情人员的近亲属或者其他与内幕信息知情人员关系密切的人员，在内幕信息敏感期内，从事或者明示、暗示他人从事，或者泄露内幕信息导致他人从事与该内幕信息有关的证券、期货交易，相关交易行为明显异常，且无正当理由或者正当信息来源的；(3)在内幕信息敏感期内，与内幕信息知情人员联络、接触，从事或者明示、暗示他人从事，或者泄露内幕信息导致他人从事与该内幕信息有关的证券、期货交易，相关交易行为明显异常，且无正当理由或者正当信息来源的。理论上对于获取内幕信息的手段本身是消极的且并不具有违法性的(如获取的内幕信息系内幕人员主动告知的，或者行为人无意中听见的，或者行为人获取他人遗失的内幕信息资料等)是否属于"非法获得"的问题颇有争议。笔者认为，对"非法获得"的理解不能过于狭窄，不能仅仅将其限于积极的且具有违法性的手段，而应从较为宽泛的角度加以解释。从内涵上分析，"非法获得"实际上应指"不该获得而获得"的情况，其中"不该获得"是指行为人与内幕信息之间并无职务或业务上的紧密关系，行为人属于被相关法律法规禁止接触或获取证券、期货交易内幕信息的人员。由此可见，这里的"不该获得而获得"本身就是对特定范围内幕信息知情权的违背。当然，这里的"不该获得而获得"本身并不构成犯罪，行为人如果进一步实施内幕交易或再泄露行为，才构成内幕交易、泄露内幕信息罪。对于"非法获得"作宽泛理解和解释(即不管非内幕信息知情人员是采取什么样的方式，只要最终的结果是获得了其不该知悉的内幕信息，就属于非法获取)，并不会扩大内幕信息、泄露内幕信息罪的打击面。

　　对于内幕交易、泄露内幕信息罪的主体是一般主体还是特殊主体的问题，我国学术界也颇有争议。有人认为本罪的主体应是特殊主体，因为本罪并非任何自然人或者单位都可能构成，只有具备法定条件的个人或者单位才能构成本罪。[①]有人则认为本罪的主体应是一般主体，因为尽管内幕交易大多是内幕人员实施，但现实中也有不少非内幕人员通过某种途径获得内幕信息，并根据该信息进行内幕交易行为。凡是知悉内幕信息的人，不论是否为内幕人员，不论是合法还是非法知悉内幕信息，在该信息公开前，都应当被禁止从事相关的交易。就此

　　①　参见魏东：《关于内幕交易、泄露内幕信息罪司法认定的若干问题再研究》，载赵秉志主编：《新千年刑法热点问题研究与适用》(下)，中国检察出版社2001年版，第854页；马克昌：《论内幕交易、泄露内幕信息罪》，载《中国刑事法杂志》1998年第1期；郭立新、杨迎泽主编：《刑法分则适用疑难问题解》，中国检察出版社2000年版，第88页；李宇先、贺小电：《证券犯罪的定罪与量刑》，人民法院出版社2000年版，第93页。

而言,内幕交易罪的主体归根到底仍是一般主体。①还有人认为,本罪的主体既有一般主体,又有特殊主体,即对于本罪的主体应区别情况而定。本罪中的证券交易的知情人员即内幕人员理应视为特殊主体,而本罪中的非法获取证券交易内幕信息的人员即非内幕人员,则为一般主体。②

笔者认为,某个犯罪的主体是一般主体还是特殊主体,关键是看《刑法》对这一犯罪的主体有无专门的规定,如果《刑法》分则中有专门规定,则这一犯罪的主体就应属于特殊主体;反之,则属于一般主体。由于我国《刑法》第180条对内幕交易、泄露内幕信息罪的主体作了专门的规定,即本罪应由"证券、期货交易内幕信息的知情人员或者非法获取证券、期货交易内幕信息的人员"构成,因而本罪的主体理应理解为是特殊主体。

（九）关于内幕交易、泄露内幕信息罪主观方面的认定

对于内幕交易罪、泄露内幕信息罪行为人主观罪过形式问题,目前学界大体上有两大类意见:一类是总括分析法;另一类是分别分析法。在总括分析法中又有以下意见。

第一种意见认为,本罪的主观上可以是故意,也可以是过失,因为将本罪的主观方面限于直接故意或间接故意,会使得相当一部分社会危害程度已经达到犯罪程度的内幕交易、泄露内幕信息的行为,不能以犯罪论处,从而放纵犯罪分子,不利于对证券、期货市场正常秩序的维护。再从刑事立法技术层面上考虑,我国《证券法》第191条并没有用"故意"来限定"泄露"行为,因此,认为立法上将过失泄露内幕信息的行为排除在本罪的范围之外,并没有明确的法律依据。相反,从我国刑事立法技术的角度考虑,泄露内幕信息在主观方面的确既可以是故意,也可以是由过失构成的。《刑法》第398条第1款和第2款则分别对故意泄露国家秘密罪和过失泄露国家秘密罪作了规定,即我国立法中使用的"泄露"一词,在主观方面应该是故意和过失都包括在内,否则立法机关不会用"故意"或者"过失"予以明确区分。现立法未作区分,那就意味着泄露内幕信息既包括故意泄露,同时也不排除过失泄露。当然,这里所说的"过失",是指泄露内幕信息的情况。而利用内幕信息为自己买卖证券、期货合约,或者根据内幕信息的内容建议他人买卖证券、期货合约,一般不应由过失构成,而只能由故意构成。③

第二种意见认为,本罪的主观方面只能是故意,不包括过失,但未涉及犯罪目的问题。本罪的主观方面是直接故意,即明知是内幕信息而故意利用该信息

---

① 参见郑顺炎、陈洁:《证券内幕交易犯罪构成要件刍议》,载《人民司法》1998年第2期。
② 参见郦毓贝:《内幕交易、泄露内幕信息罪主体特征研析》,载赵秉志主编:《新千年刑法热点问题研究与适用》(下),中国检察出版社2001年版,第820—821页。
③ 参见张军主编:《破坏金融管理秩序罪》,中国人民公安大学出版社1999年版,第289—290页。

进行证券、期货交易或故意将该信息泄露给他人进行证券、期货交易,过失不构成本罪。①

第三种意见认为,本罪的主观方面只能是故意,不包括过失,而且犯罪目的是获利或减少损失。但犯罪目的不是本罪的主观要件,因为并非所有的内幕交易行为都是为了牟利或减少损失,如以提供内幕消息为筹码收受贿赂,或以报复为目的而泄露内幕信息等。在本罪的主观方面,犯罪目的并不重要,重要的在于这种内幕交易行为侵害了广大投资者的利益,破坏了证券、期货市场秩序。从司法实践看,只有不将犯罪目的作为本罪的主观要件,才能有效地打击那些为非法获利或减少损失而进行的内幕交易行为。②

第四种意见与第三种意见的不同之处在于,认为犯罪目的是本罪的主观要件,即本罪只能由故意构成,且行为人是以获取利益或者减少损失为目的,过失不构成本罪。具体而言,行为人明知所利用的信息是尚未公开并且对证券、期货的价格有重大影响的信息,不得为个人利益或他人利益而滥用或泄露该信息,但为了获取利润或减少损失,依然利用该信息买卖证券、期货合约或者泄露给他人进行交易。至于行为人是否在证券、期货交易中获取了非法利益或减少了损失,并不影响本罪的成立。③

第五种意见认为,本罪在主观上只能由故意构成,但明确地指出:这种故意既包括直接故意,也包括间接故意,并认为犯罪目的并不是必要条件。这种观点在直接故意和犯罪目的上的论述基本上与第三种观点相同,但补充了间接故意可以构成本罪的理由。该意见认为,内幕交易、泄露内幕信息罪在多数情况下是出于直接故意,但也不能排除在少数情况下可以出于间接故意。例如,当行为人向他人谈及其所知悉的证券、期货交易行情时,明知自己的行为会发生泄露内幕信息并使他人利用该信息进行内幕交易,从而危害证券、期货交易正常秩序和投资者的合法权益的严重结果,而放任这种结果发生,即属于在间接故意下构成的内幕交易、泄露内幕信息罪。④

在分别分析法中有两种意见。第一种意见认为,内幕交易罪的主观方面只能是直接故意,并且是以为自己或者他人谋取非法利益为目的。泄露内幕信息

---

①　参见邓又天主编:《中华人民共和国刑法释义与司法适用》,中国人民公安大学出版社 1997 年版,第 300 页。

②　参见孙际中:《新刑法与金融犯罪》,西苑出版社 1998 年版,第 149 页;薛瑞麟主编:《金融犯罪研究》,中国政法大学出版社 2000 年版,第 272 页。

③　参见王新:《金融刑法导论》,北京大学出版社 1998 年版,第 201 页。

④　参见魏东:《关于内幕交易、泄露内幕信息罪司法认定的若干问题再研究》,载赵秉志主编:《新千年刑法热点问题研究与适用》(下),中国检察出版社 2001 年版,第 857 页。

罪的主观方面,可以是故意,也可以是过失。①

　　第二种意见认为,就内幕交易罪而言,行为人主观方面只能是直接故意,即明知内幕信息而根据该信息买卖证券、期货合约,并且具有为自己或使他人谋取非法利益(获取利益或者减少损失)的目的。就泄露内幕信息罪而言,行为人主观方面只能是故意,即明知自己的行为会泄露内幕信息而希望或放任内幕信息泄露出去,过失不可能构成本罪,②因为分析本罪的主观要件应当结合有关法律分析。就内幕交易罪的主观要件而言,应当结合行政法规对内幕交易的界定。根据《证券法》第 50 条的规定,禁止证券交易内幕信息的知情人和非法获取内幕信息的人利用内幕信息从事证券交易活动。就泄露内幕信息行为的主观要件而言,虽然行政法规对其未作界定,但可以从刑法精神中去探讨。我国《刑法》规定的犯罪,如果是过失可以构成的,立法上有两种表示法:其一,特别冠以"过失"或者类似含义,如《刑法》第 398 条对泄露国家秘密犯罪,明文规定"故意或者过失泄露国家秘密"。其二,过失犯罪要求有客观结果。但《刑法》第 180 条规定的泄露内幕信息罪,既没有冠以"过失"或有类似含义,又未规定要求客观结果,因此,可以认为本罪的主观要件只是故意,不包括过失。③

　　笔者认为,对于本罪的主观方面是故意还是过失,关键还是要分析刑法规定和理解刑事立法的原意。证券犯罪是一种新型的刑事犯罪,只有达到严重的程度才可能构成犯罪。另外,我国《刑法》明确规定,"过失犯罪,法律有规定的才负刑事责任",而《刑法》第 180 条并未规定过失可以构成本罪,根据罪刑法定的原则,本罪的主观方面不应该包括过失。因此,笔者主张,本罪只能由故意构成,并且由于行为人实施内幕交易、泄露内幕信息的行为均是以获取非法利益或者减少损失为目的,因而本罪理应由直接故意才能构成。

　　在本罪的主观方面,还有一个争议问题即对象认识错误的处理。如果行为人在主观上误把某种不属于内幕信息的消息当做内幕信息或将内幕信息误认为不是内幕信息而加以利用或予以泄露,该如何处理? 有人认为,误将不属于内幕信息的消息当做内幕信息而进行内幕交易或泄露的行为不能按内幕交易罪处罚,若因此造成实际损害的,可按一般违法行为追究行政责任。如果行为人将内幕信息误认为是一般信息或不是内幕信息而加以利用或泄露的,则构成内幕交易罪。④有人则认为,根据刑法关于认识错误的理论,行为人误把不属于内幕信

---

① 参见周道鸾主编:《刑法的修改与适用》,人民法院出版社 1997 年版,第 397 页。
② 参见马克昌主编:《经济犯罪新论》,武汉大学出版社 1998 年版,第 295—296 页。
③ 参见胡启忠等:《金融犯罪论》,西南财经大学出版社 2001 年版,第 272 页。
④ 参见周道鸾主编:《刑法的修改与适用》,人民法院出版社 1997 年版,第 397 页;郭丽红:《论内幕交易罪的犯罪构成》,载《汕头大学学报》2000 年第 1 期。

息的信息当做内幕信息而进行内幕交易或予以泄露的，构成内幕交易、泄露内幕信息的未遂犯罪。如果行为人将内幕信息误认为是一般信息或不是内幕信息而进行交易或泄露的，因行为人主观上没有内幕交易和泄露内幕信息的故意，只存在过失，不能构成内幕交易、泄露内幕信息罪。符合其他条件的，可依法构成玩忽职守罪、过失泄露国家秘密罪，客观上未造成重大损失的，属于一般违法行为。[①]

笔者认为，从理论上分析，上述第二种观点无疑是正确的，但是，构成本罪行为人的行为必须达到情节严重的程度，且有关交易和泄露行为应与内幕信息具有关联性。由于受到这些条件的影响，事实上如果行为人主观上把某种不属于内幕信息的信息当做内幕信息进行交易或泄露，就不可能出现所谓关联性问题，从而也很难达到情节严重的程度；而如果行为人将内幕信息误认为不是内幕信息而进行交易或泄露，由于主观上缺乏故意，当然就不能构成犯罪。就此而言，笔者认为，如果行为人主观上确实存在对象认识错误的情况，一般不应该构成本罪。

第三节　利用未公开信息交易罪的司法认定

一、本罪的立法依据

本罪为《刑法修正案（七）》新增加的罪名。《刑法修正案（七）》第 2 条第 2 款规定，证券交易所、期货交易所、证券公司、期货经纪公司、基金管理公司、商业银行、保险公司等金融机构的从业人员以及有关监管部门或者行业协会的工作人员，利用因职务便利获取的内幕信息以外的其他未公开的信息，违反规定，从事与该信息相关的证券、期货交易活动，或者明示、暗示他人从事相关交易活动，情节严重的，依照内幕交易、泄露内幕信息罪的规定处罚。该条款设在《刑法》第180 条第 3 款之后，作为该条的第 4 款。

至此，受学界和舆论广泛抨击的"老鼠仓"行为终于有了明确的刑法规制依据。早前，《关于〈中华人民共和国刑法修正案（七）草案〉的说明》中提到，"有些全国人大代表和中国证监会提出，一些证券投资基金管理公司、证券公司等金融机构的从业人员，利用其因职务便利知悉的法定内幕信息以外的其他未公开的经营信息，如本单位受托管理资金的交易信息等，违反规定从事相关交易活动，牟取非法利益或者转嫁风险。这种被称为'老鼠仓'的行为，严重破坏金融管理

---

① 参见马长生、张惠芳：《论内幕交易、泄露内幕信息罪》，载赵秉志主编：《新千年刑法热点问题研究与适用》（下），中国检察出版社 2001 年版，第 831 页。

秩序,损害公众投资者利益,应当作为犯罪追究刑事责任"①。

正是社会的广泛关注、立法层面的重视,才使规制"老鼠仓"行为有据可依。在基金市场,"老鼠仓"问题并非最近才出现的新问题。21 世纪初,吴敬琏等经济学家就揭露过"老鼠仓"等"基金黑幕",只不过当时操纵股市等问题更为突出,"老鼠仓"问题不太显眼。现在,随着对操纵股市等问题的治理力度加大,情况有了很大好转,"老鼠仓"问题就相对突出起来了。②

2007 年,原上投摩根成长先锋基金经理唐建,以其父亲和第三人的账户,于基金建仓前买入了新疆众和股票,获利逾 150 万元。原南方宝元债券型基金及南方成分精选基金经理王黎敏,使用其父亲的账户在基金建仓半年后买入了太钢不锈股票,获利在百万元左右。唐建、王黎敏因上述违法违规进行证券投资、牟取私利的行为被查处。中国证监会在没收两人违法所得 152 万余元并各处罚款 50 万元外,还对两人实行市场禁入。③这是中国证监会对基金"老鼠仓"开出的处罚第一单。而当时,由于我国刑法没有明文规定这类行为构成犯罪,因而难以追究当事人的刑事责任,对"老鼠仓"的查处也仅止于行政处罚。

在学界,对"老鼠仓"行为有两种观点:

一种主张"出罪说"。有论者认为,"老鼠仓"是基金行业的潜规则,特别是由于"老鼠仓"构建的种类多样,流程设计也越来越精良,实际上根本无法根治,因此只能与"老鼠仓"和平共处。④

另一种主张"入罪说"。有论者认为,是否将某种行为规定为犯罪,主要取决于行为的主客观方面和刑法本身的价值取向,而与是否能够根除无关,将"老鼠仓"行为犯罪化处理有利于抑制这一行为的蔓延。应该承认的是,只要有利益驱动,部分基金管理公司或证券公司的管理人员一定会想方设法绕开监管,钻法律的漏洞。这并非仅靠刑法可以解决。但是,将"老鼠仓"行为犯罪化处理,至少可以起到犯罪一般预防效果,而钻刑法漏洞本身是需要成本的,增加违法行为成本,也对违法行为本身起到特殊预防作用。因此总体上看,将"老鼠仓"行为犯罪化处理是存在社会积极意义的,且并不违反罪之谦抑原则。在立法层次上罪之谦抑原则主要表现在两个方面:不犯罪化和非犯罪化。所谓不犯罪化,是指那些不具备法益侵害性的行为,或者有一定危害性但是不值得定罪处罚的行为不(或

---

① 参见《刑法修正案(七)草案全文及说明》,http://www.npc.gov.cn/npc/xinwen/lfgz/2008-08/29/content_1447387.htm,2010 年 1 月 13 日访问。

② 参见田兴宏、焦焰:《基金"老鼠仓"的法律规制研究》,载《长沙理工大学学报》(社会科学版)2009年第 1 期。

③ 参见黄鑫:《从"老鼠仓"事件谈增设背信罪之必要》,载《中国刑事法杂志》2009 年第 2 期。

④ 参见冯兆蕙:《"老鼠仓"入罪模式及选择》,载《河北法学》2009 年第 9 期。

者不应当)被纳入犯罪圈,就是要确立刑法上犯罪概念的定性和定量因素;所谓非犯罪化,是指已经被规定为犯罪的行为,由于社会的发展或观念的变迁已经不再具有社会危害性,或者出于刑法效益的考虑不宜再作为犯罪处理的,立法上作出排除其刑事违法性的过程,以使犯罪圈的设定真正符合既定性又定量的原则。显然从未被规定为犯罪的"老鼠仓"行为不可能基于"非犯罪化"因素被罪之谦抑的概念所涵摄。而该种行为侵犯了特定法益,并且基于上文的分析,值得作为犯罪处理,因此,将"老鼠仓"行为犯罪化处理并不违反罪之谦抑的原则。①

笔者认为,在对"老鼠仓"行为是否入罪进行讨论时,有必要对"老鼠仓"行为进行界定,即"老鼠仓"行为到底是指什么。如果我们在这个问题上认识不统一,那么得出的观点也会大相径庭。

"老鼠仓"行为究竟是指什么,理论上有"广义说"和"狭义说"两种说法。

广义说认为,"老鼠仓"行为表现为以下三种形式:一是身为受托资产管理业务机构的从业人员(下称"相关从业人员")知道相关大额资金的投资信息,却违背受托人义务,私自买入相关的股票以追求私利的行为;二是相关从业人员违背受托人义务,自己先行买入股票,然后用所管理的基金把股票价格拉升,自己买入的股票通过股价差获利;三是利益输送,即相关从业人员违背受托人义务,故意选择不公平的价格或者不适当的时机交易,让公募基金为私募基金高位接盘,致使公募基金被套牢,私募基金却解套获利。

狭义说认为,"老鼠仓"指庄家在用公有资金拉升坐庄个股股价前,先用自己个人(亲友团)的资金在低位建仓,再用公有资金将股价拉升到高位,个人仓位率先卖出获利,最后套牢亏损的是机构(公有)和散户的资金。②这种在底部埋仓吃"公家粮"的行为,与老鼠进粮仓颇为类似,因此被形象地称为"老鼠仓"。

笔者认为,我们对一个法律现象进行认识或解释时,应遵循"立法原意"。诚然由于时间的一维性,真正的"立法原意"我们很难认知,但至少我们应从业已存在的规范形式出发,推定当时的"立法原意"。既然《刑法修正案(七)》将"利用未公开信息交易罪"规定为《刑法》第180条中的一款,其内涵就应限定在内幕交易、泄露内幕信息罪适用的领域之内。因此,笔者认为"狭义说"的解释较为合理。

基于对"狭义说"的赞同,笔者认为将"老鼠仓"行为入罪是立法上正确的选择,理由如下:

第一,从行为的社会危害性角度而言。纵观最近几年发生的"老鼠仓"的案

---

① 参见黄鑫:《从"老鼠仓"事件谈增设背信罪之必要》,载《中国刑事法杂志》2009年第2期。

② 参见蔡曦蕾:《"老鼠仓"问题法律应对探析》,载《山东警察学院学报》2009年第2期。

例，一个中等"老鼠仓"的违法所得，少则千万元，多则上亿元。这种行为严重扰乱了证券市场的投资者结构，影响了证券投资基金在我国的发展。如果任其发展，既不利于推动我国证券市场规模的扩大，也不利于我国证券市场在结构上的优化完善；同时对广大有理财服务和投资管理需求的民众而言，"老鼠仓"行为极容易误导资金的流向和利用，增加投资风险，助长证券、基金市场的投机行为，对我国社会主义市场经济秩序健康、平稳、持续发展形成极大的干扰和破坏。因此，"老鼠仓"行为具备严重的社会危害性，理应受到刑法规制。

第二，从刑罚的目的角度而言。"刑罚的目的既不是要摧残折磨一个感知者，也不是消除业已犯下的罪行。……刑罚的目的仅仅在于：阻止罪犯重新侵害公民，并规劝其他人不要重蹈覆辙。"[1]将"老鼠仓"行为入罪并适用刑法的真正目的在于实现特殊预防和一般预防相结合。对犯罪嫌疑人而言，对其使用刑罚，让其承受刑罚的痛苦。出于趋利避害的本能，犯罪嫌疑人再犯的可能性会降低，正如贝卡里亚所言："只要刑罚的恶果大于犯罪带来的好处，刑罚就可以收到它的效果。这种大于好处的恶果中应该包含的，一是刑罚的坚定性，二是犯罪既得利益的丧失。除此之外一切都是多余的，因而也是蛮横的。"[2]对潜在的犯罪嫌疑人而言，将"老鼠仓"行为入罪并对犯罪人进行适当的惩罚，能产生很好的震慑和教育作用，使其遵循社会主义市场经济规则行事。从宏观上讲，显然也有助于形成良好的社会主义市场经济秩序，有利于我国金融市场的完善与发展。

第三，从国外立法例的角度而言。鉴于"老鼠仓"的巨大危害性，美国等西方国家都把"老鼠仓"案件作为刑事案件来处理。犯罪人不仅会被没收违法所得，处以巨额罚款，还会被判处有期徒刑甚至终身监禁。如2006年美国证券交易委员会专门负责监控市场的一位律师揭露了一起著名的"老鼠仓"案，相关责任人被判刑，罚款金额高达1亿美元。同时，美国各级证券交易机构也设置了市场监管部门，允许知情人、新闻媒体、律师向其举报。举报消息一旦查证属实，举报人可获得占案值10%的奖金。正是这种高昂的违法成本和健全的举报机制，有效地抑制了"老鼠仓"案件的发生。日本政府也于2006年出台了新法，用以应对日益猖獗的"老鼠仓"犯罪，将情节严重的"硕鼠"的最高刑提至5年，罚款金额也大幅提高。如2007年的日本广播公司股票"老鼠仓"案，"村上基金"前经理村上世彰入狱两年，罚款12亿日元（约合7000万元人民币）。这是日本迄今为止对"老鼠仓"案件作出的最高罚款判决。[3]

综上所述，证券、期货市场的健康、良性发展有赖于公平竞争的市场环境，而

---

① 〔意〕贝卡里亚：《论犯罪与刑罚》，黄风译，中国大百科全书出版社1993年版，第42页。
② 〔意〕贝卡里亚：《论犯罪与刑罚》，黄风译，中国大百科全书出版社1993年版，第42—43页。
③ 参见黄鑫：《抑制资本市场"老鼠仓"行为之法律思考》，载《金融理论与实践》2009年第2期。

利用未公开信息进行证券、期货交易则使不同的投资者在信息完全不对称的情况下进行交易,这极大地损害了资本市场的公平性,从根本上动摇了证券、期货市场的根基。因此,本罪的立法对于保护广大基金投资者的合法权益,严密证券、期货市场监管,促进我国证券、期货市场健康、稳定发展具有重大意义。

二、本罪构成中的疑难问题的辨析

(一)"未公开信息"之理解

何谓"未公开信息"? 在《刑法修正案(七)》颁布之初,无论是我国的法律抑或是行政法规,都没有对其作明确规定。2019 年最高人民法院、最高人民检察院《关于办理利用未公开信息交易刑事案件适用法律若干问题的解释》第 1 条规定的"未公开信息"包括:(1)证券、期货的投资决策、交易执行信息;(2)证券持仓数量及变化、资金数量及变化、交易动向信息;(3)其他可能影响证券、期货交易活动的信息。同时该司法解释第 2 条对实务中遇到对未公开信息难以认定的情况,规定了司法机关可以在有关行政主(监)管部门认定意见的基础上,根据案件事实和法律规定作出认定。

笔者认为,"未公开信息"应具备以下五个特性:(1)差别性:"未公开信息"必须是内幕信息之外的其他信息;(2)未公开性:"未公开信息"尚未通过法定渠道或其他以公众熟知方式向社会大众和广大投资者公布;(3)真实性:"未公开信息"必须是正确、客观的信息,不能是虚假、编造,无中生有的信息;(4)专属性:"未公开信息"必须是涉及公司的经营、财务或者对该公司证券的市场价格有重大影响的信息,而不能是其他一切信息;(5)可利用性:"未公开信息"被行为人所掌握后,行为人或其亲友可从中受益之信息。

在上述"未公开信息"的五个特性中,尤为值得探讨的是何谓"未公开性"?《证券法》第 42 条第 2 款规定:"为上市公司出具审计报告、资产评估报告或者法律意见书等文件的证券服务机构和人员,自接受上市公司委托之日起至上述文件公开后五日内,不得买卖该种股票。"同时,《证券法》第 86 条规定:"依法必须披露的信息,应当在国务院证券监督管理机构指定的媒体发布,同时将其置备于公司住所、证券交易所,供社会公众查阅。"有学者通过对上述两个法条的分析和解读,提出了"将内幕信息以外的其他未公开信息公布 5 日之后的状态规定为已公开"的观点,也即认为相关当事人在内幕信息以外的其他未公开信息公布之日起 5 日内不得买卖与该信息有关的证券或期货合约,否则即构成利用未公开信息交易。①

---

① 参见赵斌、曹云清:《利用未公开信息交易罪若干问题研究》,载《江西公安专科学校学报》2009 年第 4 期。

　　笔者认为,上述观点确实为我们开拓了思路。但是,《证券法》关于"自接受上市公司委托之日起至上述文件公开后五日内,不得买卖该种股票"的规定并不代表相关文件公开后 5 日内信息属于未公开的状态。上述规定只能明令禁止有关人员在文件公开后 5 日内不能买卖股票,而在这段时间内,相关信息已经无可逆转地成为公开的信息了。故笔者认为,以公开后 5 日为限来界定信息是否已公开这一提法是不合适的,并且禁止相关当事人在内幕信息以外的其他未公开信息公布之日起 5 日内不得买卖与该信息有关的证券或期货合约的做法过于苛刻,尚缺乏充分论证。之前,笔者在讨论内幕信息的秘密性时,曾介绍过西方的"有效市场"理论。该理论认为,某项消息一旦被相当数量的投资者知悉,相关公司的证券、期货价格便会很快地发生变动,或涨或跌,从而来反映证券、期货公司对市场这种消息的感受与反应。如果某项消息对证券、期货市场能产生有效影响,即被认为已经属于公开的消息;反之,则仍属于尚未公开。实践中一般认为,信息公开的标准有三个:其一为在全国性的新闻媒介上公布该消息;其二为通过新闻发布会公布信息;其三为市场消化了该信息,即市场对该信息已作出反应。[①]上述标准可资借鉴。

　　(二)"职务便利"与"未公开信息"关系之理解

　　有学者认为,因职务便利获取的内幕信息以外的其他未公开的信息包括以下两种情形:第一,直接利用本人职务上的便利而获取的内幕信息以外的其他未公开的信息,即行为人因执行职务所获悉的内幕信息以外的其他未公开的信息,如基金管理公司的经理在执行职务过程中获悉的本公司拟建仓的证券品种;第二,间接利用本人职务上的便利而获取的内幕信息以外的其他未公开的信息,即行为人利用与其职务有关的便利条件所获取的内幕信息以外的其他未公开的信息。应当看到,利用与职务有关的便利条件获取的内幕信息以外的其他未公开的信息并不像因执行职务获取的内幕信息以外的其他未公开的信息那样明确,因此在认定时应更慎重。该学者又作了进一步的深入分析,指出利用与职务有关的便利条件获取的内幕信息以外的其他未公开的信息又可以分为两种情形:一是利用工作地点、工作环境的便利条件获取的内幕信息以外的其他未公开的信息,如基金管理公司的工作人员趁总经理办公室无人之机看到的公司拟建仓的证券品种的决定;二是利用职务身份、影响的便利条件获取的内幕信息以外的其他未公开的信息,如某甲基金管理公司的经理和某乙基金管理公司的经理通过告知对方自己所在基金管理公司拟建仓的证券品种,从而获悉对方公司拟建

---

　　① 参见陈晓:《论对内幕交易的法律规制》,载《民商法论丛》第 5 卷,法律出版社 1996 年版,第 89 页。

仓的证券品种。①

应该看到,上述观点侧重对利用职务便利的两种方式即"直接利用"和"间接利用"的论述,并没有揭示"职务便利"与"未公开信息"的关系。为了更好地打击和预防犯罪,笔者认为"利用未公开信息交易罪"中的职务便利,应当是指证券交易所、期货交易所、证券公司、期货经纪公司、基金管理公司、商业银行、保险公司等金融机构的从业人员以及有关监管部门或者行业协会的工作人员,主管、管理、从事以及履行本职工作、义务或者其他一切与职务有关的便利条件。在此基础上,"职务便利"与"未公开信息"之间必须具有因果关系,也就是说行为人获取"未公开信息"必须是利用"职务便利"。之所以强调两者之间必须具备因果关系是因为司法实践中存在无意获取"未公开信息"的情形,如在某基金公司职员饭馆会客时,无意中听到自己公司的领导谈论本公司将重仓持有某只股票的信息并加以利用的情形。笔者认为,在此种情形下,行为人并不是利用职务便利而获取到信息的,两者之间没有因果关系,故应该被排除在刑法规制范围之外。强调"职务便利"与"未公开信息"之间的因果关系,也是罪刑法定原则的精神要旨所向。

（三）关于本罪中"明示、暗示他人从事相关交易活动"的认定

《刑法》第180条第4款利用未公开信息交易罪规定了两种行为方式:其一,从事与该未公开信息相关的证券、期货交易活动,即交易行为;其二,明示、暗示他人从事相关交易活动,即建议行为。2019年6月27日最高人民法院、最高人民检察院《关于办理利用未公开信息交易刑事案件适用法律若干问题的解释》第4条规定,认定行为人"明示、暗示他人从事相关交易活动"应当综合以下六方面进行认定:(1)行为人具有获取未公开信息的职务便利;(2)行为人获取未公开信息的初始时间与他人从事相关交易活动的初始时间具有关联性;(3)行为人与他人之间具有亲友关系、利益关联、交易终端关联等关联关系;(4)他人从事相关交易的证券、期货品种、交易时间与未公开信息所涉证券、期货品种、交易时间等方面基本一致;(5)他人从事的相关交易活动明显不具有符合交易习惯、专业判断等正当理由;(6)行为人对明示、暗示他人从事相关交易活动没有合理解释。此外,对于"明示、暗示"的理解要准确。有观点认为,所谓"明示",就是清楚明白的指示;所谓"暗示",就是不明白表示意思,而用含蓄的言语或示意的举动使人领会。"明示或暗示"也就是向他人作出提示或建议。"明示或者暗示他人从事上述交易活动",本质上是指行为人提示或者建议他人从事证券、期货交易活动,具

---

① 参见赵斌、曹云清:《利用未公开信息交易罪若干问题研究》,载《江西公安专科学校学报》2009年第4期。

体是指提示或建议他人买入或者卖出该证券，或者从事与该内幕信息有关的期货交易。①此观点实际上是认为"明示"与"暗示"本质上并无区别，只是表现形式不同而已。但是，笔者则认为，明示、暗示中的"示"是指建议他人从事相关交易的行为，"明"和"暗"是相对于未公开信息的是否明确告知而言。所谓"明示"，是指清楚、明白地告知他人未公开信息内容，并建议他人从事相关证券、期货交易的行为；而"暗示"则是指不明确告知未公开信息内容，只是建议他人从事相关证券或期货交易的行为。②在金融交易实践中，从事交易的市场主体往往对于敏感信息都十分关注，因此对于一些未公开信息的含蓄表示也能够被迅速地心领神会。同时，笔者认为，如果被明示、暗示的对象最终并没有从事与未公开信息内容相关的证券、期货交易，则建议者不能构成利用未公开信息交易罪。因为明示、暗示他人从事相关交易活动的行为本质应当在于"交易"，而根据刑法规定，单纯泄露未公开信息的行为并不属于利用未公开信息交易的行为范畴中，因此，如果被明示、暗示的对象没有从事与未公开信息内容相关的证券、期货交易，双方行为人都不应当构成利用未公开信息交易罪。

（四）是否要求实际"盈利"或"减少、避免损失"

在司法实践中会产生这样的情况，证券交易所、期货交易所、证券公司、期货经纪公司、基金管理公司、商业银行、保险公司等金融机构的从业人员以及有关监管部门或者行业协会的工作人员利用未公开的信息从事与该信息相关的证券、期货交易活动，往往是为了使本人或者其亲友"盈利"或者"减少、避免损失"，但结果是不但没有"盈利"或者"减少、避免损失"，反而自己也被"套住了"。很多法官因此认为，利用未公开信息交易罪为目的犯，尽管在条文中没有明确表述，但"盈利"或者"减少、避免损失"作为条文的隐性要件暗含其中，既然没有"盈利"或"减少、避免损失"就不应该构成利用未公开信息交易罪。

从犯罪构成理论的角度分析，目的犯之目的是故意之外的主观要素，它与故意之内的目的是有所不同的，对此应当加以区分。③笔者认为，此处"盈利"或者"减少、避免损失"是故意之内的目的，更确切地说是一种动机。相同的犯罪目的可能有不同的犯罪动机，相同的犯罪动机也可能产生不同的犯罪目的，进而实施不同的犯罪行为，符合不同的犯罪构成。因此，犯罪动机不是犯罪构成的必要要件。"盈利"或者"减少、避免损失"这一动机对是否构成本罪没有影响。另外，从法条的表述看，本罪完全符合刑法理论中行为犯的特征，而决定是否实际盈利的因素多且复杂，"除了自身的原因外，还受大盘、政策、市场资金充裕程度、欧美股

---

① 谢望原：《简评〈刑法修正案（七）〉》，载《法学杂志》2009年第6期。
② 参见刘宪权：《金融犯罪刑法学原理》，上海人民出版社2017年版，第330—331页。
③ 参见陈兴良：《走向规范的刑法学》，法律出版社2008年版，第213页。

市的走势等等因素的影响"①。因此,尽管行为人以盈利或避免损失为目的而利用未公开信息进行交易,但由于诸多因素的影响,也可能出现与其主观预期相违背的结果。只要行为人的交易行为完成了,且达到了情节严重的程度,就应当以本罪追究其刑事责任。

应当指出的是,有些舆论或媒体将"利用未公开信交易罪"的设立解读为是对"老鼠仓"行为的全面打击,其实这种说法并不准确。实践中的"老鼠仓"不仅涉及内幕交易,还涉及市场操纵以及刑法未涉及的背信等范畴。因此,《刑法修正案(七)》增设本罪只是触及了一部分的"老鼠仓"行为。②笔者认为,通过司法解释对该罪名进行完善抑或增设新罪名,才是全面应对"老鼠仓"问题的合理途径。

(五) 对本罪法定刑规定的理解与适用

2014 年 12 月,最高人民检察院针对马乐利用未公开信息交易罪二审判决,以适用法律错误而导致量刑明显失当为由向最高人民法院提出抗诉。2015 年 12 月,最高人民法院在深圳第一巡回法庭对原审被告人马乐利用未公开信息交易再审一案作出改判,认为利用未公开信息交易罪具有"情节严重"、"情节特别严重"两档量刑情节,判处原审被告人马乐有期徒刑 3 年,并处罚金人民币 1913 万元;违法所得人民币 1912 万余元依法予以追缴。在该再审判决之前,刑法理论与实践中对于利用未公开信息交易罪是否如同内幕交易、泄露内幕信息罪一样具有"情节严重""情节特别严重"两档量刑情节存在争议,最高人民法院再审马乐案明确了这一疑难问题的刑法解释意见。并且,2019 年 6 月 27 日最高人民法院、最高人民检察院《关于办理利用未公开信息交易刑事案件适用法律若干问题的解释》第 7 条再次明确了利用未公开信息交易罪规定的"依照第一款的规定处罚",包括该条第 1 款关于"情节特别严重"的规定,从而统一了法律适用标准,使今后各级法院审理此类案件有据可依。

笔者认为,尽管司法解释对《刑法》第 180 条第 4 款法定刑问题作出了明确规定,但是,这并不意味着在理论上对此问题没有进一步探讨的余地,特别是在以下几个方面仍然值得商榷。

其一,从社会危害性轻重角度分析,利用未公开信息交易罪与内幕交易、泄露内幕信息罪适用完全相同的法定刑并不妥当。应该看到,《刑法修正案(七)》增设利用未公开信息交易罪,现行刑法尽管将其与内幕交易、泄露内幕信息罪配

---

① 赵斌、曹云清:《利用未公开信息交易罪若干问题研究》,载《江西公安专科学校学报》2009 年第 4 期。

② 参见蔡奕:《〈刑法〉修正案重点罪名解读》,载《深交所》2009 年第 6 期。

置在同一个条文中,但两者之间实际存在着明确的规范界限。根据当时对《刑法修正案(七)》的权威解读,利用未公开信息交易罪与内幕交易、泄露内幕信息罪本质上的差异集中体现在两罪所对应的信息内容上的差异。内幕信息主要是围绕上市公司本身的信息,如公司的重组计划、公司高管人员的变动、公司的重大合同、公司的盈利情况等对该公司证券、期货的市场价格有重大影响、按照有关规定应及时向社会公开但尚未公开的信息。而"其他重大未公开信息"则主要是所在资产管理机构准备将客户资金投资购买哪只证券、期货的投资交易信息,一般属于单位内部的商业经营秘密,法律并未要求此类信息应当公开,不属于内幕信息的范围。一般而言,内幕信息对于证券、期货市场价格的影响非常直接且巨大,"其他重大未公开信息"的价格影响性相对而言较为间接且不如内幕信息显著。因此,利用内幕信息进行交易、泄露内幕信息与利用未公开信息进行交易或者泄露未公开信息行为的社会危害性均不同。我国刑法并没有一开始就将利用未公开信息交易行为规定为犯罪的原因,恐怕也在于此。就此而言,笔者认为,《刑法修正案(七)》增设的利用未公开信息交易罪与刑法原来规定的内幕交易、泄露内幕信息罪,因为社会危害性上存在较大的差异,它们在违法程度和责任程度上当然就不可能完全一致。所以,我们完全有理由认为,利用未公开信息交易罪与内幕交易、泄露内幕信息罪适用完全相同的两档法定刑并不妥当。

其二,从立法原意角度分析,利用未公开信息交易罪与内幕交易、泄露内幕信息罪适用完全相同的法定刑并不妥当。从刑法条文分析,《刑法》第 180 条第4 款其实并没有明示性地规定利用未公开信息交易"情节特别严重"一定要适用内幕交易、泄露内幕信息罪"情节特别严重"的这一档法定刑。相反,利用未公开信息交易罪的条文明确规定的仅仅只有"情节严重"这样唯一一档法定刑,即"情节严重"应依照内幕交易、泄露内幕信息罪"情节严重"的法定刑档次处罚。从立法文意和立法技术的角度分析,我们似乎更能得出这一立法原意:即利用未公开信息交易罪其实是不存在"情节特别严重"这一档法定刑的。

其三,从相对应犯罪刑法规定的法条关系分析,利用未公开信息交易罪与内幕交易、泄露内幕信息罪适用完全相同的法定刑并不妥当。与利用未公开信息交易罪对应的是内幕交易、泄露内幕信息罪,而与提供侵入、非法控制计算机信息系统程序、工具罪相对应的则是非法获取计算机信息系统数据、非法控制计算机信息系统罪。从罪名上分析,我们就不难看出,这两组相对应的犯罪之间的法条关系并不完全相同。利用未公开信息交易罪与内幕交易、泄露内幕信息罪之间只存在交易、泄露行为所利用的信息内容不同的情况,并不存在行为方式或手段不同的情况。正如前述,"内幕信息"与"未公开信息"对证券、期货市场的影响颇有不同,采用同样的行为方式因利用的信息不同,其社会危害性差异很大,对两罪采用完全相同的两档法定刑标准可能并不完全符合罪刑相当原则。但是,提供侵入、非法控制计算机信息系统程序、工具罪与非法获取计算机信息系统数据、非法控制计算机信息系统罪之间则主要存在行为方式或手段不同的情况,而并不存在对象内容上的很大差异。不同的手段针对的均是计算机信息系统,其社会危害性似乎难分伯仲,对两罪采用完全相同的两档法定刑似乎也能说得过去。

总之,笔者认为,遵循罪刑法定原则中有利于被告人精神以及罪刑相当原则,从社会危害性程度、立法原意以及法条关系等角度分析,我们似乎应当对利用未公开信息交易罪是否具有"情节特别严重"这一法定刑档次作出更为审慎的解释。

当然,必须承认的是,2019 年 6 月 27 日最高人民法院、最高人民检察院《关于办理利用未公开信息交易刑事案件适用法律若干问题的解释》,针对《刑法》第 182 条第 4 款的法定刑问题,确立了利用未公开信息交易罪具有"情节特别严重"这一档法定刑的解释。刑事司法实践即使无奈也应当尊重并严格执行这一权威解释。但是,理论上对最高人民法院再审马乐利用未公开信息交易案判决所存在的争议问题开展讨论,仍然有助于我们深度反思利用未公开信息交易罪的本质,并在司法实践中更准确地对利用未公开信息交易罪具体配置相应的法定刑,从而提出更为符合金融市场犯罪本质特征与实际情况的司法规则完善建议。

(六)对本罪共同犯罪的认定

利用未公开信息交易罪的建议行为通常涉及有关利用未公开信息交易罪中共同犯罪问题的讨论。在建议行为中,我们通常将具有特定身份的主体称为"老鼠仓"案件中的"建仓者",而将从事相关交易活动的他人称为"老鼠仓"案件中的"老鼠"。由于其中从事相关交易活动的人往往不具有特定的身份,所以他们本身并不符合利用未公开信息交易罪主体身份的要求。然而,司法实践中又往往会将"老鼠"与"建仓者"作为共犯统一按利用未公开信息交易罪定罪处罚。为此,笔者将从以下几个方面就本罪的共同犯罪问题进行探讨。

首先,一般主体可以构成利用未公开信息交易罪的共犯。理由如下:一方面,已有的刑法条文和司法解释事实上已经认同了一般主体可以构成有特殊主体要求之罪的共犯。如《刑法》第 198 条的保险诈骗罪,其中规定保险事故的鉴定人、证明人、财产评估人并不是保险诈骗罪的主体,但却可以成为保险诈骗罪的共犯。另一方面,认定一般主体构成有特殊主体要求之罪的共犯并未违背权利义务一致性原则。诚然,在单个人犯罪案件中,一般主体不享有特殊的权利,也就无需履行相应的义务,但是共同犯罪不同于单个人犯罪,共同犯罪使数个行为人的犯罪行为形成了一个整体行为。在这个整体行为中,一般主体所享受的权利范围得以扩大至特殊主体所享受的权利范围。[1]因此,在利用未公开信息交易的行为中,如果一般主体要求特殊主体为其提供未公开信息,此时一般主体的义务范围就已经扩大至特殊主体的义务范围,需要承担相应的义务,即不能利用未公开信息从事相关交易活动。需要特别指出的是,尽管笔者主张一般主体可以构成利用未公开信息交易罪的共犯,但是,笔者同时还认为,一般主体不能构成利用未公开信息交易罪的实行共犯。具体而言,在利用未公开信息交易罪的案件中,利用未公开信息交易的实行行为本质上是具有职务便利的人让未公开信息为自己或他人所利用,从而使自己或他人获益。换言之,能够实施利用未公开信息交易罪实行行为的人只可能是具有职务便利、能够直接获取未公开信息的特殊主体。因此,即便一般主体可以利用特殊主体提供的未公开信息从事相关交易活动,也不能认为其可以实施利用未公开信息交易罪的实行行为。不过,一般主体却完全可以实施加功于利用未公开信息交易实行行为之上的帮助行为或教唆行为,即一般主体只能构成利用未公开信息交易罪的帮助犯或教唆犯。

其次,对于利用未公开信息交易罪中建议行为应当准确把握。我们在理解"明示、暗示"的时候不能"望文生义",要真正了解相关法律规范中"明示"与"暗示"行为的来龙去脉。对此笔者在前文已经详细进行了阐述,在此不再赘述。同时,笔者认为,如果被明示、暗示的对象最终并没有从事与未公开信息内容相关的证券、期货交易,则建议者不能构成利用未公开信息交易罪。因为明示、暗示他人从事相关交易活动的行为本质应当在于"交易",而根据刑法规定,单纯泄露未公开信息的行为并不属于利用未公开信息交易行为的范畴,因此,如果被明示、暗示的对象没有从事与未公开信息内容相关的证券、期货交易,双方行为人都不应当构成利用未公开信息交易罪。

另外,笔者认为利用未公开信息交易共同犯罪构成应以事前通谋为前提。一方面,如前所述,因为利用未公开信息交易罪对主体有身份要求,所以一般主体只能构成利用未公开信息交易罪的教唆犯或帮助犯。构成共同犯罪中帮助犯的重要前提是有帮助行为和帮助故意,即一般主体需要基于帮助的故意从而援助特殊主体实施利用未公开信息交易这一实行行为。如果一般主体构成建议行为的帮助犯,那么一般主体与特殊主体在建议行为发生之前就应当存在合意。另一方面,如果行为人双方之间并无事前通谋,那么一般主体就不具有避免从事

---

[1]　参见刘宪权:《共同金融犯罪若干理论问题的研究》,载《华东政法大学学报》2007 年第 3 期。

与未公开信息相关交易活动的义务，其只是被动地知道了未公开信息，此时不应当再将一般主体的权利义务范围与特殊主体的权利义务范围相融合。"法律不强人所难"，趋利避害是人的本能，更是从事证券、期货交易行为人的本能。就此而言，当然不能要求不具有职务便利的一般主体在被动地得知未公开信息的时候不进行对其有利的证券、期货交易活动。进一步，笔者认为如果特殊主体是采取暗示的方式实施建议行为，那么应当排除行为人之间存在事前通谋。此时，对于特殊主体的定罪处罚并不发生改变，然而对于一般主体而言，此时其得到的未公开信息是概括、模糊或者不明确的，还需要通过一般主体自身的判断才能完成对未公开信息的识别，有时甚至不进行判断、识别而只是盲目听从。如果要求一个得到概括、模糊或者不明确信息的交易者去承担利用该信息进行交易的刑事责任并不合理，因为概括、模糊或者不明确的信息能够对证券、期货市场起到多大的影响和作用本身就是一个未知数，这就基本可以排除交易者有利用未公开信息进行交易的故意。

最后，关于基金从业人员之间利益输送行为的认定问题。在司法实践中应当对基金从业人员区别对待，这是因为根据罪刑法定原则，私募基金从业人员不同于公募基金从业人员，其并不是基金管理公司从业人员，进而不能成为利用未公开信息交易罪的主体。需要指出的是，尽管笔者认为我国现行刑法并未将私募基金从业人员纳入利用未公开信息交易罪的主体范围之内，但是，从应然的角度分析，在私募基金的定位与管理原则已基本确定的现阶段，确实有必要通过修改刑法条文及有关法律法规等方式，将私募基金从业人员纳入利用未公开信息交易罪的主体范围之内。如前所述，根据现行刑法规定，私募基金从业人员实际上不能构成利用未公开信息交易单独犯罪的主体，那么，公募基金与私募基金从业人员之间、公募基金从业人员之间是否能够成立利用未公开信息交易的共同犯罪呢？笔者认为，相关从业人员的利益输送行为不同于"老鼠仓"行为，不能构成利用未公开信息交易罪。因为一方面，从刑法条文的规定来看，利用未公开信息交易行为中无论是交易行为还是建议行为中违法所得的计算，应当落实到个人账户交易所获得的利益，而非行为人所获取的基金管理费用。另一方面，基金从业人员管理的基金财产不同于个人财产，如果认为基金之间也能构成利用未公开信息交易，那么无异于禁止同一基金从业人员管理不同基金，同时也禁止了基金从业人员之间进行业务交流，这似乎并不妥当。当然，如果基金从业人员之间泄露具体的投资决策、交易信息，最终知悉该泄露信息的基金从业人员是利用个人财产而非基金财产进行交易，那么应当认为相关从业人员涉嫌构成利用未公开信息交易罪。

第四节　编造并传播证券、期货交易
虚假信息罪的司法认定

一、本罪的立法依据

在证券、期货市场上,证券交易、期货交易价格与信息紧密相关。根据证券、期货定价效率理论,证券、期货的价格在任何时候都应该"完全反映"所有与决定证券、期货价值相关的且可以获得的信息,同时任何新的相关信息都被准确、迅速地反映在价格里,由此这种价格也代表了某一证券、期货"内在价值"的最好判断。①此外,和其他商品不同的是,证券、期货本身没有使用价值,只有交换价值,因此,当投资者就证券、期货进行交易时,无法直接观察到所交易证券、期货的投资价值所在。这就形成了证券、期货的发行人以及帮助发行人发行证券、期货合约的专业服务人员向投资者如实公开与证券、期货有关信息的客观要求。只有及时、准确地了解到有关信息,投资者才可能根据真实的信息,对相关证券、期货的投资价值作出正确判断,并作出相应的投资决定。证券、期货的价格与信息的关系,使信息在某种程度上左右价格的波动。当投资者蒙受欺骗时,虚假信息仍被当做真实信息来看待,并以此作为投资指南付诸投资行动,这样势必会影响到证券、期货合约的价格。但是,虚假信息毕竟是不客观的、不真实的,一旦该信息被揭穿,证券、期货合约的价格将会出现剧烈的逆向波动,因此,虚假的信息对投资者而言是一种风险,编造并传播虚假信息将会误导投资,扰乱证券、期货交易市场秩序。要使证券、期货市场安全平稳地运行,必须通过一切可能的方式和途径,使一切可能影响证券、期货交易的信息完全公开,以保证信息的真实性、准确性和及时性,这就是"信息公开制度"。只有当证券、期货交易人正确了解证券、期货合约发行人和证券、期货的信息时,才能保证社会公众对证券、期货市场具有信任感;只有当证券、期货投资者本人保持证券、期货信息真实,才能保证证券、期货市场的稳定有序。

在理论上,证券、期货交易信息公开制度的基本要求是:"真实""持续""易解""要式"。"真实"就是要如实公开披露有关信息,表现为不披露虚假的信息和不遗漏应当披露的重大信息。"持续"就是不仅要求发行人在初次发行时如实披露有关信息,而且要求发行人于证券、期货发行后仍继续依法向公众如实披露有

---

① 参见中国证券监督管理委员会法律部编:《证券市场专家谈》,中国政法大学出版社 1995 年版,第 202 页。

关信息,这是由证券、期货的流通性所决定的。如果证券、期货发行后,投资者无法随时了解发行人的公司经营情况,就无法对持有的证券、期货合约进行交易。"易解"就是信息披露中不能用含糊不清的语言造成公众的误解。"要式"就是发行人按照法定的格式和程序要求进行信息披露,以便审批、监管机关和投资公众查阅。其中,"真实"是其他几个要求的前提,没有这个前提,其他几个要求也就失去了存在的意义。[①]而编造并传播证券、期货交易虚假信息的行为,不仅欺骗了广大投资者,而且扰乱了证券、期货市场的正常交易秩序。我国现行《刑法》第181条第1款中增设编造并传播证券、期货交易虚假信息罪,是发展和完善我国证券市场的必然选择。

编造并传播证券、期货交易虚假信息罪作为一个独立的罪名,在国外证券、期货立法中并没有明确规定,而与此罪相近或相似的规定并不鲜见。这种行为在国外一般被称为散布虚假信息进行行情操纵,即世界大多数国家和地区将其归入操纵行为之中。

最早见诸报端的一起散布虚假信息案件发生在1814年的英国。当时,正值英法战争期间,战况如何直接影响着股市行情的涨落。有一天,一位军官来到伦敦,声称拿破仑已战死,盟军已经进占巴黎。该消息被英国视为特大利好消息,致使股价疯狂上涨。时隔不久,得知拿破仑没有死亡,股价又一落千丈。后经查明,该军官曾经担任过英国某位将军的射击教练,他与将军的侄子等七个人共同编造了这个弥天大谎。不过,英国当时没有专门的证券法予以规范,只好根据刑法上的罪名对其进行了定罪处罚。在日本,也发生过一起典型的散布虚假信息操纵行情案。TSD公司是一家从事计算机软件开发的上市公司。1992年8月,该公司总经理在东京的一次新闻发布会上谎称,一位生物学教授已经发现了艾滋病疫苗,他的软件公司将支持教授继续进行临床试验。受此消息影响,至同年9月该公司可转换债券到期之日,该公司股票价格已经上涨到每股3650日元,比该公司可转换债券的转换价格2700日元高出近四成,因此,不少投资者将手中持有的该公司债券转换了该公司的股票,该公司避免了15亿日元的债券本息付出。后经查明,该消息纯属虚构。1995年6月,东京地方检察厅逮捕了该公司经理。1996年3月,东京地方法院宣判该公司经理有罪,判处有期徒刑1年零4个月,缓刑3年。[②]

世界许多国家和地区对于编造并传播证券、期货交易虚假信息罪的刑事立法一般有以下两种情形:其一,大多认为它只是操纵证券、期货交易价格的一种

---

① 参见白建军:《证券欺诈及对策》,中国法制出版社1996年版,第160—161页。

② 参见祝二军:《证券犯罪的认定与处理》,人民法院出版社2000年版,第414—415页。

手段或行为方式,立法上一般都将其规定在有关操纵市场犯罪的条款内,司法实践中一般也按操纵证券、期货市场罪来追究刑事责任,如美国、日本、韩国等;其二,将散布虚假信息的行为视为虚假陈述的行为而追究民事和刑事责任,如英国等。目前世界上大多数国家和地区均将编造并传播证券、期货交易虚假信息行为归入操纵证券、期货市场犯罪或市场欺诈犯罪(Market Abuse Crime)之中。

我国早期的证券立法也将编造并传播证券交易虚假信息罪归入操纵行为之中。例如,国务院证券委员会《禁止证券欺诈行为暂行办法》第8条规定,本办法第7条所称操纵市场行为包括以散布谣言等手段影响证券发行、交易。之所以如此,是因为扰乱证券、期货交易市场的目的无非是企图拉高或压低证券价格,行为人往往乘拉高或压低后派发或吸筹,以非法获利。易言之,扰乱证券、期货交易市场往往与操纵行为紧密相连,呈现一种手段行为与目的行为的关系。

在证券、期货市场上,在投资者决定买卖证券、期货时,信息是一个十分重要的因素,因为许多信息直接影响到个别证券、期货价格甚至证券、期货价格指数的变动,所以社会上某些人为了谋取非法利益,利用人们这种对信息反应敏感的心理,编造并传播各种证券、期货交易虚假信息,有意造成证券、期货价格的急剧振荡,扰乱证券、期货市场秩序,损害投资者的利益。由此可见,这种行为具有极大的社会危害性,也正因为这一点,目前世界各国和地区只要存在证券、期货市场,一般均会在法律上强调禁止这种行为,我国《刑法》中设立编造并传播证券、期货交易虚假信息罪的意义也在于此。

在相当长的一段时间里我国《刑法》中没有惩治编造并传播证券、期货交易虚假信息犯罪的规定,经修订后的1997年《刑法》第一次规定了编造并传播证券交易虚假信息罪,从而把惩治这一种行为提高到刑事法律层面上,但当时只限于在证券市场范围内而没有涉及期货市场。1999年12月25日,全国人大常委会颁布了《刑法修正案》,专门增加了对期货市场上编造并传播虚假信息犯罪行为惩治的内容,并将罪名修正为"编造并传播证券、期货交易虚假信息罪"。经修正后的《刑法》第181条第1款规定:"编造并且传播影响证券、期货交易的虚假信息,扰乱证券、期货交易市场,造成严重后果的,处五年以下有期徒刑或者拘役,并处或者单处一万元以上十万元以下罚金。"针对单位犯本罪的实际情况,《刑法》第181条第3款还规定:单位犯本罪的,对单位判处罚金,并对其直接负责的主管人员和其他直接责任人员,处5年以下有期徒刑或者拘役。那么,对《刑法》把扰乱证券、期货交易市场行为从操纵市场行为中分离出来并独立成罪该如何评价呢?笔者认为,从规范证券、期货欺诈行为,保证证券、期货信息公开制度落实的角度出发,《刑法》作这样规定无疑是有其合理的一面。我国有学者就此指出四点。

其一,信息是投资者的"投资指南"。在高风险的证券、期货市场上,法律应当保证与证券、期货相关信息的真实性,把扰乱证券、期货交易市场行为列入犯罪,也突出《证券法》《刑法》对信息保证这一要旨。

其二,通常情况下,扰乱证券、期货交易市场行为与操纵行为紧密相关,但仅有扰乱证券、期货交易市场行为而无操纵行为的情况也为数不少。扰乱证券、期货交易市场行为对证券市场、期货市场危害较大,不对此行为单独规制,有失法律的严谨性。

其三,操纵行为中也有滥用信息优势操纵的情况,但在该种情况下,操纵者利用的信息多为真实的、准确的、完整的,而在扰乱行为中,此类信息均属编造的虚假信息。

其四,对操纵行为的查处常因其与正常交易的区分困难而受阻,但如果操纵者有编造并传播虚假信息,扰乱市场行为的情节,直接以此行为定罪处罚较为简单,使行为人仍难逃刑事制裁。可以肯定,现行《刑法》对扰乱证券、期货交易市场的规定是对证券、期货犯罪进行惩治的一大贡献。[①]

笔者认为,是否将编造并传播证券、期货交易虚假信息罪规定为独立的罪名,仁者见仁,智者见智,各国和地区完全可以根据本地的实际情况选择相适应的立法模式。但是,就我国司法实践的情况分析,为了简化刑法条文规定并有利于司法实际操作和认定,从完善《刑法》规定的角度看,应将编造并传播证券、期货交易虚假信息罪归入操纵证券、期货市场罪之中。其理由如下。

第一,将编造并传播证券、期货交易虚假信息犯罪行为并入操纵证券、期货市场罪已经为世界上大多数国家的法律所接受,并经过多年的司法实践被证明是可行的。欧盟也专门发布指令要求各成员国在规定的时间内,通过国内立法将编造并传播虚假信息的行为纳入操纵证券、期货市场犯罪之中。各国和地区对此多年积累的立法和司法经验完全可以被我国加以借鉴和采纳。

第二,在我国,编造并传播证券、期货交易虚假信息犯罪事实上存在很多,但是,由于其构成要件的限制以及侦破案件的困难,所以实际上进行认定和处理的案件几乎没有。对于这种情况,我们完全应当检讨一下这一罪名独立存在的合理性。

第三,从刑法理论分析,行为人一般不会专门实施编造并传播证券、期货交易虚假信息犯罪行为,实施这种行为者往往就是为了操纵证券、期货市场,即行为人的"编造并传播"行为往往与"操纵"行为具有牵连关系,而且是"手段行为"

---

① 参见邢怀柱:《证券犯罪及其立法评述》,载陈兴良主编:《刑事法评论》(第3卷),中国政法大学出版社1999年版。

和"目的行为"之间的牵连关系。在司法实践中,许多案件应该按刑法理论上的牵连犯原则处理,即根据"从一重处断"或"从一重重处断"的原则对行为人的行为定罪量刑,而不应实行数罪并罚。由于经修正后的操纵证券、期货市场罪之法定刑比编造并传播证券、期货交易虚假信息罪的法定刑严格得多,因而对行为人的行为应以操纵证券、期货市场罪定罪处罚。在我国《刑法》中确立了罪刑法定原则的今天,如果适时地将这种情况用刑法条文直接加以规定显然更为妥当。

二、本罪构成中疑难问题的辨析

根据《刑法》及《刑法修正案》的规定,所谓编造并传播证券、期货交易虚假信息罪,是指编造并传播影响证券、期货交易的虚假信息,扰乱证券、期货交易市场,造成严重后果的行为。

应该看到,时下在刑事司法实践中对本罪的适用还很少见,这主要是因为理论上对于本罪中的一些问题尚有许多争议,各司法实践部门的认识也很不一致。

(一)关于虚假信息的认定

在理论上,一般认为,本罪的客观方面表现为,行为人实施了编造并传播影响证券、期货交易的虚假信息,扰乱了证券、期货交易市场,造成后果严重的行为。

对此,刑法理论上和司法实践中争议较大的是虚假信息的内容与范围应如何确定。有人认为,编造并传播的证券、期货交易虚假信息必须属于"重要内容"或者"实质性内容",否则不构成本罪,即如果行为人虽然编造并传播了证券、期货交易的虚假信息,但由于该信息不属于"重要内容"或者"实质性内容",则不能追究行为人的刑事责任。就"重要内容"或者"实质性内容"来说,是否会误导投资者的投资决定,或者误导证券、期货市场价格的变化,是判定是否"重要"的标准。

持类似观点者认为,本罪所谓的"虚假信息",还应包括编造并传播政治、经济等多种对证券、期货交易有影响的其他重大信息。需要注意的是,在实践中也有这样一种情况,即行为人编造并传播的虚假信息单就信息本身而言,并不能算做重大信息,但与当时的客观环境、社会政治、经济条件相结合却能对证券、期货交易产生较大的影响。这种信息应被视为本罪中的"虚假信息"。①

我国《证券法》和《刑法》中内幕信息与未公开信息所覆盖的证券、期货法律规范已经内含了相对全面的信息重大性判断规则。在编造并传播证券信息、市场操纵、虚假陈述等证券犯罪中,作为行为对象的虚假信息也应当具备重大性,

---

① 参见薛瑞麟主编:《金融犯罪研究》,中国政法大学出版社 2000 年版,第 278 页。

即行为人编造、传播、散布不真实、不完整和不确定的欺诈性与虚假性信息,必须可能对证券市场的投资者造成重大影响,或者可能对特定金融商品的市场价格产生重大影响。虚假重大信息是能够对具有一般资本市场知识的普通投资者的决策产生重大影响的事实或事件内容的信息化反应,只是这种反应是证券市场中人为编造的、虚幻失实的干扰性价格信号。作为证券犯罪行为对象的信息,在内容上通常与上市公司资产、财务、经营、管理等重大事项有关,故信息重大性判断一般不存在很大的争议。但是实践中相对困难的司法适用问题是:信息内容虚假性颇为明显、信息所内含的事件发生概率非常低、信息实际上很难令人相信,但是,相当数量的市场参与者受到信息影响改变了决策,相关证券的市场价格基于虚假信息所指的方向进行了明显调整,此时应当如何判断信息的重大性。

　　应当看到,信息的重大性确实受到了信息内容虚假性程度的制约。虚假信息之所以会对证券市场参与者产生影响进而引发金融商品市场的价格波动,本质上是因为信息存在不确定性。如果信息内容具有显而易见的荒谬性或者非理性,信息属性趋向于确定虚假性,或者说丧失了不确定性,理论上也就不应该对资本市场参与者以及金融商品市场价格产生影响,这也是绝大部分在互联网上广泛传播的虚假信息传播行为没有被作为证券犯罪处理的主要原因。因为虚假信息根本无人相信,所以也就没有对信息市场效率产生现实损害或者损害风险。虚假信息丧失了具备重大性的客观基础,但是,投资者在实际的证券市场操作中往往是非理性的,绝大多数的证券交易通常表现出很强的随机性与混沌性。基于显而易见的甚至是荒唐的虚假信息而引发市场参与者关注,并导致金融商品价格波动或者金融资产出现高度投机性泡沫,这种现实风险也不应当在证券市场刑法保护体系中予以彻底且绝对的排除。当然,在互联网金融时代的刑法制度安排上,不应遏制市场淘汰虚假信息的自主能力,也没有必要为纯粹是市场参与者的无知而产生的非系统性损害而触发刑法介入机制。有人提出,如果基于常识即可辨别普通投资者接触到相关虚假信息时不会予以关注,也不会基于该信息对证券投资决策予以调整的,则该信息就不能被认定为重大信息。但如果证券犯罪行为针对并利用市场参与者的非理性、易受操控性、交易行为的混沌性等金融行为心理,传播显而易见的虚假信息却引发市场参与者高度关注、证券资产价格剧烈波动并制造系统性风险危机的,则应认定相关虚假信息具有重大性。上述标准一方面支持了虚假信息的确定虚假或极度虚假以至于无法对证券市场产生影响,进而排除其信息重大性;另一方面以结果作为指引,即便是极度虚假的信息,只要能够对证券市场产生较大的波动、实现对价格的操纵,即可认定该极度虚假信息的重大性。由此可见,虚假信息的重大性判断应以虚假信息的虚假程度区分作为判断前提,虚假信息虚假程度较低的,信息重大性判断与普通信息无异;虚假信息虚假程度较高,资本市场参与者普遍不会、基本不会相信的,应以是否扰乱证券市场作为判断标准。这样既可避免对于互联网上广泛传播的极其荒唐的证券信息过度处罚,也可以杜绝对虚假信息处罚的遗漏。

(二)关于误导、误测行为的定性

对于新闻报道、股评分析的误导行为或预测错误是否构成本罪的问题,学界也有不同的观点。

有人认为,这种情况需要具体分析,不能一概而论。首先,行为人主观上并无编造并传播虚假信息的故意,客观上根据自己掌握的真实材料、知识和经验进行分析,从而在报道或股评中断定具有某种情况,而该种情况实际并不存在。这种情况是行为人分析判断失误的行为,不是故意编造并传播虚假信息,因而不构成犯罪。其次,行为人在新闻报道或股评分析中,歪曲事实或无根据判断具有某种情况,实际上该情况并不存在,也是一种判断性虚假信息。这种判断行为实质上是在报道或股评中故意编造并传播证券、期货交易虚假信息,如果因此而扰乱证券、期货交易市场,造成严重后果,应按本罪惩处。最后,将虚假信息当做真实信息报道或在股评中使用的,则应区别不同情况认定:其一,如果行为人不知是虚假信息而当做真实信息报道或在股评中使用,则是过失传播虚假信息,不构成本罪;其二,如果行为人知道是虚假信息,而且与虚假信息编造者有共同故意,因而将虚假信息当做真实信息报道或使用的,则与虚假信息编造者构成本罪的共犯;其三,如果行为人知道是虚假信息,但与虚假信息制造者没有共同的故意,因没有编造行为而构成单纯的传播虚假信息的行为,不构成本罪,但此行为符合了《证券法》第 56 条和第 193 条的规定,应给予相应的行政处罚。

有的学者认为,区分预测错误与本罪的界限主要应当把握下面几点:首先,考察其预测是否出于善意。善意是指预测的目的和动机不是欺骗投资者,不是出于不正当的目的或其他犯罪意图。其次,考察预测是否有合理根据。所谓合理根据是指行为人的预测不是凭空捏造而是以有关事实为依据。再次,考察预测人的资格,即审查预测人的素质、职业、经历等,判断预测人是否具有预测能力和其他应具备的条件。最后,考察预测方法、途径是否科学、合理,即审查预测的进行过程是否科学合理,是否具有内在逻辑等。如果预测具有合理根据,行为人也是出于善意目的,具有一定的预测能力,预测过程也较合理,预测偏差、错误的产生是因为客观因素如突发事件或主体素质限制等而导致,则不能认定为构成编造并传播证券、期货交易虚假信息罪。[①]

笔者认为,区分新闻报道或股评中预测错误与本罪的界限,关键是看有关报

---

① 参见张军主编:《破坏金融管理秩序罪》,中国人民公安大学出版社 1999 年版,第 322 页。

谰和评论中所引用的信息是不是虚假的信息,且行为人所引用的虚假信息是不是编造出来的。在把握了这些内容后,就不难得出正确的结论。需要注意的是,在新闻报道或股评中,有关作者和报纸杂志对其文章或报道中引用的材料的真实性是否有审查的义务?笔者的观点是,一般不应具有这种审查义务。只要作者或报纸杂志的编辑没有主观编造,且引用材料有来源,就不应承担刑事责任,这是因为,编造并传播证券、期货交易虚假信息罪成立的前提条件,是行为人必须无中生有地制造虚假信息,而引用有来源的材料则不能算做"无中生有"。即使行为人引用的材料最后证实是虚假的,也不能算做"无中生有",因为行为人是引用而非制造材料,也正是由于这一点,行为人失去了构成本罪的前提条件。事实上,要求作者或报纸杂志的编辑对每一个所引用的材料均进行查证,既不可能,也不现实。

需要指出的是,在司法实践中我们还应划清新闻报道者与消息提供者的责任界限。从新闻学角度出发,只要报道人是根据政府部门、国家机关等公布的材料如实报道,就享有新闻特许权,不承担任何责任,但除此之外应负连带责任。当消息提供人故意捏造虚假事实,而作者和编辑加以援引时,应该如何确定责任界限?笔者认为,首先应由提供人承担责任,如果造成严重后果,可以追究刑事责任。对于作者和编辑,一般情况下应承担失职的责任,而不应承担编造并传播证券、期货交易虚假信息的刑事责任。但是,如果作者和编辑与消息提供者具有共同故意,则可能构成编造并传播证券、期货交易虚假信息罪的共犯。

当然,我们还应区分新闻采访与歪曲报道的界限。对此,笔者认为,应主要考察行为人主观上有无故意。证券市场上的新闻报道有时难免出现失误或差错,但这不同于歪曲报道。前者是由于报道者对事实了解不够清楚、全面,属于工作中失误;而后者则是对由于报道者本身出于不良的动机,故意歪曲事实作煽动性的报道,属于违法或犯罪。

此外,我们在实践中还应划清一般证券、期货市场评论中的编造并传播行为与分析失误的界限,区分这两者之间的界限,关键是考察行为人有无编造、诱骗行为。编造并传播证券、期货交易虚假信息犯罪行为与对证券、期货行情的评论有着根本的区别。所谓评论中的编造并传播行为,是评论者故意编造、虚构信息,或者故意诱骗投资者陷入圈套为目的的评论报道,实质就是一种造谣惑众的行为,一些评论者参与主力坐庄或造市活动,为震仓式出货制造市场舆论;或被造市者收买,发布有利造市的信息,这些均构成违法或犯罪。而一般评论中的失误主要是评论者根据手中掌握的材料以及本人对证券、期货大势的研究判断所作出的与行情走势不相吻合的评论。我们不能以某评论者本人对证券、期货市场判断多空的失误来确认其有无误导行为,而主要应看其是否有编造证券、期货交易虚假信息和诱骗投资者等行为。

总之,在证券、期货交易中,专家和学者以及新闻工作者等就证券、期货行情发表评论是不可缺少的,它是有关人员依据个人的分析、经验和知识才华,对证券、期货市场的走向、个股的走势进行基本面和技术面的判断、评说,为的是帮助广大投资者正确决策,有失误是在所难免的。而编造并传播证券、期货交易虚假信息的行为者则是出于个人的卑劣目的,当自己"满仓"时,就编造并传播虚假信息,把前景说得阳光明媚;当自己"空仓"时,就编造并传播虚假信息,把后市说得一塌糊涂。可见,查明行为人客观上有无编造行为以及主观上是否存在故意是认定本罪的一些关键因素。

应当注意的是,构成编造并传播证券、期货交易虚假信息罪,行为人在客观上必须同时具备编造和传播两种行为,即行为人既为虚假信息的编造者,同时又为传播者。一般而言,编造者往往就是传播者,否则他的编造行为很难得到体现;但是,传播者则不一定是编造者。行为人在证券、期货市场上只传播证券、期货交易虚假信息,而没有编造证券、期货交易虚假信息的行为的,一般不应以本罪论处,但可责令其说出虚假信息的来源,如果无法说清,则可认为该行为人是编造者,并就此酌情处理。

(三)关于编造并传播证券、期货交易虚假信息罪主观方面的认定

在理论上,一般认为本罪应由故意构成,过失不构成本罪。但对故意的具体形式(即直接故意还是间接故意)和行为人是否必须有特定的目的,刑法学界有不同看法。

有的学者认为,本罪是直接故意犯罪,目的是以此影响证券、期货价格涨跌,从中获利。[1]有人认为,本罪的主观方面是故意,目的在于为自己或关系人谋取不正当利益或转嫁风险。[2]有人也赞同本罪的主观方面为直接故意,并分析了本罪不可能由间接故意构成的原因,即扰乱证券、期货交易市场行为是一种目的性很强的活动,如果行为人没有明确的活动目的,是不可能费尽心机地编造出虚假信息并加以传播从而扰乱证券、期货交易市场的。但他同时也指出,我国《刑法》没有规定犯罪的目的为构成本罪主观要件。[3]

有的学者则认为,本罪的主观方面既可以是直接故意,也可以是间接故意,即行为人明知自己编造并传播证券、期货交易虚假信息的行为会扰乱证券、期货交易市场而故意实施,希望或放任扰乱证券、期货交易市场的严重后果发生。从行为人对编造并传播虚假信息的态度来讲,无疑是直接故意,但从对行为造成的

① 参见张穹主编:《修订刑法条文实用解说》,中国检察出版社1997年版,第234页。
② 参见赵秉志主编:《新刑法全书》,中国人民大学出版社1997年版,第687页。
③ 参见张军主编:《破坏金融管理秩序罪》,中国人民公安大学出版社1999年版,第319页。

扰乱证券、期货交易市场结果来讲,则可能是直接故意即希望扰乱证券、期货交易市场的结果发生,也可能是间接故意即放任扰乱证券、期货交易市场的结果发生。在直接故意的情况下,犯罪目的一般是通过误导投资者作出投资决定,获取非法利益或避免损失,也可能出于其他目的。由于我国《刑法》没有规定目的是本罪的构成要件,因而只要行为人出于故意(不论是直接故意还是间接故意)实施了编造并传播证券、期货交易虚假信息的行为,造成了扰乱证券、期货交易市场的严重后果,就可以构成本罪,犯罪目的不影响本罪的成立。[1]另持相同观点者解释说,所谓直接故意中的"希望",是指行为人直接追求扰乱证券、期货交易市场结果的发生。间接故意中的"放任"是指行为人出于某种个人目的,对自己的行为可能造成的危害投资人利益,扰乱证券、期货交易市场的后果听之任之,漠不关心。[2]

但是,笔者认为,如同其他证券、期货犯罪一样,编造并传播证券、期货交易虚假信息罪的主观方面应由直接故意构成。在证券、期货市场上,行为人明知自己的行为违法,但为了牟取暴利,不惜采取编造并传播证券、期货交易虚假信息的行为来达到操纵市场价格或者使市场价格发生人为波动,从而使自己能从买卖证券、期货合约中获利。从行为人实施的编造并传播这些行为分析,行为人主观方面确实很难说会是出于间接故意,一般都应该是直接故意,因为在证券、期货市场中,行为人实施编造并传播交易虚假信息的行为,应该都是明知自己的行为必然或可能会发生危害社会的结果,因而在一般情况下,行为人对这种危害结果的发生均是持肯定态度的,而不大可能是持放任态度。事实上,编造并传播者往往都是出于牟利的目的,而不大可能有其他目的,这是由证券、期货市场上行为的特征所决定的,而这种目的的存在又从另一方面证明了其直接故意的内容。

第五节　诱骗投资者买卖证券、期货合约罪的司法认定

一、本罪的立法依据

世界各国和地区证券、期货市场发展的经验告诉我们,对投资公众利益保护的最好方法是证券、期货立法,即通过证券、期货立法将保护投资者利益作为原则规定在有关法律之中。其原因有以下几点。

首先,证券、期货立法的出发点就在于保护投资者合法权益。应该看到,任

---

[1]　参见胡启忠等:《金融犯罪论》,西南财经大学出版社 2001 年版,第 277 页。

[2]　参见周振想主编:《金融犯罪的理论与实践》,中国人民公安大学出版社 1998 年版,第 354 页。

何一个国家和地区的证券、期货市场,不论其监管模式如何,也不论其监管制度的宽、严、量、度怎样,它的出发点总是在保护投资者的合法权益。投资人是形成证券、期货市场最重要的主体之一。投资者的权益必须在《公司法》《证券法》《期货法》及一系列的有关法律法规中明确加以规定。这些权益具体包括:财产所有权、表决参与权、收益分配权、剩余财产清算权以及市场公平买卖、公平获取上市公司资料及要求市场信息公开的权益等。除了借助立法途径外,监管者还应切实加强对法律的执行力度并完善执行方式,以保障投资者权益,这是因为即使有完备的法律法规体系,如果缺乏明确的监管宗旨或有效的监管手段,投资者的权益同样不能得到充分的保障。

其次,证券、期货立法的重点应放在保护投资者合法权益的内容上。证券、期货立法所包括的内容相当丰富,但无论从哪个角度分析,其规定都不应该离开对投资者合法权益保护这一中心。投资者的权益一方面通过上市公司体现,另一方面则是通过市场体现。市场秩序建立后,效率和公平就显得十分重要。高效的市场可以减少成本,降低市场风险,公平则是维持市场存在的基本原则。只有不断地提高效率,才能使公平真正落到实处,因为在效率很低的市场上操作,将很难保证得到真正的公平。

最后,证券、期货立法中的一个突出内容是全面规范证券、期货经营机构的市场行为,而这同样是为了从根本上保护投资者的合法权益。应该看到,证券、期货市场的运作是以证券、期货经营机构为中介进行的,没有证券、期货经营机构也就没有证券、期货市场。为了保障投资者的合法权益,就必须对证券、期货交易活动进行严格管理和监督,而其中对证券、期货经营机构的管理至关重要。这种管理的主要任务是维持交易活动的公正顺畅,防止违约行为,制裁违法行为。

在证券、期货市场上保护投资者(特别是中小投资者)的合法利益,是证券、期货立法最根本的出发点,也是证券、期货立法的最终归宿。而保护投资者利益的实质在于使证券、期货市场上的投资公众能有一个较为公平、公正、公开的环境,并在这种良好环境中最大限度地运用公开的市场信息,通过自己的判断独立作出买卖证券、期货合约的决定,不能因为市场中的信息遗漏、误导、欺诈或操纵等现象和行为而蒙受投资利益的损失。笔者认为,在《刑法》中设立诱骗投资者买卖证券、期货合约罪的意义正在于此。而影响证券、期货市场健康发展及损害投资者合法权益的主要问题,无疑应包括一些证券、期货交易所,证券公司,以及期货经纪公司的从业人员,证券、期货业协会或者证券期货监督管理部门的工作人员诱骗投资者买卖证券、期货合约的违法犯罪行为。

比较世界一些国家和地区有关惩治诱骗投资者买卖证券、期货合约的法律规定,我们不难发现,只要存在证券、期货市场的国家和地区,一般均会十分重视对投资者合法利益的保护,如果做不到这一点,整个证券、期货市场的秩序就一定会出现混乱,证券、期货市场也很难维持下去。因此,在各国和各地区的证券、期货立法中,均不会忽视禁止诱骗投资者买卖证券、期货合约行为的重要性,且都在相关条文中强调对这种行为的惩治,只是法律规定的模式以及追究行为人承担法律责任的程度有所不同而已。

我国法律中的证券、期货欺诈行为本身所包含的内容历经多次变化。在《证券法》颁布实施之前,1993 年 9 月 2 日国务院颁布的《禁止证券欺诈行为暂行办法》第 10 条对证券欺诈规定的范围很宽,包括十种欺诈情况,行为主体不仅包括证券经营机构,还包括证券登记清算机构和发行人员及发行人的代理人等。1999 年 7 月 1 日起施行的《证券法》(2019 年最新修订)第 57 条将证券欺诈的类型限定为五种,行为的主体资格限定为证券公司及其从业人员。该条规定,在证券交易中,禁止证券公司及其从业人员从事下列损害客户利益的行为:(1)违背客户的委托为其买卖证券;(2)不在规定时间内向客户提供交易的确认文件;(3)未经客户的委托,擅自为客户买卖证券,或者假借客户的名义买卖证券;(4)为牟取佣金收入,诱使客户进行不必要的证券买卖;(5)其他违背客户真实意思表示,损害客户利益的行为。《证券法》所规定的这些证券欺诈行为具有下列特征:(1)行为主体只能是有证券经营业资格的证券商,包括承销、自营、经纪商,以及证券商的从业人员;(2)行为人专门针对与其有委托关系的投资者实施欺诈,或者以不法手段拉拢已初步建立联系的投资者,诱使他们同行为人建立稳定关系,或者滥用信赖关系,而不尽善良管理人义务;(3)行为人主观上为故意;(4)已产生投资者损失的后果。

根据我国 2007 年 4 月 15 日起实施的《期货交易管理条例》(2017 年最新修订)第 67 条的规定,下列情况将构成欺诈客户之行为:(1)向客户作获利保证或者不按照规定向客户出示风险说明书的;(2)在经纪业务中与客户约定分享利益、共担风险的;(3)不按照规定接受客户委托或者不按照客户委托内容擅自进行期货交易的;(4)隐瞒重要事项或者使用其他不正当手段,诱骗客户发出交易指令的;(5)向客户提供虚假成交回报的;(6)未将客户交易指令下达到期货交易所的;(7)挪用客户保证金的;(8)不按照规定在期货保证金存管银行开立保证金账户,或者违规划转客户保证金的;(9)国务院期货监督管理机构规定的其他欺诈客户的行为。这一规定无疑是目前我们认定期货欺诈行为的重要依据。

我国 1979 年《刑法》中没有规定诱骗投资者买卖证券、期货合约罪这一罪名,本罪是 1997 年《刑法》专门设立的一个新罪名,当时的罪名为"诱骗投资者买卖证券罪"。1999 年 12 月 25 日,全国人大常委会在《刑法修正案》中专门对《刑法》关于本罪的规定进行了修正,增加了关于期货市场的内容,并将本罪修改为"诱骗投资者买卖证券、期货合约罪"。在理论上,人们习惯将本罪称为"证券、期货欺诈罪"。经修正后的《刑法》第 181 条第 2 款规定:"证券交易所、期货交易所、证券公司、期货经纪公司的从业人员,证券业协会、期货业协会或者证券期货监督管理部门的工作人员,故意提供虚假信息或者伪造、变造、销毁交易记录,诱骗投资者买卖证券、期货合约,造成严重后果的,处五年以下有期徒刑或者拘役,并处或者单处一万元以上十万元以下罚金;情节特别恶劣的,处五年以上十年以下有期徒刑,并处二万元以上二十万元以下罚金。"针对单位犯本罪的情况,该条第 3 款规定:单位犯本罪的,对单位判处罚金,并对其直接负责的主管人员和其他直接责任人员,处 5 年以下有期徒刑或者拘役。

比较而言,时下世界上大多数国家和地区虽然在立法上均禁止诱骗投资者买卖证券、期货合约的行为,但是一般都没有将这种行为独立规定为一种违法和犯罪行为。特别是在相关的证券、期货法律和刑事法律中可能都有相应的条文(如市场欺诈罪等)强调加以惩治,但仅仅只是将这种行为作为欺诈行为的一种表现,并不独立设为一种犯罪行为。与此不同的是,我国《刑法》明确将诱骗投资者买卖证券、期货合约行为规定为一个独立罪名。笔者认为,我国与其他国家和地区的立法出现如此差异的主要原因应该有以下两点。

其一,刑事立法受证券、期货等经济或行政立法内容的影响较大。在我国证券、期货法律法规以及公司法中均禁止诱骗投资者买卖证券、期货合约的行为,并将这种行为作为独立行为加以规定,强调要追究行为人的法律责任。由于在刑法理论上,证券、期货犯罪均属于"行政犯"或"法定犯",对其立法不可能不受行政法律法规等的影响,因此,刑事立法中参照了有关证券、期货行政或经济法律中的相关内容,也将这种行为规定为独立的犯罪,完全是可以理解的。世界上大多数国家和地区的证券、期货法律法规中虽然均明令禁止诱骗投资者买卖证券、期货合约的行为,但均未将这种行为作为独立行为加以规定,由此导致相关的刑事立法中不可能将其作为独立的罪名加以设置。

其二,诱骗投资者买卖证券、期货合约行为的社会危害程度不完全一样。正如前述,我国的证券、期货市场尚属新兴市场,各种行业规则尚未完全建立,因而实践中,某些单位和个人为了各种各样的利益,诱骗投资者买卖证券、期货合约,严重侵害投资者合法利益的情况时有发生,且社会危害程度比较突出,所以容易引起立法者的注意,立法时特意将其独立出来,以突出强调对这种犯罪行为的惩治。而世界上许多国家和地区建立证券、期货市场时间较长,立法上已经积累了相当多的整治经验,相对稳定的市场以及较为完善的法律规范均能较好地起到保护投资者合法权益的作用,因此,在这些证券、期货市场上,诱骗投资者买卖证券、期货合约的行为表现并不十分突出,社会危害的程度也并不十分严重,从而立法者并不会对这种行为特别加以重视。

综上所述,出于对证券、期货市场的特殊性以及证券、期货立法的出发点和归宿等因素的考虑,笔者认为,将诱骗投资者买卖证券、期货合约的行为规定为犯罪是有必要的。当然,从完善法律规定的角度分析,将诱骗投资者买卖证券、期货合约的犯罪归入证券、期货欺诈类犯罪之中,还是有一定可取之处的。因为诱骗投资者买卖证券、期货的行为,归根到底就是一种欺诈行为,而且这种欺诈行为在证券、期货市场上经常且容易发生,用一般欺诈类犯罪的条款完全可以将其归纳进去。另外,从简化刑法条文的发展趋势看,过多过细地分设罪名并不一定有利于司法实践中的定罪量刑,所以,我们没有必要一定要将诱骗投资者买卖证券、期货合约的行为独立成罪。就此而言,笔者认为,世界上大多数国家和地区在这一问题上的立法对我国的刑事立法不无借鉴意义。

二、本罪构成中疑难问题的辨析

根据我国《刑法》规定,所谓诱骗投资者买卖证券、期货合约罪,是指证券交易所、期货交易所、证券公司、期货经纪公司的从业人员,证券业协会、期货业协会或者证券期货监督管理部门的工作人员,故意提供虚假信息,伪造、变造或者销毁交易记录,诱骗投资者买卖证券、期货合约,造成严重后果的行为。

从理论上分析,时下诱骗投资者买卖证券、期货合约罪在司法认定中主要存在以下几个疑难问题。

(一)诱骗投资者买卖证券、期货合约罪客观方面的认定

笔者认为,诱骗投资者买卖证券、期货合约罪客观方面具体表现为:行为人实施了提供虚假信息或伪造、变造、销毁交易记录,诱骗投资者买卖证券、期货合约,造成严重后果的行为。显然在诱骗投资者买卖证券、期货合约犯罪行为中,诱骗投资者买卖证券、期货合约是行为人实施欺诈行为之后的结果,提供虚假信息或伪造、变造、销毁交易记录是诱骗的手段或方式。

对于诱骗投资者买卖证券、期货合约,应当包括这样几层相互联系的要素:(1)投资的决定在形式上完全是由投资者自己决定的,即所有的买卖证券、期货合约的行为均是出自投资者自己的指令。(2)投资者是在证券、期货经纪商的诱导下陷于错误认识,作出了不利于自己的投资决定。如果客户是由于听信了其他来源的诱骗而向证券、期货经纪商下达某一不利于自己的交易指令,因此造成的损失不能归因于证券、期货经纪商的欺诈行为。(3)投资者的决定从本质上分析违背了投资者本来的意愿。这完全是因为投资者所作的决定是在受到诱骗后所作出的。(4)证券、期货经纪商的诱导行为必须造成严重后果,但是行为人的

动机则在所不论。诱骗投资者买卖证券、期货合约究其实质而言,就是一种证券、期货欺诈行为,而欺诈行为往往会给被害人造成一定的财产损失或致使交易价格和交易量异常波动。正如 2010 年 5 月 7 日最高人民检察院、公安部《关于公安机关管辖的刑事案件立案追诉标准的规定(二)》第 38 条规定的,证券交易所、期货交易所、证券公司、期货公司的从业人员,证券业协会、期货业协会或者证券期货监督管理部门的工作人员,故意提供虚假信息或者伪造、变造、销毁交易记录,诱骗投资者买卖证券、期货合约,涉嫌下列情形之一的,应予立案追诉:(1)获利或者避免损失数额累计在 5 万元以上的;(2)造成投资者直接经济损失数额在 5 万元以上的;(3)致使交易价格和交易量异常波动的;(4)其他造成严重后果的情形。

本罪中所谓“虚假信息”,是指可能影响证券、期货交易市场价格的信息。所谓“故意提供虚假信息”,是指行为人故意向投资者提供实际上并不存在的虚构的证券、期货交易信息。这里的“提供”应理解为不管这些虚假信息是由行为人自己编造抑或道听途说得来的,只要提供给除自己以外的其他人,即可构成;不论采用口头、书面还是电话等明示暗示的形式均可视为“提供”。所谓“伪造、变造或者销毁交易记录”,是指行为人为了某种目的,使用伪造、变造或者销毁交易记录的方式,掩盖真实信息,诱骗投资者。这里的“伪造”是指无权制作交易记录的人,冒用他人名义,非法制作交易记录等文件;“变造”则是指用涂改、擦消、拼接等方式,变更真实的记录的行为;“销毁”是指把真实的交易记录加以毁灭的行为;“交易记录”包括客户填写的委托单,经纪商保存在电脑中的记录等记录交易全过程的资料。所谓“诱骗投资者买卖证券、期货合约”,是指行为人以各种各样欺骗方法,诱骗投资者并致使投资者在不了解事实真相的情况下,作出证券、期货投资的错误选择或证券、期货买卖的错误决定。

理论上一般把造成严重后果作为诱骗投资者买卖证券、期货行为构成犯罪的要件之一,即只有在行为人实施了提供虚假信息或伪造、变造、销毁交易记录,诱骗投资者买卖证券、期货合约,且造成严重后果的情况下,行为人的行为才可能构成诱骗投资者买卖证券、期货合约罪,否则即使行为人有诱骗投资者行为,也不能构成犯罪。

(二)诱骗投资者买卖证券、期货合约罪主体的认定

根据《刑法》第 181 条第 1 款以及《刑法修正案》的规定,诱骗投资者买卖证券、期货合约罪的主体包括证券交易所、期货交易所、证券公司、期货经纪公司的从业人员,证券业协会、期货业协会或者证券期货监督管理部门的工作人员。与此相对应的是,《证券法》于 2005 年修订时第 200 条也规定了诱骗投资者买卖证券行为,该条规定在行为特征等方面均与《刑法》规定一样,只是在主体上比《刑

法》多了"证券登记结算机构、证券服务机构的从业人员"，由此引起了对本罪主体包含范围的争论。

在理论上，一般认为，本罪是特殊主体，即证券、期货经营机构（包括证券、期货交易所，证券、期货公司，兼营证券、期货业务的信托投资公司，证券、期货投资咨询公司，证券、期货投资顾问公司）；证券、期货业协会；证券、期货管理部门及其工作人员。[①]

有的学者认为，本罪的主体还应当包括所有证券、期货服务机构，以及发行人及其代理人。[②]有的学者主张，证券登记结算机构、证券交易服务机构及其从业人员也可能成为"诱骗投资者买卖证券罪"的犯罪主体。因为证券登记结算机构负责证券交易集中登记、托管与结算服务，是不以营利为目的的法人，履行《证券法》第147条规定的七项职能与义务。证券交易服务机构是指专业的证券投资咨询机构、资信评估机构，承担保证其所出具报告内容的真实性、准确性、完整性的义务，因此，这些机构及其从业人员违反上述义务，"故意提供虚假资料，伪造、变造或者销毁交易记录，诱骗投资者买卖证券的"行为，构成犯罪的也理所当然地应当按诱骗投资者买卖证券罪追究行为人的刑事责任。[③]

持不同意见者认为，证券、期货资信评估公司，会计师事务所，以及律师事务所等机构虽然也有客户可言，但它们主要是为发行人提供各种专业性服务。同时，这些服务机构或者工作人员的欺骗行为，往往是针对证券期货监督管理机关或者不特定的投资公众实施的。此类欺骗客户的行为或者属于虚假陈述，或者属于内幕交易，如果将其也归入诱骗投资者买卖证券、期货犯罪的范畴，似有不妥。另外，发行人及其代理人如果将证券、期货合约出售给投资者时未向其提供招股说明书，受到伤害的不是特定的投资者。这里加害人与被害人之间不存在委托代理关系，因而与代理人欺骗被代理人（客户）的含义不同，所以，发行人欺骗投资者的行为不具有诱骗投资者买卖证券、期货的欺诈客户的性质。[④]

笔者认为，尽管我国2005年《证券法》（现已被修订）对于本罪的主体作了比《刑法》范围更大的规定，即包括了证券登记结算机构和证券服务机构的从业人员，但是，本罪的主体只能是证券、期货交易所或者证券公司、期货经纪公司及其从业人员，证券、期货业协会或者证券期货监督管理部门及其工作人员。因为我国《刑法》第181条第2款以及《刑法修正案》对本罪的犯罪主体已经作了明确的

①　参见张军主编：《破坏金融管理秩序罪》，中国人民公安大学出版社1999年版，第341页。

②　参见白建军：《证券欺诈及对策》，中国法制出版社1996年版，第135页。

③　参见李宇先：《浅谈〈证券法〉对〈刑法〉的补充与发展》，载《零陵师范高等专科学校学报》2002年第2期。

④　参见张军主编：《破坏金融管理秩序罪》，中国人民公安大学出版社1999年版，第344页。

规定,包括的范围也仅限于这些。虽然《证券法》颁布在《刑法》之后,但《刑法修正案》则颁布在《证券法》之后,而《刑法修正案》未对本罪主体范围作扩大规定。正因为如此,我们不应该随意扩大这些规定中对本罪所规定的主体范围,否则就可能违背罪刑法定的原则。另外,证券、期货服务机构以及发行人及其代理人事实上也很难成为本罪的主体,因为本罪的客观方面主要是诱骗投资者买卖证券、期货合约,而有关证券、期货服务机构主要是指证券、期货资信评估公司,会计师事务所,以及律师事务所等机构,从这些机构所从事的工作性质分析,它们不涉及买卖工作,难以直接实施诱骗投资者买卖证券、期货合约的行为;而发行人及其代理人虽然与证券、期货投资者可能存在买卖关系,但这种买卖关系并不属于二级市场中的委托代理买卖关系,因而也无法实施所谓诱骗投资者买卖证券、期货合约行为。

(三)诱骗投资者买卖证券、期货合约罪主观方面的认定

与其他证券、期货犯罪一样,在理论上对于诱骗投资者买卖证券、期货合约罪的主观方面也有较大的争议。

有的学者认为,本罪的主观方面是直接故意,目的是诱骗投资者买卖证券、期货合约。犯罪人的目的可以是多种类,也可以是多层次的。如果立法对目的有特别规定,则只能以法律规定的目的作为犯罪主观要件的目的。至于行为人的其他目的或更进一步的目的,法律不做要求的,我们就不能超出立法本意,附加别的目的作为犯罪的主观要件。①

但有的学者认为,虽然本罪的主观方面是出于故意,并且多数情况下表现为直接故意,但也可以表现为间接故意。间接故意仅仅发生在提供虚假信息的情况中,即行为人明知信息虚假,提供给投资者后将促使其以此为根据进行买卖并遭受损失而有意放任自己的行为。例如,行为人明知某信息属于重大的虚假信息,仍将信息置于投资阅览场所供投资者使用,投资者依该信息进行了大量证券、期货合约买卖,最终导致血本无归。在本罪中,证券、期货公司或证券、期货交易所及其工作人员伪造、变造、销毁交易记录的目的应当是引诱投资者进行证券、期货合约买卖。如无此目的,则即使有上述行为,也不会构成犯罪。如果行为人主观上虽认识到信息虚假,但并无诱骗投资者买卖证券、期货合约的目的,即使有提供行为,也不以本罪论处。②

笔者认为,在诱骗投资者买卖证券、期货合约犯罪中,行为人主观方面应该只能由故意构成,过失不构成本罪,而且一般只能由直接故意才能构成。刑法条

①　参见胡启忠等:《金融犯罪论》,西南财经大学出版社2001年版,第283页。
②　参见张军主编:《破坏金融管理秩序罪》,中国人民公安大学出版社1999年版,第344页。

文中的"诱骗"字样就足以证明了行为人的主观内容,只能是故意而不可能是过失。至于上述观点中认为也可能有间接故意存在的情况,笔者也很难赞同。对于这一观点中提及的行为人将虚假信息置于投资阅览场所,导致投资者上当受骗的情况,笔者认为,这也很难认为是间接故意,这种情况实际上应该是直接故意,因为行为人明知自己的行为必然发生危害社会的结果,仍然有意这么做,结论只能是直接故意而不可能是间接故意。

第六节　操纵证券、期货市场罪的司法认定

一、本罪的立法依据

众所周知,在证券、期货市场上,证券、期货价格举足轻重,而由供需关系自然形成的证券、期货交易价格的涨落是极其正常之事。特别是由于证券、期货作为金融商品进入市场实际上是虚拟资本,它的价格取决于发行公司的盈利状况和市场利率的变化等因素,客观上具有很大的不确定性。正是由于这种价格的不确定性,导致证券、期货交易价格的上下波动。应该看到,证券、期货交易价格的波动是证券、期货市场存在和发展的内在需要,也是证券、期货市场之所以具有如此大的吸引力的根本原因之一。

但是,在证券、期货市场上,证券、期货交易价格的波动实际上还是有其一定的规律性的,即价格一般是围绕着价值的变化而产生波动。而操纵证券、期货交易价格的行为则完全置这一波动的客观规律于不顾,行为人利用资金、信息、持股等资源优势或使用其他非法手段人为地变动或控制证券、期货交易价格,以获取不法利益。显然操纵证券、期货市场行为的社会危害性是严重的,这种严重性主要表现在以下几个方面。

其一,操纵证券、期货市场行为因人为地扭曲证券、期货市场上证券、期货的正常价格,必然违反证券、期货市场的"三公"原则,损害众多投资者的合法投资利益。

在证券、期货市场上,利益是每个投资者所始终追求的目标。投资者从事投资活动的目的,都是尽可能获得最大的利润。正常的投资行为是指投资者在法律规定的范围内,通过理性的抉择,期待收益的一种行为。但是,操纵证券、期货市场行为则是利用资源优势或使用其他非法手段人为地变动或控制证券、期货交易真实的供求关系,造成交投踊跃的假象,并将这种假象传递给其他投资者,以影响人们的正常判断,使人们产生误解并且作出违背原意的投资举动。当这种误解和投资达到一定程度后,操纵者就会通过各种各样的交易行为达到自己

赢利的目的,在这种情况下,就会使证券、期货正常价格产生扭曲,并按照投机者预定的方向涨跌,能够从中得益的只能是操纵证券、期货市场者,而广大投资者的利益必然受到侵害。一个成熟的证券、期货市场,必然表现为公正、公平和公开,这是证券、期货市场健康发展必须遵循的三大原则,但是,操纵证券、期货市场行为的存在必然会破坏这三大原则的贯彻执行。

其二,操纵证券、期货市场行为改变了价格围绕价值波动的一般市场规律,必然扰乱证券、期货市场的正常秩序,甚至导致社会的动荡。

市场经济是法制经济,证券期货市场也理应是法制市场,即在市场经济体制下,任何市场的发展均离不开一定的规律和正常的秩序,而市场规律以及正常秩序的存在则离不开法制。操纵证券、期货市场者通过操纵行为人为地改变证券、期货市场上证券、期货交易价格一般波动规律,使投资机会和风险背离,使交易价格与价值脱离,从而扰乱了证券、期货市场的正常秩序,并在"乱"中取得巨额非法利益。这种情况当然会引起广大投资者的普遍不满,严重时甚至会出现群众骚乱和治安环境恶化的情况,并可能引发社会的动荡。

其三,操纵证券、期货市场行为改变市场的根本属性,必然导致市场垄断的出现,破坏证券、期货市场的正常功能。

竞争是市场的根本属性,离开这一属性,市场机制就无法完善,市场经济也就没有了生命。在市场经济条件下,竞争机制一方面强调平等主体在竞争中的优胜劣汰,另一方面也强调各种市场主体的自由选择,如果失去了这种自由选择,也就无所谓有竞争存在。竞争的天敌就是垄断,市场垄断主要表现为经济活动参加者对市场运行过程中排他性的控制和操纵。在证券、期货市场上操纵证券、期货交易价格的行为就是一种严重的市场垄断,因为,操纵证券、期货交易价格行为最直接的结果之一,就是扭曲证券、期货市场的价格。而这种扭曲不仅表现为扭曲个别证券、期货合约的价格(如使一些经营业绩良好的公司的证券、期货的价格不断走低,而使一些经营业绩很差的公司的证券、期货的价格不断创高),甚至表现为扭转整个证券、期货大盘的走势,从而给国民经济的健康发展造成负面影响。另外,操纵证券、期货市场行为实质上是一种价格垄断行为。操纵者将自己的意志体现到某种证券、期货价格的行情变化中,通过对证券、期货市场运行过程中排他性的控制和操纵行为,根据自己的需要具体控制证券、期货交易价格的走向,并进而垄断证券、期货市场。

其四,操纵证券、期货市场行为虚构了市场的供求关系,必然误导投资资金的实际流向,从而加剧证券、期货市场上的投机现象发生。

众所周知,证券、期货市场上证券、期货的价格与供求关系直接有关,当某种证券、期货供大于求时,证券、期货的价格就会下跌;如果供不应求,则证券、期货的价格就会上涨。另外,在通常的情况下,证券、期货的供求关系的变化又往往受到发行证券、期货公司的经营管理状况的影响,即当发行证券、期货公司经营成功,生产经营利润增长时,公司发行上市的证券、期货就会吸引广大投资者竞相购买,从而直接造成证券、期货市场上对该种证券、期货需求量的增长,而交易价格也必然随着相关需求量的增长而上涨。证券、期货市场的功能在于筹集资金和优化资源配置,健康发展的证券、期货市场必然会吸引资金流向前景看好、经营状况良好的产业,使资源配置得以优化,真正把钱用在"刀口"上。但是操纵证券、期货市场者却利用自身的各种优势,吸引证券、期货市场上的资金流向自己操纵的证券或期货,由于操纵者的目的主要是取得非法利益,因而在大多数情况下,操纵行为总是与市场筹集资金和优化资源配置的要求相悖。操纵证券、期货市场行为就是利用证券、期货市场上证券、期货的供求关系会影响交易价格的原理,通过各种各样的操纵行为,虚构市场的供求关系,有意哄抬证券、期货的价格,人为地控制市场上资金流向,从而达到操纵相关证券、期货的交易价格并从中获取利益的目的。这种情况必然会使证券、期货的价格与公司经营状况严重脱离,并使证券、期货市场上的投资资金流向操纵证券、期货市场者控制着的地方。这种情况的存在必然导致证券、期货市场投机现象的加剧。

时下在我国证券、期货市场上,操纵证券、期货市场违法犯罪行为比较严重,应引起我们的高度重视。近几年来在每次证券、期货市场上交易价格的大起大落中,我们多多少少都可以发现一些操纵行为的痕迹。我国《证券法》第 192 条专门规定,操纵证券市场的,责令依法处理其非法持有的证券,没收违法所得,并处以违法所得 1 倍以上 10 倍以下的罚款;没有违法所得或者违法所得不足 100 万元的,处以 100 万元以上 1000 万元以下的罚款。单位操纵证券市场的,还应当对直接负责的主管人员和其他直接责任人员给予警告,并处以 50 万元以上 500 万元以下的罚款。同时根据《证券法》第 219 条的规定,对违反以上规定构成犯罪的,依法追究刑事责任。

就一般情况分析,我国《证券法》等法律规范基本上可以满足我国证券、期货市场惩治操纵证券、期货交易价格行为的需要,但事实证明,对于那些社会危害性严重、违法数额巨大的恶性操纵行为,仅仅用民事或行政的法律手段加以调整显然是不够的,而将刑法作为一道最后防线显然是十分必要的。

我国 1979 年《刑法》中没有关于惩治操纵证券、期货市场犯罪的规定,这是因为当时我国并不存在证券、期货市场。为了满足不断发展和完善的证券、期货市场的需要,1997 年《刑法》第 182 条明确规定了"操纵证券交易价格罪"这一新罪名和相应的法定刑,之后全国人大常委会又于 1999 年 12 月 25 日颁布了《刑法修正案》对本罪作了补充,增加规定了期货犯罪的内容,将本罪改为操纵证券、期货交易价格罪。2006 年 6 月 29 日全国人大常委会又通过了《刑法修正案（六）》对本罪作了第二次修正，罪名相应调整为"操纵证券、期货市场罪"，增加"情节特别严重的，处五年以上十年以下有期徒刑，并处罚金"。经二次修正后的《刑法》第 182 条第 1 款规定："有下列情形之一，操纵证券、期货市场，情节严重的，处五年以下有期徒刑或者拘役，并处或者单处罚金；情节特别严重的，处五年以上十年以下有期徒刑，并处罚金：（一）单独或者合谋，集中资金优势、持股或者持仓优势或者利用信息优势联合或者连续买卖，操纵证券、期货交易价格或者证券、期货交易量的；（二）与他人串通，以事先约定的时间、价格和方式相互进行证券、期货交易，影响证券、期货交易价格或者证券、期货交易量的；（三）在自己实际控制的账户之间进行证券交易，或者以自己为交易对象，自买自卖期货合约，影响证券、期货交易价格或者证券、期货交易量的；（四）以其他方法操纵证券、期货市场的。"针对单位实施操纵证券、期货交易价格的行为较为严重的情况，《刑法》第 182 条第 2 款还专门规定："单位犯前款罪的，对单位判处罚金，并对其直接负责的主管人员和其他直接责任人员，依照前款的规定处罚。"

虽然在证券、期货市场上操纵价格行为并不罕见，但目前司法实践中对这种行为真正按犯罪处理的则为数不多。究其原因，恐怕还是因为理论上和实践中对本罪的构成要件等问题存在较大的争议。

二、本罪构成中疑难问题的辨析

（一）操纵证券、期货市场罪客观方面的认定

本罪的客观方面主要表现为行为人实施了操纵证券、期货交易价格，情节严重的行为。具体表现为以下四种方式。

1. 单独或者合谋，集中资金优势、持股或者持仓优势或者利用信息优势联合或者连续买卖，操纵证券、期货交易价格或者证券、期货交易量的。

此种方式又可区分为单独操纵和合谋联合买卖、合谋连续买卖。一般表现为，资金大户、持股或者持仓大户等利用其具有的大量资金或持有的大量股票或者大的仓位等进行单独或通谋买卖，对某种股票或某一期货品种连续以高价买进或连续以低价卖出，以造成该股票或期货品种价格见涨、见跌的现象，诱使其他投资者错误地抛售或追涨，而自己则作出相反的行为，以获取巨额利润。

在理论上，我们通常把"资金优势"、"持股优势"、"持仓优势"和"信息优势"等统称为资源优势。操纵证券、期货交易市场的行为人往往都是利用自己手中掌握的资源优势实现操纵的目的，而操纵行为一旦与这些资源优势结合起来，对证券、期货市场的破坏则非常之大。因为，资金、持股、持仓以及信息这些因素在证券、期货市场上举足轻重，证券、期货交易价格主要受这些因素决定。

在利用信息优势中,有学者认为这里所谓的"信息",其外延应等同于内幕信息。①另有学者认为,这里的"信息"不应仅仅限于重大信息,因为此罪的本质是行为人对证券、期货交易价格的操纵,为达此目的行为人将重大信息之外的一般信息加以包装和渲染,同样也能成为其操纵证券、期货交易价格犯罪的武器。信息优势也不应仅仅限于未公开的信息。因为信息从公开到传播需要一个过程,由于行为人与上市公司有某种联系,事先得知信息将于某日公开,在买卖证券、期货合约时可先人一步,抢时间差,同样可以达到获取高额利润或转嫁风险的目的。②

笔者认为,操纵证券、期货市场罪的信息优势中所谓的"信息",其外延和内涵显然要比"内幕信息"宽得多,一般指包括任何与证券、期货交易有关的信息,既包括内部消息,也包括还未公开但已事先知悉的信息;既包括重大信息,也包括其他一般信息;既包括真实的信息,也包括虚假的信息等。因为证券、期货市场是一个较为敏感的市场,其对"信息"的敏感度要远远高于一般的市场。由于《刑法》中规定的操纵证券、期货市场罪主要是针对操纵行为本身,因而信息只是操纵者实施操纵行为时利用的工具。在很多情况下,行为人利用一般的信息同样也可以达到操纵证券、期货交易价格的目的。因此,我们没有必要将这里"信息"的外延和内涵限定在"内幕信息"的范围内。只要行为人实际操纵了证券、期货交易价格,不管其利用了何种信息,均有可能构成本罪。

所谓连续买卖,是指行为人以影响行情为目的,对某种证券、期货合约连续买进卖出,以显示该证券、期货交易活跃,给人形成见涨或见跌的印象,诱使其他投资大众信以为真而上当受骗,行为人则通过连续买卖的行为,达到抬高或者压低证券、期货交易价格的目的,从而控制价格并从中渔利。连续买卖是就操纵行为在时间方面提出的一个概念,因为在证券、期货市场上,操纵行为没有一定的持续时间,行为人就无法达到增加交易量进而影响交易价格的目的。笔者认为,认定操纵证券、期货交易价格中的连续交易,关键是对"连续"的理解。有学者认为,投资者每笔买卖委托成交或期限结束后,再一次对同种证券进行同交易方向上的委托,就可构成连续交易。如果两次委托间隔过远,行为人便不可能达到持续抬高或压低某股价的目的。③有学者将这种方式归纳为:联合操纵和连续买卖。在连续买卖中,一般认为,两次交易之间的时间间隔应该是比较短暂的,并且应该在同一交易日之内,如果间隔过长,便不可能达到操纵价格的目的。④

　　① 参见宋茂国:《略论操纵证券交易价格罪》,载《云南法学》1998年第2期。
　　② 参见张军主编:《破坏金融管理秩序罪》,中国人民公安大学出版社1999年版,第358页。
　　③ 参见张军主编:《破坏金融管理秩序罪》,中国人民公安大学出版社1999年版,第361页。
　　④ 参见王政勋:《操纵证券、期货交易价格罪研究》,载赵秉志主编:《新千年刑法热点问题研究与适用》(下),中国检察出版社2001年版,第890页。

　　对于以上观点,笔者基本上表示赞同。由于这个问题的认定本身是比较困难的,所以目前世界上大多数国家和地区的有关法律中均没有规定,只有极个别国家如澳大利亚《证券法》规定,在任何时间买卖同一公司证券只要超过一次,就为连续交易。①就澳大利亚的这一规定分析,其认定的标准太过严格,如果按此规定加以认定,恐怕实践中打击面会很大,而且规定对同一公司证券的买卖不能超过一次,显然与证券、期货市场发展的要求和规律不太吻合。笔者认为,证券、期货交易应该允许两次交易,但对两次交易间隔的时间应作严格限定,即不能在同一交易日,否则就应视为连续交易。例如,2001 年 3 月,中国证监会在对十家基金管理公司是否有涉嫌操纵市场的行为进行调查后宣布,十家基金管理公司中未发现异常交易行为的两家,异常交易行为较轻的五家,大成、长盛两公司的异常交易行为数量明显突出。异常交易行为的共同特点是:在一定的时间段内,通过行为人自己控制的同一个股票账户,在同一交易日内对同一只股票,频繁提出既买又卖的报单。根据证券交易所市场监控体系设定的跟踪异常交易活动的技术参数标准,在中国证监会进行定量分析的时间段内,发现博时基金管理公司此类异常交易有上万笔;其中在一分钟之内,以相同数量和相同价格进行的买入和卖出的相反方向操作的交易占相当大的比例。对有上述异常交易行为的相关股票交易记录的分析结果表明,在一段时间内,博时基金管理公司对某些股票买卖的报价与相关股票在同一时间内的市场成交价呈明显差异。经向博时基金管理公司多次调查询问原因,该公司未能就这种异常交易行为和现象作出合理的解释。中国证监会认为,博时基金管理公司在股票买卖中采用的异常操作手法与法律、法规所禁止的交易手段极为相似。使用如此不正当的交易手段进行股票买卖,随时可能导致有关股票成交量的持续虚假放大,扭曲有关股票买卖的供求关系和价格走势,破坏其他投资者作出投资判断的真实客观基础,造成证券市场假象,诱导或者致使投资者在不了解事实真相的情况下作出证券投资决定。②

　　对于何谓"一次交易",理论上也有不同的意见。第一种意见认为,应该理解为投资人的一次委托,而不是指场内某交易的完成。③第二种意见认为,每次招标购买、要约出售或实际成交都视为一次交易,同一委托如分多次进行或完成就应视为多次交易,否则操纵者就可规避法律,利用同一委托进行多次交易而不受处罚。④第三种意见认为,在委托交易的场合,一次委托可以理解为一次交易无疑是正确的。其理由是:首先,根据《证券法》第 105 条的规定,"进入实行会员制

---

① 参见马松建:《论操纵证券交易价格罪的几个问题》,载《法学评论》1999 年第 6 期。

② 参见刘倩:《证监会依法查处基金违规交易》,载《证券时报》2001 年 3 月 24 日。

③ 参见张军主编:《破坏金融管理秩序罪》,中国人民公安大学出版社 1999 年版,第 361 页。

④ 参见邵延杰主编:《证券法》,法律出版社 1999 年版,第 232 页。

的证券交易所参与集中交易的，必须是证券交易所的会员。证券交易所不得允许非会员直接参与股票的集中交易"。因此，一般投资者只能委托证券商在交易所买卖证券，而无权进入交易所直接交易。投资者仅能按自己的意愿决定委托买卖的数量、价格、价格形式、有效期限，而不能决定实际成交的次数。在电脑撮合成交的场合，甚至场内交易员也常常无法控制实际成交的次数。因此在委托交易的场合，一次委托可以理解为一次交易。如果不考虑行为人的主观意图，仅以最后成交的次数为依据，认定是否属于连续买卖，实属客观归罪，与我国刑法所坚持的主客观相一致的原则相违背。有人担心，将一次委托理解为一次交易，操纵者可能利用同一委托进行多次交易逃避法律制裁。其实，这种担心实无必要。同一委托能不能按行为人意志分多次完成暂且不说，仅就法律规定而言，我国刑法不仅禁止连续多次买卖，而且禁止一次买卖操纵证券、期货交易价格的行为。如果行为人实施一次委托，获取不正当利益或者转嫁风险，情节严重的，依照法律规定仍构成本罪。其次，按业务范围的不同，证券、期货商可以分为证券、期货承销商，证券、期货自营商，证券、期货经纪商和综合类证券、期货商四类。证券、期货自营商及综合类证券、期货商都有可能以自己的名义和账户从事证券交易，而不需要委托经纪商。在这种情况下，每次招标、要约出售、实际成交都应视为一次交易。①

　　笔者赞同上述第三种意见。是否为连续买卖理应根据行为人的委托次数作为基本标准，因为在证券、期货交易中，行为人只能控制自己的委托次数，而很难控制成交次数。如果以成交次数作为判定是否为连续买卖的标准，实际上就可能存在许多不确定的因素，从而很难具体判断行为人究竟是否有操纵证券、期货市场的行为。当然，在无委托存在的情况下，应该将一次成交视为一次交易。因为并非所有的证券、期货交易都需要委托，证券期货自营商、综合类证券期货商也是证券、期货交易所的非证券、期货经纪公司会员或者期货经纪兼营机构，它们以自己的名义和财产从事证券、期货交易时，是不需要委托经纪商的。如果把一次交易理解为一次委托，由于它们实际上不存在委托，实践中就无法正确加以判断。

　　所谓联合买卖，是指两个以上的利益主体，按照事先约定，通过联合买或联合卖等操纵市场手段共同操纵市场。在我国的证券、期货市场上，联合买卖是比较常见的一种操纵行为。这种行为主要表现为：机构与机构之间、大户与大户之间以及机构与大户之间，为了共同的不法利益，利用资金、持股和信息等优势，联

---

　　①　参见杜发全、万兰茹：《操纵证券交易价格行为浅析》，载赵秉志主编：《新千年刑法热点问题研究与适用》（下），中国检察出版社 2001 年版，第 902 页。

合起来操纵某一种或者某一类证券、期货的价格；为地方利益，有些地方政府或者某承销商出面组织证券、期货投资者，共同操纵某类证券、期货的价格；证券、期货发行公司与证券、期货承销公司之间，为了共同的利益，共同操纵某类证券、期货价格，以达到证券、期货顺利发行之目的；利用内部消息，企业界、管理界、金融界、新闻界等联手操纵证券、期货价格。

在联合买卖中，关于联合买卖是否包括一方为买方而另一方为卖方的情形，理论界存在两种完全相反的观点。

肯定说认为，联合买卖应包括一方为买方而另一方为卖方的情形，即《刑法》第182条第1款第2项规定的前半部分"与他人串通，以事先约定的时间、价格和方式相互进行证券、期货交易"，包含在第1项联合买卖中。①

否定说认为，联合买卖只包括共同买或共同卖，而不包括一方买而另一方卖，因为如果包括，将与《刑法》第182条第1款第2项前半部分规定的合谋行为重复。②仅从词义看，联合买卖包括一方买而另一方卖的情形，肯定说是有一定道理的。但是，法条中的词语并非孤立存在，只有结合上下文，从其内在的逻辑关系出发，才能作出合理的解释，这是论理解释的要求。《刑法》第182条第1款前三项的操纵行为都属于证券、期货交易行为。从行为人在同一笔证券、期货交易中所处的地位和证券、期货交易的真假看，第1项中的单独买卖和连续买卖，都具有交易的同向性和真实性。其中，单独买卖的行为人只能处于买方或者卖方地位，证券、期货交易具有真实性是不容置疑的。在证券、期货领域，连续买卖特指连续多次买进或者连续多次卖出进行连续交易的情形，而不包括反复多次通谋买卖、自买自卖的情形。在同笔交易中，连续买卖的行为人只能处于买方或者卖方地位在世界各国和地区已达成共识。第2项是关于通谋买卖的规定，"相互进行证券、期货交易"表明通谋者处于同笔交易的相对方，即一方为买方而另一方为卖方；"与他人串通"则表明交易具有虚假性。第3项是关于自买自卖的规定，"以自己为交易对象"、"自买自卖"等表明行为人在同笔交易中具有双重地位，既是买方又是卖方，这种异常的交易行为的虚假性非常明显。可见，行为人在不同项中所处的地位是不同的，在同一项中的地位则是一致的。在第1项单独买卖、连续买卖中进行的是真实交易，第2、3项中进行的是虚假交易。因此，从法律规定的逻辑性、科学性出发，联合买卖在第1项中只作狭义的解释，即仅限于共同作为买方或者共同作为卖方从事证券、期货交易的情形。第1项特别强调行为人是集中资金优势、持股优势或利用信息优势操纵证券、期货交易价格

---

① 参见鲜铁可：《金融犯罪的定罪与量刑》，人民法院出版社1999年版，第350页。
② 参见王作富、马民革：《论操纵证券交易价格罪》，载单长宗等主编：《新刑法研究与适用》，人民法院出版社2000年版，第185页。

的,也在一定程度上表明联合买卖的同向性、真实性。因为对大多数通过交易活动操纵证券、期货价格来说,资金优势、持股优势、信息优势都是非常重要的,缺少这些优势,操纵目的往往很难实现。相比而言,这些优势在行为人从事同向的、真实的交易时作用很大,而在通谋买卖、自买自卖等虚假交易中的作用却并不突出。①

　　笔者认为,否定说无疑是正确的,尽管从刑法有关操纵证券、期货市场罪客观方面的表述分析,联合买卖不能够完全排除一方为买方而另一方为卖方的情形,但是如果包括了这种情形,就会造成《刑法》第 182 条第 1 款第 1、2 项之间重复,有损于法律规定的逻辑性与科学性。因为刑法对客观行为的规定一般均会从某种角度加以限定,尽管有时会在文字含义上出现交叉甚至重合的情况,但立法者的原意及侧重点还是很清楚的,即一般不会从交叉或重合角度对行为作出规定。但是,由于受到文字表达的限制,有时立法上也很难完全杜绝交叉或重合情况的出现,在这种情况下,一般应该理解为:当立法上出现一个含义较广的条文与一个含义较窄的条文并列时,通常表明立法者是要将含义较窄的情形从含义较广的情形中分离出来。就此而言,因为《刑法》中已经有了通谋买卖的规定,因此所谓联合买卖应该理解为是共同买或共同卖,而不包括一方买而另一方卖的情况。这样理解可以具体地将联合买卖行为与通谋买卖行为区别开来,并且符合立法原意。

　　2. 与他人串通,以事先约定的时间、价格和方式相互进行证券、期货交易,影响证券、期货交易价格或者证券、期货交易量的。

　　对于这种操纵证券、期货交易价格的行为,在理论上,一般认为,主要是指通谋买卖的情况。在《刑法修正案(六)》对《刑法》作出修正之前,实际上还包括"相互买卖并不持有的证券"的行为,这种情况在理论上被称为虚假买卖。由于我国目前证券市场上仅存在做空股票指数的机制(股指期货),而并不存在做空股票的机制,因而虚假买卖这种情况实际上并不可能存在,为此,《刑法修正案(六)》删除了该行为,只保留了通谋买卖的行为。所谓通谋买卖,是指行为人与他人串通,以事先约定的时间、价格和方式相互进行证券、期货交易。由于通谋买卖是在行为人与他人相互串通和事先约定的情况下进行的,因此,当通谋买卖行为反复进行时,某一证券、期货合约的价格就可能受时间、价格和方式等因素的影响而被抬高或降低,行为人可以在价格被抬高时抛售,而在价格被降低时买入。

　　在理论上,也有人将通谋买卖称为相对委托。对于相对委托应具备的条件,

---

① 参见杜发全、万兰茹:《操纵证券交易价格行为浅析》,载赵秉志主编:《新千年刑法热点问题研究与适用》(下),中国检察出版社 2001 年版,第 902 页。

存在不同说法。有的学者认为,构成相对委托必须符合三个条件:一是时间的相似性;二是价格的相似性;三是数量的一致性。①也有的学者认为,要构成相对委托,应符合以下几个条件:(1)相对委托行为必须有两个以上的行为人且彼此之间具有意思联络;(2)相对委托行为人事先就时间、价格和方式达成一致,这种一致仅仅要求时间、价格上相似和数量上一致,甚至在数量不一致时,如果差距不是很大,仍构成相对委托;(3)相对委托须以行为人存在故意为前提,即行为人共同以获得不正当利益或转嫁风险为目的。相对委托的成立并不要求行为人之间的买卖成立,因为现行集中交易市场以电脑竞价方式撮合成立,在这种情况下,操纵者买进或卖出的证券、期货合约具有同一性,几乎是不可能的。②

3. 在自己实际控制的账户之间进行证券交易,或者以自己为交易对象,自买自卖期货合约,影响证券、期货交易价格或者证券、期货交易量的。

在理论上,一般认为,与《刑法》规定的这种操纵行为相类似的主要包括三种方式。其一为冲销转账,即连续交易人利用其不同身份开设多个账户,以冲销转账的方式反复作价,将证券、期货价格抬高或者压低,行为人实际均是自己与自己交易,支出的只是部分的交易手续费。其二为拉锯,即行为人通过连续买卖以拉锯的方式反复作价,将证券、期货合约的价格抬高或者压低。其三为洗售,即连续交易行为人为了造成虚假的行情,在卖出了某证券后,又买入同样数量的同类证券,诱导小额投资者跟进。上述这三种操纵行为,从某种意义上说均属于不转移证券、期货所有权的虚假交易。因为在自买自卖的情况下,证券、期货交易的双方实际上为同一个人,自己买入的证券、期货合约正是自己卖出的证券、期货合约,反之亦然。在这种情况下所形成的所谓"交易"事实上并没有转移证券、期货合约的所有权。

当然,对于这种操纵行为,学者们也有不一致的理解。有的学者认为,自买自卖通常有两种形式:一是在自己同一账户上自己购买自己卖出的证券;二是自己拥有多个账户,在有的账户卖出自己的证券,再在别的账户又买回该证券。③有的学者认为,自买自卖行为称为冲洗买卖或洗售。冲洗买卖的核心是,某一行为人影响证券、期货交易价格或证券、期货交易量,自己同时充当证券、期货交易的买卖双方,造成某种证券、期货合约交易活跃的假象。构成冲洗买卖,应符合以下条件:(1)行为人自行充当证券、期货交易的买卖双方当事人;(2)冲洗买卖不转移证券、期货所有权,在冲洗买卖时,证券、期货合约会在不同的账户之间发

① 参见张军主编:《破坏金融管理秩序罪》,中国人民公安大学出版社1999年版,第363—364页。
② 参见王政勋:《操纵证券、期货交易价格罪研究》,载赵秉志主编:《新千年刑法热点问题研究与适用》(下),中国检察出版社2001年版,第891页。
③ 参见胡启忠等:《金融犯罪论》,西南财经大学出版社2001年版,第292页。

生转移,但事实上又为行为人所控制和支配,所有权在实质上并没有发生转移;(3)冲洗买卖对证券、期货交易价格、交易量产生了实质性影响。如果买卖价格与市场价格接近,或者交易较少,不足以影响交易价格和交易量的,不构成冲洗买卖。①

4. 以其他方式操纵证券、期货市场的。

这是《刑法》对操纵证券、期货市场罪行为方式的一种概括性规定。由于操纵证券、期货市场的行为可能多种多样,法律不可能把所有的行为方式一一罗列,有关规定内容难免会挂一漏万,所以必须有概括性的规定对除上述三种方式以外的操纵行为加以囊括。2019 年 6 月 28 日最高人民法院、最高人民检察院《关于办理操纵证券、期货市场刑事案件适用法律若干问题的解释》第 1 条对"以其他方式操纵证券、期货市场的"行为予以明确,包括蛊惑交易操纵、"抢帽子"交易操纵、重大事项操纵、控制信息操纵、虚假申报操纵以及跨期、现货市场操纵行为等。

蛊惑交易操纵指的是"利用虚假或者不确定的重大信息,诱导投资者作出投资决策,影响证券、期货交易价格或者证券、期货交易量,并进行相关交易或者谋取相关利益的"行为。分析该项规定不难看出,蛊惑交易操纵行为的结构是滥用虚假或不确定的重大信息——控制市场中的资本配置——破坏正常的价格机制。就操纵手段而言,蛊惑交易操纵属于滥用信息优势型操纵,也称信息操纵。尽管司法解释对蛊惑交易操纵中利用的信息没有作明确的限制,但是在笔者看来,蛊惑交易操纵中利用的信息必须是能够对证券、期货市场价格造成明显影响的信息。因为只有利用具有价格敏感性的信息才能使行为人具有滥用信息优势的可能,否则在证券、期货市场价格可能受各方因素影响的情况下,我们无法判断行为人滥用信息优势的手段是否与非法控制证券、期货市场密切相关,进而无从判断操纵证券、期货市场犯罪行为是否成立。

"抢帽子"交易操纵指的是"通过对证券及其发行人、上市公司、期货交易标的公开作出评价、预测或者投资建议,误导投资者作出投资决策,影响证券、期货交易价格或者证券、期货交易量,并进行与其评价、预测、投资建议方向相反的证券交易或者相关期货交易的"行为。"抢帽子"交易行为是否应当认定为操纵证券、期货市场罪曾引发较大的争议,而这一争议是由以"汪建中案"②为代表的一系列同类型案件的出现引发的。对此笔者认为,"抢帽子"交易行为通过操纵投资者的资本配置造成对证券、期货市场正常管理秩序的破坏,与蛊惑交易操纵具

① 参见王政勋:《操纵证券、期货交易价格罪研究》,载赵秉志主编:《新千年刑法热点问题研究与适用》(下),中国检察出版社 2001 年版,第 892 页。
② 参见北京市高级人民法院(2011)高刑终字第 512 号刑事判决书。

有相同的性质,将其认定为操纵证券、期货市场罪是合理且妥当的。需要指出的是,司法解释明确了"抢帽子"交易操纵的主体为一般主体,即只要达到法定年龄,具有刑事责任能力的人均可构成。这与之前最高人民检察院和公安部发布的立案标准中认为该操纵行为主体为特殊主体的规定不同。依笔者之见,将"抢帽子"交易操纵的主体规定为一般主体有其合理性。因为"抢帽子"交易操纵能够实施的基础是行为人能对公众产生影响力,而只要是具有这种影响力的人就能通过实施"抢帽子"交易操纵行为对证券、期货市场管理秩序造成破坏。但是,在办理具体案件的过程中,是否应当考虑司法解释的溯及力问题似乎值得加以研究。依笔者之见,虽然刑事立案标准不属于司法解释,但是其在司法实践中实际上具有司法解释的效力。就此而言,我们不应当将司法解释发布前一般主体实施的"抢帽子"交易行为认定为操纵证券、期货市场罪。

重大事项操纵指的是"通过策划、实施资产收购或者重组、投资新业务、股权转让、上市公司收购等虚假重大事项,误导投资者作出投资决策,影响证券交易价格或者证券交易量,并进行相关交易或者谋取相关利益的"行为。其中重大事项操纵中的"重大事项"必须是虚假的,否则利用这些重大事项信息进行交易就可能构成内幕交易、泄露内幕信息罪。有人可能会将重大事项操纵与蛊惑交易操纵进行比较,笔者认为两者具有相似之处,即都是通过滥用信息的方式对证券、期货市场实施非法控制;而两者的主要区别在于行为人是否实施具体的虚假行为。重大事项操纵中存在实际发生的欺骗投资者的虚假行为,而蛊惑交易操纵中行为人只是利用虚假或者不确定的重大信息,并不存在实际的虚假行为。

控制信息操纵指的是"通过控制发行人、上市公司信息的生成或者控制信息披露的内容、时点、节奏,误导投资者作出投资决策,影响证券交易价格或者证券交易量,并进行相关交易或者谋取相关利益的"行为。控制信息操纵是主要的信息操纵类型,实际上,信息操纵并不仅仅包括控制信息操纵,蛊惑交易操纵、重大事项操纵等也都属于信息型操纵。对控制信息操纵类型案件的讨论源于著名的"徐翔等人操纵证券市场案"。在该案中,徐翔等人通过控制上市公司择机发布"高送转"方案、引入热点题材等方式进行证券交易获取高额利润,属于典型的控制信息操纵。从某种意义上说,此案的发生推动了司法解释第1条第4项对控制信息操纵专门规定的出台。

虚假申报操纵指的是"不以成交为目的,频繁申报、撤单或者大额申报、撤单、误导投资者作出投资决策,影响证券、期货交易价格或者证券、期货交易量,并进行与申报相反的交易或者谋取相关利益的"行为。在虚假申报操纵中,行为人通过高频交易,可以在极短的时间内进行多次虚假申报,虽然每次虚假申报获益不多,但是行为人可以通过反复操作积累丰厚的收益。事实上,高频交易行为还包括塞单、趋势引发、试单等多种行为类型，而司法解释仅明确了虚假申报行为构成操纵证券、期货市场罪。笔者认为，其他高频交易行为同样可能构成操纵证券、期货市场罪，对这些行为的规制有待未来的司法解释进一步明确。同时，笔者注意到，司法解释在规定虚假申报操纵行为时只将进行"反向"交易的行为纳入规制范围。依笔者之见，无论交易是否相反都需要纳入规制范围，因为即便是同向的交易，在不同时间节点进行买卖也能获取不同的利润，本质上都是对证券、期货市场管理制度的一种破坏。

跨期、现货市场操纵指的是"通过囤积现货，影响特定期货品种市场行情，并进行相关期货交易的"行为。跨期、现货市场操纵属于跨市场操纵，其利用现货市场与期货市场之间的价格传导机制使掌握现货筹码的交易者可以通过控制现货市场价格在期货市场中谋利。在我国出现的最典型的案例为"姜为操纵期货市场案"。[①]在该案中，姜为通过大量囤积甲醇现货影响期货市场，使该期货价格发生异常变动。应当看到，将跨期、现货市场操纵行为认定为操纵证券、期货市场罪，对于防范期货市场中的异常风险有着重要的作用。

此外，虽然司法解释已经对六种市场操纵行为予以明确定性，但是仍有部分市场操纵行为未被纳入规制范围，尤其是滥用技术优势进行市场操纵的行为未被纳入，多少令人感到遗憾。笔者认为，应当全面将滥用技术优势进行市场操纵的行为定性为操纵证券、期货市场的犯罪行为。虽然利用高频交易技术的虚假申报操纵也属于滥用技术优势进行操纵，且司法解释明确对其作出规定，但是虚假申报操纵并不能完全涵盖所有滥用技术优势进行市场操纵的行为。笔者注意到，目前前置性法律法规已经把程序化交易纳入规范，[②]那么利用法律规定之外的交易技术参与交易就可能会造成规范意义上的交易不公，这就为市场操纵行为留下了一定实施的空间。特别是在人工智能技术高速发展的状态下，未来如果出现了绝对理智、智能的"人工智能交易员"（甚至"人工智能交易投顾"），那么证券、期货市场的正常交易秩序必将受到高强度的冲击和挑战。在此情况下，对交易技术进行限制或许是一种较为合理的路径。之前专家论证时曾有方案，将违反规定，使用交易软件等技术优势获取优先交易机会，限制或排除其他投资者的交易机会，获取相关利益的行为，视为操纵证券、期货市场罪。笔者认为，该方案似乎是合理且妥当的。但令人遗憾的是，该方案最终未能如愿列入本次解释规定中。

---

① 参见四川省高级人民法院(2017)川刑终70号刑事裁定书。
② 《证券法》第45条规定："通过计算机程序自动生成或者下达交易指令进行程序化交易的，应当符合国务院证券监督管理机构的规定，并向证券交易所报告，不得影响证券交易所系统安全或者正常交易秩序。"

　　对于上述以散布谣言、传播虚假信息为手段操纵证券、期货市场行为的处理,学界有不同意见。有的学者认为,行为人以诱使投资者买卖证券为目的,恶意制造、散布虚假信息的行为应当依照编造并传播证券、期货交易虚假信息罪定罪量刑,而不能以本罪论处。[①]有的学者则认为,如果行为人只有编造并传播虚假信息的行为,而没有操纵证券、期货交易价格的行为,不管出于什么目的(包括"影响证券、期货交易价格"等),都应定编造并传播证券、期货交易虚假信息罪。如果行为人主观上有"影响证券、期货交易价格"之目的,客观上既有编造并传播证券、期货交易虚假信息的行为,又有操纵证券、期货交易价格的行为,构成编造并传播证券、期货交易虚假信息罪和操纵证券、期货市场罪。由于这两种犯罪具有手段犯罪与目的犯罪之关系,行为人构成了牵连犯,则按其中的一个重罪定罪,不按数罪定罪。[②]有的学者认为,在以散布谣言、传播虚假信息等手段操纵证券、期货交易价格中,虚假信息必须不是自己编造、捏造的,且行为人与编造者之间没有通谋,否则其行为应构成编造并传播证券、期货交易虚假信息罪。[③]

　　有的学者将利用证券、期货交易虚假信息操纵证券、期货交易价格行为的认定区分为"利用自己编造并传播的证券、期货交易虚假信息影响证券、期货交易价格或证券、期货交易量"和"利用他人编造并传播的证券、期货交易虚假信息影响证券、期货交易价格或证券、期货交易量"两种情形。对于前一种情形,论者认为,有些编造并传播虚假信息的行为人根本不参与证券、期货交易以谋求利润,而是出于其他目的。对这种行为只构成编造并传播证券、期货交易虚假信息罪,不能构成操纵证券、期货市场罪。但是,如果行为人利用自己编造并传播的证券、期货交易虚假信息,与连续买卖、相互买卖或自买自卖证券、期货合约等行为相互配合操纵证券、期货交易价格的,应依照牵连犯的原则从一重处断。对于后一种情形,论者认为,还可分为两种情况:一是证券、期货交易所,证券公司,期货经纪公司,证券、期货业协会,证券、期货监督管理部门及其工作人员明知是他人编造的虚假信息而加以散布,诱使投资者买卖证券、期货合约,从而影响证券、期货交易价格或者交易量的,应以诱骗投资者买卖证券、期货合约罪定罪量刑。行为人不仅散布而且利用虚假信息进行证券、期货操纵交易的,应依照牵连犯的原则从一重处断。二是一般主体明知是他人编造的虚假信息而加以散布,诱使投资者买卖证券,从而影响证券、期货交易价格或者交易量的,在与编造者通谋的

　　①　参见王新:《金融刑法导论》,北京大学出版社 1998 年版,第 220 页;孙际中主编:《新刑法与金融犯罪》,西苑出版社 1998 年版,第 70 页。
　　②　参见胡启忠等:《金融犯罪论》,西南财经大学出版社 2001 年版,第 295 页。
　　③　参见王政勋:《操纵证券、期货交易价格罪研究》,载赵秉志主编:《新千年刑法热点问题研究与适用》(下),中国检察出版社 2001 年版,第 892 页。

情况下,构成编造并传播证券、期货交易虚假信息罪的共犯。不仅散布而且利用虚假信息进行证券、期货操纵交易的,应为数罪,依照牵连犯的原则从一重处断;如未与编造者通谋,只是一般散布,不构成犯罪,但借此进行证券、期货操纵交易的,构成操纵证券、期货市场罪。①

笔者认为,由于证券、期货犯罪中行为人往往具有获取不正当利益或者转嫁风险的目的,因而在实践中,编造并传播证券、期货交易虚假信息罪与操纵证券、期货市场罪往往在一个过程中同时出现,即行为人为了达到操纵证券、期货市场的目的,而使用编造并传播证券、期货交易虚假信息的手段。因为有关证券、期货交易的信息直接影响到个别证券、期货价格甚至证券、期货价格指数的变化,其对广大投资者而言,均是十分重要的投资参考因素或依据,别有用心者利用人们的这种心理,散布虚假的信息,诱使他人买卖某种证券、期货合约,有意造成证券、期货交易价格的涨跌,从而达到操纵证券、期货市场以获取不正当利益或者转嫁风险的目的。一般情况下,在操纵证券、期货市场罪的构成要件客观行为的"利用信息"中已经包括虚假信息的内容,所以编造并传播证券、期货交易虚假信息的行为完全可以为操纵证券、期货市场罪的构成要件所包含,且两种行为之间又具有手段行为与目的行为的牵连关系,因而完全符合我国刑法理论上关于牵连犯的构成条件,理应依照牵连犯的原则从一重处断。当然,这种处理应该有一个前提条件,即行为人的编造并传播行为与操纵行为必须均构成犯罪。

另外,在处理操纵证券、期货市场案时,经常会出现上述涉及牵连犯的问题。例如,行为人挪用公款或挪用资金进行操纵证券、期货市场,或行为人以破坏计算机信息系统为手段实施操纵证券、期货市场行为等。对这些牵连行为应如何定性处理,实践中意见很不一致。笔者认为,对于这些行为,不能适用刑法理论上的牵连犯加以认定,而应该实行数罪并罚。理由是,挪用公款、破坏计算机信息系统等行为与操纵证券、期货市场行为事实上不可能具有刑法上的"牵连关系",因为它们在犯罪构成要件上没有包容关系。如果行为人挪用公款或挪用资金本身构成犯罪,并以其挪用的钱款操纵证券、期货交易价格同样构成犯罪的话,则应以挪用公款罪或挪用资金罪与操纵证券、期货市场罪数罪并罚。如果行为人挪用行为不构成犯罪,而操纵行为构成犯罪,或者行为人挪用行为构成犯罪,而操纵行为不构成犯罪,则对行为人应分别以操纵证券、期货市场罪或挪用公款罪、挪用资金罪一罪处罚。

以上海市发生的一个案件为例,石家庄信托投资股份公司上海零陵路证券

---

① 参见周振想主编:《金融犯罪的理论与实践》,中国人民公安大学出版社 1998 年版,第 385—386 页。

交易营业部原电脑交易清算员赵某,曾受过电子专业的高等教育,且具有多年从事证券交易的经历,谙熟证券交易的电脑操作程序。1999 年 3 月 31 日下午,赵某到三亚中亚信托投资公司上海新闸路证券交易营业部的营业厅,通过操作专供客户查询信息所用的电脑终端,非法侵入三亚营业部的计算机信息系统,发现该系统中的委托报盘未设置密码,即萌生了通过修改该数据库中的数据抬高上市股票价格,以便使自己在抛售股票时获利的念头。1999 年 4 月 16 日,赵某为了使自己 7800 股"兴业房产"股票解套,非法侵入三亚营业部的交易系统,对尚未送到证券交易所的五条数据进行修改,变成以当日涨停板价格买入"兴业房产"198.95 万股和"莲花味精"298.98 万股的委托。当日下午股市开盘时,上述修改过的数据被三亚营业部发送到证券交易所后,立即引起"兴业房产"和"莲花味精"两种股票的价格大幅度上扬。与此同时,赵某通过电话委托形式把 7800 股"兴业房产"以最高价格卖出,同时让他的朋友张某在开市前把"莲花味精"股票以涨停价格委托卖出,最终引起股价的异常波动,致使三亚中亚信托投资公司营业部不得不以涨停板价格或接近涨停板价格买入"兴业房产"200 万股,买入"莲花味精"300 万股,成交金额达 6000 多万元,造成直接经济损失 300 万元。

对于此案应如何定性,理论界和司法实践中均有不同的意见。有人认为,赵某违反国家规定,非法对计算机信息系统储存的数据进行修改,对计算机信息系统中存储、处理、传输的数据进行破坏,侵犯了国家对计算机信息系统的管理制度,应当按《刑法》第 286 条第 2 款的规定,以破坏计算机信息系统罪追究刑事责任。有人则认为,赵某以转嫁风险为目的,采用侵入计算机信息系统并修改数据的方法操纵证券交易价格,并引起证券交易价格的异常波动,侵害证券市场的管理秩序,前后两行为是手段和目的的牵连,应当按目的行为所触犯的条款,即以操纵证券市场罪定罪处罚。

检察院最后以操纵证券市场罪提起公诉,法院也以此罪对行为人定罪量刑。法院认为,赵某身为证券行业从业人员,理当自觉执行证券管理制度、维护证券交易秩序,但他为了使自己和朋友所持的股票得以高价抛售,从中获取非法利益,竟利用修改计算机信息系统存储数据的方法,人为地操纵股票价格,扰乱股市交易秩序,给三亚营业部造成巨大经济损失,情节严重。赵某的行为构成操纵证券交易价格罪,最终被判处有期徒刑 3 年,并处罚金 1 万元;赵某赔偿三亚中亚信托投资公司上海新闸路证券交易营业部经济损失约 250 万元;追缴赵某的违法所得 7000 余元,予以没收。

笔者不同意上述案件处理所持的观点。笔者认为,在本案中,赵某的行为根本不能构成操纵证券市场罪。这是因为,我国《刑法》规定的证券犯罪均属于刑法理论上的"行政犯"(或"法定犯"),区别于刑法理论上的"刑事犯"或"自然犯"

（即一般人根据道德观念进行判断，就可知其为犯罪应予惩罚，而无需根据刑法规范进行评价的犯罪行为）。"行政犯"是指由行政法规中的刑事罚则所规定的犯罪，这种犯罪的特点是人们不能、也无法凭道德观念对其进行判断。正是因为这一点，包括操纵证券、期货市场罪在内的证券、期货类犯罪均具有一个共同特点，即行为人在证券、期货市场上的交易行为均属于市场行为。本案中赵某的行为完全超出了一般正常市场行为的范围，他通过修改计算机中的信息，在他人完全不知且根本违背他人意志的情况下，与他人进行了所谓的"交易"，这种交易当然不能算作一般的市场行为。正因为如此，笔者认为，本案中赵某的行为不构成操纵证券交易价格罪，从本质上说，这也不是刑法理论上所谓的牵连犯，对其修改计算机储存数据的行为完全可以按破坏计算机信息系统罪论处。

由于证券、期货市场是一个瞬息万变的市场，判断某一交易行为是否为操纵证券、期货交易价格行为，确实有一定的难度。为此，我们可以根据证券、期货市场本身的特点，采取以下办法加以判断。

（1）异常现象的监控。在境外证券、期货交易过程中，通常有交易监控体系对证券、期货交易进行监控。我国上海和深圳证券、期货交易所也建立了类似的监控体系。该体系记录了所有证券、期货交易情况，一旦出现证券、期货交易量过大、过小或者证券、期货价格波动异常（如上涨幅度或者下跌幅度过大），监控体系将报警，有关监控人员就将针对此问题进行调查。至于什么情况下属于异常现象，则要根据证券、期货交易的实际情况确定。例如，在证券、期货交易指数大势不变且无重大利空利多消息的情况下，突然有几笔大资金或大数量的证券、期货交易出入，就有可能存在联手操纵的情况。一般情况下，证券、期货成交量突然放大或者急剧萎缩，证券、期货交易价格突然暴涨或者急剧下跌，都可能伴随着异常现象的出现。

（2）异常现象的调查。当监控体系报警后，有关调查人员就要对证券、期货交易的异常现象进行调查。这种调查通常是由专门机构进行的，如我国香港证券交易所的监控机构就是一个拥有数百人的机构，平均每位监控人员监控三到四个证券品种，一旦某个证券出现异常，监控人员就马上着手进行调查。美国的证券交易监控情况也基本如此。首先调查证券发行公司有没有违法经营情况或者作出了何种重大决议而未通过正当的方式公布，然后再对证券交易者进行调查。对证券交易者进行的调查是多方面的，如询问交易者为什么要大量买进某一证券（在无任何发行该证券的公司有重大消息的情况下），如果交易者不能作出令人信服的解释，那么可以初步认定该证券交易者的交易行为是违法的。当然，如果要确认，则需要进一步的调查和取证。这里的所谓令人信服的解释指的是交易者必须说明为什么要大量购买或者出售某种证券，以使该证券的价格大幅度上涨或者急剧下跌。如果交易者仅仅解释这是一种投资行为是不行的。

对异常现象的监控及调查,关键在于必须有一套较为完整的规范,如应该明确对异常现象作一个界定,以使实际操作中能有一个确定的依据。另外,对于有关调查人员应授予一定的权限,以利于他们开展调查工作。

(二)操纵证券、期货市场罪的主观方面

在理论上,一般认为,操纵证券、期货市场罪中,行为人的主观方面表现为故意。认定某一行为是否属于操纵证券、期货市场行为,除了要看行为人是否具体实施了有关法律所规定的操纵行为外,还必须查明行为人主观上是否具有操纵证券、期货市场的故意。

在理论上对于本罪只能由故意构成一般没有争议,但是对于本罪的构成是否包括间接故意则有不同看法。

有的学者认为,本罪的主观方面只能是故意,而且只能是直接故意。故意内容是:行为人明知自己的行为会发生制造虚假证券、期货交易价格的结果,但为了获取不正当利益或者转嫁风险,希望这一结果发生。本罪的主观目的具有两个层次:第一层次目的是制造虚假证券、期货交易价格;第二层次目的是获取不正当利益或者转嫁风险。第一层次目的是为第二层次目的服务的,即通过制造虚假证券、期货交易价格之目的实现,达到获取不正当利益或者转嫁风险之目的。[1]

有的学者认为,本罪可以由间接故意构成,即通过消极的放任行为(主要指欺骗性沉默)操纵证券交易价格。[2]由司法实践中已发生的案例可见,本罪的主观方面是直接的犯罪故意和间接的犯罪故意兼而有之,过失不构成本罪。至于银行及金融机构非法拆借资金给自然人(主要是证券交易大户)和非法炒买炒卖的个人或者单位(包括国家机关、国有公司、企业、事业单位)以及其他所有制性质不同的经营法人实体,虽然没有直接实施操纵证券、期货市场交易价格的犯罪,但是为上述犯罪行为非法提供了巨资,对犯罪行为人或单位的操纵行为及获取非法利益的目的是明知的,且采取了一种放任的态度,实质上是对操纵证券、期货市场犯罪的帮助,即为该罪的帮助犯。有鉴于此,我国对证券市场交易价格犯罪的行为犯、实施犯进行惩罚,但不能人为地排除对帮助犯的刑罚处罚。只有这样,才能在刑罚上充分地体现主客观相一致的原则。[3]

笔者认为,操纵证券、期货市场罪的主观方面只能由故意构成。虽然 2006 年《刑法修正案(六)》删除了本罪"以获取不正当利益或者转嫁风险为目的"的规

---

[1]   参见胡启忠等:《金融犯罪论》,西南财经大学出版社 2001 年版,第 288 页。
[2]   参见樊成连等:《浅谈增设操纵证券市场罪》,载《法商研究》1995 年第 6 期。
[3]   参见周平:《证券市场犯罪的刑法规范简介》,载《中央政法管理干部学院学报》1998 年第 1 期。

定,本罪不再是法定的目的犯,但这并不意味着本罪的罪过形态可以是过失。取消"获取不正当利益或者转嫁风险"的目的,在某种程度上只是降低了本罪的入罪门槛,减轻了检察机关的证明责任,避免司法实践中因难以证明犯罪目的而无法惩治犯罪分子。

在司法实践中,认定行为人的操纵故意极为困难,因而在证券、期货交易的实际市场活动中,虽然符合操纵证券、期货交易价格的客观行为很多,但是真正作为犯罪处理的却很少。日本至今也只有数件作为犯罪处理的实例。在美国,也只是列举各种违法事例,只有这些事例背离了通常的正当交易的观念,才能以此判断行为人的主观故意。另外,对于如何认定行为人的操纵故意的问题,一些国家在实践中采用交易者提供反证的方法,即如果交易者不能提出没有操纵故意的证明,就可以认定其有操纵证券、期货交易价格行为。至于操纵行为所造成的证券、期货价格的上涨或下跌,则可以从证券、期货交易记录中加以确认。当然,在一般情况下,散布上涨消息而自己将手中证券等卖出的,或散布下跌消息而自己却买入某种证券的,基本上可以视为具有谋取行情变动的目的。虚买虚卖或自买自卖等行为本身属于不正常行为,根据这种行为一般就能推定出行为人具有操纵的故意。

笔者认为,在认定我国证券、期货市场上操纵证券、期货交易价格行为时,行为人的操纵故意之确定是最为重要的。同时,在认定我国证券、期货市场上操纵证券、期货交易价格行为时,行为人的操纵故意一般是可以通过对其行为的不正常性分析加以认定的。即行为人只要实施了刑法中所列举的有关行为,结合其实施行为时的各种情况分析,就可以对其主观故意加以认定。在某种情况下,我们也可以通过要求行为人提出反证的方法加以确定。如果行为人实施了有关的不正常行为而又无法证明自己具有合法目的的,我们就可以确定其具有操纵故意。

另外,随着我国证券、期货市场的不断扩大,操纵证券、期货市场的行为越来越难以单个实施。这是因为,在庞大的证券、期货市场上,操纵证券、期货交易价格必须有一定的资金实力,否则只能是纸上谈兵。而要依靠某一个人甚至某一个单位的力量真正操纵证券、期货交易价格实际上很难做到,所以时下操纵证券、期货市场的行为往往是由违法犯罪分子联手实施,以达到获取不正当利益或者转嫁风险的目的。这就要求我们在处理操纵证券、期货市场案件时,特别注意对共同犯罪的认定和处罚。

对于联手操纵证券、期货市场的行为,一般而言,其共同行为的认定比较容易,因为异常交易行为是在证券、期货交易价格发生异常波动的同时实施的。但是,正确认定行为人的共同故意并非易事。这是因为,在证券、期货市场上受"趋利避害"大众心理的影响,大量存在着所谓"羊群效应",即一旦行情波动,会出现大量的追随者。对于这些没有共同故意而"随波逐流"者,显然不能以操纵证券、期货市场罪的共犯加以认定。实践中,有人提出,可以按照"片面合意"的理论加以处理,即对那些追随者以"片面共犯"认定,追究其共同犯罪的刑事责任。这是因为,他们在追随操纵行为时,已经完全理解了操纵者的故意内容和行为的性质,并在此基础上将自己的故意和行为融入操纵者的故意和行为之中,客观上对操纵行为起到了推波助澜的作用,完全可以对追随者按共犯认定和处理。对这一观点,笔者不能苟同。尽管在我国刑法理论中存在"片面共犯"的说法,但是这种理论不能简单地用在操纵证券、期货交易价格犯罪的认定之中。从我国《刑法》第182条的规定分析,作为操纵证券、期货市场罪的共犯,理应具有"合谋""串通"或"事先约定"等反映共同故意的行为。如果追随者没有实施与操纵者"合谋""串通"或"事先约定"等行为,而仅仅只是"随波逐流",虽然客观上可能对操纵行为起到推波助澜的作用,但是由于缺乏刑法对操纵证券、期货市场罪的特别要求,就不能构成单独犯罪,也不能以"片面共犯"原理对追随者作出操纵行为的共犯认定。由此可见,在处理共同操纵案件时,分析行为人之间是否具有"合意"是关键所在,我们必须始终抓住对行为人共同行为的分析,从证券、期货市场上的一些异常集体行为中分析行为人是否具有串谋的故意。

三、本罪的刑事责任

综上所述,竞争是市场的根本属性,离开这一属性,市场机制就无法完善。而竞争的天敌就是垄断,市场垄断具体表现为经济活动参加者对市场运行过程中排他性的控制与操纵。证券、期货市场中的操纵价格行为必然是对公众投资者合法权益的侵害,是对其资产的变相榨取,结果必将造成资源配置低效,甚至导致证券、期货市场崩溃。

正是由于操纵证券、期货交易价格行为具有较大的社会危害性,目前世界各国和地区都在有关法律中明确禁止操纵行为,强调要用法律手段惩治这种行为。一些国家对操纵证券、期货交易价格的行为规定了比较严厉的行政处分办法,其中包括:命令变更业务;停止营业3个月至半年;部分或全部停止业务;委托保管财产以及其他加强监督的措施;下令吊销证券、期货公司的营业执照。也有一些国家规定财政主管部门对操纵证券、期货交易的主要责任人员,可以给予解除职务、降低职务、减薪、减奖金的处分,并可以处以罚款。例如,日本《金融商品交易法》规定,对操纵行情的证券公司,大藏大臣可作出撤销批准、停止业务或解除负责人职务的决定。为抬高公募价格,发行人及其负责人操纵行情时,如关系到证券申报书的虚假记载,也可以以停止申报效力命令取消募集。

许多国家在法规中还具体规定了操纵证券、期货交易价格行为的民事责任:

被害人因他人操纵证券、期货交易价格行为而遭受财产损失的,有权请求法院责令行为人予以损害赔偿。对证券、期货侵权损害赔偿的诉讼时效一般为从被害人知道或者应当知道被害时起的 1 年内,或者从违法行为实施后的 3 年内,可以向法院请求损害赔偿。

还有一些国家和地区的法规明确规定了操纵证券、期货交易价格行为的刑事责任。例如,日本《金融商品交易法》规定,对假装买卖等操纵市场行情的行为,可以处 10 年以下有期徒刑或 1000 万日元以下的罚金。我国台湾地区"证券交易法"规定,对构成操纵证券市场罪的,处 3 年以上 10 年以下有期徒刑并科 1000 万元以上 2 亿元以下新台币的罚金。我国香港地区《证券及期货条例》规定,对操纵证券行情的行为,经公诉程序可以处 1000 万元罚款及监禁 10 年;或一经简易程序定罪,可处 100 万元罚款及监禁 3 年。同时,行为人还应向受到损害的相关人员支付赔偿金。

我国《证券法》与《刑法》也对操纵证券、期货交易价格的行为规定了法律责任。根据《证券法》第 192 条的规定,操纵证券市场的,责令依法处理非法持有的证券,没收违法所得,并处以违法所得 1 倍以上 10 倍以下的罚款;没有违法所得或者违法所得不足 100 万元的,处以 100 万元以上 1000 万元以下的罚款。单位操纵证券市场的,还应当对直接负责的主管人员和其他直接责任人员给予警告,并处以 50 万元以上 500 万元以下的罚款。根据《刑法》第 182 条的规定,操纵证券、期货市场,情节严重的,处 5 年以下有期徒刑或者拘役,并处或者单处罚金;情节特别严重的,处 5 年以上 10 年以下有期徒刑,并处罚金。

四、本罪与其他证券、期货犯罪的界定

(一)操纵证券、期货市场罪与内幕交易罪的区别

在证券、期货犯罪中,内幕交易罪和操纵证券、期货市场罪是两个最常见的犯罪。内幕交易行为离不开"内幕信息",而许多操纵证券、期货交易价格行为与"信息优势"有关,而且两行为所利用的信息均可能影响证券、期货的交易价格。因此,区分两者的界限十分重要。在理论上,一般认为,内幕交易罪和操纵证券、期货市场罪的区别主要在于以下两点。

其一,操纵信息的性质不同。内幕交易行为人所涉及的信息是指实际存在且对证券、期货价格走势有重大影响的未公开的信息。而操纵证券、期货交易价格行为人所涉及的信息则通常是操纵者自己制造的信息,而且这些信息通常都是虚假的。

其二,利用信息的方式不同。内幕交易行为人是在信息尚未公开之前,利用投资大众不知内幕信息的情况进行证券、期货的交易,其特点是利用信息公布中的时

间差。而操纵证券、期货交易价格的行为人则是通过联合或连续买卖、虚买假卖、自买自卖等非法交易行为,利用某些自己制造出来的信息,将自己的意志积极地体现到某种证券、期货合约的行情变化中,让价格随着自己的意愿上涨或者下跌。

（二）操纵证券、期货市场罪与编造并传播证券、期货交易虚假信息罪的区别

操纵证券、期货市场罪与编造并传播证券、期货交易虚假信息罪在主体、主观方面以及客体等构成要件上均完全相同。在犯罪主体上,两罪均为一般主体。在主观方面,两罪行为人均可以具有人为抬高或压低证券、期货交易价格以获取利益、避免损失、转嫁风险等故意内容。两罪侵犯的客体也均为证券、期货市场的正常管理秩序和投资者的合法权益。两罪的主要区别在于行为人的客观行为不同,操纵证券、期货市场罪行为人通过法定列举的各种违法操作行为操纵证券、期货交易价格;而编造并传播证券、期货交易虚假信息罪的行为人则通过编造并传播影响证券、期货交易的虚假信息,扰乱证券、期货市场的正常秩序。操纵证券、期货交易价格的行为中实际上包含了编造并传播证券、期货交易虚假信息的行为,即操纵者往往利用编造的虚假信息进行传播,从而达到操纵证券、期货交易价格的目的。就此而言,在利用虚假信息操纵证券、期货市场的案件中,编造并传播虚假信息行为是手段,而操纵证券、期货交易价格行为则是目的。

那么,如果行为人通过编造并传播证券、期货交易虚假信息操纵证券、期货交易价格,对行为人应该如何处理? 理论上有人认为,编造并传播虚假信息行为在《刑法》第181条第1款中已规定了专门的罪名,而操纵证券、期货市场行为在《刑法》第182条也作了专门的规定,因此对行为人应实行数罪并罚。对此观点,笔者不敢苟同,对行为人的行为不能实行数罪并罚,而应按牵连犯的原则进行处理。所谓牵连犯,是指犯罪人以实施某一犯罪为目的,而其犯罪的方法（手段）或结果行为又触犯其他罪名的犯罪。笔者认为,牵连犯的构成条件中最主要的是:行为与行为之间具有牵连关系,这种牵连关系是以包容关系的存在为前提的。虽然刑法中规定了编造并传播证券、期货交易虚假信息罪和操纵证券、期货市场罪,但是在一些犯罪中,两者在客观方面确实可能存在行为之间的牵连关系和包容关系。所谓牵连关系,是指在这些案件中,行为人实施的编造并传播证券、期货交易虚假信息的行为与操纵证券、期货交易价格的行为,由于行为人主观目的的一致性,实际上成为手段行为与目的行为的牵连关系。所谓包容关系,是指在这些案件中,作为手段行为的编造并传播行为为作为目的行为的操纵行为所包容,即操纵行为中实际上包含了编造并传播行为。由于这种牵连关系和包容关系的存在完全符合牵连犯的概念及构成条件,所以应以牵连犯的原则对行为人的行为"从一重处断"或"从一重重处断",一般应按操纵证券、期货市场罪一罪定罪,从重处罚。

▎第十四章▎
危害外汇管理制度犯罪研究

所谓外汇,是指以外币表示的用于国际间结算的支付手段和资产,也是一切外汇和外汇凭证的总称。国际货币基金组织的定义是:"外汇是货币行政当局(中央银行、货币管理机构、外汇平准基金及财政部)以银行存款、财政部库券、长短期政府证券等形式所持有的在国际收支逆差时可以使用的债权。其中包括中央银行及政府间协议发生的在市场上不流通的债券,而不问它是以债务国货币还是债权国货币表示。"①根据国务院 1996 年 1 月 29 日发布的《外汇管理条例》(2008 年 8 月 5 日修订)第 3 条的规定,外汇包括:(1)外币现钞,包括纸币、铸币;(2)外币支付凭证或者支付工具,包括票据、银行存款凭证、银行卡等;(3)外币有价证券,包括债券、股票等;(4)特别提款权;(5)其他外汇资产。由于外汇在很大程度上反映或体现了一个国家的经济实力,因而世界各国和地区一般均制定相关的外汇管理法律法规,有些还会将危害外汇管理制度的行为纳入刑事犯罪之中。

第一节　危害外汇管理制度犯罪的立法依据

由于外汇是重要的经济资源,也是国家经济实力的体现,大多数国家都制定了关于外汇管理的法规和政策,对外汇实行严格的管理,对外汇的存放、使用和转移等都作了具体、明确的规定。我国是发展中国家,外汇在我国的经济发展与稳定中具有相当重要的作用。加强外汇管理,把外汇资源集中在中央银行控制之下,以保证足够的外汇供给,对于维持国际收支的平衡,保证国家经济的顺利发展有着重要意义。因此,切实加强外汇管理的立法和执法工作,坚决有力地打

---

① 国家外汇管理局政策法规司编:《〈中华人民共和国外汇管理条例〉释义》,中国金融出版社 1996 年版,第 71 页。

击涉及外汇管理制度的犯罪是十分必要的。

我国历来对外汇实行集中管理、统一经营的管理方针,先后制定了相应的法规,严禁任何个人和单位实施有损外汇管理制度的违法犯罪活动。与此同时,我国在惩治外汇管理制度违法犯罪的法规建设方面,也有其逐步的演变过程。应该说,从新中国成立之初,我国就有了关于外汇管理方面的法规,但是,时至全国人大常委会《关于惩治骗购外汇、逃汇和非法买卖外汇犯罪的决定》颁布,才首次把骗购外汇作为一个独立的违法犯罪行为来规定。新中国成立之初关于外汇管理方面的法规一般主要规定逃汇、套汇等几类违法犯罪行为,并大多将逃汇、套汇的行为与走私违法犯罪相提并论。例如,1952 年 6 月 16 日《海关总署关于逃汇套汇案件应作为走私案件处理核示应注意各点的命令》规定:"逃汇、套汇,不论采取何种方式,其结果与走私出口黄金、外币无异,均应作为走私案件处理。"改革开放以来,我国的国民经济得到了迅猛发展,对外贸易日趋繁荣,外汇的收支管理愈来愈重要,运用法制手段管理外汇是必由之路。

改革开放以来,我国大力加强了立法工作,特别是已经初步建立了社会主义市场经济法律体系的框架。在这些框架中,涉及外汇管理的法律规范不仅大量存在,而且是其重要内容之一。我国 1979 年《刑法》首次以刑法典的立法形式规定了涉及外汇的犯罪及其刑罚,即在第 117 条至第 119 条规定中,把违反外汇管理法规、情节严重的行为规定为投机倒把罪这个"口袋罪"的一种犯罪形式。随着我国改革开放的不断深入,套汇与走私、投机倒把牟取暴利等经济犯罪活动时有发生,对社会主义事业和人民利益危害严重。为了坚决打击这些犯罪活动,严厉惩治犯罪分子,1982 年 3 月 8 日第五届全国人大常委会第二十二次会议通过了《关于严惩严重破坏经济的罪犯的决定》,对走私、套汇、投机倒把牟取暴利罪的处刑补充或者修改为:情节特别严重的,处 10 年以上有期徒刑、无期徒刑或者死刑,可以并处没收财产。对于决定明确将套汇与走私、投机倒把并列单独作出规定,有的学者认为,这是我国第一次使用了"套汇犯罪"的提法。[1]但是,大多数学者不同意这种看法,认为《关于严惩严重破坏经济的罪犯的决定》把走私和套汇并列规定,只是为了说明当前套汇这种犯罪现象比较严重,以便把它突出以引起重视,并要加强同这种走私犯罪行为作斗争,而不是意味着套汇就是一个独立罪名了。[2]笔者认为,套汇犯罪在此决定中并未形成独立的罪名,而应理解为对1979 年《刑法》第 118 条的补充,并无任何新罪名的设立。该《决定》指明的"情节特别严重"的处刑为"10 年以上有期徒刑、无期徒刑或者死刑",与 1979 年《刑

---

①　参见赵凤祥主编:《国际金融犯罪比较研究与防范》,中国大百科全书出版社 1998 年版,第108 页。

②　参见鲜铁可:《金融犯罪的定罪与量刑》,人民法院出版社 1999 年版,第 417 页。

法》第118条规定的处刑"3年以上10年以下有期徒刑"是相衔接的。显然,该《决定》的规定只是设置了一个加重量刑幅度而已,并未创立新的罪名。

1985年4月5日经国务院批准,国家外汇管理局公布了《违反外汇管理处罚施行细则》①。该《细则》第4条规定,下列行为都属于逃汇:(1)未经管汇机关批准,境内机构将收入的外汇私自保存、使用、存放境外的;违反《对侨资企业、外资企业、中外合资企业外汇管理施行细则》的规定,将收入的外汇存放境外的;(2)境内机构、侨资企业、外资企业、中外合资经营企业以低报出口货价、佣金等手段少报外汇收入,或以高报进口货价、费用、佣金等手段多报外汇支出,将隐匿的外汇私自保存或者存放境外的;(3)驻外机构以及在境外设立的中外合资经营企业的中方投资者,不按国家规定将应当调回的利润留在当地运营或者移作他用的;(4)除经管汇机关批准,派往外国或者港澳等地区的代表团、工作组及其人员不按各该专项计划使用外汇,将出国经费或者从事各项业务活动所得外汇存放境外或者移作他用的。由于该处罚细则属于行政处罚细则,因而涉及的只能是逃汇违法行为,而并未涉及犯罪。

直到《关于惩治走私罪的补充规定》②通过,逃汇、套汇行为才独立成罪。该《补充规定》第9条第1款规定:"全民所有制、集体所有制企业事业单位、机关、团体违反外汇管理法规,在境外取得的外汇,应该调回境内而不调回,或者不存入国家指定的银行,或者把境内的外汇非法转移到境外,或者把国家拨给的外汇非法出售牟利的,由外汇管理机关依照外汇管理法规强制收兑外汇、没收违法所得,可以并处罚款,并对其直接负责的主管人员和其他直接责任人员,由其所在单位或者上级主管机关酌情给予行政处分;情节严重的,除依照外汇管理法规强制收兑外汇、没收违法所得外,判处罚金,并对其直接负责的主管人员和其他直接责任人员,处5年以下有期徒刑或者拘役。"这是我国刑事法律首次以独立的罪名规定了逃汇罪、套汇罪。

1996年4月1日起施行的《外汇管理条例》(2008年8月5日修订),用第39条至第51条等13个条文对逃汇、套汇、违法经营外汇和非法买卖外汇、变相买卖外汇或者倒卖外汇等各种违法犯罪行为作了具体详细的列举性规定。但是,该《条例》第39条第4项规定的"以虚假或者无效的凭证、合同、单据等向外汇指定银行骗购外汇的"违法犯罪行为,仅被认定为非法套汇行为的一种情形。

1997年《刑法》第190条规定:"国有公司、企业或者其他国有单位,违反国家规定,擅自将外汇存放境外,或者将境内的外汇非法转移到境外,情节严重的,

---

① 1996年1月19日中华人民共和国国务院令第193号发布的《外汇管理条例》将本条例废止。

② 1997年3月14日发布的《刑法》将本规定废止。

对单位判处罚金,并对其直接负责的主管人员和其他直接责任人员,处五年以下有期徒刑或者拘役。"1997年《刑法》对《关于惩治走私罪的补充规定》作出了以下几处修改:(1)取消了套汇犯罪的规定。因为1996年11月27日,我国政府宣布自当年12月1日起实行人民币经常项目下的可兑换。2008年8月5日修订的《外汇管理条例》第5条规定:"国家对经常性国际支付和转移不予限制。"(2)明确了逃汇罪的罪状。(3)修改了本罪的犯罪主体,即由原来的"全民所有制、集体所有制企业事业单位、机关、团体"修改为"国有公司、企业或者其他国有单位"。

1997年《刑法》未将非国有的单位纳入逃汇罪的范围,亦未规定骗购外汇罪,这显然不利于对骗购外汇犯罪的惩治。从严格意义上说,外汇的骗购行为方式与套取行为方式具有一定程度的区别,难以互相包容,这是由骗购外汇行为和套取外汇行为的本质特性决定的。因此,尽管在《外汇管理条例》第40条中规定了"构成犯罪的,依法追究刑事责任",但是在刑法条文中缺乏相应的罪名规定,也就很难对骗购外汇的行为追究刑事责任。另外,骗购外汇行为与逃汇行为也有很大区别且难以互相包容,因为逃汇的本质在于将该存放在境内的外汇存放境外或将境内的外汇转移到境外的行为,这一特征显然与骗购外汇的行为有很大区别,即对骗购外汇的犯罪行为无法以逃汇罪论处。骗购外汇的违法犯罪行为手段愈加新颖,特别是大多数骗购外汇案件,行为人已形成骗购外汇犯罪流程化,甚至出现了专事骗购外汇的"专业公司"。这种"以钱买钱"骗购外汇者一般是为了变卖外汇以牟取暴利或进行走私等违法犯罪,这样势必导致汇率不正常波动而扰乱金融秩序,直接危害国家经济安全和破坏对外贸易制度,进而破坏整个经济秩序,其严重程度已经达到需要运用刑罚惩治的程度。从上述有关法律法规的规定和现实社会的情势出发,笔者认为,在刑法中完善涉及外汇管理制度犯罪的立法是社会情势与法律演进的必然结果,是维护社会主义市场经济秩序的重要举措,所以增设骗购外汇罪有着重要的意义。①

从理论上说,尽管在行为方式上骗购外汇与套汇有较大区别,但是,骗购外汇在本质上是一种套汇行为。有学者指出,所谓套汇,是指违反外汇管理法规,逃避外汇机关及银行的监管,用人民币或者物质换取应当由国家收取的外汇或外汇权益的行为。根据我国《外汇管理条例》第40条的规定,非法套汇行为是指违反规定以外汇收付应当以人民币收付的款项,或者以虚假、无效的交易单证等向经营结汇、售汇业务的金融机构骗购外汇等。因此,骗购外汇行为是套汇行为之一,骗购外汇行为被包括在套汇之中。同时只有数额较大的骗购外汇行为才

---

① 参见程宗璋:《对骗购外汇罪的若干探讨》,载《平顶山师专学报》2000年第3期。

构成骗购外汇罪,其他套汇行为只能按《外汇管理条例》的规定作行政处罚。"数额较大"是区分骗购外汇罪与一般骗购外汇行为的界限。这里应注意的是,此处的套汇不同于国际金融中的套汇(如时间套汇、地点套汇等),在国际金融市场中,套汇是一种外汇经营方式,是指利用不同的外汇市场、不同的货币种类及不同的交割期限在利率上的差异进行外汇买卖,从中获取投机利润的活动。国际金融市场中的套汇有利于增加外汇收益,防止外汇风险,对金融市场的繁荣起着重要的促进作用。①

为适应打击此类犯罪的需要,1998 年 12 月 29 日全国人大常委会通过的《关于惩治骗购外汇、逃汇和非法买卖外汇犯罪的决定》对 1997 年《刑法》有关外汇犯罪规定作了重要修改:其一,增设了骗购外汇罪。其二,扩大了逃汇罪的犯罪主体范围,即由原来的"国有公司、企业或者其他国有单位"修改为"公司、企业或者其他单位"。其三,由原来的以"情节严重"为定罪起点修改为以"数额较大"作为定罪起点。其四,修改了法定刑,由原来的"对单位判处罚金,并对其直接负责的主管人员和其他直接责任的人员,处 5 年以下有期徒刑或者拘役"修改为"对单位判处逃汇数额 5％以上 30％以下罚金,并对其直接负责的主管人员和其他直接责任人员处 5 年以下有期徒刑或者拘役;数额巨大或者有其他严重情节的,对单位判处逃汇数额 5％以上 30％以下罚金,并对其直接负责的主管人员和其他直接责任人员处 5 年以上有期徒刑"。

第二节　逃汇罪的司法认定

按照《刑法》第 190 条的规定,所谓逃汇罪,是指公司、企业或者其他单位,违反国家规定,擅自将外汇存放境外,或者将境内的外汇非法转移到境外,数额较大的行为。

对于逃汇罪的认定,笔者认为,最主要应该正确界定本罪的客观要件。本罪的客观要件主要包括以下几个要素:其一,违反国家规定,擅自将外汇存放境外;其二,将境内的外汇非法转移到境外;其三,数额较大。

一、"违反国家规定,擅自将外汇存放境外"行为的认定

这里所谓的"违反国家规定"包含的范围应该有哪些? 根据《刑法》第 96 条的规定,违反国家规定,是指违反全国人大及其常委会制定的法律和决定,国务院制定的行政法规、规定的行政措施、发布的决定和命令。因此,本罪中

---

① 参见孙艳:《浅谈骗购外汇罪的若干问题》,载《公安教育》2002 年第 7 期。

的"违反国家规定"应该是指违反法律、行政法规等规定中的有关外汇存放境外的规定,如《外汇管理条例》中有关外汇存放境外的规定。但是,某些部委规章、细则、办法不能直接作为判断是否构成犯罪的依据,如《结汇、售汇和付汇管理规定》《境内外汇账户管理规定》《境外外汇账户管理规定》《携带外币现钞出入境管理暂行办法》《个人外汇管理办法》等。然而,由于这些规定实际上提供了认定行为性质较为具体的标准,因此,对于确认本罪行为的违法性无疑具有参考作用。

例如,《外汇管理条例》规定,国家实行国际收支统计申报制度,国务院外汇管理部门应当对国际收支进行统计、监测,定期公布国际收支状况(第 6 条);境内机构、境内个人的外汇收入可以调回境内或者存放境外,调回境内或者存放境外的条件、期限等,由国务院外汇管理部门根据国际收支状况和外汇管理的需要作出规定(第 9 条);经常项目外汇收入,可以按照国家有关规定保留或者卖给经营结汇、售汇业务的金融机构(第 13 条);携带、申报外币现钞出入境的限额,由国务院外汇管理部门规定(第 15 条)。

凡是违反上述所有有关禁止擅自将外汇存放境外的相关规定的,都属于本罪中的"违反国家规定"。

这里所谓的"擅自",是指未经外汇管理机关批准,自行将外汇存放境外。当然,这里所谓"存放",并非指一般意义上的储存、寄存,而是指外汇不调回国内的一种事实状态。只要将应该调回的外汇未调回国内,无论该外汇是储存、寄存,还是投资、挪作他用,都应认为是"存放境外"。

二、"将境内的外汇非法转移到境外"行为的认定

所谓"非法",即指违反有关外汇转移境外的法律、法规和其他有关规定。例如,《外汇管理条例》和《个人外汇管理办法》都对居民将外汇带出或汇出境外作了规定。凡是违反这些规定而将外汇带出或汇出的,就属于"非法"。

所谓"转移到境外",是指将境内的外汇携带、托带或者邮寄到境外的行为。

三、"数额较大"标准的认定

根据最高人民检察院、公安部《关于公安机关管辖的刑事案件立案追诉标准的规定(二)》第 46 条的规定,公司、企业或者其他单位,违反国家规定,擅自将外汇存放境外,或者将境内的外汇非法转移到境外,单笔在 200 万美元以上或者累计数额在 500 万美元以上的,应予立案追诉。

由于本罪属于数额犯,因此,基于罪刑法定原则的要求,如数额没有法定要求,即使行为人的行为有其他严重情节,也不得作为犯罪处理。

四、本罪主体的认定

逃汇罪的主体只能由单位构成,自然人不能成为本罪的主体。这是刑法中为数不多的没有规定自然人犯罪而只规定单位可以构成犯罪主体且又实行两罚制的犯罪。根据全国人大常委会《关于惩治骗购外汇、逃汇和非法买卖外汇犯罪的决定》,本罪的主体已由 1997 年《刑法》规定的特殊主体"国有公司、企业或者其他国有单位"改为"公司、企业或者其他单位"。因此,所有单位都能成为本罪的主体。

五、本罪与走私罪的界限

正如前述,在全国人大常委会《关于惩治走私罪的补充规定》颁布之前,逃汇罪被规定在走私罪或投机倒把罪中。而从理论上分析,外汇管理制度是国家对外贸实施管制的措施之一。也正因为如此,过去无论在立法上,还是在理论上,对于进出境而逃汇套汇的,都曾认为应以走私论处,这主要是因为走私罪和逃汇罪在客体上存在着非常密切的关系,都可能导致国家外汇收入的减少。1997 年《刑法》将走私罪和逃汇罪分别列为独立的罪名,主要是因为,尽管两罪在客体上关系密切,但毕竟还是有区别的,侵犯国家的外汇管理制度并不必然侵犯国家的对外贸易管理制度;在主体上,走私罪的主体既包括自然人,也包括单位,而逃汇罪只能是单位,个人不能成为本罪的主体;在客观行为上,走私罪表现为逃避海关监管,非法运输、携带、邮寄货物、物品进出国(边)境,而逃汇罪的行为是将外汇擅自存放境外,或者将境内的外汇非法转移到境外。

在两罪的界限上,理论界争议较大的问题是,外汇能否作为走私罪的对象?对于携带外汇出境的,是按走私罪处理,还是按逃汇罪处理?

有的学者认为,携带外汇出境是不能作为走私处理的,因为走私罪的对象不可能有外汇。据此,如果犯罪行为人逃避海关监管,非法携带外汇出境,由于犯罪对象是外汇,应按逃汇罪论处。[①]

另有学者认为,由于外汇亦是限制进出境的物品,因而可以成为走私罪的对象。司法实践中,行为人将境内的外汇非法转移到境外的行为,有时还会违反海关法规,逃避海关监管,从而具备走私性质。易言之,行为人所实施的行为往往不仅触犯逃汇罪,而且还可能构成走私罪。这实际上属于刑法理论中一行为同时触犯数罪名的想象竞合犯之情形。对此应依想象竞合犯"从一重处断"的原

---

① 参见胡启忠等:《金融犯罪论》,西南财经大学出版社 2001 年版,第 339 页。

则,择一重罪从重处罚。①

还有的学者认为上述情形构成牵连犯,应按牵连犯的处理原则,从一重处断。②

笔者认为,上述观点都值得商榷,对于携带外汇出境行为的定性理应具体问题具体分析。首先,从犯罪对象上说,外汇可以成为走私罪的对象,因为我国刑法中的逃汇罪在其成为独立罪名前就是作为走私罪处理的。其次,就行为主体而言,如果自然人实施携带外汇出境的行为,因为不符合逃汇罪的主体要件,只能以走私罪处理。最后,如果单位实施携带外汇出境的行为,则产生逃汇罪与走私罪法条的竞合,如同诈骗罪与招摇撞骗罪一样,有部分内容发生重合,按竞合的处理原则——重法优于轻法,应择一重罪处断。

六、本罪与隐瞒境外存款罪的界限

所谓隐瞒境外存款罪,是指国家工作人员对于个人在境外的存款,应当依照国家规定申报而隐瞒不报,数额较大的行为。逃汇罪与隐瞒境外存款罪在客观上均有将外汇存放境外的行为,两者的主要区别在于:其一,犯罪客体不同。本罪的客体是国家的外汇监管制度,而后罪是国家工作人员的财产申报制度。其二,犯罪行为方式不同。本罪的行为方式不仅包括将外汇存放境外,而且包括将境内的外汇非法转移到境外,即包括作为与不作为两种方式。就存放境外行为的性质而言,存放本身就是非法的。而后罪的行为方式并无将外汇转移到境外的行为,只能是不作为。就存放境外行为的性质而言,存放本身可能合法,其非法性在于隐瞒不报。其三,犯罪主体不同。本罪是单位犯罪,并且是一般主体。而后罪是自然人犯罪,并且只能由国家工作人员构成,是特殊主体。

第三节   骗购外汇罪的司法认定

正如前述,骗购外汇罪是 1998 年全国人大常委会《关于惩治骗购外汇、逃汇和非法买卖外汇犯罪的决定》设立的一个罪名。该《决定》第 1 条第 1 款规定:"有下列情形之一,骗购外汇,数额较大的,处 5 年以下有期徒刑或者拘役,并处骗购外汇数额 5％以上 30％以下罚金;数额巨大或者有其他严重情节的,处 5 年以上 10 年以下有期徒刑,并处骗购外汇数额 5％以上 30％以下罚金;数额特别巨大或者有其他特别严重情节的,处 10 年以上有期徒刑或者无期徒刑,并处骗

---

① 参见赵秉志主编:《刑法相邻相近罪名界定与运用》,吉林人民出版社 2000 年版,第439页。
② 参见马克昌主编:《经济犯罪新论》,武汉大学出版社 1998 年版,第 339 页。

购外汇数额 5％以上 30％以下罚金或者没收财产：(1)使用伪造、变造的海关签发的报关单、进口证明、外汇管理部门核准件等凭证和单据的；(2)重复使用海关签发的报关单、进口证明、外汇管理部门核准件等凭证和单据的；(3)以其他方式骗购外汇的。"由此，骗购外汇罪成为现行刑法中一个独立的罪名。

根据上述规定，所谓骗购外汇罪，是指使用伪造、变造的海关签发的报关单、进口证明、外汇管理部门核准件等凭证和单据，或者重复使用海关签发的报关单、进口证明、外汇管理部门核准件等凭证和单据，或者以其他欺骗方法，向外汇指定银行骗购外汇，数额较大的行为。

2017 年 1 月 16 日，上海首例骗购外汇案在浦东新区法院第二法庭开庭审理。浦东新区检察院指控：自 2015 年 11 月起，被告人李某某等 5 名被告人经事先合谋，在本市注册多家公司，虚构转口贸易背景，使用伪造、虚构的转口贸易单证等材料向银行办理购汇业务，采用以人民币在境内申购美元划转至境外，在境外将美元兑换成人民币的方式赚取境内外人民币汇率差价，从中非法牟利。至案发，该团伙骗购外汇共计 28 笔，总额 2.12 亿美元，非法获利人民币 1370 万余元。

据被告人李某某供述，自己实际控制的上海公司就有十几家，另外在香港还注册了 5 家离岸公司。其骗汇手法为：首先选择两家离岸公司作为上下家公司、一家上海公司作为转口贸易公司，再向他人购买海运提单原件，伪造购销合同、形式发票等，然后向银行申购外汇。外汇到账后，则通过网上银行操作境外离岸公司账户进行美金购汇人民币，最后使用另一套转口贸易材料将人民币转走。

应当看到，行为人虚构贸易背景骗购国家外汇，或明知用于骗购外汇而提供人民币资金，其行为均已触犯全国人民代表大会常务委员会《关于惩治骗购外汇、逃汇和非法买卖外汇犯罪的决定》的规定，应当以骗购外汇罪追究其刑事责任。目前涉汇案件数量增多，查处难度加大。为破解这一难题，据笔者了解，上海检方正与有关方面专题研讨在新的外汇管理制度下，逃汇罪及骗购外汇罪等涉外汇类罪名的法律适用、证据标准等问题，论证对涉自贸区走私、外汇案件课题研究及办案指引，最终形成相关涉汇犯罪法律适用指导意见。

一、"使用欺骗的方法"的认定

需要指出的是，骗购外汇罪的行为方式表现为行为人使用欺骗的方法购买外汇，即这里强调的是"骗购"，而非"骗取"外汇，这是骗购外汇的客观特征。根据上述规定，骗购外汇的欺骗方法有：

1. 使用伪造、变造的海关签发的报关单、进口证明、外汇管理部门核准件等凭证和单据。

这里所谓的"报关单"，是指进出口商向海关申报进出口的主要单证，它必须经过海关签发,才能认定进出口行为为合法;所谓的"进口证明",是指报关单位在申请进口付汇时向海关提交的除报关单以外的各种证明进口事项的单据和凭证,包括进口许可证、进口合同、进口登记证明等;所谓"外汇管理部门核准件",是指在进口付汇过程中,由进口单位及受委托单位填写的、外汇管理部门(包括外汇管理局及其分局)审核批准的外汇指定银行据以付汇的文件、凭证,如出口收汇核销单证等;所谓其他凭证和单据,包括商业发票、运输单据、收费单据等。

上述骗购外汇行为的虚假性主要表现为行为人使用"伪造、变造的"凭证和单据,因为这些凭证、单据本身就是虚假的,所以使用这些虚假的凭证和单据购买外汇,足以证明其行为本身有骗购外汇的性质。这里,伪造、变造的凭证和单据应存在以下几种特征:其一是伪造、变造的凭证和单据应该是假的,但它们必须是模仿真的凭证和单据制造的,如果不是使用仿制的相关凭证和单据,而纯粹是行为人自己设计的凭证和单据,则不符合该项的行为方式。其二是这里的伪造、变造不仅包括仿造相关表格,也包括相关凭证和单据的表格是真的,但是其签字、公章是伪造的情况。其三是这里的变造,在本质上仍然属于假的,因为它是通过涂改、挖补、剪贴等方法变造而来的。即使这种变造的凭证和单据绝大部分是真的,仅在某几个字上进行了涂改、挖补等,但同样属于假的。其四是只要在海关签发的报关单、进口证明或外汇管理部门核准件等凭证和单据中有部分是伪造、变造的,就应以伪造、变造论。

需要明确的是,如果行为人所使用的这些凭证、单据系其本人伪造、变造,应该如何处理? 根据全国人大常委会《关于惩治骗购外汇、逃汇和非法买卖外汇犯罪的决定》第1条第2款规定,"伪造、变造海关签发的报关单、进口证明、外汇管理部门核准件等凭证和单据,并用于骗购外汇的,依照前款的规定从重处罚",即对于既伪造、变造凭证、单据,又使用这些凭证、单据的行为,仍然以骗购外汇罪定性,但须从重处罚。

2. 重复使用海关签发的报关单、进口证明、外汇管理部门核准件等凭证和单据。

所谓"重复使用",即将已办理过购买外汇手续的有关凭证、单据再次使用。重复使用既包括重复使用一次,也包括重复使用多次,次数的多少不受限制。重复使用的凭证、单据虽然是无效的,但必须是未经伪造、变造的,即这里使用的凭证和单据应该是真的,只是已经用于购买外汇而再次用来购买外汇。如果重复使用伪造、变造的凭证、单据,就属于使用伪造、变造的海关签发的报关单、进口证明、外汇管理部门核准件等凭证和单据骗购外汇的方法。显然重复使用相关凭证、单据购买外汇不符合合法购买外汇的条件与资格,而隐瞒这种事实,并以貌似"合法"购买外汇资格者购买外汇的行为当然具有骗购外汇的性质。

3. 以其他欺骗方法骗购外汇。

所谓"以其他欺骗方法骗购外汇",是一种列举之后的概括性(或称兜底式)立法方式,以防止一些不常见但同样具有严重社会危害性的骗购外汇行为疏漏于法网之外。其内容应是指与上述两种情形具有基本相同特征的其他骗购外汇的行为方式,如使用无效的、过期的、捡来的或者通过签订虚假合同向海关、外汇管理部门骗取来的,甚至与海关人员串通以虚假合同领取的海关签发的报关单、进口证明、外汇管理部门核准件等凭证和单据骗购外汇的行为。

有学者认为,归结起来,以上三项行为方式的共同特征,就在于行为人出于虚假的进口业务需要去购买外汇,因而在其行为方式中必然存在或多或少的欺骗性。构成骗购外汇罪,只要具备以上三项行为方式之一即可。①

这里需要讨论的是,最高人民法院于 1998 年 8 月 28 日通过的《关于审理骗购外汇、非法买卖外汇刑事案件具体应用法律若干问题的解释》第 4 条规定,公司、企业或者其他单位,违反有关外贸代理业务的规定,采用非法手段,或者明知是伪造、变造的凭证、商业单据,为他人向外汇指定银行骗购外汇,数额在 500 万美元以上或者违法所得 50 万元人民币以上的,按照《刑法》第 225 条第 3 项的规定定罪处罚。也就是说,按照该解释,外贸代理企业代理骗购外汇的行为应按《刑法》第 225 条规定的非法经营罪定罪处罚。但是,1998 年 12 月 29 日由全国人大常委会通过的《关于惩治骗购外汇、逃汇和非法买卖外汇犯罪的决定》并没有对这种行为作出规定,那么,该解释的规定是否还有效力? 是否对代理骗购外汇行为仍按非法经营罪处理?

笔者认为,该解释是针对当时司法实践中发生的外贸代理企业在"四自三不见"的情况下为他人向外汇指定银行骗购外汇而作出的司法对策。"四自三不见",属于违反外贸代理业务规定的一种违规行为,是指自带客户、自带货源、自带汇票、自行报关;不见进口产品、不见供货货主、不见外商。"四自三不见"的完整提法最早见于国家税务局、经济贸易部 1992 年 7 月 8 日发布的《关于出口企业以"四自三不见"方式成交出口产品不予退税的通知》,但是该通知只是针对代理出口业务中"四自三不见"的现象而作出的禁止性规定。代理进口业务中禁止"四自三不见"最早见于中国人民银行、国家外汇管理局、对外贸易经济合作部、海关总署、国家工商行政管理局和公安部联合发布的《关于加强反骗汇工作的通知》。该《通知》第 1 条规定:外经贸部门进一步加强对外贸公司代理业务的规范管理,代理业务必须由代理单位签订进口合同、办理制单、购汇、付汇及报关手续,并对所办单据的真实性负责,坚决消除"四自三不见"现象。

---

① 参见刘艳红:《论外汇犯罪》,载《中国刑事法杂志》1999 年第 3 期。

上述解释之所以对采用非法手段或者明知是虚假、无效的凭证和单据而为他人骗购外汇以非法经营罪论处,是因为当时新《刑法》中未规定骗购外汇罪。为了惩治这种犯罪行为又要不违背罪刑法定原则,该解释不得已而采取以非法经营罪定罪。毕竟外贸代理企业为了牟利而为他人代理骗购外汇是一种经营活动。而非法经营罪在我国新《刑法》中几乎成了一个"口袋罪",装进这个"口袋",就难以说定罪错误,违背罪刑法定原则。但是,在立法上明确规定了骗购外汇罪后,对于这种代理骗购外汇的行为,只要是出于故意,并且直接实施了向外汇指定银行骗购外汇的行为,就应认定为构成骗购外汇罪。至于是为自己骗购外汇,还是为他人骗购外汇,只是犯罪的动机不同而已,不影响本罪的构成。司法解释的规定应以立法为准,凡是与立法解释相冲突的,应不再适用。因此,今后办理外贸代理企业采用非法手段或者明知是虚假、无效的凭证和单据而为他人骗购外汇的案件,应以骗购外汇罪论外,不能再认定为非法经营罪。

二、"数额较大"标准的认定

按照上述规定,构成本罪的,行为人骗购外汇的行为必须达到"数额较大"的程度。即"数额较大"是决定相关骗购外汇的行为是否构成犯罪的必要条件。笔者在前文中曾指出,犯罪数额可以分为犯罪指向数额和犯罪所得数额,指向数额是指犯罪行为所指向的金钱或物品的数量;所得数额则是指行为人通过行为的实施而实际取得的非法利益。对于本罪中的"数额",笔者认为显然是指犯罪指向数额,即行为人通过欺骗方式实际购买到外汇的数额。关于数额较大的标准,全国人大常委会《关于惩治骗购外汇、逃汇和非法买卖外汇犯罪的决定》没有作出明确规定,而根据最高人民检察院、公安部《关于公安机关管辖的刑事案件立案追诉标准的规定(二)》第47条的规定,骗购外汇,数额在50万美元以上的,应予立案追诉。显然对于骗购外汇罪的"数额较大""数额巨大""数额特别巨大"以及"其他严重情节""其他特别严重情节"等认定的标准,还必须由司法机关尽快作出具体解释,以便司法实践中能正确加以适用。

三、本罪主体的认定

与逃汇罪主体只能由单位构成不同的是,骗购外汇罪的主体既可以由自然人构成也可以由单位构成,且均为一般主体。在司法实践中,实施骗购外汇行为的多为单位,自然人较少。而单位犯罪中,单位主体多为具有进出口经营权的外贸公司、企业或者其他单位。对于单位的所有制性质和行业,法律没有作出限制性规定,因此,无论何种所有制性质和行业的公司、企业、事业单位、机关、团体都可以成为本罪的主体。根据全国人大常委会《关于惩治骗购外汇、逃汇和非法买卖外汇犯罪的决定》第 1 条第 4 款规定,单位犯骗购外汇罪的,对单位依照第 1 款的规定判处罚金,并对其直接负责的主管人员和其他直接责任人员,处 5 年以下有期徒刑或者拘役;数额巨大或者有其他严重情节的,处 5 年以上 10 年以下有期徒刑;数额特别巨大或者有其他特别严重情节的,处 10 年以上有期徒刑或者无期徒刑。

四、主观罪过的认定

骗购外汇罪行为人主观上只能是故意,这显然没有异议。但是,有的学者认为,本罪的主观方面可以包括间接故意。因为《关于惩治骗购外汇、逃汇和非法买卖外汇犯罪的决定》并没有将骗购外汇罪的故意限定在直接故意范围,而且从实践中发生的案件看,放任骗购外汇结果发生的案件并不在少数。因此,骗购外汇罪在主观上包括直接故意和间接故意。另外,《关于惩治骗购外汇、逃汇和非法买卖外汇犯罪的决定》没有规定骗购外汇罪的目的,也表明立法本意未对故意的范围作任何限定。[①]

笔者认为上述看法值得商榷。正如前述,本罪实质上是一种"骗购"外汇的行为,即行为人的行为实际上是欺骗与购买行为的结合。在这种情况下,行为人购买外汇必然是持积极追求态度的,不可能是放任。"骗购"行为必然具有目的,也是不言自明的,法律不必作特别的限定。上述学者认为该决定未规定"目的"表明本罪可以不具有目的,是不能成立的,因为刑法中的许多犯罪目的并不一定都表明在条文之中。

既然本罪主观上有非法购取外汇的目的,目的犯的罪过形式就必然是直接故意,不可能存在间接故意。本罪的犯罪动机多种多样,有学者将本罪的犯罪动机归纳为以下几种:其一,用于违法犯罪活动,谋取非法利益。有些犯罪分子进行走私、逃汇、洗钱、骗取出口退税等违法犯罪活动需要大量外汇,就不惜采取各种欺骗手段骗购国家外汇。如行为人利用非设关码头走私,低报伪报走私数量偷漏应缴关税,少报或未报的那部分货款需要对外付汇的,走私分子即采取以假报关单骗购外汇的方式支付境外货款。有些单位为了逃避国家对自己所取得的外汇的管理,达到将境内的外汇存放境外的目的,不惜通过骗购外汇的方式,将自己账户上的外汇支付到境外存放。有的犯罪分子通过走私、贩毒、实施黑社会性质犯罪取得了大量非法所得,遂利用该非法所得骗购外汇,达到洗钱的目的。此外,近一段时期以来,出口退税货物高报价格非常严重,有的比正常价格高报

[①]　参见张相军:《骗购外汇罪的认定与处理》,载《刑事司法指南》2000 年第 1 辑,法律出版社 2000 年版,第 80 页。

几倍甚至几十倍,可以骗取大额出口退税款,其高报的价格为了与出口外汇核销达到平衡,势必进行相应的外汇支付,行为人便使用假报关单进行骗汇。其二,用于炒汇,牟取暴利。东南亚金融危机爆发后,港澳两地与内地的外汇存款利率存在一定差价,致使外汇黑市交易死灰复燃。我国一些沿海城市出现的"地下钱庄",以集团化形式,专门以伪造合同、单证等手法为一些企业、商人服务,骗取外汇,赚取中间差额。其三,非法持有、使用。在当前国际金融市场动荡不安的大环境下,人们对人民币持怀疑态度,一些外商和国内商人听信谣言,产生了不恰当的心理预测,急于把资本或利润转移到境外,于是将人民币通过骗汇的形式汇往境外。一些公民认为外汇尤其是美元是"硬通货",不存在贬值的问题。他们为了使自己的合法收入不贬值,也将人民币骗购成外汇持有。另外,在本国或周边国家货币贬值的情况下,持外汇在本国或外国购物更具价值。①

笔者认为,尽管本罪行为人的犯罪动机可能多种多样,但是,其犯罪动机的内容不影响本罪的构成。

五、自贸区内涉汇率犯罪的特殊性

1. 自贸区成立的背景及意义。

2013 年 7 月初,国务院常务会议原则通过了《中国(上海)自由贸易试验区总体方案》。国务院于 8 月 22 日正式批准设立中国(上海)自由贸易试验区。随着 2013 年 9 月 29 日上海自贸区正式挂牌成立,上海自贸区承载着重大的历史使命,登上了历史舞台。2015 年 4 月,继上海自贸区之后,国务院又通过了关于天津、福建、广东三地成立自贸区的申请,至此,中国自由贸易试验区的建设正式进入 2.0 时代。应该看到,自贸区肩负着贸易自由化、投资自由化、金融国际化和行政精简化的使命,其将创造出一个符合国际惯例、自由开放、鼓励创新的市场经济环境。对此,2013 年召开的十八届三中全会上通过的《中共中央关于全面深化改革若干重大问题的决定》就明确指出,"建立中国(上海)自由贸易试验区是党中央在新形势下推进改革开放的重大举措,要切实建设好、管理好,为全面深化改革和扩大开放探索新途径、积累新经验"。

笔者认为,自贸区的成立必然会对我国经济产生巨大的推动作用,同时也势必会对我国刑事法律的适用甚至立法产生深远的影响。这是因为,在社会经济改革时,自由与秩序通常会产生剧烈的碰撞。在自贸区"金融创新""一线彻底放开,二线安全高效管住""负面清单管理""改善公司企业投资环境"等一系列方针政策的确立背景下,我国一部分经济运行模式以及行政监管制度也发生了一定

---

① 参见蒋兰香:《论骗购外汇罪》,载《湖南省政法管理干部学院学报》1999 年第 5 期。

程度的变化,而与之相应的刑事法律在适用方面也势必会随之发生深刻的改变。

2. 自贸区成立对逃汇罪和骗购外汇罪适用的冲击。

为稳定外汇管理秩序,降低金融风险,我国历来就对外汇实行高度管制的政策。在进出口环节中,人民币与外汇的兑换都需要经过央行结算。在"严把关口"的政策导向下,我国有着完备的外汇法律监管制度。同时,《刑法》第 190 条和第 190 条之一也分别规定了逃汇罪和骗购外汇罪。应该看到,为加速金融制度的创新,加强人民币在全球市场上的影响力,自贸区将实行外汇管理制度的创新,特别是在资本项目上实行人民币与外汇的自由兑换。我们完全有理由相信,在自贸区内实行人民币与外汇在所有项目的自由兑换并且自由进出的制度只是时间问题,如果真的如此,这无疑将对逃汇罪和骗购外汇罪在自贸区内的刑法适用产生巨大的冲击。

首先,逃汇罪在自贸区内将失去存在意义。逃汇罪是指公司、企业或者其他单位,违反国家规定,擅自将外汇存放在境外,或者将境内的外汇非法转移到境外,数额较大的行为。而在自贸区内,人民币和外汇可以自由兑换并且自由进出,公司、企业或者其他单位完全可以携带外汇自由出入国境,如此一来,在自贸区内也就不可能再有逃汇罪。

其次,在自贸区内难以发生骗购外汇的行为。根据《刑法》分则条文规定,骗购外汇罪存在三种行为方式:其一,使用伪造、变造的海关签发的报关单、进口证明、外汇管理部门核准件等凭证和单据;其二,重复使用海关签发的报关单、进口证明、外汇管理部门核准件等凭证和单据;其三,其他方式骗购外汇。应当看到,骗购外汇罪是在外汇高度管制下才会出现的犯罪,而由于自贸区内人民币与外汇可以自由兑换,行为人完全可以通过合法手段获取外汇,由此,一般而言,骗购外汇的行为在自贸区内也就难以发生。

六、共同犯罪形态的认定

由于我国对外汇管理较为严格,因而外汇的买卖程序较为复杂,骗购外汇的行为也往往会牵涉到方方面面。《关于惩治骗购外汇、逃汇和非法买卖外汇犯罪的决定》第 1 条第 3 款规定,明知用于骗购外汇而提供人民币资金的,以骗购外汇罪的共犯论处。对此规定,有的学者认为,它只是对《刑法》总则中共犯理论的具体描述,完全是一种法条的虚置,实属多余。[①]

笔者认为,这条规定并非仅仅是提示性的规定,因而绝非是多余的,因为依

---

①　参见赵秉志主编:《破坏金融管理秩序犯罪疑难问题司法对策》,吉林人民出版社 2000 年版,第 418 页。

此规定,共犯可分为两种:通谋共犯和片面共犯。通谋共犯中存在共同犯罪自不待言,因为,如果行为人明知他人骗购外汇而与骗购外汇者相通谋并提供人民币资金,属于典型的骗购外汇共犯,完全可以根据《刑法》总则的规定予以认定。所谓片面共犯是指,一方有意帮助另外一方实施故意犯罪,而被帮助的一方不知道自己的行为是在他人帮助之下完成的。尽管理论上对于片面合意是否存在共犯问题有较大争议,但是,笔者仍然坚持片面合意中确实有可能存在片面共犯的情况。在骗购外汇犯罪中,根据《关于惩治骗购外汇、逃汇和非法买卖外汇犯罪的决定》不难看到,如果行为人明知他人骗购外汇而提供人民币资金,除了通谋的情况之外,完全可能存在实施骗购外汇行为者并不知道行为人在为其提供帮助的情况,而按照上述决定,对行为人也应以共犯论处。显然这就是一种片面共犯,上述决定实际上明确了在片面合意中也存在共犯问题。就此而言,《关于惩治骗购外汇、逃汇和非法买卖外汇犯罪的决定》的上述规定是有意义而并非虚置的。

另外,《关于惩治骗购外汇、逃汇和非法买卖外汇犯罪的决定》还对职能单位的工作人员与骗购外汇者通谋而提供凭证和单据行为从共犯角度作了规定。上述《决定》第 5 条规定,海关、外汇管理部门以及金融机构、从事对外贸易经营活动的公司、企业或者其他单位的工作人员与骗购外汇的行为人通谋,为其提供购买外汇的有关凭证和单据或者其他便利的,或者明知是伪造、变造的凭证和单据而售汇、付汇的,以骗购外汇罪的共犯论处,依照该决定从重处罚。

笔者认为,从定罪上分析,《关于惩治骗购外汇、逃汇和非法买卖外汇犯罪的决定》这一规定的立法价值与"明知用于骗购外汇而提供人民币资金以共犯论处"规定的用意一样,即肯定了片面共犯的存在。特别是明确了管理部门或外贸代理单位及其他单位的工作人员明知是伪造、变造的凭证和单据,仍然为骗购外汇的实施者提供售汇、付汇等帮助的,即使与骗购外汇的实施者没有通谋,也应以共犯论处。

从量刑上讲,该决定明确了对于这些特殊身份者,必须从重处罚。因为这些特殊身份者有一般骗购外汇行为的实施者所不具备的有利条件,对这些特殊身份者从重处罚是合理的。有的学者认为,对本属从犯范畴的次要实行犯或者帮助犯明确规定从重处罚,是违背刑法基本理论及《刑法》总则关于从犯处罚原则规定的。①笔者认为,这种看法并没有看到我国刑法对特殊身份者从重处罚的立法精神,故不能成立。

---

① 参见赵秉志主编:《破坏金融管理秩序犯罪疑难问题司法对策》,吉林人民出版社 2000 年版,第419 页。

从司法实践发生的骗购外汇案件看,外汇管理部门或者外汇指定银行的工作人员与骗汇分子内外勾结并得到一部分利益的情况并不少见。对于这些案件,可以认为构成骗购外汇罪共犯,但对骗购外汇的实施者认定为骗购外汇罪,而对于外汇管理部门或者外汇指定银行的工作人员由于同时触犯非国家工作人员受贿罪(或受贿罪)和骗购外汇罪,应择一重罪处罚。

这里还需要讨论的是关于居间介绍骗购外汇行为的定性问题。居间介绍骗购外汇的行为是指居间人在用汇单位或者个人、外贸代理单位之间为骗购外汇起沟通、撮合作用的行为。鉴于购付汇业务的特殊性,真正用汇单位(也称终极用汇人)往往躲在幕后,而委托外贸公司、企业购汇的往往是专门从事居间介绍骗购外汇业务的骗购外汇团伙或犯罪分子。根据《关于审理骗购外汇、非法买卖外汇刑事案件具体应用法律若干问题的解释》第 4 条的规定,居间介绍骗购外汇100 万美元以上或者违法所得 10 万元人民币以上的,按照《刑法》第 225 条第 3项(非法经营罪)定罪处罚。但是,全国人大常委会《关于惩治骗购外汇、逃汇和非法买卖外汇犯罪的决定》对于居间介绍骗购外汇的行为则没有规定。这就引发了对居间介绍骗购外汇的行为如何定性的问题。笔者认为,居间介绍骗购外汇的行为也可以构成犯罪,这是不言而喻的。由于《关于惩治骗购外汇、逃汇和非法买卖外汇犯罪的决定》颁布之前,刑法中并不存在骗购外汇罪,在不得已的情况下,司法解释才规定将这种行为以非法经营罪论处。现在《关于惩治骗购外汇、逃汇和非法买卖外汇犯罪的决定》已经明确设立了骗购外汇罪,对于这种居间介绍骗购外汇的行为,就应该按骗购外汇罪的共犯论处。因为居间介绍人在主观上与直接骗购外汇者有共同骗购外汇的意思联络,客观上又为直接骗购外汇者骗购外汇提供了帮助作用,属于骗购外汇罪的帮助犯。因此,笔者认为,在全国人大常委会《关于惩治骗购外汇、逃汇和非法买卖外汇犯罪的决定》颁布后,最高人民法院的上述司法解释对居间介绍骗购外汇的行为以非法经营罪定罪处罚的规定理应不再有效。

七、本罪与相关犯罪的界限

(一)本罪与逃汇罪界限的界定

两罪的共同点是均侵犯了外汇管理制度,主观方面都是故意,犯罪的定罪起点都是要求数额较大。但两罪仍存在以下区别。

(1)犯罪的客体不同。本罪的直接客体是国家外汇管理秩序中的进口售汇核销管理制度,而逃汇罪的直接客体是国家外汇管理秩序中的外汇管制制度。

(2)犯罪行为方式不同。本罪的行为方式是使用伪造、变造的海关签发的报关单、进口证明、外汇管理部门核准件等凭证和单据,或者重复使用海关签发的报关单、进口证明、外汇管理部门核准件等凭证和单据,或者以其他欺骗方法,向外汇指定银行骗购外汇。而逃汇罪的行为方式是违反国家规定,擅自将外汇存放境外,或者将境内的外汇非法转移到境外。

(3)犯罪主体不同。本罪的主体包括自然人和单位,而逃汇罪的主体只能是单位。

(4)犯罪主观目的不同。本罪的行为人必然具有购取外汇的目的,而逃汇罪的目的并非该罪的必备要件。

(二)本罪与诈骗罪界限的确定

骗购外汇罪与诈骗罪都有一个"骗"字,行为方式上都实施了虚构事实、隐瞒事实真相的行为,主观上都是直接故意,并且都有一定的非法目的,因此有相似之处。但是,它们仍存在以下区别。

(1)犯罪客体不同。骗购外汇罪的客体是国家外汇管理秩序中的进口售汇核销管理制度,属于破坏金融管理秩序犯罪。而诈骗罪的客体是他人公私财物的所有权,属于侵犯财产罪。

(2)犯罪客观要件不同。骗购外汇罪的行为方式是使用伪造、变造的海关签发的报关单、进口证明、外汇管理部门核准件等凭证和单据,或者重复使用海关签发的报关单、进口证明、外汇管理部门核准件等凭证和单据,或者以其他欺骗方法,向外汇指定银行骗购外汇,其行为特征突出表现为骗购外汇。而诈骗罪的行为方式是虚构事实、掩盖真实情况骗取他人财物。

(3)犯罪的被害人不同。骗购外汇罪的被害方只能是外汇指定银行,这是由我国的外汇结售体制所决定的。而诈骗罪的被害人则没有对象的限制,可以是自然人,也可以是单位;可以是中国人,也可以是外国人。

(4)犯罪对象不同。骗购外汇罪的对象只能是外汇,而不能是人民币。而诈骗罪的对象则泛指公私财物,可以是人民币,也可以是外汇;可以是钱款,也可以是物品。

(5)犯罪主体不同。骗购外汇罪的主体既可以是自然人,也可以是单位,单位多为外贸代理企业。诈骗罪的主体只能是自然人,不能是单位。

(三)本罪与合同诈骗罪界限的确定

《关于惩治骗购外汇、逃汇和非法买卖外汇犯罪的决定》第7条规定,金融机构、从事对外贸易经营活动的公司、企业的工作人员严重不负责任,造成大量外汇被骗购,致使国家利益遭受重大损失的,依照《刑法》第167条的规定以签订、履行合同失职被骗罪定罪处罚。显然,《关于惩治骗购外汇、逃汇和非法买卖外汇犯罪的决定》把行为人向外汇指定银行骗购外汇的活动视为发生在签订、履行合同过程中的行为。

有的学者据此认为,对于以虚假、无效的凭证和单据向外汇指定银行骗购外汇的行为人而言,其实施的骗购外汇行为也属于合同诈骗行为,两罪之间存在法条竞合关系。按照特别法优于普通法的原则,应按骗购外汇罪定罪。①

笔者认为,这种观点值得商榷。从《关于惩治骗购外汇、逃汇和非法买卖外汇犯罪的决定》的上述规定得不出骗购外汇罪与合同诈骗罪是特别法与普通法之间的法条竞合关系的结论。因为合同诈骗罪是无偿地非法占有他人的财物,而骗购外汇罪虽然在取得外汇的手段上有"欺骗"的方法,但它是通过交付一定对价的人民币而取得的,可以说是有偿取得。这种通过对价交换而取得外汇的行为,是一种破坏金融管理秩序的欺诈行为,但不是非法占有他人财物意义上的合同诈骗行为。因此,两罪之间不是法条竞合关系。签订、履行合同过程中的欺诈行为并不当然成立合同诈骗罪。

从构成要件看,两罪的区别与本罪和诈骗罪的区别相仿,在此不再赘述。

---

① 参见赵秉志主编:《破坏金融管理秩序犯罪疑难问题司法对策》,吉林人民出版社 2000 年版,第421 页。

▌第十五章▐
洗钱犯罪研究

　　顾名思义,"洗钱"即为将"脏钱"清洗干净的行为。从这一层意义上说,洗钱的本质在于掩饰、隐瞒犯罪所得及其产生收益的性质和来源,使非法收益变为合法资金。虽然洗钱这种行径自古有之,但是在有组织犯罪未呈现出严峻态势的古代,犯罪分子通过犯罪所获得的赃物是有限的,因此还不存在需要大规模清洗"脏钱"的必要。从理论上分析,真正的洗钱犯罪应该是伴随着现代社会中有组织犯罪日趋严重而出现的。时下,洗钱犯罪已经日益成为人们关注的焦点,从刑法理论上对此问题展开讨论具有十分重要的意义。

第一节　洗钱犯罪的起源、现状和特点

　　"洗钱"一词是由英文"money laundering"直译而来的。现代意义上的洗钱开始于 20 世纪 20 年代,在美国的工业中心芝加哥等城市出现了阿里·卡彭、约·多里奥和勒基·鲁西诺为首的庞大的有组织犯罪集团。该犯罪集团利用美国经济发展过程中广泛运用现代化生产技术的机会,大力发展自己的犯罪企业,谋求巨额的经济利益。但是由于美国有着严格的金融管理制度和税收征管制度,使这些犯罪收益无法自由消费和使用。于是该犯罪集团中的一个财务总管购置了一台自动洗衣机,为顾客清洗衣服,并收取现金,然后将犯罪收入混入这些现金中一起向税务机关申报,使其变为合法收入。[①]这种将非法收入转变为合法收入的过程是通过设置洗衣环节完成的,由此就形成了现代意义上的"洗钱"概念。由于洗钱一词的直译较为生动,因而长期以来为人们普遍接受并被世界各国和地区的法律普遍运用。同时,由于洗钱行为具有很大的社会危害性,因而

---

① 参见赵可:《"洗钱"犯罪浅议》,载上海金融法制研究会编:《1995 年惩治和预防金融欺诈高级研讨会论文集》,第 140 页。

世界大多数国家和地区都在刑法中将其规定为犯罪并强调加以刑事处罚。

随着科学技术的不断进步和社会经济的高速发展,毒品犯罪、走私犯罪和金融犯罪等有组织犯罪更趋严重,主要表现为组织规模大、活动范围广、涉案数额巨大、犯罪手段现代化等特点。尤其受各国和地区金融管理制度的限制,许多犯罪所产生的巨大非法收益无法随意转为合法收益,而洗钱作为某些上游犯罪的下游犯罪,在掩饰、隐瞒犯罪所得的赃物方面显示出十分突出和明显的作用,由此,各种相关的洗钱活动变得日益猖獗也就不足为怪了。就现代社会实际存在的洗钱犯罪活动分析,世界各国和地区的洗钱犯罪活动呈现以下几个方面的发展趋势:第一,洗钱犯罪分子经常利用金融机构和金融从业人员进行洗钱犯罪活动。第二,洗钱犯罪分子越来越多地利用非金融机构为洗钱活动提供屏障。第三,洗钱犯罪分子越来越多地利用律师、会计等专业人员从事洗钱犯罪活动。第四,洗钱犯罪分子更热衷于在处于社会转型时期的发展中国家从事洗钱犯罪活动。第五,洗钱犯罪分子的洗钱手段和洗钱技术日益现代化。

从理论上分析,现代社会中日益猖獗的洗钱犯罪具有如下几个特征。

其一,洗钱犯罪手段具有隐秘性。事实上,没有人确切地知道每年究竟有多少数额的金钱被清洗。由于世界各国和地区的法律制度不完全一样,不仅对洗钱行为定性不同,导致司法实践中对洗钱犯罪打击不力的情况存在,而且按大多数人的分析,司法实践中真正作为洗钱犯罪处理的数量与社会生活中实际存在的洗钱犯罪数量可能有很大的差距。即大量洗钱行为客观上存在"黑数",而导致这一"黑数"出现的主要原因还在于洗钱罪本身具有的隐秘性。

其二,洗钱犯罪范围具有跨国性。随着社会经济和科学技术的高速发展,跨国性的人员往来、资金流动、信息交换和服务提供日益增多,特别是随着全球经济一体化的日益发展,金融交易的国际化发展趋势尤为明显。在这种情势下,洗钱的跨国性日益明显。许多洗钱者利用不同国家和地区法律制度与经济制度之间的差异,大范围地进行跨国间的洗钱活动,并利用现代社会快捷的交易途径和手段以及资金传输渠道,从事各类洗钱活动。

其三,洗钱犯罪人员具有专业性。由于洗钱涉及国内外复杂的金融制度和法律制度,因而绝非一般的犯罪分子能够做到,唯有熟悉国内外金融、法律制度的专业人士才能胜任。就现有已经发现的洗钱案件分析,大多数涉案人员均为专业人士,普遍具有高学历和高智商。

其四,洗钱犯罪方式具有复杂性。洗钱是对隐瞒或掩饰犯罪收益并使之披上合法外衣的整个活动的总称。现代社会投资领域的宽广性和资金运作渠道的多样性,决定了洗钱方式和手段的多样性和复杂性。许多洗钱犯罪分子就是利用很隐蔽的方式和手段,在不知不觉中完成了极为复杂的洗钱行为。例如,一些洗钱犯罪分子通过对证券、期货市场资金的投入和转出,隐瞒和掩饰犯罪收益的性质和来源。

其五,洗钱犯罪资金具有密集性。事实上,行为人只有对涉及巨额资金的犯罪收益才会加以隐瞒和掩饰,因而洗钱犯罪一般均具有资金的密集性特征。司法实践中,犯罪集团获取的犯罪收益大部分为现金,尤其是毒品交易,因为现金容易伪装,也不容易留下交易的痕迹。但是,这些现金收益的隐瞒和掩饰很成问题,于是必须依靠相应的洗钱活动。同时,由于毒品、走私等犯罪活动往往涉及巨额资金,这就使洗钱犯罪往往与巨额资金具有密切的联系。洗钱罪具有的资金密集性特征,使得洗钱活动必然会导致对金融管理秩序的严重影响和破坏,有时甚至会引发金融危机。

其六,洗钱犯罪缺乏明显的受害者。洗钱罪的本质在于隐瞒和掩饰犯罪收益的性质和来源,即将非法的资金转化为合法的资金。从这一层面分析,在洗钱犯罪中存在明显的客体,即行为所侵害的主要是国家的金融管理秩序,但是,确实很难找到明显的受害者。正因为这一点,洗钱犯罪不同于一般的犯罪,犯罪结果或者犯罪危害不容易为人所直观感知,由此人们对洗钱犯罪的社会危害性往往认识不够,进而导致在相当长一段时期里立法和司法对洗钱犯罪打击的重视不足。

第二节　我国洗钱犯罪刑事立法的发展轨迹

随着社会的发展和经济体制的转变,我国刑事立法对于洗钱犯罪的规定经历了一个发展过程,从完全没有规定发展到用专门条文加以规定并使其独立成罪。以下几个发展阶段可以具体体现我国有关洗钱犯罪的刑事立法轨迹。

其一,受计划经济体制的限制,我国 1979 年《刑法》没有也不可能规定洗钱犯罪。一是因为当时我国还没有全面实行对外开放,与外界的联系十分有限,其他国家和地区的洗钱犯罪行为对我国的影响极小,刑法中规定洗钱犯罪似乎没有很大的必要;二是我国对金融领域还实行较为严格的管制,金融的流通功能并没有如现代社会这么方便、简单,洗钱较难出现,刑法中规定洗钱犯罪没有客观基础;三是由于历史的局限性和立法者立法经验的欠缺,1979 年《刑法》的立法指导思想是"宜粗不宜细",因此刑法条文过于简化。特别是 1979 年《刑法》对新型犯罪,尤其是经济领域方面的大量犯罪没有具体规定,表现出明显的滞后性。

其二,20 世纪 80 年代末期,随着改革开放政策的实行,我国传统的计划经济模式逐渐被取代,新型的市场经济模式逐渐建立,我国进入了生机勃勃的发展时期。在新的经济条件下,犯罪的形式和性质也相应发生了重大变化,1979 年

《刑法》的局限性日渐明显,我国刑事立法者不得不根据国家经济形势的变化和同犯罪作斗争的实际需要,不断出台单行刑法以修改和补充 1979 年《刑法》,包括修改和增加了大量的经济犯罪和新型犯罪。①由于我国在 1989 年 9 月 4 日第七届全国人大常委会第九次会议通过了《关于批准〈联合国禁止非法贩运麻醉药品和精神药物公约〉的决定》,而该公约要求缔约国在国内法中将隐瞒或掩饰贩毒犯罪收益确立为刑事犯罪,为了履行公约所要求的立法义务,我国于 1990 年 12 月 28 日由第七届全国人大常委会第十七次会议通过了《关于禁毒的决定》②。该《决定》第 4 条明确规定:"掩饰、隐瞒出售毒品获得财物的非法性质和来源的,处七年以下有期徒刑、拘役或者管制,可以并处罚金。"这是我国在国内法中首次将隐瞒或掩饰犯罪收益的洗钱活动规定为犯罪,但是在《关于禁毒的决定》中没有出现"洗钱"这一专门术语,而是仅将对毒赃的清洗行为规定为犯罪,具体罪名为掩饰、隐瞒毒赃性质、来源罪。

其三,在我国 1997 年新《刑法》的形成过程中,立法者决定在《关于禁毒的决定》确立掩饰、隐瞒毒赃性质、来源罪的基础上增设洗钱犯罪,这是因为改革开放的十几年中,我国的经济形势发生了巨大的变化,洗钱行为也日益严重。我国 1997 年《刑法》第 191 条明确规定,明知是毒品犯罪、黑社会性质的组织犯罪、走私犯罪的违法所得及其产生的收益,为掩饰、隐瞒其性质和来源,有下列行为之一的,构成洗钱罪:(1)提供资金账户的;(2)协助将财产转换为现金或者金融票据的;(3)通过转账或者其他结算方式协助资金转移的;(4)协助将资金汇往境外的;(5)以其他方式掩饰、隐瞒犯罪的违法所得及其收益的性质和来源的。单位犯前款罪的,对单位判处罚金,并对其直接负责的主管人员和其他直接责任人员,处 5 年以下有期徒刑或者拘役。刑法的这一规定将犯罪对象由"贩毒收益"扩大至"毒品犯罪、黑社会性质的组织犯罪、走私犯罪的违法所得及其产生的收益",并增设了"单位"犯罪主体,具体罪名为洗钱罪。

其四,2001 年 9 月 11 日,美国纽约世贸大楼与华盛顿五角大楼遭到恐怖分子袭击之后,在全世界范围内掀起了反恐怖主义的斗争,我国也不例外。为了惩治恐怖活动犯罪,保障国家和人民生命、财产的安全,维护社会秩序,第九届全国人大常委会第二十五次会议于 2001 年 12 月 29 日通过了《刑法修正案(三)》。该《修正案》第 7 条规定,将《刑法》第 191 条修改为:"明知是毒品犯罪、黑社会性质的组织犯罪、恐怖活动犯罪、走私犯罪的违法所得及其产生的收益,为掩饰、隐瞒其来源和性质,有下列行为之一的,没收实施以上犯罪的违法所得及其产生的

---

① 为了及时调整和处理各种新的社会关系,打击各类犯罪活动,从 1981 年 6 月到 1995 年 10 月止,全国人大常委会先后通过了 23 个刑法修改补充规定和决定。

② 该《决定》被 2007 年 12 月 29 日发布的《禁毒法》废止。

收益,处五年以下有期徒刑或者拘役,并处或者单处洗钱数额百分之五以上百分之二十以下罚金;情节严重的,处五年以上十年以下有期徒刑,并处洗钱数额百分之五以上百分之二十以下罚金:(一)提供资金账户的;(二)协助将财产转换为现金或者金融票据的;(三)通过转账或者其他结算方式协助资金转移的;(四)协助将资金汇往境外的;(五)以其他方式掩饰、隐瞒犯罪的违法所得及其收益的性质和来源的。单位犯前款罪的,对单位判处罚金,并对其直接负责的主管人员和其他直接责任人员,处五年以下有期徒刑或者拘役;情节严重的,处五年以上十年以下有期徒刑。"显然,《刑法修正案(三)》对1997年《刑法》所规定的洗钱罪主要作了两点补充修改:首先,将洗钱罪上游犯罪的范围从刑法规定的三种犯罪,即毒品犯罪、黑社会性质的组织犯罪和走私犯罪增加到四种,即增加了恐怖活动犯罪,以适应世界反恐怖斗争的需要;其次,提高了单位犯洗钱罪的法定刑,对于情节严重的单位犯罪,对直接负责的主管人员和其他直接责任人员,可以处5年以上10年以下有期徒刑。依照这一修正案的内容,自然人犯洗钱罪受到的处罚和单位犯洗钱罪直接负责的主管人员和其他直接责任人员受到的处罚是一致的,最高刑均为10年有期徒刑。

其五,2006年6月29日,第十届全国人大常委会第二十二次会议通过的《刑法修正案(六)》再一次对《刑法》规定的洗钱罪作了修正。这次修正案所作的修正主要是对洗钱罪的上游犯罪作扩大规定。即在《刑法》规定洗钱罪的上游犯罪包括走私犯罪、毒品犯罪、黑社会性质犯罪和恐怖活动犯罪等的基础上,又将贪污贿赂犯罪和金融犯罪(包括破坏金融管理秩序犯罪和金融诈骗犯罪)列入其中。《刑法修正案(六)》对《刑法》所作的这一修正,主要是基于理论和司法实践的需要以及国际反腐败公约的要求。

其六,2006年10月31日,第十届全国人大常委会第二十四次会议通过了《反洗钱法》,该法于2007年1月1日起正式实施。①由于有关洗钱犯罪的刑事责任已由《刑法》及相关修正案作出了规定和修正,因此,《反洗钱法》主要从预防监控洗钱活动、遏制洗钱犯罪及其上游犯罪以及维护金融秩序、保障国家经济安全等角度,规范金融机构的行为。即《反洗钱法》所称的"反洗钱"仅限于对洗钱的预防监控。正如该法第2条规定:"本法所称反洗钱,是指为了预防通过各种方式掩饰、隐瞒毒品犯罪、黑社会性质的组织犯罪、恐怖活动犯罪、走私犯罪、贪污贿赂犯罪、破坏金融管理秩序犯罪、金融诈骗犯罪等犯罪所得及其收益的来源

---

① 在此之前,2003年1月中国人民银行连续发布了第1号令、第2号令和第3号令(2003年3月1日起正式实施),公布了《金融机构反洗钱规定》《人民币大额和可疑支付交易报告管理办法》《金融机构大额和可疑外汇资金交易报告管理办法》。这些规定和管理办法对金融机构提出了反洗钱的原则要求和操作规范,促进了金融领域反洗钱法律框架的建立,初步构建了我国金融机构反洗钱的法律体系。

和性质的洗钱活动,依照本法规定采取相关措施的行为。"根据《反洗钱法》有关法律责任的条款,金融机构有未按《反洗钱法》规定的行为,导致洗钱后果发生的,将处 50 万元以上 500 万元以下罚款。可见,《反洗钱法》本质上属于行政法的范畴。

综合上述我国有关洗钱犯罪立法轨迹,我们不难发现以下特点。

其一,我国刑法中洗钱罪这一罪名的从无到有,直接体现和反映了我国市场经济条件下金融业的高速发展以及我国对外交往日益扩大的现状和过程。在计划经济条件下,由于金融体制本身的相对封闭性,洗钱活动很难真正得到实际的开展,因此在当时的条件下刑法中未独立设置洗钱罪是完全可以理解的。而我国社会主义市场经济体制的建立,特别是金融业的改革开放,使行为人通过金融领域实施相关的洗钱活动成为可能,而且受跨国、跨境洗钱犯罪的影响,在对外交往中也出现了许多新型的洗钱犯罪活动。刑法顺应了这些新情况的出现,及时在条文中将洗钱犯罪独立设罪,是完全必要和应该的。

其二,我国刑法将洗钱罪从赃物犯罪中分离出来独立设罪,顺应了司法实践的需要,也反映了立法者对惩治洗钱犯罪的重视程度。尽管洗钱罪也具有一些赃物犯罪的特征,但由于其侵犯的主要客体是金融管理秩序,社会危害性主要体现为对正常金融管理秩序的破坏,因此如果以赃物犯罪对其进行定罪处罚显然不妥。修订后的《刑法》将其独立设罪,不仅适应了司法实践的需要,真正做到罪刑相衡,而且可以提高人们对惩治洗钱犯罪的重视程度。

其三,我国刑法中有关洗钱罪的完善有一个渐进过程,其涉及范围(特别是上游犯罪的范围)有逐步扩大的趋势,这不仅是受立法和司法对洗钱犯罪社会危害性逐步认识的影响,也多多少少受到国际社会对我们的要求以及其他国家和地区相关立法的影响。

第三节　洗钱罪构成要件的司法认定

所谓洗钱罪,是指明知是毒品犯罪、黑社会性质的组织犯罪、走私犯罪、恐怖活动犯罪、贪污贿赂犯罪和破坏金融管理秩序犯罪和金融诈骗犯罪的违法所得及其产生的收益,掩饰、隐瞒其来源和性质,并使其表面上合法化的行为。

一、本罪客体的认定

笔者认为,洗钱罪侵害的客体应该是国家金融管理秩序。将国家金融管理秩序作为洗钱罪的客体,是由洗钱罪的立法归类所决定的。我国现行《刑法》将洗钱罪规定在分则第三章"破坏社会主义市场经济秩序罪"的第四节"破坏金融管理秩序罪"之中。从立法思路上分析,我们不难得出国家金融管理秩序是洗钱罪侵犯客体的结论。在理论上,通常认为,立法上之所以将洗钱罪归入破坏金融管理秩序罪中,主要是因为大多数的洗钱行为是通过金融机构实施的,而这种行为在很大程度上会破坏金融体系的纯洁性,影响金融机构在公众中的形象和声誉,削弱公众对金融机构的信任。另外,洗钱行为往往涉及数额巨大,其手段又具有极大的不确定性,因而很容易导致金融秩序的混乱甚至引发金融危机。

我国刑法理论界对于洗钱罪的客体看法并不完全一致,主要有以下几种观点。

第一种观点认为,洗钱罪的客体是不确定的。持该观点者认为,从洗钱犯罪的国际立法看,人们对洗钱犯罪性质的认定并不一致。如有人着眼于其对社会经济和被害人财产的侵害,把它规定为侵犯财产罪,认为洗钱犯罪不但侵害了公平竞争、自由平等的市场经济规则,也严重侵犯了"上游犯罪"的被害人的财产所有权。有人着眼于它对司法的妨害,把它归结为妨害司法犯罪,是一种犯罪屏障,严重妨碍了司法活动。有人则着眼于它与为取得黑钱而实施的所谓的"上游犯罪"的密切关系,把它规定在"上游犯罪"的条文之后,以避免处罚对一切犯罪的洗钱行为。①由此,一些学者得出洗钱犯罪的客体是不确定的结论,即洗钱犯罪不但直接扰乱经济秩序,妨害司法机关对犯罪的侦破,而且还间接侵犯"上游犯罪"被害人的财产所有权。同时,在一定意义上,它又是"上游犯罪"的后续,严重侵害了社会管理秩序。因此,单纯地以其中的某一方面论述该罪的客体明显不妥。

第二种观点认为,洗钱罪侵犯的同类客体应该是社会管理秩序,直接客体则主要是司法机关的正常活动。持该观点者认为,虽然利用金融机构洗钱是一种常用的方法,但随着金融机构反洗钱义务的不断深入,目前金融业并不是参与洗钱的唯一行业,事实上,犯罪分子的洗钱犯罪活动侵蚀的往往是一些可以产生大量现金的商业领域,如犯罪分子可以通过购买小汽车、贵重金属、钻石珠宝、古玩字画等将犯罪收益的性质和来源予以掩饰和隐瞒;犯罪分子也可以通过开办旅馆、饭店、商场、娱乐场等收取现金较多的商业企业,通过鱼目混珠的方式将犯罪收益混入企业的合法收入中。而且洗钱犯罪分子逐渐转向律师、会计师等专业人员寻求帮助,以开辟新的洗钱途径并且降低犯罪活动的风险;实际上,从20世纪90年代后期开始,律师、会计师、公证员等专业人员涉及洗钱犯罪的现象不断被揭露。②由此可见,将洗钱罪侵犯的客体限定于金融管理秩序有失偏颇,从总

① 参见钊作俊:《洗钱犯罪研究》,载《法律科学》1997年第5期。
② 参见何萍:《中国洗钱犯罪的立法和司法》,上海人民出版社2005年版,第135页。

体上看,其侵犯的同类客体应该是社会管理秩序,直接客体则是司法机关的正常活动。

除此之外还有许多观点,如有人主张洗钱罪的客体应为复杂客体,即国家的正常金融管理秩序和司法机关的正常活动;也有人认为,洗钱罪侵犯的客体是国家对金融的管理制度和社会治安管理秩序;还有人认为,洗钱罪侵犯的客体是公私财产所有权和国家金融管理秩序。

分析上述观点,我们不难发现,理论界大多数学者均认为,洗钱罪侵犯的客体应为复杂客体,只是具体的内容有所不同而已。笔者认为,上述观点均值得商榷。依笔者之见,根据修正后的现行《刑法》及《反洗钱法》的规定,洗钱罪的客体只能是简单客体,即我国的金融管理秩序。

第一,从实然的角度分析,将洗钱罪的客体限定于金融管理秩序是有充分的法律依据的。

如前所述,我国现行《刑法》将洗钱罪归属于分则第三章第四节"破坏金融管理秩序罪"之中。《刑法》分则各章同类客体的内容理应贯穿于该章的全部刑法条文中,并决定该章规定的各罪直接客体的内容。正如有些学者所指出的,确立了《刑法》分则各章的目的,就等于确定了该章罪名的范围;确立了具体条文的目的,就等于确定了各种犯罪的本质及构成要件。①正是由于《刑法》将洗钱罪归类于"破坏金融管理秩序罪"之中,决定了洗钱罪所侵犯的客体理应是金融管理秩序。特别是从《刑法》第191条所规定的洗钱行为方式分析,我们可以清楚地看到,尽管社会生活中的洗钱可能有多种途径,但是,刑法的规定则仅限于金融领域,即我国现行《刑法》实际上是将洗钱犯罪的适用范围限定为金融领域的洗钱行为。

另外,《反洗钱法》第1条也明确规定了反洗钱的目的,即预防洗钱活动,维护金融秩序,遏制洗钱犯罪及相关犯罪。从中我们也可分析得出这一结论:我国的反洗钱行为仅仅限定在金融领域之中,其他领域的洗钱行为不在规制之中。这再次证实了洗钱犯罪的适用范围是金融领域。

需要指出的是,《刑法修正案(六)》第19条修正了《刑法》第312条所规定的窝藏、转移、收购、销售赃物罪的构成要件,将原条文中所规定的"赃物"修正为"犯罪所得及其产生的收益",并增加了"以其他方法掩饰、隐瞒的"行为方式。这充分表明了对于金融范围以外的掩饰、隐瞒犯罪所得及其产生的收益的掩饰隐瞒行为,以赃物犯罪处理的立法意图。这也从另一角度确证了洗钱犯罪的适用范围仅限于金融领域。

① 参见张明楷:《刑法学》(第5版),法律出版社2016年版,第24页。

由此可见,根据现行《刑法》及《反洗钱法》的规定,将洗钱罪的客体确认为是我国的金融管理秩序具有充分的法律依据。

第二,从应然的角度分析,将洗钱罪的客体限定于金融管理秩序也是合理和必要的。

依笔者之见,现行《刑法》将洗钱罪归入破坏金融管理秩序罪确实有其深层次的道理:正如前述,我国对于洗钱犯罪行为原来均是以相关赃物犯罪定罪处罚的,之后之所以将其独立设罪,很重要的原因就在于洗钱犯罪行为与一般赃物犯罪行为具有许多不同的特征,其中最大的区别在于洗钱犯罪往往涉及的赃款较大,而且行为人洗钱通常均是通过金融领域的相关活动进行的。由于洗钱犯罪中所涉及的赃款一般都达到巨大的程度,因而在金融领域中,这些巨大的赃款当然会影响到金融机构的存贷比率的决策等相关正常活动。另外,由于洗钱者在金融领域中为相关活动的目的就是为了隐瞒和掩盖犯罪所得赃物的性质和来源,主观上不可能存在投资等想法,这就决定了其洗钱过程往往具有很大的突然性和不确定性,其洗钱行为也绝对不可能如一般的投资行为具有一定的规律性和可预测性。例如,当行为人将巨额犯罪所得的赃款投入股市,必然会引起股价的大涨,而受行为人洗钱目的所决定,其投入股市的资金很快就会转出去,此时股价就会大跌。这种快速洗钱的过程必然会对股价造成剧烈波动,从而引发证券市场的不稳定。由此可见,与一般赃物犯罪行为最为不同的是,洗钱犯罪行为的社会危害性主要或集中表现在对金融管理秩序的破坏上。正因为如此,刑法才有必要将洗钱犯罪从一般赃物犯罪中分离出来独立设罪。

总之,从应然的角度分析,在金融领域内的洗钱行为具有很大的社会危害性,而这种社会危害性集中表现为对金融管理秩序的破坏。基于这一点,洗钱犯罪行为与一般的赃物犯罪行为具有本质的区别,因而有必要在刑法中将洗钱罪独立设罪。也正是由于这一点,我们可以清楚地看到,将洗钱犯罪行为的客体限定在金融管理秩序上是完全合理和必要的。

第三,将洗钱罪的客体理解为社会管理秩序,必然会混淆洗钱罪与其他赃物犯罪的区别。

由于各国法律传统、法律文化以及政治、经济等各个方面都存在一定的差异,因而在刑事立法上都有较大的不同。美国等国家和地区在法律中并没有单独处罚赃物犯罪行为的规定,所以泛化了洗钱的含义,即将一切针对犯罪所得的非法处分行为都纳入了洗钱罪的调控范围之内。①

---

① 参见应悦:《洗钱罪的上游犯罪问题研究》,载《上海大学学报(社会科学版)》2003年第6期。

从洗钱罪传承及立法比较的角度看,我国洗钱罪的设立有别于美国及其他国家和地区。洗钱罪在我国 1979 年《刑法》中并没有规定,但这并不意味着 1979 年《刑法》对洗钱犯罪不予处罚。与许多国家的刑事立法一样,在我国刑事立法尚没有对洗钱确立独立罪名之前,司法实践中实际上对这种行为是以赃物类犯罪处理的,即通常引用 1979 年《刑法》第 163 条,以窝赃、销赃罪对一部分洗钱行为定罪量刑。当然,由于原有的窝赃、销赃罪并不能涵盖各种洗钱行为的形式,所以,不在刑法上单独将洗钱行为予以明确,仅仅依靠 1979 年《刑法》的窝赃、销赃罪条款是不足以惩治和预防洗钱行为的。①1997 年新《刑法》规定了洗钱罪,后经《刑法修正案(三)》及《刑法修正案(六)》修正,又将犯罪对象扩大为现在的七类犯罪。

由此可见,我国刑法中的洗钱罪是从原有赃物犯罪中分离出来的一种新型金融犯罪。该罪是在借鉴其他国家立法经验的基础上,结合我国刑事立法实际设立的。事实上,现行《刑法》在设立洗钱罪后,并没有取消相关的赃物犯罪,相反还通过《刑法修正案(六)》修正了原《刑法》赃物犯罪的构成要件。可见,我国在保留传统的赃物犯罪罪名与构成的同时,创设洗钱罪的罪名与构成,形成在刑事立法上赃物犯罪与洗钱罪彼此分工、并列同行、相互弥补的立法现状。从某种角度分析,我国的洗钱罪与其他赃物犯罪的相加才相当于美国等其他一些国家和地区的洗钱罪范围。刑法学界中的有些观点显然没有顾及我国洗钱罪与其他一些国家和地区洗钱罪的区别。如果认为洗钱罪在破坏金融管理秩序罪时,还侵犯了司法机关的正常管理活动,则必然与《刑法修正案(六)》第 19 条对赃物犯罪的修正规定发生不必要的冲突与重叠,实践中也很难界定洗钱罪与赃物犯罪的区别。

二、本罪客观要件的认定

洗钱罪的客观方面表现为行为人实施了掩饰、隐瞒犯罪的违法所得及其收益的性质和来源的行为。

这里所谓的"掩饰"是指行为人采用作假的方式掩盖七类犯罪违法所得及其收益等的事实;而"隐瞒"则是指行为人刻意不让他人知悉实际存在的七类犯罪违法所得及其收益的事实。两者的相同点在于行为的本质均是为了掩盖事实,而主要区别在于是否存在作假的内容。《刑法》第 191 条规定,洗钱罪的行为方式有五种:(1)提供资金账户的;(2)协助将财产转换为现金或者金融票据的;(3)通过转账或者其他结算方式协助资金转移的;(4)协助将资金汇往境外的;

---

① 参见赵秉志、杨诚主编:《金融犯罪比较研究》,法律出版社 2004 年版,第 195 页。

（5）以其他方式掩饰、隐瞒犯罪的违法所得及其收益的性质和来源的。其中前四种是具体的规定，而第五种是一个开放性条款，以概括性词语"其他方式"对未尽事项进行了概括。2009 年 9 月 21 日由最高人民法院审判委员会第 1474 次会议通过的《最高人民法院关于审理洗钱等刑事案件具体应用法律若干问题的解释》第 2 条对上述第五种行为方式的认定作出了相关的解释："具有下列情形之一的，可以认定为刑法第一百九十一条第一款第（五）项规定的'以其他方法掩饰、隐瞒犯罪所得及其收益的来源和性质'：（一）通过典当、租赁、买卖、投资等方式，协助转移、转换犯罪所得及其收益的；（二）通过与商场、饭店、娱乐场所等现金密集型场所的经营收入相混合的方式，协助转移、转换犯罪所得及其收益的；（三）通过虚构交易、虚设债权债务、虚假担保、虚报收入等方式，协助将犯罪所得及其收益转换为'合法'财物的；（四）通过买卖彩票、奖券等方式，协助转换犯罪所得及其收益的；（五）通过赌博方式，协助将犯罪所得及其收益转换为赌博收益的；（六）协助将犯罪所得及其收益携带、运输或者邮寄出入境的；（七）通过前述规定以外的方式协助转移、转换犯罪所得及其收益的。"

三、本罪主体的认定

洗钱罪的主体可以是自然人，也可以是单位。理论上对于上游犯罪的行为人本身能否成为洗钱罪主体，争议颇大。洗钱罪的本原是对赃物的处置，按照传统的刑法理论，对于犯罪行为已经终止，而犯罪行为造成的非法状态仍在继续的状态犯而言，犯罪人在不法状态下对犯罪对象的处置行为，不具有可罚性。这在理论上属不可罚之事后行为。[①]如果行为人盗窃以后又自行销售了赃物，无论是理论上还是实践中，对行为人只定性为盗窃罪而非盗窃罪和掩饰、隐瞒犯罪所得、犯罪所得收益罪数罪并罚。据此，有学者认为，洗钱罪的主体不应是上游犯罪的实行犯或其共犯，即它只能是上游犯罪行为人以外的与之没有共犯关系的自然人或者单位。[②]事实上，《欧洲反洗钱公约》也持这样的观点，认为洗钱罪不适用于实施上游犯罪的行为人。但是，在理论上，有人主张，洗钱犯罪的主体也应包括上游犯罪的行为人。持该观点的学者认为，上游犯罪的行为人从事的洗钱行为与局外人从事的洗钱行为从行为的方式、危害结果乃至主观方面都没有实质性区别，相同的行为仅由于实行主体不同即导致了不同的法律后果有违"刑法面前人人平等"原则。何况洗钱犯罪和传统的赃物犯罪又有不同，传统的赃物犯罪是指在他人已经实施了有关犯罪后，行为人转移赃物的场所或占有权，它是

---

① 参见高铭暄、王作富主编：《中国刑法词典》，学林出版社 1989 年版，第 18 页。
② 参见钊作俊：《洗钱犯罪研究》，载《法律科学》1997 年第 5 期。

财产犯罪的事后帮助行为;而洗钱犯罪意在"漂白脏钱"而不只是"转移"赃物。复杂的洗钱过程人人改变了赃物的性质、形式、来源、流向、支配权和所有权,洗钱活动使犯罪所得及其产生的收益披上"合法"的外衣,实现了"黑钱"的安全运行,洗钱犯罪是独立于上游犯罪的另一个完全独立的犯罪过程。有鉴于此,有学者主张,洗钱犯罪的主体不应排除实施上游犯罪的行为人。实施了上游犯罪的行为人又实施了洗钱犯罪的,应当数罪并罚。①事实上,出于惩治洗钱犯罪的需要,现在不少国家和地区已经开始认可或逐渐认可上游犯罪的行为人同样可以成为洗钱犯罪的主体。

笔者认为,依据罪刑法定原则的要求,再结合我国《刑法》第191条,我们不难得出洗钱罪的犯罪主体不应该包括上游犯罪的行为人的结论。因为《刑法》有关洗钱罪的规定中列举了五种情形,从法律措辞上分析,第1项至第4项的"提供""协助"等词语表明了立法的初衷是否定上游犯罪的行为人可以构成洗钱犯罪的。尽管第5项并没有"协助"一词,但考虑到条文之间的协调关系,也应理解成"协助"上游犯罪者实施其他掩饰、隐瞒行为,即洗钱罪主体仅限于实施上游犯罪者以外的人,否则将引起条文间的内在冲突。这种立法精神显然是由"不可罚之事后行为"理论所决定的。尽管如此,笔者认为,将上游犯罪的行为人纳入洗钱罪的主体范围确实也有其合理之处,可以作为今后刑事立法完善的方向,具体理由笔者在后文立法完善中将作专门论述,在此先不赘述。

四、本罪主观罪过的认定

洗钱罪的主观方面表现为故意,且行为人明知是毒品犯罪、黑社会性质的组织犯罪、走私犯罪、恐怖活动犯罪、贪污贿赂犯罪、破坏金融管理秩序犯罪和金融诈骗犯罪所得的收益。

对于本罪"明知"的理解,笔者认为应注意两方面的问题:其一,明知的内容必须是确定的。行为人所明知的内容应该是:自己的洗钱行为是在掩饰七类特定的"上游犯罪"的违法所得及其所产生的收益的来源和性质。如果行为人仅仅明知是概括的犯罪所得,但不知其为七类特定犯罪的所得,则不能构成洗钱罪。其二,《刑法》分则中对于具体犯罪主观方面所要求的"明知"与故意犯罪概念中的"明知"并非同一概念。在内容上,具体犯罪中的"明知"实际上通常是对犯罪对象的明知,而故意犯罪概念中的"明知"则是对危害社会结果的明知。另外,根据刑法基本原理,对于危害社会结果的明知,我们应该强调必须达到"确知"的程度;而根据我国司法实践的通常观点,对于犯罪对象性质等的明知则可以存在

---

① 参见刘宪权主编:《中国刑法理论前沿问题研究》,人民出版社2005年版,第392页。

"确知"和"应当知"两种情况。例如,在 1998 年 5 月 8 日最高人民法院、最高人民检察院、公安部、国家工商行政管理总局发布的《关于依法查处盗窃、抢劫机动车案件的规定》第 17 条规定:"本规定所称的'明知',是指知道或者应当知道。有下列情形之一的,可视为应当知道,但有证据证明确属被蒙骗的除外……"以上两个有关"明知"的阐释对统一认识、规范司法起到了应有的作用,而且在第二个解释中还蕴涵了推定应当以排除行为人的合理解释为原则,具有一定的合理性。需要指出的是,2009 年 9 月 21 日由最高人民法院审判委员会第 1474 次会议通过的《最高人民法院关于审理洗钱等刑事案件具体应用法律若干问题的解释》第 1 条对此处的"明知"作出了相关的解释:"刑法第一百九十一条、第三百一十二条规定的'明知',应当结合被告人的认知能力,接触他人犯罪所得及其收益的情况,犯罪所得及其收益的种类、数额,犯罪所得及其收益的转换、转移方式以及被告人的供述等主、客观因素进行认定。具有下列情形之一的,可以认定被告人明知系犯罪所得及其收益,但有证据证明确实不知道的除外:(一)知道他人从事犯罪活动,协助转换或者转移财物的;(二)没有正当理由,通过非法途径协助转换或者转移财物的;(三)没有正当理由,以明显低于市场的价格收购财物的;(四)没有正当理由,协助转换或者转移财物,收取明显高于市场的'手续费'的;(五)没有正当理由,协助他人将巨额现金散存于多个银行账户或者在不同银行账户之间频繁划转的;(六)协助近亲属或者其他关系密切的人转换或者转移与其职业或者财产状况明显不符的财物的;(七)其他可以认定行为人明知的情形。"

　　需要指出的是,根据刑法规定,洗钱罪应具有掩饰、隐瞒上游犯罪所得及其来源和性质的犯罪目的。如何理解刑法规定中的"为掩饰、隐瞒其来源和性质"的属性? 笔者认为,只有为达到掩饰、隐瞒特定犯罪所得及其收益的来源和性质的结果而实施刑法所规定的金融领域的洗钱行为的,才构成我国刑法中的洗钱罪。如果不具有掩饰、隐瞒特定犯罪所得及其来源和性质——洗钱的目的,则不构成本罪。笔者认为,根据刑法的规定,洗钱罪属于刑法理论上的目的犯。目的犯中的目的,只要存在于行为人的内心即可,即不要求存在与之相对应的客观事实。但没有此目的,则缺乏齐备的主观要素从而不构成洗钱罪。笔者认为,洗钱罪中的目的要素,也是洗钱犯罪与一般赃物犯罪的显著区别。

　　当然,掩饰与隐瞒犯罪所得及其收益来源和性质的洗钱目的是有地域限制的。当犯罪所得及其收益离开了行为人的国界(广义概念)或特定的社会制度时,在一般人看来,其掩饰、隐瞒的洗钱目的就是显而易见的。总之,洗钱罪中的目的要素,是为了限制刑罚处罚范围的,没有此目的就不构成洗钱罪。

第四节　洗钱罪的刑事立法完善

虽然 2001 年和 2006 年全国人大常委会分别对我国洗钱罪的刑法规定作了部分修正,但是,随着我国加入 WTO,在刑法国际化潮流中,我国的洗钱罪立法日益显露出诸多局限与不足。应该看到,我国《反洗钱法》已于 2007 年 1 月 1 日正式生效,这说明我国反洗钱法制建设已经进入一个高速发展、与国际反洗钱法律制度迅速接轨的时期。为适应反洗钱犯罪的发展需要,对刑法中有关洗钱犯罪的规定进行完善仍然是必要的。

一、上游犯罪的立法完善

洗钱罪作为一种"下游犯罪"或"派生犯罪",是行为人对"上游犯罪"或"原生犯罪"所得及其非法收益进行清洗的行为。洗钱犯罪与上游犯罪的关系密不可分,没有上游犯罪就无所谓洗钱犯罪。

经两次修正后我国《刑法》第 191 条规定,洗钱罪的上游犯罪包括以下七类犯罪:毒品犯罪、走私犯罪、黑社会性质的组织犯罪、恐怖活动犯罪、贪污贿赂犯罪、破坏金融管理秩序犯罪和金融诈骗犯罪。笔者认为,我国现行《刑法》仅将洗钱罪的上游范围限定为"毒、私、黑、恐、贪、金"①等七类,虽然每一类罪名包括许多具体罪名,但是从司法实践需要和国际刑法的立法看,我国的洗钱罪上游犯罪的范围仍然过于狭窄,应该进一步扩大,主要理由如下:

1. 适应我国打击日益猖獗的洗钱犯罪及相关犯罪的需要。

从我国刑法没有规定洗钱罪到 1990 年《关于禁毒的决定》将毒品犯罪列为洗钱罪的上游犯罪,1997 年《刑法》将洗钱罪的上游犯罪限定为毒品犯罪、走私犯罪、黑社会性质的组织犯罪三类犯罪,到 2001 年《刑法修正案(三)》增加恐怖活动犯罪,再到 2006 年《刑法修正案(六)》又增加贪污贿赂犯罪和金融犯罪,短短十几年间,我国的洗钱罪上游犯罪呈现出较快的扩容趋势。这种趋势是与我国经济发展和对外开放的大背景相关的。可以想见,随着我国加入 WTO 后的发展趋势、洗钱行为的日益多样化和复杂化,以及我国加入国际公约后所承担的义务增加,洗钱罪上游犯罪的再扩容是必然趋势和形势所需。

我国刑法将洗钱罪的上游犯罪仅仅局限于七类犯罪,对于洗钱罪的打击极为不利。例如,司法实践中曾出现过有些犯罪分子将盗窃、诈骗犯罪所得转移境外进行清洗,然后入境从事"合法"投资,由于上述这些犯罪中,被告人"洗"的是

---

① "金"即金融犯罪,包括破坏金融管理秩序犯罪和金融诈骗犯罪。

诈骗等犯罪得来的钱款,故不能以洗钱罪论处。

将洗钱罪的上游犯罪仅仅局限于七类犯罪,也很不利于对其他相关犯罪的打击。应该说,我国社会正处于重要的转型期,相关的法律制度还不完善,各种经济犯罪问题比较突出。近几年出现了大量的逃税、诈骗和资本外逃等经济犯罪,这些犯罪的隐蔽性较高,不易被发现,犯罪所得也非常巨大,而反洗钱中采用的追踪"黑钱的尾巴"的手段就不失为一种较好的打击这些经济犯罪的方式。此外,现实生活出现大量的犯罪所得被清洗的现象,这些犯罪所得能否被清洗成功,已越来越成为这些犯罪最终利益能否实现的决定因素。将这些犯罪纳入洗钱罪的上游犯罪,有利于防止和打击这些犯罪。所以,现行《刑法》仅将洗钱罪的上游犯罪限定为"毒、私、黑、恐、贪、金"等七类,范围明显过窄。这一限制不仅不利于对洗钱犯罪的打击,也不利于对其他犯罪的打击。

2. 符合国际反洗钱犯罪立法的发展趋势。

关于洗钱罪的上游犯罪范围,世界各国刑事立法有不同的分类,归纳下来,一般采取了以下三种分类方法:一是只惩处贩毒所得的洗钱行为(由于其适用范围太窄,已逐渐被各国立法所淘汰);二是只惩处某些特定犯罪所得的洗钱行为;三是对所有犯罪所得的洗钱行为或超过一定社会危害性的洗钱行为进行惩处。目前许多采用第一、二种方法的国家已认识到规定上游犯罪范围的局限性,纷纷对原法规进行补充或制定新的法规来扩大上游犯罪的范围。[①]不少国家或地区对于洗钱罪中上游犯罪范围的规定,一般都采取较为灵活而富有弹性的做法。如美国《洗钱控制法》规定,"上游犯罪"包括杀人、拐卖人口、赌博、行贿受贿、毒品交易、淫秽物品交易以及其他能够获得收益并进行非法交易的重罪。我国台湾地区"洗钱防治法"第 2 条规定的洗钱罪,其对象是"因自己或他人重大犯罪所得财物或财产上之利益"[②]。一些国家或地区甚至对洗钱罪中的"上游犯罪"无明确限制,只要能从中获得非法收益的任何可追诉犯罪即可,如加拿大、瑞士等国。意大利的立法吸收了《欧洲反洗钱公约》的内容,对于清洗、使用任何犯罪的非法所得的行为均予严惩。法国议会上议院正在讨论一项法案,以使洗钱罪的上游犯罪包罗一切重罪和轻罪,甚至可以包括过失犯罪。应该说,纵观国外的相关刑事立法历程,最终突破第二种方法而采用第三种方法是一个必然的发展趋势。

同样,有关国际公约中对于洗钱罪上游犯罪的范围规定也非常广泛。一般来说,国际公约对于洗钱罪上游犯罪的规定大体上可分为两类:一类是将上游犯

[①] 参见高铭暄、[法]米哈依尔·戴尔玛斯-马蒂主编:《经济犯罪和侵犯人身权利犯罪研究》,中国人民公安大学出版社 1995 年版,第 215 页。

[②] 《社会转型时期的刑事法理论》,法律出版社 2004 年版,第 553 页。

罪限定为严重犯罪。1998 年 10 月美洲间防治毒品滥用委员会通过的《美洲反洗钱示范法》第 2 条第 1 款规定："任何人明知、本应知道或者故意忽视财产是得自非法贩运或其他严重犯罪的收益,而转换、转让或者运输该财产的行为,构成一项刑事犯罪。"该示范法将洗钱罪的上游犯罪限定为严重犯罪。另一类将上游犯罪的范围概括为所有犯罪。如《欧洲反洗钱公约》第 6 条第 1 款(a)规定,"明知财产是收益,为了隐瞒或者掩饰该财产的非法来源,或者为了协助任何参与犯有上游犯罪的人逃避其行为的法律后果,而转换或者转让该财产的",属于洗钱罪。对于"收益"的范围,该《公约》第 1 条(a)项解释为"系指从刑事犯罪中产生的任何经济利益"。[①]

综上所述,无论是各国或地区的刑法规定,还是国际公约,基本上都不将洗钱罪的上游犯罪限定于具体几类犯罪,通常做法是将重罪或涉及非法收益的犯罪甚至是所有犯罪规定为洗钱罪的上游犯罪。

3. 是我国履行国际条约义务的基本要求。

2000 年 11 月通过的《联合国打击跨国有组织犯罪公约》要求各成员国应尽量扩大上游犯罪的范围,并应把该《公约》第 2 条规定的所有严重的犯罪(即能被处以至少剥夺 4 年以上自由刑或更为严重刑罚的犯罪)列为洗钱罪的上游犯罪。我国于 2000 年 12 月签署了该公约,2003 年 8 月全国人大常委会批准了该公约。2003 年 12 月,我国签署了《联合国反腐败公约》,该《公约》第 23 条规定了"对犯罪所得的洗钱行为"。《联合国反腐败公约》规定的洗钱罪的对象范围比我国《刑法》规定的范围要广得多。《联合国反腐败公约》要求各缔约国均应寻求将洗钱罪"适用于范围最为广泛的上游犯罪"。同时,该《公约》第 23 条第 2 款第 2 项还要求,各缔约国均应当至少将其根据该公约确立的各类犯罪列为上游犯罪。

因此,从履行我国缔结参加的国际条约的义务角度,我国也有必要扩大洗钱罪上游犯罪的范围。我国《刑法》如不调整并扩大洗钱罪上游犯罪的范围,将违背我国所应履行的国际法义务。

4. 有利于我国加强与世界的国际刑事司法合作。

犯罪的跨国性、国际性是洗钱犯罪的一个显著特征。[②]洗钱分子可利用主权国家管辖的有限性,让"黑钱"在不同的国家间迅速流动,主权国家即使发现洗钱活动,但因管辖的局限,无法在另一个国家追查,洗钱者由此逃避制裁。因此,在经济全球化背景下,惩治全球性洗钱犯罪,仅靠以往单一国家的法律调整已经行不通了,打击跨国洗钱犯罪,加强各国司法的交流协作,正成为国际社会关注的焦点。

---

① 参见阮方民:《洗钱罪比较研究》,中国人民公安大学出版社 2002 年版,第 115—117 页。

② 参见顾肖荣主编:《金融犯罪惩治规制国际化研究》,法律出版社 2005 年版,第 44 页。

随着跨国洗钱案件越来越多地在我国发生,同时我国的犯罪分子越来越多地在国外洗钱,我国需要与更多的国家进行案件协查、追捕逃犯、引渡罪犯等方面的刑事司法协助。我国刑法如不扩大洗钱罪的对象范围,将不利于打击跨国洗钱犯罪活动。当一些犯罪分子将在我国领域内通过严重犯罪获得的非法所得及其收益转移到外国洗钱时,我国将无法要求该洗钱发生地国对洗钱行为实施刑事管辖权并引渡犯罪分子;反过来,当国外的一些犯罪分子将在外国通过严重犯罪获得的非法所得及其收益转移到我国洗钱时,该上游犯罪发生地国也同样无法要求我国对该洗钱行为实施刑事管辖权并引渡犯罪分子。

为从国外追回赃款,我国司法机关和有关国家执法部门多次接触、磋商,但因法律制度存在差异,追赃工作遇到诸多困难。[①]近几年来,反洗钱金融行动特别工作组(FATF)建议我国加入该工作组,希望我国同其他国家一道联合打击跨国洗钱犯罪。但前提条件是,我国必须实施该工作组的《40条建议》,其中包括扩大洗钱罪上游犯罪的范围。[②]

因此,我国《刑法》规定的洗钱罪上游犯罪的范围与世界上很多国家以及诸多国际公约相比过于狭窄,不仅不利于打击犯罪,而且不利于我国参与反洗钱的国际合作。

5. 是协调我国反洗钱法律体系的需要。

加入WTO后,我国同国际社会商品、技术、信息、资本、人员的交流更为频繁,境外犯罪分子将不择手段地向我国渗透,利用各国银行的国际结算系统的电子化,与境内犯罪分子联合起来,以更快捷、隐蔽的方式进行跨国洗钱,使我国的洗钱犯罪更加复杂、恶化。为了打击范围日益扩大的洗钱犯罪,防止国际洗钱集团将我国作为"洗钱天堂",影响我国在国际上的声誉及经济建设的顺利进行,我国相关机构颁布了一些法律法规,这些法律法规的部分规定已经超出了现有《刑法》的规定。

其中,《反洗钱法》第2条规定:"本法所称反洗钱,是指为了预防通过各种方式掩饰、隐瞒毒品犯罪、黑社会性质的组织犯罪、恐怖活动犯罪、走私犯罪、贪污贿赂犯罪、破坏金融管理秩序犯罪、金融诈骗犯罪等犯罪所得及其收益的来源和性质的洗钱活动,依照本法规定采取相关措施的行为。"由这一规定分析,《反洗钱法》尽管没有明确将其他犯罪作为洗钱的上游犯罪,但是,条文中在罗列几个特定犯罪后使用了"等"字,可见从立法意图看,似乎并没有将其他犯罪排除在洗

---

① 参见甄进兴编著:《洗钱犯罪与对策》,东方出版社2000年版,第118页。

② 反洗钱金融行动特别工作组《40条建议》第4条规定:"每个国家应当考虑将毒品洗钱犯罪扩展到任何与麻醉品有关联的犯罪;也可以将以所有的严重犯罪为基础的洗钱或者以产生显著数额收益的所有犯罪的洗钱或者上述两类犯罪收益的洗钱,或者以特定的严重犯罪的洗钱予以刑事犯罪化。"

钱的上游犯罪之外。由此看来，为了统一协调我国反洗钱法律体系，我国也有必要扩大洗钱罪上游犯罪的范围。

综上所述，笔者认为，我国洗钱犯罪的上游犯罪还应包括除"毒品犯罪、走私犯罪、黑社会性质的组织犯罪、恐怖活动犯罪、贪污贿赂犯罪、破坏金融管理秩序罪和金融诈骗犯罪"以外的其他严重犯罪，而严重犯罪的范围可限定为法定最低刑在有期徒刑6个月以上的故意犯罪。这样即把我国司法实践中比较突出的围绕着盗窃、诈骗、抢劫等侵犯财产犯罪和其他严重犯罪的洗钱活动纳入洗钱罪刑事规制范围。这样的范围既符合国际上多数国家的立法规定，也符合我国参加的国际公约的标准。

二、行为方式的立法完善

我国《刑法》有关洗钱犯罪的条文具体规定了五种洗钱罪的行为方式：（1）提供资金账户的；（2）协助将财产转换为现金或者金融票据的；（3）通过转账或者其他结算方式协助资金转移的；（4）协助将资金汇往境外的；（5）以其他方法掩饰、隐瞒犯罪的违法所得及其收益的性质和来源的。

综观我国洗钱犯罪行为方式的规定，可以看出，虽然有第5项"其他方法掩饰、隐瞒……"的概括式规定，但是我国《刑法》对于洗钱罪行为方式的规定侧重于赃款的"转换"。无论是提供资金账户的"提供"、协助将财产转换为现金或者金融票据的"转换"，还是通过转账或者其他结算方式协助将资金转移和协助将资金汇往境外，都是一种财产转换的具体表现，而未涉及其他的洗钱方式。但是，时下国际条约及许多国家和地区的立法中大多数则规定了"转换""转让""掩饰""隐瞒""获取""持有""使用"七种基本犯罪形式，而我国仅规定了"转换"这种形式，这显然不利于打击洗钱犯罪的国际间的合作。例如，对于"获取、持有、使用非法收益"，我国刑法对这三种行为只规定于一般赃物犯罪中，对于特定的物品如毒品则规定了窝藏、转移、隐瞒毒品、毒赃罪和非法持有毒品罪，即"获取、持有、使用非法收益"在我国是不作为洗钱犯罪的。但是，国际条约和多数国家和地区刑事法律均将这些行为归入洗钱犯罪的范围之内，具体区分两种情况：其一是把这些行为视为一种独立的洗钱方式，与"替换"或"转移"方式并列规定，不作为独立的犯罪；其二是将这些行为作为洗钱类罪中的一个独立罪名。因此，与国际条约和境外反洗钱立法相比，我国在洗钱罪的行为方式的规定上存在刚性过强而柔性不足的问题。我国《刑法》明确规定了罪刑法定原则，而罪刑法定原则的当然要求之一就是法律规定的"明确性原则"，①但是，鉴于洗钱犯罪活动的不

① 参见刘宪权主编：《中国刑法理论前沿问题研究》，人民出版社2005年版，第19页。

断发展变化,如果立法规定刚性过强,在司法实践中对许多洗钱犯罪活动强行适用,无疑将有违罪刑法定原则。就此而言,笔者认为,应对洗钱罪的行为方式种类予以扩充。

在司法实践中,对明知是他人实施七类特定犯罪的所得及其收益,而加以使用、经营的,是否构成洗钱罪? 目前刑法理论上尚无人深入论及这一问题。笔者认为,行为人在明知的情况下是否构成洗钱罪,关键看他是否具有掩饰、隐瞒犯罪所得及其收益的来源和性质——洗钱目的。洗钱罪的本质特征是掩饰、隐瞒特定七类犯罪所得及其收益的来源和性质,是将上位犯罪的犯罪所得及其收益表面合法化。从财产所有权角度说,洗钱罪上游犯罪的所得及其收益,其财产所有权只在形式上或表面上发生了转移,实质所有权并不转移,仍属于上游犯罪行为人。而在社会一般人看来,这种犯罪所得及其收益是持有人或占有人的合法财产,并非上游犯罪行为人的财产。笔者认为,我国刑法意义上洗钱罪的本质就在于掩饰、隐瞒犯罪所得及其收益的来源和性质。如果行为人在明知是他人实施七类特定犯罪的所得及其收益,但又不具有掩饰、隐瞒犯罪所得及其收益的来源和性质之目的的情况下,财产的所有权发生了对价转移,即财产实质所有权发生了转移,一般不构成洗钱罪;符合赃物犯罪特征的,以相应的赃物犯罪论处。如果对价转移是以掩饰、隐瞒的洗钱为目的,即接受、购买、销售、使用行为是为掩饰、隐瞒的洗钱服务的,不管是否发生了财产所有权的转移,均构成洗钱罪。由此可见,如果持有人或者占有人使用、经营他人犯罪所得及其收益,只要没有为他人掩饰、隐瞒的洗钱目的,即使明知是犯罪所得及其收益也不能以洗钱罪论处。

需要指出的是,我国刑法规定的洗钱方式采取了列举与概括相结合,侧重于列举式的示范性规定。即对于洗钱的四类常见方式加以具体列举:提供资金账户,协助将财产转换为现金或者金融票据,通过转账或者其他结算方式协助将资金转移和协助将资金汇往境外等。而国际上的规定多数具有概括性,不作具体列举,只有财产"转换""转让"或"转移"等抽象性的规定。[①]究其原因,洗钱在我国还是一个新事物,普通民众和司法界对于洗钱还不甚了解,采用列举方式,便于理解和掌握。但是,随着公众对洗钱认识的加深,我国刑法宜吸收国外法律的规定,采用概括性的立法方式。

我国刑法对于洗钱行为对象的表现形式未作具体区分,只原则性地规定"违法所得及其产生的收益";而国际上的规定对违法所得及其产生的收益有具体区分。对于"转让"或"转换"行为,其行为对象是财产;而对隐瞒或掩饰行为,其行

---

① 参见卢勤忠:《我国洗钱罪立法完善之思考》,载《华东政法学院学报》2004 年第 2 期。

为对象是各种权利形式。如《联合国禁毒公约》第 3 条第 1 款（b）项、《欧洲反洗钱公约》第 6 条、《欧盟反洗钱指令》第 1 条第 3 款、《美洲反洗钱示范法》第 2 条及《联合国禁毒署反洗钱示范》第 21 条、第 22 条第 1 项均规定，隐瞒或掩饰财产的"真实性质、来源、所在地、处置、转移相关的权利或所有权"，是一种洗钱行为。美国法律也有相似规定。如《美国法典汇编》第 18 编第 1956 节（A）款第 2 项规定，"隐瞒或掩饰特定非法行为所得收益的性质、所在地、来源、所有权或控制权的"，构成洗钱罪。①因此，相比较而言，我国刑法对于洗钱行为对象规定得较为笼统，难以体现对象不同、行为方式亦不同的特点。

综上所述，笔者认为，在洗钱罪的行为方式上，为更清晰地了解洗钱的特征，更准确地打击洗钱犯罪，建议借鉴国际及其他多数国家的规定方式。对洗钱罪的行为方式可以参考有关国际公约的规定，设计为："凡有下列洗钱行为之一，处……（1）转换、转让或者转移该违法所得及其产生的收益的；（2）隐瞒、掩饰该违法所得及其产生的收益的性质、来源、所在地，处置、转移相关的权利或者所有权的；（3）隐瞒、掩饰该违法所得及其产生的收益的；（4）获取、持有、使用该违法所得及其产生的收益的。"

三、犯罪主体的立法完善

关于洗钱罪的主体，有一个问题值得关注，即上游犯罪行为人对自己的犯罪所得进行清洗，能不能成为洗钱罪的主体。我国在洗钱罪与上游犯罪主体能否同一的问题上，法无明文规定，又无司法解释，理论界对此存在较大争议。持否定说者认为：从现行《刑法》对洗钱罪主体的立法本意而言，其主体只能是实施上游犯罪行为以外的、与之没有共犯关系的自然人或单位。因为犯罪分子实施犯罪获得财产后，自然要对之进行清洗，使之成为合法的财产，这是"不可罚的事后行为"，不构成洗钱罪。②持肯定说者则认为：上游犯罪行为人对其犯罪的违法所得及其收益实施掩盖、隐瞒其来源和性质的行为，只要符合洗钱罪的犯罪构成就可以认定其构成洗钱罪。③也就是说，肯定论者认为洗钱罪的主体可以分为两类：一类是先实施毒品犯罪、走私犯罪、黑社会性质的组织犯罪、恐怖活动犯罪、贪污贿赂犯罪、金融犯罪，再直接进行洗钱的犯罪分子；另一类是没有参与上游犯罪，只进行洗钱的犯罪分子。

毫无疑问，对刑法条文的理解必须结合刑法规定本身进行。笔者认为，根据

---

① 参见阮方民：《洗钱罪比较研究》，中国人民公安大学出版社 2002 年版，第 108 页。

② 参见赵秉志主编：《刑法争议问题研究》，河南人民出版社 1996 年版，第 494 页。

③ 参见程璞：《试论洗钱犯罪》，载丁慕英主编：《刑法实施中的重点疑点问题研究》，法律出版社 1998 年版，第 678 页。

法条规定,上游犯罪行为人实施的洗钱行为,不应构成洗钱罪。这是因为,从我国《刑法》第 191 条看,该条文前四项内容构成洗钱罪都是一种帮助行为,"提供""协助"等词语的使用足以说明这一点。该条文第 5 项内容虽无"协助"之类词语的使用,但它作为一种"兜底条款",与前四项的规定应当具有相同的行为特征或本质属性,在这个意义上,它也应具有"帮助"或"协助"的意义。这表明我国现行刑事立法的原意实际上认为洗钱罪的主体是这几类上游犯罪行为人以外的人。如果上游犯罪行为人可以成为洗钱罪的主体,《刑法》有关洗钱罪规定中的"提供""协助"等带有帮助性质的用词也就失去了意义。

　　但是,笔者认为,虽然肯定说是对刑法条文的扩大化解释,因违背了立法意图而不可取,但该观点确是对我国《刑法》洗钱罪主体范围修改的一个方向,即应将我国《刑法》规定的洗钱罪犯罪主体扩展到包括上游犯罪的犯罪分子本人。

　　第一,上游犯罪行为人的洗钱行为同样具有严重的社会危害性。

　　正如前述,行为人实施特定犯罪行为取得赃款、赃物后,对自己的犯罪所得进行洗钱的行为,不同于一般的隐藏行为。传统的赃物犯罪往往采取较为原始的手段如藏匿犯罪所得,其社会危害性较小;而现代洗钱犯罪主要是通过金融机构转移、处置犯罪所得赃钱、赃物的行为,有可能造成金融秩序混乱,甚至诱发金融危机,危及本国及其他国家金融秩序的稳定与经济安全,[①]其社会危害性远远大于赃物罪。洗钱犯罪不同于一般的赃物犯罪,主要表现为洗钱犯罪侵犯的客体是金融管理秩序,因此,将上游犯罪的行为人纳入洗钱罪的主体是完全应该的。这是因为,无论是上游犯罪的行为人,还是其他提供帮助的洗钱者,他们的洗钱行为事实上都同样会对金融管理秩序造成损害,且在同样情况下,他们洗钱行为的社会危害性并无本质的不同。因此,将洗钱罪扩大到包括上游犯罪的行为人,是严厉打击洗钱犯罪、维护现代金融秩序的客观需要。

　　第二,将上游犯罪的行为人排除在洗钱罪主体之外与设立洗钱犯罪的立法宗旨相悖。

　　从法律规定看,实施洗钱犯罪的行为人采取的手段大都是"协助"行为。如"协助"将财产转换成现金或金融票据,"协助"将资金汇往境外,通过转账或其他方式"协助"资金转移。这种"协助"行为通常是共同犯罪中帮助性质的行为,其"协助"的对象通常是因实施上游犯罪而取得不法收益的犯罪者。上游犯罪的行为人在其后的清洗赃物的共同犯罪中通常是主犯,若对他们仅以上游犯罪处罚,不仅会鼓励和刺激实施上游犯罪的行为人自己直接实施洗钱犯罪活动,而且也

---

　　① 参见〔法〕蒲兰吉:《犯罪致富——毒品走私、洗钱与冷战后的金融危机》,李玉平、苏启运译,社会科学文献出版社 2001 年版,第 148—149 页。

违背了刑法设立洗钱犯罪的立法宗旨。

第二，将上游犯罪的行为人排除在洗钱罪主体之外不利于国际协调与合作。

应该看到，国外关于洗钱罪上游犯罪的行为人本人实施洗钱行为构成洗钱罪不乏立法例，且从世界各国洗钱罪主体的立法现状看，上游犯罪主体成为洗钱罪主体是其发展的一大趋势。比如美国刑法规定的"以非法所得进行金融交易罪"，英国刑法规定的"隐瞒或转移犯罪收益罪"，日本刑法规定的"隐瞒贩毒非法收益罪"，其犯罪主体均包含了上游犯罪的行为人。

在打击洗钱犯罪已经成为国际社会共同面临的任务的今天，我国将上游犯罪的行为人排除在洗钱罪主体之外的刑事立法规定显然不利于打击洗钱犯罪，并可能成为打击洗钱犯罪在国际协调与合作上的障碍。因此，笔者认为，我国现行《刑法》有关洗钱罪主体的规定还有待从立法上进一步拓展和完善，而完善洗钱犯罪主体最简便的做法就是在今后《刑法》修改中将洗钱罪客观行为中的"提供""协助"等用语取消。

▌第十六章▐
金融诈骗犯罪研究

  金融诈骗犯罪是经济犯罪中发案率较高且社会危害性较大的一类犯罪。受经济体制和金融业发展等因素的影响，1979年《刑法》只在第151条和第152条中规定了诈骗罪，但未对金融诈骗罪作出专门规定。随着社会主义市场经济体制的建立和不断完善以及我国金融业的发展，人们日益感到仅仅依靠传统的诈骗罪规定很难有效打击金融领域的各种形式的诈骗犯罪，因此有必要在刑法中专门设立金融类的诈骗罪。为此，1995年6月30日全国人大常委会《关于惩治破坏金融秩序犯罪的决定》将集资诈骗、贷款诈骗、票据诈骗、信用证诈骗、信用卡诈骗和保险诈骗六种行为规定为独立的犯罪。1997年《刑法》采纳了上述决定的内容，并在上述六个金融诈骗罪的基础上，增设了金融凭证诈骗罪和有价证券诈骗罪；同时，专门将金融诈骗罪作为《刑法》分则第三章"破坏社会主义市场经济秩序罪"中第五节所规定的类罪名。①根据最高人民法院对罪名所作的司法解释，我国现行《刑法》中的金融诈骗罪包括八个：集资诈骗罪、贷款诈骗罪、票据诈骗罪、金融凭证诈骗罪、信用证诈骗罪、信用卡诈骗罪、有价证券诈骗罪和保险诈骗罪。

  应该看到，对于金融领域的诈骗犯罪的认定是一个较为复杂的问题。特别是在市场经济条件下，在认定有关金融诈骗罪时，刑法理论和司法实践中出现了许多新的问题。受篇幅所限，笔者仅对涉及金融诈骗罪的一些主要问题以及较为常见的诸如贷款诈骗罪、信用证诈骗罪、信用卡诈骗罪和保险诈骗罪等金融诈骗个罪进行探讨。

---

  ① 关于金融诈骗罪是否应在《刑法》中独立设节加以归类，理论上颇有争议。笔者认为，《刑法》这一归类打破了以犯罪客体作为犯罪分类依据的传统刑法理论，似乎没有必要。笔者已在前文中对相关观点作出阐述。

第一节　金融诈骗罪主观目的辨析

我国《刑法》中规定的"金融诈骗罪"一节(第 192 条至第 200 条),共规定了包括集资诈骗、贷款诈骗、票据诈骗、金融凭证诈骗、信用证诈骗、信用卡诈骗、有价证券诈骗和保险诈骗罪八个具体罪名。但是,只有第 192 条集资诈骗罪和第 193 条贷款诈骗罪分别规定了"以非法占有为目的"的构成要件,其余六个金融诈骗罪均没有类似的规定。这就使得刑法理论界和司法实践中对金融诈骗罪的主观目的问题产生了很大的分歧。刑法理论一般认为,所谓犯罪目的,是指行为人通过实施犯罪行为所希望达到某种结果的心理愿望。犯罪目的能够表明直接故意的内容,在直接故意犯罪中都有犯罪目的。由于刑法中犯罪目的不仅可以决定某些行为的性质,成为区分罪与非罪、此罪与彼罪的标准,而且还直接反映了行为人的主观恶性和社会危害性的程度,因而对于定罪量刑具有相当重要的意义。因为金融诈骗罪为直接故意犯罪,所以对其犯罪目的的认定就显得尤为重要。

一、金融诈骗罪主观构成要件分析

笔者认为,金融诈骗罪都是以非法占有目的为构成要件的犯罪,行为人主观上不具有非法占有目的,即使实施了《刑法》所规定的金融诈骗行为,也不能构成金融诈骗罪,这既是遵循立法原意的要求,也是对《刑法》进行科学、合理的文义、语法、体系解释所得出的必然结论。笔者主张,在认定金融诈骗罪时,除了考察行为人客观上是否具有金融欺诈行为以外,还必须考察行为人主观上是否具有非法占有的目的。

(一)法条竞合关系决定了非法占有目的是金融诈骗罪的必要要件

依笔者之见,金融诈骗罪以非法占有目的为构成要件是由诈骗罪和金融诈骗罪之间的内在关系所决定的。为了准确理解诈骗罪和金融诈骗罪的关系,有必要分析诈骗罪的立法方式。我国 1979 年《刑法》只规定了一种诈骗罪,这不能不说是受当时诈骗行为方式的单一性、立法者对诈骗行为的认识不足以及立法者坚持的"宁粗勿细"的立法指导思想等因素的影响。随着诈骗行为方式的多样化、复杂化,以及人们对诈骗行为方式认识的不断深入,现行《刑法》除了规定诈骗罪(第 266 条,也有人称之为普通诈骗罪)之外,还规定了合同诈骗罪(第 224 条),并在《刑法》分则第三章"破坏社会主义市场经济秩序罪"中专节规定了八种金融诈骗罪。这种立法方式可称为"堵漏型立法",即对于某种多发性且在行为方式上具有相对独立性的犯罪,立法者尽可能明确而详尽地列举其具体的犯罪构成,形成一个罪行系列,同时又规定该罪的一般犯罪构成,以涵盖那些已明确列举的具体犯罪构成之外的其他需要予以刑法规制的行为。由此,《刑法》第266条规定的诈骗罪和其他条文所规定的各种特殊形式的诈骗犯罪之间并非平行并列的关系,而是刑法理论上的普通法条和特别法条的竞合,两者具有明显的包容关系。而"诈骗"是这种包容关系存在的前提,因为无论是金融诈骗罪还是普通诈骗罪,都具有"诈骗"这一内在因素或特征。在我国有关法律中,"诈骗"和"欺诈"有着相当严格的区别:在民商法中,一般均使用"欺诈"一语,用以概括形形色色的虚构事实或隐瞒真相意图使他人产生错误认识的行为,不论他人是否因此产生错误认识,也不论行为人有无非法占有目的;在刑法中,则广泛使用"诈骗"一词,且均强调行为人须以非法占有为目的,以区别于民商法中的"欺诈",即"诈骗犯罪的传统构成模式要求行为人具有非法占有目的这一主观构成要素"①。包容型法条竞合的两个法条之间的特征之一就是一法条所规定的犯罪构成要件在整体上包含了另一法条所规定的构成要件,在任何情况下,能够为其中外延小的法条所评价的犯罪行为,从逻辑上必然能够为另一外延大的法条所评价。②

因此,在包容型法条竞合中,外延小的法条所评价的犯罪与外延大的法条所评价的犯罪在主观构成要件上理应具有一致性。正因为如此,笔者认为,金融诈骗罪构成要件中的主观特征应符合普通诈骗罪构成要件中的主观特征。由于诈骗罪是一种侵犯财产所有权的犯罪,因此其主观方面的本质特征就必然表现为以非法占有他人财产为目的。而金融诈骗罪作为从诈骗罪中分离出来的一种特别犯罪,必然兼具金融犯罪和财产犯罪的双重属性,其侵犯的客体是复杂客体,一方面侵犯国家的金融管理秩序,另一方面侵犯公私财产所有权。既然金融诈骗犯罪具有财产犯罪的性质,行为人主观上就必然具有非法占有目的。不可否认,金融诈骗行为具有易发性和严重的社会危害性(往往数额巨大,一旦得逞,会对社会经济秩序造成较大破坏),《刑法》对其专节规定是因为刑法在保护正常的财产关系的同时,侧重于保护国家的金融管理秩序。但是,由于我们不能否认金融诈骗在某种程度上仍然具有财产犯罪性质,因而也就不能否认金融诈骗罪主观上的非法占有目的。

(二)大多数金融诈骗罪未明文规定非法占有目的是立法功利主义使然

我国《刑法》未对大多数金融诈骗罪规定非法占有目的,并不是立法的疏漏,而是立法技术在刑法制定中的运用,是立法功利主义的体现。正如我国台湾地

---

① 林山田:《刑法特论》(上),三民书局1988年版,第333页。
② 参见陈兴良等:《法条竞合论》,复旦大学出版社1993年版,第96页。

区学者林纪东先生所指出的:"法律是以其极少数的条文,网罗极复杂的社会生活,为便于适用和遵守起见,条文固应力求其少,文字应力求其短,以免卷帙浩繁,人们有无所适从之叹。"①我国《刑法》对于理论上和实践中已形成共识的要件,往往将其省略或作简略表述。例如,长期以来,我国刑法理论和司法实践中均一致认为,盗窃罪和诈骗罪的构成要件中都包含非法占有的目的,即凡构成盗窃罪或诈骗罪,行为人必须以非法占有为目的,无此目的则不构成该种犯罪。但是,我国《刑法》有关盗窃罪和诈骗罪的条文并没有专门规定非法占有目的这一主观要素。而事实上,刑法理论和司法实践中并没有因为《刑法》未作规定而否认行为人非法占有目的是构成这些传统财产罪的要件。②理论上认为,如果没有非法占有目的,就很难区别盗窃罪和一般的盗用行为、诈骗罪和一般的欺诈行为。对此,司法实务界均予以认可。这表明,刑法虽然实质上要求某犯罪之构成须具备某种要件,但可能因为该要件众所周知,出于立法的简洁性而未对之进行规定,这种要素实际上就是刑法理论上所讲的"不成文构成要件要素"(也有人把那种自然包含的、一目了然的构成要件称为"显性要件",并认为从立法技术的角度讲,犯罪构成中的显性要件不需要明确规定在条文中③)。因此,在一些理论和实践中公认且明确需要非法占有目的,但在不规定又不至于出现混淆罪与非罪、此罪与彼罪的场合,《刑法》分则往往并不明文规定。但此时非法占有目的这一不成文构成要件要素亦如规定于条文中的构成要件要素一样,对认定犯罪具有决定作用。

(三)刑法对金融诈骗罪的目的作不同规定是立法技术需要

既然非法占有目的是盗窃罪、诈骗罪以及大多数金融诈骗罪的不成文构成要件,那么,刑法为什么对集资诈骗罪和贷款诈骗罪又明文规定以非法占有为目的?笔者认为,这是因为对于集资诈骗罪和贷款诈骗罪来说,如果立法上不明文规定非法占有目的,仅从行为方式看,往往难以将其与《刑法》中的其他类似犯罪区分开来。众所周知,集资诈骗罪的特点是以非法集资的方式进行,可是《刑法》第176条所规定的非法吸收公众存款罪也可通过非法集资的方式进行。因此,如果行为人在集资过程中以非法占有为目的的,构成集资诈骗罪;如果行为人的行为方式虽然是非法集资,并在集资过程中采用了虚假的方法,但主观上没有非

① 林纪东:《法学通论》,台湾远东图书公司1953年版,第89页,转引自张明楷:《保险诈骗罪的基本问题探究》,载《法学》2001年第1期。
② 参见苏惠渔主编:《刑法学》,中国政法大学出版社1997年版,第659、664页;高铭暄、马克昌主编:《刑法学》(下编),中国法制出版社1999年版,第900、906页等。
③ 参见侯国云、肖云吉:《有关金融诈骗罪的几个问题》,载赵秉志主编:《新千年刑法热点问题研究与适用》(下),中国检察出版社2001年版,第1077页。

法占有目的的,则只能构成非法吸收公众存款罪,而不能构成集资诈骗罪。由此可见,在同样是采用非法集资行为方式的情况下,行为人主观上是否具有非法占有目的就成为区分集资诈骗罪和非法吸收公众存款罪的关键。至于贷款诈骗罪,其特点是行为人在贷款过程中虚构事实或隐瞒真相,以非法占有为目的,骗取贷款。但是,在贷款过程中虚构事实或隐瞒真相的行为也符合我国《刑法》第175条所规定的高利转贷罪的行为方式,而且从高利转贷罪的罪名进行分析,其高利转贷行为本身必然不符合金融机构正常贷款的目的要求,若要转贷成功,行为人除虚构事实或隐瞒真相外别无他法。由此,在行为方式相同的情况下,如果行为人主观上具有非法占有目的,就应构成贷款诈骗罪;如果行为人不具有非法占有目的而只具有转贷牟利目的,则构成高利转贷罪。可见,行为人是否具有非法占有目的就成为区分贷款诈骗罪和高利转贷罪的关键。正因为如此,我国《刑法》才对集资诈骗罪和贷款诈骗罪明文规定了以非法占有为目的。由于《刑法》规定的金融诈骗罪中的其他六种犯罪,并不存在如上述集资诈骗罪与非法吸收公众存款罪,以及贷款诈骗罪与高利转贷罪之间因行为方式相同而易混淆的情况,即事实上在刑法条文中没有相对应的易混淆之罪,因此也就没有必要对其非法占有目的加以专门规定。

综上所述,笔者认为,非法占有目的是所有金融诈骗罪的必要要件。我们不能也不应该因为《刑法》未对某些金融诈骗罪明文规定非法占有目的,而否定非法占有目的是这些金融诈骗罪构成要件中的必要要件,只要是刑法上的诈骗类犯罪,其构成要件中就必然有非法占有目的;同样,我们不能也不应该因为《刑法》只对部分金融诈骗罪规定了非法占有目的,而否定其他金融诈骗罪以非法占有目的为必要要件。《刑法》中有关金融诈骗罪非法占有目的的规定,主要是为了划清此罪与彼罪的界限,且只是立法技术的具体运用而已,其中并无否定非法占有目的是某些金融诈骗罪的必要要件之用意。同时,我们也不赞同以司法实践中认定金融诈骗罪的非法占有目的较为困难、不利于打击犯罪等为由,而否定非法占有目的是金融诈骗罪的必要要件的观点。事实上,认定行为人的非法占有目的虽有一定难度,但并非不能做到;更何况将非法占有目的作为金融诈骗罪的构成要件,有助于进一步划清罪与非罪的界限,从而有利于打击金融诈骗犯罪,根本不会导致所谓"不利打击"的情况。

二、金融诈骗罪非法占有目的之认定

非法占有目的作为一种主观上的心理活动,如何在司法实践中得到证明?笔者认为,在认定行为人主观上的非法占有目的时,必须坚持主客观相一致的原则。

（一）对司法推定的认识

有学者在肯定金融诈骗罪主观上都必须具有非法占有目的的前提下,提出在金融诈骗罪中,如果《刑法》未规定以非法占有为目的,则其客观行为本身就足以表明这种非法占有目的的存在,因而无须证明。笔者认为,这种观点其实变相否定了非法占有目的是除集资诈骗罪和贷款诈骗罪以外的六个金融诈骗罪的主观构成要件。上文我们已经分析过,行为人通过诈骗方法非法获取资金,可以区分为非法占有和非法占用,如果行为人获利后马上归还资金,则行为人主观上不具有非法占有目的是很明显的。但是,如果行为人通过诈骗的方法实施了《刑法》未明文要求具有非法占有目的的金融诈骗罪中所规定的客观行为,而且造成较大数额资金不能归还的,我们仍然不能据此就认定行为人的这些客观行为已表明其主观上必然具有非法占有目的,因而构成金融诈骗罪。例如,利用骗取的信用证进行融资的行为,行为人骗取资金的目的是从事某种经营活动,待获利后还钱,这是以欺骗的方法暂时获得资金的使用权。行为人主观上无非法占有目的,是完全可以得到证明的,比如,行为人已定还款计划或正在筹措资金准备还款等。如果按照这种观点,很可能会导致客观归罪。笔者认为,在认定金融诈骗罪非法占有这一主观目的的问题上,无论《刑法》对该目的是否作出具体规定,其认定标准和认定方式都应该是一样的。

那么,如何认定金融诈骗罪的非法占有目的？应该说,刑法中犯罪构成主观要件上的非法占有目的虽然是一种行为人主观上的心理活动,但它并非是脱离客观行为而存在的。对金融诈骗罪中非法占有目的的认定,早在 1996 年 12 月 16 日最高人民法院《关于审理诈骗案件具体适用法律的若干问题的解释》（现已失效）中就有规定。其指出:"具有下列情形之一的,就应当认定其行为属于以非法占有为目的,使用诈骗方法非法集资:（1）携带集资款逃跑的;（2）挥霍集资款,致使集资款无法返还的;（3）使用集资款进行违法犯罪活动,致使集资款无法返还的;（4）具有其他欺诈行为,拒不返还集资款,或者致使集资款无法返还的。"2001 年《全国法院审理金融犯罪案件工作座谈会纪要》在肯定非法占有目的是所有金融诈骗罪的主观构成要件的基础上,列举了认定金融诈骗罪具有非法占有目的的七种情形:（1）明知没有归还能力而大量骗取资金的;（2）非法获取资金后逃跑的;（3）肆意挥霍骗取资金的;（4）使用骗取的资金进行违法犯罪活动的;（5）抽逃、转移资金、隐匿财产,以逃避返还资金的;（6）隐匿、销毁账目,或者搞假破产、假倒闭,以逃避返还资金的;（7）其他非法占有资金、拒不返还的行为。而后,最高人民法院刑一庭负责人在对全国法院审理金融犯罪案件工作座谈会所作的综述中提出,具有以下 11 种情形可推定行为人具有非法占有目的:（1）以支付中间人高额回扣、介绍费、提成的方式非法获取资金,并由此造成大部分资金不能返还的；（2）将资金大部分用于弥补亏空、归还债务的；（3）没有经营、归还能力而大量骗取资金的；（4）将资金人量用于挥霍、行贿、赠与的；（5）将资金用于高风险营利活动，造成亏损的；（6）将资金用于违法犯罪活动的；（7）携资金潜逃的；（8）抽逃、转移、隐匿资金，有条件归还而拒不归还的；（9）隐匿、销毁财务账目或搞假破产、假倒闭逃避返还资金的；（10）为继续骗取资金，将资金用于亏损或不营利的生产经营项目的；（11）其他非法占有资金的行为。[①]2010 年最高人民法院《关于审理非法集资刑事案件具体应用法律若干问题的解释》第 4 条规定："以非法占有为目的，使用诈骗方法实施本解释第二条规定所列行为的，应当依照刑法第一百九十二条的规定，以集资诈骗罪定罪处罚。使用诈骗方法非法集资，具有下列情形之一的，可以认定为'以非法占有为目的'：（一）集资后不用于生产经营活动或者用于生产经营活动与筹集资金规模明显不成比例，致使集资款不能返还的；（二）肆意挥霍集资款，致使集资款不能返还的；（三）携带集资款逃匿的；（四）将集资款用于违法犯罪活动的；（五）抽逃、转移资金、隐匿财产，逃避返还资金的；（六）隐匿、销毁账目，或者搞假破产、假倒闭，逃避返还资金的；（七）拒不交代资金去向，逃避返还资金的；（八）其他可以认定非法占有目的的情形。"

　　笔者认为，上述司法解释、会议纪要或学者提出的从一些"无法返还""拒不返还"等事实推定出行为人具有非法占有目的，是一种由果溯因的反推思维模式。在多数情况下，这种推定是符合事实的。但是，在非法占有目的这个"因"与未返还这个"果"之间并不存在完全的一一对应关系。如果行为人具有非法占有目的，则必然导致未返还的结果；但仅根据未返还的事实并不一定得出行为人必然具有非法占有目的的结论。因为未返还完全有可能是非法占有目的以外的其他原因造成的，如被骗、经营不善等。在没有排除其他可能性的前提下，只根据一些客观事实尤其是未返还的事实，即认定行为人具有非法占有目的，势必会陷入客观归罪的泥潭。行为人利用骗取来的资金从事高风险营利活动，若没有造成亏损，就是一种非法占用资金的行为；如果造成亏损，就推定其主观上具有非法占有目的，这难道不是一种依结果定罪的典型表现形式吗？

　　笔者认为，只有在根据客观行为推出的主观心理状态是唯一的情况下，运用司法推定才是可行的，也即根据司法推定得出的结论必须是唯一的。但是在以上所列举的情形中，由于不能排除民事金融欺诈的存在，强调司法推定的运用实际上是在一定程度上否定了非法占有目的是所有金融诈骗罪的主观构成要件。何况司法推定对法官法律素质的要求是非常高的，在我国当今的现实情况下，强

---

　　①　参见高憬宏：《审理金融犯罪案件的若干问题——全国法院审理金融犯罪案件工作座谈会综述》，载《法律适用》2000 年第 11 期。

调司法推定的运用会使法官们在审理金融诈骗案件时只注意那些教条化的客观事实,而忽视对行为人主观上非法占有目的的考察和判断,容易造成冤假错案。总之,上述主张从客观行为必然推出非法占有目的的观点是不可取的,因为这在一定意义上否认了非法占有目的是部分金融诈骗罪的主观构成要件。笔者认为,既然是构成要件,就必须加以综合论证和认定,而不能只根据行为人的行为并对照《刑法》及司法解释的规定随意推定。

（二）认定非法占有目的的模式

在司法实践中,认定是否具有非法占有目的,应当坚持主客观相一致的原则,既要避免单纯根据结果客观归罪,也不能仅凭被告人供述进行判断,而应当根据案件具体情况作出分析。苏惠渔教授在论述犯罪主观心理态度时指出,根据主观见之于客观、客观反映主观的基本原则,判断行为人的心理状态的根据只能是其实施的活动及其他相关情况,因为人的活动由其主观心理支配,活动的性质由其主观心理决定;人的活动是人的主观思想的外向化、客观化,因而它反映人的思想。因此,在判断行为人主观心理态度时,必须以其实施的活动为基础,综合所有事实,经过周密的论证,排除其他可能,才能得出正确结论。①

《全国法院审理金融犯罪案件工作座谈会纪要》以及相关司法解释列举了认定金融诈骗罪具有非法占有目的的情形,其中许多内容是从主客观相结合的角度提出的。例如,明知没有归还能力而大量非法集资骗取资金的,"明知没有归还能力"是从主观上对行为人的一个要求,而"大量非法集资骗取资金"则是从客观上对行为人的一个要求。另外,《全国法院审理金融犯罪案件工作座谈会纪要》在阐述有关贷款诈骗和贷款纠纷的界限时特别强调:"对于合法取得贷款后,没有按规定的用途使用贷款,到期没有归还贷款的,不能以贷款诈骗罪定罪处罚;对于确有证据证明行为人不具有非法占有目的,因不具备贷款的条件而采取了欺骗手段获取贷款,案发时有能力履行还贷义务,或者案发时不能归还贷款是因为意志以外的原因,如因经营不善、被骗、市场风险等,不应以贷款诈骗罪定罪处罚。"显然,这一规定并未简单地将没有或不能归还贷款作为认定贷款诈骗罪的唯一依据,而是强调要综合考虑各种因素。由此可见,在处理金融诈骗案件时,对于行为人主观上是否具有非法占有目的之认定,必须坚持主客观相一致的原则。尤其是要注意行为人提出的反证,对于有证据证明行为人不具有非法占有目的的,不能单纯以财产不能归还为由按金融诈骗罪处罚。

与 2001 年《全国法院审理金融犯罪案件工作座谈会纪要》不同的是,作为更新的司法解释,2010 年最高人民法院《关于审理非法集资刑事案件具体应用法

---

① 参见苏惠渔主编:《刑法学》,中国政法大学出版社 1997 年版,第 154—155 页。

律若干问题的解释》第 4 条第 1 项与第 2 项集中从集资款无法返还的角度，根据融资者的资金使用情况推定其非法占有目的。对此，笔者认为，首先，司法实践中应当避免根据事后造成的损失来倒推"非法占有目的"，从而倾向于将造成较大损失的案件认定为集资诈骗罪，而损失较小的案件认定为非法吸收公众存款罪。其次，基于市场风险、经营判断失误等原因造成集资款无法收回的，不能推定其具有非法占有目的，而应当通过民事诉讼程序予以追偿。再次，推定融资者具有非法占有目的的基础事实应当具有典型性与明确性，用于生产经营活动与筹集资金规模明显不成比例以及肆意挥霍情形中的"明显""肆意"等应当综合个案事实予以重点分析，不能简单地根据"不成比例""挥霍"等基础事实对非法占有目的进行推定。最后，应当充分允许涉嫌金融诈骗犯罪的行为人就其不具有非法占有目的进行反驳。正如前文所述，2001 年《全国法院审理金融犯罪案件工作座谈会纪要》不仅从正面规定了非法占有目的的客观表现形式，即推定行为人具有非法占有目的的客观行为类型，而且从反面强调了应当谨慎认定或者不认定非法占有目的的两个要点：一是不能仅凭较大数额的非法集资款不能返还的结果，推定行为人具有非法占有的目的；二是行为人将大部分资金用于投资或生产经营活动，而将少量资金用于个人消费或挥霍的，不应仅以此便认定具有非法占有的目的。但 2010 年最高人民法院《关于审理非法集资刑事案件具体应用法律若干问题的解释》只是从正面强调了推定非法占有目的的情形，并没有从反面论证或者突出反驳非法占有目的的行为事实类型，在实体规范层面存在一定程度弱化非法占有目的反驳对抗性的问题。故在司法实践中有必要彰显非法占有目的反驳的作用与意义，防止集资犯罪司法解释出现技术性倒退。

第二节　贷款诈骗罪的司法认定

我国 1979 年《刑法》没有规定贷款诈骗罪这一罪名，在以前的司法实践中，对贷款诈骗犯罪行为，一般以诈骗罪定性处罚或仅作为民事纠纷处理。由于贷款诈骗行为无论在社会危害性方面、行为本身的特征方面，还是在行为所侵犯的客体方面，与传统财产罪中的诈骗罪均有所不同，同时与一般民事欺诈行为也有明显的区别，因而将达到一定程度的贷款诈骗行为以诈骗罪论处或作为民事纠纷处理，在理论上和实践中都会出现较多的问题，也不利于打击贷款诈骗犯罪行为。为此，1995 年 6 月 30 日全国人大常委会《关于惩治破坏金融秩序犯罪的决定》第 10 条首次将贷款诈骗罪作为一个独立的罪名加以规定。修订后的《刑法》采纳了该《决定》的内容，并进一步明确了贷款诈骗罪的罪状和法定刑。

《刑法》第 193 条规定："有下列情形之一，以非法占有为目的，诈骗银行或者其他金融机构的贷款,数额较大的,处五年以下有期徒刑或者拘役,并处二万元以上二十万元以下罚金;数额巨大或者有其他严重情节的,处五年以上十年以下有期徒刑,并处五万元以上五十万元以下罚金;数额特别巨大或者有其他特别严重情节的,处十年以上有期徒刑或者无期徒刑,并处五万元以上五十万元以下罚金或者没收财产:(一)编造引进资金、项目等虚假理由的;(二)使用虚假的经济合同的;(三)使用虚假的证明文件的;(四)使用虚假的产权证明作担保或者超出抵押物价值重复担保的;(五)以其他方法诈骗贷款的。"2010 年 5 月最高人民检察院、公安部《关于公安机关管辖的刑事案件立案追诉标准的规定(二)》第 50 条关于贷款诈骗罪的立案标准规定:"以非法占有为目的,诈骗银行或者其他金融机构的贷款,数额在二万元以上的,应予立案追诉。"

一、本罪的立法依据

根据《刑法》第 193 条的规定,贷款诈骗罪,是指以非法占有为目的,使用虚构事实或者隐瞒真相的方法,骗取银行或者其他金融机构的贷款,数额较大的行为。

众所周知,贷款业务是我国金融机构的一项基本金融业务,从某种意义上说,如果没有贷款业务,金融机构也就没有存在的必要或很难有存在下去的可能。贷款在国民经济建设和社会发展中,具有巨大的作用。但是,它在实际经济活动中作用的大小,主要取决于其投放方向的正确与否以及安全程度。贷款投放方向正确、安全程度高,则会产生积极有效的社会效益和经济效益,并能按期收回本息;反之,不但不能产生预期的社会效益和经济效益,甚至连贷款本身也无法收回,进而可能引发金融危机。为了发挥贷款业务的积极作用,国家必然要对社会经济活动中的贷款行为进行规范,对金融机构的贷款业务实行严格的管理、审批制度,这就是国家贷款管理制度。《中国人民银行法》《商业银行法》《借款合同条例》《贷款通则》等法律法规均对此作出了规定。

在引起贷款风险的诸多原因中,违反贷款管理制度的违法犯罪不能不说是一个重要的原因。随着我国金融体制改革的不断深入,各种商业活动和金融活动日益活跃,银行和其他金融机构在经济生活中发挥的作用也越来越大。但是,由于有关规范金融秩序的法律、法规以及金融机构内部的各项规章制度还不完善,特别是金融风险防范机制的建立需要一定的时间,因此,银行和其他金融机构的工作和业务活动中难免存在一些漏洞。在此情况下,社会上一些不法分子就将违法犯罪的目标对准了银行或者其他金融机构的贷款,其中尤以贷款诈骗犯罪较为严重。一些犯罪分子以非法占有为目的,或编造引进资金、项目等虚假理由,或使用虚假的经济合同,或使用虚假的证明文件,或使用虚假的产权证明作担保或者超出抵押物价值重复担保以及以其他方法诈骗贷款。

我国时下形形色色的贷款诈骗罪具有以下几方面的特征。

其一，贷款诈骗的数额越来越大。近年来，贷款诈骗犯罪不仅发案数量不断上升，范围明显扩大，而且涉及的金额也相当惊人，少则几万元、几十万元，多则几百万元、几千万元甚至几亿元。

其二，贷款诈骗的手段越来越多。目前，贷款诈骗案件中的犯罪分子的犯罪手段日益向多样化、智能化方向发展。一些犯罪分子为了骗取银行和其他金融机构的贷款，在犯罪手段上往往无所不用其极。有的犯罪分子本身没有经济实力，但却利用制作假报表、拉拢信贷人员等手段骗取贷款；有的还与担保企业或抵押企业勾结，利用假担保、假抵押骗取贷款；有的通过先准时还贷，骗取银行和其他金融机构的信任，然后再继续贷款，最后携款逃跑；还有的在贷款后将资金通过不同账户转移，甚至转移到海外账户，使银行陷入追债的被动局面。

其三，贷款诈骗的危害越来越大。在市场经济活动中，贷款诈骗犯罪不仅严重扰乱了国家的金融管理秩序，而且严重扰乱了银行和其他金融机构依法发放贷款的正常活动，同时还严重妨碍了金融安全，并可能引发金融危机，影响社会秩序的稳定。另外，贷款诈骗犯罪严重侵犯了银行和其他金融机构的财产所有权，往往会给国家和金融机构造成巨大的经济损失，从而极大地增加了贷款风险。

正是由于贷款诈骗行为的上述特征，笔者认为，对于贷款诈骗犯罪行为必须严加惩治。《刑法》将贷款诈骗罪从一般诈骗罪中分离出来独立成罪并归入金融诈骗罪中，虽然与《刑法》的分类标准不是很一致，但是这一立法模式所表明的立法意图是显而易见的。首先，通过贷款诈骗罪的设立，可以较为明确地划清贷款诈骗罪与贷款经济纠纷的界限，从而防止出现过去司法实践中将诈骗犯罪当做一般贷款纠纷处理的情况。其次，虽然贷款诈骗具有一般诈骗罪虚构事实、隐瞒真相的行为特征，但这种犯罪毕竟是在贷款过程中产生的，因而其表现手段必然具有相当大的特殊性。《刑法》设立贷款诈骗罪，可以根据这些特殊性，正确判断案件性质。再次，将贷款诈骗罪从一般诈骗罪中分离出来独立成罪，主要也是考虑到不仅由于贷款诈骗的行为人是以非法占有为目的，因此贷款诈骗行为人的行为必然会对财产造成损害；而且由于贷款诈骗是在贷款活动中进行的，因而必然会对国家的金融管理秩序造成破坏。最后，从刑事立法的完善角度看，细化诈骗犯罪的立法规定，无疑是一种新的尝试，这对贯彻罪刑法定原则有积极的作用。

二、单位贷款诈骗行为的定罪处罚

《刑法》第 30 条规定，公司、企业、事业单位、机关、团体实施的危害社会的行为,法律规定为单位犯罪的,应当负刑事责任。可见,我国刑法是以惩罚自然人犯罪为原则,以惩罚单位犯罪为例外,即单位犯罪应该以《刑法》明文规定为前提,《刑法》没有规定的,单位不能成为该罪的犯罪主体。

由于《刑法》第 193 条关于贷款诈骗罪的规定,没有明确规定单位可以成为本罪的主体,这就意味着,单位不能成为贷款诈骗罪的主体。

近几年来,贷款诈骗罪的犯罪主体表现出多样性特征。由于银行和其他金融机构贷款的对象在相当长的时间内主要是单位,自然人并不多,因此实施贷款诈骗行为的主体主要为单位。为此,《刑法》颁布后,不断有学者对《刑法》关于贷款诈骗罪的规定中未将单位作为犯罪主体的做法提出质疑。如有人提出:为什么《刑法》规定单位可以构成信用证诈骗罪、集资诈骗罪等金融诈骗犯罪的主体,但却不能构成贷款诈骗罪的主体,这确实令人费解。[①]事实上,单位实施贷款诈骗的情况不仅可能,而且在司法实践中并不罕见。例如,有的单位出于非法占有的目的,利用假报表等手段骗取贷款;有的在向银行或者其他金融机构贷款后,以破产等为由废债逃债;有的通过所谓企业改制而减免、废除银行债务。笔者认为,《刑法》第 193 条之所以没有规定单位犯罪问题,主要还是受某些习惯观念的影响,因为以前向银行或者其他金融机构贷款的单位主要是国有企业,如果将单位列为贷款诈骗罪的主体,很可能会扩大打击面。尤其需要指出的是,许多国有企业认为占有银行和其他金融机构的贷款,并不会发生真正的所有权转移问题,无非是国家的一个口袋的钱放到了另一个口袋里,不还贷款是理所当然、天经地义的事情。所以,社会上大量存在企业靠银行贷款发工资、发奖金的情况。由此,《刑法》中没有规定单位可以成为贷款诈骗罪的主体,确有其难言之隐,其中多少带有计划经济留下的痕迹。

笔者认为,在市场经济条件下,《刑法》不将单位规定为贷款诈骗罪的主体显然是不妥当的,也明显不符合司法实践的需要。因为时下的银行和其他金融机构均进行了改制,许多银行从一般的国有银行改制为商业银行,贷款的安全直接影响到银行和其他金融机构的经营状况。无论什么单位(包括国有企业)占有贷款,均会直接损害银行和其他金融机构的利益。特别是在市场经济条件下,国有企业完全应该与其他企业处于同等的地位,而不应该有所谓的特权,更不应该为了保护国有企业的这种特权,而置单位贷款诈骗犯罪于不顾。另外,如果司法实践中不对单位贷款诈骗行为进行打击,还可能引发许多单位为了占有银行和其他金融机构的贷款而实施贷款诈骗行为的问题。因此,《刑法》应尽快对有关贷

---

① 参见莫开勤:《贷款诈骗罪立法评说》,载赵秉志主编:《新千年刑法热点问题研究与适用》(下),中国检察出版社 2001 年版,第 1152 页。

款诈骗罪的规定进行修订,将单位列为贷款诈骗罪的主体,以适应司法实践的需要。

目前,理论上对于单位成为贷款诈骗罪的主体已经没有争议,但是对于单位确实以非法占有为目的,骗取银行和其他金融机构贷款的情况是否应构成犯罪并追究刑事责任,理论上和实践中有很多争议。

第一种观点认为,对于单位不能以贷款诈骗罪论处,但对于单位的直接负责的主管人员和其他直接责任人员可以按照贷款诈骗罪追究刑事责任。首先,这种行为既是单位的行为,也是有关个人的行为,具有双重性,立法者基于刑事政策的考虑,在有的时候可以"赦免"单位的刑事责任,而仅仅追究有关个人的刑事责任。其次,我国现行《刑法》虽然规定单位犯罪,但并不采取双罚制,而是单罚制。最后,《刑法》第193条并没有将为了单位利益诈骗贷款排除在犯罪之外。因为对于非法占有,不能仅仅理解为只是非法占为己有,还可是非法占为他人所有或者非法占为单位所有。①

第二种观点认为,对单位不能以贷款诈骗罪论处,而且对其直接负责的主管人员和其他直接责任人员也不能追究刑事责任。因为追究直接负责的主管人员和其他直接责任人员的刑事责任是以单位构成犯罪为前提的,如果单位不构成贷款诈骗罪,对其直接负责的主管人员和其他直接责任人员按贷款诈骗罪追究刑事责任显然没有任何依据。②

第三种观点认为,对单位及其直接负责的主管人员和其他直接责任人员都不能以贷款诈骗罪追究刑事责任,但如果构成其他犯罪的,可以其他犯罪论处。③

笔者赞同上述第三种观点。第一种观点明显不合理,因为既然单位实施贷款诈骗,但对于单位不能以贷款诈骗罪论处,当然也就不能以贷款诈骗罪追究单位的直接负责的主管人员和其他直接责任人员的刑事责任。追究单位直接负责的主管人员和其他直接责任人员的刑事责任,其前提条件是单位可以成为贷款诈骗罪的犯罪主体,而现在这一条件不存在。对主管人员和直接责任人员以贷款诈骗罪定罪量刑,不符合罪刑法定和罪责自负的原则。这一点在《全国法院审理金融犯罪案件工作座谈会纪要》中得以明确:对于单位实施的贷款诈骗行为,不能以贷款诈骗罪定罪处罚,也不能以贷款诈骗罪追究直接负责的主管人员和其他直接责任人员的刑事责任。第二种观点也有值得商榷的地方,它以单位不

① 参见周振晓:《金融诈骗罪三题》,载赵秉志主编:《新千年刑法热点问题研究与适用》(下),中国检察出版社2001年版,第1088页。
②③ 参见莫开勤:《贷款诈骗罪立法评说》,载赵秉志主编:《新千年刑法热点问题研究与适用》(下),中国检察出版社2001年版,第1153页。

能成为贷款诈骗罪的主体为依据,认为不能追究单位及其直接负责的主管人员和其他直接责任人员的刑事责任,显然有偏颇之处。因为不以贷款诈骗罪追究单位及其直接负责的主管人员和其他直接责任人员的刑事责任,并不意味着不能追究单位其他犯罪的刑事责任。

笔者认为,对于单位贷款诈骗完全可以按合同诈骗罪定罪处罚。正如《全国法院审理金融犯罪案件工作座谈会纪要》(以下简称《会议纪要》)指出的:"在司法实践中,对于单位十分明显地以非法占有为目的,利用签订、履行借款合同诈骗银行或其他金融机构贷款,符合刑法第二百二十四条规定的合同诈骗罪构成要件的,应当以合同诈骗罪定罪处罚。"

对单位贷款诈骗行为以合同诈骗罪论处,在理论上没有障碍,因为贷款诈骗罪与合同诈骗罪在刑法理论上属于法条竞合关系,即合同诈骗相对于贷款诈骗是普通法条,而贷款诈骗是特别法条,两者具有包容关系。对于法条竞合,理论上一般认为应遵循特别法条优于普通法条原则,即如果行为人的行为既符合特别法条的规定,又符合普通法条的规定,应优先适用特别法条,除非按普通法条的规定处罚为重的。如果行为人的行为不符合特别法条的规定,但却符合普通法条的规定,则应按普通法条追究行为人的刑事责任。因此,对单位贷款诈骗,由于《刑法》未规定单位可以成为贷款诈骗罪的主体,不能按照贷款诈骗罪追究单位的刑事责任,但《刑法》对于合同诈骗罪则明文规定单位可以成为该罪的犯罪主体,同时,由于单位贷款诈骗行为往往是单位利用借款合同实施的,单位在签订、履行借款合同过程中,骗取金融机构钱款,数额较大的,完全符合合同诈骗罪的构成要件,所以,以合同诈骗罪追究单位及其直接负责的主管人员和直接责任人员的刑事责任也是合情合理的。这既符合罪刑法定原则,也与我国刑法理论上处理法条竞合的原则不相矛盾。

2014年4月24日全国人大常委会《关于〈中华人民共和国刑法〉第三十条的解释》(以下简称《立法解释》)规定:"公司、企业、事业单位、机关、团体等单位实施刑法规定的危害社会的行为,刑法分则和其他法律未规定追究单位的刑事责任的,对组织、策划、实施该危害社会行为的人依法追究刑事责任。"

根据《立法解释》的规定,公司、企业、事业单位、机关、团体等单位实施刑法规定的危害社会的行为,刑法分则和其他法律未规定追究单位的刑事责任的,对组织、策划、实施该危害社会行为的人依法追究刑事责任。也就是说,对于单位实施的危害社会的行为,如果要按照自然人犯罪来认定,其前提必须是"刑法分则和其他法律未规定追究单位的刑事责任的"。在此,需要特别指出的是,"刑法分则和其他法律未规定追究单位的刑事责任的"并不等于"规范这一特定犯罪行为的刑法条文没有规定单位可以构成犯罪主体的"。具体而言,在前者的条件卜,对十单位所实施的危害社会的行为,是否应当将其以自然人犯罪认定,应当着眼丁整个刑法分则和其他法律。也就是说,首先应当考察规范这一特定危害社会行为的刑法条文有无规定单位可以构成此罪,如果单位可以构成,就按照此罪的单位犯罪处理,如果单位不能构成,还应当兼顾刑法分则中的其他条文以及其他法律条文,进一步考察能否按照其他条文的单位犯罪来处理;而在后者的条件下,对于单位实施的危害社会的行为,刑法是否应当将其以自然人犯罪认定,则仅仅只要考察规范这一特定危害行为的刑法条文本身即可,如果这一刑法条文规定单位可以构成本罪,就按照此罪的单位犯罪处理,如果这一刑法条文没有规定单位可以构成本罪,就直接按照自然人犯罪处理,不用另行考察刑法分则其他条文或者其他法律条文的规定。

通过以上对比论述,我们不难得知,《立法解释》并没有局限于单个具体的刑法条文本身,进而"一刀切"式地解决单位实施纯正自然人犯罪的问题,而是将刑法分则与其他法律作为一个整体考察,只有在依据这个整体都没有办法对单位实施的危害行为以单位犯罪论处的情况下,才能按照自然人犯罪处理。

具体到单位为了本单位利益实施的贷款诈骗行为,根据《立法解释》的规定,首先应当考察贷款诈骗罪的刑法条文,由于《刑法》第193条没有规定单位可以构成贷款诈骗罪,此时应当放眼整个刑法分则条文和其他法律条文,进一步考察单位贷款诈骗行为能否按照其他罪名追究单位的刑事责任。《会议纪要》则恰好为我们提供了一条契合刑法基本理论、符合罪刑法定原则的处理路径,将其中符合合同诈骗罪构成要件的,按照合同诈骗罪追究单位的刑事责任。基于此,笔者认为,在内容上,《会议纪要》与《立法解释》之间并不矛盾,而且符合《立法解释》的内在要求。

三、贷款诈骗和贷款纠纷的界限

由于社会经济活动中的贷款行为本身具有相当大的风险,因而实践中银行或者其他金融机构经常出现呆账、坏账的情况。事实上,也确实有一些人由于经营不善,致使企业亏损,无法偿还贷款;或因市场行情发生变化,没有取得预期收益而无法归还贷款等。就借款人没有偿还到期贷款这一后果而言,贷款纠纷与贷款诈骗行为十分相似。但是,对于这种由于经营不善、市场行情变化等原因而产生的无力偿还贷款的情况,不能以贷款诈骗罪定性。为此,《全国法院审理金融犯罪案件工作座谈会纪要》明确指出:"对于合法取得贷款后,没有按规定的用途使用贷款,到期没有归还贷款的,不能以贷款诈骗罪定罪处罚;对于确有证据证明行为人不具有非法占有的目的,因为不具备贷款的条件而采取了欺骗手段获取贷款,案发时有能力履行还贷义务,或者案发时不能归还贷款是因为意志以外的原因,如因经营不善、被骗、市场风险等,不应以贷款诈骗罪定罪处罚。"

所谓贷款纠纷,是指银行或者其他金融机构与借款人之间,在签订、履行贷款合同过程中产生的经济纠纷。笔者认为,贷款诈骗和贷款纠纷最主要的区别在于:行为人是否具有非法占有贷款的目的以及是否采用了欺骗的手段骗取贷款,而其中最关键的是要查明行为人是否具有非法占有目的。贷款纠纷中的行为人在贷款时并不具有非法占有贷款的目的,只是由于经营不善、市场行情变化等原因,无法按期归还贷款;而贷款诈骗中的行为人在贷款时就已经具有非法占有贷款的目的。

考察行为人是否具有非法占有贷款的目的,关键是从行为人在申请贷款时所使用的手段上进行分析。虽然不能认为只要是采用了欺骗的手段获取贷款的,就可以认定行为人具有非法占有的目的,但是,在一般情况下,对于行为人的欺骗手段的考察,无疑是认定行为人是否具有非法占有目的的主要依据,如明知没有归还能力而大量骗取贷款的,就可以认定行为人具有非法占有的目的。另外,还应结合行为人取得贷款后,贷款的实际用途等进行综合分析。如果行为人获取贷款后逃跑,或肆意挥霍骗取的贷款,或使用骗取的贷款进行违法犯罪活动,或抽逃、转移资金、隐匿财产,以逃避返还贷款,或隐匿、销毁账目,或者搞假破产、假倒闭,以逃避返还资金等,当然就可以认定行为人具有非法占有目的,从而追究行为人的贷款诈骗罪的刑事责任。但是,如果行为人对于获取的贷款仅仅只是想通过转贷获取高额利息的,则可以高利转贷罪对行为人定罪处罚。而如果行为人将获取的贷款用于购买发展生产的原材料等,一般就可以排除行为人具有非法占有目的,即使由于最后因经营不善而出现不能到期归还贷款的情况,也不能按照贷款诈骗罪认定。

当然,在理论上,许多学者对贷款诈骗罪必须以非法占有目的为构成要件持有不同意见。有人认为,贷款诈骗罪限制在"以非法占有为目的"必将使我国的金融机构在国际资本市场的竞争中处于不利地位。因为很多贷款诈欺行为由于"非法占有目的"难以证明,导致放纵一部分罪犯。[1]也有人认为,对于经济欺诈犯罪,发达国家的刑法大多采用非目的犯的立法方式,不要求行为人具有非法占有目的。例如,作为大陆法系典范的《德国刑法典》第256条B款规定了信贷诈欺罪,即只要行为人在关于信贷条件的许可、放弃或变更的申请中,就有利于借款人且对其申请的决定具有重要意义的经济关系提出不真实或不完全的资料,如收支平衡表、赢利及亏损账目、资产摘要或鉴定书,或以书面形式作不真实或

① 参见李文燕、姜先良:《关于贷款诈骗罪几个问题的思考》,载赵秉志主编:《新千年刑法热点问题研究与适用》(下),中国检察出版社2001年版,第1200页。

不安全的报告；或未在附件中说明资料或报告所表明的经济关系的恶化，而其对申请的判断又非常重要的，处三年以下自由刑或罚金。由此可见，《德国刑法典》对贷款欺诈行为所设计的犯罪圈远远大于我国《刑法》，即只要行为人在贷款申请中虚构了事实或隐瞒了真相，则无须证明行为人的主观目的，都构成信贷诈欺罪，即使行为人主观上只是为了一时的占用。因此，我国刑法不仅应处罚以非法占有为目的的贷款诈骗行为和以转贷牟利为目的的高利转贷行为，还应将一时占用的贷款诈欺行为犯罪化。①

笔者认为，占用贷款的诈欺行为有时确实具有较大的社会危害性，将一时占用的贷款诈欺行为作为犯罪行为处理，在理论上确实值得研究和探讨。《刑法》第175条专门规定了高利转贷罪，尽管该罪有一定的构成要件，如行为人主观上必须具有转贷牟利的目的，但其实质仍然是一种占用行为。从司法实践和理论上分析，对于其他的占用贷款行为，如达到一定的危害程度，也应该给予必要的刑事处罚，但是在相当长的一段时间内，《刑法》未作专门规定。为此，全国人大常委会在2006年6月29日颁布的《刑法修正案（六）》中专门增设了骗取贷款、票据承兑、金融票证罪，明确将以欺骗的手段占用贷款等的行为独立设罪，从而解决了这一理论和实践中长期争论不休的问题。

需要明确的是，尽管现行《刑法》已经将占用贷款的诈欺行为纳入了调整范围，但这并不影响对贷款诈骗罪的认定和处罚，也不能因为《刑法》将占用贷款诈欺行为犯罪化了，就认为要取消贷款诈骗罪。事实上，无论在理论上还是在实践中，贷款诈骗和贷款诈欺均是有本质区别的，这一区别的关键在于行为的目的。另外，笔者也不同意因为实践中"非法占有目的"内容难以证明，而不把该目的作为构成贷款诈骗罪的必要要件。只要掌握一定的标准，对行为人非法占有目的的认定也并非十分困难。

四、金融机构工作人员单独或参与骗贷行为的定性

时下，司法实践中经常出现银行或者其他金融机构工作人员利用职务之便冒名骗取贷款，或者与非金融机构工作人员内外勾结骗取贷款的案件。对于这些行为应如何定性，理论和实践中颇有争议。有人认为，对此情况应以贷款诈骗罪定性，因为贷款诈骗罪的主体是一般主体，银行或者其他金融机构工作人员利用职务之便单独或参与骗取贷款，其行为实质仍然是贷款诈骗，与其他人一样均应构成贷款诈骗罪。有人则认为，对此情况应以贪污罪或职务侵占罪定性，因

---

① 参见苏彩霞：《贷款诈欺行为犯罪化之分析及立法建议》，载赵秉志主编：《新千年刑法热点问题研究与适用》（下），中国检察出版社2001年版，第1207页。

为这些行为在形式上虽然是一种贷款诈骗行为，但是其中的贷款诈骗行为主要是利用金融机构工作人员的职务之便实施的，所以应以贪污罪或职务侵占罪定性。①

笔者认为，对于银行或者其他金融机构工作人员利用职务之便冒名骗取贷款，或者与非金融机构工作人员内外勾结骗取贷款的行为的定性，不能一概而论，而应根据案件的具体情况，依据犯罪构成要件加以具体分析。

（一）内外勾结骗取占有贷款行为的定性

笔者认为，金融机构工作人员与非金融机构工作人员内外勾结骗取贷款行为的定性，涉及身份犯和非身份犯的问题。根据《刑法》和相关司法解释对某些具体犯罪的规定，身份犯与非身份犯伙同犯罪，应以身份犯罪的共犯论处。《刑法》这一规定的理由无非是身份犯的职务便利对于具体案件的实施起了决定性的作用。尽管内外勾结作案的形式多种多样，但在获取单位内部的财物时，如果主要不是利用身份犯的职务便利，即没有身份犯的职务行为，无论非身份犯实施了何种行为，均很难得逞。但是，由于在贷款诈骗案件中，相关的骗贷故意和骗贷行为经常主要是非身份犯（即外部人员）提起和实施的，而身份犯（即内部人员）仅仅只是起配合帮助作用。对此，是否也一定要对内外人员均以相关的身份犯罪论处？笔者主张，应根据案件实际情况确定行为人行为的性质。

如果金融机构工作人员以非法占有为目的，主要利用自己职务上的便利，但为了作案的需要，请求非金融机构工作人员参与作案，如帮助提款、伪造某些单据等，事后金融机构工作人员占有了其中大部分贷款，而非金融机构工作人员没有获得或仅获得少量酬劳的，笔者认为，相关人员均应该以贪污罪或职务侵占罪的共犯论处。因为这类案件的特征是，无论在占有贷款故意上，还是在实际占有贷款的行为上，金融机构工作人员都起着决定性作用，而非金融机构工作人员仅仅起着帮助作用。对金融机构工作人员和非金融机构工作人员以相关职务犯罪论处既与《刑法》的规定一致，也与刑法的基本原理相符。

如果非金融机构工作人员以非法占有为目的，请求金融机构工作人员帮助但没有明确告知占有的故意，且占有贷款的行为主要是由非金融机构工作人员采取欺骗的方法实施的，金融机构工作人员只是在不知情的情况下客观上实施了相关的配合和帮助行为，对于金融机构工作人员的行为可以按违法发放贷款罪定性处罚。

如果非金融机构工作人员以非法占有为目的，在告知占有故意的情况下请求金融机构工作人员帮助，且占有贷款的行为主要是由非金融机构工作人员采

①　参见刘宪权、卢勤忠：《金融犯罪理论专题研究》，复旦大学出版社2005年版，第559—560页。

取欺骗的方法实施的,对于金融机构工作人员应以贷款诈骗罪的共犯论处。这是因为,与其他金融犯罪不完全一样的是,贷款诈骗案件中一般均需要有人向金融机构提出贷款的申请,而这些行为往往是由非金融机构工作人员才能实施的。在内外勾结的贷款诈骗行为中,一般起主要或者关键作用的均是非金融机构工作人员,即如果没有非金融机构工作人员,贷款诈骗行为很难成功。而按共犯原理,如果身份犯和非身份犯内外勾结实施并不要求是特殊主体的犯罪,其中的身份犯也可构成这一犯罪。

（二）内外勾结骗取使用贷款行为的定性

如果金融机构的工作人员以转贷牟利为目的或以其他使用为目的,与非金融机构工作人员内外勾结,以欺骗的手段套取银行或者其他金融机构贷款的,对金融机构工作人员应以挪用公款罪或者挪用资金罪论处,其刑法依据和原理与上述骗取占有贷款案件相同。其中的非金融机构工作人员如果属于实际使用人的,且使用人与挪用人共谋,指使或者参与策划取得挪用款的,对非金融机构工作人员以挪用公款罪或者挪用资金罪的共犯论处。但是,如果在这类案件中,非金融机构工作人员在故意的产生和行为的具体实施中均起着主要作用,笔者认为,对相关行为实施者应以高利转贷罪或者骗取贷款、票据承兑、金融票证罪的共犯论处。这是因为,在这一情况中,非金融机构工作人员并非是以非法占有为目的,而是通过将获取的贷款转手贷给其他单位或个人并收取高额利息,或者以欺骗手段在获取银行或者其他金融机构的贷款后加以滥用。这就完全符合了《刑法》中关于高利转贷罪或骗取贷款、票据承兑、金融票证罪的构成要件,而金融机构工作人员与非金融机构工作人员虽然具有共同故意,但是,金融机构工作人员只是起配合或者帮助作用,因而从刑法原理上应按高利转贷罪或者骗取贷款、票据承兑、金融票证罪的共犯论处。

（三）内部人员单独骗取占有贷款行为的定性

如果金融机构工作人员以非法占有为目的,单独利用职务上的便利,骗取贷款的,应以贪污罪或者职务侵占罪论处。因为金融机构工作人员尽管具有欺诈获取贷款的行为,但是这种行为是利用行为人的职务上的便利实施的,而且非法占有贷款的目的也是其利用职务上的便利才能实现的,这就完全符合贪污罪或者职务侵占罪的构成要件。这些内部成员属于国家工作人员的,当然可以构成贪污罪;如果这些内部成员系非国家工作人员,则应构成职务侵占罪。

（四）内部人员单独骗取使用贷款行为的定性

如果金融机构工作人员以转贷牟利为目的,或者以个人使用为目的,单独利用职务上的便利骗取贷款的,应以挪用公款罪或者挪用资金罪论处。这是因为,金融机构工作人员无论是通过将获取的贷款转手贷给其他单位或个人,并收取高额利息,还是将贷款作其他使用,实际上均是挪用本单位资金的行为,即均是对银行或者其他金融机构贷款使用权的侵害。根据《刑法》第185条的规定,商业银行等金融机构的工作人员利用职务上的便利,挪用本单位或者客户资金的,以挪用资金罪定罪处罚。国有商业银行等金融机构的工作人员和国有商业银行等金融机构委派到非国有金融机构从事公务的人员利用职务上的便利,挪用本单位或者客户资金的,以挪用公款罪定罪处罚。由于在内部人员单独骗取使用贷款的案件中,行为人主观上不具有非法占有的故意,因而对行为人不能以贪污罪或者职务侵占罪论处,而只能以挪用类犯罪论处。如果这些内部成员属于国家工作人员的,当然可以构成挪用公款罪;如果这些内部成员系非国家工作人员,则应构成挪用资金罪。

五、事后故意不归还贷款行为的定性

对于行为人以非法占有为目的,以虚构事实、隐瞒真相的方式骗取银行或者其他金融机构贷款的行为,应以贷款诈骗罪认定,这在理论和实践中已没有异议。但是,对于行为人在获取贷款时并无非法占有目的,而在事后却因各种各样的原因产生了占有的目的和占有的行为,应如何定性,却争议颇大。

司法实践中,此类情况主要表现为:

第一,以合法手段取得贷款后,再采取欺诈手段不归还贷款。

这种情况往往是行为人通过合法的手段申请并获取银行或者其他金融机构的贷款后,在规定的归还日期到来之前,以经营亏损为由,采取转移或隐藏资金、携款潜逃等方式逃避归还贷款。

第二,以欺诈手段取得贷款后,先使用贷款再采取欺诈手段不归还贷款。

这种情况主要是行为人在向银行或者其他金融机构申请并获取贷款时,虽然使用了一定的欺诈手段,但有证据证明行为人主观上并无非法占有目的,而只是想使用贷款,但在使用过程中,行为人萌发占有目的,以经营亏损为由,采取欺诈手段逃避归还贷款。

对于上述理论上称为"事后故意"的情况,有人认为,这种案件不能以贷款诈骗罪论处。其理由是:构成贷款诈骗罪,必须是既采用了《刑法》中规定的欺诈方法,又具有非法占有贷款的目的,二者必须同时具备,缺一不可。而在这种案件中,行为人虽然具有非法占有贷款的目的,但这一目的产生在贷款后,且行为人不具有《刑法》所规定的贷款诈骗方法。[①]也有人认为,事后故意虽然产生在取得

---

① 参见侯国云、肖云洁:《有关金融诈骗罪的几个问题》,载赵秉志主编:《新千年刑法热点问题研究与适用》(下),中国检察出版社2001年版,第1078页。

贷款以后,但行为人仍具备"非法占有金融机构贷款"的主观目的。另外,行为人客观行为方式符合《刑法》第 193 条第 5 款规定的"以其他方法诈骗贷款"的情况。因此,事后故意行为符合贷款诈骗罪的主客观构成要件,应以贷款诈骗罪处理。①还有人认为,事后故意的占有贷款行为虽具有相当大的社会危害性,直接威胁到银行贷款的安全,但本罪客观方面的行为应当是先采用虚构事实、隐瞒真相等方法欺骗银行等金融机构,使其信以为真,从而骗取贷款。如果行为人在贷款到手后才使用欺骗手段非法占有贷款,不符合贷款诈骗罪的主观特征,而且国家立法机关和最高人民法院、最高人民检察院也没有对贷款诈骗罪中的"其他方法诈骗贷款"的含义作出明确司法解释,因而事后故意的贷款欺诈行为不构成贷款诈骗罪。②

笔者认为,对于事后故意不归还贷款行为的定性,应该具体问题具体分析,不能一概而论。关键是看行为人是否具有非法占有的目的,并且行为人是否采用了欺骗的手段获取贷款。当然,行为人使用了欺骗的手段获取贷款并不意味着行为人在主观上一定具有非法占有的目的,如果行为人具有其他目的,可构成高利转贷罪或骗取贷款、票据承兑、金融票证罪等。通常情况下,如果行为人在主观上事先具有非法占有的目的,则一定会使用欺骗的手段。但是,如果行为人非法占有贷款的目的是在取得贷款后产生的,则获取金融机构贷款并非一定会使用欺骗的手段。对此,《全国法院审理金融犯罪案件工作座谈会纪要》明确指出:对于合法取得贷款后,没有按规定的用途使用贷款,到期没有归还贷款的,不能以贷款诈骗罪定罪处罚;对于确有证据证明行为人不具有非法占有的目的,因为不具备贷款的条件而采取了欺骗手段获取贷款,案发时有能力履行还贷义务,或者案发时不能归还贷款是因为意志以外的原因,如经营不善、被骗、市场风险等,不应以贷款诈骗罪定罪处罚。对于这一规定,笔者认为,应从以下两个方面把握。

一是对于合法取得贷款后到期没有归还的情况,即使行为人没有按规定的用途使用贷款而导致到期没有归还贷款,一般也不能构成贷款诈骗罪。但是,如果行为人合法取得贷款后,采用抽逃、转移资金、隐匿财产等手段,以逃避返还资金的;或者采用隐匿、销毁账目,以及假破产、假倒闭等手段,以逃避返还资金的,则应构成贷款诈骗罪。因为在这些情况下,尽管行为人是以合法的手段获取贷款,但事后明显产生了非法占有的目的,并实施了逃避返还资金(即占有贷款)的

---

① 参见吕敏、王宗光:《浅析当前贷款诈骗罪的特征与认定》,载赵秉志主编:《新千年刑法热点问题研究与适用》(下),中国检察出版社 2001 年版,第 1175 页。

② 参见吕敏、王宗光:《浅析当前贷款诈骗罪的特征与认定》,载赵秉志主编:《新千年刑法热点问题研究与适用》(下),中国检察出版社 2001 年版,第 1175 页。

行为,当然可以构成贷款诈骗罪。

二是对于因不具备贷款的条件而采取了欺骗手段获取贷款后到期没有归还的情况,则应以行为人是否具有非法占有目的为标准,作为划分此罪与彼罪的界限。如果确有证据证明行为人不具有非法占有的目的,即使行为人使用欺骗手段获取贷款后到期不能归还贷款的,也不能以贷款诈骗罪认定。《全国法院审理金融犯罪案件工作座谈会纪要》是在《刑法修正案(六)》出台之前颁布的,事实上,《刑法修正案(六)》已经将滥用贷款的行为规定在新增设的骗取贷款、票据承兑、金融票证罪(《刑法》第175条之一)中。因此,对于上述因不具备贷款的条件而采取了欺骗手段获取贷款后到期没有归还,给银行或者其他金融机构造成重大损失的,行为人的行为可以构成骗取贷款、票据承兑、金融票证罪。如果行为人具有非法占有的目的,同时又采用了欺骗手段获取贷款且到期不归还的,则可以贷款诈骗罪论处。

可见,对于事后故意不归还贷款行为的定性,关键不在于行为人是合法取得贷款还是非法取得贷款,而主要在于查明行为人是否具有非法占有的目的,无论这种目的的产生在贷款之前还是贷款之后,只要行为人具有非法占有的目的,均可构成贷款诈骗罪。而行为人如不具有非法占有的目的,即使以欺诈手段获取贷款,也不能构成贷款诈骗罪,而只能构成其他犯罪。

六、以骗取担保的形式骗取贷款行为的定性

司法实践中曾发生过行为人以骗取他人担保的形式,获取并占有金融机构贷款的案件。在这类案件中,行为人向金融机构提供虚假证明文件,同时骗取担保人的信任向金融机构提供担保,以申请贷款的方式获取金融机构贷款后加以占有,并由担保人代为偿还部分或者全部贷款。由于行为人虽然客观上存在两个欺骗对象(既欺骗了担保人,也欺骗了金融机构),但目的只有一个,即占有金融机构的贷款,而且行为人欺骗担保人的行为只是手段,是骗取贷款行为的组成部分,是为行为人实现占有贷款的目的服务的。因此,理论上和司法实践中普遍认为,对行为人的行为只能定一罪,不能实行数罪并罚。

但是,对行为人的行为究竟应以何罪认定和处罚,实践中则有不同的观点。有人认为,对行为人的行为应根据受损失方确定具体罪名。如果最终受损失方是金融机构,应以贷款诈骗罪定罪;如果最终受损失方是担保人,应以合同诈骗罪定罪。也有人认为,以受损失方作为定性依据是可行的,但不应该以“最终受损失方”作为依据。因为在案件侦破和审判过程中,要确定最终受损失方只能通过推理,而这种推理往往又是不确定的。据此,持该观点者主张,应将案件侦破和审判时,损失所停留的当事人认定为损失方。其理由是:其一,行为人在犯罪对象上是概括性的犯意。行为人不是真心贷款,而是以占有为目的,因而欺骗了金融机构;由于金融机构要求行为人找担保,于是行为人就欺骗该担保人。行为人的目的就是占有贷款,至于最终是谁承担贷款的损失,行为人在主观上并不作具体区分。其二,行为人骗取的担保能否兑现,事实上处于不确定状态。因为有真实的担保能力,也未必能真正地执行担保。如果金融机构一发现被骗,就立刻将担保兑现,兑现之后才案发,那么这个损失就停留在担保人处,对行为人的行为就应定合同诈骗罪。如果金融机构没有办法很快摆脱这一损失,对行为人的行为就应以贷款诈骗罪认定。①

笔者对于上述观点均不能苟同。依笔者之见,上述观点只是认定的角度不完全一样,但本质上均是以被害方是谁作为认定行为人行为性质的标准或者依据。事实上,这种认定标准既不符合刑法基本原理,也不利于司法实践中对这类案件性质的正确认定。笔者主张,对这类案件中行为人的行为均应该以贷款诈骗罪认定。

首先,当一个案件进入刑事司法程序时,相关的民事责任实际上均处于不确定的状态。在涉及金融诈骗犯罪刑事案件的处理过程中,究竟谁是被害人很难确定,甚至从某种程度上说是不能确定的,否则就有以刑事认定替代民事认定的问题。特别是在对行为人的行为定性后,如果以后民事认定的被害人与刑事认定的不同,是否还要对刑事判决进行改判? 可见,以不确定的因素作为对行为人行为定性的依据本身就是不科学的。

其次,无论是以"最终受损失方"还是以"损失停留方"作为定性标准,事实上均可能出现对行为人行为的不同定性,即行为人的行为既可能构成合同诈骗罪,也可能构成贷款诈骗罪,这就必然导致同行为不同罪的情况出现。但是,在这类案件中,行为人所实施的诈骗行为完全一样,并没有因为受损失方的变化而有所区别。由此可见,对于相同的行为以不同犯罪定性,显然不符合刑法基本原理。

最后,从行为人的目的及主要欺骗手段分析,在这类案件中,行为人的目的是占有金融机构的贷款,欺骗别人为其贷款提供担保只是骗取金融机构贷款的一种手段,其行为实质还是骗取金融机构的信任,占有贷款。由此看来,金融机构处于被骗者的地位是显而易见的,至于金融机构是否要承担民事责任其实并非刑事判决所要考虑的问题。笔者认为,在贷款诈骗案件中,被骗者与民事责任承担者并非一定要求一致。被骗损失方是谁不应该成为对行为人行为定性的决定因素,事实上,即使是被骗提供担保者承担了损失,也无法改变行为人骗取占

---

① 参见任卫华:《当前刑事审判工作中若干重大法律适用问题解读》,载《上海审判实践》2007年第7期。

有金融机构贷款的客观事实。依笔者之见,刑事上对于行为人行为的定性,主要是看行为人的行为和主观方面,而不在于分析当事人之间的法律关系。对行为人而言,无论被骗者是谁,只要其主观上具有占有金融机构贷款的目的,客观上实施了欺骗金融机构的行为,均可以构成贷款诈骗罪。至于最终谁是实际损失的承担者并承担民事责任,则应该由民事判决加以确认。

第三节　票据诈骗罪的司法认定

随着市场经济的建立和发展,仅以货币作为支付手段已不能适应当今经济活动发展的需要。由于在经济活动中行为人出于保障自己利益的需要,一般都不愿先履行义务,因此,往往会导致许多经济活动无法顺利进行。由此,需要一种新的支付手段解决权利让渡和货币支付相分离的问题,于是票据作为一种信用工具应运而生。以票据为信用工具既无需货币直接介入,又可以保证买卖顺利进行和资金的安全周转。目前,票据已从商业票据发展到商业票据和银行票据并存,在商品经济中所起的作用也越来越大。可以说,票据已经成为当今社会经济活动中必不可少的金融工具,它以高效安全的特点发挥了加速资金周转与促进商品流通的重要作用。

票据诈骗犯罪是票据活动的负面产物,它随着票据制度的产生、发展而产生、发展。可以说,没有票据及相应的票据结算制度,就不可能有票据诈骗犯罪。我国所发生的金融犯罪案件,多数与票据这一重要的金融工具有关,而且其中表现较为突出、社会危害性较为严重的主要是票据诈骗罪。

一、本罪的立法依据

票据是指出票人依据票据法签发的,约定由自己或者委托他人于见票时或者确定的日期,向持票人或者收款人无条件支付一定金额的有价证券。在法律上,票据有广义和狭义之分。狭义的票据仅指汇票、本票、支票。我国《票据法》第2条规定:"本法所称票据,是指汇票、本票和支票。"广义的票据是指能使财产证券化并具有支付功能的所有证券,除了汇票、本票、支票外,还包括发票、提单、仓单、保函等。《刑法》上采用狭义的票据概念。

票据作为现代经济生活中必不可少的信用支付工具,极大地促进了商品交易的流通。票据活动成为世界金融活动的重要组成部分。为了保证票据制度正常运行,各国和地区都将严重的票据欺诈行为规定为犯罪。但是,世界各国和地区有关票据诈骗犯罪所作的规定,在立法体例、犯罪构成要件以及犯罪类型的归属等方面并不完全相同。鉴于票据诈骗犯罪的日益严重,将票据诈骗罪逐步从一般诈骗犯罪中分离出来独立成罪,已成为世界各国和地区刑事立法的一种趋势。

由于我国在改革开放前长期实行计划经济体制,财政信贷管理制度高度集中,因此,在信用上取消了商业信用,集信用于国家银行;在结算上取消了多种结算方式及流通工具,实行服务于指令性计划的几种固定结算方式。票据作为结算工具,仅用于同城结算,而且仅限于支票,在国内取消了汇票和本票,汇票的使用仅限于国际贸易。因此,与票据有关的犯罪,特别是票据诈骗罪也无从谈起。

在这种背景下,我国 1979 年《刑法》当然不可能将票据诈骗罪独立设罪,所涉及票据犯罪的规定只有伪造支票的犯罪,并将其规定在伪造有价证券罪之中。1979 年《刑法》第 123 条规定:"伪造支票、股票或者其他有价证券的,处七年以下有期徒刑,可以并处罚金。"即在较长一段时期内,我国司法实践中出现的票据诈骗犯罪,除部分按照伪造有价证券罪定罪处罚外,其余只能以诈骗罪定罪处罚。中共十一届三中全会后,我国开始了金融体制的重大改革,建立票据制度是其中的一项重要内容。1981 年,经中国人民银行批准,上海、辽宁和四川等省市开始试办票据承兑贴现业务。1984 年,中国人民银行发布《商业汇票承兑贴现暂行办法》,规定在全国商业银行范围内开展汇票承兑贴现业务。1987 年,中国人民银行、中国工商银行、中国银行、中国建设银行联合发布了《华东三省一市票汇结算试行办法》。1988 年,中国人民银行颁布《银行结算办法》,①全面推广使用银行汇票、商业汇票、银行本票、支票,同时规定允许个人使用支票。1995 年第八届全国人大常委会第十三次会议讨论通过了《票据法》,于 1996 年 1 月 1 日施行,并于 2004 年修正。由此,我国的票据制度逐步建立和完善起来。票据诈骗行为可以说是与票据制度的建立和完善相伴而生的。没有票据制度,就不可能有票据诈骗犯罪。《票据法》第 102 条规定,有下列票据欺诈行为之一的,依法追究刑事责任:(1)伪造、变造票据的;(2)故意使用伪造、变造的票据的;(3)签发空头支票或者故意签发与其预留的本名签名式样或者印鉴不符的支票,骗取财物的;(4)签发无可靠资金来源的汇票、本票,骗取资金的;(5)汇票、本票的出票人在出票时作虚假记载,骗取财物的;(6)冒用他人票据,或者故意使用过期或者作废的票据,骗取财物的;(7)付款人同出票人、持票人恶意串通,实施前六项所列行为之一的。但是,《票据法》的规定从性质上讲属于非刑事法律中的附属刑法规范,它的适用还依赖于刑事法律的配套与落实。

为了打击金融犯罪,《票据法》颁布后仅一个多月,1995 年 6 月 30 日全国人大常委会就出台了《关于惩治破坏金融秩序犯罪的决定》。该《决定》第 12 条第

---

① 该《办法》已于 1997 年 6 月 4 日被中国人民银行废止。

1款列举了以下几种票据诈骗行为：(1)明知是伪造、变造的汇票、本票、支票而使用的；(2)明知是作废的汇票、本票、支票而使用的；(3)冒用他人的汇票、本票、支票的；(4)签发空头支票或者与其预留印鉴不符的支票，骗取财物的；(5)汇票、本票的出票人签发无资金保证的汇票、本票或者在出票时作虚假记载，骗取财物的。第2款规定，使用伪造、变造的委托收款凭证、汇款凭证、银行存单等其他银行结算凭证的，依照前款的规定处罚。从量刑幅度看，该《决定》规定了三个量刑幅度：数额较大的，处5年以下有期徒刑或者拘役，并处2万元以上20万元以下罚金；数额巨大或者有其他严重情节的，处5年以上10年以下有期徒刑，并处5万元以上50万元以下罚金；数额特别巨大或者有其他特别严重情节的，处10年以上有期徒刑、无期徒刑或者死刑，并处没收财产。从犯罪的主体看，该《决定》规定了单位犯罪。该《决定》第12条第3款规定，单位犯前两款罪的，对单位判处罚金，并对直接负责的主管人员和其他直接责任人员，依照第1款的规定处罚。1997年《刑法》明确将票据诈骗罪独立设罪并原封不动地保留了上述决定列举的五种票据诈骗行为，但对量刑幅度和单位犯罪作了一定的调整。1997年《刑法》第194条规定："有下列情形之一，进行金融票据诈骗活动，数额较大的，处五年以下有期徒刑或者拘役，并处二万元以上二十万元以下罚金；数额巨大或者有其他严重情节的，处五年以上十年以下有期徒刑，并处五万元以上五十万元以下罚金；数额特别巨大或者有其他特别严重情节的，处十年以上有期徒刑或者无期徒刑，并处五万元以上五十万元以下罚金或者没收财产……"第199条规定："……数额特别巨大并且给国家和人民利益造成特别重大损失的，处无期徒刑或者死刑，并处没收财产。"①第200条规定，单位犯票据诈骗罪的，"对单位判处罚金，并对直接负责的主管人员和其他直接责任人员，处五年以下有期徒刑或者拘役，可以并处罚金；数额巨大或者有其他严重情节的，处五年以上十年以下有期徒刑，并处罚金；数额特别巨大或者有其他特别严重情节的，处十年以上有期徒刑或者无期徒刑，并处罚金"。

《刑法修正案(八)》取消了票据诈骗罪死刑的法定刑设置，这符合全球金融市场法治实践的趋势。

二、客观要件的认定

根据《刑法》第194条的规定，票据诈骗罪在客观方面具体表现为五种行为。

（一）明知是伪造、变造的汇票、本票、支票而使用的

使用明知是伪造、变造的汇票、本票、支票进行诈骗活动，是票据诈骗罪在客

---

① 该条已被《刑法修正案(九)》删除。

观方面最主要的表现形式之一。从理论上说,此处的"使用",必须是以能够实现法定的票据功能、用途的方式使用的行为。换言之,只有可以用票据进行支付结算等经济行为的才属于这里的"使用"。由于在金融业务活动中,票据具有汇兑、信用、支付、结算、融资等功能,因此,这里的"使用"显然应该包括使用伪造、变造的票据进行汇兑、信用、支付、结算、融资等金融活动。

对于票据诈骗罪中"使用"这一行为是否包括间接使用,在理论上和实践中均存在不同的观点。有学者认为,此处的"使用",是指以非法占有他人资金或者财物为目的,以伪造、变造的票据冒充真实票据,进行诈骗活动的行为。从理论上讲,这种"使用"既应包括直接利用伪造、变造的票据骗取他人资金或财物,也应包括利用伪造、变造的票据作为担保骗取他人财物。①也有学者认为,在本罪的立法以及其他金融诈骗罪立法都缺乏明确性的情况下,本罪所谓"使用"的行为应通过立法解释限定在"直接使用"的范围内。②

笔者赞同上述第二种观点。因为票据诈骗罪中的使用行为是否包括间接使用的内容,可以从对票据诈骗罪侵犯的主要客体角度分析得出结论。依据刑法基本原理,犯罪客体决定犯罪的性质,如果某一行为并未直接对刑法所保护的社会关系造成侵犯,就不能构成某种特定的犯罪。由于票据诈骗罪侵犯的主要客体为票据管理秩序,因此,只有直接对票据管理秩序造成侵犯的行为才可能构成票据诈骗罪。事实上,以伪造、变造的票据作虚假担保等行为并不涉及票据关系和票据权利,所侵犯的是被担保的经济关系,而不是票据管理秩序。就此而言,尽管以伪造、变造的票据作担保骗取他人财物也是一种利用伪造、变造的票据进行诈骗的行为,但是,由于这种行为并不直接侵犯票据管理秩序,因此,不能构成票据诈骗罪。司法实践中,对以伪造、变造的票据作虚假担保等行为,可以根据具体行为的内容分别以贷款诈骗罪、合同诈骗罪等诈骗类犯罪论处。

另外,票据诈骗罪中的使用行为是否包括将伪造、变造的票据作虚假背书转让的行为,也是一个很值得讨论的问题。有学者认为,在伪造的票据上虚假背书,显然应该是双重伪造行为,但并不存在实际使用行为。因此,虚假背书转让伪造票据,并不属于使用伪造票据犯罪范畴,而是伪造票据犯罪问题。例如,某甲以他人为出票人、以自己为收款人签发了一张汇票,然后又背书给某乙,以偿还自己的债务。在此案中,某甲在同一张汇票上既实施了出票伪造,又实施了背书伪造,应该认定为伪造票据犯罪,而非票据诈骗犯罪。使用变造票据的行为人

_____

① 参见马克昌:《经济犯罪新论——破坏社会主义市场经济秩序罪研究》,武汉大学出版社 1998 年版,第 262 页。

② 参见刘生荣、但伟:《破坏市场经济秩序犯罪的理论与实践》,中国方正出版社 2001 年版,第 168 页。

包括票据当事人和非票据当事人。非票据当事人将变造的票据背书转让给他人,可能涉及票据背书伪造行为。因为根据《票据法》,变造的票据是真实的票据,在真实票据上非法背书构成伪造票据行为。而票据当事人将变造的票据背书转让给他人,并不涉及票据背书伪造行为。因为根据《票据法》的规定,其背书转让票据的行为是合法的。①

笔者认为,以伪造、变造的票据作虚假背书转让行为理应属于票据诈骗罪中的使用行为,而不应属于伪造金融票证行为。其理由是,票据法上的概念与刑法上的概念并不一定完全一致,不能简单地加以套用。在认定犯罪时,应以《刑法》的具体规定为依据。由于在金融活动中,票据转让一般均采用背书形式,而根据票据法律基础知识,在真实的票据上冒用票据当事人进行背书属于背书伪造行为。但是,这种伪造行为仅仅是针对背书而言,在刑法中这种行为被列入"冒用"的范围而并没有被列入"伪造"的范围。《刑法》对伪造、变造票据的行为专门设立了伪造、变造金融票证罪,但这一罪状中所指的伪造、变造,仅指对票据本身的伪造或变造,而并没有将伪造背书的行为归入其中。由于在这种情况下,行为人对背书的伪造、变造行为是以实际存在伪造、变造的票据为前提的,相关的背书伪造、变造行为事实上是对伪造、变造票据的实际使用。因此,从理论上分析,应该将虚假背书行为视为使用行为。即如果行为人在伪造、变造的票据上进行虚假背书转让的,理应属于使用行为而可能构成票据诈骗罪。

(二) 明知是作废的汇票、本票、支票而使用的

对票据诈骗罪上述客观方面的行为表现,除使用行为笔者已经作过讨论外,理论和实践中主要围绕"作废的汇票、本票、支票"的范围与内涵展开研究。

对于"作废"票据的范围,理论上有几种不同的观点。有人认为,作废的票据是指根据法律和有关规定不能使用的金融票据,它既包括《票据法》规定的过期票据,也包括无效及被依法宣布作废的票据。②有人则认为,所谓作废的票据是指按照票据法律法规规定不能使用的票据,包括已经实现付款请求权的票据、《票据法》规定的无效票据、银行宣布停止使用的票据和超过票据权利时效的过期票据四类。③也有人认为,作废的票据主要包括以下几种:其一,无效的票据;其二,过期票据;其三,破产、倒闭、解散或被依法撤销的企业的本应及时上缴或销毁,但因种种原因而未被及时上缴或销毁,继续存留在有关人员手中的支票等票据;其四,银行等金融机构根据国家规定予以作废的票据,如国家规定更换票

---

① 参见刘华:《票据诈骗犯罪若干问题研究》,载《法学研究》2000 年第 6 期。

② 参见王晨:《诈骗犯罪研究》,人民法院出版社 2003 年版,第 126 页;孙军工:《金融诈骗罪》,中国人民公安大学出版社 2003 年版,第 74 页。

③ 参见刘华:《票据犯罪研究》,中国检察出版社 2001 年版,第 174 页。

据版本,而不得再使用的旧的票据;其五,依《民事诉讼法》中的公示催告程序作出除权判决的票据。①还有人认为,据《现代汉语词典》解释,"作废"是指因失效而作废。可见,"作废"有一个从有效到失效的发展变化过程,如果自始至终均无法律效力,则无所谓作废的问题。由此,作废的票据只能包括付款请求权已经实现的票据、过期的票据和被依法宣布作废的票据三类。②

分析上述观点,不难发现,对于票据诈骗罪中的"作废"票据范围与内涵的争议主要集中在以下几个问题。

1. 无效票据是否属于作废票据?

笔者同意上述最后一种观点,即无效票据不能成为作废的票据。我国《票据法》并未明确规定无效票据的具体含义,但从一般意义上讲,所谓无效票据,当然应该是指那些不能发生法律效力的票据。据此而言,无效票据从实质上分析并不是真正的票据,它们不能作为票据权利的载体,亦即不能作为有价证券这样一个特殊的"物"而存在,实际上只能作为可记载一定内容的普通纸张等一般的"物"而存在。换言之,如果一份票据有效,那么它就是作为有价证券的票据,可以依其行使票据权利;如果以后失效了,则应视为作废的票据。但是,一份"票据"如果从一开始就是无效的,那么它就根本不是法律意义上的票据,当然不能依其行使任何票据权利。正是因为无效票据从一开始就不是票据,所以,无效票据也就不可能成为票据诈骗罪中的作废票据。

2. 因破产等原因被注销的企业的本应及时上缴或销毁而没有上缴或销毁的票据是否属于作废的票据?

笔者认为,这些所谓的"票据"显然不属于作废票据的范围。其理由是,因为破产、倒闭、解散或被依法撤销的企业的本应及时上缴或销毁,但因种种原因而未及时上缴或销毁,继续存留在有关人员手中的支票等所谓"票据",其实质应该是票据用纸,而不能将其视为作为有价证券的票据。根据票据法基本原理,票据是设权证券、文义证券,行为人要使用这些应上缴或销毁而没有上缴或销毁的票据(用纸)进行诈骗,必须首先在票据(用纸)上通过文义设立票据权利,即在票据(用纸)上记载一定的内容,只有票据上记载的文义才是判断票据权利的根据。由于在行为人通过文义设立票据权利之前,并不存在所谓的有效"票据",因此,也就不存在所谓从有效到失效的转化过程。如果行为人利用这些应上缴或销毁的票据(用纸)记载一定的内容进行诈骗,事实上该票据已经属于伪造的票据而不是作废的票据。就此而言,笔者认为,因破产等原因被注销的企业的本应及时

---

① 参见王作富:《刑法分则实务研究》,中国方正出版社 2001 年版,第 570 页。
② 参见李文燕:《金融诈骗犯罪研究》,中国人民公安大学出版社 2002 年版,第 139—140 页。

上缴或销毁而没有上缴或销毁的票据,究其实质只是空白的票据(用纸),根本不属于有价证券中的票据,因而也就不能将其视为作废的票据。

　　3. 银行等金融机构宣布作废或者停止使用的票据是否属于作废的票据?

　　对此,在理论上,大多数学者主张将其视为作废的票据。笔者对此不能赞同,理由是:正如前述,判断某一"物"是否属于作废的票据,关键在于其相关的票据权利是否存在从有效到失效的过程。也即使用作废的票据,其实质是行使已不存在的票据权利,而并非是使用已经无效的票据(用纸)。银行等金融机构宣布作废或者停止使用的票据实际上只是票据(用纸),由于并没有通过文义设定过任何票据权利,因此,从本质上说不具有有价证券中票据的特征,将其视为作废的票据存在明显的不合理性。实践中,如果行为人在银行等金融机构宣布作废或者停止使用的票据上通过文义设立虚假票据权利进行诈骗的,应该将这一行为归入票据诈骗罪"使用伪造的票据"客观行为之中。

　　综上所述,笔者认为,票据诈骗罪中所谓"作废的票据"与"伪造的票据"最主要的区别在于是否实际存在过票据权利的设定。作废的票据存在从有效到失效的过程,而伪造的票据则不存在有效的前提。在票据(用纸)上虚假设立票据权利而成的票据,只能视为伪造的票据而不能视为作废的票据。以此为标准,我们可以对以下几种票据进行分析:其一,已实现付款请求权的票据应该属于作废的票据。已经实现付款请求权的票据,因票据债务履行,票据权利实现,票据所代表的债权债务关系消灭而失去效力,其本身存在从有效到失效的过程,因而当然属于作废的票据。其二,由法院作出除权判决的票据属于作废的票据。所谓除权判决,是在票据丢失或者被盗的情况下,由票据权利人向人民法院提出申请宣布该票据无效,以便行使票据权利,法院经过一定的期限,在没有利害关系人申报权利的情况下,作出的宣布该票据无效的判决。就此而言,除权判决在本质上是宣告票据权利与票据本身相分离,使票据失去效力的判决。正因为除权判决使票据权利与票据相分离,票据权利人便可持该判决行使原本应凭票据而行使的票据权利。也就是说,除权判决使该票据上所记载的票据权利消灭。这一过程显然符合从有效到失效的要求,因此,将该票据视为作废的票据是完全合理的。其三,已过期的票据也应该属于作废的票据。首先,这个问题实际上是因为《刑法》与《票据法》立法之间的冲突或不协调所产生的。1995 年 6 月 30 日全国人大常委会《关于惩治破坏金融秩序犯罪的决定》确立票据诈骗罪时,《票据法》尚未生效,立法者使用了"明知是作废的汇票、本票、支票而使用"的表述,其后生效的《票据法》明确规定"故意使用过期或者作废的票据,骗取财物的",应追究刑事责任。这显然将"过期"和"作废"分开规定。但是,1997 年《刑法》修订时未参照《票据法》内容将"过期"和"作废"分开规定。从刑法立法原意分析,显然应该将《票据法》规定要追究刑事责任的"使用过期票据"的行为,归入《刑法》第194条"使用作废的票据"的行为中。这样既解决了《刑法》与《票据法》不协调的问题,又符合人们习惯上将过期票据等同于作废票据的观念。其次,所谓过期的票据,是指因超过法定的票据时效期限而致票据权利在法律上宣告消灭的票据。由于过期的票据实际上存在票据权利设定的情况,即客观上存在从有效到失效的过程,因此,我们不能将过期的票据解释成票据用纸。《票据法》第18条规定:"持票人因超过票据权利时效或者因票据记载事项欠缺而丧失票据权利的,仍享有民事权利,可以请求出票人或者承兑人返还其与未支付的票据金额相当的利益。"可见,过期票据已丧失了票据权利,票据权利的消灭时效是一种短期时效,同时,它独立于票据原因关系债权的消灭时效。[1]即此种票据不发生任何效力,所谓的仍享有民事权利,并不是因票据而享有的民事权利,而是因当事人的基础交易行为产生的。所以,过期票据本身并无任何权利,更不可能合法使用,如果对其加以使用,当然可以构成票据诈骗罪。

（三）冒用他人的汇票、本票、支票的

根据《刑法》第194条,冒用他人的汇票、本票、支票进行诈骗活动是票据诈骗犯罪的客观行为表现之一。所谓冒用他人的票据,是指行为人擅自以合法持票人的名义,支配、使用、转让自己不具备支配权利的他人的汇票、本票、支票的行为。

票据作为一种有价证券,是完全的有价证券,即票据权利的产生、转让与交付都以票据的存在为必要。票据权利和票据是不可分割的,出票人依法交付票据时,持票人即取得了票据权利。当然,基于票据权利和票据的不可分割性,如果以窃取或其他途径取得他人的票据,如代为保管或者拾得他人遗失的票据,也存在冒充合法的持有人享有票据权利的可能。

1. 冒用他人票据的含义及特征。

在理论上,对何为冒用他人的票据有不同的解释:其一,冒用他人票据,是指行为人擅自以合法持票人的名义,支配、使用、转让自己无权支配的合法持票人的票据的行为;其二,冒用是指无权利人在缺乏法律依据或者没有得到他人授权的情况下,利用真正票据权利人的票据,获取资金和商品等财物;其三,冒用票据行为是指非票据权利人假冒票据权利人,行使其票据权利骗取财产的行为。[2]

综上所述,认为冒用的特征在于假冒票据权利人的身份、擅自利用权利人的名义,这显然是一种共识,即学者对于"冒"的理解是一致的。但在"用"的看法上则有不同意见。

---

① 参见强力:《金融法》,法律出版社1997年版,第400页。
② 参见李文燕:《金融诈骗犯罪研究》,中国人民公安大学出版社2002年版,第141页。

笔者认为,冒用他人的票据行为具有如下特征。

其一,冒用的前提是有他人票据的存在。对于这里的"他人票据"是否包括他人伪造、变造或者作废的票据,理论上有不同意见。有学者认为,通常情况下,行为人使用的票据是他人合法有效的票据,但这是一种现象,而不是法定的构成要件,因此不排除在特殊情况下,冒用他人伪造、变造、作废的票据的可能性。《刑法》第194条并没有也没有必要要求行为人冒用他人票据时必须明知该票据是真实、有效的票据。[①]笔者不赞同这一观点。依笔者之见,这里所谓的"他人票据"必须是真实、有效的票据,也即此票据已被他人通过文义设立了票据权利,否则就失去了冒用的前提。由于他人伪造、变造或者作废的票据并不存在实际的票据权利,因此行为人实际上不存在"冒"的行为,而只有"用"的行为,在此情况下的"用"只能属于票据诈骗罪中的使用伪造、变造的票据或者使用作废的票据行为。当然,这里所说的他人真实有效的票据,是以冒用者的主观认识为标准,而不是以他人票据的实际情况为根据。也即只要冒用者主观上认为他人的票据是真实、有效的票据,并实施了冒用行为,就可构成冒用型票据诈骗罪,至于票据实际情况如何不影响对冒用行为的定性。

其二,冒用他人票据行为的突出表现是行为人在他人不知道的情况下,以他人的名义行使票据权利。

其三,票据诈骗罪最本质的特征在于通过实施诈骗行为侵犯票据权利人的票据权利,这集中反映在对他人票据权利的滥用。因此,冒用他人的票据中的"用"应以"行使票据权利"解释为宜。在这一点上,上述第三种观点显然较为合理、正确。笔者认为,冒用票据行为与伪造票据行为的最主要区别在于:行为针对的是票据还是票据权利。如果在他人票据上进行非法记载,则有可能同时构成伪造金融票证罪或者变造金融票证罪;如果将他人票据作为财产凭证直接交付他人用以偿还债务,则是冒用他人票据。因为前者行为人在他人的票据上设立了虚假的票据权利,而后者行为人则是滥用了他人的票据权利。

2. 冒用行为与对象的认定。

正是由于冒用行为的本质特征在于假冒票据权利人行使票据权利,因此,冒用行为只能表现为两种类型:假冒票据权利人行使票据权利,或者假冒票据权利人的代理人行使票据权利。这里必须突出行使票据权利的行为,即冒用行为中既有"冒",也有"用",但行使他人的票据权利则是具有决定意义的行为。必须指出的是,这里的"冒用"不包括行为人假冒票据权利人的名义在票据上签章的行为。因为根据票据法原理,一张未经权利人签章的票据,实际上就意味着权利人

[①]　参见赵秉志:《金融诈骗罪新论》,人民法院出版社2001年版,第239页。

没有设立票据权利,此时我们只能将其视为票据(纸张)。行为人假冒票据权利人的名义在票据上签章,本质上还是虚假设立票据权利的行为,因而属于伪造票据的性质。如果行为人以此进行诈骗活动,应以票据诈骗罪中使用伪造的票据行为认定,而不能以冒用他人的票据行为定性。笔者认为,这里的"冒用"理应包括行为人假冒权利人的名义背书转让的行为。因为在这种情况下,行为人假冒票据权利人背书转让的票据实际上已经设立了票据权利,也即属于他人真实、有效的票据,行为人背书转让行为显然只是行使票据权利的方式,因此,以冒用他人的票据行为定性较为合理。

另外,理论上和实践中对于冒用死亡人的票据是否构成冒用型票据诈骗罪的问题存在争议。有学者认为,对于冒用他人票据,《刑法》并没有规定他人的生命状况,而是强调被冒用人是票据权利人,所以在理论上应该包括有生命的票据权利人和无生命的票据权利人。①也有学者认为,票据行为作为一种商事行为,尽管有不同于一般民事行为的特殊之处,但有一点却是共同的,即只要是参与票据行为的当事人,都必须具有票据权利能力和票据行为能力。票据权利能力始于自然人的出生,终止于自然人的死亡。由此,一个死亡人的票据权利自其生命终结之时已经不再属于该死亡人,而是自然转归其财产继承人。冒用死亡人的支票,对于冒用票据行为的认定的确不产生影响,但是此时被冒用的票据权利人并非死亡人,而是死亡人的财产继承人。②

笔者认为,冒用死亡人的票据同样也可以构成冒用型票据诈骗罪。从民商法角度分析,在票据权利人死亡后确实可能存在票据权利的转移问题。但是,这种票据权利的转移并不等同于票据权利的消失,且这种票据权利的转移并不能改变冒用者所冒用的票据仍然是他人真实、有效票据的性质。因此,行为人冒用死亡人票据的行为本质上还是对他人票据权利的滥用。至于此时的他人是指死亡人还是指死亡人的财产继承人,理应属于民商法而非刑法考虑的问题。从刑法角度分析,相对于冒用者而言,无论是死亡人还是死亡人的财产继承人均属于"他人"的范畴,只要是冒用他人真实、有效的票据就可构成冒用型票据诈骗罪。

(四)签发空头支票或者与其预留印鉴不符的支票,骗取财物的

与票据诈骗罪前三项法定行为不同的是,以签发空头支票或者与其预留印鉴不符的支票骗取财物为手段的行为人是合法出票人,即行为人相关票据诈骗行为是利用其形式上的合法出票人身份,通过欺诈性出票得以实施的。为此,理论上有人将此类票据诈骗行为称为滥用型票据犯罪。从《刑法》的规定看,此类

---

① 参见刘华:《票据犯罪研究》,中国检察出版社 2001 年版,第 186 页。
② 参见田宏杰:《票据诈骗罪客观行为特征研究》,载《中国人民公安大学学报》2003 年第 3 期。

票据诈骗行为具体表现为以下两种形式。

1. 签发空头支票进行诈骗。

根据《票据法》，支票是出票人签发的，委托办理支票存款业务的银行或者其他金融机构在见票时无条件支付确定的金额给收款人或者持票人的票据。在银行开立账户，是出票人签发支票的前提条件。申请人申请开立支票存款账户，必须使用其本名，并提交证明其身份的合法证件。开立支票存款账户和领用支票，应当有可靠的资信，并存入一定的资金。开立支票存款账户，申请人应当预留其本名的签名式样和印鉴。签发支票的出票人必须与付款人之间存在资金关系，禁止签发空头支票。因为支票是支付证券，见票即付，所以为确保支票即期支付功能的实现，《票据法》特别重视这种资金关系。

所谓空头支票，是指出票人签发的支票金额超过付款时在付款人处实有的存款金额的支票。根据《票据法》，使用支票必须在银行或者其他金融机构开立支票账户，也只有在银行开立支票存款账户，并注入一定的资金，才能领用支票。签发空头支票在很大程度上会严重影响支票的信用，扰乱金融秩序，损害持票人的合法权益，破坏经济往来的正常进行。在票据业务中，空头支票主要包括以下三种情形：一是没有存款的空头支票，即出票人账户内没有存款余额，付款银行又未答应垫付而签发的支票；二是超过存款的空头支票，即出票人签发的票面金额超过账户存款金额的支票，或者签发的支票金额超过付款银行垫付的余额的支票；三是提回存款的空头支票，即出票人签发支票后提走付款银行内的支票账户存款使支票不能支付的支票。由此，在实践中判断是否为空头支票，不应简单地看出票人在出票时所签发的支票金额与其在付款人处的实有存款金额是否一致，而应以出票人在法定付款期限内是否向持票人实际支付票款为准。

对签发空头支票的行为，世界各国和地区均强调要用法律加以制裁，但大多数以民事制裁和行政制裁为主。我国票据法对签发空头支票行为的制裁较为严厉，制裁形式以行政制裁和刑事制裁为主。《刑法》中也明确将签发空头支票骗取财物的行为列入票据诈骗罪的范畴。

应当指出的是，构成签发空头支票型票据诈骗犯罪，必须同时符合两个条件，即行为人实施了签发空头支票的行为，并利用签发的空头支票实际骗取了他人财物或者其他经济利益。如果行为人在签发支票时明知银行账户没有资金或者资金不足，但是，只要出票人在事后补足存款使持票人在法定的付款期内获得了票面所载的金额，例如，出票人在出票后付款前，在付款人处存入资金或者补足不足金额，或者出票人与付款人签有信用协议，付款人允许出票人透支等，在这种情况下，票据权利义务关系实际上没有遭到破坏，不能以签发空头支票型票据诈骗犯罪认定。

《刑法》第 194 条只规定了签发空头支票或者与其预留印鉴不符的支票,而对使用因此产生的价值基础不真实之票据的行为未作出明确的禁止性规定。有学者认为,此种行为因立法将主体限定为签发人,故使用的行为不能以犯罪论处,这就是对使用票据进行诈骗不构成犯罪的限制。[1]笔者不赞同这种观点。这种行为虽然因行为人不是签发人而不符合签发空头支票型票据诈骗犯罪的特征,但应该符合使用伪造、变造票据型票据诈骗犯罪的要求。由于行为人受让别人签发的空头支票后,往往是在明知付款请求权难以实现,即难以找到出票人,即使找到后也很难通过追索获得赔偿、弥补损失的情况,决定通过使用将损失转嫁他方,因此,这种情况下所产生的破坏性通常更大。不仅因持票人的转嫁使用而使签发人获得逃脱追究的机会,而且空头支票的流通会形成一串债务链,使原本稳定的危害弥漫于不特定的受让者人群。另外,从行为人的主观恶性分析,明知是无真实价值基础的票据而使用,与明知系作废的票据而使用其实并无实质性的差别。正如前述,已经签发的空头支票是无真实价值基础的票据,而且一开始就是无效的,这一点完全符合伪造、变造的票据的特征。由此,将使用他人签发的空头支票行为视为使用伪造、变造票据型票据诈骗犯罪是完全说得通的。

2. 签发与其预留印鉴不符的支票进行诈骗。

《票据法》第 82 条规定:"开立支票存款账户,申请人应当预留其本名的签名式样和印鉴。"第 88 条规定:"支票的出票人不得签发与其预留本名的签名式样或者印鉴不符的支票。"所谓预留印鉴,是指银行开户人在申请开户时,留给银行供银行按照委托在其所设立的账户中支付款项时,核对、鉴定付款凭证、印章的底样。在向银行预留的印鉴上,要有申请人的签名式样和印鉴。签名式样和印鉴合称为签章。签章包括三种情况:一是签名;二是盖章;三是签名加盖章。出票人可以根据自己的情况,选择上述三种形式之一。具体到支票而言,出票人为法人或者非法人单位的,签章应当包括与该法人或者单位在银行预留签章一致的财务专用章或者公章,加上其法定代表人或者其授权的代理人的签名或者盖章;出票人为个人的,签章是指与该个人在银行预留签章一致的签名或盖章。所谓签发与其预留印鉴不符的支票,是指支票出票人在其签发的支票上加盖与其预先留存在银行或者其他金融机构处的印鉴不一致的签章。根据票据规则,对与出票人预留签名式样或印鉴不符的支票,付款人将认定支票要式欠缺,予以拒付,从而避免他人冒用支票骗取资金。不法分子利用这一点,在交易中故意签发与其预留印鉴不符的支票给对方,使其无法得到付款,达到骗取其财物的目的。所

---

① 参见崔志东、陈吉双:《票据诈骗罪研究》,载赵秉志:《新千年刑法热点问题研究与适用》(下),中国检察出版社 2001 年版,第 1231 页。

以,签发与其预留印鉴不符的支票如同签发空头支票一样,都是票据欺诈行为。

应该注意的是,签发与其预留印鉴不符的支票进行诈骗行为的主要特征是,出票人签发的印鉴与预留的印鉴不一致。但是,这种不一致需要时间上的限制,即应以持票人要求付款时为标准。如果出票人在出票时签发支票上的印鉴与出票人在付款处预留的印鉴不一致,但经变更后,在持票人要求付款时两印鉴一致了,不能再以票据诈骗罪认定。如果出票人所签发支票的印鉴与付款时其在付款人处的预留印鉴不一致,就有可能存在票据诈骗问题。

我国《票据法》也禁止支票的出票人签发与其预留本名的签名式样不符的支票的行为,但是这种情况未在《刑法》第 194 条票据诈骗罪中具体列出。笔者认为,这一问题实际上是由《刑法》有关票据诈骗罪的规定与《票据法》的规定不协调所产生的。从理论上讲,无论是签发与其预留印鉴不符的支票,还是签发与其预留签名式样不符的支票,行为人的目的都在于使持票人遭到拒付。因此上述两种行为的性质完全相同,都属于票据欺诈行为,如果行为人以骗取财物为目的,行为达到犯罪程度的,理应构成票据诈骗罪。但是,如果从严格的罪刑法定原则的立场出发,签发与其预留签名不符的行为因《刑法》无明文规定而不能认定为犯罪。为此,笔者建议,我们应适时对《刑法》有关票据诈骗罪的规定作出修正,在此之前,则可通过立法或者司法解释将"预留本名的签名式样"归入"预留的印鉴"之中,对出票人签发与其预留本名的签名式样不符的支票来骗取财物的行为,以票据诈骗罪认定。

(五)签发无资金保证的汇票、本票或者在出票时作虚假记载进行诈骗的

1. 签发无资金保证的汇票、本票进行诈骗。

汇票、本票的出票人在签发汇票、本票时应当有可靠的资金保证,这样才能确保票据收款人或者持票人在提示付款时获得票载金额。我国《票据法》第 21条第 1 款规定:"汇票的出票人必须与付款人具有真实的委托付款关系,并且具有支付汇票金额的可靠资金来源。"第 26 条规定:"出票人签发汇票后,即承担保证该汇票承兑和付款的责任。"第 74 条规定:"本票的出票人必须具有支付本票金额的可靠资金来源,并保证支付。"第 77 条规定:"本票的出票人在持票人提示见票时,必须承担付款的责任。"可见,有无资金保证是认定此种票据诈骗行为能否成立的关键。

所谓资金保证,是指票据的出票人在承兑汇票、本票时具有按票据支付的能力;所谓无资金保证,即在承兑汇票、本票时不具有按票据支付的能力。[①]但也有

[①] 参见马克昌:《经济犯罪新论——破坏社会主义市场经济秩序罪研究》,武汉大学出版社 1998 年版,第 372 页;王作富:《刑法分则实务研究》,中国方正出版社 2001 年版,第 574 页。

学者主张,所谓资金保证,是指票据的出票人在汇票、本票付款时具有按票据支付的能力;所谓无资金保证,是指在汇票、本票付款时不具有按票据支付的能力。[①]显然,在强调资金保证的内涵核心在于支付能力这一点上,两种观点的看法完全一致。但在认定支付能力的时间标准上,两种观点却出现了分歧:第一种观点主张以承兑环节为认定标准;第二种观点则主张根据付款时的情况进行认定。

笔者赞同上述第二种观点,即判断出票人有无票据支付能力应该以汇票、本票付款时为标准。其理由是,在票据实务活动中,票据权利的取得和实现需要经过从出票、背书、承兑到付款等多个环节,而无论是汇票还是本票,其最终的票据环节都是付款而不是承兑。更何况,除远期汇票外,即期汇票和本票都无须经过承兑。所以,以承兑环节的支付能力状况作为认定有无资金保证的标准,并不符合票据法的一般原理。另外,实施票据诈骗罪的行为人主观上理应具有骗取财物的故意,如果行为人在承兑时不具有支付能力,但是,在付款时却已经具备了支付能力并使持票人的票据权利得到了实现,又如何认定其构成票据诈骗罪呢?依笔者之见,即使在远期汇票的签发中,也应坚持这一标准。行为人在承兑远期汇票时尽管不具有支付能力,但是此时只能证明其具有民事欺诈的故意,而并不能完全证明其具有刑事诈骗的故意。若在具体付款时行为人具有了实际支付能力,这从很大程度上证明了其不具有票据诈骗罪中骗取财物的故意,对行为人的行为如果再以票据诈骗罪认定显然没有道理。

至于使用他人已经签发的无资金保证的汇票、本票等行为,其性质应该与使用他人签发的空头支票行为一样,可以按使用伪造、变造票据型票据诈骗犯罪认定。

2. 出票时作虚假记载进行诈骗。

票据是文义证券,票据上的权利义务关系是通过票据上的记载事项反映的;票据是要式证券,票据的制作必须依《票据法》规定的方式进行;票据上记载的文义也必须符合《票据法》的规定,才能发生《票据法》上的效力。《票据法》第14条规定:"票据上的记载事项应当真实,不得伪造、变造。"这里的"真实",不仅要求记载事项在形式上符合《票据法》的规定,而且要求其内容与实际情况相一致。票据上的记载事项是确定票据当事人享有票据权利或承担票据责任的凭据。作虚假记载不仅可以使出票人逃避票据责任,而且可以使持票人无法享有票据权利,从而破坏票据信用。因此,形式上完备但实质上虚假的记载,不仅记载无效,而且破坏了票据信用关系,以此骗取他人财物的,即可能构成虚假记载型的票据

---

① 参见刘华:《票据犯罪研究》,中国检察出版社2001年版,第205页。

诈骗犯罪。

依效力不同,《票据法》上的记载事项可以分为必要记载事项、任意记载事项、不得记载事项以及记载后不发生《票据法》上效力的事项。其中,必要记载事项是指依据《票据法》的规定必须记载的事项,它依效力不同又有绝对必要记载事项和相对必要记载事项之分。绝对必要记载事项是指出票人必须在票据上记载的事项,欠缺此类事项之一的,票据无效。相对必要记载事项则是指出票人应当在票据上记载,如果不记载,并不影响票据效力,而依法进行推定的事项。所谓任意记载事项,是指记载可由票据当事人自由选择,但是一经记载,即发生《票据法》上的效力。所谓不得记载事项,是指《票据法》禁止行为人在票据上记载的事项。根据违反禁令仍为记载所产生的不同后果,可将不得记载的事项分为记载无效的事项和使票据无效的事项。前者是指行为人虽然作了记载,但此项记载本身无效,票据法上视作未记载,但是票据的效力并不因此受到影响;后者则是指行为人记载了此类事项,不仅记载本身无效,而且整个票据也无效。至于不发生《票据法》上效力的事项,形式上与任意记载事项相同,即是否记载可由票据当事人自由选择,但是二者在实质上迥异。任意记载事项一经记载,即发生《票据法》上的效力,但不发生《票据法》上效力的事项记载后不发生《票据法》上的效力。

尽管《刑法》第194条只规定了在出票时作虚假记载、骗取财物的,可构成虚假记载型的票据诈骗犯罪,但是,对于虚假记载的范围则未作明确限定。在理论上通说认为,刑法上的虚假记载事项只是就必要记载事项和任意记载事项的虚假而言的,至于其他记载事项,由于在票据关系上不存在弄虚作假的问题,不具备票据诈骗罪的客观特征,自然也就不可能构成票据诈骗罪。[①]笔者赞同此观点。在虚假记载型的票据诈骗中,关键不在于记载的事项是否虚假,而主要在于这种虚假是否会直接影响到票据当事人的权利义务关系。另外,需要注意的是,这里所谓的"虚假记载"中的记载事项,不应该包括签章等内容的事项,因为签章是设立票据权利的重要一环,在票据上虚假签章实际上是一种伪造票证行为,而非虚假记载型票据诈骗行为。同理,这里的虚假记载必须属于该票据记载事项的首次记载,如果行为人对已记载事项作虚假变更,则同样不构成虚假记载,而应按相关变造票证行为处理。

三、主观罪过的认定

非法占有目的是构成金融诈骗罪的必要要件,这是笔者一直坚持的观点。

---

① 参见秦法果、杨宏勇:《票据诈骗罪客观方面疑难问题探讨》,载《河南师范大学学报(哲学社会科学版)》2003年第5期。

由于票据诈骗罪属于金融诈骗罪,因此,尽管《刑法》对此目的未作专门规定,但这并不会成为非法占有目的是票据诈骗罪构成要件的障碍。票据诈骗罪是故意犯罪,这在理论上和实践中不存在任何争议。需要讨论的是,票据诈骗罪行为人的主观罪过中是否可能存在间接故意? 由于笔者始终坚持票据诈骗罪是目的犯罪,而犯罪目的只存在于直接故意犯罪之中,由此推论,票据诈骗罪的主观罪过中当然不可能存在间接故意。

但是,在理论上则有人坚持间接故意也可以成为票据诈骗罪的主观罪过形式的观点。有学者认为,对于行为人事中甚至事后才意识到自己的行为可能使对方陷于某种错误认识,随即起意,放任了对方错误的发生而骗取财物的,应以此罪论处。对此观点,也有学者表示不能同意:主客观相一致的刑事责任原则客观上要求无罪过的行为不是刑法意义上的行为,因此,论者所谓的"事前故意""事中故意"和"事后故意"的划分在现代刑法学意义上是站不住脚的。严格说来,"事中故意"和"事后故意"实质上都是"事前故意"的继续。①

在理论上,有人对票据诈骗罪的《刑法》规定作了具体分析,认为《刑法》第194条第1款第1项规定的"明知是伪造、变造的汇票、本票、支票而使用的",以及第2项规定的"明知是作废的汇票、本票、支票而使用的",都是"明知",足以表明这两种法定行为方式,只存在于直接故意犯罪中。而该条第3项至第5项中却无"明知",这说明法律已明确规定后三种法定行为方式可以存在于间接故意犯罪之中。

笔者认为,上述主张间接故意可能存在于票据诈骗罪行为人主观罪过的观点有悖于刑法基本原理。

首先,从刑法理论和司法实践的普遍观点看,票据诈骗罪的成立必须以非法占有为目的。2001年《全国法院审理金融犯罪案件工作座谈会纪要》强调,"金融诈骗犯罪都是以非法占有为目的的犯罪"。既然如此,如果将间接故意纳入票据诈骗罪的罪过之中,显然与犯罪目的只存在于直接故意犯罪之中的刑法基本原理不相符合。

其次,《刑法》有关票据诈骗罪的规定中,只在前两项内容中强调了"明知",而在后三项内容中则没有提及,并不意味着其中存在间接故意罪过形式。《刑法》第194条之所以对同一罪名的不同法定行为方式作出不同规定,根本原因在于后三项内容中其实已包含了"明知"。例如,在"冒用他人的汇票、本票、支票"的行为中,行为人当然明知所用票据系他人所有而为自己冒用,否则何来"冒用"一说。在"签发空头支票或者与其预留印鉴不符的支票,骗取财物"的行为中,行

---

① 参见马长生、刘润发:《论票据诈骗罪的认定》,载《湖南经济管理干部学院学报》2004年第1期。

为人当然不可能不知道自己签发的是空头支票或者不知道自己预留印鉴的式样,更何况《刑法》为了将误签、误用等情况与票据诈骗行为区别开来,还在相关内容后特别加上"骗取财物",其中包含了"明知"是不言而喻的。同样,在"签发无资金保证的汇票、本票或者在出票时作虚假记载,骗取财物"的行为中,结合具体的条文表述,我们也无法发现行为人主观上有"不明知"情况存在的可能性,其后的"骗取财物"表述则进一步强调了实际已经包含"明知"情况。由此可见,以《刑法》票据诈骗罪的规定中对"明知"存在有明确和不明确两种情况,作为论证间接故意可能存在于票据诈骗罪的主观罪过中的观点,也很难站得住脚。

再次,上述观点中实际上还涉及"明知"的具体含义问题。因为刑法理论有关间接故意的定义中也有"明知"的提法,而票据诈骗罪的规定中又要求是"明知",因而不能绝对排除间接故意存在于票据诈骗罪主观罪过中的可能性。笔者认为,这种观点实际上混淆了间接故意概念中的"明知"与《刑法》分则规定的具体犯罪中的"明知"。事实上,故意犯罪概念中的"明知"强调的是对犯罪结果的明知,即是对自己的行为会发生危害结果的预见;而《刑法》分则具体犯罪中所强调的"明知",则是对犯罪对象的明知。两者在内容与证明要求上均存在着不同之外。

最后,需要强调的是,当行为人在明知自己的票据欺诈行为会发生危害社会的结果时,为达到非法占有财物的目的,仍然坚持实施相关的诈骗行为,从意志因素上分析,就已经形成了希望结果发生的心理态度,因而当然属于直接故意。即从刑法理论上看,在这种情况中,实际上完全可以排除行为人主观上具有间接故意的可能性。

四、票据诈骗罪罪数的认定

(一)票据诈骗罪与伪造、变造金融票证罪牵连形态的司法认定

司法实践中,票据诈骗行为往往涉及伪造、变造的金融票据,因为行为人为进行票据诈骗,往往需要伪造、变造票据或者伪造、变造他人印章等。如果使用者与伪造、变造者为不同的人,且行为人之间没有共同故意,那么,对于相关行为人只要按各自行为的特征分别定罪即可,使用者的行为以票据诈骗罪认定,而伪造、变造者的行为则以伪造、变造金融票证罪认定。但是,如果使用者与伪造、变造者为同一人,或者虽为不同的人但行为人之间有共同故意,应该如何定性? 这就涉及罪数形态问题。例如,行为人先伪造、变造各种金融票据等,然后又利用伪造或变造的票据进行诈骗,是否需要数罪并罚? 笔者认为,在使用者与伪造、变造者为同一人,或者在共同故意下的不同人的票据犯罪中,伪造、变造行为与使用行为之间其实是方法行为和目的行为的牵连关系,而且票据诈骗罪的构成要件中已经将相关行为包容进去,特别是行为人实施伪造、变造行为与使用行为

的目的均是通过利用票据最终骗得财物。就此而言,完全符合刑法理论上的牵连犯特征,应按牵连犯从一重处断的原则追究行为人的刑事责任。需要指出的是,票据诈骗罪法定刑规定基本上与伪造、变造金融票证罪相同。这就产生了牵连犯中涉及的数个罪名法定刑相同如何定罪的问题。笔者认为,在此情况下,按照目的行为所涉及的罪名定性最为妥当。其实无论按哪个罪名定性,可能均不会影响到对行为人的实际判刑,但是,由于受牵连犯"为了实现一个犯罪目的"等特征所决定,以目的行为所涉及的罪名定性无疑较能体现刑法理论上设立牵连犯的要求,因而也是较为科学的。

与上述讨论内容相关的另一个问题是:对于伪造、变造金融票证后使用伪造、变造的金融票证进行诈骗,但由于行为人意志以外的原因而未得逞的,该如何处理?对此,理论上也存在不同的观点:有人认为,应当根据既遂吸收未遂的原则,以伪造金融票证罪的既遂处罚;另有人认为,应当根据重行为吸收轻行为的原则,以票据诈骗罪的未遂处罚;还有人认为,应当以是否着手实施诈骗行为为标准,伪造行为吸收诈骗的预备行为,诈骗的未遂行为吸收伪造行为;更有人认为,应以诈骗行为进行的阶段为标准,如果诈骗行为尚处在预备阶段或刚刚开始即被发觉的阶段,应当伪造行为吸收诈骗行为,如果诈骗行为已经或即将实施终了,并且所骗标的数额较大或巨大,应当诈骗行为吸收伪造行为,以票据诈骗罪未遂论处。①笔者认为,由于牵连犯的处罚原则为从一重处断,而伪造、变造金融票证罪完成形态下的法定刑比票据诈骗罪未完成形态下的法定刑要高,因此,在伪造、变造金融票证后,由于行为人意志以外的原因而导致票据诈骗行为未遂或者预备的,根据牵连犯从一重处断的原则,当然应该以伪造、变造金融票证罪论处。

(二)票据诈骗罪与合同诈骗罪法条竞合的司法认定

众所周知,票据诈骗罪和合同诈骗罪都是从诈骗罪中分离出来的,且均归入《刑法》分则第三章"破坏社会主义市场经济秩序罪"中。但是,两者毕竟属于不同亚类中的不同罪名,仍存在明显的区别。对于票据诈骗罪和合同诈骗罪之间是否存在竞合关系,理论上有不同的观点。有学者认为,两罪之间不会发生法条竞合问题;另有学者认为,两罪之间是交叉竞合的关系;还有学者认为,两者之间的关系属于法条竞合。②依笔者之见,两者之间应该存在法条竞合关系。正如前述,票据是记载票据权利关系的载体,就此而言,票据的实际使用过程就是实现票据权利义务的过程,也即票据自签发开始,实际上就形成了持票人与票据上签章的当事人之间的权利义务关系。这种关系从本质上讲也是合同关系,即这里

---

① 参见于改之:《票据诈骗罪若干问题研究》,载《甘肃政法学院学报》2006 年第 6 期。
② 参见李文燕:《金融诈骗犯罪研究》,中国人民公安大学出版社 2002 年版,第 163—164 页。

的经签发的票据就是合同。由于这种合同毕竟不同于一般的经济合同,其形成的法律关系也与一般的债权债务关系不完全一样,因而《刑法》将票据诈骗行为从合同诈骗罪中独立出来专门设罪。但是,无论如何,都无法否定两罪之间存在法条竞合的关系。按照特别法条优先于普通法条适用的法条竞合处理原则,当行为人的行为既触犯了合同诈骗罪又触犯了票据诈骗罪时,对之理应以票据诈骗罪定性处罚。需要说明的是,对于行为人以伪造、变造或者作废的票据为签订合同提供担保的,应该如何定性? 由于这种行为并未损害正常的票据关系,根据《刑法》中关于合同诈骗罪的规定,对这种行为以合同诈骗罪定罪量刑是妥当、合理的。

（三）行为人盗窃、侵占他人票据后又冒用的行为的司法认定

对此,理论上存在不同的观点:有人主张以盗窃罪、侵占罪定性;也有人主张以票据诈骗罪(即冒用型票据诈骗罪)定性;还有人主张实行数罪并罚。笔者认为,由于行为人目的上与对象上的一致性,在这种情况下,对行为人的行为实行数罪并罚显然不符合刑法基本原理。而《刑法》第196条信用卡诈骗罪中则规定"盗窃信用卡并使用的"按照盗窃罪论处。但是,笔者认为,对于这一立法规定不能简单地套用于其他犯罪中,盗窃、侵占他人票据后加以冒用的行为应以重罪吸收轻罪的精神以票据诈骗罪论处。具体理由在后文有关信用卡诈骗罪的司法认定中,笔者将专门展开阐述。需要指出的是,认定盗窃罪或者票据诈骗罪的数额应该以行为人冒用后实际获得的数额作为标准,如果行为人盗窃、侵占他人票据后并未加以使用,则因无法认定数额而不能构成犯罪。

第四节 信用证诈骗罪的司法认定

一、信用证诈骗罪概述

信用证,是指开证银行根据作为进口商的开证申请人的请求,开给受益人(常为出口商)的一种在具备了约定条件以后,即可得到由开证银行或支付银行支付约定的金额的保证付款凭证。按照这种结算方式的有关规定,买方先把货款交存开户银行,由银行开立信用证,通知异地卖方开户银行通知卖方,卖方按合同和信用证规定的条款发货,银行代买方付款。从法理上讲,信用证是以买卖合同确立为基础和前提,同时又不依附于买卖合同而独立于其外的一种凭证,一经开出就成为信用证中规定的各当事人之间达成一致的承诺和约定。

应该看到,信用证的使用不仅为买卖双方提供了可靠的信用保障,而且为买卖双方提供了资金融通的便利,加快了资金周转,以获得更大的利润。正是由于信用证建立在商业信用和银行信用的基础上,因而其使用使交易更加安全可靠;

正是由于信用证本身所具有的安全可靠性,因而信用证方式成为国际贸易诸多支付方式中最为普遍的一种。

随着我国社会主义市场经济体制的建立和不断完善,我国对外贸易有了突破性的发展,进出口贸易总额不断上升。与此相适应,在对外贸易过程中,信用证的使用也日益普遍并起着越来越大的作用。但是,随着信用证的大量使用,信用证诈骗犯罪也大量出现,并且有日益严重的趋势。这类案件一旦发生,所涉金额往往相当大,动辄几百万元、上千万元,甚至亿元以上。有些不法分子利用信用证是国际贸易中取得资金融通的主要方式这一特性,先想办法取得信用证,再用信用证作抵押向银行申请贷款。由于有信用证作抵押,不法分子很容易取得银行的信用并得到贷款,从而最终侵占银行的贷款。

我国 1979 年《刑法》中并未设立信用证诈骗罪,司法实践中,对涉及信用证的诈骗犯罪均以诈骗罪定罪处罚。由于从行为所侵犯的客体、行为本身的特征,以及行为所造成的社会危害性等方面分析,涉及信用证的诈骗犯罪毕竟不同于传统的侵犯财产罪中的诈骗罪,因此,将涉及信用证诈骗犯罪统一按诈骗罪论处确有许多不妥之处。为此,1995 年 6 月 30 日全国人民代表大会常务委员会《关于惩治破坏金融秩序犯罪的决定》首次规定了"信用证诈骗罪"这一罪名和法定刑。1997 年《刑法》除在法定刑上作了一定修改外,基本上沿袭了上述决定中所规定的内容。

《刑法》第 195 条规定:"有下列情形之一,进行信用证诈骗活动的,处五年以下有期徒刑或者拘役,并处二万元以上二十万元以下罚金;数额巨大或者有其他严重情节的,处五年以上十年以下有期徒刑,并处五万元以上五十万元以下罚金;数额特别巨大或者有其他特别严重情节的,处十年以上有期徒刑或者无期徒刑,并处五万元以上五十万元以下罚金或者没收财产:(一)使用伪造、变造的信用证或者附随的单据、文件的;(二)使用作废的信用证的;(三)骗取信用证的;(四)以其他方法进行信用证诈骗活动的。"根据 1997 年《刑法》第 199 条的规定,犯信用证诈骗罪,数额特别巨大并且给国家和人民利益造成特别重大损失的,处无期徒刑或者死刑,并处没收财产。但是,《刑法修正案(八)》对金融诈骗类犯罪的死刑配置进行了重大修改,取消了信用证诈骗罪的死刑。

综上所述,所谓信用证诈骗罪,是指行为人以非法占有为目的,使用伪造、变造的信用证或者附随的单据、文件,或者使用作废的信用证,或者骗取信用证,或者以其他方式进行信用证诈骗活动的行为。

二、客观要件的认定

根据《刑法》第 195 条,信用证诈骗罪在客观方面表现为利用信用证进行诈骗活动,具体表现为以下四种方式。

1. 使用伪造、变造的信用证或者附随的单据、文件进行诈骗犯罪。

此种类型的信用证诈骗行为又可分为以下两种情形。

第一，使用伪造、变造的信用证进行诈骗。规范的信用证有固定的标准格式和内容。伪造信用证，是指行为人采用描绘、复制、印刷等方法，仿照信用证的格式、内容制造假信用证的行为，或者编造、冒用某银行的名义开出假信用证的行为。伪造信用证的行为，包括从格式到内容的全部伪造，也包括将通过其他渠道获得的格式化信用证，伪造填充虚假内容的部分伪造。伪造开证行时，诈骗行为人编造一个根本就不存在的银行，或者假冒一个有影响的银行开立假信用证。变造信用证，是指行为人在真实信用证的基础之上，采用涂改、剪贴、挖补等方法，改变原信用证的内容和主要条款，使其成为虚假的信用证的行为。

需要指出的是，行为人伪造、变造信用证应构成伪造、变造金融票证罪，并不构成信用证诈骗犯罪，只有使用伪造、变造的信用证骗取他人财物的，才构成信用证诈骗犯罪。行为人使用伪造、变造的信用证，可能是自己伪造、变造的，也可能是他人伪造、变造的。对于使用他人伪造、变造的信用证的，必须是明知信用证是伪造、变造的而有意使用的行为，才构成信用证诈骗犯罪。从司法实践看，使用伪造、变造信用证的方式一般有以下几种：一是使用伪造、变造的信用证与其他单据、文件相配合，向议付行议付、承兑、取款，诈骗议付行的资金；二是进口商假冒开证行，向其通知行传递伪造、变造的信用证，进而骗取出口商发货，诈骗出口商的货物，或者依照买卖合同的约定，以伪造、变造的信用证诈取佣金、质押金、履约金等；三是内外勾结，诈取出口公司和国内供货厂家的预付货款或购货款；四是利用伪造、变造的信用证作抵押担保，诈骗银行或者其他公司、企业甚至个人的资金、财物。

第二，使用伪造、变造的信用证附随单据、文件进行诈骗。信用证按其使用时是否需要附随必要的单据、文件，分为跟单信用证和光票信用证两种。作为国际贸易结算手段的信用证，在绝大多数情况下实际都是跟单信用证。对于这种信用证的结算方式，信用证交易实际是单据的买卖，信用证各当事人所处理的是单据而不是货物，单据是卖方对买方履行买卖合同规定义务的证明文件，买方也只能通过单据了解货物的情况。因此，单据是否真实，是否真正代表了符合要求的货物，就显得十分重要。

正是由于信用证附随的单据和文件在信用证交易中起着十分重要的作用，使用伪造、变造的信用证单据、文件也就成为比较常见的信用证诈骗形式。其中，既有受益人（即出口商）自谋诈骗银行（包括议付行和开证行）和进口商的资金，也有受益人与开证申请人恶意串通，共同诈骗银行资金。特别是一些国际诈骗集团，其中的一部分人充当"进口商"，另一部分人充当出口商，编造两个公司，伪造公司的有关法律手续，签订根本就没有交易的买卖合同，由"进口商"向银行申请开立信用证,得到信用证后,又伪造、变造提单等单据,向议付行索款,议付行一旦未识破伪造、变造的单据而付款,他们就卷款而逃,给银行造成巨额损失。

根据《跟单信用证统一惯例》(UCP600)的规定,所谓附随单据、文件,是指附随于信用证的有关单据、文件,通常是作为受益人的出口方在装运完货物后,必须按信用证所要求的种类、份数,在规定的日期内有权办理保兑、议付、给付等业务的有关银行提交的那些单据、文件。具体而言,信用证附随的单据主要有运输单据、保险单据和商业发票三种;信用证附随的文件则主要包括领事发票、海关发票、出口许可证、产地证明书(产品合格证书)等。而其中最主要的莫过于提单了。

所谓提单,是指证明海上运输合同和货物已由承运人接管或装船,以及承运人保证凭此交付货物的单据。在实践中,以伪造、变造的提单实施信用证诈骗主要包括以下三种形式:(1)利用空头提单进行诈骗;(2)利用伪造、变造的提单诈骗;(3)使用预借或倒签的提单进行诈骗。所谓预借提单,是指货物还未到装货港,船东或承运人的代理人虽已接管了货物,但未将其装上船,或正在将其装船,但还未装完,在明知货物没有到港,或没有装船的情况下,却应托运人(受益人)的请求签发已装船提单,以满足受益人在信用证最迟有效日期前如期办理结汇手续的行为。所谓倒签提单,是指承运人虽已将货物装船完毕,但仍超过了信用证上所规定的期限,而在签发提单时,让托运人将提单签发日期提前到信用证规定的装船日期,以便于受益人如期向银行结汇,从而逃避违约责任的行为。

2. 使用作废的信用证进行诈骗犯罪。

使用作废的信用证,是指明知是作废的信用证而使用的行为。所谓作废的信用证,简单地说,就是指已经失效的信用证,具体包括以下几类:(1)过期的信用证;(2)使用完毕的信用证;(3)因开证失误,如笔误、内容条款与申请人要求不相符合等原因导致作废的信用证;(4)法院发出禁付令后的信用证;(5)被撤销的信用证;(6)被拒付且超过有效期的信用证。

3. 骗取信用证进行诈骗犯罪。

所谓骗取信用证进行诈骗,是指行为人以虚构事实、隐瞒真相的方法,欺骗银行或开证申请人,使其开出信用证,并以此进行诈骗活动的行为。

这里需要研究的是,行为人是否只要实施了骗取信用证的行为就可构成信用证诈骗罪?对此,理论上有不同的观点:有人认为,行为人出于直接故意,虚构事实、隐瞒真相骗取信用证,即构成本罪,并不要求对其使用。对于骗取信用证后又使用,当然构成该罪,且认为情节严重。[1]另有人认为,骗取信用证并加以使

---

[1]　参见陈琴:《信用证诈骗罪的若干问题研究》,载赵秉志主编:《新千年刑法热点问题研究与适用》(下),中国检察出版社 2001 年版,第 1317 页。

用是"骗取行为"两个密不可分的行为阶段。纯粹的骗取信用证行为本身只能说是一种普通诈骗行为,而不是严格意义上的信用证诈骗行为。①

笔者认为,分析《刑法》第 195 条的规定,不难发现,信用证诈骗罪的立法原意表明,任何信用证诈骗行为均离不开使用行为,因为只有通过使用行为,才可能有信用证诈骗活动。事实上,单纯骗取信用证的行为,如果没有加以使用,充其量也只能是一般的欺诈行为,很难构成信用证诈骗罪。由此可见,因骗取信用证构成信用证诈骗罪的,行为人理应具有使用行为。但是,也应该看到,《刑法》有关信用证诈骗罪规定的第 3 项行为,没有规定"使用"的行为,而对前两项行为均规定有"使用"行为,这很容易导致人们在理解上产生错误。就此而言,《刑法》的规定似乎存在一定的不完善之处。为此,笔者建议,《刑法》应适时作出修正,将第 3 项"骗取信用证的"行为修正为"使用骗取的信用证的"行为。

4. 以其他方法进行信用证诈骗犯罪。

这是一种概括性规定,在实践中主要表现为:采用远期信用证支付时,进口商先取货,"承诺"后付款,在信用证到期前的这段时间,转移、隐匿财产,骗取进口货物的;利用信用证项下提货不用提单骗取融资的;同不法银行相勾结,在信用证到期付款前,将银行资金转移,宣告资不抵债,从而非法占有他人财物的;利用"软条款"信用证进行诈骗活动的。

三、本罪主体的认定

根据《刑法》的规定,信用证诈骗罪的犯罪主体是一般主体,包括自然人和单位。目前,在理论上有一种观点认为,就目前的实际情况而言,信用证虽然不依附于国际贸易合同,但又必须以国际贸易合同为基础和前提。而在我国境内,能与境外的公司、企业签订贸易合同以及能向银行申请开立信用证和享有信用证上利益的人,都是具有进出口经营权的公司、企业及事业单位。从这个意义上说,信用证诈骗罪的主体只能是单位。②

对此观点,笔者不能苟同。笔者认为,信用证诈骗罪的犯罪主体既包括单位,也包括自然人,这是由《刑法》明文规定的,因此,将自然人从信用证诈骗罪中排除出去是没有法律依据的。更何况司法实践中并非没有自然人实施信用证诈骗犯罪的情况。例如,据统计材料反映,近几年来,具有中国国籍的自然人实施的信用证诈骗案,在国际贸易中已经存在,而由外国企业、公司及国际欺诈团伙

---

① 参见叶良芳:《信用证诈骗罪探讨》,载赵秉志主编:《新千年刑法热点问题研究与适用》(下),中国检察出版社 2001 年版,第 1304 页。

② 参见王前生、徐俊华:《信用证诈骗犯罪构成研究》,载赵秉志主编:《新千年刑法热点问题研究与适用》(下),中国检察出版社 2001 年版,第 1293 页。

所实施的信用证诈骗案更是屡见不鲜。这些外国企业、公司、团伙精通信用证业务及相关国家的法律制度，手法巧妙，极具欺诈性，国内的自然人或法人急于扩大出口创汇，而又缺乏国际贸易的成熟经验和操作方法，加之一味盲从的心理态势，决定了他们常常成为国外企业、公司、团伙进行信用证诈骗的对象。①就此而言，将自然人排除在信用证诈骗罪的主体范围之外，也不符合司法实践的具体情况以及国际贸易中自然人实施信用证诈骗行为实际存在的情况。另外，尽管在国际贸易中，向银行申请开立信用证和享有信用证上利益的人只能是单位，但是这并不意味着自然人没有可能成为信用证诈骗罪的主体。根据1999年6月25日最高人民法院发布的《关于审理单位犯罪案件具体应用法律有关问题的解释》第2条、第3条的规定，在国际贸易中以单位名义开立信用证和享有信用证利益的，也可能构成自然人信用证诈骗罪。例如，自然人为实施信用证诈骗犯罪而设立相关单位，或者在相关单位设立后，以实施信用证诈骗犯罪为主要活动的；自然人盗用相关单位名义实施信用证诈骗犯罪，违法所得由实施犯罪的自然人私分的。这些情况中，虽然行为人的行为均是以单位名义出现的，但司法解释均强调要以自然人犯罪论处。可见，在以单位名义开立信用证和享有信用证上利益的信用证诈骗案件中，完全有可能存在自然人信用证诈骗罪的情况。

这里还需要讨论的是，境外公司、企业能否成为信用证诈骗罪的主体？应该看到，在国际贸易中，境外公司、企业实施《刑法》规定的四种信用证诈骗行为之一的情况很多，对相关行为人能否以信用证诈骗罪论处？笔者认为，境外人（包括境外单位）可以成为包括信用证诈骗等犯罪在内的犯罪主体，这在我国《刑法》中具有充分的依据，理论上对此并没有异议。但是，对境外人实施信用证诈骗是否能按单位犯罪论处？由于境外很多单位均是依照境外法律设立的，通常均不具有中国的法人资格，因此对这些单位所实施的信用证诈骗行为能否以单位犯罪认定，确实是一个值得研究的问题。对此，有学者认为，境外公司、企业对我国的银行以及公司实施信用证诈骗行为的，在法律对此类"单位"无明文规定的前提下，应视为自然人犯信用证诈骗罪，可对境外公司、企业的直接责任人员予以定罪，但量刑却应适用单位犯罪的刑度规定。②

笔者认为，境外单位实施信用证诈骗犯罪完全可以构成单位信用证诈骗罪。首先，境外单位是否可以成为我国刑法中单位犯罪的主体，尽管理论上仍然存在争议，但是，笔者主张不应该将境外单位排除在单位犯罪主体之外。道理其实与我们不能将境外自然人排除在自然人犯罪主体之外一样。这里不存在所谓"法

①　参见田宏杰：《信用证诈骗罪构成特征研究》，载《中国刑事法杂志》2003年第2期。
②　参见陈琴：《信用证诈骗罪的若干问题研究》，载赵秉志主编：《新千年刑法热点问题研究与适用》（下），中国检察出版社2001年版，第1312—1313页。

无明文规定"的问题,充其量也只是法无明确规定而已。其次,既然存在境外单位实施的信用证诈骗犯罪,我们就没有理由将其以自然人信用证诈骗罪定性处理,更没有理由将其以自然人信用证诈骗罪定性而又以单位信用证诈骗罪量刑,因为这既不符合刑法基本原理,也与罪刑法定原则相悖。

四、主观罪过的认定

在理论上,一般认为,信用证诈骗罪在主观方面只能是直接故意,间接故意和过失不能构成本罪。但是,另有学者认为,间接故意也可构成诈骗罪。因为在诈骗案件中,行为人故意的产生过程有事前、事中、事后之分,如果行为人事中甚至事后才意识到自己的行为可能使对方陷于某种错误认识,随即起意,放任了对方由于自己的不实陈述而交付财物的结果发生,或者行为人事前对自己的履约能力并无把握,抱着侥幸心理或随机应变的态度,于事中或事后放任危害结果的发生,也构成诈骗。①

笔者认为,由于信用证诈骗罪属于金融诈骗罪中的一种犯罪,属于目的犯,主观方面当然只能是直接故意。因为从刑法原理讲,犯罪目的只存在于直接故意犯罪之中。事实上,上述观点中所谓的"放任"也是不存在的,因为既然行为人具有非法占有的目的,同时又实施了不实陈述等诈骗行为,行为人对危害结果的发生怎么可能存在"放任"的主观意志呢?

五、利用"软条款"进行信用证欺诈行为的定性

"软条款"信用证,又称为"陷阱"信用证,是指开证人或者开证行在开立信用证时,故意设置一些隐蔽性的条款,使开证人或开证行具有单方面随时解除付款责任的主动权,以达到诈取保证金、定金、违约金的目的。可见,利用"软条款"信用证进行欺诈行为的实质在于,开证人在骗得预约的履约金、佣金、质保金以及开证费后,利用其"软条款"中所拥有的主动权、决定权,故意阻挠合同的正常履行和信用证的正常运转,故意拖延时间,无端挑剔质量问题等,其目的是使出口方不能如期发货,支付不能,从而使信用证无法生效。在外贸实践中,常见的"软条款"主要有以下几种:其一,信用证开出后暂不生效,生效时间由开证银行另行通知。而开证银行的决定往往是受开证申请人及进口商的影响,故此类条款使得出口货物能否装运完全取决于进口商,而出口商则处于非常不利的被动地位。其二,信用证规定须由开证申请人或其授权者验货并签署质量检验合格证书才生效,或须由开证行核实,与开证行存档印鉴相符,或规定商品检验采用买方国

---

① 参见白建军:《金融欺诈及预防》,中国法制出版社1994年版,第14—16页。

家(或地区)标准等,从而设置质检方面的障碍以诈取出口商的质保金和其他费用。其三,信用证对开证银行的付款、承兑行为规定了许多前提条件。这些条件完全背离了信用证以确定交货的单据为支付依据的原则。尽管受益人完全做到了单证一致,还是得不到收款的保障,不可撤销信用证完全成了一纸空文。其四,信用证规定,船只装船日期及装卸港等须待开证申请人通知或须开证申请人同意,并以修改书形式通知为准。其五,对一票货物,信用证要求就每个包装单位分别缮制提单。这种情况在实际业务中并不多见。其六,规定冲突条款,置受益人于被动地位。其七,规定以下内容的信用证,也属于"软条款"信用证:使用FOB价格术语,由买方负责安排运输,当买方不派船时,卖方就不能议付;规定受益人必须履行存在显著困难甚至根本无法履行的义务,如提交不易取得的单据、文件,货物的数量、质量及规格等要求很难办到,装船期、交单期、有效期极短等。此外,利用远期信用证"先取货,后付款"的特点,取货后迅速转移资产,在付款之前宣布企业或者银行破产,以逃避支付货款的责任,也属于"以其他方法进行信用证诈骗活动"。[①]

利用"软条款"进行信用证欺诈是否构成信用证诈骗罪,历来是理论上争议的焦点。有人认为,"软条款"不是就过去或现在某种事实的虚假陈述,而是希望受益人在将来无法执行该条款而陷入被动的意思表示,这种意思表示建立在对未来的某种预见的基础之上,故并不符合公认的诈骗罪的概念,因而利用软条款的信用证欺诈不构成诈骗罪。[②]但也有人认为,不论行为人的陈述表现为对过去事实的叙述,还是对将来事实的预见、表示、希望,都是为了掩盖自己主观上意图使对方陷于错误认识而向自己交付财产这一事实。对方被骗的结果与行为人制作"软条款"的先行行为之间有直接的因果关系。所谓先行行为,就包括行为人制作"软条款"的行为,这种先行行为虽然与某种预见有关,但已不仅仅是预见本身,本来危害结果的发生正是这种先行行为的延伸。因此,对未来事件虚假的意思表示也符合诈骗罪的概念,利用"软条款"进行欺诈,也可以构成信用证诈骗罪。[③]还有人认为,在国际贸易实践中,开证申请人在信用证中设置"软条款"一般出于两个目的:其一,保护申请人的利益。在此情形下,开证申请人并不是以骗取受益人的财物为目的,而是使开证申请人在信用证交易中处于主动地位。例如,在服装出口业务中,外商在开立信用证时通常规定"客检证条款"(即必须由开证申请人授权的人出具货物合格的检验证书,并且此人的签字样本须在开证行存档),这是典型的"软条款",当外商不想要货时,就故意不派人验货或者委

---

① 参见田宏杰:《信用证诈骗罪构成特征研究》,载《中国刑事法杂志》2003年第2期。
② 参见白建军:《金融欺诈及预防》,中国法制出版社1994年版,第25页。
③ 参见陆红、陶国中:《论信用证诈骗罪》,载《南京晓庄学院学报》2003年第1期。

派的人不符合信用证的要求,使受益人无法取得信用证所要求的客检证。这种行为属于信用证欺诈行为,但是,由于开证申请人没有非法占有受益人财物的目的,故不能构成信用证诈骗罪。其二,骗取受益人的财物。在此情形下,开证申请人开立信用证的目的在于骗取受益人的信任,从而使受益人自觉向开证申请人或其指定的人支付佣金、保证金等,或者使受益人自觉交付货物,或者使受益人向开证申请人或其指定的人购买质次价高的原材料等。这种行为属于信用证诈骗行为。据此,利用"软条款"信用证实施欺诈是否构成信用证诈骗罪,需要根据开证申请人在开立信用证时设置"软条款"的具体目的判断,具体情况具体分析。①

笔者认为,上述观点中提到的行为人出于保护申请人的利益而设置的"软条款",由于行为人主观上不具有非法占有的目的,因而不可能存在所谓利用"软条款"进行信用证欺诈的行为,不能构成信用证诈骗罪是应有之理。我们这里所讨论的利用"软条款"进行信用证欺诈的本质特征在于,行为人在开立信用证时就故意制造一些隐蔽性的条款,这些条款实际上赋予了开证人或开证行单方面的主动权,从而使信用证随时因开证行申请人单方面的行为而解除,以达到骗取财物的目的。由此分析,行为人利用"软条款"的行为本身,实际上就反映了其主观上具有非法占有的目的,在这种目的支配下,行为人又具体实施了诈骗行为,应该构成信用证诈骗罪。只是"软条款"信用证是一种可撤销的"陷阱"信用证,在一般情况下,当事人很难对这种"陷阱"加以识破,所以"软条款"信用证相对于伪造、变造的信用证而言,欺诈性及隐蔽性更大。更由于"软条款"信用证诈骗活动是通过制造一些隐蔽的条款实施的,因而在很大程度上有其"合法性"的一面,这就给司法实践中的认定带来了难度。

六、利用信用证"打包贷款"行为的定性

根据《中国工商银行信用证项下出口打包放款暂行办法》,打包贷款是指借款人收到进口商所在地银行开出的信用证后,以信用证正本作抵押向银行申请的贷款,用于该信用证项下出口商品的进货、备料、生产和装运。利用信用证诈骗银行打包贷款是一种骗局,名义上是要求银行为其贷款以筹集货物,实则意图非法占有贷款。有学者将这种行为分为三种情形:一是使用伪造、变造的信用证或者附随的单据、文件或者作废的信用证作担保,诈骗打包贷款;二是在合法取得信用证后,产生诈骗打包贷款的故意,进而实施该行为;三是为诈骗打包贷款而先骗取信用证,并以此作担保,诈骗银行贷款。②

① 参见赵秉志:《中国金融欺诈犯罪的特征及其法律惩治》,载陈光中等主编:《金融欺诈的预防和控制》,中国民主法制出版社1999年版。

② 参见刘远:《金融诈骗罪研究》,中国检察出版社2002年版,第421页。

（一）使用伪造、变造的信用证或者附随的单据、文件或者作废的信用证作担保，诈骗打包贷款的行为是否构成犯罪？

对此，理论上有不同的观点：第一种观点认为，这种行为既触犯了贷款诈骗罪，又符合信用证诈骗罪的特征，在刑法理论上属于法条竞合，应选择一个最相适应的法条作为定罪量刑的依据，即按照重法优于轻法的原则，以信用证诈骗罪论处。①第二种观点认为，信用证诈骗罪是一般法条规定之罪，而使用伪造、变造的信用证或者附随的单据、文件或者作废的信用证作担保，诈骗银行贷款的，属于特别法条规定之罪。按照特别法优于一般法的原则，对于这种情形应以贷款诈骗罪论处。②第三种观点认为，上述行为没有使被骗银行进入信用证关系成为信用证当事人或主体，故不符合信用证诈骗罪的特征，实际上仅触犯了贷款诈骗罪；③第四种观点认为，信用证诈骗罪第一种行为类型的"使用"，是指利用假信用证骗取其项下的款项，故上述行为仅成立贷款诈骗罪。④

笔者认为，使用伪造、变造的信用证或者附随的单据、文件或者作废的信用证作担保，诈骗打包贷款的行为，在本质上与使用伪造、变造的票据作抵押骗取银行贷款的行为并无不同。由于《刑法》第195条信用证诈骗罪与第193条贷款诈骗罪在条文关系上并不存在竞合关系，因此，这不属于《刑法》中法条竞合的问题。就此而言，上述认为应选用重法优于轻法或特别法优于普通法处理的观点不符合刑法基本原理。至于是否应对信用证诈骗罪行为中的"使用"含义作限制，笔者认为，可能这种限制也不尽合理。因为使用伪造、变造的信用证或者附随的单据、文件或者作废的信用证作担保，诈骗银行贷款，与使用同样方法骗取其他财产没有本质的区别，均是利用信用证骗取财产的行为。

依笔者之见，使用伪造、变造的信用证或者单据、文件或者作废的信用证作担保，诈骗打包贷款，理应属于刑法理论上的牵连犯。因为在该类案件中，行为人实际实施了两个行为，即使用伪造、变造的信用证或者单据、文件或者作废的信用证作担保的行为和诈骗打包的行为，更由于"使用"行为可以被贷款诈骗客观行为所包容，因此，完全符合牵连犯的原理。由于牵连犯的处罚原则是从一重处断，而信用证诈骗罪的法定刑要高于贷款诈骗罪的法定刑，因此，对于上述行为理应以信用证诈骗罪定性。

① 参见薛瑞麟：《论信用证诈骗罪》，载《政法论坛》2000年第4期。
② 参见李文燕主编：《金融诈骗犯罪研究》，中国人民公安大学出版社2002年版，第259页。
③ 参见刘远：《金融诈骗罪研究》，中国检察出版社2002年版，第422页。
④ 参见马克昌主编：《经济犯罪新论——破坏社会主义市场经济秩序罪研究》，武汉大学出版社1998年版，第372页。

（二）在合法取得信用证后，产生诈骗打包贷款的故意，进而实施该行为，应如何处理？

刑法理论一般认为，既然这种情形下的信用证是合法取得的，便排除了构成信用证诈骗罪的可能，因而以合法取得的信用证骗取银行贷款的，属于单独的贷款诈骗罪。[①]

笔者认为，对于这类行为的处理，关键要注意行为人的诈骗故意以及其诈骗行为与信用证使用的关系。这是因为，行为人合法取得信用证本身并不可能构成信用证诈骗罪，其后骗取贷款的行为与使用合法的信用证并没有关系。如果以合法取得的信用证作担保取得贷款，行为人没有占有贷款目的，也没有其他欺骗行为，当然不可能构成任何犯罪。但是，如果行为人以非法占有为目的，使用合法取得的信用证作担保骗取金融机构贷款，或者用其他欺骗手段骗取金融机构贷款且其他手段并不独立构成犯罪的，则应以贷款诈骗罪对行为人的行为定性。因为在这类案件中，行为人使用合法取得的信用证作担保或者用其他欺骗手段等，本身并不独立构成犯罪，即行为人的行为只涉及贷款诈骗罪一个罪名，因此，对此行为以贷款诈骗罪定性是完全正确的。

（三）为诈骗"打包贷款"而先骗取信用证并以此为担保，诈骗银行贷款的行为，应如何处理？

对此，刑法理论上存在不同观点：第一种观点认为，这种行为属于法条竞合现象，应以信用证诈骗罪论处；[②]第二种观点认为，这种情形属于牵连犯，应以信用证诈骗罪处理。[③]

我国《刑法》各种具体金融诈骗罪的法条之间一般不存在法条竞合关系，因此，笔者不同意信用证诈骗罪与贷款诈骗罪之间可能有法条竞合的情况存在。另外，由于本类案件中行为人分别实施了两个行为，即骗取信用证并加以使用的行为，以及诈骗金融机构贷款的行为，因而也不属于想象竞合犯。依笔者之见，这种情况应属于刑法理论上的牵连犯，对行为人的行为也应按照从一重罪处断的原则进行处罚。

七、盗窃他人信用证后又使用行为的定性

对于盗窃他人信用证后又加以使用行为的定性，刑法理论上存在一些不同的观点。第一种观点认为，应定信用证诈骗罪，理由是：其一，窃取信用证只是窃

① 参见李文燕主编：《金融诈骗犯罪研究》，中国人民公安大学出版社2002年版，第260页。
② 参见马克昌主编：《经济犯罪新论——破坏社会主义市场经济秩序罪研究》，武汉大学出版社1998年版，第376页。
③ 参见刘远：《金融诈骗罪研究》，中国检察出版社2002年版，第423页。

取了财物权利,而没有窃取财物本身;其二,行为人使用自己窃取的信用证,主观上是意图实现对该信用证所具有的财物权利或者所代表财物的非法占有;从客观上看,使用本身就是一种诈骗行为,故符合以其他方法进行信用证诈骗活动的特征。①第二种观点认为,应该依牵连犯从一重处断的原则,依信用证诈骗罪论处,而不能因为《刑法》第 196 条第 3 款规定了盗窃信用卡并使用的牵连犯的处罚原则,就想当然地认为对盗窃信用证并使用的犯罪也参照这一规定直接依盗窃罪定罪处罚。②第三种观点认为,应当分别依照以下情况处理:其一,行为人意图盗窃财物,得逞后发现实际盗窃的是他人的信用证,遂利用其进行诈骗活动。这种情况下,行为人主观上存在着两个犯意,即盗窃故意和信用证诈骗的故意;客观上也实施了两个行为:一是盗窃行为,二是信用证诈骗行为。但这两个行为之间显然不存在刑法上的原因与结果或者手段与目的的牵连关系,因而不可能成立牵连犯,而应以盗窃罪和信用证诈骗罪实行并罚。其二,行为人意图诈骗而盗窃他人的信用证,并利用窃取的信用证骗取财物。这显然属于典型的牵连犯,应按照从一重处断的原则,以信用证诈骗罪定罪量刑。③

　　笔者认为,如同信用卡是记载财物的载体一样,信用证本身并非是一种财物而只是一种记载财物权利的载体,因此,如果行为人单纯盗窃信用证(不管是真实有效的信用证,还是伪造、变造的信用证)而并未加以使用,不可能实际导致他人财产的损失,因而也不可能单独构成盗窃罪。正因为如此,如果行为人盗窃信用证后加以使用,也就不可能有牵连犯问题存在。另外,信用卡和信用证在内容上也不尽相同。行为人使用盗窃的信用卡,是一种兑现财物的行为,在某种程度上是为了占有信用卡上记载的财物,这一目的和盗窃的目的完全吻合。但是,行为人使用盗窃的信用证,很难直接兑现财物,通常多是利用信用证实施相关的诈骗行为。因此,不能简单地将盗窃信用卡加以使用的行为与盗窃信用证加以使用的行为等同看待。依笔者之见,由于《刑法》中并没有关于盗窃信用证并加以使用如何定性的专门规定,且盗窃信用证本身并不独立构成盗窃罪,因此,应该以行为人的使用行为作为定性的依据,即认定行为人的行为构成信用证诈骗罪。笔者的观点可以从《刑法》有关信用证诈骗罪的规定中找到依据,《刑法》第 195 条专门将骗取信用证的行为规定为信用证诈骗罪的一种形式,而笔者在前文中已经阐明,这里的骗取信用证构成信用证诈骗罪的行为中,行为人必须有使用行为,如果没有使用行为,行为人不可能构成信用证诈骗罪。由此分析,既然骗取信用证加以使用构成信用证诈骗罪,那么,盗窃信用证并加以使用以信用证诈骗

---

① 参见薛瑞麟:《论信用证诈骗罪》,载《政法论坛》2000 年第 4 期。
② 参见赵秉志主编:《金融诈骗罪新论》,人民法院出版社 2001 年版,第 407 页。
③ 参见李文燕主编:《金融诈骗犯罪研究》,中国人民公安大学出版社 2002 年版,第 266 页。

罪定性也就顺理成章了。

八、信用证诈骗罪罪数的认定

由于我国《刑法》将伪造、变造信用证或者附随的单据、文件的行为,专门规定在伪造、变造金融票证罪之中,因而在司法实践中,对于既伪造、变造信用证或者附随的单据、文件,又用这些伪造或者变造的票证,实施诈骗犯罪的情况,是否需要数罪并罚,颇有争议。有人认为,伪造、变造信用证的行为与使用伪造、变造的信用证进行诈骗行为之间形成刑法上的牵连关系,应按照处理牵连犯的原则,从一重罪从重处罚。一般情况下,应以信用证诈骗罪从重处罚。[①]也有人认为,上述情形不属于牵连犯,但却完全符合想象竞合犯的特征。因为在这种情形下,行为人只有一个诈骗故意,行为人的危害行为也只有一个,即使用伪造、变造的信用证或者附随的单据、文件的行为。而伪造、变造信用证或者附随的单据、文件的行为本身仅是这一行为无独立存在意义的要素。[②]

笔者认为,对于既伪造、变造信用证或者附随的单据、文件,又用这些伪造或者变造的票证,实施诈骗犯罪的案件,应该根据具体情况区别对待,而不能一概而论。如果行为人伪造、变造信用证或者附随的单据、文件,供自己进行诈骗的,应以刑法原理中的牵连犯原则处罚,即从一重处断。如果行为人伪造、变造信用证或者附随的单据、文件,供他人进行诈骗活动,则应确定行为人与使用者之间是否存在共同故意,有共同故意的,双方均应按共同犯罪处理,即对行为人同样适用牵连犯的原则,从一重处断;没有共同故意的,则对行为人以伪造、变造金融票证罪论处,而对使用者(必须是明知者)应以信用证诈骗罪论处。

第五节　信用卡诈骗罪的司法认定

我国 1979 年《刑法》中没有规定有关信用卡诈骗的犯罪,司法实践中一般对信用卡诈骗行为以诈骗罪论处。为了有效打击信用卡诈骗犯罪,1995 年全国人大常委会《关于惩治破坏金融秩序犯罪的决定》中首次具体规定了"信用卡诈骗罪"的罪名和法定刑,为惩治信用卡诈骗犯罪提供了法律依据。现行《刑法》基本采纳了上述决定规定的内容,将信用卡诈骗罪作为一个独立的罪名明确加以规定,只是在原第三档法定刑中增加了"并处五万元以上五十万元以下罚金"的规定,并对"恶意透支"作了解释。修订《刑法》过程中,曾有许多人提出将信用卡诈

---

① 参见王晨:《信用证诈骗罪定性问题研究》,载《法学评论》2004 年第 5 期。
② 参见赵秉志主编:《金融诈骗罪新论》,人民法院出版社 2000 年版,第 359—360 页。

骗罪归入票据诈骗罪中,但立法者从信用卡诈骗的特殊性角度考虑,最终还是将其独立成罪。这反映出立法者对信用卡诈骗犯罪问题的重视。1997 年《刑法》生效实施后,由于在涉及信用卡犯罪领域的司法实践中又出现了一些新的现象,全国人大于 2005 年 2 月 28 日通过了《刑法修正案(五)》,对信用卡诈骗罪作了一些修正。《刑法修正案(五)》第 2 条规定:在《刑法》第 196 条第 1 款第 1 项中增加"使用以虚假的身份证明骗领的信用卡"的行为方式。由此,《刑法》第 196 条第 1 款规定修正为:"有下列情形之一,进行信用卡诈骗活动,数额较大的,处五年以下有期徒刑或者拘役,并处二万元以上二十万元以下罚金;数额巨大或者有其他严重情节的,处五年以上十年以下有期徒刑,并处五万元以上五十万元以下罚金;数额特别巨大或者有其他特别严重情节的,处十年以上有期徒刑或者无期徒刑,并处五万元以上五十万元以下罚金或者没收财产:(一)使用伪造的信用卡,或者使用以虚假的身份证明骗领的信用卡的;(二)使用作废的信用卡的;(三)冒用他人信用卡的;(四)恶意透支的。"

为了明确说明条款中"恶意透支"的内容,《刑法》第 196 条第 2 款还专门为其下了一个定义:"前款所称恶意透支,是指持卡人以非法占有为目的,超过规定限额或者规定期限透支,并且经发卡银行催收后仍不归还的行为。"

针对实践中盗窃他人信用卡后并加以使用的案件在定罪问题上的分歧,《刑法》第 196 条第 3 款明确规定:"盗窃信用卡并使用的,依照本法第二百六十四条的规定定罪处罚。"

此外,最高人民法院、最高人民检察院《关于办理妨害信用卡管理刑事案件具体应用法律若干问题的解释》(2018 年修正)对不同行为类型的信用卡诈骗犯罪行为规定了定罪量刑标准。该《解释》第 5 条规定:使用伪造的信用卡、以虚假的身份证明骗领的信用卡、作废的信用卡或者冒用他人信用卡,进行信用卡诈骗活动,数额在 5000 元以上不满 5 万元的,应当认定为刑法第 196 条规定的"数额较大";数额在 5 万元以上不满 50 万元的,应当认定为刑法第 196 条规定的"数额巨大";数额在 50 万元以上的,应当认定为刑法第 196 条规定的"数额特别巨大"。《刑法》第 196 条第 1 款第 3 项所称"冒用他人信用卡",包括以下情形:(1)拾得他人信用卡并使用的;(2)骗取他人信用卡并使用的;(3)窃取、收买、骗取或者以其他非法方式获取他人信用卡信息资料,并通过互联网、通讯终端等使用的;(4)其他冒用他人信用卡的情形。该《解释》第 6 条规定:持卡人以非法占有为目的,超过规定限额或者规定期限透支,并且经发卡银行两次催收后超过 3 个月仍不归还的,应当认定为《刑法》第 196 条规定的"恶意透支"。有以下情形之一的,应当认定为刑法第 196 条第 2 款规定的"以非法占有为目的":(1)明知没有还款能力而大量透支,无法归还的;(2)使用虚假资信证明申领信用卡后透支,无法归还的;(3)透支后逃匿、改变联系方式,逃避银行催收的;(4)抽逃、转移资金,隐匿财产,逃避还款的;(5)使用透支的资金进行犯罪活动的;(6)其他非法占有资金,拒不归还的行为。恶意透支,数额在5万元以上不满50万元的,应当认定为《刑法》第196条规定的"数额较大";数额在50万元以上不满500万元的,应当认定为《刑法》第196条规定的"数额巨大";数额在500万元以上的,应当认定为《刑法》第196条规定的"数额特别巨大"。恶意透支的数额,是指公安机关刑事立案时尚未归还的实际透支的本金数额,不包括利息、复利、滞纳金、手续费等发卡银行收取的费用。归还或者支付的数额,应当认定为归还实际透支的本金。恶意透支数额较大,在提起公诉前全部归还或者具有其他情节轻微情形的,可以不起诉;在一审判决前全部归还或者具有其他情节轻微情形的,可以免予刑事处罚。但是,曾因信用卡诈骗受过2次以上处罚的除外。

一、本罪的立法依据

众所周知,信用卡是银行或有关机构发给资信较好的公司和有稳定收入的个人,便利其购买商品、取得服务或者提取现金的信用凭证。国际上通行的信用卡的信用在于持卡人可以以此为凭证,在暂时不支付现金的情况下先进行消费活动,如得到某些商品或接受某项服务,并在以后一定时间内再补足所欠款项。这也就是我们通常所称的透支行为。信用卡的这一特殊功能,不仅加速了商品流转,刺激了消费,而且还对促进市场经济的发展具有积极的作用。

随着市场经济的不断发展,信用卡的功能也在不断发展,人们在日常的生活和经济活动中,根据实际需要,也不断对信用卡的功能增添新的内容。在一些先进的国家和地区,信用卡的使用已经相当普遍,信用卡在社会经济活动中的功能和作用也越来越大,如转账结算功能、消费信贷功能、自动存取款功能、支票保障功能(即在签发支票时出具信用卡,以防止签发空头支票)等。

随着信用卡功能的不断发展以及信用卡在社会生活和经济活动中的不断渗透,信用卡业务的风险也不断增加。因为信用卡是以个人信用为前提的,而个人信用在很大程度上又有许多不确定的因素。特别是信用卡作为一种大众化的支付工具,流通范围广、环节多,任何一个环节出现问题,都可能给发卡机构或者特约商户甚至持卡人带来风险或造成实际的经济损失。例如,发卡机构对客户的资信情况审查不严,有的不法分子伪造资信情况,蒙骗发卡机构取得信用卡;持卡人违反有关信用卡使用规则进行恶意透支;特约商户不严格按规定办理信用卡交易,甚至与持卡人勾结,共同欺骗发卡银行;非持卡人窃取他人信用卡密码和信用卡内容,用伪造的信用卡大量消费等。据统计,在一些发达国家和地区,信用卡诈骗所造成的损失,每年就高达数亿美元。可见,惩治和防范信用卡犯罪是世界各国和各地区共同面临的任务。目前，些国家和地区对于惩治和防范信用卡方面的犯罪，采取了很多措施。除了从科学技术上积极研制一些防伪信用卡外，还十分注意从法律的角度完善信用卡业务的管理以及惩治信用卡方面的犯罪。应该说，这些措施是十分有效的，也取得了一定成果。

例如，法国1991年12月30日第91至1382号法律规定："任何人，犯有下列行为之一的，处一年至七年的监禁和三千六百法郎至五百万法郎的罚金，或单处监禁或罚金：(1)伪造或篡改支付卡或提款卡的；(2)在了解事实的情况下，使用或企图使用伪造的或经篡改的支付卡或提款卡的；(3)在了解事实的情况下，同意接受以伪造的或经篡改的支付卡支付的付款的。"该法律还规定："伪造的或经篡改的支付卡或提款卡予以没收并销毁；用于或旨在用于制造这些物品的材料、机器、器具或工具亦予以没收；法院还可判处不超过五年的期限内禁止行使刑法典规定的公民权、民事权及家庭权。"

日本刑法未专门设立信用卡犯罪的独立条款。根据司法实践，日本对信用卡犯罪的处罚是根据某一具体行为加以确定的。譬如，伪造信用卡的按伪造私人文书罪论处，处三个月以上五年以下的监禁；窃取信用卡的，按盗窃罪论处，处十年以下监禁；以他人名义从信用卡公司骗取信用卡的，视为同时犯有伪造私人文书罪和诈骗罪；犯有诈骗罪的，处十年以下监禁；利用信用卡恶意透支的，以往的判例则按诈骗罪论处，但日本法学界对此仍有不同意见。

我国自20世纪80年代初开始出现信用卡业务活动至今，应该说信用卡业务的开展时间并不长。但是，在市场经济条件下，信用卡业务在我国发展相当快。我国先后与国际上一些信用卡公司签订了代理信用卡业务的协议，并加入了一些国际信用卡组织。各商业银行和有关机构也相继发行了自己的信用卡。1988年，中国人民银行对结算制度进行改革，把信用卡列为一种新的结算方式，纳入银行结算体系当中，形成以汇票、支票、本票和信用卡为核心的所谓"三票一卡"的银行结算制度。1996年4月1日，中国人民银行发布了《信用卡业务管理办法》以后又于1999年发布了《银行卡业务管理办法》。这标志着信用卡在我国经济改革的发展和金融流通领域中已经占有相当重要的地位，并将发挥越来越大的作用。这几年我国社会主义市场经济体制的建立和不断完善过程，就充分证明了这一点。

与世界其他国家和地区一样，我国在信用卡业务不断发展的同时，有关信用卡方面的犯罪也在日益增多。特别是由于我国对信用卡业务的管理经验还不足，各项规章制度也有待完善，多多少少给违法犯罪分子以可乘之机。但是，对是否应该在《刑法》中专门规定"信用卡诈骗罪"这一罪名则有不同的看法。有人认为，信用卡诈骗罪从本质上分析仍然属于诈骗犯罪，刑法上没有必要将信用卡诈骗行为从一般诈骗罪中分离出来。也有学者主张,在银行业务中,信用卡属于金融票证的范围,《刑法》中完全可以设立一个相对较为统一的金融票证诈骗罪,而没有必要专门规定信用卡诈骗罪。笔者认为,从各国刑法理论和司法实践分析,信用卡诈骗与传统的财产诈骗虽然都属于"诈骗",但正如前文笔者在分析贷款诈骗罪时所指出的,无论从行为人的犯罪手段、行为所侵犯的犯罪客体、行为所侵犯的犯罪对象,还是从行为造成的社会危害性分析,信用卡诈骗与传统的财产诈骗均存在相当大的差异。如果继续将信用卡诈骗犯罪归入传统的诈骗罪,肯定会给司法实践带来许多问题,对惩治和防范信用卡犯罪也是极为不利的。随着我国刑事立法的不断发展和完善,对于实践中某些发案率较高且我们对其惩治的经验积累较多的犯罪,完全可以通过立法在罪名上加以细化,以适应司法实践的需要。因此,虽然在《刑法》中专门规定"金融诈骗罪"一节,在理论上还很值得探讨,但是,笔者认为,将信用卡诈骗从一般诈骗罪中分离出来确实有其必要性。另外,由于信用卡毕竟在功能和作用等方面与其他金融票证有很大的区别,如信用卡具有独特的提款、透支等功能,因此,作为信用卡诈骗犯罪的手段也必然会与其他金融票证诈骗犯罪的手段有所区别,而且有些特点相当明显。这也体现出《刑法》将信用卡诈骗单独设罪的必要性。

二、"信用卡"含义的确定

顾名思义,信用卡诈骗罪应该是一种利用信用卡进行诈骗的犯罪。但是,在时下的刑法理论和司法实践中,对何谓我国《刑法》中信用卡诈骗罪中的"信用卡",以及《刑法》中的"信用卡"与银行或者其他金融机构业务工作中的"信用卡"是否应该具有完全相等的含义等问题,颇有争议。产生争议的原因主要是:根据中国人民银行1999年发布的《银行卡业务管理办法》的规定,我国的银行卡包括信用卡和借记卡两种,其中,信用卡包括贷记卡[①]和准贷记卡[②]。而在此之前,中国人民银行1996年发布的《信用卡业务管理办法》则将贷记卡和借记卡均归入

---

① 贷记卡是一种向持卡人提供消费信贷的付款卡,持卡人不必在发卡行存款,就可以先购买,后结算交钱。根据客户的资信及其他情况,发卡行给每个信用卡账户设定一个授信限额。这意味着,持卡人可以使用信用卡付账,只要累计不超过授信限额即可。一般发卡行每月向持卡人寄送一次账单,持卡人在收到账单后的一定宽限期内,可选择付清账款,则不需付利息;或者付一部分账款,或只付最低还款额,以后加付利息。

② 准贷记卡是我国为了适应政治经济体制、社会发展水平、人民的消费习惯等,在发展有中国特色的信用卡产业过程中,创造的一种绝无仅有的信用卡品种。这种信用卡兼具贷记卡和借记卡的部分功能,一般需要交纳保证金或提供担保人,使用时先存款后消费,存款计付利息,在购物消费时可以在发卡银行核定的额度内进行小额透支,但透支金额自透支之日起计息,欠款必须一次还清,没有免息还款期和最低还款额。其基本特点是转账结算和购物消费。

信用卡范围之内。换言之,随着银行业务活动的不断拓宽,为了加强与国际接轨,时下在银行业务活动中,银行卡已经代替了原来的信用卡概念,并限定了信用卡的含义:仅指贷记卡,从而将借记卡从信用卡中分离出来。由于我国现行《刑法》是在 1997 年 10 月 1 日正式生效的,而其规定的信用卡诈骗罪中"信用卡"的含义显然是秉承中国人民银行 1996 年发布的《信用卡业务管理办法》规定的内容,也即既包括贷记卡,也包括借记卡,这就产生了一个问题:《刑法》信用卡诈骗罪中"信用卡"的含义是否需要随着银行业务管理工作中"信用卡"含义的变化而变化?

对此问题,在理论上有人认为,借记卡不是本罪的犯罪对象,主要理由是:其一,信用卡有着国际社会普遍认同的基本特征,我国的信用卡应遵循国际惯例;其二,信用卡诈骗罪的客观方面从一开始就包含恶意透支的行为,显然这一规制重点的设置是以信用卡具有透支功能为前提的,不具备透支功能的借记卡是不可能成为本罪对象的;其三,对于使用伪造的、作废的或者冒用他人的借记卡骗取财物数额较大的,可以相关的诈骗罪定罪处罚,并不会导致放纵利用借记卡实施犯罪的行为。[1]有人进一步认为,刑法对专业领域专有名词的理解应该同该专业领域的法律规定保持一致,当专业领域法律概念发生变化时,刑法的理解应该同步,以新的法律规定为依据。以往银行法律法规将银行卡统称为信用卡,但是现在银行法律法规则将银行卡区分为贷记卡和借记卡,认为前者是信用卡,后者不是信用卡。如果《刑法》固守原有概念,认为所有银行卡都是信用卡,以银行卡为对象的犯罪,不管是贷记卡还是借记卡,都是信用卡犯罪,那么这种认识无疑混淆了信用卡与非信用卡的界限,与专业领域的实际情况严重背离,将使《刑法》显得荒谬。[2]司法实践中,有些地方甚至专门以会议纪要的形式明确,对于利用借记卡进行诈骗的行为,应以诈骗罪论处而不以信用卡诈骗罪认定。

也有人不同意上述观点,认为借记卡也应该是本罪的犯罪对象,理由是:首先,在当时,我国商业银行发行的信用卡与国外发行的信用卡是不同的,国外发行的信用卡实行"后付卡"制度,即无需缴纳备用金就可办卡并使用,以后再补足款项,是纯正意义上的信用卡,而在我国,从各商业银行信用卡业务开展实际情况和社会认知看,是从广义的角度使用信用卡这一术语的。这就说明,我国刑法所指的信用卡不是狭义的信用卡,即贷记卡,而是包含着贷记卡、准贷记卡、借记卡在内的广义的信用卡。其次,从法秩序一致性角度而言,刑法是行政法、经济法、民商法的保障法,具有第二位属性,在将违反行政法、经济法、民商法的行为

---

[1]   参见陈兴良主编:《刑事法判解》(第 2 卷),法律出版社 2000 年版,第 131 页。
[2]   参见刘华:《金融犯罪研究》,载赵秉志主编:《新千年刑法热点问题研究与适用》(下),中国检察出版社 2001 年版,第 1252 页。

直接予以犯罪规定时,其使用的概念应来源于上位法,其含义当然应与上位法的概念一致。由于信用卡与借记卡分野于 1999 年的《银行卡业务管理办法》,在此之前,商业银行系统内只有信用卡之称,而无银行卡之谓,故我国现行《刑法》只能以 1996 年的《信用卡业务管理办法》所规定的信用卡(即广义的信用卡)为规制对象。因此,《刑法》修订时立法本意上的信用卡是广义的信用卡,也即今天的银行卡,不能因为行政规范中有关名称的变更而改变《刑法》确定的内容。再次,信用卡的本质特征是一种信用支付工具,透支只是其众多功能中的一种,不能将功能与特征混淆。最后,既然法律上已明文规定了信用卡诈骗罪,就应充分有效地利用并发挥其应有的功能,防止条文的虚置。①

笔者认为,至少在对现行《刑法》中有关信用卡诈骗罪的规定未作修正之前,该罪中的信用卡理应包括借记卡。

首先,从《刑法》的立法原意分析。我国现行《刑法》在制定时,银行业务管理活动中的借记卡就包含在信用卡范围内,而我国《刑法》是依据银行业务管理活动中的相应行政法规制定的,其立法原意无疑是将借记卡归入信用卡诈骗罪规制的范围之内的。虽然之后银行业务管理活动中对信用卡的含义作了调整,但实际只是在名称上对信用卡进行了规范。按照银行现行管理办法的规定,现在的银行卡实际上就是以前的信用卡,而现在的信用卡则仅指贷记卡,不包括借记卡。这种行政法规中对定义的变化固然是出于其管理工作的需要,对今后完善和修正《刑法》规定有一定的借鉴作用,但是,这种变化不能也不应该成为影响或改变《刑法》立法原意的理由。依笔者之见,如果今后有关信用卡诈骗罪的刑事立法发生变化,也应该是将现行《刑法》中的信用卡诈骗罪改为银行卡诈骗罪,而不应该缩小信用卡诈骗罪的范围,将借记卡排除在信用卡外,片面地将信用卡诈骗仅理解为是贷记卡诈骗。

其次,从《刑法》的规定分析。我国《刑法》关于信用卡诈骗罪的行为方式共规定了四项,其中只有恶意透支不能适用借记卡使用范围,而其他如使用伪造的借记卡、使用作废的借记卡、冒用他人的借记卡等都可能与贷记卡诈骗造成一样的社会危害。更何况,时下人们日常生活中使用最广泛的主要还是借记卡,借记卡在实际数量和使用频率上远远大于贷记卡,因而实践中发生借记卡诈骗的可能性要比贷记卡诈骗高得多。由此可见,我国现行《刑法》的规定实际上已经考虑到借记卡与贷记卡在许多功能上具有相同之处,因而在立法时,已将借记卡纳入信用卡诈骗罪规制的范围之内。

---

① 参见于天敏、张凤彬:《浅议信用卡诈骗罪的几个问题》,载赵秉志主编:《新千年刑法热点问题研究与适用》(下),中国检察出版社 2001 年版,第 1397—1398 页。

　　再次,从刑法理论上分析。正如前述,借记卡和贷记卡的主要区别在于是否具有透支功能,而在其他功能上,二者并无实质性的区别。正是由于这一点,除在恶意透支这一信用卡诈骗形式上有所不同外,利用借记卡进行诈骗和利用贷记卡进行诈骗不应该有实质性的区别。从刑法理论上分析,没有必要将利用具有基本相同功能的借记卡与贷记卡进行诈骗的行为分别加以惩治。例如,当一个人拿着伪造的贷记卡在取款机上取款,而另一个人拿着伪造的借记卡在取款机上取款,他们实施了同样的行为,造成了同样的危害,但前者要以信用卡诈骗罪定罪,而后者则以一般诈骗罪定罪,且两者可能因法定刑的不完全相同而受到不同的处罚,这显然不符合刑法的基本原理。

　　最后,从刑事司法的实际处理角度分析。笔者认为,如果将借记卡从信用卡诈骗罪规制的范围内分离出来,实践中就有可能引发一些难题,例如,某个人拿着一张伪造的贷记卡和一张伪造的借记卡到取款机上取款,由于借记卡不属于信用卡,所以行为人应构成两个犯罪(即信用卡诈骗罪和诈骗罪),并被数罪并罚。但是,如果行为人拿着两张贷记卡到取款机上取款,且取得与上述同样数额的款项,则对行为人只能以信用卡诈骗罪一罪定罪处罚。这种同行为不同罚的做法,显然有悖于刑法的立法精神。另外,上述案例中,如果行为人使用伪造的借记卡和伪造的贷记卡取款总数已达到某一犯罪的要求,但分别计算取款的数额则均未达到犯罪的要求,这样要对其进行数罪并罚十分困难。相反,如果按一罪处理,则根本不存在这些问题。由此可见,将借记卡纳入信用卡诈骗罪的规制范围,也是实际处理案件的需要。

　　2004年12月29日,全国人大常委会根据司法实践中遇到的情况,讨论了《刑法》规定的"信用卡"含义问题,并作出以下解释:"刑法规定的'信用卡',是指由商业银行或者其他金融机构发行的具有消费支付、信用贷款、转账结算、存取现金等全部功能或者部分功能的电子支付卡。"这一解释内容显然与笔者的观点完全一致。毫无疑问,该立法解释事实上将实践中引发颇多争议的借记卡诈骗案件纳入了《刑法》中有关"信用卡"犯罪的处罚范围。在刑法意义上,借记卡今后将一律被视为"信用卡",有关借记卡犯罪的司法实践的混乱局面将得以消除,从而更加有力地打击了利用银行卡实施的犯罪活动。笔者认为,立法解释对"信用卡"的规定非常符合我国现状,有利于统一执法,打击犯罪。

　　需要指出的是,《刑法》中信用卡诈骗罪的"信用卡"可能是真的,也可能是假的,其含义还牵涉到如何理解"伪造"、"作废"的信用卡等问题。由于我国《刑法》中明确规定了"使用伪造的信用卡"、"使用作废的信用卡"、"冒用他人的信用卡"以及"使用以虚假的身份证明骗领的信用卡"等行为,所以如何理解"伪造"、"作废"、"他人的信用卡"以及"骗领的信用卡"的含义可能影响到对行为人行为的定性,因而有必要加以讨论。

对于"作废的信用卡",理论上一般认为,是指因法定原因而失去效用的信用卡,主要包括三种情形:其一,信用卡超过有效使用期限而自动失效;其二,信用卡因持卡人在信用卡有效期限内中途停止使用,并将该信用卡交回发卡机构而失效;其三,信用卡因挂失而失效。除这三种情况外,对于涂改卡是否应该看做"作废的信用卡",理论上颇有争议:有人认为,涂改卡也应视为"作废的信用卡";①也有人认为,涂改卡不应视为"作废的信用卡",而应视为"伪造的信用卡",因为被涂改前的信用卡既然已因挂失或取消而被列入止付名单,就说明已失去效用,此后再在此作废的信用卡上所实施的涂改、加工行为纯粹就是一种伪造行为。②

笔者认为,对于涂改卡的归类应作具体分析,关键是看涂改、加工前有无真实有效的信用卡存在。司法实践中的涂改卡实际上存在两种情况:在失效卡上涂改、加工后形成的卡,以及在有效卡上涂改、加工后形成的卡。对在失效卡上涂改、加工的情况,应该视为"伪造的信用卡"。因为在行为人涂改、加工前,根本就没有真实有效的信用卡存在,尽管失效卡在失效之前曾是信用卡,但是一旦失效就不能作为信用卡对待。因此,对这种卡进行涂改、加工,只能视为伪造信用卡。但是,对行为人在有效卡上涂改、加工而形成的卡,则应视为"作废的信用卡"。因为行为人在涂改、加工之前,该卡属于真实有效的信用卡,只是由于某种原因,行为人无法或不能加以使用,从本质上说,这种涂改、加工理应属于变造的范畴。但是,我国《刑法》中没有关于"变造的信用卡"的规定,而只有关于"伪造的信用卡"和"作废的信用卡"的规定,且这种变造而成的卡比较符合"作废的信用卡"的内涵,即这是在真实有效的信用卡上涂改、加工,因而将其视为"作废的信用卡"是合理的。

较长时间以来,我国《刑法》并未将"骗领信用卡"的行为纳入犯罪范围。直到2005年2月28日全国人大常委会通过颁布《刑法修正案(五)》才将"使用虚假的身份证明骗领信用卡"的行为归入妨害信用卡管理罪之中。所谓"使用虚假的身份证明骗领信用卡",是指行为人在办理信用卡申领手续时,弄虚作假,使用伪造的或虚构的身份或资信等证明材料,骗取发卡银行发放信用卡的行为。从这一定义分析,这里所谓的"骗领信用卡",是指行为人在办理申领信用卡的手续时,使用虚假的身份证明,骗取金融机构的信任,从而取得了金融机构发放的信用卡。笔者认为,"骗领信用卡"属于"假人"使用"真卡"的情况,而法条中同在一

① 参见赵秉志主编:《金融犯罪界限认定司法对策》,吉林人民出版社2000年版,第382—383页。
② 参见王志祥、杨卉青:《信用卡诈骗罪若干问题研究》,载赵秉志主编:《新千年刑法热点问题研究与适用》(下),中国检察出版社2001年版,第1391页。

项中的"使用伪造的信用卡"属于"真人"使用"假卡"的情况,因此将两种不同情
形放在同一项下并不合适。应将"骗领信用卡"加在《刑法》第 196 条第 1 款第 3
项"冒用他人信用卡"之后,因为这两种情形同属于"假人"使用"真卡"的情形。
所谓"骗领",应该既包括在金融机构工作人员不知情的情况下,也包括在知情的
情况下实施的行为。因为在司法实践中,经常发生办理信用卡的金融机构工作
人员明知对方提供的是虚假的身份证明,还违规向其发放信用卡,甚至内外勾结
编造虚假的身份证明,取得金融机构发放的信用卡后恶意透支的情形。从形式
上看,办理信用卡的金融机构工作人员在明知他人提供虚假的身份证明的情况
下,似乎不存在受骗的问题,因而似乎就不属于"骗领"信用卡。但是,笔者认为,
由于发放信用卡者是金融机构,而并非是具体工作人员,因此,相关人员没有受
骗,并不代表金融机构没受骗。按照有关信用卡的管理规定,申领信用卡者必须
如实申报有关情况,特别是身份证明材料必须真实,否则金融机构就不能对其发
放信用卡。因此,只要行为人在办理申领手续时,提供的是虚假的身份证明,金
融机构对其发放了信用卡,就应当认为行为人欺骗了金融机构。即对于行为人
是否骗领了信用卡,不能完全以某些具体的金融机构工作人员是否明知事实真
相作为判断标准。当然,如果金融机构的工作人员与非本单位的人员内外勾结,
又进一步利用职务上的便利,使用以虚假的身份证明骗领的信用卡,骗取银行或
其他金融机构的大量钱款,则双方有可能构成诸如职务侵占罪或贪污罪等罪的
共犯。

    至于《刑法》信用卡诈骗罪中的"冒用他人的信用卡"行为方式中的"他人的
信用卡"是否包括"伪造的信用卡"或"作废的信用卡",在理论上也有不同的观
点。有人认为,冒用他人的信用卡也可能是冒用作废的信用卡。[①]也有人认为,
冒用他人的信用卡不能包括冒用作废的信用卡,对于冒用作废的信用卡应视为
"使用作废的信用卡"。[②]笔者同意后一种观点,从《刑法》条文中使用"冒用"一
词,就可以看出"冒用他人的信用卡"中的"他人的信用卡"只能是他人真实有效
的信用卡,也即既然是"冒用",就应该是他人真实有效的信用卡,而如果是他人
作废的信用卡,就不会发生所谓"冒用"问题,而应该只有"使用"问题。同时,由
于《刑法》规定的"使用作废的信用卡"中并没有排除"他人作废的信用卡",因而
将冒用他人作废的信用卡归入"使用作废的信用卡"中是符合立法原意的。近些
年来,互联网消费的市场越来越广阔,同时互联网金融的风险也随之增大,出现
了新型的犯罪形式。对于行为人以非法方法获取银行用户的信用卡资料,冒用

---

① 参见李卫红:《论信用卡诈骗罪》,载《政法论坛》2000 年第 4 期。
② 参见王志祥、杨卉青:《信用卡诈骗罪若干问题研究》,载赵秉志主编:《新千年刑法热点问题研究
与适用》(下),中国检察出版社 2001 年版,第 1391 页。

上述信用卡资料订购酒店、机票、景点门票等旅游用品或进行网络购物等网上消费活动，达到一定数额的，司法实践中以冒用型信用卡诈骗罪追究其刑事责任。

三、盗窃信用卡并加以使用行为的定性

对于行为人盗窃信用卡后又加以使用的犯罪行为的定性问题，我国刑法理论和实践中曾有不同的看法。有人认为，这种情况应以盗窃罪定性，因为信用卡是有价值意义的支付凭证，其本身就含有不确定的价值，行为人凭卡可以取得财物。也即犯罪分子窃得信用卡后，实际上已控制了该信用卡并可以此卡占有财产。也有人认为，这种情况应以信用卡诈骗罪定性，因为行为人主要是通过冒用信用卡的行为才真正占有公私财产所有权的，而冒用行为属于诈骗性质。还有人认为，这种情况属于牵连犯，应按从一重处断的原则处理。[①]

《刑法》第196条第3款明文规定，盗窃信用卡后并使用的，依照盗窃罪的规定定罪处罚。可见，这种情况实际上属于刑法中的结合犯，即刑法将盗窃罪和信用卡诈骗罪规定在一个条文里，明确规定以盗窃罪定罪处罚的情况。尽管在这种情况中，行为人盗窃信用卡行为和冒用他人信用卡行为具有相当密切的关系，因为行为人盗窃后的冒用行为，完全可以视为盗窃行为的延续，是盗窃信用卡后的一个价值实现过程。但是，我们也不应该否定这种情况仍然符合"独立性"和"结合性"（或称法定性）这两个构成结合犯所必须具备的要件，因而将其视为结合犯是完全正确的。

对于《刑法》中关于盗窃信用卡后并使用的，依照盗窃罪的规定定罪处罚的规定，还需要作正确的理解。由于这种情况本身比较复杂，因而司法实践中不能千篇一律地采取一样的方法处理。

首先，笔者认为，盗窃信用卡后并使用情况中的"信用卡"应该是指真实的信用卡，而不包括伪造的或已经作废的信用卡。如果行为人盗窃他人伪造的或已经作废的信用卡后并加以使用的，对于行为人应以信用卡诈骗罪定罪处罚。这是因为，行为人所盗窃的伪造的或已经作废的信用卡，实际上并不属于信用卡，本身并不具有支付凭证的特点，因而行为人的盗窃行为不能构成犯罪；但这种情况中的使用行为完全符合《刑法》规定的信用卡诈骗罪中的"使用伪造的信用卡"和"使用作废的信用卡"的行为，因而行为人理应构成信用卡诈骗罪。

司法实践中，对于盗窃真实的信用卡，但由于行为人不知信用卡上的密码等信息而采取其他方法破译密码或伪造、涂改后加以使用的行为的定性问题，也有不同意见。笔者认为，对于盗窃信用卡后采用破译密码方法而加以使用的行为，

---

① 参见刘宪权、卢勤忠：《金融犯罪理论专题研究》，复旦大学出版社2005年版，第575页。

仍然应以盗窃罪认定,因为这种情况中的信用卡是真实的,且经破译密码后的信用卡也仍然是真实的,而使用他人的信用卡一般均有冒用的行为存在,破译密码实际上是冒用行为的一种。但是,对于盗窃信用卡后采用伪造、涂改的方法而加以使用的行为,则可以信用卡诈骗罪定罪处罚,因为这种情况中的信用卡虽然原来是真实的,但是经伪造、涂改后实际上就成了伪卡,而且在一般情况下,经伪造、涂改后的卡事实上已经不属于原来卡的主人,这就使行为人的盗窃行为与使用行为产生了脱节,即盗窃的卡和使用的卡并非同一张卡,其中真正占有财产的行为是使用行为而不是盗窃行为,因而对行为人以信用卡诈骗罪定罪处罚是合理的。

与上述问题相关的是,行为人盗窃以虚假的身份证明骗领的信用卡后又予以使用,能否也以盗窃罪定罪处罚? 对此,笔者持否定态度。《刑法》第 196 条第 3 款规定的盗窃并使用的信用卡应该是指真实有效的信用卡,而不包括伪造的或已作废的信用卡。最高人民法院在 1986 年 11 月 3 日对上海市高级人民法院就一个案件的请示答复中也曾明确指出:被告人盗窃信用卡后又仿冒卡主签名进行购物、消费的行为,是将信用卡本身所含的不确定价值转化为具体财物的过程,是盗窃犯罪的继续,应定盗窃罪。尽管使用虚假的身份证明骗领的信用卡,是银行发行的真实有效的信用卡,但是,由于持卡人(或名义人)往往是虚构的,银行不可能从持卡人(或名义人)那里收回被使用的款项,实际遭受财产损失的就有可能是发卡银行而不是持卡人。因此,不能将盗窃并使用以虚假身份骗领的信用卡的行为以盗窃罪定罪处罚。应当认为,行为人实施了"使用以虚假的身份证明骗领的信用卡"的行为,构成信用卡诈骗罪。当然,如果行为人盗窃以虚假的身份证明骗领的信用卡后并未加以使用,而是将信用卡抛弃或毁坏,就不构成犯罪;但如果出售或转送给他人,则有可能构成妨害信用卡管理罪。

其次,盗窃信用卡后并使用情况中的"盗窃"行为和"使用"行为的实施者应为同一主体。一般而言,行为人盗窃信用卡后并自己使用信用卡的,对于行为人应以盗窃罪认定;而盗窃信用卡者与使用信用卡者虽为不同的人,但具有共同故意的,对于盗窃者和使用者均可以盗窃罪的共犯加以认定。如果盗窃信用卡者与使用信用卡者为不同的人,且盗窃者和使用者之间没有共同故意,盗窃者一般不应构成犯罪,因为行为人没有使用信用卡,也就不存在所谓盗窃的数额问题,而盗窃罪的构成有"数额较大"的要求;但是,使用者如果在明知是他人的信用卡的情况下仍加以使用,则应构成信用卡诈骗罪。

最后,盗窃信用卡后并使用情况中的"使用"行为应包含出售行为。司法实践中,有些行为人在盗窃信用卡后,因害怕使用时被人发现,而将所窃得的信用卡出售给他人,对于这种出售行为是否属于使用行为,在理论上和实践中颇有争议。有人认为,使用信用卡必须是以具有实现法定的信用卡功能、用途的可能性的方式进行使用的行为,也即只有可以用信用卡进行交付结算的经济行为才属于"使用"。①按照这种观点,出售行为显然不能归属于使用行为。笔者不同意这一观点,在盗窃信用卡后并出售窃得信用卡的情况中,由于出售行为一般也具有诈骗性质,且出售者将窃得的信用卡卖给他人,在主观上也是让买入者使用这张卡,这与通常所指的使用并没有实质区别,因此,对行为人仍以盗窃罪定罪处罚并无不当,完全符合刑法立法原意。

四、拾得信用卡并加以使用行为的定性

我国《刑法》明确将冒用他人信用卡列入信用卡诈骗罪之中。但是,刑法理论上对于拾得信用卡及获得密码后加以使用行为的定性,分歧意见较大,司法实践中对此行为的定性也不完全一致,有的以盗窃罪定性,有的以信用卡诈骗罪定性,还有的以诈骗罪定性,以前甚至有观点认为这种行为不构成犯罪。例如,有学者认为,这种行为既不构成信用卡诈骗罪,也不构成诈骗罪,在这种情况下对拾得者来讲,其捡到信用卡和密码,完全等于获取了信用卡所含资金的使用权,这与捡到他人的活期存折而取款的行为性质是相同的。如果拾得者拒不交出所取款项的,可以考虑按侵占罪论处。②对于该问题的争议,已经有司法解释作了明确规定。2008年4月18日最高人民检察院《关于拾得他人信用卡并在自动柜员机(ATM机)上使用的行为如何定性问题的批复》中明确指出:拾得他人信用卡并在自动柜员机(ATM机)上使用的行为,属于《刑法》第196条第1款第3项规定的"冒用他人信用卡"的情形,构成犯罪的,以信用卡诈骗罪追究刑事责任。其实,上述司法解释中的意见也是笔者多年来一直坚持的观点。

对于拾得信用卡并加以使用行为的定性,主要涉及以下几个问题:首先,金融机构的ATM机等能否成为诈骗的对象?依笔者之见,拾得信用卡并加以使用的案件中并非没有被骗者,只不过需要研究的是究竟谁是被骗者的问题。有学者认为,诈骗罪中的受骗者必须是自然人,如果没有自然人受骗,就不可能基于认识错误处分财产。诈骗罪与盗窃罪的关键区别在于:受骗人是否基于认识错误处分(交付)财产。但是,机器是不能被骗的,即机器因为没有意识而不会陷入认识错误,更不会基于认识错误处分财产。③这一观点其实是将经过电脑编程

① 参见田宏杰、许成磊:《信用卡诈骗罪若干问题探讨》,载赵秉志主编:《新千年刑法热点问题研究与适用》(下),中国检察出版社2001年版,第1377页。

② 参见黄祥青:《信用卡诈骗罪司法适用中的四个问题》,载陈兴良主编:《刑事法判解》(第2卷),法律出版社2000年版,第135—136页。

③ 张明楷:《机器不能成为诈骗罪的受骗者》,载刘宪权主编《刑法学研究》(第2卷),北京大学出版社2006年版,第84页。

的 ATM 机等机器与一般的机械性机器混同了。从某种角度分析,包括 ATM 机在内的机器经电脑编程后,实质上已经成为"机器人",在大多数情况下,这些所谓的机器实际上是作为业务人员代表金融机构处理相关金融业务。如此理解,我们就不难得出这一结论:既然金融机构的业务人员可以成为诈骗的对象,那么,这些经电脑编程后的机器人当然也可以成为诈骗罪的对象。

其次,如何理解"冒用他人信用卡"的含义? 许多学者持有的观点是,取得密码后在自动柜员机上使用别人信用卡的情况,不存在"骗"的问题,因为信用卡是真的,密码也是真的,何骗之有? 笔者认为,拾得信用卡并取得密码后在自动柜员机上取款的行为,显然属于冒用他人信用卡的行为,完全符合刑法中规定的冒用行为的特征。尽管在这种情况下,信用卡是真的,密码也是真的,但人却是假的。银行对于行为人冒用他人信用卡无法加以识别,是因为行为人掌握了他人信用卡的密码,在这种实际使用者冒充持卡人的虚假情况下,银行以为是信用卡的主人而"自觉自愿"实施付款行为。其中银行处于被骗者的地位是显而易见的,至于银行是否要承担民事责任则不是我们考虑的问题,事实上在司法实践中被骗者与民事责任承担者并非一定要求一致。需要指出的是,在拾得信用卡和密码后在自动柜员机上取款的情况,最后应由谁来承担民事责任问题,其实并不是我们刑法所研究的问题,而且谁是被害人的问题不应该成为行为人构成诈骗犯罪的障碍。就刑法而言,认定犯罪主要是看行为人的行为和主观方面,而不在于分析当事人之间的法律关系。在诈骗犯罪中,只要行为人实施了虚构事实、隐瞒真相的行为,被骗者是谁(有可能是财产所有人,也有可能是财产持有者,甚至可能是与财产所有人或持有人有联系的其他人)其实对于行为人诈骗行为的认定并没有多少决定意义。对行为人而言,被骗者无论是谁,只要其实施了诈骗行为,均可能构成诈骗类的犯罪。至于最终谁是实际损失的承担者,则应该由民法理论加以研究。

再次,拾得信用卡是否等同于占有了信用卡上的资金? 对此问题笔者的回答是否定的。依笔者之见,拾得信用卡和密码并不等于已经获取了信用卡上的资金(或称资金的使用权)。这是因为,信用卡与财产具有一定的联系,但信用卡充其量只是记载财产为内容的一种载体,其本身并不等于财产,如果要转化为财产必须有兑现的过程。正如司法实践中,对于盗窃信用卡并加以使用的,以盗窃罪论处,而认定盗窃的数额则是以行为人实际使用占有(即兑现)的数额作为依据,并非是以信用卡上存在的数额作为标准。可见信用卡与财产不能完全等同。同样的情况,在有关盗窃罪的司法解释中曾明确规定,盗窃能兑现的金融票证(包括信用卡),而行为人不兑现或予以销毁的,则不能计算数额。以此分析,如果行为人盗窃了他人的钱款而加以销毁的话,当然不可能不计算数额的。正因为如此,信用卡并不等于资金,而拾得信用卡和密码并不等于已经获取了信用卡上的资金,虽然这种情况要比没有知悉密码的情况离获取财产距离更近,但无论如何,行为人要真正占有财产还必须通过冒用行为。可见,在本案中根据行为人冒用他人信用卡的行为追究其刑事责任是完全合理的,认定行为人构成信用卡诈骗罪也是符合刑法规定的。

最后,拾得信用卡并加以使用是否应以先前行为加以定性? 在理论上和实践中经常有人会提出,我国刑法中明确规定盗窃信用卡并加以使用的,以盗窃罪论处,也即是以盗窃行为而非使用行为作为定罪的依据,那么,为什么拾得信用卡而加以使用的却要以使用行为作为定罪的依据?《刑法》第196条第3款关于盗窃信用卡并使用定盗窃罪的规定应当属于法律拟制而非注意规定,其本质上是将信用卡诈骗罪拟制为盗窃罪。事实上,单纯盗窃信用卡的行为并不构成盗窃罪,使用所窃取的信用卡行为则应当构成信用卡诈骗罪。《刑法》将盗窃信用卡并使用的行为拟制为盗窃罪,该规定明显不可推而广之。因此,对于拾得信用卡并加以使用的行为并不依照先前行为加以定性,而是根据后行为构成信用卡诈骗罪。由于行为人的使用行为完全符合刑法所规定的信用卡诈骗罪中的"冒用他人信用卡"的行为特征,因而对行为人以信用卡诈骗罪定罪处罚是正确的。

应该看到,信用卡必须由持卡人本人使用是世界各国和地区普遍遵循的一项原则。这项原则的确立主要是基于信用卡使用的前提是持有人在账户上放入一定的资金,作为一定的信用担保和支付保证(中国的情况则不完全相同),而如果非持卡人使用信用卡,就有可能会给持卡人本人或发卡机构带来风险。我国发行银行卡的各机构也都明确规定,信用卡只限于持卡人本人使用,不得转借或转让。很多机构发行信用卡时,也会设置一些确认是否是持卡人的措施。但由于信用卡管理较为复杂,即使制定某些措施也难免会有漏洞,因而实践中冒用他人信用卡的情况仍时有发生。尤其是某些持卡人在丢失信用卡后,长时间地处在不知道状态或知道后不及时去发卡机构办理挂失手续,这就使冒用他人信用卡的行为人有了可乘之机。由于持有真实、有效的信用卡就可以在自动取款机上直接取款,因此,一旦犯罪分子获知持卡人的信用卡密码,就极有可能给持卡人的合法财产造成极大的损害。因此,对于拾得他人信用卡并加以冒用的行为完全有必要加以惩治。

五、以诈骗、抢夺、侵占等手段获取他人信用卡并加以使用行为的定性

实践中,对于行为人以欺骗、抢夺等方式获取他人的信用卡并加以使用的行为,以及行为人使用他人委托保管的信用卡的行为,应如何定性颇有争议。在理论上和司法实践中,大多数人认为,按照《刑法》有关盗窃信用卡并使用的,以盗

窃罪定罪处罚的立法精神,对于上述行为理应以行为人的先前行为作为定性的依据。即如果行为人以欺骗、抢夺等方式骗取他人的信用卡并加以使用的,应以诈骗罪或者抢夺罪论处;如果行为人使用他人委托保管的信用卡,在"拒不退还"的情况下,应以侵占罪论处。

笔者对于上述观点不能苟同。正如前述,尽管盗窃信用卡并使用的,以盗窃罪定罪处罚,在理论上尚有值得讨论的余地,但是,这毕竟是《刑法》已作的明确规定,在具体定罪量刑时理应以此为依据。笔者认为,对于这一立法规定,绝对不能简单地套用于其他犯罪之中,特别是在行为人的先前行为为诈骗、抢夺或者侵占行为时,否则就必然会出现很不合理且罪责刑不相适应的结果。依笔者看来,对于诈骗、抢夺或者侵占他人信用卡并使用的行为,应该以信用卡诈骗罪定性,理由是:

首先,刑法有关诈骗罪、抢夺和侵占罪的法定刑均低于信用卡诈骗罪。按照《刑法》的规定,虽然诈骗罪和抢夺罪的法定最高刑均为无期徒刑,与信用卡诈骗罪持平,但是,侵占罪的法定最高刑则为5年有期徒刑,明显低于信用卡诈骗罪。另外,信用卡诈骗罪"数额较大"的法定最高刑为5年有期徒刑,而诈骗罪、抢夺罪"数额较大"的法定最高刑为3年有期徒刑,侵占罪"数额较大"的法定最高刑则为2年有期徒刑。可见,诈骗、抢夺和侵占罪的法定刑在总体上均低于信用卡诈骗罪。如果对诈骗或者侵占他人信用卡并使用的行为以诈骗罪或者侵占罪定性,实际上都存在"择其轻者而处断"的问题,这显然既不符合刑法基本原理,也与罪责刑相适应的原则相悖。

其次,《刑法》第196条明文规定,冒用他人信用卡的,以信用卡诈骗罪定性。这就意味着,无论行为人采用何种手段获取他人信用卡,只要冒用即可构成信用卡诈骗罪。而按照前述观点,会产生一个不均衡的结果:在信用卡诈骗罪的法定刑高于诈骗罪和侵占罪的情况下,如果行为人采取了非犯罪手段获取他人信用卡并使用的,只能对其行为以信用卡诈骗罪定性;而行为人采取诈骗、抢夺或者侵占等犯罪手段获取他人信用卡并使用的,却要以处罚较轻的诈骗罪、抢夺罪和侵占罪定性。

由此可见,上述观点显然违反了罪责刑相衡的原则,如果按此观点对相关行为进行处理,必然导致明显不平衡的结果出现。

综上所述,笔者认为,对以犯罪手段获取他人信用卡后并加以使用的行为,应如何定性,不能一概而论,必须具体问题具体分析。除盗窃信用卡并使用的,以盗窃罪论处外,其他行为则应以重罪吸收轻罪的精神具体定罪处罚。例如,行为人以抢劫方式获取他人信用卡并使用的,由于抢劫罪的法定刑明显高于信用卡诈骗罪,因此对于行为人的行为应以抢劫罪定性。

六、伪造信用卡并加以使用行为的定性

我国《刑法》对于伪造信用卡的行为是以伪造金融票证罪定罪处罚的,同时又规定了信用卡诈骗罪,但是,对于伪造信用卡并加以使用的行为应如何处理,则没有作出具体规定,在理论上和司法实践中存在不同的观点和做法。有人认为,伪造行为和使用行为具有牵连关系,应当从一重罪处罚,但由于伪造金融票证罪和信用卡诈骗罪的法定刑相同,因此应以牵连犯中的结果行为即以信用卡诈骗罪处罚。[①]也有人认为,信用卡属于金融票证,只要行为人主观上有牟利的目的,客观上有伪造行为,无论是否加以使用,均应认定为伪造金融票证罪。[②]还有人认为,伪造并使用伪造的信用卡虽然是牵连犯罪,但不应按一罪而应按数罪并罚。[③]

笔者认为,伪造信用卡并加以使用的行为应构成伪造金融票证罪,理由是:

首先,伪造信用卡并加以使用的行为完全符合刑法理论上牵连犯的构成要件。这是因为,从行为人主观方面分析,伪造信用卡和使用信用卡的目的应该基本相同,即均以获取非法利益或非法占有为目的,这就符合了牵连犯必须出于"一个犯罪目的"的主观要件;从行为人客观行为分析,尽管行为人客观上实施了伪造行为和使用行为,但无论是伪造还是使用行为均符合信用卡诈骗罪"虚构事实、隐瞒真相"的客观特征,即伪造行为完全被信用卡诈骗罪的客观要件所包容。同时,由于我国《刑法》对伪造信用卡并加以使用行为的处理并未作明确规定,因而只能按刑法理论上牵连犯"从一重处断"或"从一重重处断"的原则处理。

其次,《刑法》虽未对伪造信用卡并加以使用行为的处理作出规定,但是对相类似的伪造货币行为作了明确规定,如《刑法》第 171 条第 3 款规定:伪造货币并出售或者运输伪造的货币的,依照伪造货币罪定罪从重处罚。可见,《刑法》对于既有伪造行为又有出售或者运输行为的处理,是以初始行为(即伪造行为)作为定罪依据的。伪造信用卡并加以使用的行为既构成伪造金融票证罪,又构成信用卡诈骗罪,按牵连犯的处罚原则,应重罪吸收轻罪,但由于两罪的法定最高刑规定完全一样,在这种情况下,以伪造行为作为认定的依据并无不妥,因为行为人伪造信用卡的目的就是牟利,而具体的使用行为正体现了行为人的牟利目的。

需要指出的是,我们这里所讨论的伪造信用卡并加以使用的情况是指同一行为主体既实施了伪造行为又实施了使用行为,且使用的信用卡又是其先行伪

---

① 参见中国人民大学法学院刑法专业组织编写:《刑事法专论》(下卷),中国方正出版社 1998 年版,第 1130—1131 页。

② 参见卢松主编:《金融领域犯罪问题研究》,经济管理出版社 2000 年版,第 428 页。

③ 参见周仰虎、于英君:《论信用卡犯罪的立法完善》,载《法学》1996 年第 9 期。

造的。事实上,伪造信用卡并加以使用的情况并非如此简单,有时表现得相当复杂,这就需要我们认真分析,以便正确定罪量刑。

对于不同行为主体分别实施伪造和使用行为的,如果行为人之间具有共同故意,则无论伪造者还是使用者均可以伪造金融票证罪论处,因为这种情况实际上与同一行为主体既实施了伪造行为又实施了使用行为是一样的。如果行为人之间不具有共同故意,对于伪造者应以伪造金融票证罪定罪处罚;而使用者(在明知的情况下)的行为则属于使用伪造的信用卡的情况,对其应以信用卡诈骗罪定罪处罚。

对于同一行为主体虽然既实施了伪造行为又实施了使用行为,但伪造和使用的并非是同一“信用卡”,如行为人既伪造了信用卡,又使用了他人伪造的信用卡,对行为人应认定为伪造金融票证罪和信用卡诈骗罪并实行并罚。因为在这种情况下,行为人的伪造行为与使用行为不具有刑法理论上的牵连关系,而且伪造行为与使用行为并非针对同一“信用卡”,也即事实上存在着多个不同的“信用卡”,这就存在着对社会多次危害的行为,因此,对行为人实行数罪并罚是理所当然的。

七、“使用以虚假的身份证明骗领的信用卡”行为的认定

正如前述,现行《刑法》规定信用卡诈骗有四种形式,《刑法修正案(五)》在第一种形式后面又增加了一种情况,即使用以虚假的身份证明骗领的信用卡的行为。

所谓“使用以虚假的身份证明骗领的信用卡”,是指行为人使用以伪造的身份证等虚假的身份证明材料所骗领的发卡银行发放的信用卡的行为。应该看到,在较长时间里,刑法对于“使用以虚假的身份证明骗领的信用卡”的行为,并未作具体规定。只是在 1995 年 4 月 20 日“两高”《关于办理利用信用卡诈骗犯罪案件具体适用法律若干问题的解释》中规定:“对以伪造、冒用身份证和营业执照等手段在银行办理信用卡或者以伪造、涂改、冒用信用卡等手段骗取财物,数额较大的,以诈骗罪追究刑事责任。”但同年全国人大常委会《关于惩治破坏金融秩序犯罪的决定》首次规定信用卡诈骗罪时对这种骗领信用卡进行诈骗的行为没有作出规定,1997 年刑法修订时仍然没有规定这种行为,直到《刑法修正案(五)》才将该种行为归入信用卡诈骗罪之中。

《刑法修正案(五)》之所以对刑法规定作上述修正,主要是因为随着社会生活中信用卡使用的范围愈来愈广泛,司法实践中存在大量使用骗领信用卡的现象。有的行为人虚构持卡人的名义,制作相应的虚假身份证件,骗领信用卡,由于名义上所谓的“持卡人”根本不存在,即使该信用卡发生了巨额透支,银行也根

本无从查证,更无法挽回经济损失。还有的行为人冒用他人的名义以及身份证件,冒领信用卡,致使他人为其承担恶意透支责任。

司法实践中"使用以虚假的身份证明骗领的信用卡的"情况较为复杂,主要可以分为两种情况:第一,虚构一个并不存在的申请人的身份证信息骗领信用卡并使用的;第二,用他人的身份证信息骗领信用卡并使用,但他人并不知情的。对于前者一般比较容易理解,而对于后者则要特别注意。司法实践中,还经常发生这样一类案件:行为人盗用他人的真实身份证,以他人名义在银行办理信用卡后,用来恶意透支。这在表面上似乎是"冒用他人信用卡"的情形,不属于"使用以虚假的身份证明骗领的信用卡",但从实质而论,行为人并非是经合法授权为他人代办信用卡,而是盗用他人名义骗领信用卡供自己使用。既然是为自己办信用卡供自己用,就应当向发卡银行提供自己的真实身份证明。提供他人的身份证来为自己办信用卡,这应当评价为"使用虚假的身份证明骗领信用卡"。即便行为人不是想用来骗取财物,也还可能构成《刑法修正案(五)》所增补的妨害信用卡管理罪。如果将这种行为解释为是"冒用他人信用卡",那就意味着是对其办理信用卡行为的一种认可,并且应当由信用卡的名义人来承担诈骗行为所造成的财产损失,这显然是不合理的。由此可见,只要不是使用以自己的身份证信息申请的信用卡的都有可能构成信用卡诈骗罪。当然,在现实生活中,也有可能存在经他人同意或授权,用他人身份证信息申请信用卡的情况,这种情况一般按照违规行为处理。只要申请人遵循信用卡管理办法和章程的规定正当使用信用卡的就不能认为构成犯罪,因为这种行为可以视为真实身份人的委托授权行为,银行不会因为行为人恶意透支而找不到相关责任人,一旦发生恶意透支行为,对真实身份人可以以信用卡诈骗罪论处。

应该看到,与信用卡诈骗罪新增设使用以虚假的身份证明骗领的信用卡行为方式相对应,《刑法修正案(五)》第1条还专门规定了妨碍信用卡管理的犯罪,在该犯罪四种表现形式中就包含"使用虚假的身份证骗领信用卡的"行为。需要指出的是,"使用以虚假的身份证明骗领的信用卡的"行为与"使用虚假的身份证明骗领信用卡的"行为是既有联系又有区别的行为。前者虽然是以后者行为的存在为前提,但其属于信用卡诈骗罪的行为方式之一,而后者则是属于妨碍信用卡管理犯罪的行为方式之一。因此,如果行为人使用虚假的身份证明骗领信用卡后又加以使用的,对行为人的行为应以信用卡诈骗罪定性。因为,在这种情况下,行为人的骗领行为实际上是使用行为的前提条件,两者具有牵连关系,且信用卡诈骗罪的法定刑明显重于妨害信用卡管理罪的法定刑。如果行为人使用虚假身份证明骗领信用卡后没有使用的行为不能认定为信用卡诈骗罪(预备),而应该构成妨碍信用卡管理犯罪。而且这种情况没有数额的要求,行为人一旦用虚假的身份证明骗领了信用卡就构成犯罪。

八、恶意透支行为的认定

《刑法》第 196 条规定:"恶意透支,是指持卡人以非法占有为目的,超过规定限额或者规定期限透支,并且经发卡银行催收后仍不归还的行为。"就这一规定分析,笔者认为,构成恶意透支形式的信用卡诈骗罪须满足以下几个条件。

其一,行为人为合法持卡人。这是区别于其他形式的信用卡诈骗罪的关键。时下,在理论上和实践中对于合法持卡人利用有效真卡进行恶意透支和合法持卡人与他人合伙利用有效真卡异地恶意透支这两种形式并无异议,但对于持卡人利用无效真卡恶意透支行为的定性则颇有争议。笔者认为,《刑法》规定的"恶意透支行为"理应属于合法持卡人利用有效真卡进行透支的行为。从逻辑上讲,行为人实际上并非不能透支,只不过其主观上具有恶意。持卡人利用无效真卡恶意透支的情况则完全不同,尽管其利用的信用卡是由金融机构发出的,但是这种卡已经无效,即该卡属于已经作废的卡。利用作废的信用卡进行恶意透支,其实质已经不是违反透支规定的问题,而是"使用作废的信用卡"的问题了。在这种情况下,行为人并非是合法持卡人,所以不能以恶意透支形式的信用卡诈骗罪定性。同样,行为人如果冒用他人的信用卡或使用伪造的信用卡恶意透支,也应以《刑法》中"冒用他人信用卡"或"使用伪造的信用卡"形式的信用卡诈骗罪认定。

另外,理论和实践中对于行为人在办理信用卡申领手续时,采取虚构申领人姓名、资信、担保等资料,骗取金融机构信任,取得信用卡后又恶意透支的行为应如何定性问题颇有争议。有人认为,这种情况应以诈骗罪定罪量刑,因为骗领信用卡的人不是信用卡的合法持有人,不符合恶意透支的主体条件。[①]有人则认为,这种情况应以信用卡诈骗罪中的恶意透支行为认定,因为《刑法》第 196 条并没有规定恶意透支的主体必须是信用卡的"合法持有人",而只是规定为信用卡的"持卡人"。[②]笔者不同意上述观点,理由是:实际上根据《刑法修正案(五)》第 2 条增加的有关"使用以虚假的身份证明骗领的信用卡的"这一条款,我们就能对实践中普遍出现的使用以虚假的身份证明骗领的信用卡恶意透支的行为正确加以定性。依笔者之见,这种行为实际上是"假"人使用"真"卡进行信用卡诈骗活动,并不符合"恶意透支"行为人必须是合法持卡人(即"真"人使用"真"卡进行信用卡诈骗活动)的要求。就此而言,笔者认为,对于以虚假的身份证明骗领的信

---

① 参见孙军工:《金融诈骗罪》,中国人民公安大学出版社 2003 年版,第 177—178 页。
② 参见游伟、肖晚祥:《信用卡诈骗罪的理论界定与司法适用》,载赵秉志主编:《新千年刑法热点问题研究与适用》(下),中国检察出版社 2001 年版,第 1371 页。

用卡恶意透支的行为,理应以经修正后的《刑法》第 196 条第 1 款第 1 项规定中的"使用以虚假的身份证明骗领的信用卡的"行为定性。

其二,行为人在主观方面具有恶意。行为人在主观上必须出于直接故意,并且具有非法占有的目的。这里所谓的恶意是善意的对称,是指行为人明知自己的行为会发生危害社会的结果,而希望这种结果发生。行为人在明知自己信用卡账户上没有资金或资金不足的情况下,故意违反信用卡章程和申领信用卡协议中有关限额、限期透支的规定而进行透支。这种恶意集中表现为持卡人具有非法占有发卡机构资金的目的。恶意透支和善意透支仅仅一字之差,但却具有完全不同的法律后果。从透支行为的主观过错方面看,持卡人是否具有非法占有发卡人资金的主观故意,是区分善意透支与恶意透支的标准。有人认为,善意透支可分为完全合法的善意透支和善意的不当透支两种情形,而后者为其主要表现形式。①所谓合法的善意透支,是指持卡人遵照信用卡章程和有关协议的规定,在规定的限额和规定期限内透支,主动偿还透支款项和透支利息的行为。而善意的不当透支则指持卡人虽然超越了信用卡章程及有关协议规定的限额或期限透支,但行为人主观上不具有非法占有目的,在银行催收后,能及时归还透支款项和透支利息的行为。行为人超过规定透支,一般为过失所致,但持卡人也可能基于某种紧急事由故意为之。这种不当透支,虽然客观上呈现出某种违法性或违规性,但由于行为人并不具有非法占有的目的,因此不构成恶意透支,持卡人除了依规定和协议加倍偿付利息外,无需承担其他任何责任。有人根据危害性程度不同,把恶意透支分为违法型和犯罪型两种情形。②前者透支数额小,情节显著轻微,尚不够刑事处罚;后者数额较大或情节恶劣,应予刑事处罚。上述分类符合罪刑法定的基本原则。与此类似,有人把恶意透支分为违规型和犯罪型。③违规型恶意透支是指不以非法占有为目的,但超过了银行规定限额或期限透支的行为。持卡人主观上并不想逃避偿还透支责任,客观上透支由本人偿还,超过本人实际偿还能力时,由担保人偿还。犯罪型恶意透支则是指持卡人以非法占有为目的,拒绝偿还或变相拒绝偿还且数额较大的透支行为。笔者认为,违规型恶意透支所界定的行为与不当的善意透支实质相同,不宜称为恶意透支。对情节轻微的恶意透支,也不宜以犯罪论。

实践中,区分恶意透支和善意透支,可以从以下几个方面加以把握:(1)考察行为人透支的动机:善意透支的行为人往往是急需用钱,出于无奈才进行透支;

① 参见韩良主编:《银行法前沿问题案例研究》,中国经济出版社 2001 年版,第 214 页。
② 参见柯葛壮:《论利用信用卡恶意透支犯罪》,载《政治与法律》1999 年第 1 期。
③ 参见苏正洪:《论信用卡恶意透支的识别与防范》,载《上海市惩治和预防金融欺诈高级研讨会论文集》(1995 年)。

而恶意透支的行为人则并非一定急需用钱或出于无奈。(2)考察透支款项的用途:善意透支的行为人往往是将透支的钱用于正当消费;而恶意透支的行为人则会将透支的钱用于挥霍。(3)考察行为人的偿还能力:善意透支的行为人往往具有偿还能力,其透支的金额一般也会在偿还能力范围之内;而恶意透支的行为人则不具有偿还能力,其透支的金额与偿还能力一般不具有联系。(4)考察行为人透支后的态度:善意透支的行为人在透支后往往会及时向发卡行注入资金、补足透支款项并按规定交纳因透支所产生的利息,如果因偿还能力弱而不能及时还款,一般也能积极筹款设法偿还;而恶意透支的行为人则因具有非法占有的目的,因而不可能有任何偿还的打算,往往采取逃避或潜逃等手段拒不归还透支款。值得注意的是,最高人民法院、最高人民检察院《关于办理妨害信用卡管理刑事案件具体应用法律若干问题的解释》(2018 年修正)第 6 条第 3 款对"以非法占有为目的"作出了进一步的界定。根据该款,持卡人有下列情形之一的,应当认定为《刑法》第 196 条第 2 款规定的"以非法占有为目的":(1)明知没有还款能力而大量透支,无法归还的;(2)使用虚假资信证明申领信用卡后透支,无法归还的;(3)透支后逃匿、改变联系方式,逃避银行催收的;(4)抽逃、转移资金,隐匿财产,逃避还款的;(5)使用透支的资金进行犯罪活动的;(6)其他非法占有资金,拒不归还的行为。

其三,行为人有超限情况。这里所谓的超限应包括超过规定限额和超过规定期限两种情况。超过规定限额,是指超过信用卡章程和申领信用卡协议明确规定的透支限额。超过规定期限,是指超过信用卡章程和申领信用卡协议明确规定的允许透支的期限。需要指出的是,这里所指的超过规定期限是相对于持卡人限额以内的透支而言,对于行为人超过规定限额的透支是不存在所谓规定期限问题的。

其四,经发卡银行催收后仍不归还。根据现行法律规定,持卡人虽然违反了有关透支的规定,但只要经发卡银行催收后予以归还,就不构成恶意透支,只有经过催收后仍不归还的,才构成恶意透支。对于恶意透支是否必须以"经发卡银行的催收后仍不归还"为必要要件,理论上有人持不同观点。有人认为,《刑法》规定的这一要件与犯罪实际状况不相符合,主要理由是:首先,信用卡所有人在发卡银行申领信用卡时双方就签订了合同,这表明信用卡所有人此时就已经了解发卡银行关于透支的规定,明确了允许透支的数额和期限,对明知故犯的行为不必再附加任何条件就可以确定其为违规、违法行为,如再规定"催收"等条件,无疑是对已有规定的否定,这样既不利于培养信用卡所有人遵纪守法的观念,也不利于公安司法机关依法有效打击违法犯罪活动。其次,发卡行是否催收难以认定,持卡人往往以各种理由否认银行曾经催收过,使公安司法机关在侦查时难以固定犯罪证据,认定此类犯罪。再次,由于人口流动频繁等原因,发卡银行有时在催收时找不到持卡人,催收较为困难,特别是犯罪嫌疑人恶意透支后逃之夭夭,发卡银行根本无法催收,致使催收成一纸空文。最后,发卡银行在进行催收之前、催收期间或者催收后不满三个月的,公安机关按规定不能立案侦查和采取必要的强制措施,也不能扣押、冻结其财产,而等催收不还之后再立案查处时犯罪嫌疑人可能早已逃离,这显然对打击犯罪、防范金融风险极为不利。[①]

笔者认为,上述观点是不妥当的。根据最高人民法院、最高人民检察院《关于办理妨害信用卡管理刑事案件具体应用法律若干问题的解释》第6条第1款的规定,《刑法》第196条规定的"恶意透支"是指持卡人以非法占有为目的,超过规定限额或者规定期限透支,并且经发卡银行两次催收后超过3个月仍不归还的行为。既然《刑法》及相关司法解释已有明文规定,按照罪刑法定的原则,在认定恶意透支型信用卡诈骗罪时,必须以"经两次催收后仍不归还"作为构成恶意透支的要件。司法解释将原来刑法中规定的"经银行催收超过3个月仍不归还"替换为"经发卡银行两次催收后超过3个月仍不归还"。将一次催收扩展为两次催收,是银行部门以及司法实践部门充分认识到现代社会人员流动性大等一系列原因导致的一次催收往往不能有效送达的必要性反应。两次催收应是两次"有效性催收"而非"程序性催收",且两次催收之间应该有一定的时间间隔,催收方式应该及时有效。从法理上分析,"以非法占有为目的"与"经催收后仍不归还"是判定行为人的行为是否为恶意透支的两个方面,缺一不可。即使行为人具有巨额恶意透支后携款潜逃或者明知无力偿还,透支数额超过信用卡准许透支的数额较大,逃避追查的行为,也必须经过银行的两次催收后超过3个月不归还才能认定其恶意透支行为构成犯罪。

应该看到,《刑法》与司法解释之所以对恶意透支的构成作如此限定,完全是因为恶意透支型信用卡诈骗罪与其他几种形式的信用卡诈骗罪具有本质的区别。正如前述,恶意透支型信用卡诈骗的持卡人是合法持卡人,其与银行之间具有客观合法的法律关系。而使用伪造的信用卡、使用虚假的身份证明骗领的信用卡、使用作废的信用卡以及冒用他人信用卡这四种方式的行为人与银行之间并不存在这种合法的法律关系。由此分析,采用这四种方式实施信用卡诈骗犯罪的行为人在主观恶性上要远远大于恶意透支型信用卡诈骗犯罪的行为人。所以,从法律上对恶意透支型信用卡诈骗罪规定更高的入罪门槛是合理且必要的。至于上述观点中提出的"催收"难以认定的问题,笔者认为,我们不能因为犯罪分

① 参见蒋华、柏利忠:《论信用卡恶意透支犯罪的构成》,载赵秉志主编:《新千年刑法热点问题研究与适用》(下),中国检察出版社2001年版,第1420页。

子可能利用催收期间的空隙逃之夭夭,不利于打击犯罪,而取消入罪条件。正如前文所述,恶意透支型信用卡诈骗罪有其特殊性,我们有必要延缓刑法介入的时间点。

此外,根据上述司法解释的规定,恶意透支的量刑数额是其他法定情形数额标准的 10 倍,这体现了对恶意透支行为的区别对待。该司法解释同时还明确了恶意透支数额的计算方法。根据该司法解释,恶意透支数额是指公安机关刑事立案时尚未归还的实际透支的本金数额,不包括利息、复利、滞纳金、手续费等发卡银行收取的费用。对于偿还透支款的,该司法解释规定,恶意透支数额较大,在提起公诉前全部归还或者具有其他情节轻微情形的,可以不起诉;在一审判决前全部归还或者具有其他情节轻微情形的,可以免予刑事处罚。

需要指出的是,由于我国的信用卡业务发展比较晚,相关的法律制度也不完善,随着信用卡用户的增长,法律风险和经济风险也就越来越大,不少投机分子利用信用卡使用中存在的法律漏洞,疯狂进行信用卡非法套现,增加了银行的信贷风险,扰乱了正常的金融秩序。

所谓信用卡套现,是指持卡人违反与发卡银行的约定,不通过正常合法渠道(银行柜台或 ATM 机)提取现金,而是利用虚假交易和银行透支的免息期限,将信用卡中的透支额度通过 POS 终端或第三方网上支付平台等其他方式套取现金。根据各银行不同的规定,信用卡持卡人刷卡消费可以享有最长为 50 天甚至 56 天的免息期。信用卡套现者就是利用此项规定,在没有真实交易的情况下套取出银行资金用于个人投资为自己获取收益,然后在银行规定的还款日之前归还透支款,不用支付银行任何利息。更有甚者,利用自己持有的多张信用卡,循环套取现金,从而实现长期占有银行信贷资金,不用支付利息的目的。

信用卡套现的手段,大致分为以下几种。

第一,中介公司或特约商户利用 POS 机帮助持卡人套现并收取手续费。现在各地出现一种专门帮客户进行信用卡套现的中介公司,这种中介在注册一个空壳公司后以商户名义申请安装 POS 机,由于申请安装 POS 机是免费的,申请 POS 机的审核程序也不严格,还有专门的代理公司可以代为申请,因此中介公司获得 POS 机并不难。中介公司配备 POS 机后,招揽持卡人在中介机构刷卡消费,进行虚假交易,持卡人获得一笔流通现金,中介公司则获得手续费佣金,利润相当可观。还有一些特约商户本身是真实营业的商户,它们有自己的主营业务,同时兼职套现,使这种非法信用卡套现行为更具备隐蔽性,让银行难以察觉。

第二,持卡人利用第三方网上支付平台,自买自卖,进行信用卡套现。随着网上购物的热潮,不少"有心人"发现了一种更为划算的信用卡套现方式,持卡人在网上进行虚假购物,自买自卖,然后利用第三方网上支付平台套取信用卡内的现金,这种自助信用卡套现方式不需支付给中介方手续费,因此更受持卡人"欢迎"。以淘宝网购物为例,持卡人只需注册两个账号:一个做买家,一个做卖家。卖家发布商品后由买家拍下,之后买家用信用卡付款向支付宝银行账户转账,卖家点击"已发货",买家点击"确认收货"同意付款后,卖家即可从支付宝银行账户中提取交易款向自己的借记卡中转账,从而完成了信用卡套现的流程。由于淘宝网等电子商务网站并不能有效地识别出交易的真实性,而第三方支付方的监管也处于空白状态,因此整个信用卡套现过程只需要几分钟,持卡人不需支付任何手续费,即可使用长达 56 天的信用卡内的免息贷款。这种更加"便捷、省钱"的信用卡套现方式愈演愈烈,将第三方网上支付平台被动地卷入了套现行为中,使银行资金管理成本居高不下。

　　第三,其他方式的信用卡套现。例如,利用中国移动的网上充值业务为手机号码充值,然后销号退款;网上购买机票后用现金退款;或是组织专人在商场收银处与以现金付款的顾客协商,为其刷卡付款后套取现金。

　　从现有的法律法规看,合法持卡人的信用卡套现行为只是违背了与发卡银行的合约,违反了中国人民银行颁布的相关规定,但并不触犯刑法,现行《刑法》没有明确将信用卡套现行为规定为禁止性行为。不过在有些情况下,如持卡人利用信用卡套现出的资金去炒股或风险投资失败,超过还款的规定期限,经银行催收后仍不归还的,就有可能涉嫌构成信用卡诈骗罪中的恶意透支。在司法实践中,信用卡诈骗罪的犯罪人,也多利用信用卡非法套现这种方式获取现金。另外,也有学者指出,信用卡非法套现行为的中介方有可能涉嫌贷款诈骗罪。信用卡本质上是一种小额的信用贷款,而信用卡套现的本质则是商户与持卡人合谋,恶意以消费名义从银行套取一定额度的贷款。这在某种程度上涉嫌虚构事实的贷款诈骗。[①]

　　为了打击愈演愈烈的信用卡套现犯罪活动,针对信用卡套现行为定性的争议,前述司法解释第 12 条还明确规定:"违反国家规定,使用销售点终端机具(POS 机)等方法,以虚构交易、虚开价格、现金退货等方式向信用卡持卡人直接支付现金,情节严重的,应当依据刑法第二百二十五条的规定,以非法经营罪定罪处罚……持卡人以非法占有为目的,采用上述方式恶意透支,应当追究刑事责任的,依照刑法第一百九十六条的规定,以信用卡诈骗罪定罪处罚。"

　　司法解释的这一规定包含了"非法经营罪"和"信用卡诈骗罪"两个罪名,将信用卡套现行为区分为两种类型:一种是持卡人以外的个人和单位,利用 POS 机或网上商铺等形式开展信用卡套现活动,定非法经营罪;另一种则是持卡人个

---

① 参见宋识径:《惩治信用卡套现,刑法该如何出手?》,载《检察日报》2009 年 4 月 20 日。

人为达到少交银行取现手续费、利息的目的,或急于周转资金,通过套现行为非法获取银行资金,在这种情形下,如果持卡人具有非法占有的目的,符合恶意透支型信用卡诈骗罪构成要件的,按照信用卡诈骗罪的恶意透支情形定罪处罚。在司法实践中,当行为人的行为竞合这两种类型时,应根据具体情形,区别定罪。如果行为人帮助持卡人进行套现时,明知持卡人具有非法占有为目的,仍协助其套取信用卡资金,且持卡人符合恶意透支型信用卡诈骗罪构成要件的,行为人的一行为则同时符合非法经营罪和信用卡诈骗罪(帮助犯)两罪的构成要件,系想象竞合犯,择一重罪论处,即以信用卡诈骗罪定罪处罚。

九、金融机构工作人员利用信用卡侵吞财产行为的定性

司法实践中,经常发生一些金融机构工作人员利用信用卡业务侵吞财产的情况,由于这种情况的发生与金融机构工作人员的职务直接有关,因而实践中对他们的行为的定性不是很一致。笔者认为,对于金融机构工作人员利用信用卡业务侵吞财产行为的定性,应依照《刑法》的规定综合考虑。金融机构工作人员利用信用卡业务侵吞财产的情况主要有以下几种。

第一种情况:在信用卡代办机构或银行等金融机构中从事或受托从事办理信用卡业务的工作人员,利用办理信用卡业务的职务之便,骗取持卡人已填写好的取款单,自行兑现,骗取较大数额的现金。

对于这种情况,理论上有人主张以贪污罪或职务侵占罪定罪,也有人主张以信用卡诈骗罪定罪。笔者认为,在处理上述情况时,应根据金融机构工作人员的身份,对行为人分别以贪污罪或职务侵占罪论处。这是因为,这种情况完全符合贪污罪和职务侵占罪的构成要件,而且行为人占有财产的行为主要是利用了行为人的职务之便。虽然从形式上看,行为人占有了持卡人卡上的存款,但由于持卡人存放在金融机构的款项,理应看做银行的资金,而且这是金融机构内部人员实施的行为,所造成的实际损害应该是银行的资金。

第二种情况:金融机构工作人员持自己的信用卡在取款机上取款后,利用其管理信用卡业务的职务便利,在银行计算机内存流水账中非法删除自己的提款记录,非法占有金融机构资金。

对于这种情况,笔者认为也应该根据金融机构工作人员的不同身份,对行为人分别以贪污罪或职务侵占罪论处。理由基本同上,只是这种情况在形式上更符合贪污罪或职务侵占罪的特征。

第三种情况:金融机构工作人员与使用人勾结,利用其办理信用卡业务的职务便利,将他人信用卡的密码与账号告诉使用人,使用人则使用盗窃或拾得的信用卡获取款项,并与金融机构工作人员分赃。

对于这种情况的处理,有人主张以贪污罪或职务侵占罪定罪,也有人主张以盗窃罪或信用卡诈骗罪定罪。笔者认为,对这种内外勾结行为的定性,关键看该行为是否主要利用金融机构工作人员的职务之便。由于在这种情况中,行为人真正占有财产的手段是盗窃或冒用行为,而这些行为与金融机构工作人员的职务没有直接联系。尽管金融机构工作人员是利用了职务之便,将他人信用卡的密码与账号告知了使用人,但这仅仅是为使用人占有财产提供了条件。因此,这种情况不能以贪污罪或职务侵占罪定性,而主要应根据使用人行为的性质分别予以考虑。如果使用人盗窃了他人信用卡并与金融机构工作人员勾结,冒用他人信用卡的,对有关人员均应按盗窃罪定罪处罚。因为《刑法》第196条规定,盗窃信用卡并使用的,以盗窃罪论处。如果使用人拾得他人信用卡并与金融机构工作人员勾结,冒用他人信用卡的,对有关人员则应按信用卡诈骗罪定罪处罚。因为拾得行为如果要构成侵占罪,必须具有拒不交还的要件,但在这类案件中很难有这种条件存在,而行为人的冒用行为则完全符合信用卡诈骗罪的特征。

第四种情况:特约商户从业人员利用收银职务之便,在顾客使用信用卡消费结算时,私下重复刷卡,侵吞信用卡资金。

对于这种盗划信用卡行为应如何定性,理论界有不同观点:有人认为,这种情况中的行为人实际是以隐蔽方式直接窃取持卡人或发卡行的财产,符合盗窃罪的特征,情节严重的,应以盗窃罪论处。①有人则认为,对此情况应以贪污罪或职务侵占罪定性,理由是:特约商户从业人员利用收银之便盗划信用卡,符合贪污或职务侵占罪中具有经手保管财物之便的条件;他人信用卡的资金是特约商户从业人员直接截留的,属于典型的侵吞行为,至于重复刷卡和模仿签名的行为只是其侵占行为的掩饰手法,这与冒用他人信用卡以假冒签名骗取财物的欺诈手法不同。②还有人认为,从行为特征上看,盗划信用卡是将他人的信用卡重复刷卡,并要模仿持卡人的笔迹签名填签购单,其行为符合冒用他人信用卡的特征。对此,有人进一步认为,即使盗划信用卡的行为完全符合职务侵占罪的构成要件,这种行为也属法条竞合,应按从一重处罚原则,选择适用信用卡诈骗罪为妥。③

笔者认为,对于这种情况以信用卡诈骗罪定罪较为妥当。其理由是:首先,特约商户从业人员只有收银职务之便,而无管理信用卡业务的职务便利,他通过重复刷卡所侵吞的信用卡资金并非在其职务控制之下。其次,特约商户从业人

① 参见于英君:《银行信用卡犯罪的类型及定性研究》,载《法学》1995年第6期。
② 参见刘华:《信用卡犯罪中若干疑难问题探讨》,载《法学》1996年第9期。
③ 参见侯放、柯葛壮主编:《信用证信用卡外汇违法犯罪的防范与处罚》,中国检察出版社1999年版,第301—302页。

员最后侵吞的财产，实际上是信用卡持卡人的财产，而不是特约商户本单位的财产，而贪污罪或者职务侵占罪行为人所侵吞的只能是本单位的财产。再次，特约商户从业人员要通过盗划信用卡获取财产的话，必须假冒他人签名，否则不可能实际占有财产，而盗划他人信用卡后又假冒他人签名的行为完全符合信用卡诈骗罪中"冒用他人信用卡"的特征。因此，对这种情况以信用卡诈骗罪定罪处罚是符合《刑法》规定的。

十、侵害他人网银账户、微信钱包、支付宝账户内财产行为的定性

当人们开通网银账户，或者将微信钱包、支付宝账户与自己的银行卡绑定时，银行卡与这些财产性网络账户之间的关系就变得格外紧密。一方面，财产性网络账户中的财产来源于银行卡，在不绑定银行卡的情况下，财产性网络账户的功能性意义将大打折扣；另一方面，人们通过操作财产性网络账户，可直接从银行卡中转出资金，前者事实上成为了后者支付功能的延伸。于是，在网络时代新型支付方式下，传统侵财犯罪逐渐为网络侵财犯罪所取代。其中，非法获取他人账号、密码，侵害他人财产性网络账户内财产的行为极为常见，其应定性为盗窃罪、诈骗罪还是信用卡诈骗罪，成为一个颇具争议的问题。

对于非法获取他人支付账号、密码并在网络上使用的行为，司法实践中多采盗窃罪的观点。如方某某盗窃案，行为人从互联网上获得被害人的中国农业银行信用卡、密码、身份证等数据后，连续5次将共计人民币1000元从被害人的农业银行信用卡上转账到"爱波"网站，又从"爱波"网站转账到其以假名"曾银国"在中国工商银行汕头市金樟支行开设的账户上。后行为人又将上述被害人的信用卡资料传输给某网友，由该网友解除网上银行支付额度限制后，以上述同样方法获得被害人信用卡内人民币3468元。[①]审理法院将方某某的行为定性为利用计算机型的盗窃。

然而，非法获取他人支付账号、密码并在网络上使用，与非法获取他人信用卡并在ATM机上使用没有本质区别。对前者的定性可以比照对后者的定性处理。但对于后者的定性，理论上一直争议不断。例如，拾得他人信用卡并在ATM机上使用便历来存在着盗窃罪与信用卡诈骗罪的认定分歧，其争议的焦点就在于"机器能否被骗"。如果认为机器能够被骗，那么拾得他人信用卡并在ATM机上使用行为构成信用卡诈骗罪；如果认为机器不能被骗，那么该行为便只能构成盗窃罪。事实上，如果将ATM机换成网上银行、微信、支付宝后，情况可能显得更为复杂。在网络时代，行为人不必亲自去ATM机上取款，而只需获

得他人网上银行、微信、支付宝的账号、密码,即可轻松完成转账、提现乃至消费行为。从性质上看,网上银行、微信、支付宝均非由自然人坐镇、把关的实体柜台,而是完全通过账号、密码来识别客户,不存在面对面的身份核验程序,故网上银行、微信、支付宝虽非机器,却在识别方式上依赖于类似机器的信息系统和程序。于是欲认定非法获取他人支付账号、密码并在网络上使用行为的性质,也就当然不可能回避机器能否被骗,以及针对机器所实施的行为可否成立诈骗罪的问题。

有学者认为机器不能被骗。其理由大致有以下几点:第一,从"诈骗"的基本含义来看,受骗人只能是自然人;第二,诈骗罪有特定的构造,如果认为计算机等机器也可能成为受骗人,则导致诈骗罪丧失定型性;第三,机器已经具有人的诸多特征的观点难以成立,倘若将机器当作人看待,那将机器砸坏取走其中现金的行为就成立抢劫罪了,没有人会赞成这样的结论;第四,大陆法系及英美法系的刑法理论及审判实践均认为,诈骗罪的受骗人只能是自然人,不能是机器。因而拾得信用卡并使用的,应定盗窃罪而非信用卡诈骗罪,信用卡诈骗罪仅限于行为人在柜台上使用信用卡的情形。[①]另有一些学者也均认可机器不能被骗。但不同的是,有学者指出,机器本身虽不能被骗,但机器是按人的意志来行事的,机器背后人可能受骗,拾得他人信用卡在 ATM 机上使用的行为可以构成信用卡诈骗罪。[②]还有学者进一步指出,机器的确不能成为诈骗的对象,但是这并不意味着作为机器主人的自然人不能上当受骗。[③]在论证过程上,有些学者采用"间接受骗说",指出"信用卡诈骗同传统诈骗罪相比,受欺骗具有间接性,即以智能化了的计算机作为中介,实质上是使计算机背后的人受了骗;同时,人处分财物也具有间接性,即由计算机代替人处分财物,并非是人直接处分财物";[④]有些学者则采用"代理行为说",认为"现代社会中的智能机器的作用是代理行为,而不是保障安全;行为人实际上是利用机器主人迷信机器的特点来使机器主人上当受骗"。[⑤]

笔者认为,上述各位学者的观点其实均是围绕着 ATM 机(包括网络)等的性质展开的,不同点主要在于:有些学者将 ATM 机等视为"机器",而有些学者则将 ATM 机等视作"人"。而依笔者之见,ATM 机等既非"机器"也不是"人",

---

① 参见张明楷:《许霆案的刑法学分析》,载《中外法学》2009 年第 1 期。

② 参见刘明祥:《再论用信用卡在 ATM 机上恶意取款的行为性质——与张明楷教授商榷》,载《清华法学》2009 年第 1 期。

③ 参见黎宏:《欺骗机器取财行为的定性分析》,载《人民检察》2011 年第 12 期。

④ 刘明祥:《在 ATM 机上恶意取款的定性分析》,载《检察日报》2008 年 1 月 8 日。

⑤ 黎宏:《欺骗机器取财行为的定性分析》,载《人民检察》2011 年第 12 期。

而完全应该是"机器人"。之所以认为其不是"机器",是因为我们通过电脑编程等赋予了 ATM 机等一些"人脑功能"（如 ATM 机实际具有的识别功能）；之所以认为其不是"人"，则是因为 ATM 机等除具有上述被赋予的识别等"人脑功能"之外，并不具有人所具有的其他功能，即其不读书、不看报，没有情感，不谈恋爱，永不休息。需要指出的是，笔者将 ATM 机等比作"机器人"并非有意玩弄文字游戏，而仅仅是为了说明这一基本原理：即如果行为人利用"机器人"所具有的"人"的认识错误非法占有财物的，其行为理应构成诈骗类的犯罪，而如果行为人只是利用"机器人"本身具有的"机械故障"非法占有财物的，其行为当然应构成盗窃类的犯罪。要正确判断"机器人"能否被骗，关键看其是否因为行为人的欺骗行为产生认识错误，这就要从"机器人"的识别能力与识别方式上考虑。具有识别功能的 ATM 机与自动售货机，均可以被视作"机器人"。单纯的机械不能被骗，但具有识别功能的"机器人"则完全可能被骗。

第一，从人工智能科学的角度看，"机器人"有别于普通机械，具有认识、判断进而表达意思的能力，该能力来源于信息计算程序的设定。"机器人"可以作出相当程度的认识、判断与表达早已成为现实。现代计算机科学之父图灵早在 1950 年就曾发表《机器能思考吗？》的论文，第一次提出了机器思维等人工智能领域的概念，并且创造了著名的"图灵测试"。[①]六十多年后的今天，人工智能已经发展到了匪夷所思的地步，英国某大学的电脑伪装成 13 岁男孩，成功通过了"图灵测试"[②]。谷歌公司开发的围棋智能程序"AlphaGo"依靠"深度学习"的工作原理，与中日韩数十位围棋高手进行快棋对决，连续 60 局无一败绩。[③]可见，"机器人"的识别能力毋庸置疑。

第二，"机器人"与人的识别方式基本无异。以 ATM 机与柜员的关系为例，二者的识别方式渐趋一致，识别能力日趋等同。柜员在识别客户账号、密码时，并非人工查验，而同样是依赖于"机器人"。并且根据银行业务操作习惯，目前小额取款一般不要求客户出示身份证，此时柜员与 ATM 机的识别能力没有任何不同。况且，随着科技的进步与时代的发展，假如未来的 ATM 机新增人脸识别、指纹识别功能，那么 ATM 机与柜台营业员的区别便根本不存在了，甚至 ATM 机的识别能力还要远超柜台营业员。不透过现象去窥探 ATM 机与柜台营业员识别功能的本质，一味拘泥于人与"机器人"存在云泥之别的旧思维，未免

---

① 图灵测试是验证电脑是否具备与人类相似的思考能力的一个著名测试。

② 参见《计算机首次通过图灵测试标志人工智能新阶段》，http://tech.163.com/14/0609/08/9U9KKHVV000915BD.html，2017 年 1 月 11 日访问。

③ 《AlphaGo 横扫 60 位围棋大师人工智能上了新境界？》，http://news.xinhuanet.com/tech/2017-01/05/c_1120246384.htm，2017 年 1 月 11 日访问。

过于短视。人工智能在社会生活中的运用也越来越广泛,对这些发展视而不见,仅以对以往机器的眼光和心态看待人工智能,并不是一种科学的态度。"机器人"是有意识的,其识别方式与人渐趋一致。

第三,"机器人"能够陷入认识错误,该认识错误是建立在"假人"使用"真卡"基础之上的,这也是我国刑法中之所以将"冒用他人信用卡的"行为归入信用卡诈骗罪的原因所在。诈骗案件中的被骗人之所以产生"认识错误",是因为其事先有"认识正确",即认为应当对某种行为作出何种反应。就"机器人"而言,如ATM机,根据事先的程序设计,只要行为人手持已经登记合格的信用卡且输入的密码正确,ATM机就要付款给持卡人,至于持卡且输入密码的人是不是卡的真正主人,ATM机则无法识别。有论者甚至认为,只要信用卡和密码是真实的,就不存在机器受骗的问题。①显然,这种说法是不能成立的。因为使用虚假的凭证、信息本身就是欺诈行为,并不因为机器仅能识别"真卡"却不能识别"假人"便认为"机器人"不能产生认识错误。认定机器是否陷入认识错误,应当参考社会一般认识,从机器设计目的及所有人的意图进行解释。冒用他人信用卡行为为行政法、刑法所禁止,这一行为本身就体现了虚构事实、隐瞒事实的欺诈意图。在"假人"使用"真卡"的情形下,行为人利用机器人"识别功能"上的认识错误,而在行为人提供"真卡"和"真密码"的前提下,让机器人以为行为人是真实持卡人并"自觉自愿"交付财物。可见,这一行为完全符合诈骗类犯罪的行为特征。

第四,从刑事立法规范与刑事司法解释的角度看,信用卡诈骗罪即是对"机器人"能够被骗的一种法律承认。"冒用他人信用卡的"是信用卡诈骗罪的行为方式之一,所谓"冒用"即未经本人授权、非本人使用。至于对柜员使用,还是对ATM机使用,刑法规定并未作出区分,事实上也毋需作出区分。相关司法解释对此作了明确说明,最高人民法院、最高人民检察院《关于办理妨害信用卡管理刑事案件具体应用法律若干问题的解释》(2018年修正)第5条规定"窃取、收买、骗取或者以其他非法方式获取他人信用卡信息资料,并通过互联网、通讯终端等使用的",应当认定为《刑法》第196条第1款第3项所称的"冒用他人信用卡",以信用卡诈骗罪定性。此处还有必要一提的是"窃取他人信用卡信息资料并通过互联网、通讯终端使用"与"盗窃信用卡并使用"之间的关系。根据司法解释,前者定信用卡诈骗罪;根据刑法规定,后者定盗窃罪。然而从本质上看,盗窃信用卡并使用必然伴随着对他人信用卡信息资料的非法获取,仅因非法使用信用卡信息资料场所与方式之不同,便将在线下使用的前者定性为盗窃,而将在线上使用的后者定性为诈骗,未免产生逻辑上的矛盾,也不利于司法实践。况且,

---

① 参见黄祥青:《冒用他人借记卡的行为应如何定罪》,载《政治与法律》2000年第1期。

单纯的盗窃他人信用卡与骗取他人信用卡行为本身并不会对卡主的财产造成直接侵害，在信用卡未被非法使用之前，卡主尚可通过立即挂失、补办的方式避免损失。因而盗窃他人信用卡并使用与骗取他人信用卡并使用的行为，其核心与重心均在于"使用"，而不在于"盗窃"或"骗取"这种"使用"前行为。盗窃他人信用卡并使用本就完全符合信用卡诈骗罪的构成要件，《刑法》对此以盗窃罪定性是一种法律拟制。此外，我们应当关注到的趋势是，随着时代的发展与支付方式的演进，盗窃信用卡并使用的传统方式将更多地被窃取他人信用卡信息资料并在互联网、通讯终端使用这种行为方式所替代，甚至是完全替代（未来信用卡或将实现全面的电子化），此即为传统犯罪的网络化表现。因而鉴于《刑法》第196条第3款"盗窃信用卡并使用的，依照本法第二百六十四条的规定定罪处罚"的规定是法律拟制，并且随着时代的发展，此种法律拟制的必要性与合理性愈加薄弱，建议在今后的刑法修正活动中将其删除为妥。

综上所述，行为人非法获取他人支付账号、密码并在网络上使用，而非法占有他人财物的行为，存在受骗人，受骗人为"机器人"或信息计算程序，该行为应定性为诈骗类犯罪，而非盗窃犯罪。

至于具体构成诈骗罪还是信用卡诈骗罪，不少学者认为这取决于行为人在实施侵财过程中是否利用了他人的信用卡信息资料，如果利用了他人信用卡信息资料，则属于冒用他人信用卡，应构成信用卡诈骗罪；如果行为人并未利用他人信用卡信息资料，而是仅利用了他人支付宝账户资料、微信钱包账户资料等第三方支付账户资料的，则属于欺骗第三方支付机构，应当构成诈骗罪。

笔者认为，此观点恐怕还是建立在对第三方支付机构属性与功能粗浅认识的基础之上。第三方支付机构的核心功能在于"支付"，并且支付的是无形货币，而无形货币无论在第三方支付账户与银行卡账户之间辗转往返多少个来回，其最根本的来源只能是银行卡账户，因为银行才是无形货币的最初发行人与最终兑换人。假如第三方支付机构未与银行签订合作协议，或者第三方支付机构的客户也未将支付账户与银行卡账户绑定，则第三方支付机构的生存空间便不复存在，其"支付"功能也将沦为无源之水、无本之木。从这个意义上说，将第三方支付机构理解为银行支付功能的延伸可能更为符合事物的本来面目，通过第三方支付机构进行支付，从根本上离不开对银行卡信息资料的运用。因而笔者主张，既然第三方支付机构是银行支付功能的延伸，那么不论行为人在实施侵财过程中是否"直接地"或者"表面上"利用了他人的信用卡信息资料，银行作为最终的、实际上的被骗人始终是一个客观存在的事实。对于此类行为，一律以信用卡诈骗罪定罪即可，而不应为表象所迷惑而在处理方式上有所区别。

在将行为人非法获取他人支付账号、密码并在网络上使用、非法占有他人财产行为定性为信用卡诈骗罪的情况下,还有必要解决一个诈骗对象的问题,即行为人诈骗的是财物还是财产性利益。通说认为,诈骗类犯罪的对象既包括财物也包括财产性利益。有不少学者就认为,信用卡以及财产性网络账户内的财产是一种财产性利益,而非财物,信用卡与网络账户均征表着客户对银行、微信、支付宝公司所享有的债权,如"当储户将钱款存入银行或者银行卡内,实际上就已经将钱借给了银行,双方建立起了一个债权债务关系。银行卡、折内的存款实际上为银行所占有,银行卡、折仅仅是一种债权凭证"。①从民法角度看,该观点确实并无不妥,其反映着客户与银行、微信、支付宝公司之间的民事法律关系;但欲从刑法角度认定侵财行为的性质时,则没有必要也不应当坚持此种视角。

首先,财产性网络账户所记载的内容为数字化财物。一般而言,财物是人类可控制的、具有经济价值的、有形或无形的稀缺资源。货币虽然不是客观存在的稀缺资源,但其作为一般等价物,可被用于直接兑换稀缺资源,因而在法律地位以及在交易习惯上,货币被当然地视为财物。随着经济社会的发展与信息化水平的提高,作为一般等价物的货币也会经历形态上的拓展,其将由有形的纸币、硬币向无形的数据、信息演变。银行账户内的存款金额即为有形货币的无形化与信息化。当人们将有形的一般等价物即现金存入银行时,现金即被转换成无形的一般等价物,储户通过账户、密码实现对该无形等价物的支配。不论是有形还是无形的一般等价物,二者均只是形态上的差异,并无本质区别。对人们而言,线上转账与线下"付钱"的性质与效果是一样的,支付的都是"货币",并且前一种支付方式更为简易便捷。应当看到,现代社会中的人们已完全置身于网络支付环境之中,小到买卖一杯咖啡,大到交易一所房屋,买卖双方都可以通过网银、支付宝、微信等支付工具完成付款与收款,甚至在不久的将来,有形货币将不复存在,而是被数字货币完全取而代之。央行有关负责人曾透露,央行发行法定数字货币的原型方案已完成两轮修订,利用区块链等新技术发行数字货币的目的是替代实物现金,降低传统纸币发行、流通的成本,提升经济交易活动的便利性和透明度。②在这样的大背景与新趋势下,如果我们还一味拘泥于客户与银行、微信、支付宝公司之间的债权债务关系,却忽视账户内金额本身即为财物的事实,未免不符合当下新事物的发展规律。

其次,客户对银行、微信、支付宝公司的债权并非普通债权。《民法典》于总则编第五章"民事权利"之第118条规定了"债权",指出"债权是因合同、侵权行为、无因管理、不当得利以及法律的其他规定,权利人请求特定义务人为或者不

---

① 杨兴培:《挂失提取账户名下他人存款的行为性质》,载《法学》2014年第11期。

② 《央行正在研发的数字货币到底是什么?》,http://news. 163. com/16/1205/00/C7FU32U500014Q4P.html,2017年2月10日访问。

为一定行为的权利"。从债之标的角度看,普通债权的标的既可以是物、智力成果,也可以是行为,但客户对银行、微信、支付宝公司债权的标的,则只能是国家发行的法定货币。以货币为标的之债的人身属性显然是大大减弱的;从债务人角度看,普通债权债务关系之中的债务人都不是同一的,而是一个个独立的个体,但在财产性网络账户所征表的债权债务关系中,与不特定多数债权人建立债权债务关系的债务人却是同一的,即均为银行、微信、支付宝公司,因而使得此类标的相同、债务人亦相同的债权可以在不同债权人之间随意移转,从而具有普通债权所无法比拟的流通可能性;从债权让与程序角度看,债权人让与普通债权时需通知债务人,但客户通过线上转账方式让与债权时,一般不必通知债务人(即银行、支付宝或微信公司),而只需输入账号、密码即可单方面完成债权的让与,表现为受让人账户内的金额即时增加。可见,财产性网络账户虽然征表着客户与银行、微信、支付宝公司之间的债权债务关系,但这只是其法律属性的一个剖面而已,我们更应关注财产性网络账户的其他剖面,看到其所特有的外部开放性,从而将研究视角从封闭的债之相对关系中跳脱出来。

最后,坚持客户债权视角会使问题变得过于复杂。细究客户对银行、微信、支付宝公司的债权,其中涉及的债权债务关系异常复杂。一般而言,微信、支付宝账户必须与银行卡绑定方能实现其支付功能,否则客户将无法对微信、支付宝账户进行充值。而所谓的"充值",其实质就是将客户在银行开设的个人账户内的存款,转移至微信、支付宝公司在各银行所开设的企业账户中。换言之,第三方支付机构并不直接占有现金,现金始终由银行事实占有,第三方支付机构只是通过建立银行大账户,项下再细分小账户的方式,将发生于客户之间的转账行为转变为大账户内部的资金流动,从而省去了客户跨行转账的手续费,降低了交易成本。由于第三方支付机构与银行存在着这一层关系,因而欲判断客户的债务人就变得十分困难。一方面,当客户将银行账户内的资金转至第三方支付账户内时,便相当于客户把对银行的债权转让给了第三方支付机构;另一方面,客户又同时对第三方支付机构建立了新的债权,后者必须随时接受前者的提现指令,即第三方支付机构重新将自己对银行的债权转回给客户。深度剖析微信、支付宝等第三方支付机构的运作模式后不难发现,客户、银行、第三方支付机构之间存在着复杂的三角关系,并且会同时涉及多家银行,法律关系层层重叠。笔者认为,如果在认定网络侵财行为的性质时采用客户债权视角,一则很难厘清是谁的债权、谁的债务,尤其是在跨行转账的情形下将无法以债权理论解释由 A 行账户向 B 行账户转账时债权何以能够顺利流转的问题;二则刑法也不应深陷"民事关系"的泥潭,刑法关注的始终是行为本身的性质,而无意于梳理行为人之外的当事人之间的民事关系。笔者一直坚持的观点是"刑事看行为,民事看关系",即刑事始终关注的是行为人主观意识支配之下行为的性质,而民事则主要关注的是由当事人的行为所产生的各种法律关系。这是由于刑法所规制的行为均是严重危害社会的行为,因此,刑法对犯罪行为规制或调整的"触角"是前伸的,即只要是对法律所保护的法益有可能导致严重危害的行为,就可能被列入刑法打击的范围,这从刑法有关预备、未遂、中止等未完成犯罪形态的规定中足以得到证明。也正因为此,刑法当然"关注行为人主观意识支配之下的行为及其性质"。但是,民法则有所不同,其主要关注的是当事人行为所产生的关系。这是由于民事法律对于侵权行为的规制或调整均是以实害为标准的,即民事侵权行为中不存在预备、未遂、中止等形态,民事法律规制的均是"实害行为",没有"可能害行为",因此,其关注的重点当然是实害行为所导致的法益受侵害程度,其追求的也必然是实际被侵害社会关系的恢复和补偿。另外,由于民法是调整平等主体之间人身关系与财产关系的法律,其看待问题的出发点与落脚点,自始至终都会回归至对当事人之间民事权利义务关系的确定、恢复和补偿上。换言之,如果民事侵权行为发生后,行为人及时地恢复或者补偿了被侵权行为损害的法律关系,在大多数情况下,就不存在对侵权行为进一步惩罚的可能性;然而刑法与民法有着截然不同的宗旨与视角,刑法的宗旨无意于确定或恢复各类主体之间的关系,而在于惩罚行为人破坏法益的行为。破坏法益的行为或许会在客观上打破相关民事主体之间的民事法律关系,但此种效果并不是刑法关心的内容。

至此可以得出结论,非法获取他人网络支付账号、密码并使用,侵害他人财产性网络账户内财产的行为,应定性为信用卡诈骗罪,诈骗的对象即为数字化财物,而非财产性利益。

第六节　保险诈骗罪的司法认定

保险诈骗罪是指投保人、被保险人或者受益人违反保险法规,用虚构事实、隐瞒真相等方法,骗取数额较大保险金的行为。保险诈骗是金融领域中的严重刑事犯罪之一。我国《刑法》将保险诈骗罪从传统诈骗罪中分离出来,作为一个独立的罪名加以规定,为打击这一犯罪提供了更充分、具体的法律依据。但是,在目前的司法实践中,对于保险诈骗罪的刑法适用仍存在许多问题,在刑法理论上也存在争议。

一、本罪的立法依据

保险是指人们共同分摊由于自然灾害和意外事故给个人或个别单位所造成的损害的一种社会抵御方法。即由保险人收集保险费集中建立保险基金,对被保险人因自然灾害或意外事故造成的损失在责任范围内给予经济补偿,或对其因死亡或丧失劳动能力而给付保险金的一种社会保障制度。在现代社会中,保险作为分散、消化危险,保障生活安全的手段,为工商业和社会大众提供安全保障,在市场经济的各项运作过程中起着相当重要的作用。随着我国社会主义市场经济的不断发展和金融体制改革的逐步深化,人们的保险意识有了极大提高。与此同时,我国的保险事业得到了蓬勃发展,市场主体多元化的步伐也迅速加快,一个中外保险公司并存、多家保险公司竞争的市场格局已经形成。

但是,我们也应该清醒地看到,在我国保险业蓬勃发展时,在保险市场上已经发生和存在了许多形形色色的保险诈骗犯罪(且从长远看,随着我国保险业的继续发展,保险诈骗犯罪将会长期存在下去)。一些利欲熏心的犯罪分子(特别是职业诈骗犯)已把保险业作为诈骗的首选目标。他们或者故意虚构保险标的,骗取保险金;或者编造虚假的保险事故原因,夸大损失程度,骗取保险金;或者故意制造事故,骗取保险金。

笔者认为,当前我国保险诈骗犯罪活动主要有以下几个特点。

第一,行为人主观上的欺诈性。保险领域的违法犯罪活动集中表现为行为人主观上具有欺诈性的特点。即行为人一般均采取虚构事实或隐瞒真相的方式,使保险公司产生错觉,以骗取保险金。由于保险诈骗是通过签订、履行保险合同方式进行的一种犯罪活动,往往披着"合法"的外衣且一般均以保险合同中的条款作为依据,因而具有较大的欺诈性。在签订合同时,这种欺诈性表现在伪造保险标的,恶意超额保险,欺骗保险人,谋取不正当利益等方面;而在履行合同过程中,则主要表现在伪造保险事故,扩大事故损失范围,欺骗保险人,谋取不正当利益等方面。

第二,造成危害结果的严重性。与传统财产罪中的诈骗犯罪相比,保险诈骗犯罪活动所造成的社会危害后果要严重得多,一方面表现为保险诈骗犯罪行为可能骗取巨额保险金,从而严重危害保险事业的健康发展。时下,我国保险诈骗犯罪行为所涉金额越来越大,几万元、几十万元极为普遍,有的涉外保险诈骗案件,索赔骗取保险金甚至达到数百万元、上千万元。据统计,在许多国家,保险公司的保险索赔总支出中的10%—20%往往是由诈骗者得到的。这足以说明保险诈骗行为的严重社会危害性。另一方面还表现为一些保险诈骗犯罪分子为了骗取巨额保险金,会不计后果地制造保险事故(如杀人、放火等),从而严重危害社会的安定和人们的各项合法权益。

第三,行为人作案方式的多样性。由于保险业务本身比较复杂,因而行为人为了骗取保险金,也就必然会有多种多样的作案方式。例如,故意虚构保险标的;对发生的保险事故编造虚假的原因或者夸大损失的程度;编造未曾发生的保险事故；故意造成财产损失；故意造成被保险人死亡、伤残或者疾病等。这种行为人作案方式的多样化，给识破保险诈骗行为带来了一定的困难。

第四，行为人智能和凶残的结合性。作为金融诈骗中的一种，保险诈骗犯罪也具有智能性犯罪的特点，即实施保险诈骗者一般具有较高的智商，否则难以作案。但是，保险业的特殊性使得行为人仅凭高智商很难真正骗到保险金。这就需要行为人有时必须将智能和凶残结合起来，如行为人经策划后，先办理保险，然后以凶残的手段将被保险人杀害，并以此骗取保险金。这就更增加了保险诈骗行为的社会危害性以及侦破保险诈骗案件的难度。

第五，诈骗行为的隐蔽性。这主要表现在：首先，保险诈骗已完全被合法的保险合同所掩盖，在方式上用不着制造假象，因而难以引起被骗者的怀疑。其次，保险人的经营对象较为广泛，难以对每个投保人均作出防备，即使有防备，百密也难免有一疏。最后，诈骗者在合同有效期内的任何时候均可以实施诈骗行为，在时间上具有相当大的可选择性，从而行为人可以作出周密的安排和精心的策划。正是因为保险诈骗具有极强的隐蔽性，使得其有较高的成功率，从而进一步增加了对行为人实施这种犯罪的诱惑性。

可以说，保险诈骗犯罪是随着我国保险事业的恢复和发展而出现的一种危害较大的新的金融犯罪活动。保险领域中日趋增多的诈骗活动，不仅严重危害保险事业的顺利发展，而且影响社会安定。因此，完全有必要通过刑事立法的方法禁止并打击这一犯罪。

由于保险诈骗犯罪不仅会造成一定的财产损失，而且还会引起保险经营风险，使保险经营机构处于相当不利的境况。另外，保险诈骗往往可能引发其他犯罪，从而造成更为严重的社会危害结果。正因为如此，目前世界各国均十分重视通过刑事立法对保险诈骗犯罪进行处罚，并使之成为独立的罪名。例如，《德国刑法典》《法国刑法典》《意大利刑法典》和《日本刑法》均专门设立条文对保险诈骗罪作出具体的规定，而美国则在各州的有关刑法条文中对保险诈骗犯罪作了规定。

《德国刑法典》第 265 条规定："以诈骗为目的，对火灾保险标的物纵火，或使载货或运费有保险的船舶沉没或触礁的，处一年以上十年以下监禁；情节较轻的，处六个月以上五年以下监禁。"

《意大利刑法典》第 642 条规定："意图为自己或他人领取灾害保险金而破坏、毁弃、毁坏或隐匿自己所有之物者，处六个月以上三年以下徒刑，并科四十万里拉以下罚金。为前项目的而伤害自己身体或使意外事件而致之身体伤害恶化者，亦同。行为人目的已达者，加重其刑。对意图加害于本国领域内经营业务之意大利保险公司而于外国犯之，亦适用之。但须被告人之告乃论。"

美国《加利福尼亚州刑法典》第 548 条规定："任何人以欺诈或损害保险人为

日的,故意焚毁或以其他方式损坏、毁坏、藏匿、抛弃或处置当时已进行火灾、盗窃或其他事故的投保的任何财产,不论该财产是该人或其他人的财产,还是由他们占有的财产,均处以州监狱二年、三年或四年的监禁。"第450条规定:"任何人以损害或欺诈保险人为目的,故意纵火或焚毁或帮助,促使焚毁任何当时已投保火险的货物或个人财产,不论该货物或财产属于其本人的,还是属于其他人的,处一年以上五年以下监禁。"

我国1979年《刑法》中没有保险诈骗罪这一罪名,司法实践中一般均将保险诈骗行为归入诈骗罪之中。由于保险诈骗犯罪与传统财产罪中的诈骗犯罪在行为手段及社会危害性等方面均有所不同,特别是随着我国保险业的发展,保险诈骗犯罪日趋严重,因此,在刑法理论和司法实践中均提出了要独立设立保险诈骗罪的要求,特别是为了配合我国《保险法》的颁布,司法实践中也确实存在一个法律配套的问题。为此,1995年人大常委会《关于惩治破坏金融秩序犯罪的决定》第16条首次设立了保险诈骗罪这一新的罪名。1997年《刑法》基本上采纳了上述决定中的内容,明确了保险诈骗罪的罪状和法定刑。

《刑法》第198条第1款规定:"有下列情形之一,进行保险诈骗活动,数额较大的,处五年以下有期徒刑或者拘役,并处一万元以上十万元以下罚金;数额巨大或者有其他严重情节的,处五年以上十年以下有期徒刑,并处二万元以上二十万元以下罚金;数额特别巨大或者有其他特别严重情节的,处十年以上有期徒刑,并处二万元以上二十万元以下罚金或者没收财产:(一)投保人故意虚构保险标的,骗取保险金的;(二)投保人、被保险人或者受益人对发生的保险事故编造虚假的原因或者夸大损失的程度,骗取保险金的;(三)投保人、被保险人或者受益人编造未曾发生的保险事故,骗取保险金的;(四)投保人、被保险人故意造成财产损失的保险事故,骗取保险金的;(五)投保人、受益人故意造成被保险人死亡、伤残或者疾病,骗取保险金的。有前款第四项、第五项所列行为,同时构成其他犯罪的,依照数罪并罚的规定处罚。"针对目前社会上日益严重的单位实施保险诈骗犯罪行为的情况,该条第3款还专门规定:"单位犯保险诈骗罪的,对单位判处罚金,并对其直接负责的主管人员和其他直接责任人员,处五年以下有期徒刑或者拘役;数额较大或者有其他严重情节的,处五年以上十年以下有期徒刑;数额特别巨大或者有其他特别严重情节的,处十年以上有期徒刑。"该条第4款规定:"保险事故的鉴定人、证明人、财产评估人故意提供虚假的证明文件,为他人诈骗提供条件的,以保险诈骗的共犯论处。"

二、本罪主体的认定

在理论上和实践中一般认为,本罪的主体是特殊主体,即投保人、被保险人、受益人。此外,单位也可以构成,但单位也必须是投保单位、被保险单位或受益单位。①但也有人认为,本罪的主体为一般主体。其理由是:"从理论上讲,特殊主体的判断不是以法条对主体有无限制为判断标准的,而是以理论上构成本罪的主体是否具有身份上的特殊资格或社会关系上的特殊地位或者状态为判断标准。"②笔者认为,刑法上某一犯罪的主体是否为特殊主体,关键应看《刑法》有无特别规定以及这种特定的身份是否会影响此罪与彼罪的界限,就此而言,认为保险诈骗罪的主体是特殊主体并无不妥。

从法理上分析,在自然人作为本罪主体时,一般情况下其应该是与保险标的有保险利益的人,而在共同犯罪中,其他自然人也可能成为本罪的主体。与保险标的有保险利益的人主要包括投保人、被保险人和受益人等。所谓投保人,是指与保险人订立保险合同,并根据保险合同承担支付保险费义务的人。所谓被保险人,是指在保险事故发生或者约定的保险期间届满时,依据保险合同,有权向保险人请求补偿损失或者获取保险金的人。所谓受益人,是指由保险合同明确指定的或者依照法律规定有权取得保险金的人。在有的保险合同中,投保人、被保险人、受益人可能是一个人;而在有的保险合同中,可能是三个人。需要指出的是,《刑法》关于保险诈骗罪的五种表现形式,主体并不相同:第一种行为仅为虚构保险标的,故只有投保人方可为之;第二种行为以发生了保险事故为前提,行为人仅对保险事故的发生编造虚构原因或者夸大损失程度,故投保人、被保险人、受益人均可构成;第三种行为是虚构保险事故,财产险与人身险中均可发生,故犯罪主体与第二种行为相同;第四种行为仅限于财产险,因财产保险中被保险人就是受益人,这是由财产所有权固有特性所决定的,故犯罪主体不再有受益人;第五种行为发生在人身保险中,虽然也有被保险人为使受益人得到保险金而自杀的情况,但由于《刑法》并未规定自杀为犯罪,且自杀者本身也不能成为犯罪主体,故这类行为的主体,仅限于投保人、受益人,而不包括被保险人。

对于保险人能否成为保险诈骗罪的主体,我国《刑法》有关保险诈骗罪的条款未作明文规定,但是,我国《保险法》第116条、第179条规定,保险公司及其工作人员在保险业务活动中对投保人隐瞒与保险合同有关的重要情况,欺骗投保人、被保险人或者受益人,构成犯罪的,依法追究刑事责任,至于究竟以何罪名追究则并未明确规定。这就导致司法实践中对于保险人在保险业务中进行诈骗行为定性上的不同认识。在理论上,大多数人认为,由于保险人在《刑法》中并未归

---

①　参见李卫红:《保险诈骗罪研究》,载赵秉志主编:《新千年刑法热点问题研究与适用(下)》,中国检察出版社2001年版,第1435页。

②　参见李邦友、高艳东:《金融诈骗罪研究》,人民法院出版社2003年版,第455页;江礼华、周其华:《保险诈骗罪的几点研究》,载单长宗等主编:《新刑法研究与适用》,人民法院出版社2000年版,第441页。

入保险诈骗罪的犯罪主体之中,因而对保险人所实施的诈骗行为,尽管与保险业务直接有关,但仍然应该以一般诈骗罪定性。笔者认为,基于现实中保险公司及其代理人诈取投保人保险费的行为屡见不鲜,而且这些案件均是发生在保险领域相关活动中,《刑法》完全有必要将保险人在保险业务活动中的诈骗行为归入保险诈骗罪中,即将保险人列入保险诈骗罪的主体之中。

另外,根据《刑法》第 198 条第 4 款,保险事故的鉴定人、证明人、财产评估人故意提供虚假的证明文件,为他人诈骗提供条件的,以保险诈骗的共犯论处。这里所谓的保险事故的鉴定人、财产评估人,是指参加保险事故调查工作的人员。所谓证明人,是指参与保险事故调查工作,出具证言,说明保险事故发生原因等情况的人。虽然这些人与保险利益没有直接的关系,但是,他们的行为可能直接影响保险事故的定性。如果这些人通过自己的行为为他人实施保险诈骗提供条件,就很容易使保险诈骗成功。由于这些行为人故意实施的行为实际上已经与保险诈骗行为构成一个整体,因此《刑法》将这些人提供条件的行为,视为保险诈骗的共同犯罪行为,是完全合理的。

根据《刑法》第 198 条第 3 款,单位可以成为保险诈骗罪的主体。但是,需要研究的是,当单位实施该条第 1 款第 4 项和第 5 项行为,即单位作为投保人,故意造成财产损失的保险事故,骗取保险金,或者单位作为投保人,故意造成被保险人死亡、伤残或者疾病而骗取保险金时,根据该条第 2 款的规定,应依照数罪并罚的规定处罚。而事实上,单位不能成为故意毁坏财物罪、放火罪、故意杀人罪和故意伤害罪等犯罪的主体。对此,应如何处理? 有人认为,在单位人员为本单位利益,以放火等单位不能成为主体的手段行为实施保险诈骗的,对单位应以保险诈骗罪定罪,同时追究单位与直接负责的主管人员和其他直接责任人员的刑事责任;而对放火等罪,尽管单位不能构成,但单位中直接负责的主管人员和其他直接责任人员并不能免除对这些罪的责任。①笔者基本同意这种观点,因为上述有关规定确实涉及某些单位不能成为犯罪主体的犯罪,根据罪刑法定原则,单位当然不能承担相应的刑事责任。但是,在这些情况中又实际存在故意杀人、故意伤害、故意毁坏财物以及放火等犯罪,而且保险诈骗行为是以这些犯罪行为为手段的,如果不追究任何人的刑事责任,则不符合罪责刑相适应原则。同时,这些犯罪行为肯定是由一些具体的自然人实施的,尽管这些自然人可能是为了单位的利益,但这并不能成为他们免责的借口。笔者认为,对《刑法》规定的许多自然犯,单位不能成为犯罪主体是理论上的共识,自然人为了单位利益实施这些

---

① 参见李亚飞、黄河:《保险诈骗罪刍议》,载赵秉志主编:《新千年刑法热点问题研究与适用》(下),中国检察出版社 2001 年版,第 1445 页。

犯罪，我们不能理解为是单位行为，而只能视为自然人行为。因此，在保险诈骗犯罪中，对单位只能追究保险诈骗罪的刑事责任，而对单位中的直接负责的主管人员和其他直接责任人员则既要追究保险诈骗罪的刑事责任，也要追究故意杀人等犯罪的刑事责任，并对有责人员实行数罪并罚。

三、对虚构保险标的的理解及相关行为的定性

在理论上和司法实践中，对于《刑法》第 198 条"虚构保险标的"是否包含虚构部分保险标的之内容颇有争议，而且许多观点直接影响到对有些行为的定性。有人认为，"虚构保险标的"仅指虚构根本不存在的保险对象，与保险人订立保险合同；[①]有人则认为，虚构保险标的的范围要宽泛得多，既可以是虚构保险标的的整体，也可以是虚构保险标的的一部分。[②]

笔者认为，上述两种观点实质上是分别从狭义和广义两个角度出发解释"虚构保险标的"在刑法学上的含义的。一般认为，狭义解释的根据是汉语词典中"虚构"的含义（凭想象编造出来），是虚构一个根本不存在的保险对象与保险人订立保险合同。比如，行为人通过伪造购物发票，使用作废的有关文件就汽车、船只等保险标的签订保险合同，而后谎称被保险标的发生了保险事故，从而骗取保险金，但事实上保险标的根本就不存在。广义解释的根据是，虚构既可包括编造完全不存在的内容，也可包括编造与实际不相同的内容。即认为虚构保险标的并不局限于保险标的不存在，也包括保险标的存在，但虚构者对与保险标的有关的一些重要事实不如实说明。从刑法的立法原意角度分析，笔者较为赞同广义解释的观点。因为从诈骗罪客观行为虚构事实、隐瞒真相的内容分析，理应包含"有"和"无"两个方面。保险诈骗罪中的"虚构保险标的"当然也应该体现一般诈骗行为的特征，即既包括编造完全不存在的标的，也包括编造与实际存在内容不一致的标的。前者属于虚构事实的范畴，后者则属于隐瞒真相的范畴。

对虚构保险标的的不同解释，直接影响到对一些诸如恶意重复保险等行为是否可以构成犯罪的认定。

第一，对恶意重复保险及隐瞒保险危险（瑕疵投保）骗取保险金的行为的认定。

保险领域中的复保险，是指投保人对于同一个保险利益、同一保险事故，在同一时期向数个保险人分别订立数个合同的保险。在保险活动中，如果复保险的各保险金额的总数没有超过保险标的的价值，而且投保人将复保险的情况告

---

① 参见最高人民检察院法律政策研究室编著：《刑法新立罪实务述要》，中国检察出版社 1996 年版，第 345 页。

② 参见高铭暄主编：《新型经济犯罪研究》，中国方正出版社 2000 年版，第 966 页。

知各保险人的,通常属于正常的保险活动,这种行为因被法律所允许而不可能构成犯罪。但是,如果投保人复保险金额超过保险标的的价值,且对保险人隐瞒复保险的事实,以取得双倍乃至更多的赔偿为目的进行保险的,则属于恶意复保险。恶意复保险的行为因行为人主观上的恶意且复保险金额超过保险标的的价值,当然为法律所禁止。所谓隐瞒保险危险骗取保险金,是指行为人隐瞒已经存在的危险,与保险人签订某种保险合同,从而骗取保险金的行为。这在健康保险活动中经常发生,例如,行为人隐瞒自己的严重疾病与保险人签订健康保险合同,然后向保险公司通知病情,骗取保险金。

上述复保险和隐瞒保险危险骗取保险金两种行为显然均不属于《刑法》第198条规定的第2至5项情形。对该行为如何认定,理论上存在不同观点:第一种观点是将上述行为归属于"故意虚构保险标的,骗取保险金"。①目前,多数学者持该种观点。这一观点显然是从对虚构保险标的的广义解释角度得出的结论。第二种观点认为,"虚构"是将"无"说成"有",而"隐瞒"是将"有"说成"无",上述两种行为虽然都是欺骗行为,但行为特征却截然相反。恶意重复保险及隐瞒保险危险都是隐瞒型的诈骗行为,不能将其解释为虚构保险标的。②因此,这两种行为均不应构成保险诈骗罪。这一观点显然是从对虚构保险标的的狭义解释角度得出的结论,其侧重点是从"虚构"一词本应具有的含义角度加以分析。第三种观点则提出,《刑法》应参照贷款诈骗罪、信用证诈骗罪的立法模式,在第198条规定的五种法定行为方式后加一兜底条款:"其他利用保险合同关系诈骗保险金额的行为"③。

笔者认为,对于这两种行为是否可以构成保险诈骗罪,实际上还涉及对《刑法》有关保险诈骗罪规定中"故意虚构保险标的,骗取保险金"含义的理解。笔者认为,没有理由将这里的"虚构"作狭义解释。上述狭义说的观点主要还是受诈骗罪客观行为中存在"虚构"和"隐瞒"两种行为的影响,从而认为这里的"虚构"内容中不应包含"隐瞒"的含义。这种将诈骗罪隐瞒真相的特征排除在某一保险诈骗罪客观行为的内容之外似乎并不能真正体现刑法立法原意。

第二,对事后投保骗取保险金行为的认定。

事后投保(先出险后投保),即某项财产原本没有投保,在该财产发生事故造成损失后,再隐瞒事故向保险人投保,将其转化为保险标的,以骗取保险金。针对事后投保,有的学者认为,它应当归属于"投保人、被保险人或者受益人编造未曾发生的保险事故"的范畴,有的学者则将其看作"投保人故意虚构保险标的"的

① 参见张明楷:《保险诈骗罪的基本问题探究》,载《法学》2001年第1期。
② 参见柴华等:《试论保险诈骗罪》,载《商洛师范专科学校学报》2006年第2期。
③ 参见肖乾利:《保险诈骗罪若干问题之审视》,载《广西社会科学》2006年第4期。

一种表现形式。还有一种观点认为,应对事后投保的两种情况区别对待,即"对于标的从未被保险的事后投保应视为虚构保险标的,因为未经保险的标的自然不能成为日后保险事故理赔的依据",而"对于标的虽曾被保险但保险有效期已过且未及时续保的事后投保行为,可视为编造未曾发生的保险事故的行为而予以规制"。①也有学者提出,应参照贷款诈骗罪、信用证诈骗罪的立法模式,在《刑法》第198条规定的五种法定行为方式后加一兜底条款:"其他利用保险合同关系诈骗保险金额的行为"②。

笔者认为,事后投保骗取保险金行为可以构成保险诈骗罪已经成为学界的共识,学者争议的焦点是对于该行为应适用《刑法》有关保险诈骗罪规定中的哪一个条款。对于在《刑法》中设置兜底条款的建议,笔者认为,似乎并无多大必要,因为《刑法》已将这种行为包容进去。而将这种行为归入"虚构保险标的"行为之中,还是归入"编造未曾发生的保险事故"行为之中,则是仁者见仁,智者见智。但是,无论观点如何,均不会影响这种行为构成保险诈骗罪的认定。从理赔时相关保险标的是否实际发生过保险事故角度分析,似乎将事后投保骗取保险金行为归入"虚构保险标的"更为妥当。因为毕竟事故是发生过的,只不过事故发生的时间是在投保之前,行为人只是隐瞒了事故实际发生时间这一事实,而并没有编造未曾发生的事故。编造未曾发生的事故骗取保险金的情况,其本质特征是编造事故,而这一编造的事故是以客观存在的投保标的为基础的。虚构保险标的骗取保险金的情况,其本质特征是对投保标的的虚构,而这一虚构显然是以没有客观存在的投保标的或与客观存在的投标内容不符合为基础的。由此可见,在事后投保骗取保险金的案件中,投保人在投保时明显隐瞒了投保标的已经发生事故的实际情况,也即投保的标的与实际存在的标的并不完全一致。因此,以此骗取保险金的行为理应属于虚构保险标的的保险诈骗行为。

第三,对超额投保骗取保险金行为的处理。

超额投保,即行为人在投保时提供虚假的证明资料,抬高保险价值,从而在损失事件中获得比保险财产价值更高的保险金。此时,行为人对超过保险价值的那部分保险标的是虚构的。对超额投保骗取保险金的行为是否属于虚构标的骗取保险金的行为,理论上也有不同的观点。笔者认为,超额投保骗取保险金的行为理应构成保险诈骗罪,其行为可以归入"虚构保险标的"骗取保险金范围之中。其理由是,尽管这类案件中存在投保标的,但是,行为人投保的标的价值与实际存在的标的价值并不相符,其超出部分确实属于虚构的部分,因此,以虚构

---

① 参见赵秉志、许成磊:《金融诈骗罪司法认定中的若干重点疑难问题研讨》,载《刑事司法指南》2000年第4辑。

② 参见韩玲:《保险诈骗罪中几种特殊行为方式的司法认定》,载《政治与法律》2005年第4期。

保险标的骗取保险金的行为认定似乎并无不妥。

四、冒名骗赔行为的定性

所谓冒名骗赔,是指行为人不参加投保或不全部投保,一旦出了事故便设法冒用已参加投保的单位或个人的户名向保险公司骗赔的情况。这种情况较多发生在财产保险中,往往是在擅自转让保险标的后,新的财产所有人利用原合同关系诈骗保险金。例如,在机动车交易中,交易双方并不办理过户手续,如果新车主利用原车主的保险合同进行诈骗,该如何认定? 对于这种冒名骗赔的行为的定性,在刑法理论上和司法实践中颇有争议。

有人认为,《刑法》虽然没有将这种情况列入保险诈骗行为中,但这种冒名骗赔行为与《刑法》第 198 条所列举的几种行为,在性质上是相同的,所以完全可以按保险诈骗罪定性处罚。有人甚至认为,这种行为也是利用金融交易关系,主要侵犯保险市场秩序并同时侵犯公私财产所有权的行为,可以通过司法解释将其纳入保险诈骗罪中。[1]

有人则认为,根据罪刑法定原则,此种行为未在《刑法》有关保险诈骗罪的规定中列出,因而就不能以此罪定罪处罚。主张该观点者进一步指出:"构成保险诈骗罪的核心要素是虚构保险标的或者编造、夸大保险事故,或者故意造成保险事故或者被保险人死亡、伤残或者疾病,从而骗取保险金。而本案中当事人只是未及时办理被保险人变更手续,并没有上述情形之一,因此,不能认定其构成保险诈骗罪。当事人与保险公司之间有纠纷的,应通过民事途径解决。"[2]

也有人认为,由于法律规定保险诈骗罪的主体仅限于投保人、被保险人、受益人等,因而构成保险诈骗罪必须以行为人与被诈骗的保险人之间已经存在保险合同关系为前提,否则就不能产生保险诈骗犯罪行为。但是,冒名骗赔的行为人事实上并未与保险人存在所谓的保险合同,因而在主体上与《刑法》规定构成保险诈骗罪的主体要求完全不相符合,所以不宜以保险诈骗罪处罚。但是,由于行为人毕竟实施了诈骗行为,且完全符合诈骗罪的有关构成要件,因此,对冒名骗赔者可以诈骗罪定性处罚。[3]

笔者基本赞同上述第三种观点,因为利用保险合同进行诈骗是保险诈骗罪的最本质的特征,也是保险诈骗罪区别于其他诈骗犯罪的关键。保险诈骗罪的成立,必须以行为人与被诈骗的保险人之间存在保险合同为前提,行为人正是利用了这种合同关系的存在,才实施了保险诈骗行为。如果不存在这种保险合同

① 参见高铭暄主编:《新型经济犯罪研究》,中国方正出版社 2000 年版,第 964 页。
② 法博士:《未办保险过户手续,车出险获赔偿的行为该如何定性》,载《人民公安》2004 年第 3 期。
③ 参见赵秉志主编:《中国刑法案例与学理研究》分则篇(二),法律出版社 2001 年版,第 128 页。

关系,就不可能产生所谓的保险诈骗行为。冒名骗赔的实质在于虚构实际并不存在的保险合同关系,骗取保险公司的保险金。由于在这类案件中,骗赔者与保险公司之间不存在所谓的保险合同,也就不可能存在行为人利用保险合同关系进行诈骗的情况,因此,对冒名骗赔者以保险诈骗罪定性缺乏事实和法律上的依据。但是,冒名骗赔者毕竟在主观上具有骗取保险金的故意,并在客观上实施了虚构事实、隐瞒真相的骗保行为,这些均符合一般诈骗罪的构成特征,以诈骗罪定性不应该有任何障碍。

需要指出的是,对于冒名骗赔行为的定性应具体问题具体分析,不能一概而论。由于在日常理赔活动中,冒名者骗赔行为一般均需要被冒名者的帮助方能成功,行为人很难单独实施有关骗赔行为。因为所有的保险手续或合同均在被冒名者手中,要取得保险赔偿必须凭合同或身份证等文件或证件。另外,冒名者提出保险赔偿后,保险公司还要作一定的调查确认,如果没有真正投保人的帮助、配合,冒名者是很难骗得赔偿金的。如果冒名者与“被冒名者”具有共同骗赔的故意,则对冒名者完全可以按保险诈骗罪的共犯加以处罚。因为在这种情况下,冒名者的骗赔行为完全依靠被冒名者与保险人之间业已存在的保险合同关系进行,而故意实施帮助、配合等行为的被冒名者又完全符合保险诈骗罪的主体要求,尽管冒名者不符合,但可以作为共犯加以认定。如果冒名者与被冒名者没有共同故意,例如,冒名者以欺骗方法骗得被冒名者有关文件、证明等,单独实施骗赔行为的,由于这种情况下冒名者的行为虽然具有诈骗性质,但并未列入《刑法》有关保险诈骗罪的条文之中,而事实上冒名者与保险公司之间又不存在所谓的保险合同关系,且冒名者的身份完全不符合保险诈骗罪主体的要求,根据罪刑法定原则及《刑法》设定保险诈骗罪的立法原意,对于冒名者不能以保险诈骗罪定性处罚,如符合诈骗罪构成要件的,则可以按诈骗罪定性处罚。

五、被保险人采用自损方式让他人获取保险金行为的定性

时下,在司法实践中经常发生被保险人采用自杀、自残方式骗取保险金的案件。由于此种故意制造保险事故的行为是由被保险人实施的,而且很多情况下投保人和受益人并不知情,因此,就产生了对于被保险人自杀未遂或自残的行为如何处理的问题。《刑法》第 198 条列举的第 5 种保险诈骗行为是“投保人、受益人故意造成被保险人死亡、伤残或者疾病,骗取保险金”,其中的犯罪主体仅是投保人、受益人,并无被保险人。如果这类案件中投保人与被保险人同为一人,若被保险人自杀未遂或自残,可以将这种情况解释为是投保人故意造成被保险人伤残。但是,如果投保人与被保险人不是同一人,对自杀未遂或自残的被保险人如何处理?以保险诈骗罪论处明显存在犯罪主体要件上的障碍,因为实施自杀

未遂或自残的被保险人并非是投保人或受益人。

对于被保险人以自杀、自残的方式骗取保险金的情况,有些国家的刑法明确将此种行为规定为犯罪行为。例如,《意大利刑法典》第 642 条就规定了以自损身体或者财物的方式诈欺保险金的犯罪行为。可见,《意大利刑法典》将被保险人自残骗取保险金行为归入保险诈骗罪之中。

有学者认为,从我国《刑法》第 198 条可以看出,立法者并未将被保险人自杀、自残的行为规定为保险诈骗的行为方式之一,这可能与我国传统意识中的"仁爱"思想有关,即倾向于对弱者(自杀、自残者)的同情与宽恕,将自杀、自残的行为不视为一种道德上可谴责的行为,这与西方深受基督教影响的认为自杀是对上帝创造生命的一种亵渎罪过不同。对于自杀、自残的行为,如果按照罪刑法定原则,无法以保险诈骗罪论处,其行为方式虽然符合普通诈骗罪,但司法机关在真正处理此类案件时,也不宜定为诈骗罪。其原因是:一是考虑到我国对自杀、自残行为的特有观念。二是从刑事立法角度看,虽然目前从逻辑上讲发生在保险领域的诈骗行为在不构成保险诈骗罪时,可以普通诈骗罪论处,但从长远看,未来刑事立法应将保险领域的保险诈骗行为都以保险诈骗罪规制之,以符合特别法条的真正局限和特别作用。[1]对于这种情况,参加立法起草的人员作过解释:"第五项规定的情形比较复杂,虽然也涉及投保人、受益人和被保险人,但故意造成被保险人死亡、伤残或者疾病的,通常情况下,多是投保人和受益人所为。当然也不排除实践中会发生被保险人为使受益人取得保险金而自杀、自残的情况,这类情况……可不作为犯罪处理。"[2]

笔者认为,依照我国《刑法》的规定,在投保人或受益人不是被保险人的情况下,被保险人自杀未遂或者自残的行为尚不能作为保险诈骗罪处理,原因是被保险人单独不能成为保险诈骗罪的主体。由于这类情况在司法实践中发生很少,特别是行为人欺诈故意很难实际得逞(因为在理赔过程中这些欺诈行为往往会被保险公司发现),因此,对这一行为不以犯罪论处是可行的。当然,如果被保险人自杀、自残后,投保人、受益人在明知且有能力救治的情况下,故意不对被保险人进行救治,导致被保险人死亡、伤残后果发生,并以此骗取保险金的,可以不追究被保险人的刑事责任,但对投保人或受益人则可以保险诈骗罪论处。

六、故意扩大保险事故骗取保险金行为的定性

故意扩大保险事故,是指保险损失已经发生或者仍在继续发生,但影响的范

---

① 参见李邦友、高艳东:《金融诈骗罪研究》,人民法院出版社 2003 年版,第 453—454 页。

② 郎胜主编:《〈关于惩治破坏金融秩序犯罪的决定〉释义》,中国计划出版社 1995 年版,第 164—165 页。

围有限,如果行为人积极施救,完全能够避免损失的扩大,行为人为了多得保险赔偿而对之采取放任的态度听任损失的发生与发展,甚至顺势增加一些加害行为,从而导致损失程度的扩大。司法实践中,这类案件经常发生在车险理赔过程中。

在理论上,对于故意扩大保险事故骗取保险金的行为可以构成保险诈骗罪,基本没有异议。但是,对于应将该行为归入《刑法》有关保险诈骗罪的何项规定之中则有不同意见。有人认为,该种行为应归属于第二种法定行为方式,即"夸大损失的程度"。①有人则认为,故意扩大保险事故应归属于第四种法定行为方式,即"故意造成财产损失的保险事故"。②还有人认为,该情形应归属于第二种法定行为中的行为方式,即"对发生的保险事故编造虚假的原因"。③

笔者认为,应将故意扩大保险事故骗取保险金的行为归入《刑法》有关保险诈骗罪规定的第 4 项"故意造成财产损失的保险事故,骗取保险金的"法定行为方式之中。

首先,扩大保险事故与保险诈骗罪第 2 项"夸大损失的程度"法定行为方式是完全不同的。两者的主要区别在于所谓的"损失"是否客观存在:故意扩大保险事故所造成的损失是客观存在的,即扩大部分的相关损失是由行为人的行为故意造成的;而"夸大损失程度"中尽管存在一定的损失,但是其中被夸大部分的相关"损失"则是虚构的,即事实上并没有发生如此大的损失,而是由行为人虚构夸大出来的。可见,两者之间有着本质的差别。此外,夸大损失程度的行为只能是指索赔时在证明材料上弄虚作假,以小说大,而行为人对事故本身并无人为影响;但在故意扩大保险事故的行为中,行为人主要是以影响、改变保险状态骗赔的,在索赔材料中并不像夸大损失程度那样,使事故损失与证明材料不相符,而是主要利用对事故状态的人为改变完成的。因此,不应该将故意扩大保险事故的行为归入"夸大损失程度"法定行为方式之中。

其次,扩大保险事故与保险诈骗罪第 2 项"对发生的保险事故编造虚假的原因"法定行为方式也是不同的。与前述"夸大损失的程度"行为方式一样,"编造虚假的原因"行为方式的前提条件是客观上确实存在保险事故。但是,由于导致保险事故发生的原因会影响到正常理赔,行为人为了获取保险金而编造属于保险责任的理由。由此可见,"编造虚假的原因"的行为方式仅仅是对原因的编造,并不存在改变事故状态的情况,而扩大保险事故的行为则是对事故状态的改变。两者具有本质区别,因此不应该将故意扩大保险事故的行为归入"编造虚假的原

---

① 参见罗长斌:《保险诈骗罪》,武汉大学 1997 年硕士学位论文。
② 参见魏智彬:《证券及相关犯罪认定处理》,中国方正出版社 1999 年版,第 186 页。
③ 参见赵秉志主编:《金融诈骗罪新论》,人民法院出版社 2001 年版,第 607 页。

因"法定行为方式之中。

最后,故意扩大保险事故骗取保险金的行为符合保险诈骗罪第 4 项"故意造成财产损失的保险事故"法定行为方式。这里可以分两种情况具体加以分析:其一,如果行为人在发生保险事故后,为了多获取保险金,顺势增加一些加害行为,故意扩大保险事故的,完全符合"故意造成财产损失的保险事故"的法定行为方式内容,只是保险事故中有一部分本身属于正常保险事故的范围而已,这不影响将扩大部分归入"故意造成财产损失的保险事故"之中。其二,如果行为人在发生保险事故后,采用消极的方式不积极施救,从而导致保险事故扩大的,则可以从不作为角度将这种行为归入"故意造成财产损失的保险事故"之中。我国《保险法》第 57 条规定:"保险事故发生时,被保险人应当尽力采取必要的措施,防止或减少损失。"可见,在保险事故发生时,被保险人实际上具有法定责任,即相关的投保人或者被保险人为了获取保险金,需要承担防止或减少保险事故损失的义务。当然,《保险法》该条所指的"保险事故",应是保险责任范围之内的事故,而扩大部分的损失完全是因为行为人的不作为行为所导致的。由于在故意扩大保险事故骗取保险金的案件中,行为人主观上对该损失持故意态度,并具有非法占有保险金的目的,客观上又属于"应为能为而不为"的情况,且这种不作为的方式又导致了保险事故损失的扩大,因此,完全符合"故意造成财产损失的保险事故"的法定行为方式。

七、保险诈骗罪罪数的认定

由于行为人在实施保险诈骗犯罪行为过程中,很容易在行为方式或结果上又触犯《刑法》规定的其他罪名。例如,为了骗赔而采取故意杀人、放火、故意伤害、故意毁坏财物等手段,因此就产生了一罪与数罪的划分问题。对此,刑法理论上有不同的观点。有人认为,从刑法理论上分析,这种情况与牵连犯的原理较为吻合,即故意杀人、放火、故意伤害、毁坏财物等行为是行为人实施保险诈骗犯罪行为的手段行为,而以此骗取保险金的行为则是行为人的目的行为。[①]因此,对这种情况的处理,不应实行《刑法》规定的数罪并罚,而应以牵连犯认定,并采用重罪吸收轻罪的原则加以处罚。有人则认为,这种情况虽然符合刑法理论上的牵连犯原理,但《刑法》中已有专门条款作出了实行数罪并罚的规定,可见时下刑法理论中的牵连犯已经出现了"法定化"和"数罪并罚化"的立法倾向。[②]因此,在处理这种案件时,应以牵连犯认定并依《刑法》的有关规定实行数罪并罚。

---

①②　参见高秀东:《论保险诈骗罪》,载赵秉志主编:《新千年刑法热点问题研究与适用》(下),中国检察出版社 2001 年版,第 1453 页。

　　对于上述两种观点,笔者均不能赞同。这里实际上涉及对牵连犯含义的理解问题。牵连犯作为罪数形态的一种,从其概念提出的初衷分析,它是与数罪并罚相对应的一组罪数形态概念中的一个,即从根本上讲,既然是牵连犯,就不应该有数罪并罚的问题,如果实行数罪并罚,就不是牵连犯。如果说对牵连犯也可以实行数罪并罚,那么在理论上牵连犯还有什么存在的必要? 显然,认为对牵连犯可以实行数罪并罚的观点,是从根本上对传统刑法理论提出挑战,这种挑战本身实际上是建立在否定牵连犯存在必要性的基础之上的,既然如此,也就没有必要再对其处罚问题进行研究了。笔者认为,牵连犯概念设立的初衷,应是从社会危害性以及行为与行为之间的关联性角度,为了将某些《刑法》没有明文规定,但行为人数行为之间具有牵连关系且具有一个共同的犯罪目的的情况,从数罪并罚中分离出来。就此而言,无刑法规定性和不实行并罚性,理所当然是牵连犯的本质特征。因此,上述第二种观点认为牵连犯已"法定化"和"数罪并罚化"的观点值得商榷。

　　同时,笔者还认为,在实施保险诈骗行为时,兼犯其他诸如故意杀人罪等的案件中,虽然行为人的诈骗行为与杀人等行为之间,具有一定的联系,但并不符合刑法理论中牵连犯的构成要件。因为对牵连犯的构成要件,从主观上分析,行为人应具有一个犯罪目的;从客观上分析,行为人的方法行为与目的行为或原因行为与结果行为在法律上应包含于一个犯罪构成客观要件之中。但是在上述保险诈骗犯罪中,行为人的诈骗与杀人等行为,在构成要件上并没相互包含的关系,即杀人等行为无法被保险诈骗罪中"虚构事实、隐瞒真相"的客观特征所包含,所以不能将这种情况视为牵连犯。但是,如果行为人为骗取保险金,伪造了有关公文、证件、印章等,则可以视为牵连犯。因为伪造公文、证件、印章的行为本身就属于虚构事实的行为,其完全可以为保险诈骗罪中"虚构事实、隐瞒真相"的客观特征所包含。正是因为这一点,《刑法》第 198 条第 2 款才明确规定对实施保险诈骗行为并兼犯其他诸如故意杀人罪等的情况实行数罪并罚。从司法实践分析,立法者之所以强调对这种情况实行数罪并罚,主要因为若不实行数罪并罚,可能会导致司法实践中的重罪轻判。因此,上述两种观点认为实施保险诈骗行为时,兼犯故意杀人等罪的情况是牵连犯,也值得商榷。

　　需要讨论的是,如果行为人仅实施故意制造保险事故的犯罪行为,而没有向保险公司提出索赔要求的,对行为人的行为应否认定为数罪? 目前,理论上大多数学者认为不应认定为数罪,笔者也同意这一观点。依笔者之见,行为人在制造保险事故后,没有提出索赔要求,就不可能实际骗取保险金,相关制造保险事故的行为只是为骗取保险金制造条件而已。在这种情况下,对于行为人的行为就不应该认定为数罪,因为数罪的最主要标志是行为人必须实施了数个行为,但在这类案件中行为人并没有实施数个行为。

如果行为人故意采取制造保险事故骗取保险金,但没有得逞的,是否可以认定为数罪?理论上有人认为这属于想象竞合犯。笔者不同意这种观点,因为在这种案件中,行为人实施了两个行为,即既实施了制造保险事故的行为,又实施了骗取保险金的行为,没有骗到保险金,只能说明是保险诈骗未遂,而并非未实施保险诈骗行为。由于想象竞合犯的最本质特征是一个行为,因此,这种情况不属于想象竞合犯。

八、保险公司工作人员虚假理赔行为的定性

司法实践中,在处理有关保险诈骗案时,经常会发生有关保险公司工作人员利用职务之便虚假理赔,骗取保险金的情况。对此类行为的定性问题,刑法理论界曾颇有争议,司法实践中也有不同的意见。为此,1995 年全国人大常委会《关于惩治破坏金融秩序犯罪的决定》第 17 条专门规定:"保险公司的工作人员利用职务上的便利,故意编造未曾发生的保险事故进行虚假理赔,骗取保险金的,分别依照全国人民代表大会常务委员会《关于惩治贪污贿赂罪的补充规定》和《关于惩治违反公司法的犯罪的决定》的有关规定处罚。"《刑法》吸收了这一规定,第 183 条规定:"保险公司的工作人员利用职务上的便利,故意编造未曾发生的保险事故进行虚假理赔,骗取保险金归自己所有的,依照本法第二百七十一条的规定定罪处罚。国有保险公司工作人员和国有保险公司委派到非国有保险公司从事公务的人员有前款行为的,依照本法第三百八十二条、第三百八十三条的规定定罪处罚。"

对于《刑法》的这一规定,在理论上有人认为这是《刑法》规定的一个独立的犯罪,罪名为"虚假理赔罪"。笔者认为,这种观点值得商榷。首先,《刑法》第 183 条规定得相当明确,保险公司的工作人员如果实施虚假理赔的行为,应依照职务侵占罪定罪处罚。国有保险公司工作人员和国有保险公司委派到非国有保险公司从事公务的人员实施虚假理赔的行为,则依照贪污罪定罪处罚。即这种情况不仅要在量刑上依照职务侵占罪或贪污罪的量刑幅度,而且所定罪名也应分别是职务侵占罪或贪污罪。其次,从犯罪构成角度分析,保险公司工作人员利用职务之便虚假理赔的行为,完全符合职务侵占罪或贪污罪的有关构成要件,即《刑法》规定的职务侵占罪和贪污罪的犯罪构成完全可以涵盖保险公司工作人员利用职务之便虚假理赔的行为。就此而言,保险公司工作人员利用职务之便虚假理赔,骗取保险金归自己所有的行为,实际上就是职务侵占罪或贪污罪的一种表现形式。所以,对有关行为以职务侵占罪或贪污罪定罪处罚是有法理依据的。最后,我国《刑法》专条规定了保险公司工作人员利用职务之便虚假理赔的情况,主要是为了强调必须惩罚这种犯罪行为,同时也是为了进一步明确对这种行为的定性依据,而并非为了要增设一个新的罪名。

九、本罪既遂、未遂的界定

对于保险诈骗罪既遂的认定标准,世界各国刑法虽有不同规定,但大多认为保险诈骗罪是行为犯,即只要实施了保险诈骗的行为,无论是否实际骗到保险金,均可以视为犯罪既遂。例如,《德国刑法典》规定:企图诈骗而对火灾保险之标的的放火或对本身载货或运费有保险之船舶,使其沉没或触礁,只要实施了这一行为就是犯罪既遂。《意大利刑法典》也把该罪行表述为企图为自己或他人领取保险金,而破坏、毁弃、损坏或隐匿自己所有之物,并且把行为人之目的实现作为加重其刑的情节。

对于我国《刑法》中的保险诈骗罪是行为犯还是结果犯,理论上有不同的观点。有人认为,保险诈骗罪是行为犯,因为《刑法》有关金融诈骗罪各条所说的"数额较大",并不是指行为人已骗取的财物数额,而是指行为人实施金融诈骗活动,意图骗取的财物数额。因此,行为人是否达到犯罪目的,不影响本罪的成立。[①]有人则认为,外国刑法一般都将保险诈欺罪规定为举动犯,但我国《刑法》则将保险诈骗罪规定为结果犯,在这种情况下,如果行为人实施了保险诈欺行为而没有骗取保险金的,就应当以未遂论处。[②]还有人认为,根据我国刑法理论与司法实践,对保险诈骗未遂的可以未遂犯论处。[③]

笔者认为,根据我国《刑法》的规定,"数额较大"是保险诈骗罪的构成要件之一,即只有保险诈骗财物数额较大的,才构成犯罪,否则就不构成犯罪。所以,我国《刑法》将保险诈骗罪规定为结果犯(也可称之为数额犯)而非行为犯。在保险诈骗罪中,犯罪数额既是犯罪对象也是犯罪结果的财物价值量。因此,从这些数额犯的特征也可看出保险诈骗罪的结果犯属性。这种规定显然与《刑法》对财产罪中的诈骗罪的规定完全相同。由于保险诈骗罪是诈骗型犯罪的形式之一,而学界的基本共识是财产罪中的诈骗罪为结果犯,虽然保险诈骗罪的具体行为方式有特别之处,但是它毕竟是从一般诈骗罪中分离出来的一个罪名,在是不是结果犯这一点上应该具有诈骗型犯罪的共性。

《刑法》将保险诈骗罪规定为结果犯,是从我国的保险业现状出发的。我国

---

① 参见高西江主编:《〈中华人民共和国刑法〉的修订与适用》,中国方正出版社 1997 年版,第472 页。

② 参见陈兴良主编:《刑法新罪评释全书》,中国民主法制出版社 1995 年版,第 536 页。

③ 参见张明楷:《保险诈骗罪的行为与结果探究》,载赵秉志主编:《新千年刑法热点问题研究与适用》(下),中国检察出版社 2001 年版,第 1430 页。

保险业虽然起步较晚,但发展迅猛,投保人数、保险的种类和项目日渐增多,保险人不可能就每一项投保标的在投保时进行详细的查对验证。实践中,对一些普通的险种,标的小的投保申请,一般是不进行严格审查的,或者只根据投保人申报标的,简单地进行书面审查。只有在发生保险事故,投保人、被保险人或受益人提出赔偿申请后,保险公司才会对申请标的真实状况、实际价值、发生事故的原因和性质以及实际造成的损失等情况作全面审查。也正因为这样,保险诈骗往往是在保险公司理赔过程中甚至在理赔后被发觉,在此之前很难觉察投保人的诈骗意图。

从理论上分析,保险诈骗罪理应有未遂犯罪形态存在,如1996年最高人民法院在《关于审理诈骗案件具体应用法律的若干问题的解释》(已失效)中指出:"已经着手实行诈骗行为,只是由于行为人意志以外的原因而未获得财物的,是诈骗未遂。诈骗未遂,情节严重的,也应当定罪并依法处罚。"1998年最高人民检察院法律政策研究室在《关于保险诈骗未遂能否按犯罪处理问题的答复》中也指出:"行为人已经着手实施保险诈骗行为,但由于其意志以外的原因未能获得保险赔偿的,是诈骗未遂,情节严重的,应依法追究刑事责任。"2011年最高人民法院、最高人民检察院《关于办理诈骗刑事案件具体应用法律若干问题的解释》第6条更是明确规定:诈骗既有既遂,又有未遂,分别达到不同量刑幅度的,依照处罚较重的规定处罚;达到同一量刑幅度的,以诈骗罪既遂处罚。但是,司法实践中由于保险诈骗未遂很难有确定的数额,而犯罪的数额又是认定保险诈骗罪的构成要件,因此理论上的未遂也就很难构成犯罪。对于不构成犯罪的情况,保险公司可根据《保险法》的有关规定,解除保险合同,不承担赔偿或给付保险金的责任,并不退还投保人的保险费。

对于保险诈骗犯罪中的"数额较大",《刑法》未作明确规定。根据2001年1月21日最高人民法院《全国法院审理金融犯罪案件工作座谈会纪要》,对保险诈骗罪的数额,可参照1996年最高人民法院《关于审理诈骗案件具体应用法律的若干问题的解释》(现已失效)。该解释第8条规定:"个人进行保险诈骗数额在1万元以上的,属于'数额较大'……单位进行保险诈骗数额在5万元以上的,属于'数额较大'。"

从这一司法解释分析,保险诈骗罪的认定实际上还是以骗取的保险金数额作为依据的。对此,理论上有人提出质疑,既然保险诈骗罪侵犯的主要客体是保险管理制度,为何要以侵犯的次要客体即财产关系的侵犯程度作为定罪量刑的依据?

笔者认为,尽管保险诈骗罪侵犯的是复杂客体,且保险管理制度是主要客体,但是,由于保险诈骗罪毕竟是从一般诈骗罪中分离出来的犯罪,无论如何都具有诈骗罪侵犯财产关系的共性。《刑法》以"数额较大"作为保险诈骗罪定罪量刑的标准就是体现了这一共性。另外,保险诈骗罪应该以非法占有目的为构成要件,而非法占有目的之对象当然就是财产,其衡量标准当然离不开体现财产价值或价格的数额。就此而言,《刑法》以"数额较大"作为保险诈骗罪定罪量刑的标准也符合该罪"目的犯"的要求。需要指出的是,保险诈骗犯罪行为对保险管理制度侵害所造成的结果是一种无形的结果,而对财产关系侵害所造成的结果则是一种有形的结果。由于无形的结果很难有具体的判断标准,而有形的结果则可以具体以"数额"加以衡量,因此,《刑法》以有形的结果作为定罪量刑的依据是有充分道理的。事实上,保险诈骗犯罪对于财产关系的侵害必然会同时造成对保险管理制度的侵害,而且从某种角度分析,在保险领域中对财产关系的侵害程度也必然反映出对保险管理制度的侵害程度,即行为人占有财物数额越大,对保险管理制度侵害也就越大。因此,笔者认为,《刑法》以"数额较大"作为构成保险诈骗罪的要件,可以将较大部分的保险诈骗行为排除在犯罪之外,可以起到限制处罚范围的作用。

十、共同犯罪形态的认定

现代社会的保险制度相当复杂,这在很大程度上导致了保险诈骗行为本身的复杂多样性。《刑法》第 198 条虽然规定,投保人、被保险人和受益人都可以单独构成保险诈骗罪,但从其所列举的五种行为方式看,并非三种主体都可以单独实施所有类型的犯罪。例如,虚构保险标的、恶意重复投保骗取保险金的行为只能由投保人单独实施;故意制造保险事故、虚假理赔的,则可以由投保人、被保险人或受益人分别实施。另外,在很多情况下,行为人需要在别人的帮助下才能完成保险诈骗行为,例如,实践中往往是投保人、被保险人、受益人之间相互勾结,共同实施保险诈骗行为,才能达到占有保险金的目的。因此,有必要从理论上对保险诈骗罪的共同犯罪问题加以研究。

首先,投保人、被保险人、受益人与其他人员相互勾结骗取保险金的共同犯罪问题。投保方人员与其他人相互勾结,基于共同骗取保险金的故意,共同实施了保险诈骗行为的,符合保险诈骗罪的构成要件,成立保险诈骗罪的共犯,这是最常见的共犯形态。需要讨论的是,在司法实践中,其他人能否成为保险诈骗罪的共同正犯? 根据《刑法》第 198 条的规定,保险诈骗罪的主体仅限于投保人、被保险人和受益人。但是,由于保险诈骗罪在刑法理论上并非是亲手犯[①],因此,

---

① 亲手犯也叫自手犯,是指行为人必须亲自实施,不能利用他人实施的犯罪形态。例如,证人只能自己实施伪证罪,不能利用无证人身份的人实施伪证罪。参见姜伟:《犯罪形态通论》,法律出版社 1994年版,第 254 页。

如果基于骗取保险金的共同故意,实施虚构保险标的等骗取保险金的共同行为,其他人完全可以与投保方人员一起成立保险诈骗罪的共犯。

　　其次,投保方人员与保险事故鉴定人、证明人、财产评估人共同骗取保险金的共同犯罪问题。《刑法》第198条第4款规定:"保险事故的鉴定人、证明人、财产评估人故意提供虚假的证明文件,为他人诈骗提供条件的,以保险诈骗的共犯论处。"对这一规定是否属于刑法理论上的片面共犯,理论界存在不同的观点:第一种观点认为,该条款属于对一般共同犯罪的提示性规定。①即它是在《刑法》已有相关规定的前提下,提示司法人员注意,以免司法人员忽略的规定。它并没有改变相关规定的内容,只是对相关规定内容的重申或具体化。根据这种观点,《刑法》第198条第4款并没有改变《刑法》总则关于共犯的规定,保险事故的鉴定人、证明人、财产评估人故意提供虚假证明文件的行为,只有同时符合《刑法》第25条关于共同犯罪的规定,才能构成保险诈骗的共犯,即鉴定人等只有在与他人有诈骗保险金之共谋的前提下提供虚假证明文件时,才构成保险诈骗的共犯。理由主要是:其一,由于《刑法》第229条规定了提供虚假证明文件罪,保险事故的鉴定人、证明人、财产评估人故意提供虚假的证明文件,为他人诈骗保险金提供条件的行为,也可能符合第229条的规定,故第198条第4款旨在提示司法人员对于上述行为不得认定为提供虚假证明文件罪,而应以保险诈骗罪的共犯论处;其二,即使没有本款规定,对于上述行为也应当按照《刑法》总则关于共犯的规定,以保险诈骗罪的共犯论处。第二种观点认为,该条款属于对片面共犯的特别规定。②其特殊性在于:保险诈骗的共犯在鉴定人、证明人、财产评估人只具有单方面故意的情况下也可以成立。因为他的故意是单方面的,而不是行为人之间的共同故意,与我国《刑法》规定的共同犯罪的一般概念有所区别。

　　笔者认为,《刑法》第198条第4款中包含片面共犯的内容,而且按照条文规定的内容,对于有片面合意的成员是可以按共同犯罪处理的。需要讨论的是,该款是否包含片面合意?《刑法》规定保险事故的鉴定人、证明人、财产评估人故意提供虚假的证明文件,为他人诈骗提供条件的情况,确实可能存在保险事故的鉴

　　①　参见张明楷:《刑法学》,法律出版社2011年版,第718—719页。类似观点还可参见赵秉志、杨诚主编:《金融犯罪比较研究》,法律出版社2004年版,第339页;花林广:《论保险诈骗罪》,载《中国刑事法杂志》2003年第2期;林荫茂:《保险诈骗罪定性问题研究》,载《政治与法律》2002年第2期;张亚杰、刘新艳:《保险诈骗罪之立法评价——对刑法第198条的思考》,载《政治与法律》2004年第5期。

　　②　参见刘宪权、卢勤忠:《金融犯罪理论专题研究》,复旦大学出版社2005年版,第146页。类似观点还可参见吕艳珍:《保险诈骗罪法律适用中的几个问题》,载《河南公安高等专科学校学报》2001年第1期;屈学武:《金融刑法学研究》,中国检察出版社2004年版,第164页;薛瑞麟主编:《金融犯罪研究》,中国政法大学出版社2000年版,第396页;杜国强:《保险诈骗罪共犯问题研究》,载《人民检察》2005年第1期;单长宗等主编:《新刑法研究与适用》,人民法院出版社2000年版,第430页。

定人、证明人、财产评估人与实施保险诈骗者通谋,为保险诈骗提供便利条件的
情况;也可能存在保险诈骗者并没有与保险事故的鉴定人、证明人、财产评估人
通谋,有关人员在明知诈骗者诈骗故意和诈骗行为的情况卜,仍然为其提供虚假
的证明文件,为其诈骗提供条件的,而此时保险诈骗者并不知情的情况。其理由
是,《刑法》第 198 条第 4 款并未使用"通谋"一词加以限制,这就说明,《刑法》并
未将后一种情况(即没有通谋的情况)排除在条款规定之外。同时,《刑法》强调,
对于保险事故的鉴定人、证明人、财产评估人,以保险诈骗罪的共犯论处,这就意
味着对没有通谋情况中的单方面合意者也可以保险诈骗罪共犯论处。

┃第十七章┃
互联网金融犯罪研究

互联网金融是指以依托于支付、云计算、社交网络以及搜索引擎等互联网工具,实现资金融通、支付和信息中介等业务的一种新兴金融,是传统金融行业与互联网精神相结合的新兴领域。①互联网金融不是一个新名词,但却是一个引领时代的新概念。随着网络经济的迅速发展,第三方支付、网络信贷、众筹融资、云金融等金融创新业务蓬勃发展,互联网金融热潮席卷全国。当前互联网金融主要存在以阿里金融为代表的金融运作平台、以众筹为代表的股权投资平台、以P2P(peer-to-peer)为代表的借贷平台这三种模式。据相关数据统计,截至2013年7月,已有250家企业获得第三方支付牌照,其中包括阿里巴巴、腾讯、网易、百度、新浪等互联网巨头。截至2019年12月31日,在全国范围内活跃的P2P网络借贷平台累计超过6600家。②中国人民银行发布的《2019年第四季度支付体系运行总体情况》显示,移动支付业务金额接近95万亿元。③至2020年3月,百度、新浪等40家公司已经获得基金销售支付资格。④此外,至2019年6月30日,仅就余额宝理财活动的持有人户数就超过6.1亿户,天弘余额宝货币市场基金资产净值更是达到1.033万亿元。⑤应该看到,互联网金融在直接"颠覆"了人们理财习惯的同时,也对现有银行等金融机构的业务形成了一定程度的冲击,从某种意义上讲,更是对现有的监管体制和金融法律规定乃至刑法的相关规定发

---

① 参见谢平:《互联网金融新模式》,载《新世纪周刊》2012年第24期。
② 参见"网贷行业数据",https://shuju.wdzj.com/industry-list.html,2020年4月18日访问。
③ 参见《2019年第四季度支付体系运行总体情况》,http://www.pbc.gov.cn/goutongjiaoliu/113456/113469/3990502/index.html,2020年4月18日访问。
④ 参见《公开募集基金销售支付结算机构名录(2020年3月)》,http://www.csrc.gov.cn/pub/zjh-public/G00306205/201509/t20150924_284306.htm,2020年4月18日访问。
⑤ 参见《天弘余额宝货币市场基金2019年半年度报告》,http://cdn-thweb.tianhongjijin.com.cn/fundnotice/yeb.pdf,2020年4月18日访问。

起了"挑战"。互联网金融这种便捷的金融交易方式已经引起了社会各界的高度关注,构成了我们这个时代的一道亮丽风景线。

第一节 互联网金融刑法规制的"两面性"

业内普遍认为,互联网金融的诞生顺应了网络营销、网络消费的大趋势,对此我们不能一味地"堵"而应妥适地"引"。在当下瞬息万变的时代里,互联网金融的存在确实能为投资者提供更多的投资理财选择,其交易的"便捷性"、市场的"创新性"和对人们传统习惯的"冲击性"均毋庸置疑。对于这些,我们无论如何应该予以充分评价而不应漠视。但是,任何新生事物均有其"两面性",互联网金融也不例外。从某种程度上说,互联网金融确实是一把"双刃剑",即其在创新的同时,也产生了诸多风险和安全问题。对此,作为调整社会关系"最后一道防线"的刑法应如何在互联网金融活动过程中摆正其应有位置,如何实现既能有效惩治犯罪而又不阻滞或扼杀创新的规制效果,是我们当下迫在眉睫需要考虑和解决的重要问题。

一、刑法规制必要性:互联网金融存在较大刑事风险

利益与风险共生且并存是亘古不变的真理,互联网金融也不例外。我们在欣赏互联网金融这朵娇艳玫瑰的同时,一定不能忽视它根茎上的尖刺。人们在参与互联网金融活动的时候,也一定要注意防范被风险"刺伤"。基于我国经济体制的限制,以及互联网金融本身尚缺乏完备的征信体系和规范的融资模式,电子信息系统的技术性和管理性也均尚存较大缺陷等原因,互联网金融领域存在较大的刑事风险。应当看到,互联网金融所存在的各种刑事风险,正是我们动用刑法予以规制的依据所在,这无疑也凸显了对互联网金融活动进行刑法规制的必要性。

(一)经营正当互联网金融业务的刑事风险

由于我国市场经济体制建立时间不长,金融市场的开放程度较低,因而我国的金融资源几乎由国有金融机构所垄断,国有商业银行很大程度上控制了金融资产和市场。为维护这种国有金融垄断局面,也便于对经济的宏观调控,我国相关的法律规范对吸收公众资金的行为予以了严格管控。因此,民间融资往往会被扣上"非法集资"的帽子,特别是当其造成一些较为严重的社会危害后果时,通常会被司法机关以"擅自设立金融机构罪""非法吸收公众存款罪""非法经营罪""集资诈骗罪""擅自发行股票、公司、企业债券罪"等罪名追究刑事责任。笔者认为,经营正当的互联网金融业务行为主要存在以下刑事风险。

第一,涉嫌构成非法经营罪和擅自设立金融机构罪。时下,我国互联网金融服务的提供方大多是没有互联网支付牌照的互联网企业或民间金融信贷公司,而这些单位的经营合法性还有待官方认证。①实际上,很多互联网金融活动事实上均涉及相关证券、保险、基金以及资金支付结算等金融业务。如果非金融机构是在未经国家有关主管部门批准的情况下经营这些金融业务,则很可能会构成《刑法》第225条规定的非法经营罪。此外,从时下互联网金融活动的现状来看,很多开展金融业务的机构事实上都是非金融机构,而这些经营互联网金融业务的非金融机构的设立大多都没有经过中国人民银行的批准。这就很可能会构成《刑法》第174条规定的擅自设立金融机构罪。

第二,涉嫌构成非法吸收公众存款罪、集资诈骗罪和擅自发行股票、公司、企业债券罪。在互联网金融领域,一些网络集资机构在业务开展过程中,存在虚构借款项目吸收资金、未经批准开展自融业务,以及归集资金形成资金池等情况。由于其往往通过互联网向社会进行公开宣传,擅自向社会不特定公众吸收资金并承诺收益,因而当这些行为符合2010年12月13日最高人民法院《关于审理非法集资刑事案件具体应用法律若干问题的解释》(以下简称《解释》)等司法解释中关于非法吸收公众存款罪的特征和认定标准时,②就涉嫌构成《刑法》第176条规定的非法吸收公众存款罪;当这些行为符合《解释》第4条、第5条中关于集资诈骗罪的特征和认定标准时,则涉嫌构成《刑法》第192条规定的集资诈骗罪;当这些行为符合《解释》第6条关于擅自发行股票、公司、企业债券罪的认定标准时,则涉嫌构成《刑法》第179条规定的擅自发行股票、公司、企业债券罪。例如,随着P2P网络融资平台的发展,一些P2P融资平台已经严重偏离了金融中介的定位,由最初的独立平台逐渐转变为融资担保平台,进而又演变为经营存贷款业务的金融机构,这实际上已经远远超出了P2P融资平台发展的界限。有些P2P网络融资平台通过将借款需求设计成理财产品出售给放贷人,或者先归集资金、再寻找借款对象等方式,使放贷人资金进入平台的中间账户,产生资金池,从而涉嫌构成非法吸收公众存款罪;还有些P2P网络融资平台实施的融资业务行为,因所承诺的收益最终无法兑付甚或无法返还本金而很可能被认定为无法返

---

① 参见于健宁:《我国互联网金融发展中的问题与对策》,载《人民论坛》2014年第3期。

② 除此之外,关于非法吸收公众存款罪的特征和认定标准的司法解释还有2010年5月7日最高人民检察院、公安部《关于公安机关管辖的刑事案件立案追诉标准的规定(二)》第28条的规定、2011年8月18日最高人民法院《关于非法集资刑事案件性质认定问题的通知》、2014年3月25日最高人民法院、最高人民检察院、公安部《关于办理非法集资刑事案件适用法律若干问题的意见》第1—4条的规定,以及2019年1月30日最高人民法院、最高人民检察院、公安部《关于办理非法集资刑事案件若干问题的意见》第1—5条的规定等。

还集资款的"欺诈"活动,从而涉嫌构成集资诈骗罪。[①]又如,目前股权类众筹是存在最大刑事风险的众筹模式,[②]如果众筹活动的发起人向社会不特定对象发行股票达 30 人以上或是向特定对象发行股票累计超过 200 人,根据《解释》第 6 条的规定,行为人的行为则涉嫌构成擅自发行股票、公司、企业债券罪。

(二)利用互联网金融实施违法犯罪行为的刑事风险

互联网金融的业务及大量风险控制工作均由电脑程序和软件系统完成,故而电子信息系统的技术性和管理性安全会直接影响到互联网金融运行的安全。由于我国目前互联网金融本身尚缺乏完备的征信体系,电子信息系统的技术性和管理性尚存较大缺陷,因而互联网金融就容易被一些不法分子加以利用来实施一些违法犯罪活动。而这实际上也属于互联网金融所衍生的刑事风险。

第一,涉嫌构成洗钱罪。互联网金融活动中的经营机构完全可能利用互联网金融活动中资金快速流动的特点以及互联网金融业务所具有的匿名性和隐蔽性特点,为犯罪分子提供洗钱服务,从而涉嫌构成洗钱罪。在互联网金融活动中,任何涉及资金流转的环节,都能成为洗钱犯罪的爆发点。无论是通过基金销售、保险销售、证券经纪、P2P 网络集资机构的集资中介业务,还是通过微信上网络红包的网银转账业务,经营机构只要将他人上游犯罪所得的赃款转入第三方支付机构的网络平台,再通过该平台转出相应资金,那么赃款来源和性质便能得以漂白。[③]而且这些操作流程往往不需要经过严格的资格审查,网络用户和手机用户都可以通过简单地设置身份证号和登录密码而在第三方支付平台上进行资金流转,而不法分子极有可能在填写虚假信息后利用第三方支付平台的转账功能实现"黑钱"的划拨。因此,如果相关经营机构或行为人利用互联网金融为他人提供洗钱服务,则涉嫌构成《刑法》第 191 条规定的洗钱罪。

第二,涉嫌构成挪用资金罪或职务侵占罪。目前,我国的互联网金融虽发展迅猛,但尚未形成体系,金融主体的资格和经营范围均不甚明确,整个行业也缺乏必要的内外部监督和约束。虽然第三方支付的法律地位得到了一定程度的认

[①]　这里所说的集资诈骗罪是指那些互联网金融业务经营者因扩大生产暂时无法收回成本或生产经营不善等客观原因而无法返还集资款,从而被认定为构成集资诈骗罪的情况。而实际上,这些行为充其量只能构成非法吸收公众存款罪,只是因无法返还集资款而被推定为具有非法占有的目的。当然,司法实践中也确实存在一些行为人以非法占有为目的,利用互联网金融单纯实施集资诈骗活动的情况,例如,一些行为人通过 P2P 网络融资平台进行虚假宣传,承诺的高额预期年收益远远超出了货币基金可能达到的平均年收益,而根本无法兑现也不准备兑现。因实施这种集资诈骗行为而构成的犯罪,应属于后文所述的利用互联网金融实施违法犯罪行为的刑事风险。

[②]　众筹有四种模式,即股权类众筹、债权类众筹、回报(或奖励)类众筹及捐赠类众筹。其中债权众筹在国内体现为 P2P 这种形态,业界已经专门把这划分为互联网金融的一个门类,因此,笔者所说的众筹是不包括 P2P 在内的狭义的众筹。

[③]　参见刘宪权:《互联网金融面临的刑事风险》,载《解放日报》2014 年 5 月 7 日第 5 版。

可,并基本形成了由央行支付司监管和中国支付清算协会进行行业自律的格局,但仍存在监管失之于宽、失之于松的问题,尤其是针对第三方支付衍生的各种金融业务,远没有形成完备的准则和有效的监管。①而在此情形下,一些互联网金融机构就很可能利用监管上的缺位,擅自挪用投资者资金。在例如 P2P 网贷平台等一系列互联网金融机构的借贷交易过程中,资金并非即时、直接打入借贷各方账户,而会产生大量在途资金的沉淀。如此巨额的资金实则受平台所掌控,而一旦平台之内部人员疏于自律,就很容易发生挪用客户资金甚至非法占有客户资金的情况。对此,根据《刑法》第 272 条的规定,公司、企业或其他单位的工作人员,利用职务上的便利,挪用本单位财物归个人使用或借贷给他人使用的,即可能构成挪用资金罪;根据《刑法》第 271 条的规定,公司、企业或其他单位的工作人员,利用职务上的便利,将本单位财物非法占为己有的,即可能构成职务侵占罪。

第三,涉嫌构成诈骗罪、盗窃罪等犯罪。在互联网金融领域,刑事犯罪的风险除了来自互联网金融平台提供者可能实施的犯罪之外,还来自互联网金融业普通参与者可能实施的犯罪。客户的信息安全与资金安全直接取决于互联网金融业务的风险控制水平。很多互联网金融业务均突破了传统受理终端的业务模式,且在落实客户身份识别义务、保障客户信息安全等方面并没有建立起行之有效的程序和制度。由此势必会发生一些互联网金融参与者因在获取他人信息后冒充他人进行交易而涉嫌构成诈骗罪的情况,或者因直接利用所获取的信息从他人账户上划走巨额资金而涉嫌构成盗窃罪的情况。余额宝自诞生半年多以来,就已经发生过多起资金被盗事件,有些是用户电脑被恶意病毒控制之后导致账户资金被盗,有些是用户手机号被人恶意复制之后,余额宝密码通过新手机被更新,然后资金被盗取。此外,快捷支付作为一种认证程序极为简便的支付方式,其在带来便捷性的同时,也大大增加了支付的风险,而产品设计不合理以及风险管理水平有限更是无限放大了这种风险。那些产品设计不合理或风险管理水平较差的非金融机构在进行快捷支付服务过程中就很可能会因快捷支付而发生资金被他人窃取或骗取的情况。

综上可见,无论是从经营正当互联网金融业务的角度来看,抑或是从利用互联网金融实施违法犯罪行为的角度以观,互联网金融均存在较大的刑事风险,由此也就凸显了互联网金融刑法规制的必要性。

二、刑法规制限度性:互联网金融创新不应阻滞

虽然"互联网金融"频频见诸报端,各大网络媒体也无不充斥着"互联网金

---

① 参见李文韬:《加强互联网金融监管初探》,载《时代金融》2014 年第 5 期。

融"的字眼,对"互联网金融"的各种评价也比比皆是,但学界对互联网金融的定性问题仍然模糊不堪、众说纷纭。而欲要对互联网金融实现合理且有效的刑法规制,首先我们就必须对互联网金融进行一个准确的定位和判断。实际上,互联网金融是一种重大的金融创新,而这就决定了刑法对互联网金融活动的规制应保持一定的限度性,以免阻滞其或扼杀这一金融创新。

（一）互联网金融是一种重大的金融创新

有学者认为,互联网对金融的影响均集中于技术层面,互联网金融并不是一个科学的提法,因为互联网作为一种技术,并没有产生新金融,将两者放在一起谈所谓互联网金融,从而将之当成一种新的金融形态的分析,实际上是将后台的技术改进与前台的金融功能混为一谈。互联网金融虽然利用了互联网技术,但实际上却做着与传统金融并无根本差异的事情。因而互联网目前还没有催生出任何新金融。[①]对此,笔者不敢苟同,笔者认为,虽然互联网金融应该是互联网领域与金融领域的"联合"或"携手",但这绝对不是简单的"1+1＝2",其本质上可能是开创了一种全新的金融模式,事实上更是一种重大的金融创新。正因为如此,刑法对互联网金融活动的规制应保持其一定的限度性。

1. 从金融形式创新角度看,互联网金融是一种金融创新。

互联网金融中的借贷业务虽与传统的银行借贷业务本质相同,但其因依托于支付、云计算、社交网络及搜索引擎等互联网工具而在金融的形式上已经有了较大的创新。我们知道,形式上的创新也往往能够对事物的发展产生很大的影响。互联网金融也不例外。互联网通过对交易对象、交易方式、金融机构、金融市场以及制度与调控机制等要素进行重塑,极大地改变了传统金融业的存在方式和运行模式,使得传统金融业具备了透明度更强、参与度更高、协作性更好、中间成本更低、操作方法更便捷等一系列特征,而具有这些特征的金融形式也因此被称为"互联网金融模式"。随着这种金融模式的不断发展,正在或已经形成一种既不同于商业银行间接融资,也不同于资本市场直接融资的第三种金融融资模式。在这种金融模式下,银行、券商和交易所等中介的作用将大大降低,贷款、股票、债券等的发行和交易以及券款支付等将直接在网上进行。[②]应当看到,形式上的创新也往往会促进内容的创新。例如,阿里小贷、腾讯财付通及众多第三方支付组织和人人贷机构等互联网金融组织,在互联网数据开发的基础上加速挖掘金融业务的商业附加值,均"搭建"出了不同于银行传统模式的业务平台。因此,虽然如上述学者所言,互联网金融利用了互联网技术做着与传统金融并无

[①]　参见戴险峰:《"互联网金融"提法并不科学》,载《中国经济信息》2014 年第 5 期;戴险峰:《互联网金融真伪》,载《财经》2014 年第 7 期。

[②]　参见谢平:《互联网金融新模式》,载《新世纪周刊》2012 年第 24 期。

根本差异的事情,但在互联网金融模式下,传统的金融业务已经具有了在银行传统模式下所无法比拟的优点,而这实际上就是一种金融创新。我们不能认为只有当互联网金融开展的是传统金融活动之外的业务才属于金融创新,那是夸张且荒谬的。因为如借贷之类的传统金融活动是人类日常经济行为的历史积累和社会沉淀。在此过程中,虽然后台技术不断得到改进和提高,但基本的金融活动却不会因此而发生重大的变化。一直以来,我们也正是通过不断对借贷的形式进行技术改进和创新,才逐渐形成了今天的金融样态。后台的技术改进是前台的金融功能不断发展和创新的基础和保障。因此,我们不能否认后台技术的创新也是金融创新。

2. 从互联网金融的价值和作用角度看,互联网金融也应是一种金融创新。

虽然互联网金融的发展确实对银行业的利益造成了一定影响,尤其是随着利率市场化的推进,整个金融行业开始出现利益的再调整、再分割,但从互联网金融的价值和作用来看,从我国经济发展的大局来看,互联网金融无疑是一种全新的金融形态。首先,互联网金融提高了社会资金运用和配置效率。互联网金融所体现的是一种全新的投融资模式,资金供需双方可借助于互联网平台直接进行匹配和交易,避免了繁琐的业务流程,资金流转简单便捷。在互联网金融下,人们能够根据市场化规则,更快速、准确地引导资金投向,同时由于互联网金融能够覆盖和服务于偏远地区和低收入人群,较好地填补小微企业融资"缺口",充分实现资金需求和供给之间的有效匹配,因而可以在很大程度上提高金融资源运用效率、促进经济结构的优化,是对传统金融的有益补充和促进金融市场走向成熟高效的重要手段。其次,互联网金融提升了金融服务水平。互联网金融具有信息透明、跨区域、高效率和充分个性化的特征优势,规避了金融机构实体网络柜台服务偏弱和经营时间错位的弊端,让消费者享受到了更加便捷、丰富、人性的金融服务。由于互联网信息透明度更高、范围更广、效率更快,因而互联网金融可借由互联网降低金融活动的信息搜寻成本、生产成本和传播成本,从而一定程度上缓解了机构和个人之间金融信息不对称的问题。[1]最后,互联网金融大大降低了金融服务成本。互联网金融在成本方面也比传统金融更有优势,由于其不受区域界限的限制,因而在经营金融业务时,将会比传统金融机构在用户拓展上更加具有优势,也更容易展开零售批发型金融业务。

综上所述,互联网金融绝不仅仅是互联网和金融业的简单结合,而是利用互联网的大数据、云计算及智能搜索等技术优势,对传统的金融运行进行改造,从而衍生出互联网技术支持下能适应新需求的新型金融模式,其对于实现金融改

[1] 参见于健宁:《我国互联网金融发展中的问题与对策》,载《人民论坛》2014年第3期。

革多项目标都展现出了明确的价值,在实现普惠金融、提高金融效率、加强竞争、打破垄断方面的作用尤为突出。就此而言,互联网金融无疑是一种重大的金融创新。

（二）对互联网金融活动的刑法规制应保持限度性

在我国,一个新兴的行业或者经营模式在成长的路途上时常会经历种种法律风险,其中落后的行政监管是屏障之一,而刑法中的一些"过时"的条文规定则是更为致命的威胁,很多经济上的创新活动往往就是因"过时"刑法条文的频频干预而受到阻滞甚至扼杀。典型的如《刑法》第176条规定的非法吸收公众存款罪,由于立法存在一定的缺陷,在司法实践中,一个新兴行业或营业模式,即便没有违反行政许可的明确规定,也可能构成此罪,以致诸多创新经营被扣上"非法集资"的大帽子。在互联网金融这种重大金融创新面前,尽管我们绝对不能忽视互联网金融所存在的较大刑事风险,但似乎更应当珍视互联网金融所具有的巨大创新价值。面对互联网金融所存在的诸多刑事风险,我们确实应当适时运用刑法条文对相关的违法犯罪行为进行规制,但基于互联网金融所具有的巨大创新价值,刑法理应只能适度规制而绝对不能过度干预,否则势必会适得其反,将互联网金融创新扼杀在"摇篮"之中,从而阻滞金融创新与发展。

刑法作为最为严厉的法律,理应保持谦抑性。刑法的谦抑性是指刑法介入、干预社会生活应以维护和扩大自由为目的,而不应过多地干预社会,反映到刑罚的配置中,就是刑事干预力度的节制,也就是使用轻缓的刑罚。[①]其中,刑法的补充性是刑法谦抑性的重要内容。刑法的补充性是指刑法不是抑制犯罪的唯一手段,而是补充经济、教育、行政等其他手段而运用的最后手段。[②]对此,日本刑法学者平野龙一也指出:"即使刑法侵害或威胁了他人的生活利益,也不是必须直接动用刑法。可能的话,采取其他社会统制手段才是理想的。可以说,只有在其他社会统制手段不充分时,或者其他社会统制手段（如私刑）过于强烈、有代之以刑罚的必要时,才可以动用刑法。这叫刑法的补充性或者谦抑性。"[③]因此,根据刑法的补充性原则,当一种现象的频繁出现和发生是由经济制度所直接引发,且只要通过经济、行政手段完善该制度就能防止时,我们就不能单纯或轻易动用刑法,更不能依赖刑法。由于互联网金融是一种为弥补金融体系缺陷,适应和满足不断发展的社会需求而产生的金融创新,因此,刑法对于这一创新领域的介入就需要十分谨慎,特别是对某些具有"创新性"的互联网金融活动一味强调惩治可

---

① 参见陈兴良:《刑事政策视野中的刑罚结构调整》,载《法学研究》1998年第6期。

② 参见陆诗忠:《对我国犯罪本质理论的思考》,载《华东政法大学学报》2010年第6期。

③ ［日］平野龙一:《刑法总论Ⅰ》,有斐阁1972年版,第47页,转引自陈兴良:《刑法谦抑的价值蕴含》,载《现代法学》2006年第3期,第14页。

能就违背了刑法的补充性原则精神。

笔者认为,一种经济现象的出现并非偶然,其产生乃至盛行必然是某种体系自身为适应社会需要而不断调和的结果。互联网金融也概莫能外,其产生和盛行应该是金融体系缺陷和社会需要调和的结果,正是社会的现实需要和金融体系缺陷的存在才催生了互联网金融。这是因为:首先,实体经济产生了新的金融需求。随着网络的普及和电子商务的迅猛发展,越来越多的人开始在网上购物或交易,为保证交易的安全,自然而然就产生了第三方支付的需求。而传统商业银行无法提供这种支付服务,也不愿意提供这种小而散的支付服务,于是就产生了金融服务的空白。①其次,以中小微型企业为主体的民营经济具有旺盛的融资需求。在我国目前的经济环境中,中小微企业要与国有企业竞争并取得生存和发展之机会,就必须改进技术、扩大投资,而这种资金投入往往需要批量、跳跃式地进行,因而资金是这些企业的生命线,为了生存和发展,其必须寻求一条能够满足其资金需求的融资渠道,中小微企业由此就体现出旺盛的融资需求。而当这种需求无法从正规融资渠道得到满足时,其就被迫转向从民间直接融资,而通过互联网则可以实现更大范围、更大幅度的融资,于是互联网金融风生水起。例如,随着电子商务的发展,电商平台上的中小微企业和网店主在经营中需要周转资金,就会产生融资需求,这样阿里小贷等网络借贷就应运而生。最后,我国目前的金融体系在很大程度上限制了中小微企业从正规渠道融资。由于金融资源的高度垄断和利率的非市场化,我国只存在一些由国有企业掌控的所谓正规的融资渠道,而基于我国从原有的集中计划经济向市场经济转型的特征,这些正规融资渠道往往偏向于为国有企业服务,而忽略以中小微型企业为主体的民营经济的融资需求。而且,我国金融体系的特性也决定了国有企业以及一些具有政府背景的大项目,相比作为完全市场化主体的以中小企业为主的民营企业,更容易获得金融支持。特别是当出现国家银根紧缩的情况时,民营企业被正规融资渠道拒之于门外更是一种常态。由此可见,正是我国目前这种金融体系现状直接催生了互联网金融。而这也就决定了如果刑法过度介入互联网金融活动,势必会违背刑法的补充性原则。

互联网金融的存在从某种程度上可以说是我国目前金融体系下金融资源垄断的必然结果,如果随意将某些具有"创新性"的互联网金融活动定性为犯罪,在法律没有明确规定的前提下,禁止所有未经批准的互联网金融活动,可能无法满足我国经济持续发展所产生的合理资金需求,这显然与我国保护投资者利益的公共政策是相悖的。从长远来看,过度动用刑法,可能会阻碍一个新行业、新经

---

① 参见牛禄青:《互联网金融冲击波》,载《新经济导刊》2014年第1期。

济的兴起,也可能会阻滞一种创新性服务模式的兴起以及相关的技术革新,最终甚至堵塞经济的生长点。笔者认为,有效防范互联网金融活动演化为犯罪的正确策略应当是放开与引导,并对症下药,针对国家金融体系的缺陷进行制度构建和完善,开放市场破除金融资源高度垄断的局面,构建自由、合理的金融制度。因此,从制度构建和政策制定上提供更便捷、更广阔的融资渠道和金融服务,方为上上之策,而对互联网金融活动的刑法规制则应当保持较大程度的限度性与克制性。如果过度动用刑法并以此作为掩饰制度缺陷并强行维持现状的手段,当然就会违背刑法补充性原则之精神,也与刑法谦抑之本性相悖,从而不但会致使刑法陷入"纯工具论"的立场,而且会阻滞甚至扼杀金融创新并影响经济的发展。

第二节　互联网金融的刑法规制路径

互联网金融"法无明文禁止便可为"的思维,与"法无规定便不为"的传统金融思维发生了激烈的碰撞,从而导致对互联网金融的刑法规制进退维谷。既要支持鼓励创新,又要防范风险,并确保社会金融秩序的稳定,刑法规制的红线将如何前进或后退,已成为一道考验决策智慧的关键之题。笔者认为,国家既然认同并鼓励金融创新可以采用试错机制,那么其风险至少不应以刑事责任的方式进行直接分配,因为当试错风险产生的后果与刑事责任中的罪责自负原则相结合时,由此所产生的刑事后果最终将由某个社会个体来承担。这实际上是让社会个体为国家的政策"埋单",故而会反向冲击刑事责任机制本身的正当性。[①]而且,金融行业赖以生存的基础就在于自由和创新,互联网金融给社会公众带来的便利以及给金融行业带来的高效和革新也均是建立在互联网金融积极创新的基础之上。如果刑法过度地介入金融领域,频繁地通过刑法手段对互联网金融进行规制,势必会挤压金融行业的自由空间,使得互联网金融活动在开展过程中受到重重束缚,同时也会扼杀金融行业的创新成果。可见,适当地将刑法的"防线"后撤,将"枪口往上抬一抬",似乎具有重大意义。因此,针对互联网金融,刑法理当进行限缩性规制,摆正其作为社会"最后一道防线"的地位。对于那些利用互联网金融实施的违法犯罪行为,刑法应予以严厉的惩治和打击,而对于那些因经营正当的互联网金融业务活动而不得已或不小心触及刑事法网的行为,应予以适当程度的宽宥处理,以免阻滞或扼杀金融创新。笔者认为,互联网金融活动最可能触碰的刑事责任红线主要有《刑法》第176条规定的非法吸收公众存款罪,

---

① 该观点参考了华东政法大学毛玲玲副教授在"华东政法大学第十届刑法学博士论坛"上的发言。

第 179 条规定的擅自发行股票、公司、企业债权罪，第 192 条规定的集资诈骗罪以及第 225 条规定的非法经营罪等。因此，对互联网金融刑法规制的限缩也主要应当围绕这些犯罪进行。

一、废止非法吸收公众存款罪的规定

《刑法》第 176 条规定的非法吸收公众存款罪是一个带有一定计划经济色彩的罪名，在市场经济愈加发达的今天，其与经济的发展要求显得格格不入。近年来，该罪就因严重遏制民间融资的发展而广受诟病。如今，该罪又因涉嫌遏制互联网金融的发展而重新被推上了风口浪尖。笔者认为，无论从不影响互联网金融发展的角度考虑，还是从该罪自身的宿命来看，废止该罪实属必然。

第一，非法吸收公众存款罪的存在会严重阻滞互联网金融活动的正常开展。《解释》第 1 条至第 3 条对"非法吸收公众存款罪"的构成要件进行了明确界定，即只要具备"未经有关部门依法批准"（非法性）"公开宣传"（公开性）"承诺还本付息"（利益性）和"向社会不特定对象吸收资金"（广延性）这四个条件，并达到一定数额标准，即可构成非法吸收公众存款罪。这也成为目前司法实践中判定非法吸收公众存款罪最主要的标准。然而，如果据此标准，互联网金融企业的很多经营活动均会因为"未经有关部门批准"而构成非法吸收公众存款罪。例如，一些 P2P 网络借贷平台往往会通过将借款需求设计成理财产品出售给放贷人，而一旦放贷人资金进入到平台的中间账户并产生资金池，那么该平台的经营者就涉嫌构成非法吸收公众存款罪。也正因此，2013 年 9 月，由招商银行开通的小企业融资平台——"小企业 e 家"所经营的 P2P 网贷业务在运营两个月后就被迫暂停。应当看到，很多金融创新往往都是"未经有关部门批准"而实施并进而取得巨大成功的。如果将非法吸收公众存款罪这一"达摩克利斯之剑"始终悬挂于互联网金融之上，那势必会扼制创新并严重阻滞互联网金融活动的正常开展。

第二，废止非法吸收公众存款罪是利率市场化的必然要求和结果。《刑法》规定非法吸收公众存款罪的目的是保护国家的金融管理秩序，具体体现为国家对利率的管制制度和国有金融机构的垄断利益。由于非法定金融机构吸收公众存款的行为会在一定程度上影响到利率水平，进而影响国家对利率的管制制度并损害国有金融机构的垄断利益，因而立法者便在刑法中设置了非法吸收公众存款罪。对此，全国人大常委会法工委刑法室的立法说明实际上也予以了明确："随着我国经济建设的飞速发展，使项目建设与资金短缺的矛盾突出，一些单位或个人为了筹集资金……或擅自提高利率，不择手段地把公众手中的钱集中到自己手中，与银行争资金……破坏了利率的统一，影响币值的稳定，诱发通货膨胀……"①然而，随着我国市场经济的全面建设和发展，以及市场化改革的不断推进和深入，利率市场化已然成为我国市场化改革的一大趋势。而一旦实现利率市场化，那么国家对利率的管制制度将会随之被废除，从而促使我国目前的金融管理秩序发生重大变革。如此，非法吸收公众存款罪的立法意图和价值也将不复存在，其也必将走向废止的境地。这就如同 1979 年《刑法》规定的"流氓罪"随着时代的变革而消亡的情景一样。

当然，立法的修改不可能一蹴而就，而往往需要历经复杂繁琐的立法程序才能实现。这既是立法稳定性的客观要求，也是刑事立法谨慎性的性质使然。对非法吸收公众存款罪的废止也必然要经历一个严格且复杂的立法程序，而这显然无法适应对发展迅猛的互联网金融的规制要求。因此，作为非法吸收公众存款罪废止前的权宜之计，刑事司法应保持最大限度的克制与节制，即应尽量提高非法吸收公众存款罪的入罪标准并对入罪的行为科处尽量轻缓的刑罚。其一，在入罪标准上，鉴于互联网金融活动所涉及的经营数额会远远大于线下交易经营数额的基本情况，参照单位犯罪的起刑点一般是自然人犯罪的 5 倍的标准来提高互联网金融中的非法吸收公众存款罪的起刑点，是相对较为合理的。因此，以 2010 年 5 月 7 日最高人民检察院、公安部《关于公安机关管辖的刑事案件立案追诉标准的规定（二）》（以下简称《追诉标准（二）》）第 28 条规定的追诉标准为基础，应将互联网金融活动中涉及的未经批准实施的吸收公众存款行为的追诉标准由司法解释规定的吸收存款数额 20 万元提高为 100 万元，单位犯罪的则由100 万元提高为 500 万元；将吸收公众存款 30 户以上提高为 150 户以上，单位犯罪的则由 150 户提高为 750 户以上；将给存款人造成直接经济损失数额在 10万元以上提高为 50 万元以上，单位犯罪的则由 50 万元提高为 250 万元。此外，还应将"造成恶劣社会影响"作为达到上述数额标准的行为构成犯罪的必要条件。其二，应将非法吸收公众存款罪构成要件中的"集资款项用途"限定为用于货币、资本经营或投资于证券、期货、地产等高风险领域。尽管所有的集资活动或多或少都会存在金融风险，但集资人将集资款项用于实体生产经营所引发的金融风险往往小于借款人将集资款项用于货币、资本经营或是投资于证券、期货、地产等高风险领域所产生的金融风险。由此，我们完全可以将部分吸收公众资金用于投资金融风险相对较低领域的行为排除出非法吸收公众存款罪范围，即将非法吸收公众存款罪构成要件中"集资款项用途"通过司法解释限定为用于货币、资本经营或投资于证券、期货、地产等高风险领域。其三，在主观故意的认定上，根据 2019 年 1 月 30 日最高人民法院、最高人民检察院、公安部《关于办理

---

① 李淳、王尚新主编：《中国刑法修订的背景与适用》，法律出版社 1998 年版，第 209 页。

非法集资刑事案件若干问题的意见》第 4 条的规定,"应当依据犯罪嫌疑人、被告人的任职情况、职业经历、专业背景、培训经历、本人因同类行为受到行政处罚或者刑事追究情况以及吸收资金方式、宣传推广、合同资料、业务流程等证据,结合其供述,进行综合分析判断"。对于无相关职业经历、专业背景、且从业时间短暂,纯属执行单位领导指令的行为人,如确无其他证据证明其具有主观故意的,可以不作为犯罪处理。其四,在量刑上,对于涉嫌构成非法经营罪的互联网金融经营行为,应尽量在 3 年以下判处刑罚且不并处罚金,并尽可能判处缓刑。

二、限制非法经营罪的适用

根据《刑法》第 225 条第 3 项的规定,"未经国家有关主管部门批准非法经营证券、期货、保险业务的,或者非法从事资金支付结算业务的",即可构成非法经营罪。其中的"非法从事资金支付结算业务",即是为适应打击"地下钱庄"逃避金融监管非法为他人办理大额资金转移等资金支付结算业务的行为,而通过《刑法修正案(七)》增加的规定。所谓"资金支付结算业务",原本是指通过银行账户的资金转移实现收付的行为,但"地下钱庄"从事这些只有商业银行才能开展的资金支付结算业务都是非法秘密进行的,故而将其纳入非法经营罪的惩治范围。①可见,只要是未经国家有关主管部门批准擅自开展资金支付结算业务,即可能构成非法经营罪。事实上,很多互联网金融活动不仅涉及资金支付结算业务,而且还涉及相关证券、保险、基金等金融业务,而只要是未经国家有关主管部门批准开展或参与这些金融业务的,就可能构成非法经营罪。由此以观,《刑法》第 225 条第 3 项规定的存在势必会使很多正当的互联网金融业务行为被纳入刑法的打击范围。

当然,我们不可能为宽宥互联网金融活动而专门对该规定进行修改,虽然非法经营罪作为计划经济的产物本身也广受诉病,但其在我国当前经济发展状况下仍具有一定的存在价值和意义而尚未达到寿终正寝的境地。故而在必须"开枪"的情况下,我们只能"将枪口往上抬一抬",在刑事司法上对互联网金融活动进行宽宥,即在入罪标准和量刑情节的判定上区别于其他非法经营行为。其一,在入罪标准上,鉴于《追诉标准(二)》第 79 条第 3 项并没有区分个人与单位分别构成非法经营犯罪的追诉标准,②可将互联网金融活动中涉及的未经批准经营

---

① 参见黄太云:《〈刑法修正案(七)〉解读》,载《人民检察》2009 年第 6 期。

② 认为该规定没有进行区分的依据在于,该规定第 5、6、8 项对出版、印刷、复制、发行非法出版物的行为,非法从事出版物的出版、印刷、复制、发行业务的行为,以及从事其他非法经营活动的行为,分别对个人犯罪和单位犯罪规定了不同的追诉标准,其中第 5、6 项规定的单位犯罪的追诉标准是个人犯罪的 3 倍,第 8 项规定的单位犯罪的追诉标准是个人犯罪的 10 倍。

证券、期货、保险业务行为的追诉标准由 30 万元提高为 150 万元;将互联网金融活动中涉及的未经批准经营资金支付结算业务的行为的追诉数额标准由司法解释规定的 200 万元提高为 1000 万元;将互联网金融活动中涉及的未经批准经营证券、期货、保险业务或者从事资金支付结算业务违法所得数额标准,由 5 万元提高为 25 万元。其二,在量刑上,对于涉嫌构成非法经营罪的互联网金融经营行为,应尽量在 3 年以下判处刑罚且不并处罚金,并尽可能判处缓刑。

三、限制擅自发行股票、公司、企业债权罪的适用

根据《刑法》第 179 条的规定,未经国家有关主管部门批准,擅自发行股票或者公司、企业债券,数额巨大、后果严重或者有其他严重情节的,即可构成擅自发行股票、公司、企业债券罪。如果互联网金融中的重要形式之一——众筹活动的发起人向社会不特定对象发行股票累计超过 30 人或是向特定对象发行股票累计超过 200 人,行为人的行为就涉嫌构成擅自发行股票、公司、企业债券罪。据不完全统计,截至 2014 年 4 月,全国 50 余家私募股权企业涉嫌擅自发行股票、公司、企业债券罪,涉案金额逾 160 亿元,参与人数超过 10 万人。[1]此外,如果借款方是公司企业,未经国家有关主管部门批准,利用 P2P 网贷平台发行数额在 50 万元以上的,借款人也可能构成擅自发行股票、公司、企业债券罪。因此,很多互联网金融的正常经营活动都可能会被纳入刑法的打击范畴。对此,一些互联网金融企业甚至在日常经营中采取几近“自残”的方式来刻意规避刑罚红线。例如,著名 P2P 网贷平台大家投的创始人李群林就曾对《金证券》的记者直言:“我们严格控制单个项目的股东人数,最多不超过 40 人,总募资额一般控制在百万元以内。另外,为了规避风险,每一个项目的签约、手续等操作完全在线下完成。”[2]由此可见,擅自发行股票、公司、企业债券罪的规定实际上已经严重限制了互联网金融的发展。

在目前情况下,为保障我国金融管理秩序的稳定和金融市场的健康发展,擅自发行股票、公司、企业债券罪的规定确有其存在的必要性,故而我们也只能通过限制刑事司法的方式对该罪的适用范围进行限制。其一,在入罪数额标准上,我们可以《追诉标准(二)》第 34 条规定的追诉标准为基础将发行数额由该司法解释规定的 50 万元提高为 250 万元;将发起人向社会不特定对象发行股票或者公司、企业债券累计超过 30 人的标准提高为超过 150 人;并将不能及时清偿或清退以及造成其他后果严重或者有其他严重情节的情形作为入罪的必要条件,

---

[1]　参见《众筹与非法集资的区别》,http://www.mycaijing.com.cn/news/2014/04/10/5912.html,2014 年 5 月 10 日访问。

[2]　陈岩:《众筹平台腾挪忙躲非法集资》,载《金陵晚报》2014 年 3 月 31 日第 4 版。

即必须是达到上述标准的基础上又具备这些情形的情况下才能予以追究刑事责任。其二,在量刑上,对于涉嫌构成擅自发行股票、公司、企业债券罪的互联网金融经营行为,应尽量在3年以下判处刑罚且不并处罚金,并尽可能判处缓刑。

四、限制集资诈骗罪的适用

根据《刑法》第192条的规定,以非法占有为目的,使用诈骗方法非法集资,数额较大的,即可构成集资诈骗罪。对于那些在互联网金融活动中,以非法占有他人财物为目的,利用P2P网络平台集资以及众筹活动实施非法集资的行为,通过集资诈骗罪的规定予以严厉打击本无可厚非。但对集资诈骗罪的主观要件——"以非法占有为目的"的认定则必须慎之又慎,而不能武断地进行扩张解释,以免误将一些因经营失败而无法归还投资款的互联网金融行为纳入刑法打击范畴。

正是由于司法实践中对"以非法占有为目的"的认定较为宽松,才导致很多非法吸收公众存款行为往往被认定为集资诈骗犯罪。因此,通过对"以非法占有为目的"的限定,可以有效限制集资诈骗罪的适用。其一,应从集资款"无法返还"的原因上进行限定。实践中往往仅凭行为人无法返还较大数额集资款的结果,就推定行为人"以非法占有为目的",由此导致集资诈骗犯罪案件激增。笔者认为,"无法返还"仅仅是行为人"以非法占有为目的"的必要条件而非充分条件,换言之,"无法返还"与行为人"以非法占有为目的"之间并不存在必然联系,既可能是行为人主观上的原因致使其"无法返还",如肆意挥霍甚或将集资款用于违法犯罪活动等,也有可能是一些客观上的原因致使其"无法返还",如因扩大生产而投入大量资金而导致暂时无法收回成本或因经营不善而破产导致集资款无法返还等。显然,只有前者才能说明行为人具有非法占有的目的,而如果不分青红皂白一概推定为行为人"以非法占有为目的",那无疑属于客观归罪。因此,判定行为人是否"以非法占有为目的"的关键,是要分析导致其"无法返还"结果的是主观上的原因还是客观上的原因,如果是客观上的原因,就不应考虑认定行为人"以非法占有为目的"。其二,从集资款用途的比例上进行限定。司法实践中经常发生为追诉犯罪方便考虑,仅根据行为人存在将集资款用于个人消费或挥霍的情形,就认定其"以非法占有为目的",从而致使那些将大部分集资款用于投资或生产经营活动而仅将少量的集资款用于个人消费或挥霍的行为人被认定为构成集资诈骗罪。实际上,仅仅根据行为人将少量的集资款用于个人消费或挥霍的行为,根本无法推出其"以非法占有为目的"的主观内容。对此,笔者认为,妥适的作法应当是,根据集资款用途的比例,即至少应当在行为人将集资款用于个人消费或挥霍的比例超过其用于投资或生产经营活动的比例时,才能考虑认定行为人具有非法占有的目的,而不应仅依据存在将集资款用于个人消费或挥霍的事实,就武断判定其"以非法占有为目的",继而认定其构成集资诈骗罪。①

第三节　互联网金融平台的刑事风险及责任边界

互联网时代的历史进程已向纵深处推进,人们不再满足于对互联网技术的突破,转而更加注重对互联网思维的运用。由于微博、微信、社交网站,以及以"淘宝网"为代表的 C2C 电子商务网站的蓬勃发展,四面八方的个体实现了在网络平台上自由地交流信息,低成本地交易商品。随着时代的发展,人们交流的内容或将不局限于信息,人们交易的对象也不再止步于商品。近年来,互联网思维逐步渗入资金融通领域以及资本市场,而作为新兴互联网金融行业存在的标志,则是具有"去中心化"性质的互联网金融平台。近年来,随着互联网金融专项整治活动在全国范围内拉开帷幕,我国上千个互联网金融平台的运营状况、风险类别与级别也将逐一暴露在监管层以及社会公众的面前。妥善应对合规型、整改型、取缔型平台,在追究涉案互联网金融平台行政、刑事责任的过程中处理好行政法与刑法的衔接关系,科学而合理地确定互联网金融平台的刑事责任边界,既是当下的一个热点话题,也是一个具有时代意义的理论问题。

一、国内互联网金融平台的类型考察

我国官方文件曾定义过"互联网金融"。2015 年 7 月 14 日国务院十部委《关于促进互联网金融健康发展的指导意见》(以下简称《指导意见》)指出,互联网金融是指"传统金融机构与互联网企业利用互联网技术和信息通信技术实现资金融通、支付、投资和信息中介服务的新型金融业务模式"。就此分析,我们不难发现,《指导意见》并未将传统金融机构剔除于互联网金融行业之外,互联网金融行业的业务主体既可以是传统金融机构,也可以是互联网企业。显然,这是一种颇具包容性的定义。

也正因为《指导意见》对互联网金融采取了广义解释,随后其逐一罗列了互联网金融的六种业态:互联网支付、网络借贷、股权众筹融资、互联网基金销售、互联网保险、互联网信托和互联网消费金融。然而笔者认为,互联网基金销售、互联网保险、互联网信托和互联网消费金融,虽然都在互联网平台上进行,但在本质上其仍是传统金融机构面向社会大众的"一对多"线上销售模式,其归根结底属于传统金融机构的互联网化,或者说是传统金融的升级版。虽然《指导意

---

① 刘宪权:《刑法严惩非法集资行为之反思》,载《法商研究》2012 年第 4 期。

见》将其纳入了广义互联网金融的范畴,但其并不是真正意义上的互联网金融。互联网支付虽属于互联网金融的一种业态,但其不具有鲜明的平台属性。互联网金融平台的本质特征在于,"它就是搭建一个交易平台,让所有的需求和供给都在这个平台上自我搜寻和匹配,把集中式匹配变成分布式的'点对点'交易状态",①从而实现去中心化、低成本化的交易生态。开放、自主、分散的买方与卖方是互联网金融平台不可欠缺的条件。本书拟探讨的互联网金融平台即属此类,从业态上看,主要是指 P2P 与股权众筹。

P2P(个体网络借贷)是指"个体和个体之间通过互联网平台实现的直接借贷"。股权众筹是指"通过互联网形式进行公开小额股权融资的活动。股权众筹融资必须通过股权众筹融资中介机构平台(互联网网站或其他类似的电子媒介)进行"。显而易见,《指导意见》明确将"中介机构平台"的存在作为 P2P 与股权众筹融资赖以进行的必备组织架构,因而欲规范互联网金融健康发展,则不可避免地要守住底线,防范互联网金融平台的刑事风险,明确其刑事责任边界。

笔者认为,互联网金融平台的运营模式,从根本上决定着平台的法律属性及风险级别。"在平台中,双方(或多方)在一个平台上互动……这种模式的特点表现在平台上卖方越多,对买方的吸引力越大,同样卖方在考虑是否使用这个平台的时候,平台上买方越多,对卖方的吸引力也越大。"②为了尽可能多地将买方与卖方吸引至平台,我国的互联网金融平台不断演化出以下几种运营模式。

(一) 纯平台模式

在纯平台模式中,平台严格将自身定位为纯粹的信息中介,不插手交易的实质内容,而仅为投资人、融资者提供信息发布、信息撮合、信用评级、"一对一"配对、资金结算等技术性的服务。股权众筹融资平台均属于纯平台模式,因为在股权众筹融资活动中,融资者与投资人共享收益、共担风险,融资者并不承诺还本付息,因而平台也就不扮演任何形式的信用中介角色,而是纯粹的信息中介。但是,恰恰相反,在 P2P 领域中纯平台模式的 P2P 平台却为数甚少。

2007 年成立于上海的"拍拍贷"是中国首家通过互联网方式提供 P2P 无担保网络借贷的信息中介服务平台,也是目前为数不多的以单纯收取服务费为盈利模式的 P2P 平台。"拍拍贷"不担保、不设资金池,平台始终处于一个独立的、提供服务的第三方平台的角色,风险由借贷交易双方自行承担。"拍拍贷"的借款流程为:借入者发布借款列表、借出者竞相投标、借入者借款成功、借入者获得借款、借入者按时还款。为了控制平台上的借款风险以吸引更多的投资人,"拍

---

① 陈宇:《风吹江南之互联网金融》,东方出版社 2014 年版,第 90 页。
② 徐晋:《平台经济学:平台竞争的理论与实践》,上海交通大学出版社 2007 年版,第 5 页。

拍贷"基于大数据的风控模型,针对每一笔借款给出一个风险评分,以反映对逾期率的预测。每一个评分区间会以一个字母评级的形式展示给借入者和借出者,如从 A 到 F,风险依次上升。为保障投资人利益,"拍拍贷"实施风险备用金计划,当"逾期就赔"标成交时,平台提取一定比例的金额放入"风险备用金账户"。一旦某笔借款逾期超过 30 天,平台将通过风险备用金向投资人垫付此笔借款的剩余出借本金和利息。

（二）担保模式

由于股权众筹融资平台不存在担保的空间,因而采取担保模式的互联网金融平台也仅局限于 P2P 平台。近几年来,国内出现不少担保型 P2P 平台,按照担保主体的不同,可划分为平台自担保型与第三方担保型两种。平台自担保意味着平台的性质发生了根本改变,平台演化成了担保机构,而不再是单纯的信息中介机构,信用风险由平台承担。这种性质转变的平台,已被现行监管政策所禁止。早在 2014 年 4 月 21 日的处置非法集资部际联席会议上,中国银监会相关负责人就明确了 P2P 网络借贷平台的四条边界:一是要明确平台的中介性质;二是要明确平台本身不得提供担保;三是不得归集资金搞资金池;四是不得非法吸收公众资金。[①]2015 年《指导意见》指出:"个体网络借贷机构要明确信息中介性质,主要为借贷双方的直接借贷提供信息服务,不得提供增信服务。"自此,自担保型的 P2P 平台已不具备合法的生存空间,大批 P2P 平台转而寻求第三方担保。例如,"有利网"由中安信业承保,"开鑫贷"由江苏省 A 级以上小额贷款公司提供担保,等等。

需要指出的是,目前国内也存在不少名为第三方担保但实为自担保的 P2P 平台。例如根据"网贷之家"发布的信息,笔者发现了一个名为"和信贷"的 P2P 平台,其由非融资性担保公司"和信丰泽投资担保有限公司"作为担保机构。但只要查询企业登记信息便会发现,实际上"和信贷"与"和信丰泽投资担保有限公司"这两家公司的法定代表人在某段时期为同一人。虽然其后"和信丰泽投资担保有限公司"更换了法定代表人,但"和信贷"的法定代表人仍然是"和信丰泽投资担保有限公司"的主要股东。因此,有充分理由怀疑,"和信贷"在本质上更接近于自担保型平台。

陆金所也是典型的自担保型平台。陆金所网络投融资平台由中国平安集团打造。陆金所承诺当借款人逾期不还款,担保公司会对投资人代偿借款人的全部剩余债务,承担连带担保责任。而对于某些指定产品,陆金所还特别承诺若借

---

① 参见《银监会:P2P 网络借贷不得触碰四条红线》,http://tech.qq.com/a/20140422/003733.htm,2016 年 5 月 26 日访问。

款方未能履行还款责任,保险公司将对未被偿还的剩余本金和截止到保险理赔日的全部应还未还利息与罚息进行全额偿付。值得注意的是,为陆金所提供担保的担保公司正是平安集团旗下平安融资担保(天津)有限公司以及平安晋惠融资担保有限公司。可见,陆金所平台由关联企业提供担保,本质上是自我担保,属于自担保型 P2P 平台。对此,陆金所负责人曾在某论坛上称,"起初为了 P2P 方式能够更好地被大家接受,陆金所引入了平安担保,这也是阶段性的考虑,现在陆金所已经逐步撤销担保"。①

(三) 债权转让模式

除了以纯平台模式(股权众筹融资平台和部分 P2P 平台)以及担保模式(仅限于 P2P 平台)运营的互联网金融平台外,公众和媒体将宜信模式也纳入 P2P 平台的范畴。宜信首创了国内债权转让模式。宜信旗下的 P2P 平台"宜人贷"(2016 年 6 月已更名为"宜人理财")不采用借款人、出借人"点对点"自由配对方式,借贷双方不直接签订债权债务合同,而是通过第三方个人先行放款给资金需求者,再由第三方个人将债权转让给投资人。其中,第三方个人与 P2P 网贷平台关联度较高,一般为平台的内部核心人员。平台则通过对第三方个人债权进行金额拆分和期限错配,将其打包成类似于理财产品的债权包,供投资人选择。投资人可自主选择受让债权包,却不能自主选择借款人,具体借款人由平台在线下寻找并评估,投资人与借款人不是"一对一"的关系,而是"多对多"的关系。② "宜人贷"的盈利模式是向借款人收取占借款总金额 4% 的服务费。在宜信模式下,借款人不必等待投资人投标便可先行取得平台的放款,平台将借款垫付给借款人之后再通过互联网发标。

二、互联网金融平台的刑事风险样态

风险在金融活动中是不可避免的,任何一个互联网金融平台都会有风险,如经营不善风险、合规风险、道德风险等等,并且这些风险都有可能朝刑事风险的方向演变。在当下我国互联网金融平台模式纷呈、"鱼龙混杂",甚至发生某种程度"异化"的情况下,前述风险也就表现得愈加突出。近年来由此引发的刑事案件也呈持续高速增长态势。据"上海检察"(上海市人民检察院官方微信公众号)发布的统计数据,仅 P2P 领域,2015 年上海市检察机关受理涉 P2P 网络借贷刑事案件共 36 件 139 人,其中集资诈骗罪 4 件 19 人,非法吸收公众存款罪 32 件

---

① 《P2P 平台不能做担保》,https://www.douban.com/note/369005562/?type=like,2016 年 5 月 22 日访问。

② 参见罗明雄:《P2P 网贷三大模式之纯平台模式和债权转让模式》,http://stock.sohu.com/ 20140711/n402104734.shtml,2016 年 5 月 23 日访问。

120 人,涉案金额逾 12.83 亿元。毋庸置疑,防范互联网金融平台的刑事风险是规范平台健康发展的一个底线与基本目标。总体而言,我国各类互联网金融平台(包括伪平台)的刑事风险主要表现在以下几个方面。

(一)"伪"平台风险

"伪"平台是指某些从一开始便抱着"卷钱""吸金"心理的行为人,利用互联网金融的概念,而创立的所谓"平台"。从本质上看,"伪"平台是以互联网金融平台为名,行集资诈骗、资金自融之实,根本不具有平台的中立性属性。如在 2015 年绍兴市中级人民法院审理的王某某诈骗案中,被告人王某某出资并伙同他人组建某融资咨询有限公司,租用 MT4 软件,虚构 www.isa-fta.com 平台,以虚假国际原油期货交易的名义,诱骗他人在该平台进行投资交易,骗取他人资金。[①]可见,"伪"平台的行为方式多表现为在互联网上发布虚假的借款信息、股权众筹项目或投资产品,营造可供投资人投标的假象,并往往以高息或高比例分红引诱投资人。出借人与借款人,投资人与众筹者不再是一一对应的关系,投资人的资金事实上直接打入"平台"账户而非融资者的个人账户。如果"平台"的操纵者不具有非法占有目的,而只是从事资金自融活动时,其行为可能涉嫌构成非法吸收公众存款罪。如果"平台"的操纵者对投资人资金具有非法占有目的,其行为可能涉嫌构成集资诈骗罪。值得注意的是,此类集资诈骗平台为了骗取更多资金,往往会将前几笔投资如数奉还、如期分红,当"雪球"越滚越大时,才突然卷款跑路。

目前国内"伪"平台的数量颇为可观。仅在 P2P 领域,"网贷之家"统计的跑路或提现困难的问题平台就达 1339 家,其中有部分平台涉嫌非法吸收公众存款与集资诈骗。如在浙江省杭州市中级人民法院于 2015 年审理的泮某某案中,行为人泮某某为维系"后账换前账"的循环运作方式,收购某投资管理有限公司(该公司的主要业务系 P2P 融资)作为其非法集资平台,以经营所谓的"线下 P2P"业务为名义,以召集客户前往常山县参观所谓担保企业、虚构其担保能力并提供虚假的股权质押为手段,以年息 12％—23％的高息为诱饵,向 514 名不特定人员非法集资人民币 5015 万余元,用于偿还债务、支付犯罪成本等用途。无法维系后,泮某某四处躲避,拒不归还集资款。[②]再比如,在 2015 年杭州市中级人民法院审理的蔡某某合同诈骗案中,银坊 P2P 金融平台负责人蔡某某以非法占有为目的,虚设投资项目,以高息为诱饵,并伪造担保函、虚构担保,利用互联网进行宣传,向不特定社会公众非法集资 2 亿余元,最终被法院判处无期徒刑。这也

①　参见浙江省绍兴市中级人民法院(2015)浙绍刑初字第 50 号刑事判决书。
②　参见浙江省杭州市中级人民法院(2015)浙杭刑初字第 131 号刑事判决书。

成为截至目前我国 P2P 领域被判处的最重刑罚。[①]

(二) 模式风险

模式风险是指平台虽然未发布虚假信息,存在真实的融资者与投资人,发生于其上的融资活动也都客观真实,但该平台的运营模式本身可能已经触碰了法律的红线。最为典型的是自担保型平台与债权转让型平台,二者都触碰了中国银监会所划定的四条红线,前者违反了"平台本身不得提供担保"的禁令,后者则"归集资金搞资金池运作"。监管层之所以明令禁止平台本身提供担保、搞资金池,是由于这两种模式不但偏离了互联网思维下互联网金融平台的要义,并且具有天然的难以避免的高风险。

首先看自担保型模式。自担保型平台的经营不善风险极高,提现困难与跑路几乎成了绝大多数自担保型平台难以逃脱的"宿命",这主要有以下几个方面的原因。其一,平台所服务的客户并不优质。到平台上寻求融资的多为小微企业与个人,尚未被纳入央行征信系统,更容易发生道德风险,坏账率相应地远远高于银行;其二,平台自身实力又几乎不可能应付如此高的坏账率。"提供担保的平台在很大程度上具有类银行功能,但是银行面临着严格的资本金要求,而平台没有。"[②]上线一个月即宣告破产的自担保型平台"众贷网"的法人代表卢某某称:"整个管理团队的缺失,造成了公司发生运营风险,开展业务时没有把握好风险这一关。"自担保型平台不言而喻地面临着外部压力与自身实力的双重挑战。当服务费收入、担保收入不足以抵冲坏账率时,自担保型平台除了宣告破产外,便只能先虚设融资需求,而后采用"拆东墙、补西墙"的方式以后款偿还前款,这是平台"苟延残喘"的唯一办法。目前提现困难或跑路的平台已多达上千家,表明这些平台或多或少地都扮演了信用中介的角色,这实在不能不引起监管层以及社会对自担保型平台的警惕与反思。

再看债权转让模式。自宜信创立该模式以来,便一直饱受着其是否涉嫌非法集资的质疑。在新浪某论坛上,原央行副行长、全国人大财经委员会副主任委员吴晓灵于 2015 年接受记者采访时提及债权转让型平台,她表示,某些平台将一份债权进行分割,这就涉嫌非法集资,根据我国刑法的规定,如果一份债权每笔超过 20 万元,集资人数超过 30 人就涉嫌非法集资。[③]笔者认为,吴晓灵女士的此番言论在一定程度上揭示出了债权转让模式在合规方面的巨大风险,但其

　① 参见浙江省杭州市中级人民法院(2015)浙杭刑初字第 200 号刑事判决书。

　② 黄国平、伍旭川主编:《中国网络信贷行业发展报告(2014～2015)》,社会科学文献出版社 2015年版,第 37 页。

　③ 参见《吴晓灵:P2P 只是信息中介,拆分债权涉嫌非法集资》,http://business.sohu.com/20150524/n413652134.shtml,2016 年 5 月 29 日访问。

关于平台涉嫌非法集资的结论则很值得讨论。以宜信旗下"宜人贷"平台（2016年6月已更名为"宜人理财"）为例，平台上每笔债权转让交易的达成都将涉及四笔资金流动，其资金流向分别是：第一笔，平台CEO唐宁将个人财产打入借款人账户（注：机构放贷须经中国人民银行批准，自然人放贷不受限）；第二笔，投资人将资金打入平台账户；第三笔，借款人将还款打回平台账户；第四笔，平台将还款打回投资人账户。从外观上看，唐宁及其平台似乎从事着类银行的发放贷款、吸收存款活动，容易被人们误认为涉嫌非法吸收公众存款，但事实上其与非法吸收公众存款有着本质的区别，具体表现为以下两个方面的不同。

第一，是否置身于借贷合同关系中不同。非法吸收公众存款的行为人本身是借贷合同关系的一方主体；而在债权转让模式下，平台已通过债权转让的方式从原借贷合同关系中彻底"抽离"出来，不特定的借款人与不特定的出借人始终是借贷合同关系的主体。

第二，承诺还本付息的主体不同。非法吸收公众存款活动中，吸收公众存款的行为人是承诺还本付息的主体；而在债权转让模式下，吸收公众存款并且承诺还本付息的，始终是借款人，而非平台。平台不过是借款人与出借人之间的信息中介与资金中转站而已。只要平台不虚构借款需求，在借款人均是真实的情况下，每一笔资金的流动都将以平台上借款人与出借人的借贷关系作支撑，因而也就不存在平台自融的问题。从本质上看，债权转让型平台不符合非法吸收公众存款罪的构成要件，反倒是平台上拥有不特定债权受让人的借款人符合了非法吸收公众存款的"一对多"借贷样态。不过，出于鼓励互联网金融创新的政策考虑，《指导意见》已经为互联网上"一对多"的借贷行为扫除了合法性上的障碍。

当然，债权转让型平台及其借款人不构成非法吸收公众存款罪，不代表此种模式没有风险。应当看到，平台作为出借人、借款人的资金中转站，不可避免地形成了资金池，因而导致平台挪用、侵占资金具有了很大程度上的操作空间与可能性。并且平台一旦掌握了资金池，其还可能会以虚构借款人的方式实现自融，进而向非法吸收公众存款的方向演变，其道德风险以及监管难度都将大大提高。这也是监管层之所以三令五申地作出"不得归集资金搞资金池"禁令的根本原因。面对监管政策的收紧，宜信CEO唐宁对此解释称，由于当时科技发展不够，没有电子签名的应用技术，所以只能退而求其次用债权转让的模式。而目前宜信完全可以做到点对点让借贷双方直接签约，这样点对点直接签约的模式已经占了宜信借贷平台业务的近50%，并且比重还在不断上升。①

---

① 参见《从宜信P2P看债权转让模式的风险》，http://www.wangdaiguancha.com/wangdaiyanjiu/893.html，2016年5月23日访问。

（三）中立帮助行为风险

当某互联网金融平台既不是"伪"平台，亦不存在模式风险的情况下，其仍然可能在正常的提供中立性网络服务的过程中，客观上促成他人的犯罪活动。《刑法修正案（九）》所新增的帮助信息网络犯罪活动罪，便是信息网络时代对此中立帮助行为刑事风险的刑法应对。互联网金融平台的中立帮助行为风险主要有以下两大类。

第一类是互联网金融平台的中立服务行为客观上促成"融资端"的犯罪活动。融资端是指在平台上具有融资需求的一方，具体指 P2P 网络借贷中的借款人以及股权众筹融资活动中的众筹项目发起人。当互联网金融平台明知借款人、众筹项目发起人通过编造虚假的借款用途、虚报众筹项目、提供虚假的资产凭证、伪造虚假的专利、商标、著作权证明等骗取投资人财物，而仍为其提供互联网接入、广告推广、支付结算等帮助的，便有可能触犯《刑法》第 287 条之二的帮助信息网络犯罪活动罪。

第二类是互联网金融平台的中立服务行为客观上促成"投资端"的犯罪活动。投资端是指在平台上出资的一方，具体指 P2P 网络借贷中的出借人以及股权众筹融资活动中的"股东"。投资端的犯罪活动主要是洗钱犯罪。当互联网金融平台明知投资人的出资源自毒品犯罪、黑社会性质的组织犯罪、恐怖活动犯罪、走私犯罪、贪污贿赂犯罪、破坏金融管理秩序犯罪、金融诈骗犯罪的所得及其产生的收益，并且投资人的目的是为了掩饰、隐瞒赃款来源和性质，而仍为其提供支付结算等帮助的，便同样有可能触犯帮助信息网络犯罪活动罪。

综上所述，"伪"平台风险、模式风险、中立帮助行为风险是当下互联网金融平台最主要的风险样态。由于三类风险有着天然的差异，刑法在应对这三类风险时，便应当体现出差异性，做到区别对待、分而治之，科学而合理地确定不同风险下互联网金融平台刑事责任的边界。

三、互联网金融平台可能涉及刑事责任的边界

对于以互联网金融之名行集资诈骗之实的"伪"平台，我们应该严格依法以集资诈骗罪追究相关行为人的刑事责任，其中不应该存在需要重新从理念、价值立场出发确定其刑事责任边界的问题。而对于以互联网金融之名行自融之实的平台、存在模式风险的平台，以及实施了中立帮助行为的平台，如何确定其刑事责任的边界与限度，则是当下司法实践无法回避且一直在犹豫观望的难题。笔者以上述对三类平台的本质分析为基础，尝试提出一些刑事责任的边界和定性处理的依据。

（一）以互联网金融之名行自融之实的"伪"平台

不具有非法占有目的，但为了筹集资金的目的搭建所谓的"互联网金融平

台"，通过虚设借款人、众筹项目的方式向社会不特定对象吸收资金，以为已用，这是自融型"伪"平台的典型特征。此种平台完全丧失了应有的中立属性，本质上沦为行为人进行网络融资的工具。最典型的有"e租宝"事件。2015年12月，e租宝平台被爆自融，一个月后深圳市公安局经济犯罪侦查局官方微博发布消息称，深圳公安机关已经对"e租宝"网络金融平台及其关联公司涉嫌非法吸收公众存款案件立案侦查。办案民警表示，从2014年7月"e租宝"上线至2015年12月被查封，相关犯罪嫌疑人以高额利息为诱饵，虚构融资租赁项目，持续采用借新还旧、自我担保等方式大量非法吸收公众资金，累计交易发生额达700多亿元。[①]从现有案情看，e租宝平台确实属于以互联网金融之名行自融之实的"伪"平台。

对此类平台行为应当如何定性？笔者认为，不可"一刀切"式地一律以非法吸收公众存款罪认定。刑法在打击非法集资案件时，应当有的放矢，且行之有度，尤其注意不能背离金融体系的内在规律，更不能逆历史发展潮流而动。"无论从我国金融体系自身发展的规律看，还是从我国经济发展对金融体系的要求看，民间借贷从地下走向地面、由'暗箱式'操作走向'阳光化'运作、由无合法身份走向合法经营，都是民间借贷未来发展的必然趋势。"[②]妥适地定位《刑法》第176条非法吸收公众存款罪的历史使命，合理界定非法吸收公众存款罪的构成要件，是笔者一以贯之且反复强调的价值立场。"司法实务中必须严格从集资用途上区分间接融资行为与直接融资行为，不应将以合法的商业、生产运营为目的的直接融资行为认定为非法吸收公众存款罪。"[③]就"e租宝"案件而言，假如该平台将非法集资款用于资本与货币经营，而并非投放于实体经济，则对其以非法吸收公众存款罪定性是妥当的。但对于仅仅为了实现资金自融的目的而通过搭建互联网金融平台的方式筹集资金，且将所筹资金完全用于自身生产经营的，则不宜贸然、轻易地将该平台行为认定为非法吸收公众存款罪。我们完全不妨以相关行政法律法规为依据，责令相关平台限期整改或依法取缔相关平台。

（二）存在模式风险的平台

自担保型平台与债权转让型平台的模式风险显然已受到监管层的密切关注。2016年8月24日中国银行业监督管理委员会、中华人民共和国工业和信息化部、中华人民共和国公安部、国家互联网信息办公室银监会《网络借贷信息中介机构业务活动管理暂行办法》（以下简称《网络借贷暂行办法》）第3条规定："网络借贷信息中介机构……不得提供增信服务，不得直接或间接归集资金，不

---

① 参见《"e租宝"非法集资案真相调查》，http://news.xinhuanet.com/fortune/2016-01/31/c_1117948306.htm，2016年5月23日访问。

② 邱兆祥、史明坤：《关于民间借贷合法化的思考》，载《金融理论与实践》2009年第3期。

③ 刘宪权：《刑法严惩非法集资行为之反思》，载《法商研究》2012年第4期。

得非法集资……"其第 10 条还专门指出,网络借贷信息中介机构不得从事或者接受委托从事直接或间接接受、归集出借人的资金;不得直接或变相向出借人提供担保或者承诺保本付息等。《网络借贷暂行办法》旗帜鲜明地表明,监管层态度坚决地意欲将自担保型平台、债权转让型平台打入历史冷宫。

然而,在我国当下互联网金融生态环境下,自担保型平台与债权转让型平台依然大量存在,这些平台的模式风险也日渐凸显。为此,全国范围内对互联网金融的专项整治活动陆续拉开帷幕。2016 年 4 月 14 日,国务院组织 14 个部委召开电视会议,将在全国范围内启动有关互联网金融领域的专项整治,为期一年。①上海市互联网金融专项整治工作以及重点整治方向也于 2016 年 6 月 29日在中国小额信贷联盟互联网金融专项整治研讨会上公开披露,具体做法是要求相关互联网金融平台填写网络借贷信息中介机构基本情况调查表、股权众筹企业调查表等,7 月底前逐个摸底排查其是否存在平台自融或变相自融、平台提供担保、设立资金池、存在债权转让、类资产证券化业务等问题,并根据调查结果,将互联网金融从业机构划分为合规、整改、取缔三个类型,分而治之。②在应对摸底排查结果的过程中,便自然而然地引发了一个有关违规平台刑事责任边界的问题。如果互联网金融平台违规提供担保、设立资金池,情节严重的,是否应当追究其刑事责任?

笔者认为,对于存在模式风险的互联网金融平台,在确立其刑事责任边界问题上应当格外审慎。自 2007 年我国成立第一个 P2P 网上借贷平台"拍拍贷"、2013 年"美微传媒"在淘宝网上发起国内首个股权众筹融资项目以来,我国互联网金融平台的产生、发展才不过短短几年时间,仍处于"摸着石头过河"的模式探索阶段。而与之同样稚嫩、青涩的是监管层的监管政策与法律法规。迄今为止,除 2016 年 8 月 17 日发布的《网络借贷信息中介机构业务活动管理暂行办法》、2017 年 2 月 22 日发布的《网络借贷资金存管业务指引》、2017 年 8 月 23 日发布的《网络借贷信息中介机构业务活动信息披露指引》外,我国尚不存在其他任何正式的、专门规制网络借贷、股权众筹从业机构的前置性行政法律法规。总体而言,监管层的监管思路及其对涉互联网金融平台案件中行政法、刑法如何衔接、刑事责任边界如何确定等问题的态度并不十分明确。但就在这种大背景下,互联网金融平台却实现了异军突起式的增长。据"网贷之家"统计,截至 2019 年12 月,P2P 平台累计达 6607 家。仅 2019 年 12 月,P2P 网络行业投资人数达

110.39万人,借款人数达119.06万人,人均投资金额36022.98元。①相比之下,股权众筹融资平台则数量较少。据"众筹之家"统计,截至2020年4月,国内股权众筹融资平台仅86家。②网类互联网金融平台在数量上的巨人反差或许说明了一些问题。第一,从主观上看,目前我国中小投资者承受风险的意愿不强。绝大多数中小投资者更热衷于还本付息的网络借贷,对收益处于不确定状态的股权投资则普遍缺乏兴趣。应当承认,当下互联网金融行业仍然主要服务于将"收回本钱"作为首要目标的投资主体。第二,从客观上看,中小投资者的判断能力与投资自信欠缺。他们自知无力从成千上万个众筹项目中明辨良莠,对整个股权众筹领域的收益回报更是缺乏信心,于是也就不愿花费更多时间与精力去关注众筹项目的运营模式、发展前景,而是更为省事地选择了承诺保本付息的网络借贷。这也是为何我国网络借贷平台多于股权众筹融资平台、有担保的平台多于无担保的平台、承诺高利率的平台多于承诺低利率的平台、互联网金融平台模式风险愈演愈烈的根本原因。诚如某些业内人士所言,我国当前的互联网金融生态是一个"劣币驱除良币"的过程,严守信息中介定位的纯平台模式只是罕见的个例,存在模式风险的平台反倒成为了常态。

应当看到,互联网金融平台的模式风险,在某种程度上与我国互联网金融目前所处的发展阶段、绝大多数中小投资者的客观投资能力以及主观投资心理等因素密不可分。笔者认为,监管层对于大量存在的具有模式风险的互联网金融平台不妨予以"同情的理解"与"适度的宽容"。在对互联网金融平台进行排查与整治的过程中,应当优先以相关行政法、民法予以规制,并且放宽一点时间,循序渐进地推动互联网金融平台的历史转型,逐步实现"良币驱逐劣币"的金融生态。具体而言,我们可以有以下几种处理方式。

首先,对违规提供担保的平台给予行政处罚,并依法令其承担连带保证责任。笔者认为,平台违规提供担保行为,即便情节严重,也不宜入罪。其理由是:其一,该行为并不符合非法吸收公众存款罪的构成要件,其本质不是面向社会不特定公众自融资金,而是擅自为他人提供增信服务。其二,该行为也不构成非法经营罪。其不符合"未经国家有关主管部门批准非法经营证券、期货、保险业务"的罪状,"保险"与"担保"是完全不同的两个范畴。保险是基于互助共济原则,多个投保人共同分摊风险损失的法律机制,承担补偿责任的载体是投保人缴纳保费所形成的保险基金,保险合同是独立合同,由《保险法》调整;而担保则是为了确保债权实现而设,其承担补偿责任的主体是担保人自身,担保合同从属于主合

---

① 参见"网贷行业数据",https://shuju.wdzj.com/industry-list.html,2020年4月18日访问。

② 参见"众筹之家导航",https://www.zczj.com/daohang/,2020年4月18日访问。

同,不具有独立性,由《担保法》调整。可见,平台违规提供担保行为不符合非法经营罪所规定的第(三)项情形。那么其是否属于第(四)项兜底条款所规定的"其他严重扰乱市场秩序的非法经营行为"呢? 笔者认为,理解非法经营罪兜底条款的含义应当严格坚持同类解释原则。非法经营罪前三项罪状分别禁止经营的是专营、专卖、限制买卖物品、经营许可、批准文件、证券、期货、保险、资金支付结算业务,可见该罪的客体是国家对特定商品、特定行业、特定市场经营的准入制度。不能将非法经营罪简单而肤浅地理解为只要行为人从事不具备相应资质的活动即构成该罪,这将会灾难性地扩大该罪的适用范围。只有当行为人非法从事了影响国家专营的经营活动并且严重扰乱市场秩序时,方能被解释进该罪的兜底条款。这是现阶段在尚未废除非法经营罪情况下避免其沦为"口袋罪"的限制性解释路径。

事实上,对于平台自担保行为,适用行政法、民法已足以达到规制效果。《网络借贷暂行办法》第 10 条不但规定"网络借贷信息中介机构不得……直接或变相向出借人提供担保或者承诺保本付息",并且还于第 40 条明确了机构责任:"网络借贷信息中介机构违反法律法规和网络借贷有关监管规定,有关法律法规有处罚规定的,依照其规定给予处罚;有关法律法规未作处罚规定的,工商登记注册地方金融监管部门可以采取监管谈话、出具警示函、责令改正、通报批评、将其违法违规和不履行公开承诺等情况记入诚信档案并公布等监管措施,以及给予警告、人民币 3 万元以下罚款和依法可以采取的其他处罚措施。"对违规提供担保的平台予以上述行政处罚,已基本可以控制互联网金融平台的模式风险,并且在尽可能弥补投资人损失问题上也不存在法律障碍。2015 年 9 月 1 日实施的最高人民法院《关于审理民间借贷案件适用法律若干问题的规定》第 22 条规定:"网络贷款平台的提供者通过网页、广告或者其他媒介明示或者有其他证据证明其为借贷提供担保,出借人请求网络贷款平台的提供者承担担保责任的,人民法院应予支持。"由此可见,自担保型平台对投资人承担连带保证责任有了明确的法律依据。需要指出的是,有学者质疑在前述两部规定中,"一个是认可 P2P 网贷平台担保的法律效力,一个却是否定了网贷平台自担保的合法性,两者之间存在'神仙架'"。[①]对此,笔者认为,两部规定事实上既不存在逻辑上的矛盾,也不存在法理上的困境。应当明确的是,涉嫌行政违法乃至构成犯罪的行为,并不必然导致民事合同归于无效,只有当其违反了"效力性强制规定"时,合同方才无效。而是否属于"效力性强制规定",须根据该规定的"规范目的"来判断。[②]比如,行政

---

① 马继华:《P2P 平台自担保是合法还是非法》,http://majihua.baijia.baidu.com/article/128944,2016 年 6 月 20 日访问。

② 参见刘宪权、翟寅生:《刑民交叉案件中刑事案件对民事合同效力的影响研究——以非法集资案件中的合同效力为视角》,载《政治与法律》2013 年第 10 期。

法层面禁止 P2P 平台提供担保,其规范目的在于否定并惩罚 P2P 平台不具有担保机构资质却擅自为他人提供增信服务的行为。但平台一旦与他人订立了担保合同,承诺为他人提供担保,则也当然不能免除其对第三人的民事责任。否认民事合同的效力会与惩罚行为人的初衷相悖,将不当地使行为人从民事责任中"解放"出来,损害第三人的利益。故对于违规提供担保的平台,不应减轻其对民事责任的承担。综上所述,以行政法与民法规制平台自担保行为,已足以遏制乃至消除平台的模式风险,并做到尽可能弥补投资人损失,而将这些行为纳入刑法的规制范围似乎没有多大的必要。

其次,对违规设立资金池的平台,视具体情形作出不同处理。国内官方文件多次提及"资金池",但对具体何为资金池并无一个明确的界定。大致上,资金池是指将不同来源与流向的资金归集在一处,保持"池"中资金量基本稳定的资金集中管理方式。目前的债权转让型平台一般都设有资金池,因为此类平台是将债权进行金额拆分与期限错配,往往要直接经手资金。然而是否设立资金池的平台都涉嫌构成非法吸收公众存款罪呢? 笔者认为,并不尽然,需具体问题具体分析。如果将资金池比作一个设有"进水管""出水管"的池子的话,那么从出借人处取得的投资款、从借款人处收回的本息将自"进水管"入池;而向借款人发放贷款、向出借人还本付息、提取平台服务费则从"出水管"流出。"进水"与"出水"的先后顺序不同,将直接导致法律评价的不同。(1)假如平台先"进水",而后"出水",说明平台在尚不存在真实借款人的情况下实施了资金自融,而后放贷用于资本运作,这是典型的非法吸收公众存款行为,符合非法吸收公众存款罪的构成要件。(2)假如平台先"出水",再"进水",如债权转让模式中,平台 CEO 先对外发放贷款,后将此债权进行金额拆分,转让给不特定的多个借款人。在借款人、出借人、借款需求均实的情况下,该行为不存在适用非法吸收公众存款罪的空间。不过如果其未按照监管法规的要求将资金交由第三方银行托管,则构成行政违法,依据相关监管细则对其予以行政处罚、限期整改,甚至最终取缔。(3)假如平台先"出水",再"进水",但"出水量"却明显小于"进水量"时,则表明平台所转让的债权额多于真实的债权额,其可能是在通过虚构借款人、借款需求的方式自融资金,而后继续放贷,从而退回到了吸收存款、发放贷款的老路上,对于自融的资金,应当以非法吸收公众存款罪认定。

（三）提供中立帮助行为的平台

经济生活中的日常经营性业务行为在客观上为他人实施犯罪提供了帮助,此为中立帮助行为。比如出租车司机明知乘客欲前往某地实施犯罪而仍将其运送至目的地;餐馆明知顾客在屋内非法拘禁他人仍为其送外卖,等等。中立帮助行为的显著特征在于其无差别地向不特定对象提供商品或服务。中立帮助行为人不但缺乏与犯罪实行行为人的通谋,也不存在促进犯罪的意思,其既非通谋共犯,亦非片面共犯,因而难以被纳入传统共犯结构之中。鉴于此,刑法理论上才有了此类行为是否要刑事处罚,以及如何划定处罚界限的争论。

《刑法修正案(九)》新增帮助信息网络犯罪活动罪,对前述争论作了回应。《刑法》第287条之二规定:"明知他人利用信息网络实施犯罪,为其犯罪提供互联网接入、服务器托管、网络存储、通讯传输等技术支持,或者提供广告推广、支付结算等帮助,情节严重的,处三年以下有期徒刑或者拘役,并处或者单处罚金。单位犯前款罪的,对单位判处罚金,并对其直接负责的主管人员和其他直接责任人员,依照第一款的规定处罚。有前两款行为,同时构成其他犯罪的,依照处罚较重的规定定罪处罚。"这被视为中立帮助行为的正犯化规定。

应该看到,互联网金融领域大量存在类似的中性业务帮助行为,如P2P平台明知贷款人实施集资诈骗犯罪,股权众筹平台明知筹资者所发起的项目已严重侵犯他人知识产权,而仍为贷款人、筹资者提供广告推广、支付结算等服务,这是否构成《刑法修正案(九)》所新增的帮助信息网络犯罪活动罪呢?

笔者认为,划定互联网金融平台刑事责任的边界,离不开对互联网金融行业身处时代及其历史使命的清醒认知。西谚有云:"制度者,机运与智慧之产儿也",中国的互联网金融之所以较世界其他国家"青出于蓝而胜于蓝",并且在短期内如火如荼地发展,这与时代机运及当下国情密不可分。中国金融体系中长期的金融压抑及存在的一些低效率或扭曲的因素,为互联网金融的发展提供了有效生存空间。我国的互联网金融正是在此大背景下应运而生,并由此肩负着历史使命。不论是P2P平台还是股权众筹融资平台,都成功打破了传统金融机构向来在资金融通环节中处于核心地位的传统格局,借款人与出借人之间,筹资者与投资者之间不必经由传统金融机构也能快速对接,这对于促进小微企业发展和扩大就业将发挥着现有金融机构难以替代的积极作用。具有小微金融、普惠金融属性的互联网金融,实际上扮演着"倒逼"金融改革的角色,推进并配合着当前的利率市场化改革与股票发行注册制改革。

而互联网金融平台无疑是互联网金融领域最为重要的参与方与市场环节,互联网金融的最显著外观就是金融平台的构建。借款人与出借人,筹资者与投资者经由平台撮合、配对,整个资金融通过程都发生于平台。互联网金融平台为资金融通双方提供服务的行为是典型的具有反复继续性、业务交易性、日常生活性的中立行为。为了合理确定互联网金融平台中立帮助行为的刑事责任边界,笔者认为,应分别从"投资端""融资端"视角(即区分互联网平台中立帮助行为的对象),对帮助信息网络犯罪构成要件中的"明知"作不同的理解和认定。

首先,对互联网金融平台中立服务行为客观上促成融资端犯罪活动的处理。

根据《网络借贷暂行办法》第9条的规定，P2P平台负有对借款人资格条件、信息的真实性、融资项目的真实性、合法性进行必要审核的义务。当P2P平台经过审核后发现融资端存在问题，比如明知借款人、众筹者的融资项目不真实、不合法，仍为其提供广告推广、支付结算等服务的，依法构成《刑法》第287条之二的帮助信息网络犯罪活动罪。由于构成帮助信息网络犯罪活动罪必须以"明知"为前提，而刑法分则中的"明知"在大多数的情况下均可能包含"确知"和"应知"两方面的内容。对帮助信息网络犯罪活动罪中认定"明知"的直接证明是司法实践中非常疑难的问题，实务中通常以司法推定"应知"的方式来完成对"明知"的认定。在信息网络时代，互联网金融平台无法如同传统经济主体那样直接接触交易对手方，犯罪意图、犯罪准备、犯罪征兆等可供信息网络服务提供者判断帮助犯风险的要素相对不足，因此不宜对其"应知"作门槛较低或过于宽松的推定。笔者认为，"大于半数规则"应当是推定"应知"最为合理的量化尺度。即司法机关应当查证互联网金融平台在提供合法服务与帮助犯罪活动之间的客观分配比例，分析、判断、计算其中有多少是为合法行为提供信息网络服务，有多少是为犯罪活动提供信息网络帮助。当其服务的众多对象中，大于半数的对象系利用互联网金融平台实施集资诈骗、非法吸收公众存款犯罪时，便可据此推定互联网金融平台对融资端的犯罪活动属于"应知"。

其次，对互联网金融平台中立服务行为客观上促成投资端犯罪活动的处理。

投资端的犯罪活动主要为洗钱犯罪。与融资端不同的是，互联网金融平台不会对投资者资金的来源或合法性进行调查与审核，因为其不负有此项义务，现实生活中也几乎没有可操作性。事实上，我国《反洗钱法》对金融机构都尚未施加该义务，该法第三章规定，金融机构的反洗钱义务主要包括：建立健全反洗钱内部控制制度、客户身份识别制度以及客户身份资料和交易记录保存制度、大额交易和可疑交易报告制度，显然并不包括查明资金来源的义务。笔者认为，对互联网金融平台完全可施加前述投资者身份识别、记录保存、可疑交易报告等反洗钱义务，但由于互联网金融平台没有义务也无可能直接审查投资者资金的来源，因此就洗钱等犯罪而言，对平台中立帮助行为"明知"的认定就必须达到直接证明的程度，而不宜适用前述推定"应知"的规则。这是根据互联网金融平台对融资端、投资端审查义务的不同所作出的不同处理。

第四节　互联网金融时代证券犯罪的刑法规制

时下，互联网金融已经逐渐浸透到金融市场的各个领域，不仅包括传统的银行市场，也包括新兴的证券市场。应当看到，证券市场目前正受到互联网金融的重大冲击和影响。截至 2015 年初,共有 35 家券商获得互联网证券业务试点资格,其通过搭建自主平台、与互联网企业合作等多种方式,促使互联网证券业务蓬勃发展。在证券市场加快转型和深化改革大背景下,证券行业发展空间正在全面打开,行业增长方式由服务驱动转为杠杆驱动,并保持高速增长态势。①互联网金融创新实质性地丰富着证券市场商业模式:(1)证券经营机构实现网上开户服务,并明显降低佣金;(2)推出互联网证券信用交易与融资服务,实现融资融券、约定回购式证券交易等类贷款服务的网络化;(3)推进互联网资产管理,创设适合互联网平台销售证券投资理财产品;(4)创新证券市场投资顾问服务,培养在互联网与网络客户群体中具有一定影响力的明星投资顾问,增强网络证券市场投资者的认知程度;(5)整合互联网综合证券服务,通过信息网络向客户提供包括消费、支付、理财、投资、融资、风险管理等功能在内的综合性证券市场服务。②然而,互联网金融创新实际上也是对证券市场法律监管的重大挑战,是当前证券市场改革中必须重视并防范的风险来源之一。应当看到,利用互联网金融创新机制实施的证券犯罪严重阻碍了证券市场信息效率、严重危害了投资者资产安全,并且深刻冲击着既有证券市场法律体系。对此,我们亟需针对互联网金融创新与证券犯罪的特征与趋势,以证券市场信息效率保障为导向,建构有效的刑法保护体系,从层层递进的刑法保护原则、刑事规制核心措施、司法规则等三个维度切入,保护互联网金融市场创新与证券市场深化改革,维护证券市场秩序与投资者合法权益。

一、互联网金融时代的证券犯罪行为:信息欺诈、信息操纵与信息滥用

互联网的兴起与发展为证券犯罪提供了成本更低、速度更快、效应更强的信息效率干扰渠道。③随着移动互联网、云计算等信息技术不断深入社会与经济生活,微信、微博、轻博客等"自媒体"成为主要社交网络,"股吧"、④门户网站、专业

---

① 参见周尚仔:《互联网证券业务试点券商增至 35 家》,载《证券日报》2015 年 1 月 7 日。

② 参见陈健:《互联网证券群雄逐鹿》,载《上海金融报》2015 年 1 月 30 日;张莉、马庆元:《券商鏖战互联网》,载《中国证券报》2015 年 1 月 27 日。

③ The International Organization of Securities Commissions,Report on Securities Activity on the Internet III,October 2003,pp.38—42,http://www.iosco.org/library/pubdocs/pdf/IOSCOPD159.pdf,2015 年 3 月 1 日访问。如同当前极为常见的电信诈骗一样,传统资本市场中的虚假性、误导性信息主要是依靠电信技术针对不特定的投资者,通过拨打电话、发送信息等方式进行传递与散布。信息操纵者需要投入较高的人力成本,信息传播具有明显的地域性,潜在被害人的数量也存在一定的有限性。但是,网络技术的介入使得单一操纵主体就可以通过简单、廉价的计算机设备向全球资本市场传输虚假金融信息,并利用社交网络的"链式"效应快速且成倍放大信息的传播范围。

④ "股吧"是股票交流社区的一个概称,提供包括股票推荐、行情分析、个股交流、股票讲堂、股票入门、操盘交流等信息,是目前非常受欢迎的股票信息交流网络平台。参见《"股吧"对股市监管的挑战与应对》,载《证券市场导报》2012 年第 3 期。

金融网站的财经论坛、手机证券投资理财应用等成为投资者重要的信息获取渠道,由证券违法犯罪行为控制的市场信息可以随时随地且更为精准地"投放"给市场参与者。互联网金融创新使得证券犯罪的信息效率干扰行为更为"效率化",可以直接影响到证券市场参与者对资本要素配置的决策判断。互联网金融与证券市场的结合,最为基本的功能在于促进证券市场投资与融资信息传播。传统证券犯罪模式利用互联网金融创新而"焕发新生",例如,通过网络散布虚假信息操纵证券市场价格,利用网络非法募集证券、提供虚假的财务会计报告,利用手机理财等应用工具诱骗投资者交易证券等等。由于互联网信息传播的隐蔽性与互联网证券犯罪取证的困难性,证券市场信息效率与信息安全的刑法保护正面临着极大考验。笔者认为,互联网金融时代侵害市场信息效率证券犯罪的行为类型主要有信息欺诈、信息操纵和信息滥用。

（一）信息欺诈

利用网络信息欺诈手段诱骗证券市场参与者投资、实施交易、骗取证券发行等是非常典型的证券犯罪模式,其又表现为以下三种行为类型。(1)信息欺诈骗取投资。行为人通过互联网融资平台等发布公司证券已经通过海外证券监管机构注册或者国内证券监管机构核准,以骗取投资者购买公司股票、债券等,但实际上公司证券根本无法上市交易或者只能在诸如纳斯达克"粉单市场"①等流动性极低的市场进行柜台交易,相关公司根本没有投资价值。(2)信息欺诈骗取证券公开发行。融资者披露虚假的、不完整的、不全面的公司业绩、项目计划、财务报告、募资方案等通过互联网金融平台股权众筹来吸收投资者资金。(3)信息欺诈诱骗客户交易。证券经营机构的经纪或者研究部门向特定客户发布邮件、手机应用推送研究报告等,传递虚假证券交易信息,持有巨额资金的客户根据邮件中发布的虚假信息从事相关交易,由于资金量巨大引发市场波动,自营业务部门事先建构仓位,从这种预期的市场效果中谋取巨额交易利润。

对于信息欺诈骗取投资行为,我国《刑法》规定的非法吸收公众存款罪、集资诈骗罪等融资犯罪建构了基本的规制框架。此外,我国《刑法》第160条规定的欺诈发行股票、债券罪,第181条第2款规定的诱骗投资者买卖证券罪等分别对信息欺诈骗取证券发行、诱骗客户交易等行为做出了禁止性规定。

①　粉单(Pink Sheets)市场是美国柜台交易(OTC)的初级报价形式,广义的美国资本市场包括NASDAQ、OTCBB和粉单市场,按其上市报价要求高低依次为:NASDAQ→OTCBB→粉单。粉单市场既不是在SEC注册的股票交易所,也不是NASDAQ系统的OTC,而是隶属于一家独立的私人机构(Pinksheets LLC),有自己独立的自动报价系统——OTCQX。粉单市场的功能就是为那些选择不在交易所或NASDAQ挂牌上市,或者不满足挂牌上市条件的股票提供交易流通的报价服务。

（二）信息操纵

通过信息操纵从预期的价格波动中获取交易利润,实际上是一种"有效"的市场操纵行为模式,同时也是互联网金融创新时代市场信息效率受到干扰程度最为严重的证券犯罪类型。受到操纵的信息既可以是关于政治或者经济的宏观性内容,其可对市场产生系统性影响,也可以是关于证券或其发行人的具体信息,其影响范围仅局限于特定金融商品或者相关衍生工具的市场价格。因此,笔者认为,信息操纵的行为类型可以分为两种。(1)虚假信息操纵。操纵者编造、传播或者散布的信息在真实性、准确性、完整性等都处于极度不确定状态,却能够影响、诱使、引导资本市场中的投资者(投机者)实施相关金融商品买卖行为,从而通过预期的金融商品交易价格、交易量波动,谋取经济利益。(2)利益冲突信息操纵。实践中也将这种行为称为"抢帽子"交易操纵。在证券市场与财经媒体领域具有影响力的明星分析师、财经评论员、财经新闻记者等所发布的利好或者利空信息,足以短期甚至持续拉升或者压制特定上市公司证券价格,其所披露的信息应当基于客户、市场受众的利益而不能为了个人的证券交易利益服务。但行为人通过网络媒体等发布信息,并提前建构仓位,信息披露后在本人、实际控制或者利益共同体控制的账户中通过相应的高价抛售、低价买入、做空回补等操作谋取大量利润。

信息操纵者利用互联网金融创新机制传播人为控制的信息,投资者接受该信息并通过网络交易做出投资决策,金融商品价格基于错误的信息以及受到被误导的投资者的大量买入而上升,后操纵者卖出证券谋利——这一系列行为能够在极短的时间内完成。在互联网金融尚未成为证券市场的重要商业机制与信息传递渠道的时代,市场操纵者需要雇用大量的"业务员"通过电话等方式向不特定的潜在被害人传播受到其控制的信息。传统信息传递的规模与速度都受到地理、语言、人工等技术与成本的限制。互联网金融可以使市场操纵者在人力操作成本极低的基础上,瞬间地向大规模的潜在投资者滥发成千上万的虚假性、误导性、利益冲突性市场信息。基于信息受众基数的庞大性,即使对市场操纵者控制的信息做出"有效"反应的概率极低,操纵者对于信息所指向的金融商品的资本配置的影响力仍然是不容忽视的。微博、微信等社交网络工具基于全方位通讯、链条式聚合性信息传播、个性化用户体验等特点,使得信息传播更为快捷与广泛。证券市场中的机构或个人纷纷注册微博,在与众多"粉丝"分享投资、财经信息的同时,也不乏利用社交网络传递疑似虚假信息从而受到操纵市场质疑的情况。例如,巨人网络董事长兼首席执行官史玉柱通过发布微博批评中国人寿:"别虎视眈眈想控股中国唯一民营重要银行民生银行;失去民营机制的民生银行,将失去核心竞争力,告别高速成长。"该条微博公布后,民生银行股价在后两个交易日大涨,史玉柱旗下公司所持该行股份浮盈 2.36 亿元。该微博言论引起了"传播虚假信息影响股价"的质疑。[1]中国证监会明确提出,引导、规范社交媒体发布上市公司信息行为,对新型媒体引发股价异动将进行及时调查。[2]

我国《刑法》明示性地规定了连续交易、相对委托、洗售操纵等市场犯罪行为类型之后,通过"以其他方法"概括市场操纵违法犯罪的其他行为类型。2019 年6 月 18 日最高人民法院、最高人民检察院发布的《关于办理操纵证券、期货市场刑事案件适用法律若干问题的解释》第 1 条规定明确了其他行为类型,包括蛊惑交易操纵、"抢帽子"交易操纵、重大事项操纵、控制信息操纵、虚假申报操纵以及跨期、现货市场操纵 6 项操纵行为。其中蛊惑交易操纵、"抢帽子"交易操纵、重大事项操纵、控制信息操纵均属于信息型操纵。尽管司法解释明确了构成市场操纵犯罪的"其他方法",但有关市场操纵模式的具体判断规则,仍然存在诸多值得商榷、反思、补充与完善的空间。[3]《刑法》第 181 条第 1 款规定了编造并传播证券交易虚假信息罪,但虚假信息判断标准的把握在实践中仍然存在不少疑难问题。

（三）信息滥用

证券市场中重大未公开信息的经济价值表现为其能够有效地揭示证券价格与内在价值之间的价差。法律并不一般性地禁止利用私有信息从事证券交易,也不禁止基于对市场公开信息获取能力差异形成竞争优势而获取证券交易利润,而是禁止滥用信息优势与资本市场信息的经济价值并从价差发现与相关金融交易中获取利益的行为。有效的信息传递与公平的信息竞争是证券市场参与者投入资本参与证券价格发现的市场基础。因此,笔者认为,信息滥用的行为类型也可分为两种。(1)内幕交易。知情人员或者其他非法获取信息的人员,利用上市公司本身的信息,如公司的重组计划、公司高管人员的变动、公司的重大合同、公司的盈利情况等对该公司证券、期货的市场价格有重大影响,按照有关规定应及时向社会公开但尚未公开的信息,从事相关证券交易获取非法所得。(2)利用未公开信息交易。证券、基金、保险等资产管理从业人员利用本机构未公开的资金投资决策信息,先期或者同期于机构资金建仓或者抛售从而获取非法

---

[1]　参见吴敏:《史玉柱微博"谈股"被证监局约谈》,载《新京报》2011 年 10 月 21 日 B1 版。

[2]　中国证监会在新闻通报中指出,中国证监会及证券交易所依法对社交媒体信息发布行为进行监督。社交媒体发布、传播上市公司未公开信息导致股价异常波动的,证券交易所将依法核查是否涉嫌内幕交易或操纵市场,是否存在通过融资融券交易、股指期货交易等做空工具进行跨市场套利等情形。任何机构和个人利用社交媒体实施内幕交易、操纵市场、证券欺诈等违法违规行为的,中国证监会将依法予以查处。参见郑晓波:《证监会:社交媒体发布上市公司信息应守规》,载《证券时报》2013 年 6 月 23 日A2 版。

[3]　参见刘宪权:《操纵证券、期货市场罪司法解释的法理解读》,载《法商研究》2020 年第 1 期。

所得。

应当看到,内幕交易与利用未公开信息交易的实质危害均聚焦于行为人触犯证券市场竞争规则而制造不公平的信息优势,即违反资本市场法律规范利用尚未公开的信息的经济价值从事相关证券交易、损害其他市场参与者合法权益。内幕交易滥用了应及时向市场所有参与者披露的信息的经济价值,利用未公开信息交易滥用了应排他性地基于客户利益而使用的信息的经济价值,两者都是基于谋取个人交易利益的目的而实施的资本市场信息竞争机制与其他市场参与者利益的严重侵害行为。我国《刑法》第 180 条规定了内幕交易、泄露内幕信息罪和利用未公开信息交易罪,但由于内幕交易、利用未公开信息交易等信息滥用犯罪的行为机理比较复杂,刑法规制实践中对信息重大性、信息滥用犯罪与其他证券犯罪类型之间的界限等问题存在较多困惑。尤其是利用未公开信息交易犯罪,在手机移动资产管理、证券投资网络应用软件等互联网证券创新业务不断发展的当下,各类资产管理机构从业人员滥用本机构的投资信息或者客户的交易信息从事相关证券交易谋取个人利益,严重影响了客户利益与市场信息效率,而刑法理论与实务对此问题并未予以深入关注与解释。

笔者认为,无论归属于何种类型的证券犯罪,其根本的获利机制在于通过犯罪行为干扰证券市场信息效率与证券产品市场价格发现机制,从人为制造的信息不对称中攫取非法利润。证券犯罪利用互联网金融的创新机制,更是会对证券市场构成严峻的信息风险,从而引发金融消费者资产风险。互联网金融最基本的经济机制与商业模式表现为通过网络金融平台操作负债端、通过信息与交易技术完善资产端,并基于资产端与负债端之间的正差额谋取经济利益。信息欺诈、信息操纵、信息滥用等证券犯罪行为在资产端与负债端都会制造信息风险,继而爆发各类债务违约、信用风险、投资者交易风险等,并最终导致金融商品消费者资本资源的重大损失。这种信息风险引起的产权风险,会转化为社会风险,即互联网金融风险与证券市场信息风险具有涉众性,证券犯罪导致的投资者资产损失容易转化为社会不稳定性。互联网金融创新下的证券市场,投资主体结构表现为非专业投资者和个人投资者比重较高。普通投资者、小额投资者等并没有成熟的证券知识储备与互联网金融风险控制技术措施等来有效地辨识、管理互联网金融资产风险,并且在互联网金融资产风险爆发为现实损失之后,缺乏必要的法律技能与正规渠道维护自身的合法权益,由此导致群体性金融消费者的财务风险具有进一步放大为社会风险的可能性。因此,互联网金融时代证券市场信息效率的刑法保护的意义不仅仅局限于经济与金融领域,对于由互联网嫁接而成的整个全新社会结构稳定而言,也具有极为重要的价值。同时,从上述分析中也可以看到,我国《刑法》对于信息欺诈、信息操纵、信息滥用等证券犯罪行为都建构了一定的规制条款,但欲要真正确保刑法制度能够有效地保护互联网金融时代的证券市场信息效率,仍然需要更为完善的刑法原则、核心措施、司法判断规则提供系统化的保障。

二、互联网金融时代证券市场刑法保护原则:信息风险控制

云计算技术的广泛应用,既使得证券市场信息能够高速流转,同时也加大了证券市场信息效率的保护难度。移动互联网时代下的"新媒体""自媒体"等更是导致证券市场信息效率保护难度的明显增加——信息网络言论自由与信息风险控制之间的矛盾日益尖锐,市场信息自由流动与信息风险控制之间的平衡关系极易被打破从而形成权利与权力的冲突。由互联网金融创新所建构的商业模式与信息网络传输系统能够以非常低廉的成本、迅捷的速度、指数级增长、链条式传播的方式进行信息扩散,一旦违法信息在证券市场中广泛流传,相关证券犯罪对信息市场效率与投资者权益的损害将难以估量。所以,刑法制度对于证券市场虚假信息披露、信息欺诈、信息操纵、信息滥用的限制措施显然不应当因为网络言论自由价值的保护而受到冲击甚至被虚置。在互联网金融时代,以信息风险控制为核心的证券市场刑法保护原则,应当赋予司法机关在具体案件中对涉案的证券市场信息是否涉嫌欺诈、操纵、滥用等问题进行独立裁量的权力,以平衡证券市场信息自由与政府权力介入之间的冲突。在刑事立法与执法层面,立法者、监管层有必要制定"网络友善型"证券犯罪规制体系,以保障公民在互联网金融市场、新网络媒体环境下充分享受言论自由权,并通过适当的信息风险审查维护证券市场法律既定的信息效率与信息安全。

微博、微信等"自媒体"与传统媒体其实只具有信息传播形式上的区别,而不存在信息法律属性上的差别,新型互联网媒体上的言论与信息是否涉及证券犯罪,仍然应当在现有的证券监管规范框架下进行考察。我国《刑法》《证券法》《上市公司信息披露管理办法》等法律法规明确禁止编造、传播虚假信息,扰乱证券市场;禁止金融监管机构、金融机构工作人员、从业人员在证券交易活动中虚假陈述或者信息误导;各种传播媒介传播证券市场信息必须真实、客观,禁止误导;违规披露信息将承担相应的民事、行政、刑事责任。对于利用各类媒体发表言论、发布信息影响证券价格、干扰投资者判断并从事相关交易牟利的行为,显然可以通过编造并传播证券虚假信息罪、操纵证券市场罪等相应刑法条款进行规制,证券市场法律制度并没有出现规范缺位与监管盲点的问题。通过新型媒体传播证券信息与其他媒体发布的信息没有质的区别,利用新型媒体实施信息操纵、信息欺诈等证券犯罪行为不应当游离于刑法规制之外。

笔者认为,在新媒体与互联网金融时代合理控制证券犯罪引发的市场信息

风险,有必要注意避免排他性地适用刑事介入或者权力监管为主导的模式,而应当包容性地将证券市场竞争机制与市场化监管力量有效纳入并为证券犯罪规制与信息风险控制所用。对于证券市场中的疑似违法犯罪行为,无论是资深市场人士与司法实务者,还是一般投资者,其惯性思维通常是建议或者呼吁监管部门与司法机关通过调查、审查等权力介入方式予以规制。然而,证券市场法律制度及其执行资源都是十分有限的,尤其是刑法介入措施,在互联网金融信息加速爆发的背景下,以行政监管、司法规制为主导进行证券市场信息风险控制显然是不切实际的。应对新媒体与互联网金融时代证券犯罪对信息效率与信息安全的挑战,必须充分发挥市场化监管外部性、独立性、效率性的特点,以完善证券集团诉讼为核心,优化市场竞争力量之间的法律平等对抗,通过程序简捷、诉讼成本与风险合理、维权效率较高的证券市场诉权运行程序,实现信息风险有效监管与保护投资者利益充分保护。市场化竞争中的平等法律对抗所积累的司法规则经验,也可以丰富与细化证券犯罪刑事司法规则的适用,进一步强化证券市场的刑法保护。

应当看到,以云计算为核心的数据处理技术进一步扩大了证券市场虚假信息的传播面、提升了信息获取便捷度、"优化"了证券犯罪者虚假信息投放对象的精准度。从理论上分析,证券市场投资者应当高度重视这种信息风险,而不能一味依靠刑法保护等法律强制力控制证券市场信息风险。因为互联网金融平台中的证券信息质量良莠不齐、信息发布者鱼龙混杂等现实局面是显而易见的。从传统的有效市场理论的视角进行分析,在无从考证信息发布者身份及其持仓情况的基础上,投资者能够合理预期这种互联网金融平台中生成的投资信息可信度完全不具有保障,实际上没有任何理由可以将这种内容真实性存疑且利益冲突风险极大的信息作为证券市场参与者投资决策的依据。虚假信息如果确实影响到投资者判断与决策的,也许只能说明投资者自身没有谨慎对待信息风险,而不应以此证明证券犯罪对市场信息安全制造了极大风险、社会危害具有相当的严重性。我们也没有必要将在"股吧"、互联网证券投资平台等网络空间上制造与传播虚假证券投资信息、虚假信息披露的行为作为证券违法犯罪处理,而是可以将其视为证券市场中本来就存在且永远无法根除的"垃圾信息"。

然而,相关行为金融研究指出,投资者认知偏见非常重要的表现就在于市场参与者在有效信息接触受限的情况下对市场传言极为关注与敏感。[1]即使在信息发布渠道与利益冲突明显存疑的情况下,证券市场中的投资者经常会相信非监管机构指定或者市场信用认可度较低的网络平台中发布的金融投资信息,并

---

[1]　Donald C. Langevoort, The SEC, Retail Investors, and the Institutionalization of the Securities Markets, 95 Virginia Law Review 2015, 1046(2009).

且这种信息与相关金融商品短期流动性以及市场价格波动之间具有非常强的关联性。[1]现有的调查显示,甚至对于可信度与透明度极低的、通过网络论坛、手机短信等渠道流传在证券市场中的信息,普通投资者仍然会基于过度自信、有限理性等各种认知偏见而在证券交易中使用这些信息。[2]相对于受监管、更正统的传统信息发布媒体而言,互联网金融时代下的普通公众与新投资者所喜好的是更具"草根"特质的网络工具与新媒体。[3]尤其是我国证券市场,仍然没有发展到以机构投资者为主的专业证券交易者构成主要市场参与者的阶段,绝大部分投资者(投机者)属于"散户"。中小投资者对于证券市场中流传的信息的依赖度较强。根据深圳证券交易所的数据统计,有40%的投资者表示通过他人推荐和网络类媒体(如"股吧"、论坛、微博、互联网金融平台等)获取投资决策所需要的信息;超过50%的创业板投资者会通过交易软件的技术指标分析、网络类媒体等获取信息。[4]正是由于证券市场中存在着大量不具有专业投资能力与知识结构的中小投资者,没有资金、信息、专业知识等投资技术与优势的支撑,导致其资本配置与交易决策容易受到市场信息的左右。这种非理性成分很高的投资者结构反射到证券市场,就会导致金融商品交易换手率偏高,容易因为不确定的市场信息而导致投资者对于高风险信息反应过度,进而引发市场波动。这说明互联网金融平台等非传统网络渠道所发布的信息,对于投资者资本配置决策同样具有极为重要影响。笔者认为,刑事法律制度不能因为新兴网络媒体流转信息内容真实性与虚假性的高度不确定,而放松虚假信息披露、编造并传播虚假证券信息等证券犯罪行为的规制。刑法保护措施一方面应当依托、借力于市场化力量维护证券市场信息安全,另一方面也需要通过强有力的规制手段严格控制证券市场信息风险,在保护信息流动效率的同时,提升互联网金融时代背景下证券市场信息的可信性与稳定性。

三、互联网金融时代证券犯罪刑法规制核心措施:确保信息流动的合规与效率

互联网金融创新不仅能够有效降低证券交易成本、减少证券市场信息不对

[1] Peter Antunovich & Asani Sarkar, Fifteen Minutes of Fame? The Market Impact of Internet Stock Picks, 79 Journal of Business 3209(2006).

[2] Jill E. Fisch, Regulatory Responses to Investor Irrationality: The Case of the Research Analyst, 10 Lewis & Clark Law Review 57, 82(2006).

[3] 参见《"股吧"对股市监管的挑战与应对》,载《证券市场导报》2012年第3期。

[4] 参见深圳证券交易所:《深交所2011年个人投资者状况调查报告》,载《证券时报》2012年3月14日A10版。

称性、提升信息传输效率，而且可以使得更多的投资者以更为自由的方式和更加充分的信息参与证券发行与交易。证券经营机构以及其他证券市场服务提供者均能够利用互联网开发以前难以触及的客户群、利用大数据有针对性地激发潜在的资产管理需求、利用手机移动业务推送低成本的信息。互联网金融推进的证券市场信息的高度发达与我国进一步深化资本市场改革共同要求证券犯罪刑法规制的科学化运作，而其核心举措就在于确保证券市场信息流动的合规与效率。

（一）重点关注市场信息优势者

证券市场中具有信息优势的市场参与者对于信息流动合规性与效率性的损害风险相对于普通投资者而言更大，证券犯罪刑法规制必须重点关注信息欺诈、信息操纵、信息滥用的高风险群体。

实施证券犯罪损害市场信息效率与公平性的行为主体基本上都会在信息竞争上具有一定的优势，具有信息欺诈与信息滥用的风险，但由于其身份的确定性与信息内容事后的可分析性，上市公司高级管理人员或者其他在市场中具有信息优势的金融专业人员等，实施内线交易、传递虚假证券信息的行为，会产生非常高的信誉毁损成本与犯罪责任成本。这种极高的行为风险在一定程度上能够防范信息优势主体实施信息欺诈、信息操纵、信息滥用等证券犯罪行为。①但是，信息虚假性、误导性、欺诈性等问题的判断并非是一个简单的司法认定过程，尤其是在虚假与真实信息掺杂与混合披露的情况下，很难锁定相关证券犯罪损害市场信息效率的责任。成功获利的信息欺诈、信息操纵、信息滥用等证券犯罪的现实收益远远超越信誉毁损与法律责任成本，市场中各类信息优势参与者经过正常的利益评估更倾向于为了追逐暴利而宁愿承担一定的成本。因此，证券犯罪刑法规制措施的重点应当定位于知悉重大未公开信息的内部人员、证券经营机构专业人员、具有信息影响力的财经媒体从业人员、明星基金经理、分析师等市场信息优势者实施的信息欺诈、信息操纵、信息滥用行为。

（二）仔细甄别概念炒作与信息操纵等证券犯罪之间的界限

证券市场中特定资产的交易价格经常会出现大幅波动，这既可能是以特定的题材或者概念为核心针对特定行业、产品、技术、事件等进行信息炒作，也可能是受虚假信息、信息操纵的影响，刑法规制应当在保护市场信息效率的前提下甄别概念炒作与信息操纵等证券犯罪之间的界限。

市场信息是对经济行为、事件内容的描述、理解与心理反射。在反射对象的性质与特征不为市场参与者所熟悉、市场参与者的认知水平不同时，市场信息的不确定性与不对称性会非常之高。尤其是以高新技术、科学研究成果等为核心

---

①   Henry G. Manne, Insider Trading and the Stock Market, Free Press, 1966, p.148.

价值驱动与利润增长点的上市公司,相关信息在科学阐释上如果不十分严谨、在宣传内容上不十分准确、在媒体解读上不十分全面,加之证券市场对于特定领域的先进技术的渴求超越了技术发展的现实水平,将会共同造成证券市场倾向于认可或者放大一项未经全面论证的科研成果的经济效应。这实际上是一系列信息在叠加作用下联合导致与该高新技术相关的"题材股"市场价格出现波动。在互联网金融高速增长的市场发展阶段,互联网金融平台不仅会促使信息炒作的持续发酵,互联网金融概念股本身也会成为市场猛烈炒作的对象。①对于一般的市场题材或概念的炒作而言,尽管在信息生成与传递过程中,或多或少存在夸大性成分与误导性内容,但信息所指向的核心事件是客观的或者真实发生的,造成证券交易价格波动的最主要力量来自证券市场对于特殊题材或概念的高度敏感与需求。即使证券经营机构、从业人员或者市场参与者介入了此类信息的传递与炒作过程,并提前做多或者做空相关证券,但由于该证券交易价格的波动主要是市场力量在自由竞争的状态下形成的,至多只能在经济性因果关系上将参与信息炒作评价为放大市场波动效果,而不能在法律因果关系上将之评价为损害市场信息效率的相关证券犯罪行为。对于信息欺诈、信息操纵等证券犯罪而言,信息所指向的对象完全不存在对应性的基础事实,信息内容制作、信息传递及其对证券市场产生影响源于单一主体控制或者复数行为主体共谋,证券市场价格波动具有明显的人为性,应当通过刑法措施的介入规范信息披露行为、排除证券犯罪对市场信息效率的损害。

（三）着重把握刑罚权力介入证券市场的尺度

互联网金融创新将会不断通过利益驱动激发市场参与者弥补我国证券市场做空机制薄弱的问题,这显然有利于提升证券市场信息效率,但也会形成虚假陈述、市场操纵等证券犯罪风险。刑法规制不仅要重视做空交易中信息欺诈、利益冲突的监管,而且要把握刑罚权力介入证券市场的尺度,保护好证券市场信息平等对抗的竞争机制与做多做空博弈的价格发现机制。

互联网金融创新对于改变单边证券市场、健全交易机制、完善对冲风险机制等具有极为重要的价值。互联网证券经营模式的变革、融资融券业务的扩张、互联网资产管理机构吸收客户的现实需要等多重市场力量的兴起,势必导致证券市场中会有更多信息分析与信息研究方面的竞争。互联网证券经营机构所应用的大数据算法能够深度挖掘上市公司经营与财务、公司治理等方面的信息,全面且深刻地发现上市公司价值,通过发布研究报告的方式引导市场准确定价,以市

---

① 参见陈青松:《互联网金融概念股爆发估值偏高或存风险》,载《中国企业报》2014年8月19日第12版;张歆:《银行股上涨动因"传言背后的真实":互联网金融概念第一季启动》,载《证券日报》2014年2月18日B1版;陈予燕:《互联网金融概念股飙涨》,载《理财》2013年第12期。

场化的方式推动上市主体的健康发展。其中,在成熟证券市场普遍存在的,通过实地调查、制作研究报告等形式发现特定上市公司证券定价虚高、严重偏离其实际价值,融券卖空该上市公司证券,并向相关客户或者整个市场发布利空研究报告的做空行为,①会逐渐在中国证券市场中兴起。投资咨询机构发布做空研究报告与编造虚假信息、信息操纵、抢帽子交易操纵之间的界限把握问题必须在刑法规制层面予以关注与审视。

　　实践中存在的一种比较典型的质疑性观点是,发布做空研究报告的投资咨询机构抢先做空特定证券及衍生品,意图从利空信息的发布以及市场波动中谋取交易利润,这种行为的动机存在很大的疑问。②这实际上就是倾向于怀疑建构做空交易并在同期或者后期发布利空信息的行为可能构成信息欺诈、信息操纵等证券犯罪。但是,发布做空研究报告的投资咨询机构或者市场人士等融券做空交易本身并不存在合法与非法的问题,这只是正当的证券市场操作行为。影响做空交易行为法律属性的关键在于信息披露是否合规,其核心便是信息发布者与信息接受者或者整体市场利益之间是否存在冲突。如果在发布研究报告并提出与特定证券及其发行人有关的利空信息或者做空投资建议之前或者同时,

---

①　国际资本市场中存在很多专注于做空上市公司的、以研究公司形式存在的做空机构,香橼研究(Citron Research)、浑水研究(Muddy Waters Research)等因擅长做空中国概念股而被中国投资者所了解。例如,浑水公司 2012 年做空在美国纽约证券交易所上市的新东方(NYSE:EDU)——新东方于美国时间 2012 年 7 月 17 日开盘之前发布信息,称新东方在 7 月 13 日收到 SEC 关于该公司可变利益实体(Variable Interest Entities)股权变更的调查函。新东方股价随即下跌,当日收盘报 14.62 美元,较前一交易日下跌 34.32%。浑水公司在网站上发布了一份长达 97 页的研究报告并附相关视听资料,强烈建议卖出(strong sell)新东方股票。该研究报告指出,新东方隐瞒加盟信息、营收财务造假、税收减免不合理、审计漏洞等。新东方股价随后立即下跌 5.12 美元,当日收报 9.5 美元,跌幅 35.02%。同年 7 月底,新东方被美国多家律师事务所以信息披露违规为由提起证券集团诉讼,浑水公司借势再度发表观点,表示更加确信新东方的信息误导。参见丁弋弋:《VIE 结构成问题导火索华尔街集体发难新东方》,《IT 时代周刊》2012 年第 16 期;马可佳:《浑水"搅黄"盈利新东方裁员为扩张埋单》,载《第一财经日报》2013 年 2 月 5 日 B3 版。

②　例如,2012 年 12 月 4 日,北京中能兴业投资咨询有限公司(以下简称"中能兴业")与《证券市场周刊》联合发布上市公司研究报告《康美药业(600518.SH)研究》,12 月 15 日,中能兴业与《证券市场周刊》记者联合发表《康美谎言》一文。上述研究报告以及文章的研究结论是:在土地购买和项目建设上涉嫌造假,上市公司康业药业至少虚增了 18.47 亿元的资产,接近公司 2002 年至 2010 年 9 年净利润的总和。12 月 17 日,康美药业一字跌停。2013 年 3 月 2 日,中能兴业研究员与《证券市场周刊》记者联合发表《康美谎言第二季》并披露:根据现场调查取证,发现康美药业 916 亩"土地"合计约 7.6 亿元资产,实际位置位于一座 140 米高的荒山之上。上述研究报告以及文章发表后,上市公司以及相关券商研究员立即质疑中能兴业融券"做空 600 万至 1000 万"康美药业股票、"动机不纯"等。参见北京中能兴业投资咨询有限公司、高荣华、封莉:《康美谎言》,《证券市场周刊》2012 年第 45 期;高荣华、韩彦超:《康美谎言第二季:916 亩土地是荒山》,载《证券市场周刊》2013 年第 7 期;陈娇君:《"浑水模式"初现 A 股市场勿以道德眼光看待做空》,载《证券时报》2013 年 1 月 28 日 A3 版;吴黎华:《康美药业跌停 104 只基金一日浮亏 8 亿》,载《经济参考报》2012 年 12 月 18 日第 3 版。

金融机构或者市场人士实施了融券卖空该证券及其衍生品的行为,就应当在研究报告中明确披露交易时间、价格以及数量,以保证阅读研究报告的投资者能够客观评估潜在利益冲突风险。

笔者认为,无论信息是否属实,利空信息研究、创造与发布者的做空交易行为,均能够从利空信息被投资者以及市场接受后所形成的卖空力量中获取做空利润——这是信息发布者的利益。真实的利空信息向市场传递了特定证券全新的定价意见,投资者通过卖出证券或者做空证券规避风险或者谋取交易利润——这是接受研究报告意见投资者的利益。在这个信息发布与传递、各方实施相应交易的市场行为过程中,完全存在信息发布者不顾客户或者投资者利益单纯追逐个体经济利益的利益冲突风险,即向客户或者市场发布研究报告的金融机构或市场专业人士传递没有事实依据与研究价值的利空信息,并从投资者根据利空信息抛售、卖空相关金融商品的市场波动中谋取事先卖空证券的利益。而此时基于该利空信息做出的投资决策实际上是在一个毫无依据的定价基础上卖出或者卖空证券,在毫无依据的信息及其产生的短期市场价格波动被金融商品内在价值以及市场认识修正之后,投资者会出现在较低价格卖出、在较高价格买入或者必须以较高价格回补金融商品等实际利益损失。刑法应当严格规制这种利益冲突。

但是,只要利空报告发布者准确披露交易信息或者依法向读者宣示免责申明,就应当认为利益冲突风险已经予以充分揭示,证券市场中的投资者(投机者)应自主判断信息风险。市场及投资者认可其利空报告的,信息发布者自身的交易行为甚至可以成为强化投资者卖出或卖空证券的理由。至于披露的信息在实体内容上是否属实,则是能否构成虚假陈述的法律问题。因为即使发布的利空报告具有虚假性或者误导性,但由于已经披露了之前或者同步的交易信息,不仅会使得其成为市场操纵犯罪所必备的交易行为要素而丧失了成立编造并传播虚假证券信息犯罪的基础,传递虚假信息也会因为交易信息披露而成为一种混同单纯市场观点表达、特定证券定价判断与影响市场资本配置的行为,而不能一概而论认为其构成编造并传播虚假证券信息。证券市场价格是按照利空报告的指向运行的,只能说明其他市场参与者认可做空者的信息判断、交易策略、定价结论,而不能认为其对市场资本配置进行了非正当控制。对此,笔者认为,刑法没有必要直接介入做空交易行为与做空者发布信息内容的审查,而应当对市场中的做空报告与卖空交易等市场行为保持中立,从强化交易信息披露的角度控制市场操纵、编造并传播虚假信息等证券犯罪。与此同时,向客户或者市场发布投资咨询报告的金融机构必须全面披露与其具有利益关系的个人与机构,以及其自身在金融市场中交易情况的可能性。利益冲突信息披露的刑法规制措施着眼于普通市场参与者基于有限理性等认知偏见而无法合理判断市场信息的中立性、安全性与可靠性,通过排斥具有利益倾向的信息介入证券市场的方式,防止投资者及其资本配置决策受到偏倚信息的影响与控制。

四、互联网金融时代证券市场司法保护规则:信息关联要素的司法认定

信息欺诈、信息操纵涉及向证券市场及投资者编造、传播、提供、发布不真实、不准确、不完整或不确定的重大信息,诱导投资者在不了解真实且全面信息的情况下从事相关证券交易,信息滥用则通过内幕信息、重大未公开信息预期产生的证券市场价格波动谋取巨额证券交易利润。可见,互联网金融时代的证券犯罪对于市场信息效率的损害是多方面的,在行为机理上是比较复杂的,刑事司法实践中会涉及与信息要素有关的司法判断难题,其中信息重大性判断与上市公司信息操纵认定是确立司法判断规则亟须解决的重要问题。

(一) 信息重大性的司法判断

部分证券犯罪的法律条文对信息重大性要素做出了相对明确的规定。例如,内幕交易、泄露内幕信息罪和利用未公开信息交易罪中涉及内幕信息与内幕信息之外的其他未公开信息。《证券法》《刑法》中内幕信息与未公开信息所覆盖的证券、期货法律规范,已经内含了相对全面的信息重大性判断规则。在编造并传播证券信息、市场操纵、虚假陈述等证券犯罪中,作为行为对象的虚假信息也应当具备重大性,即行为人编造、传播、散布不真实、不完整、不确定的欺诈性、虚假性信息,必须可能对证券市场中的投资者造成重大影响,或者可能对特定金融商品市场价格产生重大影响。虚假重大信息是能够对具有一般资本市场知识的普通投资者(投机者)的资本配置决策产生重大影响的事实或事件内容的信息化反应,只是这种反应是证券市场中人为编造的、虚幻失实的干扰性价格信号。

作为证券犯罪行为对象的信息,在内容上通常与上市公司资产、财务、经营、管理等重大事项有关,信息重大性判断一般不存在很大的争议。例如,2012 年"散布网络信息攻击上市公司伊利股份案"是在我国资本市场中引发高度关注的编造并传播证券交易虚假信息罪的判决。张三林(在逃)、李希晓、张海军、周讯、姜林等人炮制了名为《内幕惨不忍睹:伊利被这样掏空》的文章并在互联网上广泛传播。虚假信息公开后不到 1 小时就导致市场出现恐慌性抛盘,伊利股份旋即跌停。法院认定,被告人李希晓等 4 人故意编造并传播影响证券交易的虚假信息,扰乱证券交易市场,造成严重后果,其行为均构成编造并传播证券交易虚假信息罪,分别判处 4 人 8 个月至 1 年零 6 个月不等的有期徒刑,并处以 1 万元到 3 万元罚金。[①]笔者认为,实践中相对困难的司法适用问题是:信息内容虚假

---

① 参见李静:《"网络攻击"伊利案 4 人一审获刑》,载《新京报》2012 年 1 月 18 日 B4 版。

性颇为明显、信息所内含的事件发生概率非常低、信息实际上很难令人相信,相当数量的市场参与者受到信息影响改变资本配置决策,相关证券的市场价格基于虚假信息所指向的方向进行明显调整,此时应当如何判断信息重大性?

应当看到,信息的重大性确实受到了信息内容虚假性程度的制约。虚假信息之所以会对证券市场参与者产生影响进而引发金融商品市场价格波动,本质上是因为信息存在不确定性。如果信息内容具有显而易见的荒谬性或者非理性,信息属性趋向于确定虚假性,或者说丧失了不确定性,理论上也就不应该对资本市场参与者以及金融商品市场价格产生影响。这也是绝大部分在互联网上广泛传播的虚假信息传播行为没有被作为证券犯罪处理的主要原因——因为虚假信息根本没有人相信,也就没有对信息市场效率产生现实损害或者损害风险。虚假信息丧失了具备重大性的客观基础。但是,投资者(投机者)在现实的证券市场操作中往往是非理性的,绝大多数证券交易通常表现出很强的随机性与混沌性。基于显而易见的甚至是荒唐的虚假信息而引发市场参与者关注,并导致金融商品价格波动或者金融资产出现高度投机性泡沫——这种现实风险也不应当在证券市场刑法保护体系中予以彻底且绝对的排除。当然,互联网金融时代的刑法制度安排上,不应遏制市场淘汰虚假信息的自主化能力,也没有必要为纯粹是市场参与者的无知而产生的非系统性损害而触发刑法介入机制。所以,如果基于常识即可认为普通投资者(投机者)接触到相关虚假信息时不会予以关注,也不会基于该信息对证券投资决策予以调整的,则该信息不能认定为重大信息。但如果证券犯罪行为针对并利用市场参与者的非理性、易受操控性、交易行为的混沌性等金融行为心理,传播显而易见的虚假信息却引发市场参与者高度关注、证券资产价格剧烈波动并具有制造系统性风险危机的,则应认定相关虚假信息具有重大性。

(二) 上市公司内部人信息操纵的司法认定

上市公司内部人对上市公司的信息具有绝对的控制优势,互联网金融更是助推了上市公司信息发布在证券市场中的传播效率。刑法对上市公司内部人作出了内幕交易的禁止性规定,司法解释也对上市公司内部人信息操纵犯罪的认定规则予以了说明。[①]但笔者认为,内幕交易与市场操纵的规范边界并不清晰,故而有必要通过上市公司信息操纵认定问题的阐释建构更为清晰的司法判断规则。应当看到,上市公司董事、经理、大股东、实际控制人等内部人所具有的信息优势是其实施信息操纵的基础和前提,故而对上市公司内部人信息操纵的司法

[①]　根据《追诉标准(二)》第 39 条的规定,上市公司及其董事、监事、高级管理人员、实际控制人、控股股东或者其他关联人单独或者合谋,利用信息优势,操纵该公司证券交易价格或者证券交易量的,应当以操纵证券市场罪追究刑事责任。

认定实际上就体现为对信息优势的认定。

　　首先,信息优势可以解释为明知与上市公司重大事件有关的信息系不真实的信息而仍然予以发布或者传播,并通过子虚乌有的"内幕信息"在市场上发散之后对投资者形成的干扰而影响本公司证券的交易价格、交易量,上市公司内部人利用对真实情况的把握并在虚假内幕信息披露前,买入或者卖出证券。在这种情况下,虽然上市公司内部人利用了对真实内幕信息的知情优势,但由于信息操纵行为是影响证券市场投资者决策并进而引发市场波动的决定性因素,因而应当认定其为市场操纵犯罪。

　　其次,信息优势也可以解释为在市场对于与上市公司有关的重大信息发布后没有引起任何有效反应时通过新闻媒体进行夸大性宣传,并在引起投资者关注与反应之后,通过市场的波动谋取交易利润。这种信息操纵最典型的表现形式就是在内幕交易失败之后传播虚假信息。实践中,并非所有上市公司重大事件在公开之后都会引发市场的高度关注从而引发证券交易价格、交易量的剧烈变化。此时,上市公司内幕信息知情人员在内幕信息公开前建构的仓位,根本无法通过预期的市场波动谋取非法利益。并且,由于在内幕信息公开之前实施的证券交易行为可能已经支出了较大的融资、融券或者操作成本,如果内幕信息公开之后市场效果产生的证券价格变动利润不足以弥补行为人实施内幕交易的成本,内幕交易者也将无法获取非法利润。在这种情况下,有的内幕交易者会通过网络平台对与上市公司有关重大事件的效果进行夸大,以刺激证券市场投资者对信息进行高度反应,使得证券交易价格、交易量出现强势波动。例如,做空股票者通过网络媒体夸大上市公司利空事件的效果,引起投资者恐慌后大量抛售急速打压股价,做空者低位回补获利;做多股票者通过网络夸大上市公司利好事件的效果,引起投资者跟进买入之后高位抛售获利。对于这种内幕交易获利机制失败之后通过发布不真实的信息夸大重大信息实际效果的行为,在信息操纵过程中实际上存在内幕交易与蛊惑交易操纵两个性质不同、时间先后的行为类型。笔者认为,对于交易量、违法所得等情节标准符合追诉条件的,应当分别认定为内幕交易罪与操纵证券市场罪。

　　最后,信息优势还可以解释为明知与上市公司重大事件有关的信息系不完整、不确定的信息而仍然予以发布或者传播,并通过证券市场投资者对信息全貌并不完全知悉的信息劣势影响投资者行为,而上市公司内部人或者其他相关知悉内幕信息的人从期待的市场波动中受益。在这种情况下,内幕交易与市场操纵的界限是很模糊的。笔者认为,在根据相关证据以及信息披露规则能够确认上市公司发布不确定、不完整信息以及上市公司内部人利用市场波动效果交易谋利的情况下,应当认定其行为同时符合内幕交易犯罪与市场操纵犯罪,两者互为手段与目的的牵连,根据牵连犯原理从一重罪论处。比较内幕交易罪与操纵证券市场罪的法定刑,操纵证券市场罪的罚金刑是无限额罚金,重于内幕交易罪以违法所得为基础的倍比罚金,以此观之,操纵证券市场罪是重罪。同时,由于市场操纵犯罪中"利用信息优势"整体覆盖了利用内幕信息从事相关交易,因而应当认定这种虚假信息与内幕交易同时实施的且在结构上相对复杂的上市公司信息操纵行为,构成构成要件覆盖面更广的操纵证券市场罪。

第五节　互联网金融中股权众筹行为的刑法规制

2015 年 7 月,一部名为《大圣归来》的国产动画电影火爆银屏,它以数亿元票房登顶中国动画电影票房总冠军。影片公映时,片尾滚动显示的出品人名单里出现了 109 位儿童的名字,其缘由是制片方曾于筹拍时发起过众筹,100 多位家长解囊支持 700 万元,作为回报,他们的孩子以投资人身份出现在了影片字幕中。随着该影片的热映,"众筹"这一互联网融资方式也开始大范围地引发民众的关注。众筹(Crowd Funding),是指"小企业、艺术家或个人为进行某项活动或为创办企业而依托互联网和 SNS(Social Networking Services),在众筹平台上向公众募集资金的一种融资方式"①。按照回报形式的不同,众筹还可细分为奖励众筹、公益众筹、债权众筹、股权众筹等多种形式。奖励众筹以实物或服务回报投资者,其本质为预购;公益众筹则是投资者不求回报地支持他人追逐梦想,其本质是捐赠;债权众筹即为 P2P,本质是民间借贷,属于广义众筹的一种。"国内众筹融资平台主要以奖励众筹为主,而股权众筹则相对较少",②究其原因在于在四种众筹形式中,唯独股权众筹因是以股权回报投资者,而尚未被《证券法》《公司法》完全"放行"。这就导致了该种众筹行为始终徘徊于法律的边缘,有时甚至可能触碰非法吸收公众存款罪、擅自发行股票罪等犯罪的刑法"高压红线"。近年来,股权众筹在国内外蓬勃发展,被普遍视为最接近"普惠金融""草根金融"的金融创新,但同时也凸显出了诸多金融风险甚至刑事风险。因此,如何把握好法律尤其是作为调整社会关系"最后一道防线"的刑法在互联网金融股权众筹领域的介入尺度与力度,实现既能有效惩治违法犯罪而又不阻滞或扼杀金融创新的规制效果,是我们当下亟需考虑和解决的重要问题。

一、互联网金融股权众筹行为刑法规制之必要

基于我国经济体制和现行法律框架的限制,互联网金融股权众筹的天然网

---

① 刘海:《网络众筹、微筹的风险监管与发展路径》,载《商业经济研究》2015 年第 5 期。
② 孙国茂:《互联网金融:本质、现状与趋势》,载《理论学刊》2015 年第 3 期。

络属性及其"草根金融""普惠金融"的定位,以及相关制约性制度的阙如等原因,时下互联网金融股权众筹行为存在较大的刑事风险。笔者认为,互联网金融股权众筹行为所存在的各种刑事风险,正是我们动用刑法予以规制的依据所在,这无疑也凸显了对互联网金融股权众筹行为进行刑法规制之必要。

(一)风险来源:互联网金融股权众筹之准入局限及异化可能

股权众筹,是指"公司出让一定比例股份,利用互联网和 SNS 传播的特性向普通投资者募集资金,投资者通过投资入股公司以获得未来收益的一种互联网融资模式"。①筹集资金时,项目发起人事先设定募集时间与募集金额,若筹资成功,投资者与项目发起人将对该项目共享收益、共担风险;若筹资失败,已筹得款项全部退还投资人。股权众筹的本质是以股权回报形式筹集资金,这在外观上确实形同于公开发行证券。根据《证券法》(2019 年修订)第 9 条第 1 款规定:"公开发行证券,必须符合法律、行政法规规定的条件,并依法报经国务院证券监督管理机构或者国务院授权的部门注册。未经依法注册,任何单位和个人不得公开发行证券。"该法同条第 2 款还专门对"公开发行"作了定义,即是指"向不特定对象发行证券"或者"向特定对象发行证券累计超过 200 人,但依法实施员工持股计划的员工人数不计算在内"以及"法律、行政法规规定的其他发行行为"的情形。分析《证券法》的这些规定,我们不难发现,股权众筹基本上已陷入"公开发行"的禁区:一是因为通过互联网发布项目,必然是向不特定对象公开宣传,显然已构成"向不特定对象发行证券";二是因为即便融资者为绕过"公开发行"禁区而将单一项目投资人数限定在 200 人以内,但其实质仍然是通过互联网针对不特定人广而告之,只不过最终将投资者人数确定在 200 名以内而已。可见,股权众筹的天然网络属性及其"草根金融""普惠金融"的定位决定了股权众筹无论如何都很难绕过"公开发行"禁区。尽管《指导意见》从宏观层面上为股权众筹奠定了合法性基调,但因其与《证券法》《公司法》并未实现无缝对接且法律位阶较低的客观存在,从行政法层面分析,我们完全有理由认为,股权众筹的灰色地带依然存在。也即在现行法律框架下,股权众筹行为仍然可能会直接触碰擅自发行股票等犯罪的刑法"高压红线"。

应当看到,由于法律红线或准入门槛的限制,股权众筹在我国尚不具备生存空间,"所有涉及其中的企业都如履薄冰"。②2013 年,前爱奇艺高管离职创办"美微传媒",在淘宝店"美微会员卡在线直营店"出售会员卡,网友购买会员卡就是购买该公司原始股票,单位凭证为 1.2 元,最低认购单位为 100,很快吸引了千余

---

① 蓝俊杰:《我国股权众筹融资模式的问题及政策建议》,载《金融与经济》2015 年第 2 期。
② 李钰:《众筹业务法律解读》,载《金融理论与实践》2014 年第 11 期。

人参与,但最终被中国证监会以不具备公开募股条件为由叫停,国内首个股权众筹项目所燃起的星星之火由此瞬间被扑灭。[①]然而,股权众筹并未从此销声匿迹,而是以另一种巧妙的方式在中国大地上"燎原",并随即催生出了一种新型的模式:有限合伙型股权众筹模式。所谓有限合伙型股权众筹,是指项目发起人在互联网上发布项目后,投资者在规定时间内预约认购股份。项目发起人依据认购份额的多少、认购时间的先后制作认购人名单并排序,最终确定排在前位的认购人可以获得"合伙人"资格。项目发起人随即与这批"合伙人"订立有限合伙协议,共同成立有限合伙企业。项目发起人担任普通合伙人,投资者担任有限合伙人,分别缴付出资,共享收益、共担风险。有限合伙型股权众筹充分利用"有限合伙"这一法律允许的企业存在形式,巧妙地将项目发起人的公开募股筹资行为转变为对潜在有限合伙人的"寻觅"行为,从而成功绕过了擅自发行股票罪的禁区。这种众筹形式可谓在禁区中开辟夹缝,并在夹缝中巧妙生存。但这种夹缝中的生存仍然受到规模上的法律限制,根据《合伙企业法》第 61 条的规定,有限合伙企业的合伙人不得超过 50 人,这便意味着在有限合伙型股权众筹中,同一项目最多仅能向 49 名投资者筹集资金。可见,大规模股权众筹的准入风险依然存在。

除了准入风险外,股权众筹还存在异化风险。"异化"是德国古典哲学中的一个重要概念,意指"主体在一定的发展阶段,分裂出它的对立面,变成外在的异己的力量",[②]原先的事物不再是最初的那般模样。股权众筹的异化风险主要表现在两个方面:一是行为人可能以股权众筹之名行违法犯罪之实,假借"股权众筹"的形式外壳进行伪装,使司法机关不易发觉犯罪事实的存在;二是行为人虽然从事的是真实的股权众筹活动,但在众筹过程中可能会因融资者临时起意实施违法犯罪行为而致使股权众筹活动"变味"。

(二)风险表象:互联网金融股权众筹行为涉嫌之犯罪

由于互联网金融股权众筹准入风险和异化风险的存在,因而互联网金融股权众筹行为涉嫌之犯罪实际上主要体现为两种类型,即准入风险型犯罪和异化风险型犯罪。

1. 准入风险型犯罪。

《刑法》第 179 条规定了擅自发行股票罪。关于"发行股票"的含义,2010 年 12 月 13 日最高人民法院《关于审理非法集资刑事案件具体应用法律若干问题的解释》(以下简称《非法集资解释》)第 6 条规定:"未经国家有关主管部门批准,

---

①　参见崔西:《美微传媒筹资被叫停背后:众筹在中国是否可行》,http://tech.sina.com.cn/i/2013-03-22/09578172527.shtml,2015 年 6 月 10 日访问。

②　辞海编辑委员会编:《辞海》,上海辞书出版社 1999 年版缩印本,第 2021 页。

向社会不特定对象发行、以转让股权等方式变相发行股票,或者向特定对象发行、变相发行股票累计超过 200 人的,应当以擅自发行股票罪定罪处罚。"正如前述,股权众筹在性质上与发行原始股较为相似,因此如果股权众筹的项目发起人向社会不特定对象发行股票或是向特定对象发行股票累计超过 200 人,便极有可能构成擅自发行股票罪。当然,也有学者认为,股权众筹行为因涉嫌"以投资入股的方式非法吸收资金",而应构成非法吸收公众存款罪。①

笔者认为,真正的股权众筹融资方式并不符合非法吸收公众存款罪的构成要件,主张以该罪处理的法律依据无非是《非法集资解释》将"承诺在一定期限内以股权方式还本付息或者给付回报"的行为方式归入该罪,但实际上此行为方式与股权众筹中的股权回报存在本质区别。非法吸收公众存款罪的本质是以承诺还本付息或给付回报为条件向公众筹集资金,此回报具有对价性、必然性;而股权众筹则并不保证还本付息,融资者也不会作出必然给付回报的承诺,而是由投资者与融资者共担风险。一言以蔽之,擅自发行股票罪与非法吸收公众存款罪的根本区别不在于行为人是否以"股权方式"给付回报,而在于行为人是否允诺"必然"给付回报。

2. 异化风险型犯罪。

与股权众筹的异化风险相对应,异化风险型犯罪也主要有两种类型。

一是借用股权众筹实施的犯罪,即融资者的真实意图不在于以股权回报方式筹集资金,或者投资者的真实本意不在于通过投资获利,而是以股权众筹为幌子蒙蔽投资者或司法机关,意图实施违法犯罪活动,如集资诈骗罪、非法吸收公众存款罪、洗钱罪等;

二是从事真实股权众筹活动的相关主体在众筹过程中临时起意实施的犯罪。由于股权众筹涉及项目发布、项目运营、筹款放款、投资者信息汇总等一系列事项,其中必然存在诸多利益诱惑和道德风险,在缺乏相关制约性制度的情况下,便容易滋生挪用资金罪、职务侵占罪、诱骗投资者买卖证券罪、侵犯知识产权罪,以及非法提供公民个人信息罪等犯罪。

二、互联网金融股权众筹行为的刑法规制限度

风险往往与收益并存,在防范风险的同时也需要法律"有所不为""为之有度",对于新生事物,因噎废食般地一律禁止准入并非明智之举,也违背了时代潮流。互联网金融股权众筹作为一种最能与"普惠金融""民主金融"理念相契合的新型融资方式,其积极意义甚多,创新价值巨大。我们在运用刑法对其进行规制

---

① 参见张小涛等:《中国股权类众筹发展的制约因素及风险研究》,载《河南科学》2014 年第 11 期。

时应充分认识到,刑法的"棒杀"或者过度介入都可能会在很大程度上使互联网金融股权众筹行为失去生存空间,从而阻滞甚至扼杀互联网金融股权众筹行为带来的金融创新及相关积极因素的发展。这不仅不利于社会大众投资理财环境的改善、实体经济发展的推进,也会严重阻碍金融行业改革创新的步伐。既然互联网金融股权众筹行为的刑法介入必须保持合理限度,那么,如何明确互联网金融股权众筹行为刑法规制的范围,为司法机关的刑事追究指明方向,无疑是我们必须思考和研究的问题。

（一）互联网金融股权众筹具有显著的金融创新价值

从表面上看,互联网金融股权众筹是互联网领域与金融领域的"联合"或"携手",但这绝非简单的"1＋1＝2",其事实上开启了互联网时代融资新模式,是一种重大的金融创新,从而导致监管政策与法律的松动不可避免。

1. 互联网金融股权众筹的金融创新价值体现。

首先,从融资者角度看,股权众筹降低了小微企业与初创企业发行资本证券的门槛。资本是激活实体经济的血液,小微企业与初创企业普遍面临"输血"困难,其银行贷款融资渠道不顺畅,同时因受到《证券法》的严格限制而不具备股票发行资格,故而小微企业与初创企业的融资渠道十分有限。民间借贷一般以不低于银行同期存款利率还本付息,这对于小微企业或初创企业而言并非是最优选的融资方式但却是最主要的融资方式。即小微企业和初创企业亟需寻求愿意与其共担风险、共享利益的投资者,即便项目失败也不必还本付息。股权众筹便由此应运而生。股权众筹的本质是资本证券发行的低门槛化、普遍化,它使得由个人创业、个人创新向大众创业、万众创新的转变成为可能,可以为小微企业和初创企业提供新鲜且丰富的"血液"。

其次,从投资者角度看,股权众筹拓宽了投资者的投资渠道。在股权众筹产生之前,投资者的资本投资渠道有购买上市公司股票、购买国债、企业债券、基金等,股权众筹呈现出均不同于前述投资方式的显著特点。一方面股权众筹不承诺还本付息,而国债、企业债券需还本付息,两者风险级别的差异决定了股权众筹的收益将远高于国债、企业债券的收益。基金是由基金管理人综合运用股票、债券等金融工具进行投资,其本质是专业人士代为进行资本运作,与股权众筹投资于初创实体有着本质区别。另一方面,股权众筹不同于股票投资。虽然股权众筹同样以股权作为回报形式;但其是以某个特定项目为投资对象,股票投资则是以某个上市企业为投资对象。以项目作为投资对象的优点在于,一则可供投资的项目数量将达至成千上万个,甚至不计其数,投资者可不必再将投资选择局限于为数不多的上市企业;二则投资者仅对自己感兴趣、有了解,并且对其发展前景持乐观态度的项目进行投资。投资者在投资过程中会通过实地考察、路演观摩、约谈融资者等方式参与到整个项目当中去,这是一种参与度更高、体验感更强的投资方式,从而可以吸引更多的投资者。

最后,从市场发展角度看,股权众筹是重要的市场试金石。众筹项目一旦上线,便相当于开始接受广大投资者的"投票":筹资顺利的项目一般是更符合消费者心理、更契合市场需求、更具有发展前景的项目;相反,无人问津、筹资失败的项目则预示该项目进入市场的时机尚不成熟。众筹通过"民主投票"方式筛选项目,一则可以使资金资源得到最高效的配置,二则可以帮助融资者及早作出是否暂停项目的决定,从而更好地防范创业风险。此外,应当看到,已为项目注资的投资者多半会成为该众筹项目未来潜在的消费者与自发的口碑宣传者,故而可以在某种程度上为项目的开展和市场的拓展节约大量成本,譬如《大圣归来》票房大卖在一定程度上离不开其几乎零成本的宣传方式——投资者在朋友圈中的口口相传。

2. 互联网金融股权众筹的金融创新引发了监管政策松动。

正是由于监管层充分认识到了股权众筹所具有的金融创新价值,其才会在金融收益与金融风险之间反复权衡,对股权众筹的监管政策也才会出现松动。其实早在"美微传媒"事件中,监管层不置可否、间接默许的态度就已初显端倪。在该事件中,中国证监会并未严厉处罚众筹发起人,而是"温和"地提出三点要求:"一是不准再这样做,二是保护好现有股东的权益,三是定期汇报经营情况"。此外,"证监会还逐一打电话给每一位股东,告之风险"。[1]这实际上表明了监管层既不鼓励也不打压并维持现状般地进行小范围试点的暧昧态度。时至今日,股权众筹已由当初的个案试水发展到今天的初具规模,其金融创新优势逐渐被越来越多的融资者、投资者所认可。

虽然民间已纷纷采用有限合伙模式使小规模股权众筹踏入法律的"安全地带",但公开向不特定"多数人"发行股份的大规模股权众筹仍处于法律禁区之中。随着 2015 年 3 月国务院办公厅《关于发展众创空间,推进大众创新创业的指导意见》的出台,监管层对大规模股权众筹的态度也开始出现政策松动,该指导意见指出,"要开展互联网股权众筹融资试点、增强众筹对大众创新创业的服务能力"。同年 7 月,中国人民银行、中国证监会、中国银监会等国务院十部委发布了《关于促进互联网金融健康发展的指导意见》(以下简称《指导意见》),明确指出:"股权众筹融资主要是指通过互联网形式进行公开小额股权融资的活动……股权众筹融资中介机构可以在符合法律法规规定前提下,对业务模式进

---

[1]　黄河:《美微传媒朱江:行走在网络私募"钢索"上的创业人》,http://www.sootoo.com/content/451536.shtml,2015 年 7 月 10 日访问。

行创新探索,发挥股权众筹融资作为多层次资本市场有机组成部分的作用,更好服务创新创业企业。"《指导意见》还明确规定,股权众筹融资业务由证监会负责监管。这些无疑预示着我国股权众筹在夹缝中生存的时代即将终结,其作为合法事物被纳入规范化管理的轨道已指日可待。

(二)互联网金融股权众筹行为刑法规制的范围

应该看到,《指导意见》虽然为互联网股权众筹奠定了合法性基调,但在《证券法》未完成配套修订、相关监管细则尚未出台的情况下,股权众筹无疑正处在"法律未动、政策先行"的尴尬转折期中。这种情况实际导致产生了一个不可回避的重要问题:即以行政性法律法规作为前置性规范的刑法条文,是否还能直接适用股权众筹行为? 笔者认为,在国务院十部委已为股权众筹奠定合法性基调的大背景下,刑法不妨静候观望,不必再过分"纠结"于股权众筹的准入风险,而应当高瞻远瞩地对这种金融创新保持一定的宽容。一方面应健全相关行政法律法规,对股权众筹的融资主体资格、投资主体条件、平台义务等作出更为细致的规定,从而将其纳入规范化治理的轨道;另一方面应当对互联网股权众筹行为审慎适用擅自发行股票罪、非法吸收公众存款罪等罪名,构建一个能够适当限制股权众筹行为轻易入罪的"缓冲带"。

1. 前置性规范的校正。

刑法在处理法定犯时必须严格依照作为前置性规范的行政法律法规的规定,某一行为只有当其完全突破前置性规范并达至一定严重程度之时,方才有动用刑法的空间。但就目前而言,我国尚无专门针对股权众筹的具体行政规范。证券业协会虽于 2014 年 12 月 18 日发布了《私募股权众筹融资管理办法(试行)(征求意见稿)》,但该《征求意见稿》中所指的"私募股权众筹"与《指导意见》中的"股权众筹"并非同一概念,前者是指"融资者通过股权众筹融资互联网平台以非公开发行方式进行的股权融资活动",后者是指"通过互联网形式进行公开小额股权融资的活动";前者属于非公开发行的性质,实际上是私募股权众筹的互联网化,而并非本书所讨论的互联网金融股权众筹。为了将这两个概念区别开来,证券业协会又再次于 2015 年 8 月 11 日发布《关于调整〈场外证券业务备案管理办法〉个别条款的通知》,将"私募股权众筹"的表述重新修改为"互联网非公开股权融资"。据悉,我国公开股权众筹的相关监管细则正处在紧锣密鼓的调研与制定之中,甚至拟对股权众筹之公开发行股份作出一定程度的豁免,有学者即主张参照国外《公司法》的做法,"修订完善《证券法》,在我国《证券法》中添加'小规模发行制度'作为一般发行的例外,从而豁免证监会对股权众筹的各项审批"。[①]在

① 龚鹏程、王斌:《我国股权众筹平台监管问题研究》,载《金融监管》2015 年第 5 期。

静待新规出台之际,我们应充分认识到,《指导意见》其实已经为股权众筹行政法律法规的完善路径指明了基本方向。

笔者认为:首先,明确股权众筹融资者的资格与义务。具体可以从以下几方面入手。

其一,应对单一股权众筹融资者的融资总额予以限定。股权众筹的主要功能或者说创设初衷在于为小微企业和初创企业提供融资渠道,这就决定了股权众筹基本上专属于小微企业使用。对此,《指导意见》明确指出:"股权众筹融资方应为小微企业,应通过股权众筹融资中介机构向投资人如实披露企业的商业模式、经营管理、财务、资金使用等关键信息,不得误导或欺诈投资者。"由此分析,我们不难发现,该意见实际上将股权众筹的融资者限定于小微企业。《企业所得税法实施条例》第92条的规定对小微企业进行了界定,①对于不符合该条例所规定条件的企业,不得通过互联网发起股权众筹项目。因此,我们应对股权众筹中的单一融资者的融资总额予以限定,否则应当通过证券公开发行等其他渠道募集资金。对此,股权众筹平台均负有审核与把关的义务。对于违反融资总额规定的融资者,可适用《刑法》第179条的规定以擅自发行股票罪追究其刑事责任。

其二,发起股权众筹的小微企业应向投资者如实披露信息。在证券市场中,所谓保护投资者,实际是保护其知情权,而公开作为保护投资者的手段,是证券法的核心和灵魂。②在股权众筹领域,由于既没有传统证券交易市场的严格强制信息披露制度,也没有传统证券发行时那些信誉中介机构的服务,因而信息不对称的情况不可避免。投资者所面临的信息不对称、合同欺诈等风险,也皆因相关的交易信息未能被真实、准确、完整地公开所引起。笔者认为,对投资者利益的保护,必须通过强制性的信息披露来实现,这一制度在股权众筹的法律规制中应当居于核心地位。信息披露的主体包括募资者和众筹平台,其中,募资者的信息披露是关键。③对于违反此义务的融资者,可适用《刑法》第161条的规定以违规披露、不披露重要信息罪追究刑事责任。

其三,股权众筹融资者必须通过专门的股权众筹平台方可发起众筹项目,若自建平台、自建网页、在互联网上自行随意发起,则视为未经批准擅自发行,情节严重的,可以擅自发行股票罪追究刑事责任。

---

① 《企业所得税法实施条例》第92条规定:"小型微利企业,是指从事国家非限制和禁止行业,并符合下列条件的企业:(一)工业企业,年度应纳税所得额不超过30万元,从业人数不超过100人,资产总额不超过3000万元;(二)其他企业,年度应纳税所得额不超过30万元,从业人数不超过80人,资产总额不超过1000万元。"

② 参见朱锦清:《证券法学》,北京大学出版社2011年版,第82—83页。

③ 参见钟维、王毅纯:《中国式股权众筹:法律规制与投资者保护》,载《西南政法大学学报》2015年第2期。

其次,明确股权众筹平台的资格与义务。具体可以从以下几个方面入手。

其一,股权众筹平台必须是经过合法备案的企业并受证券监督管理机构和证券业自律组织监管。股权众筹平台的具体备案条件可参照 2015 年 9 月 1 日施行的《场外证券业务备案管理办法》的规定,备案企业应具备健全的公司治理制度、相应的资本实力、专业人员和技术系统、一定的风险控制机制以及完善的投资者教育和投资者权益保护措施等等。此外,为实现对股权众筹平台的有效监管,股权众筹平台除了受证券监督管理机构监管外,还应当要求其成为证券业协会的会员,受到行业协会的自律监管。

其二,应当明确股权众筹平台的四项义务。(1)项目审核义务,对于不符合法律法规、真实情况与描述不符的项目,或者不满足小微企业主体条件的项目发起人,平台不得准许其上线,而对于明显不具备市场前景的劣质项目,平台亦应做好把关。国内不少股权众筹平台已将此付诸实践,如"人人投"总部会对项目进行七层审核,"大家投"的项目审核通过率仅为 10%;(2)信息披露督导义务,督导信息披露义务人及时、充分、准确地披露相关信息与风险、及时向投资者公示企业经营管理、财务、资金使用等关键信息,对于不履行信息披露义务的项目发起人,应公示通报,并中止对其所作出的阶段性放款;(3)投资者资格审查义务,分档确立不同投资额度的投资者,分别审查其投资资格;(4)信息保密义务,对于投资者名录及投资者身份、资产等信息,股权众筹平台负有保密义务。

其三,应当加强对股权众筹平台资金流的管理,避免形成"资金池"。股权众筹融资活动并非一蹴而就,而往往需要经历一段时间才能完成。在众筹过程中,通常是先由投资者将资金注入众筹平台所设账户,待资金达到计划募资数额且筹资成功后,再由平台把资金统一划付给融资者。有的平台甚至是在筹资成功时仅先行划付一半的启动资金给融资者,待项目实施过半时再划付另一半资金。在此过程中,平台往往就会形成"资金池"。而在缺乏有效机制防止平台擅自转移或使用"资金池"中的资金的情况下,不但容易引发挪用资金罪或职务侵占罪的刑事风险,而且一旦发生信用事件或平台运营者卷款跑路的情况,投资者将血本无归。对此,笔者认为,为避免在平台形成"资金池",股权众筹平台必须严格遵循《指导意见》的规定,将筹集到的资金强制性地交由第三方银行账户托管。

最后,明确投资者资格。出于对投资风险的控制,国外很多众筹平台都会对投资者进行一定程度的限制,以避免公众因盲目投资而带来巨大风险。在投资金额方面,美国 JOBS 法案①要求年收入不足 10 万美元的投资人,所投金额不能

①　JOBS 法案是 2012 年 4 月 5 日生效的美国《初创企业促进法》(Jumpstart Our Business Startups Act)的简称。该法案旨在为中小企业特别是初创企业的融资提供便利,扩大融资途径,创造更多的就业机会,为美国股权众筹取得合法地位开启了互联网时代融资新模式。

超过 2000 美元或其年收入的 5％,而年收入超过 10 万美元的投资人,可以将其 10％的收入用于投资,但是投资上限为 10 万美元。①《英国众筹监管规则》则要求,非成熟投资者(投资众筹项目 2 个以下的投资人),其投资额不超过其净资产(不含常住房产、养老保险金)的 10％,成熟投资者不受此限制。②然而,有学者认为,我国发展股权众筹的合理定位,仍应是多层次资本市场中的草根部分,其本来的功能之一就是降低投资者的门槛,丰富社会投资渠道,如果再给投资者设定投资门槛,股权众筹的这一功能便无法充分得以发挥。③对此,笔者不敢苟同,虽然股权众筹的本来功能之一在于降低投资者门槛,但这仅仅是降低门槛而绝非取消门槛和限制。而且设定合理的投资者门槛,并不会影响社会投资渠道的丰富,相反可以使投资方向和要求更加明确,降低投资风险,确立投资者对股权众筹的信任感并提高其投资的积极性,并进而引发投资渠道的拓展。因此,《指导意见》明确指出,"投资者应当充分了解股权众筹融资活动风险,具备相应风险承受能力,进行小额投资",这是该意见对投资者主体资格、投资额度所作出的导向性规定。由此可见,"天使"并非人人都能当,股权众筹平台应当对参与投资人设置一定的门槛。京东金融股权众筹平台采取的是投资人申请制,其官网首页明确提示:"申请成为合格投资人,才能查看融资项目",④从而将一般访客、过客拦截在外,一定程度上缩小了公开宣传的辐射范围。笔者认为,合格投资人一般应根据投资者年收入水平、理财经历确定。每个投资者均需仔细阅读股权众筹风险提示及相关理财常识并答题,只有答题通过者方能最终具备投资者资格。此外,股权众筹应以"小额投资"为限,但何谓"小额"还有待进一步明确。对此,笔者认为,可参考美国和英国对"小额"的规定,并结合我国现实经济状况进行确定。

2. 刑法的相应调整。

当相关行政法律法规已对股权众筹作出较为完备的修改或规定后,刑法也应当作出相应调整,对于符合或者并无严重突破前置性规范中准入门槛规定的股权众筹行为,不再以非法吸收公众存款罪或擅自发行股票罪等犯罪追究其刑

① "Jumpstart Our Business Startups Act", http://en. wikipedia. org/wiki/Jumpstart_Our_Business_Startups_Act, 2015 年 7 月 10 日访问。
② See "The FCA's regulatory approach to crowdfunding over the internet, and the promotion of non-realizable securities by other media(Feed beck to CP13/ and final rules march 2014)", 4.7.转引自何欣奕:《股权众筹监管制度的本土化法律思考——以股权众筹平台为中心的观察》,载《法律适用》2015 年第 3 期。
③ 参见钟维、王毅纯:《中国式股权众筹:法律规制与投资者保护》,载《西南政法大学学报》2015 年第2期。
④ 京东金融官网,http://z.jd.com/new.html, 2015 年 7 月 10 日访问。

事责任,更不能将那些确因客观因素而无法返还本金和股息的股权众筹行为随意认定为集资诈骗罪。需要特别指出的是,在我国现行法律制度框架内,违反《证券法》《公司法》《合伙企业法》等行政法规的规定进行非法集资,可能直接构成非法吸收公众存款罪或擅自发行股票罪,即这里违法与犯罪之间的衔接实际过于紧密,一旦行为违法就可能直接转化为犯罪,而不存在任何缓冲的空间。正是由于缺少这一犯罪"缓冲带",当股权众筹活动中出资股东突破 200 人或有限合伙突破 50 人的限制时,就会一下子坠入犯罪的深渊。应当看到,"犯罪一定是违法,但违法不一定是犯罪"这一法律基本常识所蕴含的基本含义是犯罪必须是严重的违法行为,对此,我们不能将违法与犯罪等同视之,对其适用相同的判断和认定标准。因此,笔者认为,应当构建一个能够适当限制股权众筹行为轻易入罪的"缓冲带",这个"缓冲带"的构建可以通过对相关犯罪的限制适用来实现。

首先,限制擅自发行股票、公司、企业债券罪的适用。根据《刑法》第 179 条及《非法集资解释》第 6 条的规定,如果互联网金融股权众筹活动的发起人向社会不特定对象发行,或者向特定对象发行股票累计超过 200 人,行为人的行为就涉嫌构成擅自发行股票、公司、企业债券罪。据不完全统计,截至 2014 年 4 月,全国有 50 余家私募股权企业涉嫌擅自发行股票、公司、企业债券罪,涉案金额逾 160 亿元,参与人数超过 10 万人。①即如果严格按照现行刑法及司法解释的规定,很多互联网金融的正常股权众筹活动都可能会被纳入刑法的打击范畴。可见,擅自发行股票、公司、企业债券罪的规定实际上已经限制了互联网金融股权众筹的发展。在目前情况下,为保障我国金融管理秩序的稳定和金融市场的健康发展,擅自发行股票、公司、企业债券罪的规定确有其存在的必要性。笔者认为,我们也只能通过提高入罪门槛和减轻量刑等方法对该罪的适用范围进行限制:其一,在入罪数额标准上,我们可以 2010 年 5 月 7 日最高人民检察院、公安部的《追诉标准(二)》第 34 条规定的追诉标准为基础,将发行数额由该司法解释规定的 50 万元提高为 250 万元;将发起人向社会不特定对象发行股票或者公司、企业债券累计超过 30 人的标准提高为超过 150 人;将不能及时清偿或清退以及造成其他后果严重或者有其他严重情节的情形作为入罪的必要条件,即必须是达到上述标准的基础上又具备这些情形的情况下才能予以追究刑事责任。其二,在量刑上,对于涉嫌构成擅自发行股票、公司、企业债券罪的互联网金融股权众筹行为,应尽量在 3 年以下判处刑罚且并不并处罚金,并尽可能判处缓刑。

其次,调整和限缩非法吸收公众存款罪的适用,并在条件成熟时予以废止。

---

① 《众筹与非法集资的区别》,http://www.mycaijing.com.cn/news/2014/04/10/5912.html,2015 年 7 月 10 日访问。

非法吸收公众存款罪带有一定程度的计划经济色彩,其在市场经济愈加繁荣发达的今天,与经济的发展要求显得格格不入。笔者认为,非法吸收公众存款罪的存在,会严重阻滞互联网金融活动的正常开展,且废止非法吸收公众存款罪也是利率市场化的必然要求和结果,故而无论从不影响互联网金融发展的角度考虑,还是从该罪自身的宿命来看,废止该罪实属必然。①作为非法吸收公众存款罪废止前的权宜之计,刑事司法应保持最大限度的节制,即应尽量提高非法吸收公众存款罪的入罪门槛并尽量科处轻缓的刑罚。对此,笔者在前文中已有详细阐述,在此不赘。

最后,限制集资诈骗罪的适用。对于那些在互联网金融股权众筹活动中,以非法占有他人财物为目的,利用股权众筹实施非法集资的行为,通过集资诈骗罪的规定予以严厉打击本无可厚非。但对集资诈骗罪的主观要件——“以非法占有为目的”的认定则必须慎之又慎,而不能武断地进行扩张解释,以免误将一些因经营失败而无法归还投资款的互联网金融股权众筹行为纳入刑法打击范畴。正是由于司法实践中对“以非法占有为目的”的认定较为宽松,才导致很多非法吸收公众存款行为往往被认定为集资诈骗犯罪。因此,通过对“以非法占有为目的”的限定,可以有效限制集资诈骗罪的适用。对此,我们可以从集资款“无法返还”的原因和集资款用途的比例上进行限定,对于那些因经营不善等客观因素而众筹款无法返还等行为,就不应考虑认定行为人“以非法占有为目的”。此外,根据集资款用途的比例,即至少应当在行为人将集资款用于个人消费或挥霍的比例超过其用于投资或生产经营活动的比例时,才能考虑认定行为人具有非法占有的目的。②

三、互联网金融股权众筹“异化”行为之司法认定

正如前述,所谓股权众筹的“异化”行为,根据刑法的相关规定,诸多“异化”的互联网金融股权众筹行为在很大程度上涉嫌犯罪。它们不仅具有严重的社会危害性,也严重侵扰了我国的金融秩序。因此,对于以股权众筹为名行违法犯罪之实的行为,司法机关应当具备去“伪”存真的分辨能力;对于在股权众筹过程中所实施的其他违法犯罪活动,司法机关亦应保持相当的敏感度,坚决依法予以惩治和打击,及时防范股权众筹行为的“异化”,保障广大投资者的利益。

（一）对以“股权众筹”为名行违法犯罪之实行为的司法认定

以股权众筹为名行违法犯罪之实的行为主要体现为以下三种情形。

---

① 参见刘宪权:《论互联网金融刑法规制的“两面性”》,载《法学家》2014年第5期。

② 参见刘宪权:《刑法严惩非法集资行为之反思》,载《法商研究》2012年第4期。

1. 以股权众筹之名行集资诈骗之实。

行为人以非法占有为目的，通过虚设项目、伪造企业信息、自建虚假股权众筹平台等手段向公众发起所谓的"股权众筹"，骗取投资人资金然后跑路，该行为完全符合集资诈骗罪的构成要件。其中，假如行为人为实施集资诈骗采取的是自建虚假平台的手段，则根据《刑法修正案(九)》的规定，其还可能构成非法利用信息网络罪。股权众筹平台管理者若明知行为人实施集资诈骗活动而仍为其包装上线，一方面构成了集资诈骗罪的共犯，另一方面也符合了《刑法修正案(九)》关于"明知他人利用信息网络实施犯罪，为其犯罪提供互联网接入、服务器托管、网络存储、通讯传输等技术支持，或者提供广告推广、支付结算等帮助"的规定，此时可在集资诈骗罪(共犯)与帮助信息网络犯罪活动罪中依照处罚较重的规定处罚。

2. 以股权众筹之名行非法吸收公众存款之实。

除了集资诈骗犯罪外，行为人还可能以股权众筹之名行非法吸收公众存款之实，其行为主体既可以是融资者，也可以是平台。若行为主体是融资者，则表现为融资者自称发起股权众筹，但实际上却向投资者允诺还本付息或者变相允诺还本付息、给付回报。例如，向投资者承诺项目在半年内必然盈利，若到第七个月仍未盈利分红则向投资者退还出资本息。该类行为的本质是行为人通过互联网以还本付息为回报底线向社会不特定对象集资。对于这种情况是否构成非法吸收公众存款罪？笔者认为，应当具体问题具体分析。假如行为人的筹资行为是通过合法的第三方筹资平台进行，并且确实将所筹资金用于发展实体经济，那么该行为实际上属于已被监管层绿灯放行的 P2P 融资模式，此时刑法不宜进行干预；假如行为人并非通过第三方平台筹集资金，而是擅自融资，并且将所筹资金继续投放于金融市场，则应当以非法吸收公众存款罪定罪处罚。股权众筹平台涉嫌非法吸收公众存款表现在，平台在并无明确投资项目的情况下，事先归集投资者资金，然后公开宣传吸引项目上线，再对项目进行投资，同时向投资者承诺由专业团队代为选择投资项目，风险为零，至少还本付息。该类行为的实质是将投资者对项目的直接投资转变为投资者先投资平台、再由平台投资项目的间接投资，此时平台发挥的不再是单纯的中介职能，而是在从事资金自融，并且其还作出"零风险"、至少还本付息的承诺，完全符合非法吸收公众存款罪的构成要件。

3. 以股权众筹之名行洗钱之实。

除前述非法集资犯罪活动外，以股权众筹之名行违法犯罪之实的其他表现形式还包括洗钱，表现在行为人明知是毒品犯罪、黑社会性质的组织犯罪、恐怖活动犯罪、走私犯罪、贪污贿赂犯罪、破坏金融管理秩序犯罪、金融诈骗犯罪的所得及其产生的收益，通过股权众筹平台投放于众筹项目获利或者通过收买融资者或平台营造出虚假分红的假象从而将钱"洗白"。对于融资者、股权众筹平台以及第三方支付机构,明知行为人进行洗钱活动而为其提供帮助的,则构成洗钱罪的共犯。

（二）对在股权众筹过程中实施的其他违法犯罪行为的司法认定

除了以股权众筹为名行违法犯罪之实的"假众筹"之外,真正从事股权众筹活动的相关主体可能会在众筹过程中临时起意实施一些违法违规行为。对于这部分行为,构成犯罪的应当依法追究刑事责任,以便更好地规范、整肃股权众筹市场。如前文所述,在股权众筹过程中实施的违法犯罪行为主要有挪用资金罪、职务侵占罪、诱骗投资者买卖证券罪、侵犯知识产权犯罪,以及非法提供公民个人信息罪等犯罪。

1. 挪用资金罪的认定。

在有限合伙型股权众筹模式中,投资者将投资款打入第三方支付机构,第三方支付机构根据股权众筹平台的指示对项目发起人进行阶段性放款,在此流程中可能会出现涉嫌挪用资金犯罪的风险,表现为两种情形:一是项目发起人（普通合伙人）将所筹资金用作他途而未投放于项目;二是第三方支付机构在已向投资者收款、尚未向融资者放款期间擅自挪用投资者资金。前一种情形属于普通合伙人擅自挪用合伙企业财产归个人使用,合伙企业中执行合伙事务的普通合伙人完全符合挪用资金罪中"公司、企业或者其他单位的工作人员"的主体要件,因此情节严重的可依照《刑法》第 272 条的规定以挪用资金罪定罪处罚。在第二种情形中,第三方支付机构利用收款、放款时间差挪用客户资金行为应当如何定性？虽然第三方支付机构挪用的是"客户资金"而非"本单位资金",但《刑法》第 185 条同时规定"商业银行、证券交易所、期货交易所、证券公司、期货经纪公司、保险公司或者其他金融机构的工作人员利用职务上的便利,挪用本单位或者客户资金"的行为也可依照挪用资金罪的规定定罪处罚。这里便牵涉到第三方支付机构是否属于"其他金融机构"的问题。笔者认为,第三方支付属于互联网金融六大模式之一,支付业务亦属于银行业务的一种,目前商业银行普遍与第三方支付机构合作业务管理,建立业务关联,甚至连征信系统也逐步开始共享。因此,无论是从机构本质还是从未来发展趋势看,第三方支付机构都应当属于金融机构的一种,第三方支付机构中的工作人员利用职务便利挪用客户资金的,也可构成挪用资金罪。

此外,有限合伙型模式之外的股权众筹也可能存在项目发起人将所筹资金挪作其他用途的情况,此时项目发起人不再是以普通合伙人身份挪用合伙企业财产,而是相当于以企业名义将筹集而来的专项项目资金挪作他用,这种行为是否符合挪用资金罪"归个人使用或者借贷给他人"的要求,值得探讨。根据《追诉标准（二）》的规定,"归个人使用或者借贷给他人"包括下列三种情形:（1）将本单位资金供本人、亲友或者其他自然人使用；(2)以个人名义将本单位资金供其他单位使用；(3)个人决定以单位名义将本单位资金供其他单位使用，谋取个人利益的。笔者认为，股权众筹中的项目发起人（即小微企业）将筹集而来的专项项目资金挪作他用是否构成挪用资金罪应当分情况讨论，关键在于资金的用途：假如小微企业将资金供自然人使用，无疑符合前述第一种情形；假如小微企业中的相关人员以个人名义或为了个人利益将资金供该小微企业之外的单位使用，则符合前述第二、三种情形；假如小微企业既未将资金供个人使用，也未供该小微企业之外的其他单位使用，而是用于该小微企业的其他项目上，则不构成挪用资金罪。司法实践中应当谨慎把握前述情形中的细微区别。

2. 职务侵占罪的认定。

有限合伙型股权众筹还可能存在普通合伙人利用职务便利侵占合伙企业财产的风险，由于有限合伙人不实际从事经营活动，融资者才是执行事务合伙人，因此融资者可能会通过虚设支出、虚增成本等方式恶意侵占合伙企业财产，损害有限合伙人的利益。比如融资者伪造房屋租赁合同篡改租金，伪造购货合同虚增商品数量、单价，故意少报、瞒报收益，等等。《合伙企业法》第96条规定："合伙人执行合伙事务，或者合伙企业从业人员利用职务上的便利，将应当归合伙企业的利益据为己有的，或者采取其他手段侵占合伙企业财产的，应当将该利益和财产退还合伙企业；给合伙企业或者其他合伙人造成损失的，依法承担赔偿责任。"笔者认为，对于这类行为，在情节严重时，完全可依据《刑法》第271条的规定，以职务侵占罪定罪。

3. 诱骗投资者买卖证券罪的认定。

在投资模式上，部分股权众筹平台会采取"领投＋跟投"的做法（如京东金融股权众筹平台以徐小平、薛蛮子等作为领投人）。这是因为从大量众筹项目中挑选出好项目并非易事，这种独具慧眼的能力只有少数专业投资人才具备，并且投资后仍须持续关注企业动态，即便企业发展顺利，还需懂得如何在适当时机以适当方式退出，而这些均非普通投资者能够轻易实现的。为此，"领投＋跟投"的做法被逐渐应用到了股权众筹领域，即领投人由专业投资人担任，跟投人将股东权益委托给领投人代为行使，跟投人仅保留分红权、收益权。这种做法可能会产生一种风险，那就是项目发起人为了筹得更多资金而买通或串通领投人对项目进行夸大评价与宣传，对投资者作出不实诱导，以致证券交易市场发生异常波动，给投资者造成巨大损失。笔者认为，在行为主体适格的情况下，对该行为可依据《刑法》第181条第2款规定的诱骗投资者买卖证券罪定罪处罚。诱骗投资者买卖证券罪的主体是"证券交易所、期货交易所、证券公司、期货经纪公司的从业人员，证券业协会、期货业协会或者证券期货监督管理部门的工作人员"，当股权众筹中的"领投人"为证券公司从业人员时,则完全符合该罪的主体要件。此外,该罪的犯罪对象是"证券",笔者认为,由于股权众筹的本质即是小微企业发行小额股份,其监管部门为中国证监会,因而股权众筹中的"股份"完全可归入"证券"的范围。

4. 其他犯罪的认定。

股权众筹项目发起人在宣传项目时假冒他人注册商标或专利,情节严重的可根据《刑法》第 213 条规定的假冒注册商标罪、第 216 条规定的假冒专利罪追究其刑事责任。当众筹项目涉及电影拍摄、音乐作品制作,而项目发起人未经著作权人许可,在互联网上复制发行他人文字作品、音乐、电影、电视、录像等作品的,还可能构成《刑法》第 217 条规定的侵犯著作权罪。此外,《刑法修正案(九)》将侵犯公民个人信息罪的主体扩大到一般主体,因此,股权众筹平台与众筹项目发起人如果"违反国家有关规定,将在履行职责或者提供服务过程中获得的公民个人信息,出售或者提供给人的",可以侵犯公民个人信息罪定罪且从重处罚。

总而言之,股权众筹被称为是"真正具有互联网基因"的金融事物,所谓"众人拾柴火焰高",其打破了地域与空间的界限,让资金流向最需要它的地方,让每个有创意的普通人创造奇迹,这是对股权众筹最平实浅白但也最激动人心的诠释。在《指导意见》已为我国股权众筹奠定合法性基调的大背景下,股权众筹徘徊于法律边缘的时代也将一去不返,互联网思维将以前所未有的广度与深度影响着我们的生活。在互联网金融大势与浪潮面前,法律(尤其是刑法)不应沦为扼杀互联网金融创新的"刽子手",而应努力探索如何成为促进互联网金融创新并防范互联网金融风险的护航人,这是互联网金融时代最具意义的重大课题。当然,我们也应当认识到,刑法并非万能,其仅是社会的最后一道防线,仅是股权众筹风险防范制度的其中一环。欲要根本防范互联网金融股权众筹风险,还应不断健全和完善股权众筹监管制度,使之能够最大限度地实现对股权众筹的法律规制和对投资者利益的保护。

图书在版编目(CIP)数据

金融犯罪刑法学原理:第二版/刘宪权著.—上
海:上海人民出版社,2020
ISBN 978 - 7 - 208 - 16605 - 9

Ⅰ.①金…　Ⅱ.①刘…　Ⅲ.①金融犯罪-刑事政策-
法的理论-中国　Ⅳ.①D924.334

中国版本图书馆 CIP 数据核字(2020)第 132133 号

责任编辑　　秦　堃
封面设计　　零创意文化

金融犯罪刑法学原理(第二版)

刘宪权　著

出　　版　　上海人民出版社
　　　　　　　(200001　上海福建中路 193 号)
发　　行　　上海人民出版社发行中心
印　　刷　　启东市人民印刷有限公司
开　　本　　720×1000　1/16
印　　张　　39.5
插　　页　　2
字　　数　　677,000
版　　次　　2020 年 8 月第 1 版
印　　次　　2020 年 8 月第 1 次印刷
ISBN 978 - 7 - 208 - 16605 - 9/D·3631
定　　价　　128.00 元